1000 Lektionen Italienisch

# 1000
## Lektionen
# Italienisch

Harenberg Verlag

Autoren Helmut Blauen, Mirella Mosca, Irene Hinsen
Zeichnungen Edward Lutczyn
Printed in Spain
ISBN 3-611-00442-1

# Italienisch lernen leichtgemacht

„Nur Reisen ist leben" schrieb der deutsche Schriftsteller Jean Paul, doch der Genuß des Reisens entwickelt sich erst richtig, wenn es nicht beim Staunen und Schauen bleibt. Wer mit den Menschen in anderen Ländern in Kontakt treten, sie um Auskunft bitten oder mit ihnen ins Gespräch kommen will, der muß ihre Sprache sprechen.

Harenbergs „1000 Lektionen Italienisch" sind jedoch nicht nur die ideale Vorbereitung für eine Reise ins italienischsprachige Ausland, sondern auch ein kompaktes Werk für jeden, der mit überschaubarem Zeitaufwand vorhandene Sprachkenntnisse auffrischen oder erweitern will.

Kleine Geschichten, Rätsel, Dialoge und Übungen vermitteln neben wichtigen Vokabeln und grammatischen Grundkenntnissen auch Wissenswertes über Land und Leute: Zudem gibt es nützliche Tips und Hinweise auf Sitten und Gebräuche in Italien.

„1000 Lektionen Italienisch" machen mit einem modernen Grundwortschatz vertraut, wie ihn kein traditionelles Lehrbuch bietet, und lassen auch den Kenner der Sprache noch viel Neues entdecken. Ganz gleich, ob fortgeschrittene Anfänger oder Könner: Sie alle werden an den amüsanten Geschichten und pfiffigen Illustrationen ihren Spaß haben und – je nach Bedarf und Situation – in selbstgewählten kleinen oder großen Schritten durch die Lektionen wandern.

Das Prinzip des Buches ist denkbar einfach: Auf jeder rechten Seite stehen jeweils zwei Lektionen, die in die Umgangssprache einführen, die italienische Grammatik trainieren, idiomatische Ausdrücke und Redewendungen vorstellen. Zur Auflösung braucht man nur umzublättern: Auf der Rückseite finden sich Übersetzungen und

Antworten zu den beiden Lektionen von vorn. So wird Sprachen lernen leichtgemacht: Lektion für Lektion wächst das Wissen über das moderne Italienisch.

Als zusätzliche Hilfe wird zu allen neu vorgestellten Vokabeln die phonetische Umschrift angegeben, die sich an die Grundsätze der International Phonetic Association (IPA) anlehnt. Diese Lautschrift, die ausführlich auf den Seiten 1009 und 1010 erläutert wird, erleichtert das Verständnis und die praktische Ausspracheübung der einzelnen Wörter. Ein Register (S.1011/1012) ermöglicht es, die Lektionen zu den wichtigsten grammatischen Themenbereichen gezielt aufzufinden.

Harenbergs „1000 Lektionen Italienisch“ basieren auf den erfolgreichen Berlitz Sprachkalendern des Harenberg Kalender Verlags, die in enger Zusammenarbeit mit erfahrenen Lehrern und Übersetzern der Berlitz Sprachschulen erarbeitet werden.

**Chi ben comincia
è a metà dell'opera.**

Proverbio

Wer gut beginnt,
hat das Werk schon zur Hälfte geschafft.

Proverbio

# 1

## L'Italia

L'Italia ha un'estensione in superficie di 301 268 chilometri quadrati. Con 57,7 milioni di abitanti ne ha ventun milioni meno della Germania. L'Italia è suddivisa in venti regioni e 94 province. Cinque delle regioni (Valle d'Aosta, Trentino-Alto Adige, Friuli-Venezia Giulia, Sardegna e Sicilia) hanno uno stato autonomo. La religione più diffusa è quella cattolica, più del novanta percento degli italiani le appartengono.

*Quali sono le due enclave con governi indipendenti sul territorio dell'Italia?*

# 2

### ESERCIZIO

## Completare le seguenti frasi

1. Giulio ____________ (vivere) a Milano.
2. Lui e sua sorella si ____________ (scrivere) spesso.
3. Lei si ____________ (chiamare) Antonella.
4. Giulio, ____________ (vedere) spesso tua sorella?
5. Soltanto quando io ____________ (visitare) il mio paese.
6. Ma noi ____________ (telefonare) spesso.
7. Voi ____________ (sapere) le ultime notizie di Carlo?
8. No, noi non ____________ (sentire) niente di lui.

# 1

## Italien

Italien hat eine Flächenausdehnung von 301 268 Quadratkilometern. Mit 57,7 Millionen Einwohnern hat es einundzwanzig Millionen weniger als Deutschland. Italien ist in zwanzig Regionen und 94 Provinzen unterteilt. Fünf der Regionen (Aosta-Tal, Trient-Südtirol, Friaul-Julisch Venetien, Sardinien und Sizilien) haben einen autonomen Status. Die verbreitetste Religion ist die katholische, mehr als neunzig Prozent der Italiener gehören ihr an. Welches sind die beiden Enklaven mit unabhängigen Regierungen auf dem Territorium Italiens?

*Il Vaticano e la Repubblica di San Marino*

Beide Enklaven geben eigene Liramünzen, anerkanntes Zahlungsmittel in ganz Italien, und Briefmarken heraus.

# 2

## Vervollständigen Sie die folgenden Sätze

1. Giulio **vive** a Milano.
   Giulio lebt in Mailand.
2. Lui e sua sorella si **scrivono** spesso.
   Er und seine Schwester schreiben sich oft.
3. Lei si **chiama** Antonella.
   Sie heißt Antonella.
4. Giulio, **vedi** spesso tua sorella?
   Giulio, siehst du deine Schwester oft?
5. Soltanto quando io **visito** il mio paese.
   Nur wenn ich mein Dorf besuche.
6. Ma noi **telefoniamo** spesso.
   Aber wir telefonieren oft.
7. Voi **sapete** le ultime notizie di Carlo?
   Kennt ihr die letzten Neuigkeiten von Carlo?
8. No, noi non **sentiamo** niente di lui.
   Nein, wir hören nichts von ihm.

## 3

### Un raffreddore

Giovanna: *Pronto?*

Stefano: *Pronto, sono Stefano. Come ti piacerebbe andare al cinema stasera?*

Giovanna: *Mi dispiace, ma tutta la mia famiglia ha preso un raffreddore terribile. Siamo un pericolo per ognuno nella città. Forse un'altra volta.*

## 4

### ESERCIZIO

### Cruciverba

1. Si fa ogni mattina.
2. Un incontro stabilito.
3. Il primo giorno dell'anno.
4. Si parla di questo e quello.
5. Ammirare.
6. Una cosa molto importante nella vita.

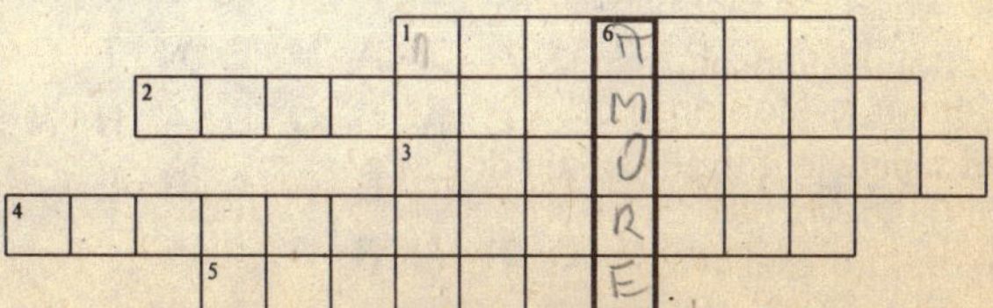

## 3

### Eine Erkältung

Giovanna: Hallo?
Stefano: Hallo, ich bin's, Stefano. Wie würde es dir gefallen, heute abend ins Kino zu gehen?
Giovanna: Es tut mir leid, aber meine ganze Familie hat eine schreckliche Erkältung. Wir sind eine Gefahr für jeden in der Stadt. Vielleicht ein anderes Mal.

| | |
|---|---|
| il raffreddore [raffred'do:re] | Erkältung |
| prendere un raffreddore ['prɛndere] | sich erkälten |
| il pericolo [pe'ri:kolo] | Gefahr |
| terribile [ter'ri:bile] | schrecklich, fürchterlich |
| ognuno, -a [oɲ'ɲu:no] | jedermann, jeder |

## 4

### Kreuzworträtsel

1. Man tut es jeden Morgen. (aufstehen)
2. Ein abgemachtes Treffen. (Verabredung)
3. Der erste Tag des Jahres. (Neujahr)
4. Man spricht dies und das. (plaudern)
5. Bewundern. (anbeten)
6. Eine sehr wichtige Sache im Leben. (Liebe)

A L Z **A** R S I
A P P U N T A **M** E N T O
C A P **O** D A N N O
C H I A C C H I E **R** A R E
A D O R A R **E**

## 5

### Carlo Levi

Carlo Levi morì a Roma il 4 gennaio 1975. Egli era uno dei più famosi scrittori italiani di questo secolo. Fra le sue opere più conosciute ricordiamo:

Cristo si è fermato a Eboli (1945)
Il futuro ha un cuore antico (1956)
Un volto che ci somiglia: Ritratto dell'Italia (1960)

## 6

### Il tempo

Giovanna: *Vedi questo ragazzo con la camicia? Dev'essere uno straniero. Con questo tempo, come si può vestirsi così? Fa tanto freddo.*

Stefano: *Sì, a me basta pensare di non avere una giacca, e ho freddo. Ma forse viene dal polo nord ed è abituato a questo tempo.*

## 5

# Carlo Levi

Carlo Levi starb am 4. Januar 1975 in Rom.*
Er war einer der berühmtesten italienischen Schriftsteller dieses Jahrhunderts. Unter seinen bekanntesten Werken erinnern wir an:
Christus kam nur bis Eboli (1945)
Die Zukunft hat ein antikes Herz (1956)
Ein Gesicht, das uns gleicht: Portrait Italiens (1960)

* Geboren am 29. November 1902 in Turin.

il volto — d. Gesicht
somigliare (si) — gleichen (sich)
il ritratto — Portrait

## 6

# Das Wetter

Giovanna: Siehst du diesen Jungen mit dem Hemd? Das muß ein Ausländer sein. Bei diesem Wetter, wie kann man sich da so kleiden? Es ist so kalt.

Stefano: Ja, mir reicht es, mir vorzustellen, ich hätte keine Jacke, und mir ist kalt. Aber vielleicht kommt er vom Nordpol und ist dieses Wetter gewohnt.

| | |
|---|---|
| la camicia [ka'mi:tʃa] | Hemd |
| vestirsi [ves'ti:rsi] | anziehen, sich kleiden |
| fa freddo ['freddo] | es ist kalt |
| la giacca ['dʒakka] | Jacke |
| avere freddo | frieren |
| il polo nord ['pɔ:lo] | Nordpol |
| abituato, -a [abitu'a:to] | gewöhnt, vertraut |

## 7

### Le bottiglie vuote

Stefano va puntualmente a casa di Giovanna. Vogliono fare una passeggiata. Per mezzo del citofono Giovanna gli dice di venire su. Lei vuole buttar via le bottiglie vuote della festa, per questo Stefano la trova già alla porta con buste piene di bottiglie. Tutto cavaliere, Stefano le prende subito e le porta alla pattumiera.

## 8

*«Val più la pratica*
*che la grammatica.»*

*Proverbio*

## 7

## Die leeren Flaschen

Stefano geht pünktlich zu Giovanna. Sie wollen einen Spaziergang machen. Durch die Gegensprechanlage sagt Giovanna ihm, er solle hochkommen. Sie möchte die leeren Flaschen des Festes wegwerfen, deswegen findet Stefano sie schon an der Tür mit Tüten voller Flaschen. Ganz Kavalier, nimmt Stefano sie ihr sofort ab und trägt sie zum Mülleimer.

| | |
|---|---|
| puntuale [puntu'a:le] | pünktlich |
| la passeggiata [passed'dʒa:ta] | Spaziergang |
| il citofono [tʃi'tɔ:fono] | (Haus-)Sprechanlage |
| buttare via [but'ta:re] | wegwerfen |
| la busta ['busta] | Packung, Plastiktüte |
| la pattumiera [pattu'miɛ:ra] | Mülleimer |

## 8

„Die Praxis ist mehr wert als die Grammatik." – Sprichwort

GRAMMATIK

## L'indicativo presente — Indikativ Präsens

verbi in -are — Verben auf -are
verbi in -ere — Verben auf -ere

**trovare – finden / vedere – sehen / perdere – verlieren**

| | | | |
|---|---|---|---|
| *io* | *trov-o* | *ved-o* | *perd-o* |
| *tu* | *trov-i* | *ved-i* | *perd-i* |
| *lui, lei* | *trov-a* | *ved-e* | *perd-e* |
| *noi* | *trov-iamo* | *ved-iamo* | *perd-iamo* |
| *voi* | *trov-ate* | *ved-ete* | *perd-ete* |
| *loro* | *trov-ano* | *ved-ono* | *perd-ono* |

In der dritten Person Plural wird die drittletzte Silbe betont und nicht, wie sonst üblich, die vorletzte Silbe.

## 9

### La città di Catania

Catania è una delle più grosse città del Meridione. Si trova in Sicilia ai piedi dell'Etna. Una delle attrazioni più interessanti di questa città sono i «Giardini Bellini», parco floreale abbastanza grande al centro della città, dove giornalmente si compone la data attuale con fiori di vari colori.

## 10

ESERCIZIO

### Tradurre

1. Dort sehe ich Giovanna.
2. Giovanna, gehst du zur Universität?
3. Ja, ich und meine Schwester Laura, wir studieren.
4. Was studiert ihr?
5. Laura studiert Chemie, ich studiere Sprachen.
6. Wir müssen gehen, Laura und ihre Freundin verpassen sonst den Bus.
7. Tschüs, wir sehen uns morgen.

## 9

# Die Stadt Catania

Catania ist eine der größten Städte Süditaliens*. Sie befindet sich auf Sizilien, am Fuße des Ätna. Eine der interessantesten Sehenswürdigkeiten der Stadt sind die „Giardini Bellini", ein ziemlich großer Blumenpark im Stadtzentrum, wo man täglich mit Blumen unterschiedlicher Farben das aktuelle Datum zusammenstellt.

** Der Mezzogiorno bezeichnet den Süden Italiens, d. h. den Teil, der südlich von Rom liegt.*

| | |
|---|---|
| situare [situ'a:re] | stellen, setzen, legen |
| il piede [pi'e:de] | Fuß |
| l'attrazione (f.) [at-tratsi'o:ne] | Attraktion, Sehenswürdigkeit |
| comporre [kom'por-re] | zusammenstellen |
| il fiore [fi'o:re] | Blume |
| il colore [ko'lo:re] | Farbe |

## 10

# Übersetzen Sie

1. Là vedo Giovanna.
2. Giovanna, vai all'università?
3. Sì, io e mia sorella Laura, noi studiamo.
4. Cosa studiate?
5. Laura studia chimica, io studio lingue.
6. Dobbiamo andare, altrimenti Laura e la sua amica perdono l'autobus.
7. Ciao, ci vediamo domani.

## 11

### Nell'ufficio postale

Per spedire alcune lettere Stefano ha ancora bisogno di francobolli. Non va volentieri alla posta perché si deve far sempre la coda e può succedere che, dopo aver aspettato tanto tempo, l'impiegato dice: «No, mi occupo soltanto di pacchetti, per i francobolli si deve rivolgersi allo sportello prossimo.»

## 12

### Il telefax

Stefano: *Ciao Papà, ti vedo molto stanco.*

Signor Brusa: *Sì, figlio mio. La mia ditta ha deciso di rinnovare il nostro sistema di telecomunicazione. Oggi è arrivato il telefax. Durante tutto il giorno abbiamo ricevuto delle strane stampe-computer da questa macchinaccia!*

## 11

### Im Postamt

Um ein paar Briefe zu verschicken, braucht Stefano noch Briefmarken. Er geht nicht gerne zur Post, weil man immer Schlange stehen muß und es passieren kann, daß, nachdem man so lange gewartet hat, der Schalterbeamte sagt: „Nein, ich beschäftige mich nur mit Päckchen, wegen der Briefmarken muß man sich an den nächsten Schalter wenden."

| | |
|---|---|
| l'ufficio, *m* (-ci) [uf'fi:tʃo] | Büro, Amt |
| spedire [spe'di:re] | senden, schicken |
| avere bisogno di qc [bi'zoɲɲo] | etw. brauchen |
| fare la coda ['ko:da] | Schlange stehen |
| l'impiegato, *m* [impie'ga:to] | Angestellter, Beamter |
| rivolgersi a [ri'voldʒersi] | sich wenden an |
| lo sportello [spor'tɛllo] | Tür, Schalter |

## 12

### Das Telefax

Stefano: Hallo Papa, du siehst sehr müde aus.

Herr Brusa: Ja, mein Sohn. Meine Firma hat beschlossen, unser Telekommunikationssystem zu erneuern. Heute ist das Telefax angekommen. Während des ganzen Tages haben wir merkwürdige Ausdrucke von dieser schrecklichen Maschine erhalten.

| | |
|---|---|
| il telefax [tele'faks] | Telefax |
| la ditta ['ditta] | Firma |
| rinnovare [rinno'va:re] | erneuern |
| il sistema [sis'tɛ:ma] | System |
| la telecomunicazione [telekomunikatsi'o:ne] | Fernmeldewesen, -technik |
| la stampa ['stampa] | (Computer-) Ausdruck |

## 13

### Il Monferrato

Il Monferrato è un vasto altopiano collinoso. Arriva dall'Appennino ligure fino alla valle del Po. Il Monferrato, questo paesaggio bellissimo, è terra di castelli come poche altre in Italia. C'è il castello assai pittoresco Camino, il barocco castello di Magliano Alfieri, castel Roero di Monticello d'Alba e il castello di Villadeati.

*In quale regione d'Italia si trova il Monferrato?*

## 14

### Un giornale

Ogni mattina, quando va al lavoro, il signor Brusa si compra un giornale. Il giornalaio gli dà senza chiedere la Repubblica e ogni lunedì anche L'Espresso. Qualche volta parlano un po' della famiglia, della politica, dello sport e naturalmente del tempo. Quando è necessario il signor Brusa là si compra anche un carnet per la metropolitana o una tessera.

## 13

## Das Monferrato

Das Monferrato ist eine weite, hügelige Hochebene. Es reicht vom ligurischen Apennin bis zum Tal des Pos. Das Monferrato, diese wunderschöne Landschaft, ist ein Gebiet der Burgen wie wenige andere in Italien. Es gibt die sehr malerische Burg Camino, die barocke Burg Magliano Alfieri, Burg Roero Monticello d'Alba und die Burg Villadeati. In welcher Region Italiens befindet sich Monferrato?

*Piemont*

**Nicht auslassen**
sollte man das Kloster von Crea. 23 Kapellen und 5 (von ehemals 17) kleine Erimitagen, die durch Pfade verbunden sind, stellen die Mysterien des Rosenkranzes dar.

## 14

## Eine Zeitung

Jeden Morgen, wenn er zur Arbeit geht, kauft sich Herr Brusa eine Zeitung. Der Zeitungsverkäufer gibt ihm, ohne zu fragen, die *Repubblica* und jeden Montag auch den *Espresso*. Manchmal reden sie ein bißchen über die Familie, die Politik, den Sport und natürlich das Wetter. Wenn es nötig ist, kauft Herr Brusa sich dort auch eine Zehnerkarte für die U-Bahn oder eine Monatskarte.

| | |
|---|---|
| la mattina [mat'ti:na] | Morgen |
| il giornale [dʒor'na:le] | Zeitung |
| il giornalaio [dʒorna'la:io] | Zeitungsverkäufer |
| il carnet [kar'nɛ] | Zehnerkarte, Notizbuch |
| la metropolitana [metropoli'ta:na] | U-Bahn |
| la tessera ['tɛssera] | Mitgliedskarte, Monatskarte |

## 15

*«La natura degli uomini*
*è ambiziosa e sospettosa.»*

*Machiavelli*

## 16

ESERCIZIO

**Completare le seguenti frasi**

1. Laura ________________ (guardare) la televisione.
2. Noi ________________ (pronunciare) la nuova forma.
3. Loro ________________ (vivere) a Roma.
4. Laura e Giovanna, voî ________________ (vedere) questo gatto?
5. No, ma ________________ (sentire) il gatto.
6. Giovanna, mi ________________ (aprire) la porta?
7. Stefano ________________ (scrivere) una lettera.
8. Io ________________ (finire) di studiare subito.

## 15

„Das Wesen der Menschen ist ehrgeizig und mißtrauisch.“ – Niccolò Machiavelli (1469 – 1527), italienischer Schriftsteller

GRAMMATIK

### L'indicativo presente — Indikativ Präsens

verbi in -ire — Verben auf -ire

**sentire – hören, fühlen / finire – (be)enden, aufhören**

| | | |
|---|---|---|
| *io* | *sent-o* | *fin–isc-o* |
| *tu* | *sent-i* | *fin-isc-i* |
| *lui, lei* | *sent-e* | *fin-isc-e* |
| *noi* | *sent-iamo* | *fin-iamo* |
| *voi* | *sent-ite* | *fin-ite* |
| *loro* | *sent-ono* | *fin-isc-ono* |

## 16

### Vervollständigen Sie die folgenden Sätze

1. Laura **guarda** la televisione.
2. Noi **pronunciamo** la nuova forma.
3. Loro **vivono** a Roma.
4. Laura e Giovanna, voi **vedete** questo gatto?
5. No, ma **sentiamo** il gatto.
6. Giovanna, mi **apri** la porta?
7. Stefano **scrive** una lettera.
8. Io **finisco** di studiare subito.

*1. Laura sieht fern.*
*2. Wir sprechen die neue Form aus.*
*3. Sie leben in Rom.*
*4. Laura und Giovanna, seht ihr diese Katze?*
*5. Nein, aber wir hören die Katze.*
*6. Giovanna, öffnest du mir die Tür?*
*7. Stefano schreibt einen Brief.*
*8. Ich höre sofort auf zu studieren.*

## 17

GRAMMATICA

### Indicativo presente di essere e avere

| essere | avere |
|---|---|
| (io) sono | (io) ho |
| (tu) sei | (tu) hai |
| (lui) è | (lui) ha |
| (lei) è | (lei) ha |
| (noi) siamo | (noi) abbiamo |
| (voi) siete | (voi) avete |
| (loro) sono | (loro) hanno |

## 18

### In discoteca

Giovanna e Stefano s'incontrano alle dieci di sera per andare in discoteca. La «Babilonia» è una discoteca nuova, che è molto frequentata dai giovani. Alcuni amici di Stefano ci sono stati, e la loro descrizione era impressionante. Così Stefano si è deciso ad andarci, anche se normalmente non va in discoteca.

## 17

GRAMMATIK

### Indikativ Präsens von essere und avere

| sein | haben |
|---|---|
| ich bin | ich habe |
| du bist | du hast |
| er ist | er hat |
| sie ist | sie hat |
| es ist | es hat |
| wir sind | wir haben |
| ihr seid | ihr habt |
| sie sind | sie haben |

*Die eingeklammerten persönlichen Fürwörter (io, tu usw.) werden im Italienischen nur dann gesetzt, wenn sie betont sind: anche lei è italiana – auch sie ist Italienerin.*

## 18

### In der Disco

Giovanna und Stefano treffen sich um zehn Uhr abends, um in die Disco zu gehen. Das „Babylon" ist eine neue Diskothek, die von Jugendlichen sehr gut besucht wird. Einige Freunde von Stefano sind dort gewesen, und ihre Beschreibung war beeindruckend. So hat Stefano sich entschlossen dorthinzugehen, auch wenn er normalerweise nicht in die Disco geht.

| | |
|---|---|
| la discoteca [disko'tɛ:ka] | Diskothek |
| incontrarsi [iŋkon'tra:rsi] | sich treffen, sich sehen |
| frequentato, -a [frekuen'ta:to] | gut besucht, belebt |
| alcuno, -a [al'ku:no] | einige, etwas |
| la descrizione [deskrit'tsio:ne] | Beschreibung, Schilderung |
| impressionante [impressio'nante] | beeindruckend, eindrucksvoll |

## 19

### Al comune

| | |
|---|---|
| Pietro: | *Buon giorno, mi occorre un certificato di nascita, per favore.* |
| Impiegato: | *Qual è il suo nome e quando è nato?* |
| Pietro: | *Mi chiamo Mancini Pietro, nato il 06. 05. 1947.* |
| Impiegato: | *Può venire domani fra le 13.00 e le 14.00 per ritirare il suo documento.* |
| Pietro: | *Non potrebbe farmelo subito?* |
| *Impiegato:* | *Mi dispiace, ma prima di domani non è possibile.* |

## 20

### La Valle d'Aosta

La Valle d'Aosta è una delle cinque regioni d'Italia che ha uno statuto speciale. È una Regione Autonoma entro l'unità politica della Repubblica Italiana. Il capoluogo è la città di Aosta. Di importanza per visitatori è soprattutto il fatto che il territorio della Valle d'Aosta è posto fuori dalla linea doganale e costituisce zona franca.

*Che lingua si parla nella Valle d'Aosta?*

## 19

## In der Stadtverwaltung

| | |
|---|---|
| Pietro: | Guten Tag, ich brauche bitte eine Geburtsbescheinigung. |
| Angestellter: | Wie ist ihr Name, und wann sind sie geboren? |
| Pietro: | Ich heiße Pietro Mancini, geboren am 06. 05. 1947. |
| Angestellter: | Sie können morgen zwischen 13.00 und 14.00 Uhr kommen, um Ihre Bescheinigung abzuholen. |
| Pietro: | Könnten Sie sie mir nicht sofort ausstellen? |
| Angestellter: | Es tut mir leid, aber vor morgen ist es nicht möglich. |

| | |
|---|---|
| il certificato [tʃertifi'ka:to] | Bescheinigung |
| ritirare [riti'ra:re] | abholen |
| il documento [doku'mento] | Dokument |
| subito ['su:bito] | sofort |
| dispiacere [dispia'tʃe:re] | mißfallen |

## 20

## Das Aostatal

Das Aostatal ist eine der fünf Regionen Italiens, die einen besonderen Status besitzen. Es ist eine Autonome Region innerhalb der politischen Einheit der Italienischen Republik. Die Haupstadt ist die Stadt Aosta. Von Bedeutung für Besucher ist vor allem die Tatsache, daß das Gebiet des Aostatals außerhalb der Zollinie liegt und eine Freizone darstellt. Welche Sprache spricht man im Aostatal?

*Italienisch, Französisch und Deutsch*

Im Aostatal ist Französisch neben Italienisch offizielle Amtssprache. Daneben wird in einigen Tälern ein deutscher Dialekt gesprochen.

## 21

# Assaggio del vino

Pietro ama molto il vino e ne produce ogni anno diversi tipi. Questa sera ha incontrato alcuni amici per assaggiare i vari vini. C'è vino bianco, rosso, frizzantino e marsalato. Naturalmente è molto contento quando qualcuno gli fa i complimenti.

## 22

ESERCIZIO

**Coniugare**

1. capire ________________
2. pagare ________________
3. conoscere ________________
4. leggere ________________
5. studiare ________________
6. partire ________________
7. mangiare ________________

## 21

### Weinprobe

Pietro mag Wein sehr, und er produziert jedes Jahr verschiedene Sorten. An diesem Abend hat er einige Freunde eingeladen, um die verschiedenen Weine zu probieren. Es gibt Weißwein, Rotwein, Rosé und Marsalawein. Natürlich ist er sehr zufrieden, wenn ihm jemand Komplimente macht.

| | |
|---|---|
| produrre [pro'dur-re] | produzieren, herstellen |
| questo [ku'esto] | dieser |
| alcuno [al'ku:no] | irgendein; pl.: einige |
| assaggiare [as-sad-'dʒa:re] | probieren |
| il complimento [kompli'mento] | Kompliment, Lob |

## 22

### Konjugieren Sie

1. *capire – verstehen*: capisco – capisci – capisce – capiamo – capite – capiscono
2. *pagare – (be-)zahlen*: pago – paghi – paga – paghiamo – pagate – pagano
3. *conoscere – kennen*: conosco – conosci – conosce – conosciamo – conoscete – conoscono
4. *leggere – lesen*: leggo – leggi – legge – leggiamo – leggete – leggono
5. studiare – lernen: studio – studi – studia – studiamo – studiate – studiano
6. partire – abreisen: parto – parti – parte – partiamo – partite – partono
7. mangiare – essen: mangio – mangi – mangia – mangiamo – mangiate – mangiono

Beachten Sie die Aussprache *(gi, ci, gh, ch)*!

## 23

### Epifania

Ad Epifania i contadini distribuiscono ottimo mangime alle bestie perché, durante la notte, queste possono parlare come gli uomini e possono così maledire i contadini se non fossero ben trattate. Questo dono è stato dato alle bestie perché il bue e l'asinello hanno offerto il loro fiato a Gesù Bambino al presepio. Chi è curioso ed ascolta ciò che le bestie dicono si condanna da sè a sicura morte prima ancora dell'alba.

## 24

### La Befana

Sandro: *Vedi, la Befana mi ha portato questo libro di chimica e tanti dolci e neanche un pezzettino di carbone!*

Stefano: *Beh, fratellino, sei stato un bravo ragazzo ma l'anno prossimo troverai sicuramente soltanto carbone!*

## 23

### Die Heiligen Drei Könige

Am Tag der Heiligen Drei Könige verteilen die Bauern sehr gutes Futter an die Tiere, weil diese während der Nacht wie die Menschen sprechen und, wenn sie nicht gut behandelt wurden, die Bauern verfluchen können. Diese Gabe wurde den Tieren gegeben, weil der Ochse und das Eselchen ihren Atem dem Jesuskind an der Krippe dargebracht haben. Wer neugierig ist und hört, was die Tiere sagen, verurteilt sich selbst zum sicheren Tod noch vor dem Morgengrauen.

Außerdem werden in einigen Regionen ganz besondere Kräuter und Gemüse verfüttert, die während des kommenden Jahres sowohl die Fruchtbarkeit der Tiere mehren als auch verhindern sollen, daß diese giftige Pflanzen fressen.

## 24

### Die Befana

Sandro: Schau, die Befana hat mir dieses Chemiebuch gebracht und so viele Süßigkeiten und nicht einmal ein Stückchen Kohle!

Stefano: Nun, Brüderchen, du bist ein braver Junge gewesen, aber das nächste Jahr wirst du bestimmt nur Kohle finden.

*Die Befana ist eine überaus häßliche, aber wohltätige Alte, die in der Nacht des Dreikönigsfestes durch den Schornstein ins Haus kommt, um in den Schuhen oder häufiger in den Strümpfen der Kinder, wenn sie brav waren, Geschenke oder, wenn sie ungezogen waren, Kohle zu verstecken.*

| | |
|---|---|
| la Befana [be'fa:na] | Dreikönigsfest, die Befana |

## 25

### Il telefono

Perché il telefono di Stefano è guasto, deve usare un telefono pubblico. Il primo che trova funziona soltanto con gettoni che Stefano non ha. Per il secondo si deve avere una scheda telefonica che non ha neanche. Il terzo trovato in un bar non funziona. Ma il barista ha dei gettoni. Così Stefano se ne può prendere due e ritornare al primo telefono.

## 26

### Un week-end di sci

Stefano: *Perché non passiamo un fine settimana con i nostri amici fuori città?*

Giovanna: *Sì, perchè no. Mi piacerebbe sciare. I miei genitori possiedono una casetta in montagna.*

Stefano: *E pensi che là possiamo passare alcuni giorni?*

Giovanna: *Devo chiedere a mia madre, ma penso di sì.*

# 25

## Das Telefon

Weil Stefanos Telefon kaputt ist, muß er ein öffentliches Telefon benutzen. Das erste, das er findet, funktioniert nur mit Telefonmünzen, die Stefano nicht besitzt. Für das zweite braucht man eine Telefonmagnetkarte, die er auch nicht hat. Das dritte, gefunden in einer Bar, funktioniert nicht. Aber der Wirt hat Telefonmünzen. So kann Stefano sich zwei davon nehmen und zum ersten Telefon zurückkehren.

| | |
|---|---|
| guasto, -a ['guasto] | kaputt, defekt |
| pubblico, -a ['pubbliko] | öffentlich, staatlich |
| il gettone [dʒet'to:ne] | (Einwurf-) Münze, Spielmarke |
| scheda telefonica ['skɛ:da] | Telefonmagnetkarte |
| neanche [ne'aŋke] | auch nicht |
| il *oder* la barista [ba'rista] | Wirt(in) |

# 26

## Ein Skiwochenende

Stefano: Warum verbringen wir kein Wochenende mit unseren Freunden außerhalb der Stadt?

Giovanna: Ja, warum nicht. Ich würde gerne Ski fahren. Meine Eltern besitzen ein Häuschen in den Bergen.

Stefano: Und denkst du, daß wir dort ein paar Tage verbringen könnten?

Giovanna: Ich muß meine Mutter fragen, aber ich denke doch.

| | |
|---|---|
| il week-end ['wi:kend] | Wochenende |
| il *oder* la fine settimana ['fi:ne setti'ma:na] | Wochenende |
| fuori ['fuɔ:ri] | außerhalb, außer |
| sciare [ʃi'a:re] | Ski laufen |
| possedere [posse'de:re] | besitzen, verfügen über |
| la montagna [mon'taɲɲa] | Berg, Gebirge |

## 27

### Il Lago di Como

«Quel ramo del lago di Como, che volge a mezzogiorno, tra due catene non interrotte di monti, tutto a seni e a golfi, a seconda dello sporgere e del rientrare di quelli, vien, quasi a un tratto, a ristringersi, e a prender corso e figura di fiume, tra un promontorio a destra, e un'ampia costiera dall'altra parte; e il ponte, che ivi congiunge le due rive, par che renda ancor più sensibile all'occhio questa trasformazione . . .»

*Chi lo ha scritto?*

## 28

### Antonella incontra un'amica

Antonella: *Ciao Vittoria, è da molto che aspetti?*
Vittoria: *No, sono appena arrivata.*
Antonella: *Hai voglia di andare al cinema?*
Vittoria: *Purtroppo non posso, perché il film dura due ore e più tardi ho un'appuntamento con il mio ragazzo.*
Antonella: *Allora facciamo una passeggiata.*

## 27

### Der Comer See

„Dieser Arm des Comer Sees, der nach Süden abbiegt, zwischen zwei nicht abbrechenden Bergketten, alles Buchten und Busen, gemäß dem Vorspringen und Zurückweichen jener, beginnt, fast auf einmal, sich zu verengen, und Verlauf und Figur eines Flusses anzunehmen, zwischen einem Kap zur Rechten und einer weitläufigen Küste zur anderen Seite; und die Brücke, die dort die beiden Ufer verbindet, erscheint, als würde sie diese Veränderung dem Auge noch deutlicher machen . . .“ Wer hat dies geschrieben?

*Alessandro Manzoni*

Die Beschreibung des Sees ist der Anfang aus «I Promessi Sposi» (Die Verlobten). Diese Landschaftsbeschreibung gilt als eine der schönsten, die je in italienischer Sprache geschrieben wurden.

## 28

### Antonella trifft eine Freundin

Antonella: Ciao Vittoria, wartest du schon lange?
Vittoria: Nein, ich bin gerade angekommen.
Antonella: Hast du Lust, ins Kino zu gehen?
Vittoria: Leider kann ich nicht, weil der Film zwei Stunden dauert und ich später eine Verabredung mit meinem Freund habe.
Antonella: Dann machen wir einen Spaziergang.

| | |
|---|---|
| aspettare [aspet-'ta:re] | warten |
| appena [ap-'pe:na] | gerade, kaum |
| arrivare [arri'va:re] | ankommen |
| la voglia [vo:ʎa] | Wille, Lust |

## 29

### La scuola

Antonella frequenta l'ultimo anno dell'istituto tecnico commerciale. La scuola si trova vicino al centro storico di Catania, a 20 minuti di strada da casa. Per arrivare puntualmente Antonella prende ogni mattina l'autobus che si ferma vicino la scuola.

## 30

*Come disse il corvo di Pinocchio:*
*«Per me è morto, ma se non fosse morto, allora è vivo sicuramente.»*

*Carlo Collodi*

## 29

# Die Schule

Antonella besucht das letzte Jahr der höheren Handelsschule. Die Schule befindet sich im historischen Stadtzentrum von Catania, 20 Minuten Wegstrecke von zu Hause entfernt. Um pünktlich anzukommen, nimmt Antonella jeden Morgen den Autobus, der in der Nähe der Schule hält.

| | |
|---|---|
| frequentare [frekuen'taːre] | besuchen |
| l'istituto tecnico commerciale (m.) [isti'tuːto 'tɛknico kom-mer'tʃaːle] | höhere Handelsschule |
| puntualmente [puntual'mente] | pünktlich |
| prendere ['prɛndere] | nehmen |
| fermarsi [fer'marsi] | anhalten |

## 30

Wie der Rabe aus Pinocchio sagte: „Ich meine, er ist tot, aber wenn er nicht tot ist, dann lebt er sicher." – Carlo Collodi (1826 –1890), italienischer Schriftsteller, in „Pinocchios Abenteuer"

### Il passato prossimo – zusammengesetztes Perfekt

Das *passato prossimo* setzt sich zusammen aus einer Form im *indicativo presente* der Hilfsverben «avere» oder «essere» und dem *participio passato* – Partizip Perfekt.
Das *participio passato* wird wie folgt gebildet:

| | |
|---|---|
| *trov-are – finden:* | *trov-ato – gefunden* |
| *perd-ere – verlieren:* | *perd-uto – verloren* |
| *sent-ire – hören:* | *sent-ito – gehört* |

Wird das *passato prossimo* mit *essere* gebildet, so muß das *participio passato* angeglichen werden:

| | |
|---|---|
| *Ho trovato un coltello.* | *– Ich habe ein Messer gefunden.* |
| *Laura è venuta.* | *– Laura ist gekommen.* |
| *Laura ha letto un libro.* | *– Laura hat ein Buch gelesen.* |

## 31

### Mozzarella in carrozza

Ingredienti: mozzarella, sale, basilico, pepe, pomodori, olio d'oliva

Tagliare a fette la mozzarella ed i pomodori, dello spessore di 1 cm, ed alternarli in un piatto di portata. Condire il tutto con una presa di sale, pepe ed abbondante basilico. Alla fine versare un po' di olio d'oliva.

Buon appetito!

## 32

### Concetta incontra la vicina

Per Concetta un giorno non è un buon giorno se non ha la possibilità di parlare con qualche vicina. Oggi ha chiamato la signora Marcella per offrirla un buon caffè. Concetta è curiosa di sentire le ultime novità ed i pettegolezzi del quartiere.

## 31

## Mozzarella im Wagen

Zutaten: Mozzarella, Salz, Basilikum, Pfeffer, Tomaten, Olivenöl

Mozzarella und Tomaten in 1 cm dicke Scheiben schneiden und abwechselnd auf einen (flachen) Servierteller legen. Alles mit einer Prise Salz, Pfeffer und reichlich Basilikum würzen. Am Schluß mit etwas Olivenöl übergießen.

Guten Appetit!

| | |
|---|---|
| ingrediente [iŋgredi'ɛnte] | Zutat |
| tagliare [ta'ʎa:re] | schneiden |
| lo spessore [spes-'so:re] | Stärke, Dicke |
| alternare [alter'na:re] | wechseln, abwechseln |
| condire [kon'di:re] | würzen |
| abbondante [ab-bon'dante] | reichlich, üppig |

## 32

## Concetta trifft die Nachbarin

Für Concetta ist ein Tag kein guter Tag, wenn sie nicht die Möglichkeit hat, mit einer Nachbarin zu sprechen. Heute hat sie Frau Marcella gerufen, um ihr einen guten Kaffee anzubieten. Concetta ist neugierig, die letzten Neuigkeiten und den Klatsch des Stadtviertels zu hören.

| | |
|---|---|
| incontrare [inkon'tra:re] | treffen |
| la possibilità [pos-sibili'ta] | Möglichkeit |
| la vicina [vi'tʃi:na] | Nachbarin |
| chiamare [kia'ma:re] | rufen, nennen |
| offrire [of-'fri:re] | anbieten |
| curioso [kuri'o:so] | neugierig |
| il pettegolezzo [pet-tego'let-tso] | Klatsch, Geschwätz |
| il quartiere [kuarti'ɛ:re] | Stadtteil |

## 33

### Il compleanno

Giovanna: *Venerdì è il compleanno di mia sorella Laura. Cosa posso regalarle? Non ho nessuna idea.*

Stefano: *Perché non organizzi una festa? Un banchetto, per esempio?*

Giovanna: *Non perdi nessuna occasione per rimpinzarti la pancia?*

Stefano: *Cresco ancora, ho bisogno di molto cibo.*

## 34

### ESERCIZIO

**Completare con il passato prossimo**

1. Laura ________________(arrivare).
2. Noi non ________________(essere) mai ________________ a Milano.
3. Io ________________(leggere) tutto il libro.
4. Mia madre ________________(nascere) a Pisa.
5. Luigi ________________(comprare) una grande casa.
6. Ieri voi ________________(bere) troppo vino.
7. Tu ________________(imparare) bene.

## 33

### Der Geburtstag

| | |
|---|---|
| Giovanna: | Freitag hat meine Schwester Laura Geburtstag. Was kann ich ihr schenken? Ich habe keine Idee. |
| Stefano: | Warum organisierst du kein Fest? Ein Festessen zum Beispiel? |
| Giovanna: | Läßt du keine Gelegenheit aus, um dir den Bauch vollzuschlagen? |
| Stefano: | Ich wachse noch, ich brauche viel Nahrung. |

| | |
|---|---|
| il compleanno [komple'anno] | Geburtstag |
| regalare [rega'la:re] | schenken, verschenken |
| organizzare [organid'dza:re] | organisieren, veranstalten |
| il banchetto [baŋ'ketto] | Festmahl, Bankett |
| rimpinzarsi [rimpin'tsa:rsi] | sich vollstopfen |
| la pancia ['pantʃa] | Bauch |
| crescere ['kreʃʃere] | wachsen |
| il cibo ['tʃi:bo] | Nahrung, Speise |

## 34

### Vervollständigen Sie mit dem passato prossimo

1. Laura **è arrivata**.
2. Noi non **siamo** mai **stati** a Milano.
   *Oder, wenn das „wir" nur Frauen einschließt*:
   Noi non **siamo** mai **state** a Milano.
3. Io **ho letto** tutto il libro.
4. Mia madre **è nata** a Pisa.
5. Luigi **ha comprato** una grande casa.
6. Ieri voi **avete bevuto** troppo vino.
7. Tu **hai imparato** bene.

*1. Laura ist angekommen.*
*2. Wir sind nie in Mailand gewesen.*
*3. Ich habe das ganze Buch gelesen.*
*4. Meine Mutter wurde in Pisa geboren.*
*5. Luigi hat ein großes Haus gekauft.*
*6. Gestern habt ihr zuviel Wein getrunken.*
*7. Du hast gut gelernt.*

## 35

### Gita scolastica

Antonella non ha dormito molto bene. È abbastanza nervosa, perché fra pochi giorni parte con la classe per una gita scolastica. Per quest'anno è stato deciso di passare una «settimana bianca» sulle Alpi. Antonella non è ancora pronta con i suoi preparativi. Deve comprarsi ancora gli sci ed una giacca a vento.

## 36

### La festa di compleanno

Giovanna ha preparato una festa di sorpresa per Laura. Ha fatto tre insalate ed altri piatti. Molti amici sono già arrivati. Tutto è pronto. Paola, un'amica di Laura, è incaricata di trascinare Laura a casa di Stefano alle otto. Quando vengono, tutti gli amici fanno a Laura gli auguri per il compleanno e consegnano i regali.

## 35

## Schulausflug

Antonella hat nicht gut geschlafen. Sie ist ziemlich nervös, weil sie in einigen Tagen mit ihrer Klasse zu einem Schulausflug aufbricht. In diesem Jahr ist entschieden worden, eine „weiße Woche“ in den Alpen zu verbringen.
Antonella ist noch nicht mit ihren Vorbereitungen fertig. Sie muß sich noch die Ski und einen Anorak kaufen.

| | |
|---|---|
| dormire [dor'mi:re] | schlafen |
| nervoso [ner'vo:so] | nervös |
| partire [par'ti:re] | abfahren, losfahren |
| la gita scolastica ['dʒi:ta sko'lastika] | Schulausflug |
| decidere [de'tʃi:dere] | entscheiden |
| il preparativo [prepara'ti:vo] | Vorbereitung |
| comprare [kom'pra:re] | kaufen |
| la giacca a vento [dʒak-ka a vɛnto] | Anorak, Windjacke |

## 36

## Die Geburtstagsfeier

Giovanna hat eine Überraschungsparty für Laura vorbereitet. Sie hat drei Salate und andere Speisen gemacht. Viele Freunde sind schon angekommen. Alles ist bereit. Paola, eine Freundin von Laura, ist beauftragt, Laura um acht Uhr zu Stefano zu lotsen. Als sie kommen, gratulieren alle Freunde Laura zum Geburtstag und überreichen die Geschenke.

| | |
|---|---|
| la sorpresa [sor'pre:sa] | Überraschung |
| il piatto ['piatto] | Gericht, Speise, Teller |
| incaricare [iŋkari'ka:re] | beauftragen |
| trascinare [traʃʃi'na:re] | (mit-) schleifen, lotsen |
| l'augurio, *m* [au'gu:rio] | Glückwunsch, Wunsch |
| consegnare [konseɲ'ɲa:re] | übergeben, abliefern |

## 37

GRAMMATICA

### L'articolo determinato

| | |
|---|---|
| **il** direttore | **i** direttori |
| **l'**arrivo | **gli** arrivi |
| **lo** scambio | **gli** scambi |
| **la** domanda | **le** domande |
| **l'**esperienza | **le** esperienza |

## 38

### La Cappella degli Scrovegni

A Padova si trova la Cappella degli Scrovegni, detta Madonna dell'Arena, fatta erigere da Enrico Scrovegni forse per espiare l'usura del padre. La cappella, consacrata nel 1305, è famosa per gli affreschi in cui Giotto ha rappresentato le «Storie di Maria e Cristo» in 38 quadri. Appartengono alla maturità dell'artista. Rappresentano una importante testimonianza della pittura medioevale italiana.

*Da quando a quando Giotto ha vissuto?*

## 37

GRAMMATIK

### Der bestimmte Artikel

| | |
|---|---|
| der Direktor | die Direktoren |
| die Ankunft | die Ankünfte |
| der Austausch | die Austäusche |
| die Frage | die Fragen |
| die Erfahrung | die Erfahrungen |

*Der **maskuline** bestimmte Artikel lautet:*
- *vor konsonantisch anlautenden Substantiven (außer s + Konsonant und z):* ***il** Plural **i***
- *vor vokalisch anlautenden Substantiven:* ***l'** Plural **gli***
- *vor s + Konsonant und z:* ***lo** Plural **gli***

***Der feminine** bestimmte Artikel lautet:*
- *vor konsonantisch anlautenden Substantiven:* ***la** Plural **le***
- *vor vokalisch anlautenden Substantiven:* ***l'** Plural **le***

## 38

### Die Scrovegni–Kapelle

In Padua befindet sich die Scrovegni–Kapelle, genannt Madonna der Arena, die Enrico Scrovegni erbauen ließ, vielleicht um den Wucher des Vaters zu sühnen. Die Kapelle, geweiht 1305, ist berühmt wegen der Fresken, in denen Giotto in 38 Bildern die „Geschichte von Maria und Christus" dargestellt hat. Sie gehören zum reifen Werk des Künstlers. Sie bilden ein bedeutendes Zeugnis der mittelalterlichen italienischen Malerei. Von wann bis wann lebte Giotto?

*Giotto di Bondone wurde 1266 nahe Florenz geboren, dort starb er am 8. Januar 1337.*

Weitere bedeutende Werke befinden sich in Assisi und in Florenz.

## 39

### Il passaporto

Stefano ha notato che il suo passaporto scade il prossimo mese. Per prorogarlo deve rivolgersi all'anagrafe. All'inizio si fa dare un termine. Questo termine è tra due settimane. Allora, sebbene abbia un termine, deve aspettare quasi tre ore per ricevere la proroga.

## 40

*«Presto e bene*
*non vanno insieme.»*

*Proverbio*

## 39

### Der Reisepaß

Stefano hat bemerkt, daß sein Reisepaß nächsten Monat abläuft. Um ihn zu verlängern, muß er sich ans Einwohnermeldeamt wenden. Zuerst läßt er sich einen Termin geben. Dieser Termin ist in zwei Wochen. Dann muß er, obwohl er einen Termin hat, fast drei Stunden warten, um die Verlängerung zu erhalten.

| | |
|---|---|
| il passaporto [passa'pɔrto] | Reisepaß |
| notare [no'ta:re] | bemerken, vermerken |
| scadere [ska'de:re] | verfallen, ablaufen |
| prorogare [proro'ga:re] | verlängern, aufschieben |
| l'anagrafe, *f* [a'na:grafe] | Einwohnermeldeamt |
| all'inizio [i'nittsio] | anfangs, zunächst |
| sebbene [seb'bɛ:ne] | obwohl, obgleich |

## 40

„Schnell und gut passen nicht zusammen." – Italienisches Sprichwort

### Il passato prossimo – zusammengesetztes Perfekt

„essere" wird zur Bildung des *passato prossimo* und aller zusammengesetzter Zeiten benutzt bei:

- den meisten Verben, die kein Objekt haben können
- den reflexiven (rückbezüglichen) Verben: *mi sono sbagliato* – ich habe mich vertan
- unpersönlichen Verben: *è piovuto* – es hat geregnet, *è bastato* – es hat gereicht (die Bildung mit „avere" ist allerdings auch möglich)
- den Hilfsverben *dovere* – müssen, *potere* – können, *volere* – wollen, wenn das damit verbundene Verb mit „essere" die zusammengesetzten Zeiten bildet: *mi sono dovuto sbagliare* – ich habe mich vertun müssen

## 41

### La scuola

Stefano va all'università. All'età di cinque anni è andato nella scuola materna. Un anno dopo ha cominciato la scuola elementare, per cui ci vogliono cinque anni. Dopo è venuta la scuola media unica, che dura tre anni. La scuola elementare e la scuola media unica sono obbligatorie. Segue la scuola media superiore che dà la possibilità di andare all'università.

## 42

### Lavoro nell'orto

Concetta: *Pietro, quando pensi di andare nell'orto per ripulirlo un po'? È pieno di erbe.*

Pietro: *Volevo farlo già da tempo, ma da solo non ho assolutamente voglia. Non vuoi venire tu ad aiutarmi?*

## 41

### Die Schule

Stefano geht zur Universität. Im Alter von fünf Jahren ist er in die Vorschule gegangen. Ein Jahr später hat die Volksschule angefangen, für die man fünf Jahre braucht. Danach kam die Einheitsmittelschule, die drei Jahre dauert. Die Volksschule und die Einheitsmittelschule sind vorgeschrieben. Es folgt die Obere Mittelschule, die die Möglichkeit gibt, zur Universität zu gehen.

| | |
|---|---|
| la scuola ['skuɔ:la] | Schule |
| la scuola materna [ma'tɛrna] | Vorschule, Kindergarten |
| la scuola elementare [elemen'ta:re] | Grundschule |
| la scuola media ['mɛdia] | Mittelschule |
| obbligatorio, -a [obbliga'tɔ:rio] | vorgeschrieben, verbindlich |

## 42

### Arbeit im Garten

Concetta: Pietro, wann gedenkst du in den Garten zu gehen, um ihn ein bißchen in Ordnung zu bringen? Er ist voller Unkraut.

Pietro: Ich wollte das schon seit einiger Zeit erledigen, aber alleine habe ich absolut keine Lust. Willst du nicht kommen, um mir zu helfen?

| | |
|---|---|
| l'orto (m.) [orto] | (Gemüse-)Garten |
| ripulire [ripu'li:re] | wieder reinigen |
| piantare [pian'ta:re] | pflanzen |
| il pomodoro [pomo'do:ro] | Tomate |
| la melanzana [melan'tsa:na] | Aubergine |
| la lattuga [lat-'tu:ga] | Kopfsalat |

## 43

ESERCIZIO

### Tradurre

1. Giovanna hat ein Buch gelesen.
2. Stefano hat sich geirrt.
3. Er hat sich dieses Buch kaufen wollen.
4. Aber er hat es nicht kaufen können.
5. Es hat zu sehr geregnet.
6. So ist er zu Hause geblieben.
7. Er ist später gegangen.

## 44

### Svendite di fine stagione

Giovanna: *Stefano, vuoi accompagnarmi in città? Ho visto un bel vestito e voglio comprarlo. C'è uno sconto del cinquanta percento.*

Stefano: *Volentieri, sarò il tuo consigliere. Di che colore è?*

Giovanna: *Il vestito è a strisce rosso nero.*

## 43

### Übersetzen Sie

1. Giovanna ha letto un libro.
2. Stefano si è sbagliato.
3. Si ha voluto comprare questo libro.
4. Ma non ha potuto comprarlo.
5. È piovuto troppo.
6. Così lui è stato a casa.
7. Lui è andato più tardi.

*DIE EXPERTENECKE*

**Espressioni con «fare»**

| | |
|---|---|
| farla finita con qu | mit jdm Schluß machen |
| farsi strada | seinen Weg machen |
| farsela addosso | sich ins Hemd machen |
| fare da | sein wie, wirken als |
| fare lo sciocco | den Dummen spielen |

## 44

### Schlußverkauf

Giovanna: Stefano, willst du mich in die Stadt begleiten? Ich habe ein schönes Kleid gesehen und möchte es kaufen. Es gibt einen Nachlaß von 50 Prozent.

Stefano: Gerne, ich werde dein Berater sein. Welche Farbe hat es?

Giovanna: Das Kleid ist rot-schwarz gestreift.

| | |
|---|---|
| la svendita ['zvendita] | Ausverkauf |
| accompagnare [akkompaɲ'ɲa:re] | begleiten |
| il vestito [ves'ti:to] | Kleid, Bekleidung |
| lo sconto ['skonto] | Nachlaß, Rabatt |
| il consigliere [konsiʎ'ʎɛ:re] | Ratgeber, Berater |
| il colore [ko'lo:re] | Farbe |
| a strisce ['striʃʃe] | gestreift |

## 45

*«Amici veri sono come meloni,*
*di cento ne trovi due buoni.»*

*Proverbio*

## 46

**Un guasto di macchina**

Autista: *Che cosa è successo?*
Pietro: *Non lo so, la macchina non vuole partire, mi potrebbe rimorchiare?*
Autista: *Va bene. Dove vuole andare?*
Pietro: *Fino alla prossima officina.*
Autista: *Scendo subito e l'aiuto.*
Pietro: *Grazie, molto gentile.*

## 45

„Wahre Freunde sind wie Melonen, auf hundert findest du davon zwei gute." – Italienisches Sprichwort

GRAMMATIK

### L'indicativo presente – Indikativ Präsens

forme irregolari – unregelmäßige Formen

**avere – haben / essere – sein / fare – machen, tun**

| | | | |
|---|---|---|---|
| *io* | *ho* | *sono* | *faccio* |
| *tu* | *hai* | *sei* | *fai* |
| *lui, lei* | *ha* | *è* | *fa* |
| *noi* | *abbiamo* | *siamo* | *facciamo* |
| *voi* | *avete* | *siete* | *fate* |
| *loro* | *hanno* | *sono* | *fanno* |

## 46

### Eine Autopanne

Fahrer: Was ist passiert?
Pietro: Ich weiß es nicht. Mein Auto will nicht mehr starten. Könnten Sie mich abschleppen?
Fahrer: Ist gut. Wohin möchten Sie fahren?
Pietro: Bis zur nächsten Werkstatt.
Fahrer: Ich steig sofort aus und helfe Ihnen.
Pietro: Danke schön, sehr freundlich.

| | |
|---|---|
| il guasto [gu'asto] | Panne |
| succedere [sut-'tʃɛːdere] | geschehen, passieren |
| la macchina [mak-kina] | Auto, Wagen |
| andare [an'daːre] | gehen, fahren |
| prossimo ['pros-simo] | nächster |
| l'officina (f.) [of-fi'tʃiːna] | Werkstatt |
| scendere ['ʃendere] | aussteigen |
| aiutare [aiu'taːre] | helfen |

## 47

### Il Ghetto di Venezia

Fra il Rio di San Girolamo e il Rio di Cannaregio si trova il Ghetto. Dal 1516 il Ghetto era il quartiere riservato agli ebrei. È stato il primo quartiere del genere in Italia. Nonostante l'isolamento, gli ebrei erano presto capaci di costruire delle sinagoghe. In Venezia si può vedere la Scola Spagnola, la Scola Levantina, la Scola Italiana, la Scola Canton e la Scola Grande Tedesca.

*Da dove viene la parola «ghetto»?*

## 48

### Il quiz

Dopo il lavoro il Signor Brusa spesso vede la televisione per riposarsi. Preferisce le trasmissioni quiz. Perché vuole anche partecipare una volta, scrive una candidatura per «Il prezzo è giusto». Sogna a occhi aperti la vincita principale. Così quasi dimentica di mettere un francobollo sulla cartolina.

## 47

### Das Getto von Venedig

Zwischen dem Rio di San Girolamo und dem Rio di Cannaregio befindet sich das Getto. Von 1516 an war das Getto das Viertel, das für die Juden reserviert war. Es war das erste solcher Viertel in Italien. Trotz der Isolierung waren die Juden bald in der Lage, Synagogen zu bauen. In Venedig kann man die Spanische Schule (= Synagoge der Juden spanischer Tradition), die Levantinische Schule, die Italienische Schule, die Schule des Canton (= deutscher Ritus) und die Große Deutsche Schule sehen. Woher kommt das Wort „Getto"?

*Das Wort „Getto", das, ausgehend von Venedig, später alle Judenviertel bezeichnete, kommt von dem venezianischen Wort „getto" (Gießerei). Das venezianische Viertel wurde nämlich in der Nähe von Gießereien errichtet.*

## 48

### Das Quiz

Nach der Arbeit sieht Herr Brusa oft fern, um sich zu erholen. Er bevorzugt Quizsendungen. Weil er auch einmal teilnehmen möchte, schreibt er eine Bewerbung an „Il prezzo è giusto" (Der Preis ist richtig). Er träumt mit offenen Augen vom Hauptgewinn. So vergißt er fast, auf die Postkarte eine Briefmarke zu kleben.

| | |
|---|---|
| il quiz [kuidz] | Quiz |
| la trasmissione [trazmis'sio:ne] | Übertragung, Sendung |
| riposarsi [ripo'sa:rsi] | sich ausruhen |
| preferire [prefe'ri:re] | vorziehen, lieber mögen |
| partecipare [partetʃi'pa:re] | teilnehmen |
| sognare [soɲ'ɲa:re] | träumen |
| sognare a occhi aperti ['ɔkki] | am hellen Tage träumen, mit offenen Augen träumen |

## 49

### Nell'officina

Pietro: *La mia macchina non parte più, mi guardi per favore cosa c'è che non va.*

Meccanico: *Oggi purtroppo non ho tempo. Se vuole può lasciarla qui, domani avrò tempo di ispezionarla.*

Pietro: *Va bene. Ma, per favore, cerchi di fare presto. Senza macchina non posso andare a lavorare.*

## 50

### La passeggiata

Ogni domenica pomeriggio la famiglia Mancini va a fare una passeggiata in città. Parcheggiano la macchina nel centro della città e vanno sul corso principale. Il corso è sempre affollato di gente e ogni tanto incontrano degli amici.

## 49

# In der Werkstatt

Pietro: Mein Auto springt nicht mehr an, schauen Sie bitte mal, was nicht funktioniert.

Mechaniker: Leider habe ich heute keine Zeit. Wenn Sie möchten, können Sie es hier lassen. Morgen werde ich Zeit haben nachzuschauen.

Pietro: Ist gut. Aber machen Sie bitte schnell. Ohne Auto kann ich nicht zur Arbeit fahren.

| | |
|---|---|
| guardare [guar'da:re] | sehen, nachschauen |
| il tempo [tɛmpo] | Zeit, Wetter |
| domani [do'ma:ni] | morgen |
| ispezionare [ispetsio'na:re] | überprüfen |
| cercare [tʃer'ka:re] | suchen, versuchen |
| senza [sɛntsa] | ohne |
| lavorare [lavo'ra:re] | arbeiten |

## 50

# Der Spaziergang

Jeden Sonntagnachmittag macht die Familie Mancini einen Spaziergang in der Stadt. Sie parken den Wagen im Stadtzentrum und gehen zur Hauptstraße. Die Hauptstraße ist immer voller Leute, und ab und zu treffen sie Freunde.

| | |
|---|---|
| la passeggiata [pas-sed-'dʒa:ta] | Spaziergang |
| il pomeriggio [pome'rid-dʒo] | Nachmittag |
| parcheggiare [parked-'dʒa:re] | parken |
| il corso principale [korso printʃi'pa:le] | Hauptstraße |
| affollato [af-fol-'la:to] | gedrängt voll |
| ogni tanto [o:ɲi tanto] | ab und zu |
| incontrare [inkon'tra:re] | treffen, begegnen |

## 51

### IRI, ENI & EFI

Il signor Brusa brontola dietro il suo giornale. Legge un articolo che parla dell'IRI, dell'ENI e dell'EFI. Queste sono le ditte maggiori in possesso dello Stato e controllano molte aziende da parte loro. Come dappertutto nel mondo questo sistema non funziona bene, ciò che arrabbia molti italiani.

## 52

### Consiglio familiare

Pietro: *Ho deciso di comprare una nuova macchina. Cosa ne pensate?*

Concetta: *Sei matto, una nuova macchina costa un sacco di soldi! Non voglio fare debiti.*

Salvatore: *Ma papà ha ragione. La nostra macchina è vecchia, arrugginita e spesso sta ferma per qualsiasi guasto. Inoltre consuma troppa benzina ed inquina l'ambiente.*

## 51

### IRI, ENI & EFI

Herr Brusa brummt hinter seiner Zeitung. Er liest einen Artikel, der von dem IRI, der ENI und der EFI spricht. Dies sind die größten Firmen im Besitz des Staates, und sie kontrollieren ihrerseits viele Betriebe. Wie überall in der Welt klappt dieses System nicht gut, was viele Italiener ärgert.

| | |
|---|---|
| brontolare [bronto'la:re] | brummen, knurren |
| l'IRI, *m* ['i:ri] l'Istituto per la Ricostruzione Industriale | Institut für industriellen Wiederaufbau |
| l'ENI, *m* ['ɛ:ni] Ente Nazionale Idrocarburi | Nationale Gesellschaft für die Energiepolitik |
| l'EFI, *m* ['ɛ:fi] Ente Finanziamenti Industriali | Gesellschaft für Industriefinanzierungen |
| l'azienda, *f* [ad'dziɛnda] | Betrieb, Firma |

## 52

### Familienrat

Pietro: Ich habe mich entschieden, ein neues Auto zu kaufen. Was denkt ihr darüber?

Concetta: Du bist verrückt, ein neues Auto kostet eine Menge Geld! Ich möchte keine Schulden machen.

Salvatore: Aber Papa hat Recht. Unser Auto ist alt, verrostet und liegt oft wegen irgendwelcher Schäden fest. Außerdem verbraucht es zuviel Benzin und verschmutzt die Umwelt.

| | |
|---|---|
| il consiglio [kon'si:ʎo] | Rat |
| matto [mat-to] | verrückt |
| il debito ['dɛ:bito] | Schulden |
| arrugginito [ar-rud-dʒi'ni:to] | verrostet |
| consumare [konsu'ma:re] | verbrauchen |
| inquinare [iŋkui'na:re] | verschmutzen |
| l'ambiente (m.) [ambi'ɛnte] | Umwelt |
| occorrere [ok-'kor-rere] | brauchen, nötig haben |

## 53

### Partenza per Venezia

Antonella: *Non so dove si trova lo sportello per la partenza.*
Maria: *Dobbiamo rivolgerci all'informazione.*
Antonella: *Guarda, l'informazione è chiusa. Sicuramente sono andati a bersi un caffè.*

## 54

### Un po' di dialetto

Stefano: *Aòh, permetti na parola?*
Giovanna: *Che c'è? Stai imparando il romanesco?*
Stefano: *O, no. Ma mi dispiace di non capirne tanto. I miei genitori vengono dal Meridione, so parlare il loro dialetto, ma spesso il romanesco neppure lo capisco.*

## 53

## Abflug nach Venedig

Antonella: Ich weiß nicht, wo sich der Schalter für den Abflug befindet.
Maria: Wir müssen uns an die Information wenden.
Antonella: Sieh mal, die Information ist geschlossen. Sie sind sicher einen Kaffee trinken gegangen.

| | |
|---|---|
| lo sportello [spor'tel-lo] | Schalter |
| la partenza [par'tentsa] | Abfahrt |
| l'informazione (f.) [informatsi'o:ne] | Auskunft |
| la durata di volo [du'ra:ta di vo:lo] | Flugdauer |

## 54

## Ein wenig Dialekt

Stefano: Hei, erlaubst du ein Wort? *
Giovanna: Was ist? Lernst du den römischen Dialekt?
Stefano: Oh, nein. Aber es tut mir leid, daß ich nicht so viel davon verstehe. Meine Eltern kommen aus dem Süden, ich kann ihren Dialekt sprechen, aber den römischen Dialekt verstehe ich oft nicht einmal.

* *Versuch, das* Romanesco *etwas nachzuempfinden, normalerweise würde man eher „Posso dire qualcosa?" sagen.*

| | |
|---|---|
| il dialetto [dia'lɛtto] | Mundart, Dialekt |
| permettere [per'mettere] | erlauben, gestatten |
| stare *(con gerundio)* ['sta:re] | gerade dabei sein, etwas zu tun |
| il romanesco [roma'nesko] | die römische Mundart |
| dispiacere [dispia'tʃe:re] | mißfallen, nicht gefallen |
| il meridione [meridi'o:ne] | Süden |
| sapere [sa'pe:re] | wissen, beherrschen, können |

## 55

*«Nessuna professione
è sì sterile come
quella delle lettere.»*

*Giacomo Leopardi*

## 56

**Spaghetti aglio e olio**

Ingredienti: 500 gr. spaghetti, aglio, olio, prezzemolo, pepe

Fate cuocere gli spaghetti in una pentola con molta acqua salata. A parte in una padella fate friggere dentro un po' d'olio due spicchi d'aglio tagliati a fettine e un po' di prezzemolo. Scolate gli spaghetti e conditeli con l'olio ed un po' di pepe nero.

Buon appetito!

## 55

„Kein Gewerbe ist so unnütz wie das der Literatur." – Giacomo Leopardi (1798 – 1837), italienischer Lyriker

GRAMMATIK

### Il futuro – Futur

| | |
|---|---|
| **trovare** – *finden* | Genauso gebildet werden: |
| io trov-er-ò | **perdere** – *verlieren:* |
| tu trov-er-ai | perd-er-ò |
| lui, lei trov-er-à | **sentire** – *fühlen, hören*: |
| noi trov-er-emo | sent-ir-ò |
| voi trov-er-ete | **finire** – *beenden*: |
| loro trov-er-anno | fin-ir-ò |

Die Endungen des Futurs werden an den um das auslautende *-e* verkürzten Infinitiv gehängt.
Bei Verben auf *-are* wird das kennzeichnende *a* zu *e*: *trovare – troverò.*

## 56

### Spaghetti mit Knoblauch und Öl

Zutaten: 500 g Spaghetti, Knoblauch, Öl, Petersilie, Pfeffer

Die Spaghetti in einem Topf mit ausreichend gesalzenem Wasser kochen. Daneben in einer Pfanne mit etwas Fett in Scheibchen geschnittene Knoblauchzehen und etwas Petersilie braten. Die Spaghetti abtropfen lassen und mit dem Öl und etwas schwarzem Pfeffer würzen.

Guten Appetit!

| | |
|---|---|
| l'aglio (m.) [a:ʎo] | Knoblauch |
| il prezzemolo [pret-'tse:molo] | Petersilie |
| la pentola [pɛntola] | Topf |
| padella [pa'del-la] | Pfanne |
| friggere ['frid-dʒere] | anbraten |
| lo spicchio d'aglio ['spik-kio da:ʎo] | Knoblauchzehe |
| scolare [sko'la:re] | abtropfen lassen |
| nero [ne:ro] | schwarz |

## 57

### Terroni e Polentoni

Si dice che i meridionali siano delle persone troppo attaccate alla propria terra. Per questo motivo vengono soprannominati «terroni».
Ma si dice anche che i settentrionali mangiano sempre polenta. Da li deriva pure il loro soprannome «polentoni».

## 58

### Vacanze sulle Alpi

Per Antonella è la prima volta che passa le sue vacanze sulle Alpi: non ha mai visto in vita sua la neve, perchè in Sicilia non nevica quasi mai. Antonella è meravigliata delle bellezze naturali che offrono le montagne. Soprattutto durante l'inverno ci sono molte attività sportive: si può sciare, pattinare sul ghiaccio o fare delle escursioni.

## 57

# Terroni und Polentoni*

Man sagt, daß die Süditaliener Leute seien, die zu sehr am eigenen Boden hingen. Aus diesem Grund werden sie mit dem Beinamen „terroni" versehen.
Aber man sagt auch, daß die Norditaliener immer Polenta essen. Von daher stammt auch ihr Beiname „polentoni" ab.

* *Terrone: In Norditalien Spitzname der Süditaliener*
*Polentone: In Süditalien Spitzname der Norditaliener*

| | |
|---|---|
| il meridionale [meridio'na:le] | Süditaliener |
| attaccare [at-tak-'ka:re] | anhängen, ankleben |
| la terra [ter-ra] | Erde, Boden |
| il motivo [mo'ti:vo] | Grund, Ursache |
| soprannominare [sopran-nomi'na:re] | mit Beinamen versehen |
| il settentrionale [set-tentrio'na:le] | Norditaliener |
| derivare [deri-'va:re] | ableiten, abstammen |

## 58

# Ferien in den Alpen

Für Antonella ist es das erste Mal, daß sie ihre Ferien in den Alpen verbringt. Sie hat noch nie in ihrem Leben Schnee gesehen, weil es auf Sizilien fast nie schneit. Antonella ist verwundert über die Schönheit der Natur, die die Berge bieten. Besonders während des Winters gibt es sehr viele sportliche Möglichkeiten, sich zu erholen: Man kann Ski fahren, Schlittschuh laufen oder Ausflüge machen.

| | |
|---|---|
| la neve [ne:ve] | Schnee |
| nevicare [nevi'ka:re] | schneien |
| la bellezza [bel-'let-tsa] | Schönheit |
| la montagna [mon'ta:ɲa] | Berg |
| l'inverno (m.) [in'verno] | Winter |
| sportivo [spor'ti:vo] | sportlich |
| sciare [ʃi'a:re] | Ski laufen |
| pattinare [pat-ti'na:re] | eislaufen |
| l'escursione (f.) [eskursi'o:ne] | Exkursion, Ausflug |

## 59

GRAMMATICA

### L'articolo indeterminato

| | |
|---|---|
| ***un*** *lavoro* | ***una*** *domanda* |
| ***un*** *argomento* | ***un'****ora* |
| ***uno*** *spostamento* | ***una*** *sposa* |
| ***uno*** *zio* | ***una*** *zia* |
| ***un*** *altro lavoro* | ***un'****altra volta* |

## 60

### Visita al museo

Antonella e Salvatore vanno a visitare il museo di Catania, dove si è aperta una mostra sulle opere più importanti di Renato Guttuso, pittore e scultore siciliano di livello internazionale. Davanti all' entrata si è formata una lunga coda di visitatori, causata dall'enorme interesse per le opere dell' artista.

## 59

### Der unbestimmte Artikel

| | |
|---|---|
| eine Arbeit | eine Frage |
| ein Argument | eine Stunde |
| eine Verschiebung | eine Braut |
| ein Onkel | eine Tante |
| eine andere Arbeit | ein anderes Mal |

Der **maskuline** unbestimmte Artikel lautet:
- vor konsonantisch und vokalisch anlautenden Substantiven: **un**
- vor Substantiven, die mit s + Konsonant und z anlauten: **uno**

Der **feminine** unbestimmte Artikel lautet:
- vor allen konsonantisch anlautenden femininen Substantiven: **una**
- vor vokalisch anlautenden femininen Substantiven: **un'**

Das gleiche gilt vor vorangestellten Adjektiven wie altro.

## 60

### Besuch im Museum

Antonella und Salvatore besuchen das Museum von Catania, wo eine Ausstellung mit den bedeutendsten Werken von Renato Gottuso, sizilianischer Maler und Bildhauer von internationalem Niveau, eröffnet worden ist. Vor dem Eingang hat sich eine lange Schlange von Besuchern gebildet, bedingt durch das enorme Interesse für die Werke des Künstlers.

| | |
|---|---|
| il museo [mu'zɛ:o] | **Museum** |
| aprire [a'pri:re] | **(er-)öffnen** |
| l'opera (f.) ['ɔ:pera] | **Kunst, Werk** |
| il pittore [pit-'to:re] | **Maler** |
| lo scultore [skul'to:re] | **Bildhauer** |
| l'entrata (f.) [en'tra:ta] | **Eingang** |
| la coda [ko:da] | **Schwanz, Schlange** |
| il visitatore [vizita'to:re] | **Besucher** |
| l'artista [ar'tista] | **Künstler, -in** |

## 61

### **Giorno di San Valentino**

Stefano ha comprato un bel mazzo di fiori, perché oggi è il Giorno di San Valentino. Lo vuole regalare a Giovanna. E dopo andranno in un piccolo ristorante. Prima volevano fare un picnic, ma proprio oggi piove. Forse è meglio così, sarebbe stato un po' freddo.

## 62

ESERCIZIO

### **Completare con il futuro**

1. Stefano ________________ un colpo di telefono. *(fare)*
2. Il telefono ________________. *(squillare)*
3. Giovanna, ________________ un po' di tempo? *(avere)*
4. No, io ________________ alcune lettere. *(scrivere)*
5. Perché non lo ________________ insieme? *(fare)*
6. Laura e tu, voi ________________ dipingere qualcosa. *(potere)*
7. Giovanna e Stefano ________________ sodo. *(lavorare)*

## 61

### Valentinstag

Stefano hat einen schönen Blumenstrauß gekauft, weil heute der Valentinstag ist. Er will ihn Giovanna schenken. Und danach werden sie in ein kleines Restaurant gehen. Anfangs wollten sie ein Picknick machen, aber ausgerechnet heute regnet es. Vielleicht ist es besser so, es wäre ein wenig kalt gewesen.

| | |
|---|---|
| il mazzo ['mattso] | Strauß |
| il fiore ['fio:re] | Blume, Blüte |
| il picnic [pik'nik] | Picknick |
| proprio ['prɔ:prio] | genau, wirklich |
| forse ['forse] | vielleicht |

## 62

### Ergänzen Sie im Futur

1. Stefano **farà** un colpo di telefono.
2. Il telefono **squillerà**.
3. Giovanna, **avrai** un po' di tempo?
4. No, io **scriverò** alcune lettere.
5. Perché non lo **faremo** insieme?
6. Laura e tu, voi **potrete** dipingere qualcosa.
7. Giovanna e Stefano **lavoreranno** sodo.

*1. Stefano wird anrufen.*
*2. Das Telefon wird läuten.*
*3. Giovanna, wirst du ein wenig Zeit haben?*
*4. Nein, ich werde einige Briefe schreiben.*
*5. Warum werden wir es nicht zusammen machen?*
*6. Laura und du, ihr werdet etwas malen können.*
*7. Giovanna und Stefano werden hart arbeiten.*

## 63

### Il Parco Nazionale dello Stelvio

Il Parco Nazionale dello Stelvio, istituito nell'aprile 1935, è il più vasto dei parchi nazionali italiani. Una grandissima parte del parco si trova al di sopra di 2000 m. C'è una flora molto interessante: l'abete rosso, il larice, il pino cimbro, il giglio maragone, la nigritella. Anche il mondo animale è molto complesso. Si possono vedere dei cervi, degli caprioli, degli camosci, degli stambecchi, delle marmotte, delle aquile e molti altri animali.

*Quali sono i parchi nazionali più importanti d'Italia?*

## 64

### Crostini

Ingredienti: 4 panini, 4 fette di formaggio, 2 pomodori, origano e olio d'oliva

Tagliare i panini a metà e mettere sopra due fette di pomodoro e una fetta di formaggio. Condire con un po' d'olio d'oliva e origano e mettere in forno per 10 minuti a media temperatura.

Buon Appetito!

## 63

## Der Nationalpark von Stelvio

Der Nationalpark von Stelvio, im April 1935 gegründet, ist der größte der italienischen Nationalparks. Ein sehr großer Teil des Parkes ist höher als 2000 m gelegen. Es gibt eine sehr interessante Pflanzenwelt: Die Rottanne, die Lärche, die Zirbelkiefer, die Türkenbundlilie, das Kohlröschen. Auch die Tierwelt ist sehr vielfältig. Man kann Rehe, Hirsche, Gemsen, Steinböcke, Murmeltiere, Adler und viele andere Tiere sehen. Welches sind die bedeutendsten Nationalparks Italiens?

*Es sind die Nationalparks von Paradiso, Stelvio, Circeo und der Abruzzennationalpark.*

Der Zugang zu den Nationalparks ist frei, aber es bestehen strenge Vorschriften zum Erhalt der Natur.

## 64

## Geröstete Brotschnitten

Zutaten: 4 Brötchen, 4 Scheiben Käse, 2 Tomaten, Origano und Olivenöl

Die Brötchen in der Hälfte durchschneiden und mit zwei Scheiben Tomaten und einer Scheibe Käse belegen. Mit etwas Olivenöl und Origano würzen und für 10 Minuten bei mittlerer Temperatur in den Ofen stellen.

Guten Appetit!

| | |
|---|---|
| il formaggio [for'mad-dʒo) | Käse |
| mettere ['met-tere] | legen, setzen, stellen |
| il forno [forno] | Ofen |

## 65

# Al mercato

Concetta va due volte la settimana al mercato a fare la spesa. Lì trova tutto quello che le occorre per i giorni successivi. I venditori ambulanti presentano ad alta voce la loro merce gridando le loro offerte speciali. Oggi Concetta ha comprato verdura, frutta e pesce fresco.

## 66

GRAMMATICA

### I pronomi personali soggettivi

| | |
|---|---|
| io | noi |
| tu | voi |
| lui, egli, esso | loro, essi |
| lei, essa | loro, esse |
| Lei | Loro |

## 65

# Auf dem Markt

Concetta geht zweimal in der Woche auf den Markt, um einzukaufen. Dort findet sie alles, was sie in den folgenden Tagen braucht. Die Straßenhändler bieten mit lauter Stimme ihre Waren an und rufen ihre Sonderangebote aus. Heute hat Concetta Gemüse, Obst und frischen Fisch gekauft.

| | |
|---|---|
| il mercato [mer'ka:to] | **Markt** |
| successivo [sut-tʃes-'si:vo] | **nachfolgend** |
| il venditore [vendi'to:re] | **Straßenhändler** |
| ad alta voce [ad al:ta vo:tʃe] | **mit lauter Stimme** |
| la merce [mɛrtʃe] | **die Ware** |
| gridare [gri'da:re] | **ausrufen** |
| l'offerta speciale (f.) [of-'fɛrta spe'tʃa:le] | **Sonderangebot** |
| la verdura [ver'du:ra] | **Gemüse** |
| il pesce [peʃ-ʃe] | **Fisch** |

## 66

GRAMMATIK

### Die Subjektpronomen

| | |
|---|---|
| ich | wir |
| du | ihr |
| er, sie, es | sie |
| Sie (Sg.) | Sie (Pl.) |

*Die Subjektpronomen* ***lui, lei*** *und* ***loro*** *beziehen sich auf Personen. Daneben gibt es – vor allem in der Literatursprache – die Maskulin-Form* ***egli.***

*Die Pronomen* ***esso, essa, essi*** *und* ***esse*** *beziehen sich vor allem auf Sachen.*

*Im Gegensatz zum Deutschen werden die italienischen Verben normalerweise ohne Subjektpronomen gebraucht. Diese werden nur verwendet, wenn das Subjekt hervorgehoben werden soll; in diesem Falle können sie auch zur stärkeren Betonung nachgestellt werden:*

| | |
|---|---|
| *sono io* | *ich bin es* |
| *preparo io la gita a Napoli* | *ich bereite den Ausflug nach Neapel vor* |

## 67

### In banca

Sig. Brusa: *Mi scusi, a chi devo rivolgermi per accendere un credito?*

Impiegato: *Ognuno vuole un credito. Qualche volta ho l'impressione che tutta l'Italia abbia debiti e nessuno abbia denaro. Dove sono i famosi soldi della Mafia?*

## 68

*«Il mondo è fatto a scale,*
*chi le scende e chi le sale.»*

*Proverbio*

## 67

### In der Bank

| | |
|---|---|
| Herr Brusa: | Entschuldigen Sie, an wen muß ich mich wenden, um einen Kredit aufzunehmen? |
| Angestellter: | Jeder möchte einen Kredit. Manchmal habe ich den Eindruck, ganz Italien habe Schulden und niemand habe Geld. Wo sind die berühmten Gelder der Mafia? |

| | |
|---|---|
| il credito ['kre:dito] | Kredit, Ansehen |
| accendere un credito [at'tʃɛndere] | einen Kredit aufnehmen |
| qualche ['kualke] | irgendein, ein gewisser, einige |
| qualche volta ['vɔlta] | manchmal, irgendwann |
| il debito ['de:bito] | Schuld, Plicht |
| il denaro [de'na:ro] | Geld |
| il soldo ['sɔldo] | Geld, Heller, Sold |

## 68

„Die Welt ist aus Stufen gemacht, der eine steigt sie hinab, der andere hinauf." – Italienisches Sprichwort

GRAMMATIK

### Il futuro – Zukunft
### Verbi irregolare – unregelmäßige Verben

| | | | | |
|---|---|---|---|---|
| *avere* | – | haben | – | **avrò** |
| *essere* | – | sein | – | **sarò** |
| *volere* | – | wollen | – | **vorrò** |
| *potere* | – | können | – | **potrò** |
| *dovere* | – | müssen | – | **dovrò** |
| *andare* | – | gehen | – | **andrò** |
| *bere* | – | trinken | – | **berrò** |
| *muovere* | – | bewegen | – | **moverò** |
| *rimanere* | – | bleiben | – | **rimarrò** |
| *tenere* | – | halten | – | **terrò** |
| *venire* | – | kommen | – | **verrò** |

**69**

## Visita all'Etna

Il fine settimana la famiglia Mancini ha deciso di andare a visitare l'Etna. Il famoso vulcano è conosciuto come vulcano attivo e sporadicamente va in eruzione. I Mancini si avvicinano con la macchina e proseguono a piedi fino al cratere. Soprattutto i figli rimangono affascinati dello spettacolo naturale.

**70**

## La fioriera

Sig.ra Brusa: *Arturo, non ti ho visto fare lavori manuali per molto tempo. Hai smesso di farli?*

Sig. Brusa: *Senti, Stefano, così le donne cominciano se vogliono qualcosa.*

Sig.ra Brusa: *In questo caso hai ragione, da tanto tempo cerco una fioriera per il balcone e non trovo niente adatto. Me ne fai una?*

## 69

## Besuch auf dem Ätna

Für das Wochenende hat Familie Mancini beschlossen, den Ätna zu besuchen. Der berühmte Vulkan ist als aktiver Vulkan mit vereinzelten Ausbrüchen bekannt. Die Mancinis nähern sich mit dem Auto und gehen zu Fuß bis zum Krater weiter. Besonders die Kinder sind von dem Naturspektakel bezaubert.

| | |
|---|---|
| il vulcano [vul'ka:no] | Vulkan |
| conoscere [ko'noʃ-ʃere] | kennen, erkennen |
| sporadicamente [sporadika'mente] | vereinzelt |
| l'eruzione (f.) [erutsi'o:ne] | Ausbruch |
| affascinare [af-faʃ-ʃi'na:re] | bezaubern, verführen |

## 70

## Der Blumenkasten

Fr. Brusa: Arturo, ich habe dich schon lange nicht mehr werken gesehen. Hast du damit aufgehört?

Hr. Brusa: Hörst du, Stefano, so fangen die Frauen an, wenn sie irgendetwas wollen.

Fr. Brusa: In diesem Falle hast du recht, seit so langer Zeit suche ich einen Blumenkasten für den Balkon und finde keinen passenden. Machst du mir einen?

| | |
|---|---|
| il lavoro [la'vo:ro] | Arbeit, Beschäftigung |
| manuale [manu'a:le] | handgemacht, Hand- |
| smettere ['zmettere] | ablegen, aufgeben |
| cominciare [komin'tʃa:re] | anfangen, beginnen |
| se [se] | wenn, falls, ob |
| cercare [tʃer'ka:re] | suchen, wünschen |
| il balcone [bal'ko:ne] | Balkon |

## 71

GRAMMATICA

### Genere e numero dei sostantivi

| | |
|---|---|
| il lavoro | i lavori |
| il tempo | i tempi |
| il direttore | i direttori |
| il programma | i programmi |
| la chiesa | le chiese |
| l'idea | le idee |
| la colazione | le colazioni |

## 72

### Visita all'ospedale

Zia Anna è stata ricoverata due settimane fa in ospedale. Si è dovuta sottoporre ad un'operazione ai reni. Concetta va a trovarla e le porta delle bibite e qualche cosa da mangiare, perchè sa che la zia non mangia volentieri il cibo dell'ospedale. Fortunatamente il suo stato di salute è già migliorato e spera di poter tornare presto a casa.

# 71



## Genus und Numerus der Substantive

| | |
|---|---|
| die Arbeit | die Arbeiten |
| die Zeit | die Zeiten |
| der Direktor | die Direktoren |
| das Programm | die Programme |
| die Kirche | die Kirchen |
| die Idee | die Ideen |
| das Frühstück | die Frühstücke |

*Kennzeichen **maskuliner** Substantive ist die Endung **-o.** Daneben gibt es maskuline Substantive auf **-e** und gelegentlich auf **-a.** Alle bilden den Plural auf **-i.***

*Kennzeichen **femininer** Substantive ist die Endung auf **-a** mit dem Plural auf **-e.** Daneben gibt es feminine Substantive auf **-e,** die den Plural auf **-i** bilden.*

# 72

## Besuch im Krankenhaus

Tante Anna wurde vor zwei Wochen im Krankenhaus aufgenommen. Sie mußte sich einer Nierenoperation unterziehen. Concetta geht sie besuchen und bringt Getränke und etwas zum Essen mit, weil sie weiß, daß die Tante nicht gerne die Speisen des Krankenhauses ißt. Glücklicherweise hat sich ihr Gesundheitszustand bereits verbessert, und sie hofft, bald nach Hause zurückzukehren.

| | |
|---|---|
| ricoverare [rikove'ra:re] | unterbringen, aufnehmen |
| ospedale [ospe'da:le] | Krankenhaus |
| sottoporre [sot-to'por-re] | unterziehen |
| il rene [rɛ:ne] | Niere |
| il cibo [tʃi:bo] | Speise, Nahrung |
| fortunatamente [fortunata'mente] | glücklicherweise |
| il stato di salute [sta:to di sa'lu:te] | Gesundheitszustand |
| sperare [spe'ra:re] | hoffen |

## 73

ESERCIZIO

**Completetare con il tempo giusto**

1. Ieri Stefano ________________ (finire) un viaggio.
2. Lui ________________ (visitare) Firenze.
3. Sicuramente ________________ (ritornare) a Firenze spesso.
4. Domani ________________ (venire) Laura e Giovanna.
5. «Stefano, come ti ________________ (trovare) a Firenze?»
6. «Benissimo, Firenze ________________ (essere) una città bellissima.»
7. «Laura ed io, noi ci ________________ (andare) il più presto possibile.»

## 74

**I nuovi mobili**

Arturo: *Simona, i mobili nel soggiorno non mi piacciono più. Questa macchia, Stefano l'ha causata quando aveva tredici anni.*

Sig.ra Brusa: *Ma no! Sei stato tu quando hai festeggiato la vittoria della tua squadra di calcio.*

Arturo: *Posso liberarmi di questo rimprovero con l'offerta di comprare nuovi mobili?*

## 73

### Vervollständigen Sie mit der richtigen Zeit

1. Ieri Stefano **ha finito** un viaggio.
2. Lui **ha visitato** Firenze.
3. Sicuramente **ritornerà** a Firenze spesso.
4. Domani **verranno** Laura e Giovanna.
5. «Stefano, come ti **sei trovato** a Firenze?»
6. «Benissimo, Firenze **è** una città bellissima.»
7. «Laura ed io, noi ci **andremo** il più presto possibile.»

*1. Gestern hat Stefano eine Reise beendet.*
*2. Er hat Florenz besucht.*
*3. Sicher wird er oft nach Florenz zurückkehren.*
*4. Morgen werden Laura und Giovanna kommen.*
*5. „Stefano, wie hat dir Florenz gefallen?"*
*6. „Wunderbar, Florenz ist eine sehr schöne Stadt."*
*7. „Laura und ich, wir werden so schnell wie möglich dorthinfahren."*

## 74

### Die neuen Möbel

Arturo: Simona, die Wohnzimmermöbel gefallen mir nicht mehr. Dieser Fleck: Stefano hat ihn verursacht, als er dreizehn Jahre alt war.

Fr. Brusa: Aber nein! Du bist es gewesen, als du den Sieg deiner Fußballmannschaft gefeiert hast.

Arturo: Kann ich mich von diesem Vorwurf mit dem Angebot, neue Möbel zu kaufen, befreien?

| | |
|---|---|
| il mobile ['mɔːbile] | Möbel(stück) |
| il soggiorno [sod'dʒorno] | Wohnzimmer, Aufenthalt |
| la macchia ['makkia] | Fleck, Makel |
| causare [kaːu'zaːre] | verursachen |
| il calcio ['kaltʃo] | Fußball, Fußtritt |
| il rimprovero [rim'prɔːvero] | Tadel, Vorwurf |
| l'offerta, *f* [of'fɛrta] | Angebot, Spende |

## 75

### La questione di Trieste

Dopo la prima guerra mondiale l'Italia ottenne tutta l'Istria con Trieste. Nel 1943 Trieste cadde in mano ai tedeschi, 1945 in mano ai partigiani iugoslavi. Il territorio fu diviso in una zona A (Trieste e la costa occidentale dell'Istria) sotto l'amministrazione angloamericana e una zona B (il resto d'Istria) sotto l'amministrazione iugoslava. Nel 1954 la zona A divenne parte dell'Italia, la zona B della Iugoslavia.

*Come si chiamava Trieste all'epoca romana?*

## 76

### Una giacca a vento

Stefano: *Mamma, non pensi anche tu che mi serva una nuova giacca invernale? La mia vecchia non esiste quasi più.*

Sig.ra Brusa: *Hai ragione, e sono sicura che hai già un certo modello in mente.*

Stefano: *Sì, ho visto una bella giacca a vento nel negozio qui vicino. Ti piacerà.*

## 75

# Die Triestfrage

Nach dem ersten Weltkrieg erhielt Italien ganz Istrien mit Triest. 1943 fiel Triest in die Hand der Deutschen, 1945 in die Hand der jugoslawischen Partisanen. Das Gebiet wurde in eine Zone A (Triest und die Westküste Istriens) unter angloamerikanischer Verwaltung und eine Zone B (der Rest von Istrien) unter jugoslawischer Verwaltung eingeteilt. 1954 wurde die Zone A Teil von Italien, die Zone B von Jugoslawien. Wie hieß Triest in römischer Zeit?

*Tergeste nannte sich die Stadt in römischen Zeit.*

Im 2. Jh. v. Chr. wurde die Stadt römisch, Cäsar erhob sie zur Colonia (Siedlung außerhalb Roms und des römischen Bürgergebiets). Augustus sorgte für eine Befestigung.

## 76

# Eine Windjacke

Stefano: Mama, denkst du nicht auch, daß ich eine neue Winterjacke bräuchte? Meine alte existiert fast nicht mehr.

Fr. Brusa: Du hast recht, und ich bin sicher, daß du schon ein bestimmtes Modell im Sinn hast.

Stefano: Ja, ich habe eine schöne Windjacke im Geschäft hier nebenan gesehen. Sie wird dir gefallen.

| | |
|---|---|
| la giacca ['dʒakka] | Jacke, Sakko |
| la giacca a vento ['vɛnto] | Windjacke, Anorak |
| servire [ser'vi:re] | dienen, nützen |
| invernale [inver'na:le] | winterlich, Winter- |
| avere in mente ['mente] | im Sinn haben |
| il negozio [ne'gɔttsio] | Geschäft, Laden |
| vicino [vi'tʃi:no] | nahe, in der Nähe |

## 77

*«Il mondo invecchia
e invecchiando intristisce.»*

*Torquato Tasso*

## 78

**Gli stivali di gomma**

Sandro: *Ciao Stefano, nonno mi ha invitato ad accompagnarlo alla pesca.*

Stefano: *I poveri pesci, vedo già come sguazzerai nel fiume. Nonno non cattura niente.*

Sandro: *Puoi darmi i tuoi stivali di gomma? Senza qualcosa ai piedi nonno non mi lascia andare nel fiume.*

## 77

„Die Welt wird älter, und älter werdend verdirbt sie." – Torquato Tasso (1544 – 1595), italienischer Dichter

GRAMMATIK

### L'uso del futuro – Gebrauch der Zukunft

1. Im Italienischen wird das Futur häufiger benutzt als im Deutschen, jedoch kann man in Fällen, wo der Bezug zur Zukunft offensichtlich ist, auch das Präsens verwenden:
*Ich reise morgen ab. – Partirò domani* oder *Parto domani.*

2. Das Futur kann auch zum Ausdruck einer Vermutung oder eines Zweifels benutzt werden:
*Quanti anni avrà?* – Wie alt wird er wohl sein?
*Che ore sono? Saranno le undici.* – Wie spät ist es? Es wird so gegen elf Uhr sein.

## 78

### Die Gummistiefel

Sandro: Hallo Stefano, Großvater hat mich eingeladen, ihn beim Fischen zu begleiten.
Stefano: Die armen Fische, ich sehe schon, wie du im Fluß planschst. Großvater wird nichts fangen.
Sandro: Kannst du mir deine Gummistiefel geben? Ohne etwas an den Füßen läßt mich Großvater nicht in den Fluß gehen.

| | |
|---|---|
| lo stivale [sti'va:le] | Stiefel |
| il nonno ['nɔnno] | Großvater, Opa |
| accompagnare [akkompaɲ'ɲa:re] | begleiten |
| la pesca ['peska] | Fischfang, Fischerei |
| il pesce ['peʃʃe] | Fisch |
| sguazzare [zguat'tsa:re] | planschen, plätschern |
| catturare [kattu'ra:re] | fangen |

# 79

ESERCIZIO

## Indovinello

*Orizzontali:* 1 impadronirsi senza ragione di ciò che è di altri. 2 la parte immateriale dell'uomo. 3 vuoto, inutile. 4 aspetto, apparenza. 5 schiena. 6 terza persona singolare. 7 sostanza liquida, grassa, usata per cucinare.
*Verticali:* 1 sorta di pasta. 8 articolo indeterminato. 9 rotaie accoppiate per treni, tram, ecc. 10 sentimento affettuoso. 11 discorso laudativo. 12 non ecclesiastico, secolare.

# 80

## La pesca con l'amo

Oggi Sandro s'è svegliato presto. Suo nonno viene alle otto per prenderlo. Dopo un lungo giro in macchina ed un breve giro a piedi arrivano sulla riva del fiume. Il fiume è pescoso, qualche volta Sandro riesce a vedere i pesci a occhio nudo. Suo nonno ha gettato la canna ed aspetta. Per ora Sandro è più interessato a tutte le cose che puo vedere.

## 79

**Waagrecht:** 1 sich grundlos etwas aneignen, was anderen gehört – rauben. 2 der immaterielle Teil des Menschen – Seele. 3 leer, nutzlos – hohl, eitel. 4 Aussehen, Erscheinung – Ausdruck. 5 Rücken – Kreuz. 6 dritte Person Einzahl – sie. 7 flüssige, fettige Substanz, die zum Kochen benutzt wird – Öl.

**Senkrecht:** 1 Nudelart – Ravioli. 8 unbestimmter Artikel – eine. 9 verbundene Fahrspuren für Züge, Straßenbahnen usw. – Gleis. 10 liebevolles Gefühl – Liebe. 11 lobende Rede – Hymne. 12 nicht kirchlich, weltlich – weltlich.

| | | | | | |
|---|---|---|---|---|---|
| R | U | B | A | R | E |
| A | N | I | M | A | |
| V | A | N | O | | L |
| I | | A | R | I | A |
| O | | R | E | N | I |
| L | E | I | | N | C |
| I | | O | L | I | O |

## 80

### Das Angeln

Heute ist Sandro früh aufgewacht. Sein Großvater kommt um acht Uhr, um ihn abzuholen. Nach einer langen Fahrt im Auto und einem kurzen Fußmarsch erreichen sie das Flußufer. Der Fluß ist fischreich, manchmal gelingt es Sandro, die Fische mit bloßem Auge zu sehen. Sein Großvater hat die Angel ausgeworfen und wartet ab. Im Augenblick ist Sandro mehr an all den Dingen interessiert, die er sehen kann.

| | |
|---|---|
| l'amo, *m* ['a:mo] | Angel |
| svegliarsi [zveʎ'ʎa:rsi] | aufwachen |
| il giro ['dʒi:ro] | Kreis, Fahrt, Tour |
| pescoso [pes'ko:so] | fischreich |
| riuscire [riuʃ'ʃi:re] | es schaffen, gelingen |
| l'occhio, *m* ['ɔkkio] | Auge, Blick |
| a occhio nudo ['nu:do] | mit bloßem Auge |
| la canna ['kanna] | Angelrute, (Rohr-) Stock |

## 81

## Conferenza di lavoro a Palermo

Pietro è stato invitato per una conferenza di lavoro. Come tema principale della conferenza si discuterà il problema: «la crisi delle ferrovie». Saranno presenti alcuni rappresentanti dei vari sindacati italiani. La minaccia della riduzione di personale preoccupa tutti e Pietro ha intenzione di informarsi sulle future strategie politiche.

## 82

GRAMMATICA

### I parenti

| | |
|---|---|
| la madre | il padre |
| la figlia | il figlio |
| la nonna | il nonno |
| la zia | il zio |
| la nipote | il nipote |
| la suocera | il suocero |
| la nuora | il genero |
| la cognata | il cognato |

## 81

# Arbeitskonferenz in Palermo

Pietro ist zu einer Arbeitskonferenz eingeladen worden. Als Hauptthema der Konferenz wird man das Problem „Die Krise der Eisenbahn" diskutieren. Es werden einige Vertreter der verschiedenen italienischen Gewerkschaften anwesend sein. Der drohende Personalabbau besorgt alle, und Pietro will sich über die zukünftigen politischen Strategien informieren.

| | |
|---|---|
| la conferenza [konfe'rɛntsa] | Konferenz |
| il tema [te:ma] | Thema |
| discutere [dis'ku:tere] | diskutieren, besprechen |
| il problema [pro'ble:ma] | Problem |
| il rappresentante [rap-prezen'tante] | Vertreter |
| il sindacato [sinda'ka:to] | Gewerkschaft |
| la minaccia [mi'nat-tʃa] | Drohung, Bedrohung |
| la riduzione [ridutsi'o:ne] | Herabsetzung, Abbau |
| la strategia [strate'dʒi:a] | Strategie |

## 82

GRAMMATIK

### Die Verwandten

| | |
|---|---|
| la madre [ma:dre] | Mutter |
| il padre [pa:dre] | Vater |
| la figlia [fi:ʎa] | Tochter |
| il figlio [fi:ʎo] | Sohn |
| la nonna [non-na] | Großmutter |
| il nonno [non-no] | Großvater |
| la zia [tsi:a] | Tante |
| il zio [tsi:o] | Onkel |
| la nipote [ni'po:te] | Nichte |
| il nipote [ni'po:te] | Neffe |
| la suocera [su'ɔ:tʃera] | Schwiegermutter |
| il suocero [su'ɔ:tʃero] | Schwiegervater |
| la nuora [nu'ɔ:ra] | Schwiegertochter |
| il genero ['dʒɛ:nero] | Schwiegersohn |
| la cognata [ko'ɲa:ta] | Schwägerin |
| il cognato [ko'ɲa:to] | Schwager |

## 83

### Parma

Parma è un buon esempio per la situazione politica medioevale in Italia. Fu governata a turno da famiglie importanti, come i Visconti, i Rossi, i da Correggio, gli Scaligeri, gli Estensi, gli Sforza. Ma nessuna famiglia era in grado di stabilire un regno di durata. Nel 1512 Parma divenne parte dello stato pontificio. Con la creazione del ducato di Parma e Piacenza la città perse finalmente ogni funzione politica a Piacenza.

*Chi era la più famosa reggente di Parma e Piacenza?*

## 84

### Il carnevale

Oggi la famiglia Brusa sta a Viareggio. È una delle poche città in Italia che festeggia il carnevale. A Viareggio si fa un corteo di carri decorati di grandi figure. Molte persone ci vengono per vederlo. La famiglia Brusa è riuscita ad occupare un posto in prima fila. Si rallegrano per tutte le piccolezze che scoprono.

## 83

# Parma

Parma ist ein gutes Beispiel für die mittelalterliche politische Situation in Italien. Es wurde abwechselnd von bedeutenden Familien wie den Visconti, den Rossi, den da Correggio, den Scaligeri, den Este, den Sforza regiert. Aber keine der Familien war in der Lage, eine Regentschaft von Dauer zu errichten. 1512 wurde Parma Teil des Kirchenstaats. Mit der Erschaffung des Fürstentums von Parma und Piacenza verlor die Stadt endgültig jede politische Aufgabe an Piacenza. Wer war die berühmteste Regentin von Parma und Piacenza?

*1815 — 1847 regierte Marie Louise, die zweite Frau Napoleons, in Parma und Piacenza.*

**Kulinarisches**

Berühmt wurde Parma auch wegen zweier Lebensmittel: des Parmaschinkens und des Parmigiano (Parmesankäse).

## 84

# Der Karneval

Heute ist die Familie Brusa in Viareggio. Dies ist eine der wenigen Städte Italiens, die den Karneval feiert. In Viareggio macht man einen Umzug mit Wagen, die mit großen Figuren geschmückt sind. Viele Leute kommen dorthin, um ihn zu sehen. Familie Brusa ist es gelungen, einen Posten in der ersten Reihe zu besetzen. Sie freuen sich über all die Kleinigkeiten, die sie entdecken.

| | |
|---|---|
| il carnevale [karne'vaːle] | Karneval, Fastnacht |
| poco, -a ['pɔːko] | wenig, nicht sehr |
| festeggiare [fested'dʒaːre] | feiern |
| il corteo [kor'tɛːo] | (Um-) Zug |
| il carro ['karro] | Wagen, Waggon |
| la fila ['fiːla] | Reihe, Serie |
| scoprire [sko'priːre] | aufdecken, entdecken |

## 85

ESERCIZIO

### L'articolo

*Completare con l'articolo determinato ed indeterminato e mettere nel plurale.*

1. libro
2. stagione
3. emozione
4. angelo
5. mano
6. zio
7. promessa
8. città

## 86

### Gli interessi

Arturo: *È davvero un mercoledì delle ceneri.*
Simona: *Perché lo dici?*
Arturo: *Ho ricevuto una lettera della banca. Aumentano gli interessi. E osano scrivere che sono molto spiacenti di dover farlo. In realtà sperano ogni secondo di poter farlo!*

## 85

*Vervollständigen Sie mit dem bestimmten und unbestimmten Artikel und bilden Sie den Plural.*

1. il libro – un libro – i libri – Buch
2. la stagione – una stagione – le stagioni – Jahreszeit
3. l'emozione – un'emozione – le emozioni – Gefühl
4. l'angelo – un angelo – gli angeli – Engel
5. la (!) mano – una mano – le mani – Hand
6. lo zio – uno zio – gli zii – Onkel
7. la promessa – una promessa – le promesse – Versprechen
8. la città – una città – le città (!) – Stadt

*DIE EXPERTENECKE*

**Espressioni con prendere**

| | |
|---|---|
| prendersi gioco di qn | – sich über jdn lustig machen |
| prendere gusto a | – Gefallen finden an |
| prendere il sole | – sich sonnen |
| prendersela | – sich ärgern, sich aufregen |
| prendere a fare qc | – anfangen, etw zu tun |

## 86

### Die Zinsen

Arturo: Es ist wirklich ein Aschermittwoch.
Simona: Warum sagst du das?
Arturo: Ich habe einen Brief von der Bank erhalten. Sie erhöhen die Zinsen. Und sie wagen zu schreiben, daß sie sehr unglücklich seien, es tun zu müssen. In Wirklichkeit hoffen sie jede Sekunde, es tun zu können.

| | |
|---|---|
| la cenere ['tʃe:nere] | Asche |
| mercoledì delle ceneri [merkole'di] | Aschermittwoch |
| ricevere [ri'tʃe:vere] | bekommen, empfangen |
| la lettera ['lettera] | Brief, Buchstabe |
| aumentare [aumen'tare] | erhöhen; vermehren |
| l'interesse, *m* [inte'rɛsse] | Zins, Interesse |
| il secondo [se'kondo] | Sekunde, Hauptgericht |

## 87

### I fiori

Arturo: *Simona, ti ho fatto la fioriera commissionata. Dove la mettiamo?*

Simona: *Benone, mettila qui, nell'angolo del balcone. Finalmente posso piantare alcuni fiori. Cosa ti piacerebbe? Rose, tulipani, garofani, azalee?*

Arturo: *Preferirei l'albero che dà oro come frutto.*

## 88

### Il Giorno delle Donne

Il giorno delle donne ci si è abituato a regalare delle mimose alle donne in Italia. Nelle strade si vedono dei venditori con grandi mazzi di mimose. Gli uomini comprano uno o anche alcuni ramini e li regalano alla propria ragazza, alla madre, alle sorelle ed alle amiche. Anche nei negozi, nei ristoranti e nei musei si regala un ramino alle donne. In un giorno dell'anno si ringraziano le donne per tutto il lavoro che fanno.

*Quando esattamente si festeggia il giorno delle donne?*

## 87

### Die Blumen

Arturo: Simona, ich habe dir den in Auftrag gegebenen Blumenkasten gemacht. Wo stellen wir ihn hin?
Simona: Sehr gut, stell ihn hier hin, in die Ecke des Balkons. Endlich kann ich ein paar Blumen pflanzen. Was würde dir gefallen? Rosen, Tulpen, Nelken, Azaleen?
Arturo: Ich würde den Baum vorziehen, der als Frucht Gold gibt.

| | |
|---|---|
| commissionare [kommissio'na:re] | beauftragen |
| piantare [pian'ta:re] | pflanzen, anbauen |
| il fiore ['fio:re] | Blume, Blüte |
| la rosa ['rɔ:za] | Rose, Rosenstock |
| il tulipano [tuli'pa:no] | Tulpe |
| il garofano [ga'rɔ:fano] | Nelke |
| l'azalea, *f* [addza'lɛ:a] | Azalee |
| l'albero, *m* ['albero] | Baum |

## 88

### Der Tag der Frauen

In Italien hat man es sich angewöhnt, den Frauen am Tag der Frauen Mimosen zu schenken. In den Straßen sieht man Händler mit großen Büscheln Mimosen. Die Männer kaufen eines oder auch einige Ästchen und schenken sie dem eigenen Mädchen, der Mutter, den Schwestern und den Freundinnen. Auch in den Geschäften, den Gaststätten und den Museen schenkt man den Frauen ein Ästchen. An einem Tag im Jahr dankt man den Frauen für all die Arbeit, die sie machen. Wann feiert man genau den Tag der Frauen?

*Der Tag der Frauen wird international am 8. März begangen.*

## 89

### Il pacco

Stefano: *Ho incontrato il portiere. Mi ha dato questo pacco. Sembra che sia di zia Antonia.*

Simona: *Aspettavo già questo pacco. Dentro ci sono dei regali per papà. Antonia è sempre la prima persona della famiglia che spedisce qualcosa per i compleanni.*

## 90

### Una sera davanti al camino

Fuori piove, fa freddo ed è umido, ma in casa Mancini c'è un'atmosfera calda ed accogliente. Tutti siedono davanti al camino e si raccontano i fatti del giorno. Pietro parla del suo lavoro, i ragazzi raccontano della scuola e Concetta delle sue faccende di casa.

## 89

### Das Paket

Stefano: Ich habe den Portier getroffen. Er hat mir dieses Paket gegeben. Es scheint von Tante Antonia zu sein.

Simona: Ich habe dieses Paket schon erwartet. Hier drinnen sind Geschenke für Vater. Antonia ist immer die erste Person der Familie, die zu den Geburtstagen etwas schickt.

| | |
|---|---|
| il pacco ['pakko] | Paket, Ausrüstung |
| incontrare [iŋkon'tra:re] | begegnen, finden |
| il portiere [por'tiɛ:re] | Portier, Pförtner |
| sembrare [sem'bra:re] | scheinen, erscheinen |
| dentro ['dentro] | darin, drinnen, hinein |
| il regalo [re'ga:lo] | Geschenk, Gabe |
| spedire [spe'di:re] | schicken, senden |
| il compleanno [komple'anno] | Geburtstag |

## 90

### Ein Abend vor dem Kamin

Draußen regnet es. Es ist kalt und feucht, aber im Haus der Mancinis herrscht eine warme und gastliche Atmosphäre. Alle sitzen vor dem Kamin und erzählen sich die Dinge des Tages. Pietro berichtet von seiner Arbeit, die Jugendlichen von der Schule und Concetta über ihre häuslichen Angelegenheiten.

| | |
|---|---|
| piovere [pi'ɔ:vere] | regnen |
| freddo [fred-do] | kalt |
| umido ['u:mido] | feucht |
| l'atmosfera (f.) [atmos'fɛ:ra] | Atmosphäre |
| caldo [kaldo] | warm |
| accogliente [ak-ko'ʎɛnte] | gemütlich |
| sedere [se'de:re] | sitzen |
| raccontare [rak-kon'ta:re] | erzählen |

## 91

### Il pullover

Stefano: *Che c'è Giovanna? Hai un'aria triste.*

Giovanna: *Sì, ho provato a lavorare a maglia un pullover. Ed adesso che ho quasi finito, mi sono accorto che ho fatto una misura troppo piccola. Devo fare tutto di nuovo.*

Stefano: *Perché non lo vendi e col denaro ti compri un pullover nella misura giusta?*

## 92

### ESERCIZIO

### Completare le seguenti frasi

1. Conosci Carlo? No, non _____ conosco.
2. Chi ha comprato le case? Luigi _____ ha comprate.
3. Io so quando arriverà Luca, anche tu _____ sai?
4. Dove è la macchina? Non _____ vedo.
5. A chi regalerai questi dischi? _____ regalerò a Luisa.
6. Mamma fa tutto da sola. Perché non _____ aiutiamo?
7. Chi ha le chiavi? I fratelli _____ hanno.

## 91

### Der Pullover

| | |
|---|---|
| Stefano: | Was ist, Giovanna? Du siehst traurig aus. |
| Giovanna: | Ja, ich habe versucht, einen Pullover zu stricken. Und nun, da ich fast fertig bin, habe ich bemerkt, daß ich ihn eine Größe zu klein gemacht habe. Ich muß alles aufs neue machen. |
| Stefano: | Warum verkaufst du ihn nicht und kaufst dir vom Geld einen Pullover in der richtigen Größe? |

| | |
|---|---|
| triste ['triste] | traurig, betrüblich |
| provare [pro'va:re] | versuchen, fühlen, prüfen |
| la maglia ['maʎʎa] | Masche, Strick-, Häkelarbeit |
| lavorare a maglia [lavo'ra:re] | stricken |
| il pullover [pul'lɔ:ver] | Pullover |
| accorgersi [ak'kɔrdʒersi] | bemerken, wahrnehmen |
| la misura [mi'zu:ra] | Maß, Größe |

## 92

### Vervollständigen Sie die folgenden Sätze

1. Conosci Carlo? No, non **lo** conosco.
2. Chi ha comprato le case? Luigi **le** ha comprate.
3. Io so quando arriverà Luca, anche tu **lo** sai?
4. Dove è la macchina? Non **la** vedo.
5. A chi regalerai questi dischi? **Li** regalerò a Luisa.
6. Mamma fa tutto da sola. Perché non **l'**aiutiamo?
7. Chi ha le chiavi? I fratelli **le** hanno.

*1. Kennst Du Carlo? Nein, ich kenne ihn nicht.*
*2. Wer hat die Häuser gekauft? Luigi hat sie gekauft.*
*3. Ich weiß, wann Luca ankommen wird, weißt du es auch?*
*4. Wo ist das Auto? Ich sehe es nicht.*
*5. Wem wirst du diese Platten schenken? Ich werde sie Luisa schenken.*
*6. Mama macht alles allein. Warum helfen wir ihr nicht?*
*7. Wer hat die Schlüssel? Die Brüder haben sie.*

## 93

# Riparazione della baracca in giardino

Dietro casa sua Pietro possiede un piccolo giardino. In mezzo all'orto ha costruito una casetta de legno per poter depositare gli arnesi di lavoro. Per ogni attrezzo c'è un posto adatto:
appesa al muro c'è la falce, la pinza, il martello e la fune. E a terra, appoggiati alla parete: la zappa, il tridente e la pala.

## 94

GRAMMATICA

### I mesi

| | |
|---|---|
| Gennaio | Luglio |
| Febbraio | Agosto |
| Marzo | Settembre |
| Aprile | Ottobre |
| Maggio | Novembre |
| Giugno | Dicembre |

## 93

## Reparatur des Gartenhäuschens

Hinter seinem Haus besitzt Pietro einen kleinen Garten. In der Mitte des Gartens hat er ein Holzhäuschen gebaut, um die Arbeitsgeräte aufbewahren zu können. Für jedes Werkzeug gibt es einen geeigneten Platz:
An der Wand hängen die Sichel, die Zange, der Hammer und das Seil, und auf dem Boden, an der Wand angelehnt, stehen: Die Hacke, die Ziehhacke und die Schaufel.

| | |
|---|---|
| la baracca [ba'rak-ka] | Baracke |
| l'arnese (m.) [ar'ne:se] | Werkzeug |
| la falce [faltʃe] | Sichel |
| la pinza [pintsa] | Zange |
| il martello [mar'tɛl-lo] | Hammer |
| la fune [fu:ne] | Seil |
| la zappa [tsap-pa] | Hacke |
| il tridente [tri'dɛnte] | Dreizack, Ziehhacke |
| la pala [pa:la] | Schaufel |

## 94

GRAMMATIK

### Die Monate

| | |
|---|---|
| gennaio [dʒen-'na:io] | Januar |
| febbraio [feb-'bra:io] | Februar |
| marzo [martso] | März |
| aprile [a'pri:le] | April |
| maggio [mad-dʒo] | Mai |
| giugno [dʒu:ɲo] | Juni |
| luglio [lu:ʎo] | Juli |
| agosto [a'gosto] | August |
| settembre [set-'tembre] | September |
| ottobre [ot-'to:bre] | Oktober |
| novembre [no'vembre] | November |
| dicembre [di'tʃembre] | Dezember |

## 95

### Sforntuna

Stefano: *Giovanna, adesso non sembri essere triste, ma abbastanza arrabbiata. Che c'è?*

Giovanna: *Pensavo che finalmente il pullover fosse finito. Ieri ho fatto l'ultima maglia e dopo ho visto una smagliatura. Ho buttato via il pullover!*

Stefano: *Che sfortuna.*

## 96

### La lingua italiana

Fino al Trecento la lingua scritta in Italia fu il latino. Il popolo invece usò molti dialetti. Le opere di Dante e poi del Petrarca e del Boccaccio non furono soltanto capolavori letterari, ma servirono anche come modelli grammaticali. Nel Seicento gli studiosi usarono questa lingua. Poi Manzoni completò la lingua italiana scrivendo in una lingua basata sulla lingua trecentesca, ma anche sul parlare dei Fiorentini colti del suo tempo.

*Quali sono le opere importanti di Dante, Petrarca, Boccaccio e Manzoni?*

## 95

### Pech

Stefano: Giovanna, nun scheinst du nicht traurig zu sein, sondern ziemlich wütend. Was ist?

Giovanna: Ich dachte, der Pullover wäre endlich fertig. Gestern habe ich die letzte Masche gestrickt, und danach habe ich eine Laufmasche gesehen. Ich habe den Pullover weggeworfen!

Stefano: Was für ein Pech.

| | |
|---|---|
| la sfortuna [sfor'tu:na] | Unglück, Pech |
| abbastanza [abbas'tantsa] | genug, ziemlich |
| arrabbiato, -a [arrab'bia:to] | wütend, zornig |
| finalmente [final'mente] | endlich, schließlich |
| la smagliatura [zmaʎʎa'tu:ra] | Laufmasche |
| buttare [but'ta:re] | werfen, schmeißen |
| buttare via ['vi:a] | wegwerfen |

## 96

### Die italienische Sprache

Bis zum 14. Jahrhundert war die Schriftsprache in Italien das Latein. Das Volk hingegen gebrauchte viele Dialekte. Die Werke von Dante und dann Petrarca und Boccaccio waren nicht nur literarische Meisterwerke, sondern dienten auch als grammatische Modelle. Im 17. Jahrhundert gebrauchten die Wissenschaftler diese Sprache. Dann rundete Manzoni die italienische Sprache ab, indem er in einer Sprache schrieb, die auf der Sprache des 14. Jahrhunderts aufbaute, aber auch auf der Redeweise der gebildeten Florentiner seiner Zeit. Was sind die wichtigen Werke von Dante, Petrarca, Boccaccio und Manzoni?

*Dante Alighieri — Divina Commedia; Francesco Petrarca — Canzoniere, Africa; Giovanni Boccaccio — Decamerone; Alessandro Manzoni — Promessi Sposi*

## 97

### Il concerto

Giovanna: *Ho letto che fra due mesi ci sarà un concerto di Adriano Celentano. Perché non ci andiamo?*

Stefano: *Una buona idea. Lui è uno dei miei cantanti preferiti. Come canta la canzone «Veronica»! Meraviglioso!*

Giovanna: *Allora sicuro devo sopportare anche il tuo canto durante il concerto.*

## 98

### Carta vecchia

Giovanna: *Stefano, avete giornali vecchi a casa?*

Stefano: *Perché? Vuoi tappare le tue lacune? Imparare un po' di politica o di scienza?*

Giovanna: *Non voglio rubare questa occasione a te. Voglio invece lavorare un po' con cartapesta, ma mia madre ha butato via tutta la carta vecchia.*

## 97

### Das Konzert

Giovanna: Ich habe gelesen, daß in zwei Monaten ein Konzert von Adriano Celentano sein wird. Warum gehen wir nicht dorthin?
Stefano: Eine gute Idee. Er ist einer meiner Lieblingssänger. Wie er das Lied „Veronica" singt! Traumhaft!
Giovanna: Dann muß ich sicher auch deinen Gesang während des Konzertes ertragen.

| | |
|---|---|
| fra [fra] | in |
| il concerto [kon'tʃɛrto] | Konzert |
| il cantante [kan'tante] | Sänger, Dichter |
| preferito, -a [prefe'ri:to] | Lieblings- |
| sicuro [si'ku:ro] | sicher, gewiß |
| sopportare [soppor'ta:re] | aushalten, ertragen |
| durante [du'rante] | während |

## 98

### Altpapier

Giovanna: Stefano, habt ihr alte Zeitungen zu Hause?
Stefano: Warum? Willst du deine Wissenslücken stopfen? Ein wenig Politik oder Wissenschaft lernen?
Giovanna: Ich möchte dir diese Chance nicht rauben. Jedoch möchte ich ein bißchen mit Pappmaché arbeiten, aber meine Mutter hat alles Altpapier weggeworfen.

| | |
|---|---|
| la carta ['karta] | Papier, Karte |
| tappare [tap'pa:re] | stopfen, abdichten |
| la lacuna [la'ku:na] | Lücke, Mangel |
| la scienza ['ʃɛntsa] | Wissenschaft |
| l'occasione, *f* [okka'zio:ne] | Gelegenheit |
| invece [in've:tʃe] | dagegen, jedoch |
| la cartapesta [karta'pesta] | Pappmaché |

## 99

ESERCIZIO

**Tradurre**

1. Hast du sie (die Bücher) gesehen?
2. Ich habe sie nicht gesehen.
3. Stefano hat sie (die Mädchen) nach Hause gebracht.
4. Sie haben ihn darum gebeten.
5. Stefano hat sie (die Lösung) gefunden.
6. Er sagt sie ihr (Giovanna).
7. Wir haben es (das Haus) gemietet.
8. Ich habe es mir gedacht.

## 100

**Le pulizie pasquali**

Giovanna: *Potremo incontrarci domani?*
Stefano: *Mi dispiace, ma mia madre va matta per la pulizia primaverile. Non c'è speranza che mi lasci in pace o che io possa scappare.*
Giovanna: *Se avessi pulito la tua stanza periodicamente adesso potresti scappare.*

## 99

### Übersetzen Sie

1. Li hai visti? (i libri)
2. Non li ho visti.
3. Stefano le ha accompagnate a casa. (le ragazze)
4. Loro lo hanno pregato.
5. Stefano l'ha trovata. (la soluzione)
6. Gliela dice. (Giovanna)
7. L'abbiamo affittata. (la casa)
8. L'ho pensato.

*DIE EXPERTENECKE*

**Alcune parolacce – ein paar Schimpfwörter**

| | |
|---|---|
| Per Dio! | – Bei Gott! |
| Mannaggia! | – Verflucht! |
| Ammazzalo! | – Verflixt! |
| Bellezza mia! Caro mio! | – Mein Lieber! |

## 100

### Der Frühjahrsputz

Giovanna: Können wir uns morgen treffen?

Stefano: Tut mir leid, aber meine Mutter ist ganz wild auf den Frühjahrsputz. Es gibt keine Hoffnung, daß sie mich in Ruhe läßt oder daß ich flüchten könnte.

Giovanna: Wenn du dein Zimmer regelmäßig gesäubert hättest, könntest du nun entwischen.

| | |
|---|---|
| la pulizia [pulit'tsi:a] | Sauberkeit, Säuberung |
| le pulizie pasquali [pas'kuali] | Frühjahrsputz |
| andare matto per [an'da:re] | wild sein auf, auf etw verrückt sein |
| la speranza [spe'rantsa] | Hoffnung |
| la pace ['pa:tʃe] | Frieden, Eintracht |
| lasciare in pace [laʃ'ʃa:re] | in Ruhe lassen |
| scappare [skap'pa:re] | weglaufen, entgehen |
| pulire [pu'li:re] | saubermachen, reinigen |

## 101

### I partiti

Il più grande partito d'Italia è la DC, la Democrazia Cristiana. Il suo simbolo è lo scudo crociato con l'iscrizione «Libertas» (libertà). Il partito si riferisce alla dottrina cattolica. È un partito del centro. Il secondo partito è il PDS, il Partito Democratico della Sinistra. È l'unico partito comunista del mondo occidentale che ha ottenuto una funzione eminente. Ha cercato di trovare una terza strada fra la destra ed il comunismo.

*Che altri partiti esistono in Italia?*

## 102

### La politica

Stefano: *Papà, non pensi che sia tempo per un cambiamento di governo?*

Arturo: *Sì, forse la DC già cerca una nuova composizione di governo. Ma non cambierà mai molto.*

Stefano: *Sì, noi Italiani amiamo la crisi. Probabilmente non riusciamo mai ad avere un governo stabile.*

## 101

### Die Parteien

Die größte Partei Italiens ist die DC, die christdemokratische Partei. Ihr Symbol ist das Kreuzfahrerschild mit der Inschrift „Libertas“ (Freiheit). Die Partei bezieht sich auf die katholische Lehre. Es ist eine Partei der Mitte. Die zweite Partei ist die PDS, die demokratische Partei der Linken. Sie ist die einzige kommunistische Partei der westlichen Welt, die eine bedeutende Funktion erreicht hat. Sie hat versucht, einen dritten Weg zwischen der Rechten und dem Kommunismus zu finden. Welche anderen Parteien gibt es in Italien?

*MSI—DN Movimento Sociale Italiano — Destra Nazionale, extreme Rechte; PLI Partito Liberale Italiano, liberal; PSDI Partito Socialista Democratico Italiano, PSI Partito Socialista Italiano, Mitte rechts und Mitte; uvm.*

## 102

### Die Politik

Stefano: Papa, denkst du nicht auch, daß es Zeit für einen Regierungswechsel sei?

Arturo: Ja, vielleicht sucht die DC* ja schon eine neue Zusammensetzung der Regierung. Aber es wird sich nie viel ändern.

Stefano: Ja, wir Italiener lieben die Regierungskrise. Wahrscheinlich werden wir es nie zu einer stabilen Regierung bringen.

** DC, Democrazia Cristiana, Christlich-Demokratische Partei Italiens*

| | |
|---|---|
| il cambiamento [kambia'mento] | Wechsel, Veränderung |
| il governo [go'vεrno] | Regierung, Leitung |
| la composizione [kompozit'tsio:ne] | Zusammensetzung |
| la crisi ['kri:zi] | Krise, Anfall |
| stabile ['sta:bile] | beständig, fest, stabil |

## 103

### ESERCIZIO

**Trovare i dieci errori**

1. Domani sarrò in Firenze.
2. I miei case sono belle.
3. Giovanna è Laura compriamo un libro.
4. Gliela abbiamo dato.
5. Ci abbiamo andati.
6. La settimana prosima venirà Laura.
7. Ci abbiamo visti spesso.
8. Ieri ti srivo.

## 104

*«L'allegria
è il balsamo
della vita.»*

*Clemente XIV*

## 103

### Finden Sie die zehn Fehler

1. Domani **sarò a** Firenze.
2. **Le mie** case sono belle.
3. Giovanna **e** Laura **comprano** un libro.
4. Gliela abbiamo **data**.
5. Ci **siamo** andati.
6. La settimana **prossima verrà** Laura.
7. Ci abbiamo visti spesso.
8. Ieri ti **ho scritto**.

*1. Morgen werde ich in Florenz sein.*
*2. Meine Häuser sind schön.*
*3. Giovanna und Laura kaufen ein Buch.*
*4. Wir haben sie (ihn, es) ihr (ihm) gegeben.*
*5. Wir sind dorthin gegangen.*
*6. Nächste Woche wird Laura kommen.*
*7. Wir haben uns oft gesehen.*
*8. Gestern habe ich dir geschrieben.*

## 104

„Die Fröhlichkeit ist der Balsam des Lebens." – Klemens XIV.

GRAMMATIK

### Il pronome possessivo – Possessivpronomen

| Singular m | f | Plural m | f |
|---|---|---|---|
| mio | mia | miei | mie |
| tuo | tua | tuoi | tue |
| suo | sua | suoi | sue |
| nostro | nostra | nostri | nostre |
| vostro | vostra | vostri | vostre |
| loro | loro | loro | loro |

Das italienische Possessivpronomen richtet sich nach dem Geschlecht und der Anzahl der besessenen Sache (und nicht wie im Deutschen nach dem Besitzer)!
*Giovanna porta i suoi libri.* – Giovanna trägt ihre Bücher.

## 105

### Regioni d'Italia

L'Italia è suddivisa in 20 Regioni:

Abruzzo
Basilicata
Calabria
Campania
Emilia Romagna
Friuli Venezia Giulia
Lazio
Liguria
Lambardia
Marche
Molise
Piemonte
Puglia
Sardegna
Sicilia
Toscana
Trentini Alto Adige
Umbria
Valle d'Aosta
Veneto

## 106

### L'elezione

Giovanna: *Prima di un'elezione i partiti hanno 60 giorni per fare una lotta elettorale. Tutti dicono che vogliono solo il nostro bene …*

Stefano: *… e tutti gli altri partiti fanno soltanto delle cose cattivissime.*

Giovanna: *E come posso decidere chi ha ragione?*

## 105

### Italiens Regionen

Italien ist in 20 Regionen unterteilt:

| | | |
|---|---|---|
| Abruzzen | Latium | Sardinien |
| Basilicata | Ligurien | Sizilien |
| Kalabrien | Lombardei | Toskana |
| Kampanien | Marken | Trentin-Südtirol |
| Emilia Romagna | Molise | Umbrien |
| Friaul Ju-lisch Venetien | Piemont | Aostatal |
| | Apulien | Venetien |

## 106

### Die Wahl

Giovanna: Vor einer Wahl haben die Parteien 60 Tage Zeit, um einen Wahlkampf zu führen. Alle sagen, sie wollten nur unser bestes ...

Stefano: ... und alle die anderen Parteien täten nur allerschlimmste Dinge.

Giovanna: Und wie soll ich entscheiden, wer recht hat?

| | |
|---|---|
| l'elezione, *f* [elet'tsio:ne] | Wahl |
| il partito [par'ti:to] | Partei |
| la lotta ['lɔtta] | Kampf, Streit |
| la lotta elettorale [eletto'ra:le] | Wahlkampf |
| il bene ['bɛ:ne] | Gutes, Wohl, Gut |
| soltanto [sol'tanto] | nur, bloß, allein |
| cattivo, -a [kat'ti:vo] | schlecht, böse |
| la ragione [ra'dʒo:ne] | Vernunft, Grund, Recht |

## 107

### Corso di computer

Antonella: *Buon giorno, mi vorrei iscrivere per il corso di computer. Mi può dare per favore informazioni più dettagliate?*

Impiegato: *Il corso dura sei mesi e si terrà due volte la settimana. Inizia martedì prossimo alle sette.*

## 108

### Il festival

Nel 1951 fu organizzato per la prima volta un festival che poi di anno in anno è diventato più grande. È un festival di musica. Già un mese prima dell'inizio tutti gli italiani parlano di nient'altro. Comincia il mercoledì, e dura fin a domenica. Piú persone vedono la sua trasmissione che una trasmissione di una partita importante di calcio. In questi giorni molti negozi chiudono prima, i ristoranti sono vuoti.

*Che festival è?*

## 107

### Computerkurs

Antonella: Guten Tag, ich würde mich gerne zum Computerkurs anmelden. Können Sie mir bitte ausführlichere Auskünfte geben?

Angestellter: Der Kursus dauert sechs Monate und findet zweimal die Woche statt. Er beginnt nächsten Dienstag um sieben.

| | |
|---|---|
| iscrivere [is'kri:vere] | anmelden |
| il corso [korso] | Kursus |
| dettagliato [det-ta'ʎa:to] | ausführlich |
| iniziare [initsi'a:re] | anfangen, beginnen |

## 108

### Das Festival

1951 wurde zum ersten Mal ein Festival organisiert, das dann von Jahr zu Jahr immer größer wurde. Es ist ein Musikfestival. Schon einen Monat vor dem Anfang sprechen alle Italiener von nichts anderem. Es beginnt mittwochs und dauert bis Sonntag. Mehr Leute sehen seine Übertragung als eine Übertragung eines wichtigen Fußballspiels. In diesen Tagen schließen viele Geschäfte früher, die Restaurants sind leer. Welches Festival ist es?

*Es ist das Festival della Canzone di San Remo, das Liederfestival von San Remo.*

San Remo selber ist ein berühmter Winterurlaubsort an der Riviera, der sich durch sein mildes Klima hervorhebt.

## 109

### Il sistema d'Italia

Stefano: *Che stai leggendo?*

Giovanna: *Leggo «Don Camillo e Peppone». Mi piace tanto. Si possono vedere tutte le contraddizioni d'Italia. Noi abbiamo sempre una mistura di democrazia, comunismo, chiesa e borghesia.*

Stefano: *Non dimenticare la famiglia!*

## 110

### Le fandonie

Stefano: *Qualche volta è un peso avere un fratellino! Ultimamente legge sempre delle fandonie. Non parla di nient'altro che di streghe, nani, fate, fantasmi, re e naturalmente anche principesse.*

Giovanna: *Allora ne sei irritato che non ti prende per il grande, vecchio saggio?*

## 109

### Das italienische System

Stefano: Was liest du?

Giovanna: Ich lese „Don Camillo und Peppone". Das gefällt mir so gut. Man kann die ganzen Widersprüche von Italien sehen. Wir haben immer eine Mischung aus Demokratie, Kommunismus, Kirche und Bürgertum.

Stefano: Vergiß die Familie nicht!

| | |
|---|---|
| il sistema [sis'tɛ:ma] | System, Art und Weise |
| leggere ['lɛddʒere] | lesen, vorlesen |
| la contraddizione [kontraddit'tsio:ne] | Widerspruch |
| sempre ['sɛmpre] | immer, ständig |
| la mistura [mis'tu:ra] | Gemisch, Mischung |
| la borghesia [borge'zi:a] | Bürgertum |
| dimenticare [dimenti'ka:re] | vergessen, vernachlässigen |

## 110

### Die Märchen

Stefano: Manchmal ist es eine Last, einen kleinen Bruder zu haben! In letzter Zeit liest er immer Märchen. Er spricht von nichts anderem als Hexen, Zwergen, Feen, Geistern, Königen und natürlich Prinzessinnen.

Giovanna: Nun bist du darüber verärgert, daß er dich nicht für den großen, alten Weisen hält?

| | |
|---|---|
| la fandonia [fan'dɔ:nia] | Märchen |
| il peso ['pe:so] | Gewicht, Last |
| la strega ['stre:ga] | Hexe |
| il nano ['na:no] | Zwerg |
| la fata ['fa:ta] | Fee |
| il fantasma [fan'tazma] | Gespenst, Geist |
| irritare [irri'ta:re] | ärgern, reizen |
| il saggio ['saddʒo] | Weiser, Gelehrter |

## 111

*«I pensieri non pagano gabelle.»*

*Proverbio*

## 112

**Il tiro**

Oggi Sandro non è di buon umore. I suoi compagni di scuola hanno nascosto i suoi libri. Ha trovato ben presto tutti, eccetto il libro di chimica. Ha litigato con i suoi amici, ma non è riuscito a sapere dove il libro si trovi. Quando finalmente arriva a casa sua, sua madre gli dice che ha dimenticato questo libro a casa.

## 111

„Die Gedanken zahlen keine Steuern." – Italienisches Sprichwort

GRAMMATIK

### Il pronome possessivo – Possessivpronomen

Die Fürwörter *suo, sua, suoi, sue* beziehen sich auf einen Besitzer, *loro* dagegen auf mehrere Besitzer.
Bsp.: *Giovanna cerca le sue chiavi.* – Giovanna sucht ihre Schlüssel.
*Giovanna e Laura non trovano le loro chiavi.* – Giovanna und Laura finden ihre Schlüssel nicht.

Vor dem italienischen Possessivpronomen steht in der Regel der bestimmte Artikel.
Bsp.: *Giovanna cerca le sue chiavi.*
Ausnahmen: Verwandtschaftsbezeichnungen im Singular: *mio fratello* – mein Bruder; Appositionen: *Giovanna, mia amica* – Giovanna, meine Freundin

## 112

### Der Streich

Heute hat Sandro keine gute Laune. Seine Schulkameraden haben seine Bücher versteckt. Er hat alle sehr schnell gefunden, bis auf das Chemiebuch. Er hat mit seinen Freunden einen Streit angefangen, aber es ist ihm nicht gelungen zu erfahren, wo sich das Buch befindet. Als er endlich zu Hause ankommt, sagt seine Mutter ihm, daß er dieses Buch zu Hause vergessen habe.

| | |
|---|---|
| il tiro ['ti:ro] | Streich |
| l'umore, *m* [u'mo:re] | Wesen, Art, Laune |
| essere di buon umore [buɔn] | guter Laune sein |
| il/la compagno, -a [kom'paɲɲo] | Gefährte, Partner |
| il compagno di scuola ['skuɔ:la] | Klassenkamerad |
| nascondere [nas'kondere] | verstecken, verbergen |
| presto ['prɛsto] | bald, schnell, früh |

## 113

### Carrettino siciliano

Il carrettino siciliano è una piccola riproduzione di un vecchio carro a bestiame siciliano ed è uno dei souvenir più ammirati dai turisti che visitano la Sicilia. È diventato famoso per l'arte dei siciliani di costruirlo con legno e guarnizioni particolari, in modo tale da renderlo quasi un mezzo di lusso.

## 114

### ESERCIZIO

**Tradurre**

1. Giovanna sucht ihre Bücher.
2. Ihre Schlüssel hat sie schon gefunden.
3. Meine Sachen sind normalerweise im Schrank.
4. Ich habe deine Hosen gesehen.
5. Sie sind bei unserer Wäsche.
6. Hast du ihre Schuhe gesehen? (2 Mögl.)
7. Eure Blusen gefallen mir.
8. Unsere Mutter hat sie genäht.

## 113

### Sizilianisches Wägelchen

Das sizilianische Wägelchen ist ein kleiner Nachbau eines alten sizilianischen Tierkarrens, und es ist bei den Touristen, die Sizilien besuchen, eines der am meisten bewunderten Andenken. Es wurde durch die Kunst der Sizilianer berühmt, es mit Holz und besonderen Besätzen so zu bauen, daß es fast ein Luxusgefährt wurde.

| | |
|---|---|
| il carrettino [kar-ret-'ti:no] | Wägelchen |
| la riproduzione [riprodutsi'o:ne] | Nachbau |
| il bestiame [besti'a:me] | Tier |
| la fonte [fonte] | Quelle |
| la guarnizione [guarnitsi'o:ne] | Besatz, Garnitur |
| il lusso [lus-so] | Luxus |

## 114

### Übersetzen Sie

1. Giovanna cerca i suoi libri.
2. Ha già trovato le sue chiavi.
3. Normalmente le mie cose sono nell'armadio.
4. Ho visto i tuoi pantaloni.
5. Sono presso la nostra biancheria.
6. Hai visto le sue scarpe?
   Hai visto le loro scarpe?
7. Le vostre camicette mi piacciono.
8. Nostra madre le ha cucite.

*DIE EXPERTENECKE*

**Espressioni con i pronomi possessivi**

| | |
|---|---|
| dire la mia | meine Meinung sagen |
| ne ha fatta una delle sue | er hat schon wieder etwas angestellt |
| essere dalla mia | auf meiner Seite sein |
| ti tieni sempre sulle tue | du bleibst auch immer bei deiner Haltung |
| stare sulle sue | verschlossen sein |

## 115

### La piscina

Stefano: *Mi viene voglia di nuotare. Perché non andiamo in piscina?*

Giovanna: *Oh no! Preferisco nuotare in mare. In piscina c'è sempre qualcuno che ti salta quasi sul capo o fa altre sciocchezze.*

Stefano: *A me piace saltare in acqua dal trampolino.*

## 116

### La lotta per le investiture

L'avvenimento che rese famoso questo luogo accadde nell'anno 1077. I protagonisti furono Enrico IV e il papa Gregorio VII. Il motivo fu la lotta sul modo in cui il re insediava i vescovi. Il re reclamò il diritto d'insediamento per sé, il papa insistè nel suo privilegio di farlo. Perciò Enrico fece dichiarare dai vescovi e principi tedeschi Gregorio VII indegno della tiara. Quindi Enrico fu scomunicato.

*In quale città andò Enrico per riconciliarsi col pontefice nel gennaio 1077?*

## 115

### Das Schwimmbad

Stefano: Ich kriege Lust, schwimmen zu gehen. Warum gehen wir nicht ins Schwimmbad?

Giovanna: Oh nein! Ich schwimme lieber im Meer. Im Schwimmbad gibt es immer irgendjemanden, der dir fast auf den Kopf springt oder andere Dummheiten macht.

Stefano: Mir gefällt es, vom Sprungbrett ins Wasser zu springen.

| | |
|---|---|
| la piscina [piʃʃiːna] | Schwimmbad, Schwimmbecken |
| la voglia [ˈvɔʎʎa] | Lust, Verlangen |
| avere voglia di fare qc | Lust haben, etw zu tun |
| nuotare [nuoˈtaːre] | schwimmen |
| il mare [ˈmaːre] | Meer, See |
| saltare [salˈtaːre] | springen, explodieren |
| il trampolino [trampoˈliːno] | Sprungbrett |

## 116

### Der Investiturstreit

Das Ereignis, das diesen Ort berühmt machte, geschah im Jahre 1077. Die Hauptdarsteller waren Heinrich IV. und Papst Gregor VII. Der Grund war der Streit über die Art, wie der König die Bischöfe einsetzte. Der König beanspruchte das Recht der Einsetzung für sich, der Papst beharrte auf seinem Vorrecht, es zu tun. Deswegen ließ Heinrich Gregor VII. von den deutschen Bischöfen und Fürsten der Papstkrone für unwürdig erklären. Daraufhin wurde Heinrich exkommuniziert. In welche Stadt ging Heinrich im Januar 1077, um sich mit dem Papst zu versöhnen?

*Heinrich IV. ging nach Canossa.*

*Andare a Canossa*, nach Canossa gehen, wurde die feste Bezeichnung für die erzwungene Bezeugung einer Unterwerfung.

## 117

**Il guasto**

Simona: *Arturo, puoi dare un'occhiata alla macchina? Qualcosa fa degli strani rumori.*

Arturo: *Non hai per caso guidato la macchina fino alla rottamazione?*

Simona: *Con questa macchina non ci sarebbe tanto da perdere, ma credo che sei in grado di ripararla.*

## 118

*«Infinita è la schiera degli sciocchi.»*

*Petrarca*

## 117

### Der Schaden

Simona: Arturo, kannst du einen Blick auf den Wagen werfen? Irgendetwas verursacht merkwürdige Geräusche.
Arturo: Du hast nicht durch Zufall die Maschine zu Schrott gefahren?
Simona: Bei diesem Auto gäbe es nicht viel zu verlieren, aber ich glaube, du bist in der Lage, es zu reparieren.

| | |
|---|---|
| il guasto ['guasto] | Schaden, Panne |
| l'occhiata, *f* [ok'kia:ta] | (kurzer) Blick |
| dare un'occhiata a qc | einen Blick auf etw werfen |
| la macchina ['makkina] | Maschine, Wagen, Auto |
| guidare [gui'da:re] | führen, Auto fahren |
| la rottamazione [rottamat'tsio:ne] | Verschrottung |
| guidare una macchina fino alla rottamazione | ein Auto zu Schrott fahren |

## 118

„Unendlich ist die Masse der Dummen." — Francesco Petrarca (1304 – 1374), italienischer Humanist und Dichter

GRAMMATIK

### L'articolo – Artikel

Ohne Artikel stehen:

- Ortsnamen ohne nähere Bestimmung: *Roma, Firenze*
  aber: *la bella Firenze*
  Ausnahmen: *l'Aia (Den Haag), l'Avana (Havanna), il Cairo (Kairo), la Spezia*
- Monatsnamen ohne nähere Bestimmung: *È successo in aprile. (Es geschah im April.)*
  aber: *nel freddo gennaio (im kalten Januar)*
- Wochentage, sofern keine regelmäßig wiederkehrenden Ereignisse ausgedrückt werden: *È partito lunedì. (Er ist (am) Montag abgereist.)*
  aber: *Parte lunedì. (Er verreist immer montags.)*

## 119

## Al cinema

Salvatore: *Scusi, a che ora incomincia il film?*
Cassiera: *Alle otto meno un quarto.*
Salvatore: *È ancora presto, torno più tardi.*
Cassiera: *Penso che è meglio se entra. Oggi è la prima visione di questo film.*

## 120

## Sagra delle arance

La sagra delle arance ha una tradizione antica in Sicilia. In centro città vengono costruite tante bancarelle e si espongono le arance più belle. Ognuno è molto orgoglioso dei suoi frutti e li presenta nelle più diverse confezioni.

## 119

## Im Kino

| | |
|---|---|
| Salvatore: | Entschuldigen Sie, um wieviel Uhr beginnt der Film? |
| Kassiererin: | Um Viertel vor Acht. |
| Salvatore: | Es ist noch früh, ich komme später zurück. |
| Kassiererin: | Ich denke, es ist besser, wenn sie hineingehen. Heute ist die Erstaufführung dieses Films. |

| | |
|---|---|
| la prima visione [prima vizi'o:ne] | Erstaufführung |
| stare in piedi [sta:re in pi'ɛdi] | stehen |
| il biglietto [bi'ʎet-to] | Eintrittskarte |
| la platea [pla'tɛ:a] | Parterre, Parkett |

## 120

## Orangenerntefest

Das Orangenerntefest hat eine alte Tradition in Sizilien. Im Stadtzentrum werden viele Verkaufsstände aufgebaut, und man stellt die schönsten Orangen aus. Jeder ist auf seine Früchte sehr stolz und präsentiert sie in den unterschiedlichsten Aufmachungen.

| | |
|---|---|
| la sagra [sa:gra] | Feier, Fest |
| l'arancia (f.) [a'rantʃa] | Orange |
| la bancarella [baŋka'rɛl-la] | Verkaufsstand |
| orgoglioso [orgo'ʎo:so] | stolz |
| la confezione [konfetsi'o:ne] | Ausführung, Anfertigung |

## 121

### La riparazione

Poiché il signor Brusa ha un po' di tempo oggi, si dà a riparare la macchina di sua moglie. Rapidamente trova il guasto. Ma quando vuole usare la chiave inglese, non la trova. Dopo mezz'ora di ricerca si ricorda che l'ha prestata al vicino. Quando va a prenderla viene invitato a un bicchiere di vino e resta per tutto il pomeriggio.

## 122

### ESERCIZIO

**Completare le seguenti frasi dove è necessario**

1. Giovanna vive a ______ Roma.
2. ______ grande Roma piace tanto a lei.
3. ______ weekend va in giro.
4. ______ sabato scorso è stata in un concerto.
5. Spesso va soltanto per ______ strade, c'è tanto da vedere.
6. La città è bellissima in ______ ottobre.
7. In ______ bell'ottobre finalmente ci sono meno turisti.

## 121

### Die Reparatur

Weil Herr Brusa heute ein wenig Zeit hat, fängt er an, den Wagen seiner Ehefrau zu reparieren. Schnell findet er den Fehler. Aber als er den Engländer benützen will, findet er ihn nicht. Nach einer halben Stunde Suche erinnert er sich, daß er ihn dem Nachbarn geliehen hat. Als er ihn holen geht, wird er auf ein Glas Wein eingeladen und bleibt den ganzen Nachmittag.

| | |
|---|---|
| la riparazione [riparat'tsio:ne] | Reparatur, Ausbesserung |
| poiché [poi'ke] | da, weil |
| riparare [ripa'ra:re] | reparieren, wiedergutmachen |
| la moglie ['moʎʎe] | (Ehe-) Frau, Gattin |
| rapido, -a ['ra:pido] | schnell |
| la chiave inglese [iŋ'gle:se] | Engländer (Schraubenschlüssel) |
| prestare [pres'ta:re] | ausleihen, leihen |
| il vicino [vi'tʃi:no] | Nachbar |

## 122

### Vervollständigen Sie die folgenden Sätze, wo es nötig ist

1. Giovanna vive a Roma.
2. **La** grande Roma piace tanto a lei.
3. **Il** weekend va in giro.
4. Sabato scorso è stata in un concerto.
5. Spesso va soltanto per **le** strade, c'è tanto da vedere.
6. La città è bellissima in ottobre.
7. **Nel** bell'ottobre finalmente ci sono meno turisti.

*1. Giovanna lebt in Rom.*
*2. Das große Rom gefällt ihr sehr.*
*3. Am (= jedes) Wochenende bummelt sie umher.*
*4. Letzten Samstag war sie in einem Konzert.*
*5. Oft geht sie einfach nur durch die Straßen, es gibt so viel zu sehen.*
*6. Die Stadt ist im Oktober wunderschön.*
*7. Im schönen Oktober sind dort endlich weniger Touristen.*

## 123

### Il telefono

Il signor Brusa incontra un vecchio amico. Lui si è trasferito a Milano. Non è tanto felice, il trasloco è stato molto faticoso e dopo quasi un anno non è ancora finito, il telefono non è allacciato. Il signor Brusa fa la proposta di sostituire il telefono con apparecchi radiotrasmittenti.

## 124

### La Domenica delle Palme

La Domenica delle Palme è il giorno in cui vengono benedetti i rami di palma. Una volta questi rami di palma erano un simbolo per la vita eterna, perché la pianta non perde mai il suo verde. Si cercava di ricevere questo dono portando dei rami a casa propria. Oggi i rami di palma sono più usati per evitare il malocchio. Una foglia, portata con sé come amuleto, ne è una buona protezione.

*Di che pianta sono i rami normalmente?*

## 123

## Das Telefon

Herr Brusa trifft einen alten Freund. Er ist nach Mailand umgezogen. Er ist nicht sehr glücklich, der Umzug war sehr mühsam, und nach fast einem Jahr ist er noch nicht beendet, das Telefon ist nicht angeschlossen. Herr Brusa macht den Vorschlag, das Telefon durch Funkgeräte zu ersetzen.

| | |
|---|---|
| incontrare [iŋkon'tra:re] | treffen, begegnen |
| trasferirsi [trasfe'ri:rsi] | umziehen, übersiedeln |
| il trasloco [traz'lɔ:ko] | Umzug |
| faticoso, -a [fati'ko:so] | mühsam, anstrengend |
| allacciare [allat'tʃa:re] | anschließen, zubinden, zuschnüren |
| radiotrasmittente [radiotrazmit'tɛnte] | Sende-, Funk- |
| l' apparecchio radiotrasmittente, *m* [appa'rekkio] | Funkgerät |

## 124

## Palmsonntag

Palmsonntag ist der Tag, an dem die Palmzweige geweiht werden. Früher waren diese Palmzweige ein Zeichen für das ewige Leben, weil die Pflanze nie ihr Grün verliert. Man versuchte, diese Gabe zu erlangen, indem man Zweige mit zu sich nach Hause nahm. Heute werden die Palmzweige mehr genutzt, um den bösen Blick abzuwenden. Ein Blatt, als Amulett mit sich getragen, gibt guten Schutz davor. Von welcher Pflanze sind die Zweige normalerweise?

*In Italien werden üblicherweise Olivenzweige als Palmwedel benutzt.*

In Rom, auf dem Petersplatz, kann man aber auch eine Prozession mit echten Palmwedeln sehen. Nur die Familie Bresca aus Sanremo hat das Privileg, diese Palmzweige zu liefern.

## 125

### Il tempo

Simona: *Ma Arturo, sei bagnato da capo a piedi. Cosa è successo?*

Arturo: *E cosa pensi che sia successo? Non hai notato la pioggia? Io l'ho notata. Stavo per prendere un caffè al bar e ho dovuto ritornare in ufficio. Ha piovuto a catinelle!*

## 126

### La spesa

Simona va al mercato. Preferisce il mercato al negozio di alimentari. Non è soltanto una questione di prezzo, ma anche un evento sociale. Al mercato si può sapere tutto, chi è malato o morto, chi si sposa, chi s'inganna. Inoltre c'è la possibilità di comprare frutta e verdura fresca fresca.

## 125

### Das Wetter

| | |
|---|---|
| Simona: | Aber Arturo, du bist über und über naß. Was ist passiert? |
| Arturo: | Und was denkst du, was passiert sei? Hast du den Regen nicht bemerkt? Ich habe ihn bemerkt. Ich war in der Bar, um einen Kaffee zu trinken, und mußte ins Büro zurückkehren. Es hat Bindfäden geregnet. |

| | |
|---|---|
| bagnato, -a [baɲˈɲaːto] | naß, durchnäßt |
| da capo a piedi [ˈpiɛːdi] | über und über (*wörtl.:* von Kopf bis Fuß) |
| la pioggia [ˈpiɔddʒa] | Regen |
| stare per far qc [ˈstaːre] | im Begriff sein, etw zu tun |
| prendere [ˈprɛndere] | (ein)nehmen |
| l'ufficio, *m* [ufˈfiːtʃo] | Büro, Amt |
| la catinella [katiˈnɛlla] | Waschschüssel |
| piovere a catinelle [ˈpiɔːvere] | in Strömen regnen, schütten |

## 126

### Der Einkauf

Simona geht zum Markt. Sie zieht den Markt dem Lebensmittelgeschäft vor. Das ist nicht nur eine Frage des Preises, sondern auch ein soziales Ereignis. Auf dem Markt kann man alles erfahren, wer krank oder gestorben ist, wer heiratet, wer sich betrügt. Außerdem gibt es die Möglichkeit, allerfrischestes Obst und Gemüse zu kaufen.

| | |
|---|---|
| la spesa [ˈspeːsa] | Einkauf, Ausgabe |
| il mercato [merˈkaːto] | Markt |
| gli alimentari [alimenˈtaːri] | Lebensmittel |
| il negozio [neˈgɔttsio] | Geschäft, Laden |
| il prezzo [ˈprɛttso] | Preis |
| sposarsi [spɔˈzaːrsi] | heiraten, sich vermählen |
| ingannare [iŋganˈnaːre] | betrügen, täuschen |
| la frutta [ˈfrutta] | Obst |
| la verdura [verˈduːra] | Gemüse |

## 127

ESERCIZIO

**Completare con la forma giusta dell'articolo**

Lo incontrò subito una (di) ________ prime sere. Doveva essere appena uscito (da) ________ lavoro, perché era in ________ tuta e aveva ________ aria stanca. Per un momento la guardò come se non la riconoscesse; poi gli s'illuminò ________ viso. «Ma come» disse. «Sono tornata» rispose lei. «Da quando?» «Da ________ lunedì.»

## 128

**Le campane**

Il signor Brusa è arrabbiato con se stesso. Ogni pomeriggio fa un pisolino. Normalmente è svegliato dalla campana della vicina chiesa. Ma il Venerdì e il Sabato Santo le campane sono legate, non suonano, si dice che fanno un pellegrinaggio attraverso l'aria per Roma. Ogni anno lo dimentica e non si sveglia in tempo, ma proprio ogni anno.

## 127

### Vervollständigen Sie mit der richtigen Form des Artikels

Lo incontrò subito una **delle** prime sere. Doveva essere appena uscito **dal** lavoro, perché era in tuta e aveva **l'**aria stanca. Per un momento la guardò come se non la riconoscesse, poi gli s'illuminò **il** viso. «Ma come» disse. «Sono tornata» rispose lei. «Da quando?» «Da lunedì.»
*(Aus „La ragazza di Bube" von Carlo Cassola)*

*Sie traf ihn sofort an einem der ersten Abende. Er mußte gerade von der Arbeit gekommen sein, da er im Arbeitsanzug war und müde aussah. Für einen Moment sah er sie an, als würde er sie nicht wiedererkennen, dann erhellte sich sein Gesicht. „Aber so etwas", sagte er. „Ich bin zurückgekehrt", antwortete sie. „Seit wann?" „Seit Montag."*

## 128

### Die Glocken

Herr Brusa ist böse über sich selbst. Jeden Nachmittag macht er ein Nickerchen. Normalerweise wird er von der Glocke der nahegelegenen Kirche geweckt. Aber Karfreitag und Karsamstag sind die Glocken gebunden, sie läuten nicht, man sagt, sie würden eine Pilgerreise durch die Luft nach Rom machen. Jedes Jahr vergißt er es und verschläft, aber wirklich jedes Jahr.

| | |
|---|---|
| la campana [kam'pa:na] | Glocke |
| stesso, -a ['stesso] | gleich, dasselbe, selbst, selber |
| il pomeriggio [pome'riddʒo] | Nachmittag |
| il pisolino [pizo'li:no] | Nickerchen |
| svegliare [zveʎ'ʎa:re] | wecken, aufrütteln |
| legare [le'ga:re] | binden, festbinden |
| suonare [suo'na:re] | schlagen, läuten |
| il pellegrinaggio [pellegri'naddʒo] | Wallfahrt |

## 129

GRAMMATICA

### La frutta

| | |
|---|---|
| il limone | il fico |
| la ciliegia | la prugna |
| la mela | il pompelmo |
| la pesca | la castagna |
| il cocomero | la nocciola |
| l'uva | l'amarena |
| l'albicocca | la mora |
| la fragola | il lampone |

## 130

### Al ristorante

Pietro: *Buona sera, io ho riservato un tavolo per quattro persone.*

Cameriere: *Prego, da questa parte. I signori vogliono ordinare subito?*

Pietro: *Sì prego, per primo ci porti un minestrone di verdure, e poi una bistecca alla griglia.*

## 129

### Das Obst

| | |
|---|---|
| il limone [li'mo:ne] | Zitrone |
| la ciliegia [tʃi'ʎɛ:dʒa] | Kirsche |
| la mela [me:la] | Apfel |
| la pesca [pɛska] | Pfirsich |
| il cocomero [ko'ko:mero] | Wassermelone |
| l'uva (f.) [u:va] | Weintraube |
| l'albicocca (f.) [albi'kok-ka] | Aprikose |
| la fragola ['fra:gola] | Erdbeere |
| il fico [fi:ko] | Feige |
| la prugna [pru:ɲa] | Pflaume |
| il pompelmo [pom'pɛlmo] | Pampelmuse |
| la castagna [kas'ta:ɲa] | Kastanie |
| la nocciola [not'tʃɔ:la] | Haselnuß |
| l'amarena (f.) [ama'rɛ:na] | Weichselkirsche |
| la mora [mɔ:ra] | Brombeere |
| il lampone [lam'po:ne] | Himbeere |

## 130

### Im Restaurant

Pietro: Guten Abend, ich habe einen Tisch für vier Personen reserviert.

Ober: Auf dieser Seite, bitte.
Möchten Sie sofort bestellen?

Pietro: Ja bitte, als Hauptgericht bringen Sie uns eine Gemüsesuppe und danach ein Beefsteak vom Grill.

| | |
|---|---|
| il ristorante [risto'rante] | Restaurant |
| riservare [riser'va:re] | reservieren |
| il tavolo ['ta:volo] | Tisch |
| ordinare [ordi'na:re] | bestellen |
| il minestrone [mines'tro:ne] | Gemüsesuppe |
| la bistecca [bis'tek-ka] | Beefsteak |
| la griglia [gri:ʎa] | Rost, Grill |
| la bottiglia [bot-'ti:ʎa] | Flasche |
| il cameriere [kameri'ɛ:re] | Kellner, Ober |

## 131

### Lo Scoppio del Carro

Lo Scoppio del Carro è un modo straordinario di annunziare la resurrezione di Cristo. Il carro è alto quasi m. 20. I tre piani sono pieni di fiori, girandole e razzi e decorati di fioccchetti. Viene trascinato davanti alla porta del duomo da quattro buoi. Al Gloria una colombina di gesso e cartapesta porta, correndo lungo un filo di rame, un fuoco sacro al mastodonte. Questo scoppia e fa volare tutto il suo contenuto sulla piazza.

*In quale città scoppia il carro?*

## 132

### Pasquetta

Stefano: *Come sono sazio! Che buon'idea, di fare pasquetta e un picnic. Ma ho ancora spazio per un uovo di pasqua. Nella cesta ce ne sono alcune.*

Giovanna: *Che uovo vuoi? Ci sono tre grandezze. Io preferirei il più grande, sono golosa di cioccolato.*

Stefano: *Ghiottona!*

## 131

### Der Scoppio del Carro

Die Explosion des Wagens ist eine außergewöhnliche Art, die Auferstehung Christi anzukündigen. Der Wagen ist fast 20 m hoch. Die drei Stockwerke sind voll von Blumen, Feuerrädern und Raketen und dekoriert mit Schleifen. Er wird von vier Ochsen vor die Tür des Domes gezogen. Beim Gloria trägt ein Täubchen aus Gips und Pappmaché, das einen Kupferdraht entlangläuft, ein heiliges Feuer zum Koloß. Dieser explodiert und läßt seinen ganzen Inhalt über den Platz fliegen. In welcher Stadt explodiert der Wagen?

*In Florenz wird Ostern auf diese Weise begangen.*

In Vibo Valentia, in Kalabria, führt man eine Art Mysterienspiel auf, *Affruntata* (Zusammentreffen), das ein Treffen des auferstandenen Jesus mit seiner Mutter darstellt.

## 132

### Ostermontag

| | |
|---|---|
| Stefano: | Wie satt ich bin! Was für eine gute Idee, am Ostermontag ins Grüne zu fahren und ein Picknick zu machen. Aber ich habe noch Platz für ein Osterei. Im Korb sind welche. |
| Giovanna: | Was für ein Ei willst du? Es gibt drei Größen. Ich würde die größte bevorzugen, ich bin ganz scharf auf Schokolade. |
| Stefano: | Naschkatze! |

| | |
|---|---|
| la pasquetta [pas'kuetta] | Ostermontag |
| fare pasquetta | einen Ausflug ins Grüne machen (am Ostermontag) |
| lo spazio ['spattsio] | Raum, Platz |
| l'uovo, *m* ['uɔ:vo]; *pl:* le uova | Ei |
| la cesta ['tʃesta] | Korb |
| goloso, -a [go'lo:so] | naschhaft, gierig |
| il ghiottone [giot'to:ne] | Schlemmer, Leckermaul |

## 133

*«Nel mezzo del cammin di nostra vita*
*mi trovai per una selva oscura*
*ché la diritta via era smarrita.»*

*Dante Alighieri*

## 134

### Iscrizione per la patente

Antonella: *Mamma, ho deciso di andare alla scuola guida ad iscrivermi per la patente.*
Concetta: *Ma quest'anno hai anche gli esami di scuola. Forse è troppo.*
Antonella: *Non è troppo non preoccuparti. Per la patente non ci vuole molto tempo.*
Concetta: *Fai come vuoi, ma non dimenticare di studiare nel frattempo.*

## 133

„In der Wegesmitte unseres Lebens fand ich mich in einem finsteren Wald, weil der rechte Weg verschwunden war." – Dante Alighieri (1265–1321), italienischer Dichter

### Il pronome personale atono – Unbetontes Personalpronomen

| | Singular 1. | 2. | 3.m | 3.f | Plural 1. | 2. | 3.m | 3.f | Reflexiv |
|---|---|---|---|---|---|---|---|---|---|
| Nominativ | io | tu | egli | lei | noi | voi | essi | esse | |
| Dativ | mi | ti | gli | le | ci | vi | loro | loro | si |
| Akkusativ | mi | ti | lo | la | ci | vi | li | le | si |

Unbetonte Personalpronomen stehen in der Regel vor dem gebeugten Verb, hinter der eventuellen Verneinung. Steht ein Infinitiv, ein Imperativ, ein Gerundium oder *ecco*, werden sie direkt an die Form geschrieben (z. B. *eccola, vederti*). Vor Vokal wird *lo* und *la* apostrophiert.

## 134

### Anmeldung zum Führerschein

Antonella: Mama, ich habe beschlossen, zur Fahrschule zu gehen und mich für den Führerschein anzumelden.

Concetta: Aber in diesem Jahr hast du auch die Schulprüfungen. Vielleicht ist es zuviel.

Antonella: Es ist nicht zuviel, sei unbesorgt. Für den Führerschein braucht man nicht viel Zeit.

Concetta: Tu was du willst, aber vergiß nicht, in der Zwischenzeit zu lernen.

| | |
|---|---|
| la patente [pa'tɛnte] | Führerschein |
| la scuola guida [sku'ɔːla gu'iːda] | Fahrschule |
| l'esame (m.) [e'zaːme] | Prüfung |
| preoccuparsi [preok-ku'parsi] | in Sorge sein |
| dimenticare [dimenti'kaːre] | vergessen |
| il frattempo [frat-'tempo] | Zwischenzeit |

## 135

### La prima lezione di guida

Oggi Antonella ha la prima lezione di guida. È molto emozionata di mettersi al volante e provare a guidare da sola. Quando torna a casa racconta a Salvatore come è andata. Ha imparato meglio le parti della macchina: freno, accelleratore, frizione, volante, motore e carrozzeria.

## 136

### Lavoro nell'orto

Simona: *Cosa hai fatto con l'arancio? Ha proprio un aspetto ridicolo.*
Arturo: *A me piace la forma. L'ho potato per più di un'ora e penso che mi sia riuscito benissimo.*
Simona: *Ma cosa è?*
Arturo: *Ma si vede, è una bottiglia di vino.*

## 135

# Die erste Fahrstunde

Heute hat Antonella ihre erste Fahrstunde. Es ist sehr aufregend für Sie, sich an das Lenkrad zu setzen und zu versuchen, alleine zu fahren. Als sie nach Hause zurückkehrt, erzählt sie Salvatore, wie es gegangen ist. Sie hat die Teile des Autos besser kennengelernt: Bremse, Gaspedal, Kupplung, Lenkrad, Motor und Karosserie.

| | |
|---|---|
| la lezione di guida [letsi'o:ne di gu'i:da] | Fahrstunde |
| emozionato [emotsio'na:to] | aufgeregt |
| il volante [vo'lante] | Lenkrad |
| imparare [impa'ra:re] | lernen |
| il freno [fre:no] | Bremse |
| l'accelleratore (m.) [at-tʃelera'to:re] | Gaspedal |
| la frizione [fritsi'o:ne] | Kupplung |
| il motore [mo'to:re] | Motor |
| la carrozzeria [kar-rot-tse'ri:a] | Karosserie |

## 136

# Gartenarbeit

Simona: Was hast du mit dem Orangenbaum gemacht? Er sieht wirklich lächerlich aus.

Arturo: Mir gefällt die Form. Ich habe ihn mehr als eine Stunde zugeschnitten, und ich denke, daß es mir sehr gut geglückt ist.

Simona: Aber was ist es?

Arturo: Das sieht man doch, es ist eine Weinflasche.

| | |
|---|---|
| l'orto, *m* ['ɔrto] | (Gemüse-)Garten |
| l'arancio, *m* [a'rantʃo] | Apfelsinen-, Orangenbaum |
| l'aspetto, *m* [as'pɛtto] | Aussehen, Sicht, Warten |
| avere l'aspetto [a've:re] | aussehen |
| ridicolo, -a [ri'di:kolo] | lächerlich |
| potare [po'ta:re] | beschneiden, stutzen |
| riuscire [riuʃʃi:re] | es schaffen, gelingen |

## 137

### ESERCIZIO

**Trovare i dieci tipi di verdura**

| | | | | | | | | |
|---|---|---|---|---|---|---|---|---|
| O | I | H | C | C | O | N | I | F |
| R | O | G | F | A | C | P | A | A |
| O | I | A | G | R | L | N | T | G |
| D | E | M | V | C | U | B | A | I |
| O | A | P | R | I | F | O | L | O |
| M | C | I | P | O | L | L | A | L |
| O | G | H | I | F | T | O | S | O |
| P | A | L | M | O | N | V | N | E |
| S | T | O | I | L | G | A | I | R |
| A | E | N | I | H | C | C | U | Z |

## 138

### Una sera a casa

La famiglia Mancini la sera, dopo cena, rimane spesso a casa. Un po' si chiacchiera e sul tardi si guarda un buon film in televisione. Ma non è sempre facile trovare un accordo sul programma da vedere. Le reti private sono talmente tante che non si sa quale scegliere.

## 137

### Finden Sie die zehn Gemüsesorten

| | | | | | | | | |
|---|---|---|---|---|---|---|---|---|
| O | I | H | C | C | O | N | I | F |
| R | | | | A | | | A | A |
| O | | A | | R | | | T | G |
| D | | | V | C | | | A | I |
| O | | | | I | | O | L | O |
| M | C | I | P | O | L | L | A | L |
| O | | | | F | | O | S | O |
| P | | | | O | | V | N | |
| | | O | I | L | G | A | I | |
| | E | N | I | H | C | C | U | Z |

*l'aglio,* m – Knoblauch; *il carciofo* – Artischocken; *il cavolo* – Kohl; *la cipolla* – Zwiebel; *il fagiolo* – Bohne; *il finocchio* – Fenchel; *l'insalata,* f – Salat; *l'oliva,* f – Olive; *il pomodoro* – Tomate; *le zucchine* – Zucchini

## 138

### Ein Abend zu Hause

Familie Mancini bleibt oft nach dem Abendessen zu Hause. Es wird ein bißchen geplaudert, und später sieht man einen guten Film im Fernsehen. Aber es ist nicht immer einfach, sich über das Programm zu einigen. Es gibt derart viele Privatsender, daß man nicht weiß, welchen man wählen soll.

| | |
|---|---|
| facile ['faːtʃile] | leicht |
| il programma [pro'gram-ma] | Programm |
| la rete privata [reːte pri'vaːta] | Privatsender |
| scegliere ['ʃeːʎere] | wählen |

## 139

### Al verde

Stefano sospira. Non è il suo mese migliore. Lui è a corto di quattrini ed il prossimo fine settimana vogliono fare una escursione. La vita è ingiusta. Ad un tratto il suo viso s'illumina. Ma certo, nella piccola borsetta della giacca devono essere ancora alcune migliaia di lire. Stefano ci trova tre biglietti da diecimila ed è molto sollevato.

## 140

### Una telefonata di compleanno

| | |
|---|---|
| Carla: | *Pronto!* |
| Antonella: | *Ciao Carla, sono Antonella.* |
| Carla: | *Ciao Antonella! Che sorpresa!* |
| Antonella: | *Tantissimi auguri di buon compleanno, Carla!* |
| Carla: | *Grazie, che pensiero gentile!* |
| Antonella: | *Senti, hai voglia di fare un giro in città stasera?* |
| Carla: | *Si, volentieri.* |
| Antonella: | *Va bene, allora ci vediamo da te alle otto.* |

## 139

### Pleite

Stefano seufzt. Es ist nicht sein bester Monat. Er ist knapp bei Kasse, und nächstes Wochenende wollen sie einen Ausflug machen. Das Leben ist ungerecht. Plötzlich erhellt sich sein Gesicht. Aber sicher, in dem kleinen Täschchen der Jacke müssen noch einige tausend Lire sein. Stefano findet dort drei Scheine zu zehntausend Lire und ist sehr erleichtert.

| | |
|---|---|
| al verde ['verde] | pleite, blank (*wörtl.:* im Grünen) |
| sospirare [sospi'ra:re] | seufzen |
| i quattrini [kuat'tri:ni] | Geld |
| essere a corto di quattrini ['korto] | knapp bei Kasse sein |
| ad un tratto ['tratto] | auf einmal, plötzlich |
| le migliaia [miʎ'ʎa:ia] | tausend, Tausende |
| essere sollevato [solle'va:to] | erleichtert sein |

## 140

### Ein Anruf zum Geburtstag

Carla: Hallo!
Antonella: Ciao Carla, ich bin's, Antonella.
Carla: Ciao Antonella! Welche Überraschung!
Antonella: Sehr herzliche Glückwünsche zum Geburtstag, Carla!
Carla: Danke, nett, daß du daran gedacht hast!
Antonella: Hör mal, hast du Lust, heute Abend eine Runde durch die Stadt zu machen?
Carla: Ja, gerne.
Antonella: Also gut, wir sehen uns um acht Uhr bei dir.

| | |
|---|---|
| pronto [pronto] | hallo (üblicher Beginn eines Telefongespräches) |
| la sorpresa [sor'pre:sa] | Überraschung |
| tantissimi [tan'tis-simi] | sehr viele (Superlativ) |
| l'augurio (m.) [au'gu:rio] | Gruß, Glückwunsch |
| il pensiero [pen'siɛ:ro] | Gedanke, Denken |

## 141

GRAMMATICA

### I verbi reflessivi

| | chiamarsi |
|---|---|
| (io) | mi chiamo Carlo |
| (tu) | ti chiami Giovanna |
| (lui) | si chiama Roberto |
| (lei) | si chiama Patrizia |
| (noi) | ci chiamiamo |
| (voi) | vi chiamate |
| (loro) | si chiamano |

## 142

### La domanda di lavoro viene respinta

Salvatore ha ricevuto posta. È una lettera della ditta dove aveva fatto domanda di lavoro. La apre e legge:
«Siamo molto spiacenti di comunicarle che attualmente siamo al completo di personale.
Distinti saluti.»
In fondo Salvatore aspettava di ricevere una risposta negativa, ma un po' di speranza ce l'aveva avuta.

## 141

### Die reflexiven Verben

heißen (sich nennen)
ich heiße Carlo
du heißt Giovanna
er heißt Roberto
sie heißt Patrizia
wir heißen
ihr heißt
sie heißen

*Zahlreiche Verben im Italienischen werden rückbezüglich (reflexiv) gebraucht.*

Die rückbezüglichen Fürwörter sind:

| | | | |
|---|---|---|---|
| mi | – mich | ci | – uns |
| ti | – dich | vi | – euch |
| si | – sich | si | sich |

## 142

### Die Bewerbung wird abgelehnt

Salvatore hat Post bekommen. Es ist ein Brief von der Firma, bei der er sich um eine Arbeitsstelle beworben hatte. Er öffnet ihn und liest:
„Es tut uns leid, Ihnen mitzuteilen, daß unsere Belegschaft zur Zeit vollständig ist. Hochachtungsvoll."
Im Grunde erwartete Salvatore eine negative Antwort, aber ein bißchen Hoffnung hatte er doch gehabt.

| | |
|---|---|
| respingere [res'pindʒere] | ablehnen |
| la ditta [dit-ta] | Firma, Betrieb |
| aprire [a'priːre] | öffnen |
| comunicare [komuni'kaːre] | mitteilen |
| ricevere [ri'tʃeːvere] | erhalten |
| la risposta [ris'posta] | Antwort |
| la speranza [spe'rantsa] | Hoffnung |

## 143

### Il Giorno della Liberazione

Ogni 25 aprile l'Italia ricorda la liberazione dal fascismo. Dopo la caduta di Mussolini il 24/25 luglio 43, il governo di Badoglio conclude un armistizio con gli alleati. A causa di questo i tedeschi occuparono quasi tutta l'Italia, liberarono Mussolini e gli affidarono il governo. Gli alleati e la resistenza cercarono di sconfiggere i tedeschi e il 25 aprile 1945 l'Italia fu completamente liberata da loro.

*Chi governò l'Italia dopo la liberazione?*

## 144

### Al supermercato

Concetta va molto spesso in un grosso supermercato a fare la spesa. Li prende un carrello e lo riempie con tutto quello che le occorre. Alla fine va alla cassa a pagare. Alla cassa riceve sempre molte buste di plastica, ma lei preferisce usare il suo grosso cesto di paglia.

## 143

### Der Tag der Befreiung

Jeden 25. April gedenkt Italien der Befreiung vom Faschismus. Nach dem Sturz Mussolinis am 24./25. Juli 43 schloß die Regierung von Badoglio einen Waffenstillstand mit den Alliierten ab. Deswegen besetzten die Deutschen fast ganz Italien, befreiten Mussolini und übergaben ihm die Regierung. Die Alliierten und der Widerstand versuchten, die Deutschen zu besiegen, und am 25. April 1945 war Italien ganz von ihnen befreit. Wer regierte Italien nach der Befreiung?

*Ein Nationales Befreiungskomitee, bestehend aus Mitgliedern der kommunistischen (PCI), der sozialistischen (PSIUP), der christlich-demokratischen (DC) Partei, der Aktionspartei, der Liberalen und der Demokraten, bildete die Übergangsregierung.*

## 144

### Im Supermarkt

Concetta geht sehr oft in einen großen Supermarkt, um einzukaufen. Dort holt sie sich einen Einkaufswagen, den sie mit allem füllt, was sie braucht. Zum Schluß geht sie zur Kasse, um zu bezahlen. An der Kasse bekommt sie immer viele Plastiktüten, aber sie benutzt lieber ihren großen Strohkorb.

| | |
|---|---|
| il supermercato [supermer'ka:to] | Supermarkt |
| fare la spesa [fa:re la spe:sa] | einkaufen |
| il carrello [kar-'rɛl-lo] | Einkaufswagen |
| riempire [riem'pi:re] | füllen |
| la fine [fi:ne] | Schluß, Ende |
| ricevere [ri'tʃe:vere] | erhalten |
| la busta di plastica [busta di 'plastika] | Plastiktüte |
| il cesto di paglia [tʃesto di pa:ʎa] | Strohkorb |

## 145

### Le misure di risparmio

Ancora Stefano riflette sulla condizione della sua cassa. Poiché va di male in peggio si decide a fare qualcosa. Si cercherà un lavoro. Decide anche di andare meno in giro. Andare qualche volta al cinema va bene e anche ogni tanto una birra o un gelato, ma andrà meno spesso a mangiare fuori. Buone intenzioni!

## 146

### Concerto rock

Sandra: *Ciao Antonella cosa c'è?*
Antonella: *Senti, volevo soltanto chiederti se hai voglia di venire con me al concerto.*
Sandra: *Verrei volentieri! Ma purtroppo non ho trovato più biglietti.*
Antonella: *Puoi averne uno da me, perchè io ne ho uno in più.*

## 145

### Sparmaßnahmen

Wieder denkt Stefano über den Zustand seiner Kasse nach. Weil er immer schlimmer wird, beschließt er, etwas zu tun. Er wird sich eine Arbeit suchen. Er beschließt auch, weniger auszugehen. Ab und zu ins Kino zu gehen, ist in Ordnung, und auch gelegentlich ein Bier oder ein Eis, aber er wird weniger häufig essen gehen.
Gute Vorsätze!

| | |
|---|---|
| il risparmio [ris'parmio] | Ersparnis, Einsparung |
| la misura [mi'zu:ra] | Maß, Größe, Maßnahme |
| riflettere su [ri'flɛttere] | überlegen, nachdenken über |
| peggio ['pɛddʒo] | schlechter, schlimmer |
| andare di male in peggio ['ma:le] | immer schlimmer werden |
| ogni tanto ['oɲɲi] | hin und wieder, gelegentlich |
| l'intenzione, *f* [inten'tsio:ne] | Absicht, Vorsatz |

## 146

### Rockkonzert

Sandra: Ciao Antonella, was ist los?
Antonella: Hör mal, ich wollte dich bloß fragen, ob du Lust hast, mit mir zum Konzert zu kommen.
Sandra: Ich würde gerne! Aber leider habe ich keine Karte mehr bekommen.
Antonella: Du kannst eine von mir haben, weil ich eine zuviel habe.

| | |
|---|---|
| il concerto [kon'tʃɛrto] | Konzert |
| soltanto [sol'tanto] | nur, bloß |
| tardi [tardi] | spät |

## 147

*«Chi crede al cuore,*
*crede a ogni cosa.»*
*G. Capponi*

## 148

### Che ora è?

Salvatore: *Scusi signore! Che ora è, per favore?*
Signore: *Sono le due e mezza.*
Salvatore: *Oh, devo fare presto! Il mio treno parte alle tre meno un quarto.*

## 147

„Wer dem Herzen vertraut, vertraut allem." – Gino Capponi (1792 – 1876), italienischer Historiker, Pädagoge und Politiker

GRAMMATIK

### L'articolo partitivo – Teilungsartikel

Der Teilungsartikel wird benutzt, um einen unbestimmten Teil einer Menge zu bezeichnen. Er wird gebildet aus der Präposition di und dem bestimmten Artikel: del sale (Salz), dello zucchero (Zucker), dell'olio (Öl), della carne (Fleisch), dell'insalata (Salat), dei libri (Bücher), degli studenti (Studenten), delle case (Häuser).

Der Teilungsartikel wird nicht benutzt bei:

▷ Gegenständen im allgemeinen (Mangio ogni giorno pane. – Ich essen jeden Tag Brot.)

▷ Abstrakten Begriffen (Ho paura. – Ich habe Angst.)

▷ Aufzählungen, Fragen, verneinten Sätzen, Präpositionen.

## 148

### Wieviel Uhr ist es?

Salvatore: Entschuldigen Sie, mein Herr. Wie spät ist es, bitte?
Herr: Es ist halb drei.
Salvatore: Oh, ich muß schnell machen! Mein Zug fährt um Viertel vor drei ab.

| | |
|---|---|
| scusi [sku:zi] | entschuldigen Sie |
| l'ora (f.) [o:ra] | Stunde |
| mezzo ['mɛd-dzo] | halb |
| presto [prɛsto] | schnell, früh |
| il quarto [ku'arto] | Viertel |

## 149

## Una passeggiata di notte

Antonella: *È proprio una bellissima serata, non trovi?*

Franco: *Certo, guarda che cielo stellato che c'è. Non si vede neanche una nuvola.*

Antonella: *E pensa che le previsioni del tempo annunciavano pioggia.*

## 150

## L'escursione

Giovanna: *Sei riuscito a farti prestare la macchina per il weekend?*

Stefano: *Ah, sì. Ma ho dovuto promettere di guidare sempre prudentemente, di non bere niente, di fare ogni cinque minuti una sosta e di fermarmi quando fa buio. Insomma, le solite cose.*

## 149

### Eine Nachtwanderung

Antonella: Es ist wirklich ein sehr schöner Abend, findet Du nicht auch?
Franco: Gewiß. Sieh mal, was für ein schöner Sternenhimmel! Man sieht nicht eine Wolke.
Antonella: Und dabei hat die Wettervorhersage Regen angekündigt.

| | |
|---|---|
| il cielo [tʃɛːlo] | Himmel |
| stellato [stel-'laːto] | gestirnt, mit Sternen bedeckt |
| la nuvola [nu'vola] | Wolke |
| la previsione [previzi'oːne] | Vorhersage, Voraussicht |

## 150

### Der Ausflug

Giovanna: Ist es dir gelungen, dir den Wagen für das Wochenende zu leihen?
Stefano: Na klar. Aber ich mußte versprechen, immer vorsichtig zu fahren, nichts zu trinken, alle fünf Minuten eine Pause zu machen und anzuhalten, wenn es dunkel wird. Also die üblichen Sachen.

| | |
|---|---|
| l'escursione, *f* [eskur'sioːne] | Ausflug |
| prestare [pres'taːre] | leihen, ausleihen |
| promettere [pro'mettere] | versprechen |
| guidare [gui'daːre] | führen, leiten, fahren |
| la sosta ['sɔsta] | Halt, Pause |
| il buio ['buːio] | Dunkel, Dunkelkeit |
| insomma [in'somma] | also, somit, schließlich |
| solito, -a ['sɔːlito] | gewohnt, üblich |

## 151

### Patate al rosmarino

Ingredienti: 10 patate, 4 spicchi d'aglio, sale, un mazzetto di rosmarino, olio d'oliva

Sbucciare le patate e tagliarle nel senso della lunghezza per lo spessore di circa un centimetro. Salarle e metterle in una forma inaderente. Tagliare a fette l'aglio ed aggiungerlo alle patate. Cospargerle con abbondante rosmarino ed olio d'oliva e metterle in forno a bassa temperatura finchè non diventano ben colorate e cotte.

Buon appetito!

## 152

ESERCIZIO

### Tradurre

1. Giovanna hat Hunger.
2. „Laura, hast du etwas Obst?"
3. „Nein, ich habe kein Obst."
4. „Ich habe eben Pfirsiche gesehen."
5. „Oh, ich hatte vergessen, daß ich Pfirsiche, Kirschen und Birnen gekauft habe."
6. „Kann ich Kirschen essen?"
7. „Selbstverständlich kannst du Kirschen essen."

## 151

### Rosmarinkartoffel

Zutaten: 10 Kartoffeln, 4 Knoblauchzehen, Salz, ein kleiner Strauß Rosmarin, Olivenöl

Die Kartoffeln schälen, und sie in Längsrichtung in der Dicke von ungefähr 1 Zentimeter schneiden. Salzen und in eine beschichtete Form legen. Den Knoblauch in Scheiben schneiden und zu den Kartoffeln geben. Ausreichend Rosmarin und Olivenöl darübergeben, und sie bei niedriger Temperatur in den Ofen stellen, bis sie gut gebräunt und gar sind.

Guten Appetit!

| | |
|---|---|
| sbucciare [zbut-'tʃa:re] | schälen |
| cospargere [kos'pardʒere] | bestreuen, besprengen |

## 152

### Übersetzen Sie

1. Giovanna ha fame.
2. «Laura, hai un po' di frutta?»
3. «No, non ho frutta.»
4. «Appena ho visto delle pesche.»
5. «Oh, ho dimenticato che avevo comprato pesche, cigliege e pere.»
6. «Posso mangiare cigliege?»
7. «Naturalmente puoi mangiare delle cigliege.»

*DIE EXPERTENECKE*

**Caffè**

| | |
|---|---|
| un caffè = un espresso | – Espresso |
| caffè lungo (*oder* alto) | – verlängerter Kaffee (selbe Menge Kaffeepulver, etwas mehr Dampf) |
| caffè ristretto | – starker Kaffee (etwas weniger Dampf) |
| caffè corretto | – verbesserter Kaffee (= mit Schuß) |
| caffè macchiato | – befleckter Kaffee (= mit ein wenig Milch) |
| cappuccino | – Cappuccino (= Espresso mit heißer, aufgeschlagener Milch, keine Sahne!) |

## 153

### Il maggio

Il maggio è uno dei più bei mesi in Italia. La natura si mette in mostra con la sua immensa magnificenza. La famiglia Brusa decide di goderne un po' e fa una gita in campagna. Come sempre è Sandro che può appassionarsi più di tutti. Vuole sapere il nome di ogni pianta, che frutto ha e perché non cresce nel loro giardino.

## 154

GRAMMATICA

### Verbi irregolari

| ***andare*** | ***fare*** |
| --- | --- |
| *vado* | *faccio* |
| *vai* | *fai* |
| *va* | *fa* |
| *andiamo* | *facciamo* |
| *andate* | *fate* |
| *vanno* | *fanno* |

153

## Der Mai

Der Mai ist einer der schönsten Monate in Italien. Die Natur zeigt sich in ihrer unermeßlichen Pracht. Familie Brusa beschließt, ein wenig davon zu genießen, und macht einen Ausflug aufs Land. Wie immer ist es Sandro, der sich am meisten begeistern kann. Er möchte den Namen jeder Pflanze wissen, welche Frucht sie hat und warum sie nicht in ihrem Garten wächst.

| | |
|---|---|
| la mostra ['mostra] | Ausstellung, Schau, Muster |
| mettere in mostra ['mettere] | zur Schau stellen |
| immenso, -a [im'mɛnso] | unermeßlich, unendlich |
| la magnificenza [maɲɲifi'tʃɛntsa] | Pracht, Herrlichkeit |
| godere [go'deːre] | genießen, sich freuen |
| la campagna [kam'paɲɲa] | Land, Landgut |
| appassionarsi [appassio'naːrsi] | sich begeistern |
| il frutto ['frutto] | Frucht, Ertrag |

154

GRAMMATIK

## Unregelmäßige Verben

| | |
|---|---|
| gehen | machen |
| ich gehe | ich mache |
| du gehst | du machst |
| er, sie es geht | er, sie es macht |
| wir gehen | wir machen |
| ihr geht | ihr macht |
| sie gehen | sie machen |

## 155

### Una cena con amici

Stasera la famiglia Mancini ha invitato alcuni amici a cena. I primi ospiti arrivano alle sette, ed ognuno viene salutato calorosamente. Pietro offre un aperitivo e la cena inizia verso le otto con l'arrivo di Giacomo Mancuso, che come al solito è in ritardo. Concetta ha preparato una sua specialità culinaria: scilatelle.

## 156

### Il miracolo di San Gennaro

Il sangue di San Gennaro viene conservato raggrumato e secco, ma ogni primo sabato di maggio e ogni 19 settembre si scioglie e ribolle con piccole, ma ben visibili, bolle di color rubino. Dopo una solenne processione cominciano fervidissime preghiere. Se il Santo, per motivi che non si conoscono, non è disposto a fare il miracolo, le preghiere diventanno ansiose e impazienti, poi vere e proprie sollecitazioni.

*Dove succede il miracolo?*

## 155

### Ein Abendessen mit Freunden

Heute abend hat Familie Mancini einige Freunde zum Abendessen eingeladen. Die ersten Gäste kommen um sieben Uhr an, und jeder wird herzlich begrüßt. Pietro bietet einen Aperitiv an, und das Abendessen beginnt um acht Uhr mit der Ankunft von Giacomo Mancuso, der wie gewöhnlich zu spät kommt. Concetta hat eine ihrer kulinarischen Spezialitäten vorbereitet: Scilatelle*.

** Scilatelle ist ein hausgemachtes Nudelgericht.*

| | |
|---|---|
| calorosamente [kalorosa'mente] | herzlich |
| l'aperitivo (m.) [aperi'ti:vo] | Aperitiv |
| il ritardo [ri'tardo] | Verspätung |
| culinario [kuli'na:rio] | kulinarisch |

## 156

### Das Wunder von San Gennaro

Das Blut des San Gennaro wird geronnen und getrocknet aufbewahrt, aber jeden ersten Maisamstag und jeden 19. September verflüssigt es sich und schäumt mit kleinen, aber gut sichtbaren Blasen roter Farbe. Nach einer feierlichen Prozession beginnen inbrünstigste Gebete. Falls der Heilige, aus Motiven, die man nicht kennt, nicht gewillt ist, das Wunder geschehen zu lassen, werden die Gebete besorgt und ungeduldig, dann regelrechte Mahnungen. Wo geschieht das Wunder?

*Das Wunder geschieht im Dom von Neapel.*

Das Recht, den Heiligen zu ermahnen (oder eher anzuschreien) vererbt sich von Mutter auf Tochter, verbunden mit dem Recht, den Heiligen zu duzen. Man sagt, diese Frauen seien Nachfahren der Amme des Heiligen.

## 157

### Alla stazione

La famiglia Brusa si trova alla stazione per ritornare in città. Il signor Brusa voleva prendere l'auto, ma questa era rotta. Per il viaggio in treno ha previsto che il treno sarebbe stato in ritardo, che in aperta campagna si sarebbe dovuto fermare a causa di un guasto, che naturalmente ci sarebbe stato uno sciopero al ritorno. Invece tutto va benissimo.

## 158

*«L'amore è una lente attraverso la quale anche un mostro appare affascinante.»*

*Alberto Moravia*

## 157

### Im Bahnhof

Die Familie Brusa befindet sich im Bahnhof, um in die Stadt zurückzukehren. Herr Brusa wollte das Auto nehmen, aber das war kaputt. Für die Reise im Zug hat er vorausgesehen, daß der Zug sich verspäte, daß er auf freiem Feld wegen eines Schadens anhalten müßte, daß es bei der Rückkehr selbstverständlich einen Streik gebe. Dagegen läuft alles prima.

| | |
|---|---|
| la stazione [stat'tsio:ne] | Bahnhof, Tankstelle, Station |
| rotto, -a ['rotto] | kaputt, zerbrochen |
| prevedere [preve'de:re] | voraussehen, vorhersagen |
| il ritardo [ri'tardo] | Verspätung |
| essere in ritardo | sich verspäten |
| aperto, -a [a'pɛrto] | offen, zugänglich |
| lo sciopero ['ʃɔ:pero] | Streik |
| il ritorno [ri'torno] | Rückkehr, Wiederkehr |

## 158

„Die Liebe ist eine Brille, durch die auch ein Monster faszinierend erscheint." – Alberto Moravia (1907 –1990)

GRAMMATIK

### L'imperfetto – Imperfekt

| **comprare** | **vendere** | **finire** |
|---|---|---|
| compra-vo | vende-vo | fini-vo |
| *ich kaufte* | *ich verkaufte* | *ich beendete* |
| compra-vi | vende-vi | fini-vi |
| compra-va | vende-va | fini-va |
| compra-vamo | vende-vamo | fini-vamo |
| compra-vate | vende-vate | fini-vate |
| compra-vano | vende-vano | fini-vano |

Die Endung *-re* wird vom Infinitiv abgehängt und die entsprechende Imperfektendung angehängt.
**avere:** avevo, avevi, aveva, avevamo, avevate, avevano
**essere:** ero, eri, era, eravamo, eravate, erano

## 159

### La cinepresa

Simona: *Ma che mostro hai nelle mani?*
Arturo: *Nessun mostro! Ho comprato una cinepresa. Un collega l'ha venduta a buon mercato. Sorridi!*
Simona: *Ma no, vai al giardino o riprendi i tuoi figli, ma non me.*
Arturo: *Ma tu sei il motivo più bello.*

## 160

### Una sera sulla piazza

La piazza è uno dei luoghi più importanti nei paesi e nelle città del meridione. È il punto d'incontro e di comunicazione maggiormente frequentato dagli uomini. Di sera la piazza è sempre affollata di gente, ci si trovano prevalentemente i pensionati, che passano la giornata lì. Anche ai giovani è riservato un angolo nella piazza o nelle vicinanze, dove potersi incontrare.

## 159

### Die Kamera

Simona: Was für ein Monstrum hast du denn da in den Händen?
Arturo: Doch kein Monstrum! Ich habe eine Filmkamera gekauft. Ein Kollege hat sie billig verkauft. Lächle!
Simona: Aber nein, geh in den Garten oder nimm deine Kinder auf, aber nicht mich.
Arturo: Aber du bist das allerschönste Motiv.

| | |
|---|---|
| la cinepresa [tʃine'preːsa] | Filmkamera |
| il mostro ['mostro] | Monstrum, Ungeheuer |
| il collega [kol'lɛːga] | Kollege |
| a buon mercato [mer'kaːto] | preiswert, billig |
| sorridere [sor'riːdere] | lächeln, zulächeln |
| riprendere [ri'prɛndere] | zurücknehmen, aufnehmen |
| il motivo [mo'tiːvo] | Motiv, Grund, Thema |

## 160

### Ein Abend auf der Piazza

Die Piazza ist einer der wichtigsten Orte in den Dörfern und Städten Süditaliens. Sie ist ein Treffpunkt und ein Ort der Gespräche, der hauptsächlich von den Männern aufgesucht wird. Abends ist die Piazza immer bevölkert, vorwiegend trifft man dort die Rentner, die hier ihren Tag verbringen. Auch für die Jugendlichen ist auf der Piazza oder in der Nähe eine Ecke reserviert, wo sie sich treffen können.

| | |
|---|---|
| la piazza [pi'at-tsa] | Platz, Piazza |
| il luogo [lu'ɔːgo] | Ort |
| prevalentemente [prevalɛnte'mente] | überwiegend, vorwiegend |
| l'angolo (m.) [aŋgolo] | Ecke |

161



## Interrogativi

Chi è Pietro?
Con chi parli?
Di chi avete parlato?
Che monumento è questo?
Quando arriva Antonella?
Perchè non vai a scuola?
Come ti chiami?
Dove va?
Da dove vieni?
Quanto costa?
Qual'è il tuo nome?

162

## Semina nell'orto

Con l'arrivo della temperatura mite si incominciano a seminare le verdure che matureranno in estate. A Concetta hanno regalato nuovi semi per un'altra qualità di certrioli che lei vuole provare. Poi ci sono ancora i fagiolini, le zucchine ed i pomodori. Inoltre nell'orto non deve mancare in nessun caso il «basilico».

## 161

### Fragewörter

Wer ist Pietro? Mit wem redest du? Von wem habt ihr geredet? Was für ein Denkmal ist das? Wann kommt Antonella? Warum gehst du nicht zur Schule? Wie heißt du? Wohin geht er? Woher kommst du? Wieviel kostet das? Wie ist dein Name?

| | |
|---|---|
| chi | wer, wen |
| con chi | mit wem |
| di chi | von wem |
| che, che cosa | was |
| quando | wann |
| perchè | warum |
| come | wie |
| dove | wo |
| da dove | woher |
| quanto | wieviel |
| quale | welche, welcher, welches |

## 162

### Aussaat im Gemüsegarten

Mit der Ankuft der milden Temperaturen beginnt man, das Gemüse auszusäen, das im Sommer reif sein wird. Concetta hat neue Samen einer anderen Gurkensorte geschenkt bekommen, die sie ausprobieren möchte. Dann sind da noch: Die grünen Bohnen, die Zucchini, die Tomaten. Außerdem darf im Gemüsegarten in keinem Fall das Basilikum fehlen.

| | |
|---|---|
| la semina [se'mi:na] | Aussaat |
| la temperatura [tempera'tu:ra] | Temperatur |
| la verdura [ver'du:ra] | Gemüse |
| il seme [se:me] | Samen |
| il basilico [ba'zi:liko] | Basilikum |

## 163

### Minigolf

Stefano: *Perché non giochiamo un po' al minigolf?*
Giovanna: *Come si gioca? Puoi spiegarmelo?*
Stefano: *È semplice, ci sono diciotto buchi e una palla. Tu devi mettere la palla nei buchi tramite la mazza da golf.*
Giovanna: *Contemporaneamente? In diciotto buchi?*

## 164

ESERCIZIO

### Indovinello di sillaba

bi - cia - cro - de - de - fe - lan - ma - ma - mo - nie - nio - pol - ra - ra - re - se - si - sti - to - tri - vo - vuo

1. nozze ______________________
2. aver voglia di qualche cosa ______________
3. modo, costume ______________________
4. che non contiene nulla ________________
5. tomba ______________________
6. strumento per pesare ________________
7. non feriale ______________________

## 163

### Minigolf

Stefano: Warum spielen wir nicht ein wenig Minigolf?
Giovanna: Wie spielt man es? Kannst du es mir erklären?
Stefano: Das ist leicht, man hat achtzehn Löcher und einen Ball. Du mußt den Ball mittels eines Golfschlägers in die Löcher bringen.
Giovanna: Gleichzeitig? In achtzehn Löcher?

| | |
|---|---|
| il minigolf [mini'gɔlf] | Minigolf |
| giocare [dʒo'ka:re] | spielen |
| spiegare [spie'ga:re] | erklären, ausbreiten |
| il buco ['bu:ko] | Loch, Öffnung |
| la palla ['palla] | Ball, Kugel |
| tramite ['tra:mite] | mittels, mit Hilfe von |
| la mazza ['mattsa] | Knüppel, Schläger |

## 164

### Silbenrätsel

1. Hochzeit – *matrimonio* (Hochzeit, Ehe)
2. Lust auf etw haben – *desiderare* (wünschen, begehren)
3. Art, Gewohnheit – *maniera* (Art, Weise)
4. was nichts beinhaltet – *vuoto* (leer)
5. Grab – *sepolcro* (Grab)
6. Mittel zum Wiegen – *bilancia* (Waage)
7. nicht werk-, wochentags – *festivo* (feiertags)

*DIE EXPERTENECKE*

**Espressioni con gola (Hals, Schlucht)**

| | |
|---|---|
| peccati di gola | Völlerei |
| far gola | reizen, verlockend sein |
| essere pieno fino alla gola | bis oben hin voll sein |
| mentire per la gola | das Blaue vom Himmel herunterlügen |
| ho l'acqua alla gola | das Wasser steht mir bis zum Hals |

## 165

### Il tesoro

La piccola isola oggi è disabitata, una visita senza permesso speciale proibita. Nel secolo V d. C. vi trovò rifugio S. Mamiliano vescovo di Palermo. L'isola fu spesso depredata dai pirati. Nel 1553 il monastero di S. Salvatore e S. Mamiliano fu abbandonato dopo le devastazioni operate dal corsaro Dragut. Le ricchezze del monastero, portate nel continente, diedero origine alla leggenda di un tesoro sepolto.

*Di che isola si tratta?*

## 166

### La lettera

Il postino ha portato una lettera dagli Stati Uniti. La cugina di Simona, sposata là, scrive che lei e suo marito verranno l'11 maggio. La signora Brusa ne è molto contenta sebbene avesse preferito saperne prima. Ma la posta italiana non è la più veloce, succede che passa più di un mese finché una lettera arrivi.

## 165

### Der Schatz

Die kleine Insel ist heute unbewohnt, ein Besuch ohne Sondergenehmigung verboten. Im 5. Jh. n. Chr. fand der hl. Mamiliano, Bischof von Palermo, dort Zuflucht. Die Insel wurde oft von Piraten geplündert. Im Jahre 1553 wurde das Kloster S. Salvatore und S. Mamiliano nach Verwüstungen durch den Freibeuter Dragut aufgegeben. Die Reichtümer des Klosters, die auf das Festland gebracht wurden, riefen die Legende eines vergrabenen Schatzes hervor. Um welche Insel handelt es sich?

*Es ist die Insel Montecristo, berühmt durch den Roman von Alexandre Dumas d. Ä.*

Nachdem einige Versuche fehlschlugen, die Insel zu bewohnen, ist sie heute ein Naturschutzgebiet.

## 166

### Der Brief

Der Postbote hat einen Brief aus den Vereinigten Staaten gebracht. Die Base von Simona, dort verheiratet, schreibt, daß sie und ihr Ehemann am 11. Mai kommen würden. Frau Brusa ist darüber sehr erfreut, obwohl sie es vorgezogen hätte, früher davon gewußt zu haben. Aber die italienische Post ist nicht die allerschnellste, es kommt vor, daß mehr als ein Monat vergeht, bis ein Brief ankommt.

| | |
|---|---|
| il postino [pos'ti:no] | Briefträger, Postbote |
| gli Stati Uniti ['sta:ti u'ni:ti] | die Vereinigten Staaten |
| la cugina [ku'dʒi:na] | Cousine, Base |
| sebbene [seb'bɛ:ne] | obwohl, obgleich |
| presto ['prɛsto] | rasch, schnell, früh |
| veloce [ve'lo:tʃe] | schnell |
| finché [fiŋ'ke] | solange, bis |

## 167

### Al bar

Cugina: *Sai cosa mi manca sempre? Sono i bar. Qui bere un caffè è tanto semplice, si va al bar, si prende un caffè e basta.*

Simona: *Perché non lo facciamo adesso? C'e un bar qui vicino dove si può bere un caffè stupendo.*

## 168

### ESERCIZIO

**Completare con il passato prossimo o l'imperfetto**

1. Soltanto ieri io non (lo) ______________ (vedere).
2. Normalmente io lo ______________ (vedere) ogni giorno.
3. Noi ______________ (mangiare) sempre pesce.
4. Tu non ______________ (mai, mangiare) pesce?
5. Prima lui ______________ (bere), poi si ______________ (alzare) e ______________ (uscire).
6. Mentre lui ______________ (bere), ______________ (parlare) con l'oste.
7. Quel giorno ______________ (fare) molto caldo.

## 167

### In der Bar

Cousine: Weißt du, was mir immer fehlt? Das sind die Bars. Hier ist es so einfach, einen Kaffee zu trinken, man geht in eine Bar, nimmt einen Kaffee zu sich, und das genügt.

Simona: Warum machen wir das nicht jetzt? Hier in der Nähe gibt es eine Bar, wo man einen wunderbaren Kaffee trinken kann.

| | |
|---|---|
| mancare [maŋ'ka:re] | fehlen, abwesend sein |
| sempre ['sɛmpre] | immer, ständig |
| bere ['be:re] | trinken |
| semplice ['semplitʃe] | einfach, schlicht |
| prendere ['prɛndere] | nehmen, einnehmen |
| bastare [bas'ta:re] | genügen, ausreichen |
| stupendo, -a [stu'pɛndo] | wunderbar, phantastisch |

## 168

### Vervollständigen Sie mit dem Perfekt oder dem Imperfekt

1. Soltanto ieri io non **l'ho visto.**
2. Normalmente io lo **vedevo** ogni giorno.
3. Noi **mangiavamo** sempre pesce.
4. Tu non **hai** mai **mangiato** pesce?
5. Prima lui **ha bevuto**, poi si **è alzato** e **uscito.**
6. Mentre lui **beveva**, **parlava** con l'oste.
7. Quel giorno **faceva** molto caldo.

*1. Nur gestern habe ich ihn nicht gesehen.*
*2. Normalerweise sah ich ihn jeden Tag.*
*3. Wir aßen immer Fisch.*
*4. Du hast niemals Fisch gegessen?*
*5. Zuerst hat er getrunken, dann ist er aufgestanden und hinausgegangen.*
*6. Während er trank, sprach er mit dem Wirt.*
*7. An jenem Tag war es sehr heiß.*

## 169

### Lo scrittore e regista

Nacque in Bologna nel 1922. Studiò letteratura e storia. Nel 1947 aderì al PCI, nel 1949 ne fu escluso. Nel suo primo libro famoso usò il romanesco per far le descrizioni più realistiche. Il libro uscì nel 1955. Negli anni sessanta cominciò a girare dei film. La sua contemporanea dedizione al comunismo e cristianesimo lo rese un personaggio molto controverso. Per un film fu anche condannato.

*Come si chiama?*

## 170

### La pesca

Il marito della cugina è un pescatore appassionato. Così la famiglia Brusa ha deciso di passare un giorno al mare. Il cugino subito cerca di pescare tutti i tipici pesci, ma senza fortuna. Mentre tutti hanno un bel soggiorno, lui deve sopportare tutte le barzellette sui pescatori.

## 169

### Der Schriftsteller und Regisseur

Er wurde 1922 in Bologna geboren. Er studierte Literatur und Geschichte. 1947 trat er der PCI bei, 1949 wurde er daraus ausgeschlossen. In seinem ersten berühmten Buch gebrauchte er den römischen Dialekt, um die Beschreibungen realistischer zu gestalten. Das Buch erschien 1955. In den sechziger Jahren begann er, Filme zu drehen. Seine gleichzeitige Beschäftigung mit Kommunismus und Christentum machten ihn zu einer sehr umstrittenen Person. Wegen eines Films wurde er sogar verurteilt. Wie heißt er?

*Er heißt Pier Paolo Pasolini.*

Sein berühmtes Buch heißt „ragazzi di vita". Wegen des Films „Teorema – Geometrie der Liebe" wurde er mehrfach verurteilt.

## 170

### Der Fischfang

Der Mann der Cousine ist ein leidenschaftlicher Fischer. Deswegen hat Familie Brusa beschlossen, einen Tag am Meer zu verbringen. Der Cousin versucht sofort, alle typischen Fische zu fangen, aber ohne Erfolg. Während alle einen schönen Aufenthalt haben, muß er all die Witze über Fischer ertragen.

| | |
|---|---|
| la pesca ['peska] | Fischfang |
| il pescatore [peska'to:re] | Fischer, Angler |
| appassionato, -a [appassio'na:to] | begeistert, leidenschaftlich |
| tipico, -a ['ti:piko] | charakteristisch |
| la fortuna [for'tu:na] | Schicksal, Glück |
| il soggiorno [sod'dʒorno] | Aufenthalt |
| la barzelletta [bardzel'letta] | Witz |

## 171

### In un centro commerciale

Concetta: *Mi scusi, dove posso trovare le camice da uomo?*
Commessa: *Al reparto uomini, al primo piano.*
Concetta: *Ci sono anche articoli sportivi?*
Commessa: *Tutto quello che riguarda lo sport si trova al pianoterra.*

## 172

### La dieta

Arturo: *Perché non mangi, Simona?*
Simona: *Dopo la settimana con mia cugina devo stare a stretta dieta. Sono ingrassata.*
Arturo: *Ma no. In fondo mi piaci un po' paffutella. Se uno di noi deve dimagrire, allora sono io. Ma con la tua cucina...*

## 171

## In einem Einkaufszentrum

Concetta: Entschuldigen Sie, wo kann ich Herrenhemden finden?
Verkäuferin: In der Herrenabteilung im ersten Stock.
Concetta: Haben Sie auch Sportartikel?
Verkäuferin: Alles was mit Sport zu tun hat, befindet sich im Erdgeschoß.

| | |
|---|---|
| la camicia [ka'mi:tʃa] | Hemd |
| la commessa [kom-'mes-sa] | Verkäuferin |
| il reparto [re'parto] | Abteilung |
| l'articolo (m.) [ar'ti:kolo] | Artikel |
| sportivo [spor'ti:vo] | sportlich |
| il pianoterra [piano'ter-ra] | Erdgeschoß, Parterre |

## 172

## Die Diät

Arturo: Warum ißt du nicht, Simona?
Simona: Nach der Woche mit meiner Cousine muß ich eine strenge Diät halten. Ich habe zugenommen.
Arturo: Aber nein. Im Grunde gefällst du mir ein bißchen pummelig. Wenn einer von uns abnehmen muß, dann bin ich es. Aber bei deiner Küche…

| | |
|---|---|
| la dieta ['diɛ:ta] | Diät |
| stare a dieta | Diät halten |
| stretto, -a ['stretto] | schmal, eng, streng |
| ingrassare [iŋgras'sa:re] | zunehmen |
| paffutello, -a [paffu'tɛ:llo] | pummelig, mollig |
| dimagrire [dima'gri:re] | abmagern |
| la cucina [ku'tʃi:na] | Küche, Kochkunst |

## 173

GRAMMATICA

### L'ora

*Che ora è? Che ore sono?*
*È l'una.*
*Sono le due.*
*È l'una e cinque.*
*Sono le tre e un quarto.*
*Sono le quattro meno ventinove.*
*Sono le venti e trenta.*
*Sono le cinque meno venti.*
*Sone le sette meno un quarto.*
*Sono le otto meno tre.*
*Sono le venti.*
*Sono le otto di mattina.*
*È mezzogiorno.*
*Sono le tre di pomeriggio.*
*Sono le sette di sera.*
*È mezzanotte.*

## 174

### Programmi per le vacanze estive

Pietro: *Allora ragazzi, dove andiamo in vacanza quest'anno?*

Antonella: *Che ne dite di andare in montagna?*

Concetta: *Non è possibile. Lo sai che vengono i nostri parenti dalla Germania, ed io gli ho promesso di passare le vacanze insieme al mare.*

Salvatore: *Ma Antonella ha ragione, stiamo sempre al mare. Perché non andiamo almeno una volta in montagna?*

## 173

GRAMMATIK

### Die Uhrzeit

*Wie spät ist es?*
*Es ist ein Uhr.*
*Es ist zwei Uhr.*
*Es ist ein Uhr fünf.*
*Es ist Viertel nach drei.*
*Es ist eine Minute nach halb vier.*
*Es ist halb neun.*
*Es ist zwanzig vor fünf.*
*Es ist Viertel vor sieben.*
*Es ist drei vor acht.*
*Es ist zwanzig Uhr.*
*Es ist acht Uhr morgens.*
*Es ist zwölf Uhr (mittags).*
*Es ist drei Uhr nachmittags.*
*Es ist sieben Uhr abends.*
*Es ist Mitternacht.*

## 174

## Pläne für die Sommerferien

Pietro: Also Leute, wohin fahren wir dieses Jahr in Ferien?
Antonella: Was haltet ihr davon, in die Berge zu fahren?
Concetta: Das ist nicht möglich. Du weißt, daß unsere Verwandten aus Deutschland kommen, und ich habe Ihnen versprochen, die Ferien gemeinsam am Meer zu verbringen.
Salvatore: Aber Antonella hat recht, wir sind immer am Meer. Warum fahren wir nicht einmal in die Berge?

| | |
|---|---|
| il programma [pro'gram-ma] | Programm, Plan |
| promettere [pro'met-tere] | versprechen |
| la ragione [ra'dʒoːne] | Grund, Recht, Ursache |
| mantenere [mante'neːre] | (ein)halten, unterhalten |
| la promessa [pro'mes-sa] | Versprechen |
| affittare [af-fit'taːre] | mieten |

## 175

### La televisione

Oggi è uno dei giorni tragici nella vita familiare. Simona vuole vedere la puntata del giallo, Arturo la partita di basketball e Stefano la storia d'amore. Soltanto Sandro non ha nessun desiderio. Fortunatamente Giovanna vuole vedere la storia d'amore a casa sua, cosi Stefano è sistemato. Ma chi della coppia vince?

## 176

ESERCIZIO

### Tradurre

1. Die großen Häuser haben eine gelbe Farbe.
2. Mein lieber Freund ist ins schöne Italien gereist.
3. Die alte Frau ißt süße Sahne.
4. Die reichen Herren rauchen Zigaretten.
5. Es gibt einen bemerkenswerten Unterschied.
6. Diese herrlichen Kirchen sind 1000 Jahre alt.
7. Die frommen Brüder singen laut.

## 175

### Das Fernsehen

Heute ist einer der tragischen Tage im Familienleben. Simona möchte die Folge des Krimis sehen, Arturo das Basketballspiel und Stefano die Liebesgeschichte. Nur Sandro hat keinen Wunsch. Glücklicherweise möchte Giovanna zu Hause die Liebesgeschichte sehen, so ist Stefano versorgt. Aber wer von den beiden Eheleuten gewinnt?

| | |
|---|---|
| la televisione [televiˈzioːne] | Fernsehen |
| tragico, -a [ˈtraːdʒiko] | tragisch |
| familiare [famiˈliaːre] | Familien-, vertraut, einfach |
| la puntata [punˈtaːta] | Fortsetzung, Folge |
| il giallo [ˈdʒallo] | Krimi |
| sistemare [sisteˈmaːre] | regeln, ordnen |
| la coppia [ˈkɔppia] | Paar |

## 176

### Übersetzen Sie

1. Le case grandi hanno un colore giallo.
2. Il mio caro amico è andato nella bella Italia.
3. La vecchia donna mangia della panna dolce.
4. I signori ricchi fumano delle sigarette.
5. C'è una differenza notevole.
6. Queste chiese magnifiche hanno mille anni.
7. I fratelli pii cantano ad alta vọce.

*DIE EXPERTENECKE*

**Espressioni con santo (heilig)**

| | |
|---|---|
| la pazienza di un santo | Engelsgeduld |
| non sapere a che santo votarsi | keinen Ausweg mehr wissen |
| non ci sono santi che tengano | es ist unvermeidlich |
| deve avere qualche santo dalla sua | er muß einen Schutzengel haben |
| Sant'Iddio! | ach du lieber Gott! |

## 177

GRAMMATICA

### C'è – ci sono

A Roma c'è molta gente.
C'è un'appartamento libero in questo palazzo?
Che cosa c'è d'importante?
A Firenze ci sono molti turisti.
Ci sono camere libere?
Ci sono già idee precise?

## 178

### Una bibita

*Ingredienti: espresso oppure caffè, zucchero, panna*
Dapprima fare l'espresso o il caffè fortissimo. Ad ogni tazzina di caffè aggiungere una cucchiaiata di zucchero. (Non lesinare!) Rimestare bene, poi mettere il liquido nel congelatore. Quando comincia a gelare, mescolarlo ogni tanto. Servire con panna montata.

*Come si chiama la bibita?*

## 177

GRAMMATIK

### Es gibt

In Rom gibt es viele Menschen.
Gibt es in diesem Haus eine freie Wohnung?
Was gibt es Wichtiges?
In Florenz gibt es viele Touristen.
Gibt es freie Zimmer?
Gibt es schon genaue Vorstellungen?

*C'è (es gibt + Singular) und ci sono (es gibt + Plural) werden zur Wiedergabe des Vorhandenseins gebraucht. Beide Redewendungen sind im Italienischen sehr gebräuchlich.*

## 178

### Ein Getränk

*Zutaten: Espresso oder Kaffee, Zucker, Sahne*

Zuerst einen sehr starken Espresso oder Kaffee kochen. Zu jedem Täßchen Kaffee einen Eßlöffel Zucker hinzugeben. (Nicht sparen!) Gut durchrühren, dann die Flüssigkeit in die Tiefkühltruhe stellen. Wenn sie anfängt zu gefrieren, ab und zu umrühren. Mit geschlagener Sahne servieren. Wie heißt das Getränk?

*Das Getränk nennt sich Granita.*

Man kann es auch mit Fruchtsäften herstellen. Wichtig ist, daß man Zucker hineingibt, damit das Wasser nicht zu einem festen Klumpen gefriert, sondern das Gefrorene immer zu kleinen Körnern gerührt werden kann. Würde man ständig umrühren, erhielte man Eiscreme.

## 179

### In un laboratorio di ceramica

alvatore si interessa molto ai lavori artigianali e ecide di visitare un laboratorio di ceramica. Ne isita uno nel centro della ittà dove lavorano parechi ragazzi della sua età. a lavorazione avviee quasi tutta a mano. a varietà degli artioli è talmente vasta he lui ne rimane molto ffascinato.

## 180

### Il peso

Stefano: *Questa settimana mio padre sarà insopportabile.*

Giovanna: *Perché? Avevo l'impressione che lui fosse una persona in gamba?*

Stefano: *Normalmente sì, ma oggi il suo medico l'ha detto che o la bilancia è rotta o il suo peso prescrive una dieta.*

## 179

### In einer Töpferei

Salvatore interessiert sich sehr für handwerkliche Arbeiten und beschließt, eine Töpferei zu besuchen. Er besucht eine im Stadtzentrum, in der mehrere Jugendliche seines Alters arbeiten. Die Bearbeitung erfolgt fast gänzlich mit der Hand. Die Vielfalt der Artikel ist so groß, daß er davon sehr beeindruckt ist.

| | |
|---|---|
| il laboratorio [labora'to:rio] | Werkstatt, Labor |
| la ceramica [tʃe'ra:mika] | Keramik |
| artigianale [artidʒa'nale] | handwerklich |
| parecchio [pa'rek-kio] | ziemlich viel |
| avvenire [av-ve'ni:re] | geschehen, sich ereignen |
| la varietà [varie'ta] | Verschiedenheit |
| vasto [vasto] | weit, ausgedehnt |

## 180

### Das Gewicht

Stefano: Diese Woche wird mein Vater unerträglich sein.
Giovanna: Warum? Ich hatte den Eindruck, daß er ganz fit sei?
Stefano: Gewöhnlich ja, aber heute hat sein Arzt ihm gesagt, daß entweder die Waage kaputt sei oder sein Gewicht eine Diät vorschreibe.

| | |
|---|---|
| insopportabile [insoppor'ta:bile] | unerträglich |
| l'impressione, *f* [impres'sio:ne] | Eindruck, Gefühl |
| la gamba ['gamba] | Bein |
| essere in gamba | auf Draht sein, fit sein |
| il medico ['mɛ:diko] | Arzt |
| il peso ['pe:so] | Gewicht, Last |
| prescrivere [pres'kri:vere] | vorschreiben, verschreiben |

## 181

### Il concorso a premi

La signora Brusa è un po' turbata. È arrivata una lettera di una catena di supermercati. Per un pelo l'avrebbe buttata via se non avesse visto che era una lettera d'auguri. La famiglia ha vinto una crociera per il Mediterraneo! Piano piano lei si ricorda di aver compilato una volta una scheda con questi tipici questionari stupidissimi.

## 182

### In un castello

Concetta fa una gita con un gruppo di casalinghe della sua parrocchia. Vanno, tra l'altro, a visitare i resti del antico castello di Sutera, il quale si trova nel cuore della Sicilia. Il castello fu costruito su una roccia che si regge in alto. Costruito così, il castello era una fortezza inespugnabile.

## 181

### Das Preisauschreiben

Frau Brusa ist ein bißchen verstört. Es ist ein Brief einer Supermarktkette angekommen. Um ein Haar hätte sie ihn weggeworfen, wenn sie nicht gesehen hätte, daß es ein Glückwünschbrief ist. Die Familie hat eine Kreuzfahrt durch das Mittelmeer gewonnen! Langsam erinnert sie sich, einmal ein Formular mit diesen typischen, superdusseligen Fragen ausgefüllt zu haben.

| | |
|---|---|
| il premio ['prɛmio] | Preis, Gewinn |
| turbare [tur'baːre] | stören, bewegen, beunruhigen |
| la catena [ka'teːna] | Kette |
| il supermercato [supermer'kaːto] | Supermarkt |
| il pelo ['pɛːlo] | Haar |
| l'augurio, *m* [au'guːrio] | Glückwunsch, Wunsch |
| la crociera [kro'tʃɛːra] | Kreuzfahrt, Gewölbekreuz |
| compilare [kompi'laːre] | verfassen, ausfüllen |

## 182

### In einem Schloß

Concetta macht einen Ausflug mit einer Gruppe von Hausfrauen ihrer Pfarrgemeinde. Sie besuchen unter anderem die Reste des antiken Schlosses von Sutera, welches sich im Herzen Siziliens befindet. Das Schloß wurde auf einem hochragenden Fels gebaut. Bei dieser Bauweise war das Schloß eine uneinnehmbare Festung.

| | |
|---|---|
| il castello [kas'tɛl-lo] | Schloß |
| il cuore [ku'ɔːre] | Herz |
| la roccia [rɔt-tʃa] | Fels(en) |
| la fortezza [for'tet-tsa] | Festung |
| inespugnabile [inespu'ɲaːbile] | uneinnehmbar |
| l'abisso (m.) [a'bis-so] | Abgrund |
| rigido ['ridʒido] | steil |

## 183

*«Rosso di sera*
*bel tempo si spera.»*

*Proverbio*

## 184

ESERCIZIO

**Tradurre per imparare l'arte di vanteria**

1. Stefanos Auto ist schön, Lauras ist schöner, deins ist sehr schön, aber meins ist das allerschönste.
2. Mein Onkel ist reich, meine Tante reicher, Rockefeller sehr reich, doch wir sind am reichsten.
3. Die Großmutter ist nicht jung, Simona ist jünger, Stefano ist blutjung, Sandro ist der jüngste.
4. Das ist der schlechteste Film, den ich je gesehen habe.

## 183

„Abendrot, Gutwetterbot." – Italienisches Sprichwort

GRAMMATIK

# La comparazione – Steigerung

**– regelmäßig:**

| | | | |
|---|---|---|---|
| bello<br><br>(schön) | *più* bello<br><br>(schöner) | *il più* bello<br><br>(am schönsten) | bell*issimo*<br>*molto* bello<br>(sehr schön, wunderschön) |

**– unregelmäßig:**

| | | | | |
|---|---|---|---|---|
| gut | buono<br>(gut) | migliore<br>(besser) | il migliore<br>(am besten) | ottimo<br>(sehr gut) |
| schlecht | cattivo | peggiore | il peggiore | pessimo |
| groß | grande | maggiore | il maggiore | massimo |
| klein | piccolo | minore | il minore | minimo |
| hoch | alto | superiore | il superiore | supremo, sommo |
| niedrig | basso | inferiore | l'inferiore | infimo |

## 184

# Übersetzen Sie, um die Kunst der Angabe zu lernen

1. La macchina di Stefano è bella, quella di Laura è più bella, la tua è bellissima, ma la mia è la più bella.
2. Mio zio è ricco, mia zia è più ricca, Rockefeller è molto ricco, ma noi siamo i più ricchi.
3. La nonna non è giovane, Simona è più giovane, Stefano è giovanissimo, Sandro è il più giovane.
4. Questo è il peggiore film, che abbia mai visto.

*DIE EXPERTENECKE*

Im Italienischen gibt es die Möglichkeit, durch anhängen bestimmter Silben einem Wort eine besondere Bedeutung zu geben. So drücken die Nachsilben *-ino, -etto, -ello* eine Verkleinerung aus (wie -chen, -lein):
*ein Blümchen: un piccolo fiore, un fiorino, un fiorello*

## 185

### Le vacanze

Quando il signor Brusa s'è riavuto dalla notizia, comincia subito a progettare. Dapprima deve prendersi una vacanza. L'agosto non è un problema, l'uffico sarà - come quasi tutti gli uffici in Italia - chiuso, ma il luglio? Il signor Brusa sospira. Con un po' di corruzione e di relazioni tutto si può sistemare.

## 186

### I giorni di festa

I giorni festivi in Italia si distinguono un po' da quelli tedeschi. Diversamente dalla Germania giorni festivi sono il 25 aprile (Giorno della liberazione dal fascismo), il 2 giugno (Proclamazione della Repubblica), il 15 agosto (Ferragosto) ed alcuni giorni di festa regionali. Invece il Venerdì santo, l'Ascensione, il Corpus Domini, il 3 Ottobre, il Giorno di penitenza e di preghiera ed il Giorno dei morti non sono giorni festivi.

*Quale altro giorno non è un giorno festivo?*

## 185

### Die Ferien

Als Herr Brusa sich von der Neuigkeit erholt hat, fängt er sofort an zu planen. Zuerst muß er sich Urlaub nehmen. Der August ist kein Problem, das Büro wird – wie fast alle Büros in Italien – geschlossen sein, aber der Juli? Herr Brusa seufzt. Mit ein wenig Bestechung und Beziehungen kann man alles einrichten.

| | |
|---|---|
| riaversi [ria'veːrsi] | sich erholen |
| la notizia [no'tittsia] | Nachricht, Neuigkeit |
| progettare [prodʒet'taːre] | planen, entwerfen |
| le vacanze [va'kantse] | Ferien |
| prendersi una vacanza | Urlaub nehmen |
| sospirare [sospi'raːre] | seufzen, ersehnen |
| la corruzione [korrut'tsioːne] | Bestechung, Verführung |
| la relazione [relat'tsioːne] | Bericht, Beziehung, Verhältnis |

## 186

### Die Feiertage

Die Feiertage in Italien unterscheiden sich ein wenig von den deutschen. Anders als in Deutschland sind Feiertage der 25. April (Tag der Befreiung vom Faschismus), der 2. Juni (Proklamation der Republik), der 15. August (Ferragosto) und einige regionale Festtage. Hingegen sind der Karfreitag, Christi Himmelfahrt, Fronleichnam, der 3. Oktober, Buß- und Bettag und Totensonntag keine Feiertage. Welcher andere Tag ist auch kein Feiertag?

*Pfingsten und Pfingstmontag sind auch keine Feiertage in Italien.*

Ferragosto, zeitgleich mit Mariä Himmelfahrt, ist ein traditioneller, altrömischer Feiertag und zugleich der Höhepunkt der Reisewelle.

## 187

### Il giardino

Simona: *Poiché noi saremo via durante l'estate, dobbiamo decidere cosa faremo col giardino.*

Arturo: *Faremo lo stesso come ogni anno, taglieremo le piante che si seccheranno troppo, daremo una mancia al portiere, e lui annaffierà ogni tanto il resto.*

## 188

### Spiedini al forno

Ingredienti: 500 gr. fettine di vitello, pane macinato, aglio, prezzemolo, parmigiano, olio d'oliva.

In un piatto fondo preparare una miscela con circa 100 gr. di pane macinato ed altretanto parmigiano. Tritare dentro abbondante prezzemolo ed aglio e mischiare bene. A parte, in un altro piatto, versare abbondante olio d'oliva. Passare le fettine di vitello, già salate, prima nell'olio e poi nel pane macinato. Rotolarle e infilarle in uno spiedino. Cuocere nella teglia del forno per 20 minuti a 180°.

## 187

### Der Garten

Simona: Weil wir während des Sommers weg sein werden, müssen wir entscheiden, was wir mit dem Garten machen.

Arturo: Wir werden dasselbe wie jedes Jahr machen, wir werden die Pflanzen abschneiden, die zu sehr vertrocknen, dem Pförtner ein Trinkgeld geben, und er wird ab und zu den Rest gießen.

| | |
|---|---|
| poiché [poi'ke] | da, weil |
| via ['vi:a] | weg |
| l'estate, *f* [es'ta:te] | Sommer |
| tagliare [taʎ'ʎa:re] | schneiden, abschneiden |
| seccare [sek'ka:re] | trocknen, vertrocknen |
| la mancia ['mantʃa] | Trinkgeld |
| annaffiare [annaf'fia:re] | gießen, sprengen |

## 188

### Spießchen im Ofen

Zutaten: 500 g Kalbfleisch in dünnen Scheiben, Paniermehl, Knoblauch, Petersilie, Parmesankäse, Olivenöl.

In einem flachen Teller eine Mischung aus ca. 100 g Paniermehl und ebensoviel Parmesankäse bereiten. Ausreichend kleingehackte Petersilie und Knoblauch hinzugeben und gut mischen. Daneben in einen anderen Teller ausreichend Olivenöl gießen. Die bereits gesalzenen Kalbfleischscheiben zuerst durch das Öl und dann durch das Paniermehl ziehen. Zusammenrollen und auf einen kleinen Spieß stecken. 20 Minuten bei 180° auf einem Ofenblech braten.

| | |
|---|---|
| il vitello [vi'tεl-lo] | Kalbfleisch |
| la miscela [miʃ-'ʃε:la] | Mischung |
| tritare [tri'ta:re] | zerreiben, zerkleinern |
| rotolare [roto'la:re] | zusammenrollen |
| infilare [infi'la:re] | einfädeln, aufspießen |
| la teglia [te:ʎa] | Pfanne |

## 189

### Al mercato del pesce

Pescivendolo: *Signora, guardi che bel pesce fresco che abbiamo stamattina!*

Concetta: *Oggi vorrei fare la zuppa di pesce. Che cosa mi consiglia di prendere?*

Pescivendolo: *Le faccio un bell'assortimento. Guardi, un po' di vongole, calamari, una sogliola, gamberi e sgombri.*

## 190

*«Chi non è contento*
*di quello che ha,*
*non sarebbe contento neanche*
*se avesse ciò che non ha.»*

*Proverbio*

## 189

# Auf dem Fischmarkt

Fischverkäufer: Signora, sehen Sie, was für einen schönen frischen Fisch wir heute morgen haben!

Concetta: Heute würde ich gerne eine Fischsuppe machen. Was raten Sie mir zu nehmen?

Fischverkäufer: Ich mache Ihnen eine schöne Auswahl. Sehen Sie, ein paar Muscheln, Tintenfische, eine Seezunge, Krebse und Makrelen.

| | |
|---|---|
| il pescivendolo [peʃ-ʃi'vendolo] | Fischverkäufer |
| la zuppa [tsup-pa] | Suppe |
| il pesce [peʃ-ʃe] | Fisch |
| l'assortimento (m.) [as-sorti'mento] | Auswahl |
| la vongola [vɔŋgola] | Muschel |
| il calamaro [kala'maːro] | Tintenfisch |
| il gambero ['gambero] | Krebs |
| lo sgombro [zgombro] | Makrele |
| la sogliola ['soːʎola] | Seezunge |

## 190

*„Wer nicht mit dem zufrieden ist,*
*was er hat,*
*wäre auch nicht zufrieden,*
*wenn er das hätte, was er nicht hat."*

*Italienisches Sprichwort*

## 191

GRAMMATICA

### Particolarità nella costruzione del plurale

| | |
|---|---|
| Il binario numero 7. | I binari della stazione. |
| Lo scambio d'esperienze. | Gli scambi. |
| L'ufficio del direttore. | Gli uffici. |
| Pietro fa un viaggio necessario. | Viaggi necessari. |
| Va nella farmacia. | Le farmacie. |
| Compra una camicia grigia. | Le camicie grigie. |
| Pietro dà una mancia. | Le mance. |

## 192

### Sul balcone

Stefano: *Mammina, perché non ceniamo fuori, sul balcone?*

Simona: *Una buona idea! Sicuramente non ti dà fastidio portare fuori il tavolo?*

Stefano: *Per il bene della famiglia faccio tutto.*

Simona: *Allora perché non metti in ordine la tua camera?*

## 191

### Besonderheiten in der Pluralbildung

| | |
|---|---|
| Gleis Nummer sieben. | Die Gleise des Bahnhofs. |
| Der Erfahrungsaustausch. | Die Tausche. |
| Das Büro des Direktors. | Die Büros. |
| Pietro macht eine notwendige Reise. | Notwendige Reisen. |
| Er geht in die Apotheke. | Die Apotheken. |
| Er kauft ein graues Hemd. | Die grauen Hemden. |
| Pietro gibt ein Trinkgeld. | Die Trinkgelder. |

*Die auf unbetontes -io endenden maskulinen Substantive und Adjektive bilden den Plural auf -i.*
*Die auf betontes -cia bzw. gia endenden femininen Substantive bilden den Plural auf -cie bzw. -gie.*
*Die auf unbetontes -cia bzw. -gia endenden femininen Substantive und Adjektive bilden den Plural auf -cie bzw. -gie, wenn ein Vokal vorangeht.*
*Geht ein Konsonant voran, so bilden sie den Plural auf -ce bzw. -ge.*

## 192

### Auf dem Balkon

Stefano: Mama, warum essen wir nicht draußen auf dem Balkon zu Abend?
Simona: Eine gute Idee! Sicher macht es dir nichts aus, den Tisch nach draußen zu tragen?
Stefano: Für das Wohl der Familie mache ich alles.
Simona: Warum räumst du dann nicht dein Zimmer auf?

| | |
|---|---|
| il balcone [bal'ko:ne] | Balkon |
| cenare [tʃe'na:re] | zu Abend essen |
| il fastidio [fas'ti:dio] | Störung, Belästigung |
| dare fastidio a qu | jdn belästigen |
| il bene ['bɛ:ne] | Gutes, Wohl |
| l'ordine, *m* ['ordine] | Ordnung, Stand, Art |
| mettere in ordine | aufräumen |

## 193

# Festa del lavoro

Il primo Maggio è un giorno festivo. I lavoratori ed il movimento sindacale escono per celebrare la «festa del lavoro». Si inizia la giornata con manifestazioni nelle grandi città. Nei piccoli paesi l'amministrazione comunale organizza, per la ricorrenza, prima un comizio in piazza per ricordare l'importanza della giornata e poi i consueti giochi popolari.

## 194

# Leonardo da Vinci

Leonardo da Vinci era uno dei più grandi artisti del mondo. Non era soltanto un notissimo pittore, bensi anche astronomo, architetto ed ingegnere. Centinaia di invenzioni si devono a lui. Molto volentieri si occupava della costruzione di nuove macchine. L'opera che di lui ancora oggi è ammirata di più in tutto il mondo è la «Mona Lisa».

## 193

### Fest der Arbeit

Der erste Mai ist ein Feiertag. Arbeiter und Gewerkschaftsbewegung gehen heraus, um ihr „Fest der Arbeit“ zu feiern. Der Tag beginnt mit Kundgebungen in den großen Städten. In den kleinen Dörfern organisiert die Kommunalverwaltung aus diesem Anlaß zuerst eine Versammlung auf der Piazza, die an die Bedeutung des Tages erinnern soll, und dann die gewohnten Volksspiele.

| | |
|---|---|
| il lavoratore [lavora'to:re] | Arbeiter |
| il movimento [movi'mento] | Bewegung |
| sindacale [sinda'ka:le] | gewerkschaftlich |
| il comizio [ko'mi:tsio] | Versammlung |
| l'importanza (f.) [impor'tantsa] | Bedeutung, Wichtigkeit |
| consueto [konsu'e:to] | gewohnt |
| il gioco [dʒɔ:ko] | Spiel |

## 194

### Leonardo da Vinci*

Leonardo da Vinci war einer der größten Künstler der Welt. Er war nicht nur ein hochberühmter Maler, sondern auch Astronom, Architekt und Ingenieur. Hunderte von Erfindungen stammen von ihm. Besonders gerne beschäftigte er sich mit der Konstruktion neuer Maschinen. Das noch heute in der ganzen Welt am meisten bewunderte seiner Werke ist die „Mona Lisa“.

** Leonardo da Vinci lebte vom 15. April 1452 bis 2. Mai 1519.*

| | |
|---|---|
| il pittore [pit-'to:re] | Maler |
| l'astronomo (m.) [as'trɔ:nomo] | Astronom |
| l'architetto (m.) [arki'tet-to] | Architekt |
| l'ingegnere (m.) [indʒe'nɛ:re] | Ingenieur |
| l'invenzione (f.) [inventsi'o:ne] | Erfindung |

## 195

ESERCIZIO

### Di o che?

1. Laura sa parlare più velocemente _____ scrivere.
2. La camera è più lunga _____ larga.
3. Lei canta meglio _____ lui.
4. La frutta costa più _____ duemila Lire.
5. Roma è più bella _____ Catania.
6. Posso saltare più in alto _____ mio fratello.
7. Posso saltare più in alto _____ lontano.

## 196

### In campagna

Arturo: *Non è bellissimo mangiare qui, in questa piccola osteria in campagna?*

Simona: *Sì, ma c'è uno strano odore, non lo senti?*

Arturo: *Questo è il profumo dolce della campagna.*

Simona: *Io invece credo che è il puzzo di un caprone.*

## 195

### „Di“ oder „che“?

1. Laura sa parlare più velocemente **che** scrivere.
2. La camera è più lunga **che** larga.
3. Lei canta meglio **di** lui.
4. La frutta costa più **di** duemila Lire.
5. Roma è più bella **di** Catania.
6. Posso saltare più in alto **di** mio fratello.
7. Posso saltare più in alto **che** lontano.

*1. Laura spricht schneller als sie schreibt.*
*2. Das Zimmer ist länger als breit.*
*3. Sie singt besser als er.*
*4. Das Obst ist teurer als zweitausend Lire.*
*5. Rom ist schöner als Catania.*
*6. Ich kann höher springen als mein Bruder.*
*7. Ich kann höher als weit springen.*

## 196

### Auf dem Land

| | |
|---|---|
| Arturo: | Ist es nicht wunderschön, hier zu essen, in dieser kleinen Wirtschaft auf dem Land? |
| Simona: | Ja, aber es riecht komisch, riechst du es nicht? |
| Arturo: | Dies ist der süße Duft des Landes. |
| Simona: | Ich hingegen glaube, daß es der Gestank eines Ziegenbocks ist. |

| | |
|---|---|
| la campagna [kam'paɲɲa] | Land, Landgut |
| l'osteria, *f* [oste'ri:a] | Schenke, Gaststätte |
| l'odore, *m* [o'do:re] | Geruch |
| odorare [odo'ra:re] | riechen |
| il profumo [pro'fu:mo] | Duft, Parfüm |
| il puzzo ['puttso] | Gestank |
| il caprone [ka'pro:ne] | Ziegenbock |

## 197

*«Beati i popoli*
*che non hanno storia.»*

*Gino Capponi*

## 198

**Una serata di giochi**

Stasera Stefano, Giovanna ed alcuni amici s'incontrano per giocare. Stefano ha preparato qualcosa per sgranocchiare, Giovanna ha comprato alcune bevande. Non sanno ancora, a cosa giocheranno. Giovanna preferisce un gioco di società, Stefano una partita a carte. Ma a Giovanna è stata regalata un gioco di società e lei è decisissima a provarlo.

## 197

„Glücklich die Völker, die keine Geschichte haben." – Gino Capponi (1792–1876)

GRAMMATIK

### Il paragone – Vergleich

„als" wird übersetzt mit

- ► ***che:*** wenn zwei Substantive, zwei Verben, zwei Adjektive oder zwei Adverbien verglichen werden:
  *Ci sono più case che macchine.*
  *(Es gibt mehr Häuser als Autos.)*
  *Sa meglio cantare che scrivere.*
  *(Er kann besser singen als schreiben.)*
  *Giovanna è più bionda che mora.*
  *(Giovanna ist eher blond als dunkelhaarig.)*
  *Mio nonno sente meglio che bene.*
  *(Mein Großvater hört besser als gut.)*
- ► ***di:*** in allen anderen Fällen

## 198

### Ein Spieleabend

Heute abend treffen sich Stefano, Giovanna und einige Freunde, um zu spielen. Stefano hat etwas zu knabbern vorbereitet, Giovanna hat einige Getränke gekauft. Sie wissen noch nicht, was sie spielen werden. Giovanna zieht ein Gesellschaftsspiel vor, Stefano ein Kartenspiel. Aber Giovanna hat ein Gesellschaftsspiel geschenkt bekommen und ist wild entschlossen, es auszuprobieren.

| | |
|---|---|
| la serata [se'ra:ta] | Abend |
| il gioco ['dʒɔ:ko] | Spiel |
| sgranocchiare [zgranok'kia:re] | knabbern |
| la bevanda [be'vanda] | Getränk |
| gioco di società [sotʃe'ta] | Gesellschaftsspiel |
| la partita a carte ['karte] | Kartenspiel |
| giocare a carte [dʒo'ka:re] | Karten spielen |
| regalare [rega'la:re] | schenken |

## 199

GRAMMATICA

### L'aggettivo dimostrativo «questo»

| singolare | plurale |
|---|---|
| questo libro | questi libri |
| quest'albergo | questi alberghi |
| questa casa | queste case |
| quest'ora | queste ore |

## 200

### Gli acquisti

Simona: *Arturo, adesso, che abbiamo vinto la crociera, non ci abbiamo risparmiato dei soldi?*
Arturo: *In fondo sì, ma in realtà no.*
Simona: *Perché?*
Arturo: *Non puoi negare che hai l'intenzione di comprarti alcuni nuovi vestiti e altre sciocchezze.*

## 199



### Das Demonstrativadjektiv „diese/r/s“

Das attributivisch in Verbindung mit einem Substantiv verwendete Demonstrativadjektiv questo, -a, -i, -e lautet:
Im Maskulinum:
- vor konsonantisch anlautenden Substantiven:
  questo, Plural: questi
- vor vokalisch anlautenden Substantiven:
  quest' Plural: questi

Im Femininum
- vor konsonantisch anlautenden Substantiven:
  questa, Plural: queste
- vor vokalisch anlautenden Substantiven:
  quest' Plural: queste

In einigen Fällen wird auch eine Kurzform gebraucht:

stamattina (questa mattina) – heute früh
stasera (questa sera) – heute abend

## 200

### Die Einkäufe

Simona: Arturo, nun, da wir die Kreuzfahrt gewonnen haben, haben wir da kein Geld gespart?
Arturo: Im Grunde ja, aber in Wirklichkeit nein.
Simona: Warum?
Arturo: Du kannst nicht leugnen, daß du die Absicht hast, dir einige neue Kleider und andere Kleinigkeiten zu kaufen.

| | |
|---|---|
| l'acquisto, *m* [ak'kuisto] | Erwerb, Kauf |
| risparmiare [rispar'mia:re] | einsparen, schonen |
| il fondo ['fondo] | Grund, Boden, Hintergrund |
| la realtà [real'ta] | Wirklichkeit |
| l'intenzione, *f* [inten'tsio:ne] | Absicht, Wille |
| il vestito [ves'ti:to] | Kleidung, Kleid |
| la sciocchezza [ʃok'kettsa] | Dummheit, Kleinigkeit |

## 201

### Picnic

Amica: *Antonella, hai portato per caso una coperta?*
Antonella: *Non so cosa mi ha messo in macchina mia madre; aspetta che guardo.*
Amica: *Allora, l'hai trovata?*
Antonella: *Sì, guarda, qui c'è proprio tutto. Il pranzo basta per tre giorni quasi!*

## 202

GRAMMATICA

### La forma negativa

Non parlo con Giuseppe.
Non ho chiamato il numero giusto.
Non è facile imparare l'italiano.
Non ci sono problemi.
Non ho paura.

## 201

### Picknick

Freundin: Antonella, hast Du vielleicht eine Decke mitgenommen?
Antonella: Ich weiß nicht, was mir meine Mutter ins Auto gepackt hat; warte, ich sehe mal nach.
Freundin: Also, hast du sie gefunden?
Antonella: Ja, sieh mal, hier ist wirklich alles. Das Mittagessen reicht für fast drei Tage!

| | |
|---|---|
| la coperta [co'perːta] | **Decke** |
| stendere ['stɛndere] | **ausbreiten** |
| bastare [bas'taːre] | **(aus)reichen** |

## 202

GRAMMATIK

### Die Verneinung

Ich spreche nicht mit Giuseppe.
Ich habe nicht die richtige Nummer angerufen.
Es ist nicht leicht, Italienisch zu lernen.
Es gibt keine Probleme.
Ich habe keine Angst.

*Bei der Verneinung steht das Negationswort „non“ unmittelbar vor der konjugierten Verbform.*

## 203

ESERCIZIO

**Mettere nel futuro, nell'imperfetto e nel passato prossimo:**

*essere*
*avere*
*scrivere*

## 204

**La brutta sorpresa**

Arturo: *Questi ladri, questi briganti, questi banditi!*
Stefano: *Ma papà, cosa c'è?*
Arturo: *Sono stato alla banca. Qui ho una lista delle detrazioni. Fanno ben il triplo del normale!*
Stefano: *Ma sì, mamma ha detto che paga già tutto per i mesi d'assenza.*

## 203

### Setzen Sie ins Futur, ins Imperfekt und ins Passato Prossimo:

**essere:** io sarò, tu sarai, lui sarà, noi saremo, voi sarete, loro saranno
io ero, tu eri, lui era, noi eravamo, voi eravate, loro erano
io sono stato, tu sei stato, lui è stato, noi siamo stati, voi siete stati, loro sono stati

**avere:** io avrò, tu avrai, lui avrà, noi avremo, voi avrete, loro avranno
io avevo, tu avevi, lui aveva, noi avevamo, voi avevate, loro avevano
io ho avuto, tu hai avuto, lui ha avuto, noi abbiamo avuto, voi avete avuto, loro hanno avuto

**scrivere:** io scriverò, tu scriverai, lui scriverà, noi scriveremo, voi scriverete, loro scriveranno
io scrivevo, tu scrivevi, lui scriveva, noi scrivevamo, voi scrivevate, loro scrivevano
io ho scritto, tu hai scritto, lui ha scritto, noi abbiamo scritto, voi avete scritto, loro hanno scritto

## 204

### Die unangenehme Überraschung

| | |
|---|---|
| Arturo: | Diese Gauner, diese Räuber, diese Kriminellen! |
| Stefano: | Aber Vater, was ist? |
| Arturo: | Ich bin in der Bank gewesen. Hier habe ich eine Liste der Abbuchungen. Das ist gut das Dreifache des Normalen! |
| Stefano: | Aber ja, Mama hat gesagt, daß sie schon alles für die Monate der Abwesenheit bezahlt. |

| | |
|---|---|
| brutto, -a ['brutto] | häßlich, schlecht, unerfreulich |
| il ladro ['la:dro] | Dieb, Gauner, Halsabschneider |
| il brigante [bri'gante] | (Straßen-)Räuber, Bandit |
| il bandito [ban'di:to] | Krimineller, Bandit |
| la detrazione [detrat'tsio:ne] | Abzug, Abrechnung |
| il triplo ['tri:plo] | das Dreifache |
| l'assenza, *f* [as'sɛntsa] | Abwesenheit, Fehlen, Mangel |

## 205

### Il musicista

Lui è uno dei famosi figli di quella città, della quale portò anche il nome. Il nome di battesimo del monaco fu Guido. Visse verso l'anno 1000. Coordinò e completò i vari tentativi di annotare la musica. Volle togliere alla musica l'incertezza di interpretazione ed abituare i cantori a distinguere i diversi intervalli. Pose la prima pietra per la notazione di oggi.

*Chi era?*

## 206

### Chiuso

Giovanna: *Odio il lunedì! Tutto è chiuso. Adesso anche la banca!*

Stefano: *La banca? I musei sono chiusi. I negozi, tranne i negozi alimentari, non aprono prima del pomeriggio, ma le banche?*

Giovanna: *C'era una riunione aziendale.*

## 205

### Der Musiker

Er ist einer der berühmten Söhne jener Stadt, deren Namen er auch trug. Der Taufname des Mönches war Guido. Er lebte um das Jahr 1000. Er koordinierte und vervollständigte die verschiedenen Versuche, Musik aufzuschreiben. Er wollte der Musik die Unsicherheit der Interpretation nehmen und die Sänger daran gewöhnen, die verschiedenen Intervalle zu unterscheiden. Er legte den Grundstein für die heutige Notenschrift. Wer war er?

*Sein vollständiger Name war Guido d'Arezzo.*

Er führte das Liniensystem im Terzabstand ein und benannte die Noten c-a mit den Silben ut-re-mi-fa-sol-la, nur das ut ist heute zu do geworden.

## 206

### Geschlossen

Giovanna: Ich hasse den Montag! Alles ist geschlossen. Jetzt sogar die Bank!
Stefano: Die Bank? Die Museen sind geschlossen. Die Geschäfte, außer den Lebensmittelgeschäften, öffnen nicht vor dem Nachmittag, aber die Banken?
Giovanna: Sie hatten eine Betriebsversammlung.

| | |
|---|---|
| chiudere ['kiu:dere] | schließen, zumachen, beenden |
| odiare [o'dia:re] | hassen |
| la banca ['baŋka] | Bank |
| il museo [mu'zɛ:o] | Museum |
| tranne ['tranne] | außer, abgesehen von |
| il pomeriggio [pome'riddʒo] | Nachmittag |
| la riunione [riu'nio:ne] | Versammlung, Treffen |
| aziendale [addzien'da:le] | Betriebs- |

## 207

### Nella libreria

Stefano: *Non sapevo che fosse così difficile trovare una guida per una crociera.*

Giovanna: *Sì, forse sarà meglio se prendi una guida d'Italia.*

Stefano: *Ho una idea! Comprerò «Robinson Crusoe», la guida per gli eventi insoliti d'una crociera.*

## 208

ESERCIZIO

### Tradurre

1. Das Buch, das Giovanna gekauft hat, ist schön.
2. Es ist ein Geschenk für Laura, deren Schwester Giovanna ist.
3. Stefano, dem sie es gezeigt hat, hat es auch gefallen.
4. Der Held ist ein Mann, der Bücher schreibt.
5. Er beschreibt das Leben seines Bruders, das sehr interessant war.
6. Er beschreibt das Leben seines Bruders, der seit zwei Jahren tot ist.

## 207

### In der Buchhandlung

Stefano: Ich wußte nicht, daß es so schwierig ist, einen Reiseführer für eine Kreuzfahrt zu finden.
Giovanna: Ja, vielleicht wird es das beste sein, wenn du einen Führer von Italien nimmst.
Stefano: Ich habe eine Idee! Ich werde „Robinson Crusoe" kaufen, den Führer für die ungewöhnlichen Ereignisse einer Kreuzfahrt.

| | |
|---|---|
| la libreria [libre'ri:a] | Buchhandlung, Buchladen |
| sapere [sa'pe:re] | wissen, können, verstehen |
| così [ko'si] | so |
| difficile [dif'fi:tʃile] | schwer, mühsam, schwierig |
| la guida ['gui:da] | Lenken, Reiseführer, Leitfaden |
| l'evento, *m* [e'vɛnto] | Ereignis, Vorfall |
| insolito, -a [in'sɔ:lito] | ungewöhnlich |

## 208

### Übersetzen Sie

1. Il libro che Giovanna ha comprato è bello.
2. È un regalo per Laura, di cui Giovanna è la sorella.
3. Esso ha piaciuto anche a Stefano, a cui lei l'ha mostrato.
4. Il protagonista è un uomo che scrive dei libri.
5. Descrive la vita di suo fratello, la quale era molto interessante.
6. Descrive la vita di suo fratello, il quale è morto da due anni.

*DIE EXPERTENECKE*

**Non solo un numero: 4**

| | |
|---|---|
| gridare ai quattro venti | in alle Welt hinausposaunen |
| farsi in quattro per qu | sich für jdn zerreißen |
| in quattro e quattr'otto | im Handumdrehen, im Nu |
| fare il diavolo a quattro | einen Höllenlärm machen |
| dirne quattro a qu | jdm gehörig die Meinung sagen |

## 209

### Fettuccine al cavolfiore

Ingredienti: 250 gr. fettuccine, 1 cavolfiore, sale, pepe, aglio, olio d'oliva, peperoncino

Far cuocere in una pentola con abbondante acqua salata il cavolfiore tagliato a tocchi abbastanza grossi. Quando il cavolfiore è quasi cotto, versare dentro le fettuccine. Preparare intanto una padella con un po' di olio d'oliva, un peperoncino tagliato a pezzetti e l'aglio e fare soffriggere un po'. Scolare le fettuccine ed il cavolfiore e versarli in padella. Rigirare un paio di volte e servire.

## 210

### L'invito

Giovanna: *Ciao Stefano, sei l'uomo che abbiamo aspettato. Hai l'incarico di sorvegliare la carne sulla griglia.*

Stefano: *Allora io sono la persona onnipotente, che decide chi mangia e chi deve far dieta.*

Giovanna: *Ma non diventare megalomane!*

## 209

### Nudeln mit Blumenkohl

Zutaten: 250 g Nudeln, 1 Blumenkohl, Salz, Pfeffer, Knoblauch, Olivenöl, Peperoni

In einem Topf mit ausreichend gesalzenem Wasser den in ziemlich große Stücke geschnittenen Blumenkohl kochen. Wenn der Blumenkohl fast gargekocht ist, die Nudeln hinzugeben. Inzwischen eine Pfanne mit wenig Olivenöl, in kleine Stücke geschnittenen Peperoni und dem Knoblauch vorbereiten, und alles ein bißchen anbraten. Die Nudeln und den Blumenkohl abtropfen lassen, und sie in die Pfanne geben. Einige Male in der Pfanne wenden und servieren.

| | |
|---|---|
| le fettuccine (f. pl.) [fet-tut-'tʃiːne] | Bandnudeln |
| il cavolfiore [kavolfi'oːre] | Blumenkohl |
| soffriggere [sof-'frid-dʒere] | (an)bräunen, anbraten |
| rigirare [ridʒi'raːre] | umdrehen |

## 210

### Die Einladung

Giovanna: Hallo Stefano, du bist der Mann, den wir erwartet haben. Du hast den Auftrag, das Fleisch auf dem Grill zu bewachen.

Stefano: Also bin ich die allmächtige Person, die entscheidet, wer ißt und wer fasten muß.

Giovanna: Aber werde nicht größenwahnsinnig!

| | |
|---|---|
| l'invito, *m* [in'viːto] | Einladung, Aufforderung |
| l'incarico, *m* [iŋ'kaːriko] | Auftrag |
| sorvegliare [sorveʎ'ʎaːre] | überwachen, aufpassen auf |
| la griglia ['griʎʎa] | Grill, (Brat-)Rost |
| onnipotente [onnipo'tɛnte] | allmächtig |
| diventare [diven'taːre] | werden |
| megalomane [mega'lɔːmane] | größenwahnsinnig |

## 211

### Il popolo misterioso

L'origine di questo popolo è nell'oscurità. O venne attraverso il mare o furono gli indigeni. In ogni caso la sua lingua non fu d'origine indoeuropea. Sebbene si sappiano alcune parole e un po' della grammatica, non si capisce la maggior parte dei testi. A causa di questo non si sa tanto sulla religione e sulla cultura. Conobberono parecchi dei. I romani adottarono la loro conoscenza di profezia.

*Come si chiama questo popolo?*

## 212

### La valuta estera

Simona: *Arturo, abbiamo bisogno di valuta estera? Se sì, dobbiamo andare alla banca il più presto possibile.*

Arturo: *Ma no, sarà una crociera intorno all'Italia. Penso che ci bastino delle lire, almeno normalmente bastano in Italia.*

## 211

### Das geheimnisvolle Volk

Der Ursprung dieses Volkes liegt im Dunkeln. Entweder kam es übers Meer, oder es war die Urbevölkerung. Auf jeden Fall war ihre Sprache nicht indogermanischen Ursprungs. Obwohl man einige Wörter und etwas von der Grammatik kennt, versteht man den größten Teil der Texte nicht. Deswegen weiß man nicht so viel über die Religion und die Kultur. Sie kannten mehrere Götter. Die Römer übernahmen ihre Kenntnis der Weissagung. Wie heißt das Volk?

*Es sind die Etrusker, in ihrer Sprache Rasna genannt.*

Das berühmteste von ihnen hinterlassene Kunstwerk ist die Kapitolinische Wölfin. (Die Zwillinge wurden erst im Barock hinzugefügt.)

## 212

### Die Devisen

Simona: Arturo, brauchen wir Devisen? Wenn ja, müssen wir so schnell wie möglich zur Bank gehen.

Arturo: Aber nein, es wird eine Kreuzfahrt um Italien herum sein. Ich denke, daß Lire ausreichen, wenigstens normalerweise reichen sie in Italien aus.

| | |
|---|---|
| la valuta [va'lu:ta] | Währung |
| estero, -a ['ɛstero] | ausländisch, Auslands- |
| avere bisogno di [bi'zoɲɲo] | (etw/jdn) brauchen |
| intorno a [in'torno] | um ... herum |
| bastare [bas'ta:re] | genügen, ausreichen |
| la lira ['li:ra] | Lira |
| almeno [al'me:no] | wenigstens, zumindest |

## 213

### La multa

Stefano: *Ma papà, vedi, che cosa ho trovato nella macchina, una multa!*

Arturo: *Non farmelo ricordare! Non c'era un giorno, in cui fosse permesso di guidare con 130 km/h. Ma chi può ricordare quando 130 km/h sono permessi e quando no.*

## 214

ESERCIZIO

### Trovare il plurale corretto

1. il muro
2. il cane
3. l'amica
4. il nemico
5. l'uomo
6. il dito
7. la valigia
8. la varietà

## 213

### Das Knöllchen

Stefano: Aber Vater, sieh, was ich im Auto gefunden habe, ein Knöllchen!

Arturo: Erinnere mich nicht daran! Es war kein Tag, an dem es erlaubt war, mit 130 km/h zu fahren. Aber wer kann sich schon merken, wann 130 km/h erlaubt sind und wann nicht. *

**Außerhalb von geschlossenen Ortschaften darf normalerweise mit 130 km/h gefahren werden, außer am Wochenende, um Ostern herum, im Hochsommer und an etlichen Feiertagen. An diesen Tagen ist 110 km/h das Limit.*

| | |
|---|---|
| la multa ['multa] | Geldstrafe, Bußgeld |
| il chilometro [ki'lɔːmetro] | Kilometer |
| orario [o'raːrio] | stündlich |
| chilometri orari (km/h) | Kilometer pro Stunde (km/h) |

## 214

### Finden Sie den richtigen Plural

1. le mura (Mauer)
2. i cani (Hund)
3. le amiche (Freundin)
4. i nemici (Feind)
5. gli uomini (Mensch)
6. le dita (Finger)
7. le valige (Koffer)
8. le varietà (Vielfalt, Art, Sorte)

*DIE EXPERTENECKE*

Wie Verkleinerungen durch angehängte Silben ausgedrückt werden können, so können auch Vergrößerungen durch Anhängen der Silben *-one, -otto* beschrieben werden:
*il giovane (Junge) – il giovanotto (junger Mann)*
*la pancia (Bauch) – il pancione (dicker Bauch)*

## 215

### Le spine

Simona: *Mi chiedo, come saranno le prese sulla nave?*
Arturo: *Perché?*
Simona: *Due anni fa ho dovuto sopportarti con la barba per tutte le vacanze. O impari a farti la barba saponata o compri un assortimento di spine!*

## 216

### Assenza

*Assenza,*
*Più acuta presenza.*
*Vago pensier di te*
*Vaghi ricordi*
*Turbano l'ora calma*
*E il dolce sole.*
*Dolente il petto*
*Ti porta,*
*Come una pietra*
*Leggera.*

*Chi ha scritto questa poesia?*

## 215

### Die Stecker

Simona: Ich frage mich, wie die Steckdosen auf dem Schiff sein werden?
Arturo: Warum?
Simona: Vor zwei Jahren mußte ich dich die ganzen Ferien über mit Bart ertragen. Entweder lernst du, dich naß zu rasieren, oder du kaufst dir einen Satz von Stekkern!

| | |
|---|---|
| la spina ['spi:na] | Stecker, Stachel, Gräte |
| la presa ['pre:sa] | Griff, Steckdose, Hebel |
| la nave ['na:ve] | Schiff |
| la barba ['barba] | Bart, Wurzel |
| farsi la barba | sich rasieren |
| la saponata [sapo'na:ta] | Seifenlauge, Seifenschaum |
| farsi la barba saponata | sich naß rasieren |
| o ... o [o] | entweder ... oder |
| l'assortimento, *m* [assorti'mento] | Sortiment, Auswahl |

## 216

### Abwesenheit

Abwesenheit,
stärkere Anwesenheit.
Schwache Gedanken von dir
Dunkle Erinnerungen
trüben die ruhige Stunde
und die sanfte Sonne.
Schmerzend trägt
dich die Brust
wie einen leichten
Stein.

Wer hat dieses Gedicht geschrieben?

*Attilio Bertolucci, er wurde am 18. November 1911 in der Nähe Parmas geboren.*

„Assenza" ist aus seinem ersten, 1929 veröffentlichten Gedichtband „Sirio".

## 217

### Salvatore vuole una vespa

alvatore: *Senti papà, mi piacerebbe comprarmi una vespa. Che ne pensi?*

'ietro: *Sei matto? Vuoi ammazzarti già da giovane?*

alvatore: *Ma non è assolutamente pericoloso se si guida lentamente portando sempre un casco.*

## 218

### Serata alla griglia

Dai Mancini stasera si cucina alla griglia. Nel retro della casa hanno acceso un fuoco e messo un grosso tavolo. Concetta ha preparato diversi tipi di carne e insalate. Infine arriva un amico che porta una bella sorpresa! Pannocchie fresche da arrostire.

## 217

### Salvatore möchte eine Vespa

Salvatore: Hör mal, Papa, ich würde mir gerne eine Vespa kaufen. Was hältst du davon?
Pietro: Bist du verrückt? Willst du dich schon als Jugendlicher umbringen?
Salvatore: Aber es ist überhaupt nicht gefährlich, wenn man langsam fährt und immer einen Sturzhelm trägt.

| | |
|---|---|
| guidare [gui'da:re] | fahren |
| il soldo [soldo] | Geld |
| sperare [spe'ra:re] | hoffen |
| fissarsi [fis-'sarsi] | sich in den Kopf setzen |

## 218

### Grillabend

Bei Mancinis wird heute abend gegrillt. Hinter dem Haus haben sie ein Feuer angezündet und einen großen Tisch aufgestellt. Concetta hat verschiedene Sorten Fleisch und Salate vorbereitet. Schließlich kommt ein Freund, der eine schöne Überraschung mitbringt: Frische Maiskolben zum Rösten!

| | |
|---|---|
| la griglia [gri:ʎa] | Grill |
| la carne [karne] | Fleisch |
| la pannocchia [pan-'nok-kia] | Maiskolben |
| arrostire [ar-ros'ti:re] | rösten, braten |

## 219

GRAMMATICA

### Verbi irregolari

| *potere* | *volere* |
|---|---|
| *posso* | *voglio* |
| *puoi* | *vuoi* |
| *può* | *vuole* |
| *possiamo* | *vogliamo* |
| *potete* | *volete* |
| *possono* | *vogliono* |

## 220

### La carta di credito

Stefano: *Attualmente babbo cerca di insegnare a mamma a usare la carta di credito. Mamma lo ritiene troppo scomodo.*

Giovanna: *La capisco benissimo! Per un conto spesso di soltanto alcune migliaia di lire.*

## 219

GRAMMATIK

# Unregelmäßige Verben

| können | wollen |
|---|---|
| ich kann | ich will |
| du kannst | du willst |
| er, sie, es kann | er, sie, es will |
| wir können | wir wollen |
| ihr könnt | ihr wollt |
| sie können | sie wollen |

## 220

# Die Kreditkarte

Stefano: Momentan versucht Pa, Ma beizubringen, die Kreditkarte zu benutzen. Mama hält das für zu umständlich.

Giovanna: Ich verstehe sie sehr gut! Für eine Rechnung von oft nur einigen tausend Lire.

| | |
|---|---|
| attuale [attu'a:le] | derzeitg, gegenwärtig |
| babbo ['babbo] | Papa, Papi |
| far fare qc ['fa:re] | etw machen lassen |
| ritenere [rite'ne:re] | halten für |
| scomodo, -a ['skɔ:modo] | unbequem |
| il conto ['konto] | Rechnung, Konto |
| il migliaio [miʎ'ʎa:io] | Tausend |

## 221

### All'ufficio di collocamento

Salvatore si reca all'ufficio di collocamento per iscriversi come disoccupato. Cerca un lavoro per i mesi estivi per poter finanziare la sua vespa. L'impiegato gli dice che forse è possibile trovare qualcosa. Prima deve però presentare un certificato di nascita, un certificato di residenza e l'attestato della scuola.

## 222

### Telefonata all'idraulico

Pietro: *Pronto, Antonio sono Pietro. Hai tempo di passare da me?*

Idraulico: *Che cosa è successo?*

Pietro: *Non lo so, lo scaldabagno perde acqua, ed il rubinetto del lavandino non chiude bene.*

Idraulico: *Va bene: chiudi l'acqua, arrivo tra un paio d'ore.*

## 221

## Beim Arbeitsamt

Salvatore begibt sich zum Arbeitsamt, um sich arbeitslos zu melden. Er sucht für die Sommermonate eine Arbeit, um seine Vespa finanzieren zu können. Der Angestellte sagt ihm, daß es vielleicht möglich ist, etwas zu finden. Vorher muß er aber eine Geburtsurkunde, eine Aufenthaltsbescheinigung und die Schulbescheinigung vorlegen.

| | |
|---|---|
| l'ufficio di collocamento (m.) [uf-'fi:tʃo di kol-loka'mento] | Arbeitsamt |
| iscriversi [is'kri:versi] | sich melden |
| finanziare [finantsi'a:re] | finanzieren |
| il certificato [tʃertifi'ka:to] | Bescheinigung |
| residenza [resi'dɛntsa] | Aufenthalt |
| l'attestato (m.) [at-tes'ta:to] | Attest |

## 222

## Anruf beim Klempner

Pietro: Hallo Antonio, ich bin's, Pietro. Hast Du Zeit, bei mir vorbeizukommen?

Klempner: Was ist passiert?

Pietro: Ich weiß es nicht, der Boiler verliert Wasser, und der Hahn des Waschbeckens schließt nicht richtig.

Klempner: Ist gut: Stell das Wasser ab, ich bin in ein paar Stunden da.

| | |
|---|---|
| l'idraulico (m.) [i'dra:uliko] | Klempner |
| la riparazione [riparatsi'o:ne] | Reparatur |
| lo scaldabagno [skalda'ba:ɲo] | Wasserboiler |
| il lavandino [lavan'di:no] | Waschbecken |
| chiudere [ki'u:dere] | schließen |

## 223

*«La prima condizione*
*per vivere in pace cogli altri*
*è di essere in pace con sé.»*

*Aristide Gabelli*

## 224

**Una serata davanti al televisore**

Salvatore: *Stasera c'è un film molto interessante sul primo canale.*
Pietro: *A che ora?*
Salvatore: *Alle otto e mezzo.*
Pietro: *Meno male, cosi possiamo vedere prima il dibattito politico sul secondo canale.*
Salvatore: *Tu e la tua maledetta politica.*

## 223

„Die erste Voraussetzung, um in Frieden mit den anderen zu leben, ist, in Frieden mit sich selbst zu sein." – Aristide Gabelli (1830 – 1891), italienischer Pädagoge

GRAMMATIK

### Il passivo – Passiv

- ▶ Das Passiv wird gebildet durch die gebeugte Form von essere mit dem jeweiligen Partizip Perfekt.
- ▶ Das Partizip Perfekt wird angeglichen.
- ▶ Der Urheber wird durch die Präposition „da" ausgedrückt.

*Sono stato accompagnato a casa dalla mia amica. (Ich bin von meiner Freundin nach Hause begleitet worden.)*
*La casa fu costruita da Marcello Piacentini. (Das Haus wurde von Marcello Piacentini gebaut.)*
*I libri saranno letti. (Die Bücher werden gelesen werden.)*

## 224

### Ein Fernsehabend

| | |
|---|---|
| Salvatore: | Heute abend gibt es einen sehr interessanten Film im ersten Programm. |
| Pietro: | Um wieviel Uhr? |
| Salvatore: | Um halb neun. |
| Pietro: | Gott sei Dank, so können wir vorher die politische Diskussion im zweiten Programm sehen. |
| Salvatore: | Du und deine verdammte Politik! |

| | |
|---|---|
| il canale [ka'na:le] | Kanal, Programm |
| il dibattito [di'bat-tito] | Debatte, Diskussion |
| politico [po'li:tiko] | politisch |
| maledetto [male'det-to] | verdammt |

## 225

### Salvatore si compra la vespa

Salvatore: *Franco, finalmente oggi pomeriggio vado con mio padre in un autosalone a comprarmi una vespa.*
Franco: *Che tipo di vespa vuoi comprarti?*
Salvatore: *Mi piacerebbe il vecchio vespone 850, ma vediamo.*
Franco: *Spero che tu sia fortunato.*
Salvatore: *Domani vengo a trovarti in vespa e poi faremo un grande giro.*

## 226

### La macedonia

Giovanna: *Ma come fa caldo! Non posso neanche mangiare un gelato.*
Laura: *Sai cosa facciamo? Ci facciamo una grande macedonia. Con pere, mele, uva, nespole, cocomeri, ciliege, albicocche...*
Giovanna: *Non dimenticare le fragole!*

## 225

### Salvatore kauft sich die Vespa

Salvatore: Franco, heute nachmittag gehe ich endlich mit meinem Vater in ein Autohaus, um mir eine Vespa zu kaufen.
Franco: Welche Art von Vespa willst du dir kaufen?
Salvatore: Mir würde die große Vespa 850 gefallen, aber wir werden sehen.
Franco: Ich hoffe, du hast Glück.
Salvatore: Morgen komme ich dich mit der Vespa besuchen, und dann machen wir unsere große Runde.

| | |
|---|---|
| finalmente [final'mente] | endlich |
| l'autosalone (m.) [autosa'lo:ne] | Autohaus |
| il giro [dʒi:ro] | Runde |
| trovare [tro'va:re] | finden |

## 226

### Der Obstsalat

Giovanna: Wie warm es ist! Ich kann nicht einmal ein Eis essen.
Laura: Weißt du, was wir machen? Wir machen uns einen großen Obstsalat. Mit Birnen, Äpfeln, Trauben, Mispeln, Wassermelone, Kirschen, Aprikosen ...
Giovanna: Vergiß die Erdbeeren nicht!

| | |
|---|---|
| la macedonia [matʃe'dɔ:nia] | Obstsalat |
| l'uva, *f* ['u:va] | Traube |
| la nespola ['nɛspola] | Mispel |
| il cocomero [ko'ko:mero] | Wassermelone |
| la ciliegia [tʃi'liɛ:dʒa] | Kirsche |
| l'albicocca, *f* [albi'kɔkka] | Aprikose |
| la fragola ['fra:gola] | Erdbeere |

## 227

## Al cinema

Antonella: *Ti è piaciuto il film?*
Amica: *Cosi cosi, e a te?*
Antonella: *Era divertente ma con poco contenuto.*
Amica: *Va bene, ma che ti aspetti da un film musicale.*
Antonella: *L'attore mi è piaciuto molto, è proprio un bell'uomo.*

## 228

ESERCIZIO

**Mettere nella forma passiva**

1. Lui ha aiutato Laura a trovare la borsetta.
2. Lei dimenticava la borsetta.
3. Loro costruiscono la macchina in Italia.
4. Lei vede l'assassino.
5. Loro faranno delle belle fotografie.

## 227

### Im Kino

Antonella: Hat dir der Film gefallen?
Freundin: Es geht so, und dir?
Antonella: Er war lustig, aber mit wenig Inhalt.
Freundin: Na gut, aber was erwartest du denn auch von einem Musikfilm!
Antonella: Der Schauspieler hat mir sehr gut gefallen, er ist wirklich ein schöner Mann.

| | |
|---|---|
| il contenuto [konte'nu:to] | Inhalt |
| aspettarsi [aspet-'tarsi] | sich erwarten |
| inosservato [inos-ser'va:to] | unbeobachtet |
| il cinema ['tʃi:nema] | Kino |

## 228

### Setzen Sie ins Passiv

1. Er hat Laura geholfen, die Tasche zu finden.
2. Sie ließ die Tasche liegen.
3. Sie bauen das Auto in Italien.
4. Sie sieht den Mörder.
5. Sie werden schöne Fotografien machen.

*1. Laura è stata aiutata a trovare la borsetta (da lui).*
*2. La borsetta era dimenticata (da lei).*
*3. La macchina è costruita in Italia (da loro).*
*4. L'assassino è visto (da lei).*
*5. Delle belle fotografie saranno fatte (da loro).*

1. Laura ist (von ihm) geholfen worden, die Tasche zu finden.
2. Die Tasche wurde (von ihr) liegengelassen.
3. Das Auto wird in Italien (von ihnen) gebaut.
4. Der Mörder wird (von ihr) gesehen.
5. Schöne Fotografien werden (von ihnen) gemacht werden.

## 229

GRAMMATICA

### Le forme atone dei pronomi personali Le, La, Loro

**Le** consiglio questo treno.
In caso d'urgenza **La** prego di chiamarmi.
Consiglio **Loro** questo treno.
In caso d'urgenza prego **Loro** di chiamarmi.
Non posso dire **Loro** quando parte il treno.

## 230

*«Il talento senza disciplina*
*è come una macchina senza benzina.»*

*Roberto Gervaso*

**229**

GRAMMATIK

## Die unbetonten Personalpronomen Le, La, Loro

Ich empfehle **Ihnen** (Sg.) diesen Zug.
Im Notfall bitte ich **Sie** (Sg.), mich zu rufen.
Ich empfehle **Ihnen** (Pl.) diesen Zug.
Im Notfall bitte ich **Sie** (Pl.), mich zu rufen.
Ich kann **Ihnen** (Pl.) nicht sagen, wann der Zug abfährt.

*Die unbetonten Personalpronomen für die* ***höfliche Anrede*** *sind* ***Le*** *(wem?) und* ***La*** *(wen?) im Singular; sie stehen vor dem konjugierten Verb. La kann vor mit Vokal beginnenden Verben apostrophiert werden (****L'****aspetto, signora – Ich warte auf Sie, Signora).* ***Loro*** *(wem? oder wen?) im Plural steht nach der Verbgruppe.*

**230**

*„Das Talent ohne Disziplin ist wie ein Auto ohne Benzin."*

*Roberto Gervaso*
*Italienischer Journalist*

## 231

### Le valigie

Arturo: *Speriamo che presto possa far le valigie.*
Stefano: *Ma esattamente questo vuole anche mamma.*
Arturo: *No, lei vuole che prepari il viaggio, io invece voglio andare a bere qualcosa.*

## 232

### L'idraulico arriva

L'idraulico è un amico di Pietro, ogni volta che ne hanno bisogno lo chiamano. Lui cerca di venire il più presto possibile, ma purtroppo è una persona molto impegnata e ricercata, perciò arriva sempre in ritardo. Da buon amico cerca di dare sempre buoni consigli senza le solite fregature. Questa volta, però Pietro è sfortunato. Lo scaldabagno è rotto definitivamente. Vanno in un negozio di ferramenta e comprano lo scaldabagno nuovo.

## 231

### Die Koffer

Arturo: Hoffen wir, daß ich mich bald davonmachen kann.
Stefano: Aber genau das will Ma auch.
Arturo: Nein, sie will, daß ich die Reise vorbereite, ich hingegen möchte etwas trinken gehen.

| | |
|---|---|
| la valigia [va'li:dʒa] | Koffer |
| fare le valigie | packen, sich davonmachen |
| esatto, -a [e'zatto] | genau, richtig |
| preparare [prepa'ra:re] | vorbereiten, richten |
| invece [in've:tʃe] | dagegen, indessen |

## 232

### Der Klempner kommt

Der Klempner ist ein Freund von Pietro, jedesmal wenn sie ihn brauchen, rufen sie ihn. Er versucht, so schnell wie möglich zu kommen, aber leider ist er eine vielbeschäftigte und vielgesuchte Person. Daher kommt er immer zu spät. Als guter Freund versucht er immer gute Ratschläge zu geben, ohne die üblichen Betrügereien. Diesmal hat Pietro allerdings Pech. Der Wasserboiler ist endgültig kaputt. Sie gehen in ein Eisenwarengeschäft und kaufen den neuen Wasserboiler.

| | |
|---|---|
| impegnato [impe'ɲa:to] | beschäftigt |
| la fregatura [frega'tu:ra] | Betrug |
| sfortunato [sfortu'na:to] | glücklos |
| rotto [rot-to] | kaputt |
| le ferramenta (f. pl.) [fer-ra'menta] | Eisenwaren |

## 233

### Visita alla nonna

Antonella: *Ciao nonna, come stai?*
Nonna: *Alla mia età, come vuoi che sto? Sono sempre piena di dolori.*
Antonella: *Ti lamenti sempre e invece hai l'aspetto di una ragazzina.*
Nonna: *Sono troppo vecchia per questi complimenti!*

## 234

### Il grande cambiamento

Nel Trecento cominciò un mutamento storico in Italia il quale cambiò il mondo. All'inizio ci fu un interesse crescente per la cultura antica. La filosofia di Platone si sostituì a quella di Aristotele. L'individuo diventò più importante, la supremazia della chiesa diminuì. Si cercò di misurare il mondo. Furono poste le basi per le scienze naturali moderne. Ma oggi l'epoca è più nota per le sue opere d'arte.

*Come si chiama l'epoca?*

## 233

### Besuch bei der Großmutter

| | |
|---|---|
| Antonella: | Ciao, Großmutter, wie geht es dir? |
| Großmutter: | In meinem Alter, was meinst du, wie es mir geht? Ich habe immer viele Schmerzen. |
| Antonella: | Du beschwerst dich immer und hast das Aussehen einer jungen Frau. |
| Großmutter: | Für diese Komplimente bin ich schon zu alt! |

| | |
|---|---|
| l'età (f.) [e'ta] | Alter |
| il dolore [do'lo:re] | Schmerz |
| lamentarsi [lamen'tarsi] | sich beschweren |
| l'aspetto (m.) [as'pet-to] | Aussehen |
| l'angelo (m.) [andʒelo] | Engel |

## 234

### Die große Veränderung

Im 14. Jahrhundert begann ein geschichtlicher Wandel in Italien, der die Welt veränderte. Am Anfang stand das wachsende Interesse an der antiken Kultur. Die Philosophie Platos ersetzte jene von Aristoteles. Der Einzelne wurde wichtiger, die Vorherrschaft der Kirche nahm ab. Man suchte, die Welt zu messen. Die Grundlagen für die modernen Naturwissenschaften wurden gelegt. Aber heute ist die Epoche berühmter für ihre Kunstwerke. Wie heißt die Epoche?

*Gemeint ist das Rinascimento, die Renaissance.*

Die Beschäftigung mit der Antike ermöglichte den Bau der Kuppeln des Florentiner Doms und des Petersdoms. Das Pantheon in Rom gab dazu die Anregung.

## 235

### La dichiarazione dei redditi

Alla fine di Maggio inizia una gara molto particolare che coinvolge quasi tutti gli italiani: il 31 maggio scade il termine per la presentazione della dichiarazione dei reditti. Pietro, come al solito, è in ritardo. Finalmente richide l'aiuto di un consulente fiscale per poter debitamente compilare il modulo prescritto.

## 236

### La partenza

Già prima Stefano e Sandro erano convinti che gli adulti sono normalmente un po' matti, ma oggi sembra che ne ricevano la prova. Sentono per almeno cento volte cosa devono fare, che possono chiedere aiuto alla zia, e devono chiamare in casi d'emergenza. Stefano mormora soltanto qualcosa come «maledetta febbre di partenza».

## 235

## Die Steuererklärung

Ende Mai beginnt ein Wettlauf besonderer Art, der fast alle Italiener einbezieht: am 31. Mai läuft der Termin für die Vorlage der Steuererklärung ab. Wie gewöhnlich ist Pietro spät dran. Schließlich fragt er einen Steuerberater um Hilfe, um das vorgeschriebene Formular auszufüllen.

| | |
|---|---|
| la dichiarazione [dikiaratsi'oːne] | Erklärung |
| il reddito [rɛd-dito] | Einkommen |
| scadere [ska'deːre] | ablaufen |
| fiscale [fis'kaːle] | steuerlich |
| il modulo ['mɔːdulo] | Formular |
| prescritto [pres'krit-to] | vorgeschrieben |
| compilare [kompi'laːre] | ausfüllen |

## 236

## Die Abreise

Schon vorher waren Stefano und Sandro überzeugt, daß die Erwachsenen normalerweise ein wenig verrückt sind, aber heute scheint es, daß sie den Beweis erhalten. Sie hören wenigstens hundert Mal, was sie tun müssen, daß sie die Tante um Hilfe bitten können und daß sie in Notfällen anrufen müssen. Stefano murmelt nur etwas wie „verflixtes Reisefieber“.

| | |
|---|---|
| l’adulto, *m* [a'dulto] | Erwachsener |
| l’emergenza [emer'dʒɛntsa] | unvorhergesehener Umstand |
| in caso d’emergenza | im Notfall |
| mormorare [mormo'raːre] | munkeln, murmeln |
| maledire [male'diːre] | verfluchen, verdammen |
| la febbre ['fɛbbre] | Fieber |
| la febbre di partenza [par'tɛntsa] | Reisefieber |

## 237

### Trote al cartoccio

Ingredienti: 4 trote, 100 gr. olive verdi, sale, prezzemolo, pane grattato, lauro, aglio, origano, olio d'oliva

In una terrina versare circa un bicchiere di olio d'oliva. Tritare le olive, il prezzemolo, l'aglio e l'origano e mescolare nell'olio. Stendere le trote una ad una in un foglio di carta di alluminio e salarle. Riempire la pancia delle trote con le olive tritate e con l'olio e mettere sopra due foglie di lauro. Chiudere i cartocci e cuocere nel forno per 15 minuti a 180 gradi.

## 238

GRAMMATICA

### I pronomi personali lo, la, le, li e ne

| | |
|---|---|
| Vuole questo libro? | Si, lo voglio. |
| Vuole questa rivista? | Si, la voglio. |
| Vuole questi libri? | Si, li voglio. |
| Vuole queste riviste? | Si, le voglio. |
| Vuole questo vino? | No, non lo voglio. |
| Vuole questa macchina? | No, non la voglio. |
| Vuole questi vini? | No, non li voglio. |
| Vuole queste macchine? | No, non le voglio. |
| Quanti di questi libri vuole? | Ne prendo due. |
| Vuole uno di questi libri? | Si, ne prendo. |

## 237

### Forelle in Folie

Zutaten: 4 Forellen, 100 g grüne Oliven, Salz, Petersilie, geriebenes Brot, Lorbeerblätter, Knoblauch, Oregano, Olivenöl

Ungefähr ein Glas Olivenöl in eine Terrine gießen. Oliven, Petersilie, Knoblauch und Oregano zerkleinern und im Olivenöl vermischen. Forellen der Reihe nach auf einem Stück Aluminiumpapier ausbreiten und salzen. Den Bauch der Forellen mit den zerhackten Oliven und Olivenöl füllen, und zwei Lorbeerblätter darauflegen. Die Folie schließen, und im Ofen 15 Minuten bei 180 Grad backen lassen.

| | |
|---|---|
| la trota [trɔːta] | Forelle |
| stendere ['stɛndere] | ausbreiten, hinstrecken |
| riempire [riem'piːre] | füllen |
| la pancia [pantʃa] | Bauch |

## 238

GRAMMATIK

### Die Personalpronomen lo, la, le, li und ne

- Die Objektpronomen **lo, la, li, le** sowie **ne** stehen vor dem konjugierten Verb, die Verneinung non vor dem Pronomen.
- Die Singularformen **lo** und **a** werden vor dem Vokal im allgemeinen apostrophiert: il libro – l'abbiamo; la revista – l'abbiamo. Die Pluralformen **li** und **le** dürfen nicht apostrophiert werden.
- **Ne** steht u. a. zum Ausdruck einer unbestimmten Menge und entspricht dann dem deutschen eins, eine, welche/was, verneint: keine
- Soll das Objekt des Satzes hervorgehoben werden, wird die Satzgliedfolge verändert: Objekt – Prädikat. Dabei muß das Objekt vor dem konjugierten Verb durch das entsprechende Objektpronomen wieder aufgenommen werden:

| | |
|---|---|
| Spedisco la lettera. | – Ich schicke den Brief ab. |
| La lettera, **la** spedisco. | – Den Brief schicke ich ab. |

## 239

### Sulla spiaggia

Antonella: *Che pace che c'è qui! Senti come mormora il mare.*

Amica: *Si è vero, ma purtroppo questo non durerà molto.*

Antonella: *Perché?*

Amica: *Adesso incomincia il periodo dell'arrivo dei turisti, ed allora addio pace!*

## 240

### L'albergo

I coniugi Brusa si sentono un po' fuori luogo. Questa notte devono stare in albergo, la nave per la crociera non è ancora a Genova. Poiché tutti e due sono nervosissimi, decidono di fare una passeggiata in città. Genova gli piace anche se sono un po' delusi del porto, che non è per niente romantico.

## 239

### Am Strand

| | |
|---|---|
| Antonella: | Was für eine Ruhe hier herrscht! Hör mal, wie das Meer rauscht. |
| Freundin: | Ja, das ist wahr, aber leider wird das nicht mehr lange anhalten. |
| Antonella: | Warum? |
| Freundin: | Jetzt beginnt die Zeit der Ankunft der Touristen, und daher: Auf Wiedersehen, Ruhe! |

| | |
|---|---|
| mormorare [mormo'ra:re] | rauschen |
| scappare [skap-'pa:re] | fliehen |
| il posto [posto] | Ort, Platz |

## 240

### Das Hotel

Das Ehepaar Brusa fühlt sich etwas fehl am Platze. Diese Nacht müssen sie im Hotel verbringen, das Schiff für die Kreuzfahrt ist noch nicht in Genua. Weil sie beide sehr nervös sind, beschließen sie, einen Spaziergang durch die Stadt zu machen. Genua gefällt ihnen, auch wenn sie etwas enttäuscht vom Hafen sind, der überhaupt nicht romantisch ist.

| | |
|---|---|
| il/la coniuge ['kɔniudʒe] | Ehemann, -frau |
| fuori luogo ['fuɔ:ri] | unangebracht, fehl am Platze |
| l'albergo, *m* [al'bɛrgo] | Hotel, Gasthof |
| la nave ['na:ve] | Schiff |
| deludere [de'lu:dere] | enttäuschen |
| il porto ['pɔrto] | Hafen |
| per niente ['niɛnte] | durchaus nicht, umsonst |

## 241

## Pietro va a pescare

Pietro va con alcuni amici suoi a pescare. Maggio è il mese dei bianchini e Pietro spera di poter fare una bella pescata. Gettano le reti verso sera. Dopo poche ore ritornano a casa con dei cesti pieni di quei minuscoli pesciolini bianchi.

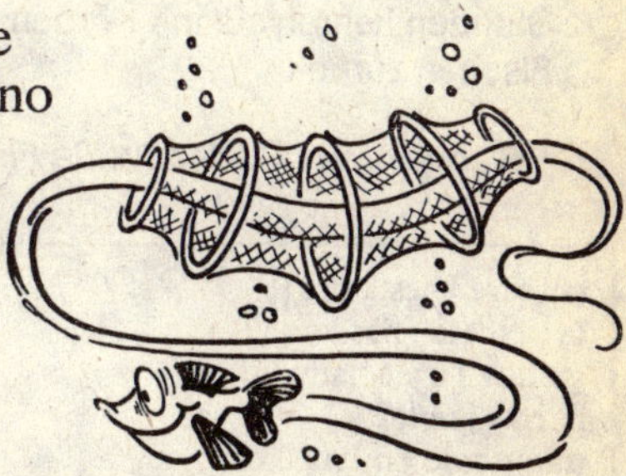

## 242

ESERCIZIO

**Completare le preposizioni che mancano**

1. La famiglia Brusa vive _____ molti anni _____ Roma.
2. Loro vanno _____ centro _____ autobus o _____ la macchina.
3. Stefano è andato _____ prendere suo padre _____ ufficio.
4. L'ufficio non è lontano _____ università.
5. Ha cominciato _____ piovere _____ tre e mezzo.
6. Stiamo _____ tradurre un libro _____ fisica.

## 241

### Pietro geht angeln

Pietro geht mit einigen Freunden angeln. Mai ist der Monat der Bianchini*, und Pietro hofft, einen guten Fang machen zu können. Sie werfen die Netze gegen Abend aus. Nach wenigen Stunden kehren sie mit Körben voll von jenen winzigen weißen Fischen zurück.

** Bianchini sind kleine weiße Fische.*

| | |
|---|---|
| pescare [pes'ka:re] | fischen |
| la pescata [pes'ka:ta] | Fischfang |
| gettare [dʒet-'ta:re] | werfen |
| la rete [re:te] | Netz |
| minuscolo [mi'nuskolo] | winzig |

## 242

### Ergänzen Sie die fehlenden Präpositionen

1. La famiglia Brusa vive **da** molti anni **a** Roma.
2. Loro vanno **al** centro **in** autobus o **con** la macchina.
3. Stefano è andato **a** prendere suo padre **in** ufficio.
4. L'ufficio non è lontano **dall'**università.
5. Ha cominciato **a** piovere **alle** tre e mezzo.
6. Stiamo **per** tradurre un libro **di** fisica.

*1. Familie Brusa lebt seit vielen Jahren in Rom.*
*2. Sie fahren ins Zentrum mit dem Bus oder mit dem Auto.*
*3. Stefano ist seinen Vater im Büro abholen gegangen.*
*4. Das Büro ist nicht weit von der Universität entfernt.*
*5. Um halb vier hat es angefangen zu regnen.*
*6. Wir sind dabei, ein Physikbuch zu übersetzen.*

## 243

*«Non sempre*
*chi ragiona bene*
*ha ragione.»*

*Arturo Graf*

## 244

**La nave**

Simona: *Che nave impressionante!*
Arturo: *Sì, è un capolavoro della tecnica moderna. Più di cinquantamila tonnellate di stazza lorda. Equipaggiata con tutte le finezze.*
Simona: *Spero che esista una guida dettagliata, altrimenti mi smarrisco sicuramente.*

## 243

„Nicht immer hat recht, wer gut argumentiert." – Arturo Graf (1848 – 1913), italienischer Dichter und Schriftsteller

GRAMMATIK

### Il pronome relativo – Relativpronomen

| | Singular | Plural |
|---|---|---|
| Nominativ | *che, il (la) quale*<br>der, die, welche(r) | *che, i (le) quali*<br>die, welche |
| Genitiv | *di cui, del (della) quale*<br>von dem, dessen, deren | *di cui, dei (delle) quali*<br>von denen, deren |
| Dativ | *a cui, al (alla) quale*<br>an dem, dem, der | *a cui, ai (alle) quali*<br>an die, denen |
| Akkusativ | *che, –*<br>den, die | *che, –*<br>die |

## 244

### Das Schiff

Simona: Was für ein beeindruckendes Schiff!
Arturo: Ja, es ist ein Meisterwerk moderner Technik. Mehr als 50 000 Bruttoregistertonnen. Ausgestattet mit allen Feinheiten.
Simona: Ich hoffe, es gibt einen detaillierten Führer, sonst verlaufe ich mich sicher.

| | |
|---|---|
| impressionante [impressio'nante] | beeindruckend |
| il capolavoro [kapola'vo:ro] | Meisterwerk |
| la tonnellata [tonnel'la:ta] | Tonne |
| la stazza ['stattsa] | Tonnage |
| lordo, -a ['lordo] | schmutzig, Brutto- |
| la tonnellata di stazza lorda | Bruttoregistertonne |
| la finezza [fi'nettsa] | Feinheit |

## 245

### L'Etna

In Italia si trovano molti vulcani. La maggior parte di essi è spenta, ma alcuni tranne l'Etna sono ancora attivi. Con circa 3340 m l'Etna è il più alto vulcano d'Europa, con più di 135 eruzioni su cui fu fatto un rapporto è anche uno dei più attivi. Alcune eruzioni furono tanto forti che Catania, lontana 40 km, fu distrutta alcune volte. Le eruzioni si ripetono in un periodo da quattro a dodici anni.

*Quali altri vulcani famosi si trovano in Italia?*

## 246

### La cabina

Finalmente i coniugi sono saliti a bordo. Lo steward li ha accompagnati nella loro cabina. Il signor Brusa è sollevato. Anche sapendo che la nave è una nave moderna, qualche volta aveva paura che dovesse dormire in un'amaca.

Ma tutto assomiglia a una camera da letto normale. Soltanto la vista è diversa, attraverso l'oblò si vede il mare.

## 245

### Der Ätna

In Italien gibt es viele Vulkane. Der größte Teil von ihnen ist erloschen, aber einige, unter ihnen der Ätna, sind noch aktiv. Mit ungefähr 3340 m ist der Ätna der höchste Vulkan Europas, mit mehr als 135 Ausbrüchen, über die berichtet wurde, ist er auch einer der aktivsten. Einige Ausbrüche waren so stark, daß Catania, 40 km entfernt, einige Male zerstört wurde. Die Eruptionen wiederholen sich im Zeitraum von vier bis zwölf Jahren. Welche anderen berühmten Vulkane befinden sich in Italien?

*Der wohl berühmteste Vulkan ist der Vesuv, der 79 n. Chr. Pompeji zerstörte. Weiterhin sind die Liparischen Inseln vulkanischen Ursprungs, bekanntester Vulkan ist dort der Stromboli.*

## 246

### Die Kajüte

Endlich sind die Eheleute an Bord gegangen. Der Steward hat sie in ihre Kajüte geführt. Herr Brusa ist erleichtert. Obwohl er wußte, daß das Schiff ein modernes Schiff ist, hatte er manchmal Angst, daß er in einer Hängematte schlafen müsse. Aber alles gleicht einem normalen Schlafzimmer. Nur die Aussicht ist anders, durch das Bullauge sieht man das Meer.

| | |
|---|---|
| la cabina [ka'bi:na] | Kabine, Zelle, Raum |
| salire a bordo ['bordo] | an Bord gehen, einsteigen |
| sollevato, -a [solle'va:to] | erholt, erleichtert |
| l'amaca, *f* [a'ma:ka] | Hängematte |
| assomigliare [assomiʎ'ʎa:re] | ähneln, gleichen |
| la vista ['vista] | Sicht, Aussicht |
| l'oblò, *m* [o'blɔ] | Bullauge |

## 247

### Dal consulente fiscale

Consulente: *Buon giorno, cosa posso fare per Lei?*
Pietro: *Buon giorno, dovrei ancora compilare la domanda per le dichiarazione dei redditi.*
Consulente: *Ha tutti i documenti pronti?*
Pietro: *Quali documenti occorrono?*
Consulente: *Il suo reddito annuale e quello di sua moglie, ed il modello 101 della ditta in cui lavora.*

## 248

### La mancia

La signora Brusa è assorta in pensieri. Quanto diamo come mancia? Hanno i camerieri a bordo uno stipendio fisso o dipendono dalla mancia? A causa dei turisti il servizio fa quasi dappertutto parte del prezzo. Eccetto in quei ristoranti originali non affollati dagli stranieri. Ma sì, qui lei sarà sempre accompagnata da suo marito, sarà il suo problema!

## 247

### Beim Steuerberater

Steuerberater: Guten Tag, was kann ich für Sie tun?
Pietro: Guten Tag, ich müßte noch den Antrag für die Einkommenserklärung ausfüllen.
Steuerberater: Haben Sie sämtliche Unterlagen bereit?
Pietro: Welche Unterlagen werden benötigt?
Steuerberater: Ihr Jahreseinkommen und das Ihrer Frau und der Vordruck 101* der Firma, in der Sie arbeiten.

** Formularvordruck für die Einkommensteuererklärung.*

| | |
|---|---|
| compilare [kompi'la:re] | ausfüllen |
| il reddito ['rɛd-dito] | Einkommen |
| annuale [an-nu'a:le] | jährlich |
| la ditta [dit-ta] | Firma, Betrieb |

## 248

### Das Trinkgeld

Frau Brusa ist in Gedanken versunken. Wieviel geben wir als Trinkgeld? Haben die Kellner an Bord ein festes Gehalt, oder sind sie auf die Trinkgelder angewiesen? Wegen der Touristen ist der Service fast überall im Preis inbegriffen. Außer in diesen ursprünglichen Restaurants, die nicht voll von Fremden sind. Aber ja, hier wird sie immer in Begleitung ihres Mannes sein, es wird sein Problem sein!

| | |
|---|---|
| la mancia ['mantʃa] | Trinkgeld |
| assorto, -a [as'sɔrto] | versunken, vertieft |
| il cameriere [kame'riɛ:re] | Kellner, Ober |
| lo stipendio [sti'pɛndio] | Lohn, Gehalt |
| dipendere [di'pɛndere] | abhängen |
| il servizio [ser'vittsio] | Dienst, Service |
| affollare [affol'la:re] | füllen, bedrängen |

## 249

# All'opera

Eccitazione in casa Mancini. Stasera sono stati prenotati dei biglietti per l'opera. Viene rappresentata la bellissima opera «Nabucco» di Giuseppe Verdi. Pietro e Concetta non vogliono assolutamente perdere quest'occasione di vedere lo spettacolo. I ragazzi sono un po' meno affascinati dalle opere classiche ma ci vanno anche loro volentieri.

## 250

GRAMMATICA

### Le forme atone dei pronomi personali: oggetto diretto

Salvatore non **mi** disturba.
Antonella **m'**invita.

Salvatore non **ti** disturba.
Antonella **t'**invita.

Salvatore non **ci** disturba.
Antonella **c'**invita.

Salvatore non **vi** disturba.
Antonella **v'**invita.

## 249

# In der Oper

Aufregung im Hause Mancini. Für heute abend sind Karten für die Oper vorbestellt worden. Es wird die wunderschöne Oper „Nabucco“ von Giuseppe Verdi aufgeführt. Pietro und Concetta wollen keinesfalls diese Gelegenheit verpassen, das Schauspiel zu sehen. Die Kinder sind von klassischen Opern ein bißchen weniger begeistert, aber auch sie gehen gerne hin.

| | |
|---|---|
| l'opera (f.) ['ɔːpera] | **Oper** |
| l'eccitazione (f.) [et-tʃitatsi'oːne] | **Aufregung** |
| prenotare [preno'taːre] | **vorbestellen** |
| lo spettacolo [spet-'taːkolo] | **Schauspiel** |
| affascinare [af-faʃ-ʃi'naːre] | **begeistern** |

## 250

## Unbetontes Personalpronomen: Direktes Objek

Salvatore stört **mich** nicht.
Antonella lädt **mich** ein.

Salvatore stört **dich** nicht.
Antonella lädt **dich** ein.

Salvatore stört **uns** nicht.
Antonella lädt **uns** ein.

Salvatore stört **euch** nicht.
Antonella lädt **euch** ein.

*Die Objektpronomen **mi, ti, ci, vi** stehen auf die Frage „wen“ ode „was“. Sie werden vor Vokal im allgemeinen apostrophiert. Steht das Verb im Infinitiv, so folgen die unbetonten Objektpronor dem Infinitiv. Dabei fällt das End-e des Infinitivs weg, und das Pro men verschmilzt mit dem Infinitiv: arrivederci (Auf Wiedersehen), prego di non disturbar**mi** (Ich bitte Sie, mich nicht zu stören).*

## 251

*«Amor che muove il sole*
*e le altre stelle.»*

*Dante Alighieri*

## 252

### ESERCIZIO

**Che ore sono?**

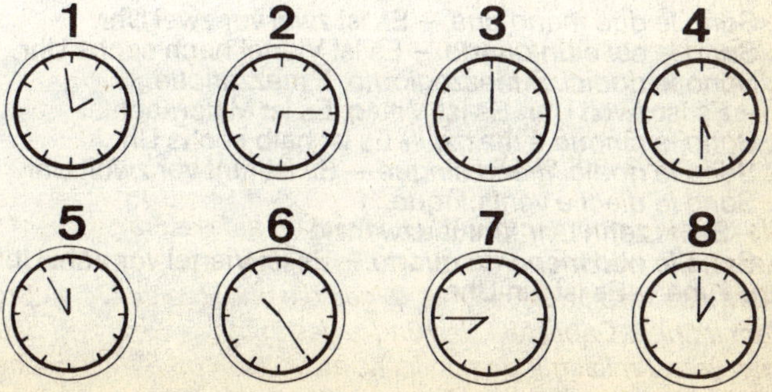

## 251

*„Die Liebe bewegt die Sonne und die anderen Sterne."*

*Dante Alighieri*
*Italienischer Dichter*
*(Mai 1265 – 14. 9. 1321)*

## 252

**Wie spät ist es?**

1. *Sono le due meno due.* – Es ist zwei vor zwei Uhr.
2. *Sono le sei e un quarto.* – Es ist Viertel nach sechs Uhr.
3. *Sono le dodici. È mezzogiorno. È mezzanotte.* – Es ist zwölf Uhr. Es ist Mittag. Es ist Mitternacht.
4. *Sono le cinque e mezzo.* – Es ist halb sechs Uhr.
5. *Sono le dodici meno cinque.* – Es ist fünf vor zwölf Uhr.
6. *Sono le dieci e venticinque.* – Es ist zehn Uhr fünfundzwanzig.
7. *Sono le otto meno un quarto.* – Es ist Viertel vor acht Uhr.
8. *E l'una.* – Es ist ein Uhr.

## 253

### In coperta

Durante i primi giorni a bordo i coniugi si soffermano spesso in coperta. Almeno così fa la signora Brusa. Lui ha sottovalutato il sole di mare, e così adesso ha una scottatura grave. Ma più che la scottatura sono i buoni consigli che ognuno dà al signore Brusa, ad affliggerlo.

## 254

### Una lettera dalla Germania

Il postino è passato da poco e Concetta va a controllare se è arrivata posta. Apre la cassetta e trova, come sempre, tantissime stampe, il giornale ed una lettera dalla Germania.
I nipoti scrivono per informare che tutto va bene e che presto arriveranno in Sicilia.

253

## An Deck

Während der ersten Tage an Bord halten sich die Eheleute oft an Deck auf. Wenigstens Frau Brusa tut dies. Er hat die Meeressonne unterschätzt, und so hat er jetzt einen schweren Sonnenbrand. Aber mehr als der Sonnenbrand schmerzen die guten Ratschläge, die jeder Herrn Brusa gibt.

| | |
|---|---|
| la coperta [ko'pɛrta] | Decke, Deck |
| in coperta | an Deck |
| soffermare [soffer'maːre] | anhalten, aufhalten |
| sottovalutare [sottovalu'taːre] | unterschätzen |
| la scottatura [skotta'tuːra] | Sonnenbrand, Enttäuschung |
| il consiglio [kon'siʎʎo] | Ratschlag, Empfehlung |
| affliggere [af'fliddʒere] | betrüben |

254

## Ein Brief aus Deutschland

Der Briefträger ist vor kurzem vorbeigekommen, und Concetta geht nachschauen, ob Post angekommen ist. Sie öffnet den Briefkasten und findet, wie immer, eine Menge Drucksachen, die Zeitung und einen Brief aus Deutschland. Die Neffen schreiben, um mitzuteilen, daß alles gut geht und daß sie bald in Sizilien ankommen werden.

| | |
|---|---|
| il postino [pos'tiːno] | Briefträger |
| controllare [kontrol-'laːre] | nachsehen |
| la cassetta [kas-'set-ta] | Briefkasten |
| la stampa [stampa] | Drucksache |

## 255

### La Città del Vaticano

Nella forma di oggi la Città del Vaticano esiste dal 1929, dalla firma dei patti lateranensi. Politicamente il Vaticano si è dichiarato neutrale, ma intrattiene relazioni diplomatiche con la maggior parte degli stati del mondo. L'intero stato è iscritto nel «registro internazionale dei beni culturali sotto protezione speciale». Il Vaticano ha un proprio esercito, la guardia svizzera, proprie monete e propri francobolli.

*Che forma di governo ha la Città del Vaticano?*

## 256

### La posta

Simona: *Uffa, viaggiare è sempre così faticoso.*
Arturo: *Come? Non hai fatto niente e ti lamenti del viaggio!*
Simona: *Non ho fatto niente? Io ho scritto a tutta la parentela. Anche alla tua! Volevo approfittare della prossima buca delle lettere.*

## 255

### Die Vatikanstadt

In der heutigen Form existiert die Vatikanstadt seit 1929, seit der Unterzeichnung der Lateranverträge. Politisch hat sich der Vatikan für neutral erklärt, aber er unterhält diplomatische Beziehungen mit dem größten Teil der Staaten der Erde. Der ganze Staat ist in das „internationale Verzeichnis der Kulturgüter unter besonderem Schutz" eingetragen. Der Vatikan hat eine eigene Armee, die Schweizergarde, eigene Münzen und eigene Briefmarken. Welche Regierungsform hat die Vatikanstadt?

*Die Vatikanstadt ist eine absolute Monarchie.*

Die gesetzgebende, ausführende und richterliche Gewalt liegt in Händen des auf Lebenszeit gewählten Papstes.

## 256

### Die Post

Simona: Uff, Reisen ist immer so anstrengend.
Arturo: Wie? Du hast nichts gemacht und beschwerst dich über die Reise?
Simona: Ich habe nichts gemacht? Ich habe an die ganze Verwandtschaft geschrieben. Auch an deine! Ich wollte den nächsten Briefkasten ausnutzen.

| | |
|---|---|
| la posta ['pɔsta] | Post, Korrespondenz |
| faticoso [fati'ko:so] | anstrengend, mühsam |
| lamentarsi [lamen'ta:rsi] | sich beklagen, sich beschweren |
| la parentela [paren'tɛ:la] | Verwandtschaft |
| approfittare [approfit'ta:re] | (aus-)nutzen |
| la buca ['bu:ka] | Loch, Grube |
| la buca delle lettere ['lettere] | Briefkasten |

## 257

## L'economia nel sud d'Italia

Il sud d'Italia è una parte dello stivale che si sostiene quasi unicamente con l'agricoltura ed il turismo. La mancanza di grosse fabbriche non permette un livello economico molto elevato. Soltanto di turismo non si può neanche vivere, in quanto non esiste ancora una struttura competitiva a livello europeo.

## 258

*«Il diavolo*
*non è così brutto*
*come lo si dipinge.»*

*Proverbio*

## 257

## Die Wirtschaft in Süditalien

Der Süden Italiens ist ein Teil des Stiefels, der sich fast ausschließlich von der Landwirtschaft und vom Tourismus unterhält. Das Fehlen großer Fabriken erlaubt kein sehr hohes ökonomisches Niveau. Vom Tourismus allein kann man ebenfalls noch nicht leben, weil noch keine konkurrenzfähige Struktur auf europäischen Niveau besteht.

| | |
|---|---|
| l'economia (f.) [ekono'mi:a] | Wirtschaft |
| lo stivale [sti'va:le] | Stiefel |
| sostenersi [soste'nersi] | sich unterhalten |
| unicamente [unika'mente] | ausschließlich |
| l'agricoltura (f.) [agrikol'tu:ra] | Landwirtschaft |
| la mancanza [maŋ'kantsa] | Fehlen, Mangel |
| elevato [ele'va:to] | hoch, erhaben |
| competitivo [kompeti'ti:vo] | konkurrenzfähig |

## 258

„Der Teufel ist nicht so häßlich, wie man ihn malt." — Italienisches Sprichwort

GRAMMATIK

### L'avverbio – Adverb

- an die weibliche Form des Adjektivs wird die Endung *-mente* angehängt:
  *diretta (direkt) – direttamente*
  *precisa (genau) – precisamente*
  *insolente (frech) – insolentemente*
- enden die Adjektive auf *-re* oder *-le*, entfällt das *-e*:
  *speciale (besonders) – specialmente*
  *regolare (regelmäßig) – regolarmente*
- unregelmäßig Adverbien oder nicht ableitbare:
  *bene (gut), male (schlecht), molto (viel), ora (jetzt), domani (morgen), subito (plötzlich)*

## 259

GRAMMATICA

### Le preposizioni articolate

| Preposizione | Artìcolo Singolare | | | | Artìcolo Plurale | | |
|---|---|---|---|---|---|---|---|
| | + il | + al | + la | + 'l | + i | + gli | + le |
| a | al | allo | alla | all' | ai | agli | alle |
| da | dal | dallo | dalla | dall' | dai | dagli | dalle |
| di | del | dello | della | dell' | dei | degli | delle |
| in | nel | nello | nella | nell' | nei | negli | nelle |
| su | sul | sullo | sulla | sull' | sui | sugli | sulle |

## 260

### Dal barbiere

Poiché è in vacanza, il signore Brusa decide di farsi fare la barba dal barbiere. Gode sempre la procedura, il sapone, il raschiare sulla pelle, le chiacchierate. Soltanto questo momento, quando il rasoio tocca il collo, è un po' inquietante. Ma dopo si sente come un eroe che ha superato mille pericoli.

## 259

GRAMMATIK

### Die Verbindung der Präpositionen mit dem bestimmten Artikel

| | |
|---|---|
| Ho mandato una lettera all'ufficio. | Ich habe einen Brief an das Büro geschickt. |
| L'organisazione della festa | Die Organisation des Festes |
| Vai dal dentista! | Geh zum Zahnarzt! |
| Ci sono panini nella busta. | In der Tüte sind Brötchen. |
| Informazioni sulla gita. | Informationen über den Ausflug. |

*Die Präpositionen **a, da, di, in** und **su** verbinden sich mit dem bestimmten Artikel zu einer einzigen Form (vgl. deutsch am, beim, vom, zum).*

## 260

### Beim Friseur

Weil er in Ferien ist, hat Herr Brusa beschlossen, sich vom Friseur rasieren zu lassen. Er genießt immer diese Prozedur, die Seife, das Schaben auf der Haut, die Schwätzereien. Nur dieser Moment, wenn das Rasiermesser den Hals berührt, ist ein wenig beunruhigend. Aber danach fühlt er sich wie ein Held, der tausend Gefahren überwunden hat.

| | |
|---|---|
| il barbiere [bar'biɛ:re] | (Herren-)Friseur |
| la barba ['barba] | Bart |
| farsi fare la barba | sich rasieren lassen |
| godere [go'de:re] | genießen, sich freuen |
| la procedura [protʃe'du:ra] | Vorgang, Verfahren |
| raschiare [ras'kia:re] | schaben, abkratzen |
| il collo ['kɔllo] | Hals |

## 261

ESERCIZIO

**Tradurre con le due costruzioni possibili**

1. Hier werden drei Häuser gebaut werden.
2. In Italien werden häufig Zeitungen gelesen.
3. Von diesem Punkt aus konnten viele Kirchen gesehen werden.
4. Es werden mehr Autos als Fahrräder gekauft.
5. Freitags wurde immer Fisch gegessen.
6. Italienische Musik wird gerne gehört.
7. Es wird gesagt, Rom sei die ewige Stadt.

## 262

**La grande cena**

Stasera si tiene una grande cena col capitano. Tutti, eccetto l'equipaggio, devono mascherarsi. Il signor Brusa si traveste da pirata, la signora Brusa da principessa. Quando entrano nella sala della festa vedono che quasi tutti si sono mascherati nello stesso modo.

## 261

### Übersetzen Sie mit den beiden möglichen Konstruktionen

1. Qui tre case saranno costruite.
   Qui si costruiranno tre case.
2. In Italia dei giornali sono spesso letti.
   In Italia si leggono spesso dei giornali.
3. Da questo punto molte chiese potevano essere viste.
   Da questo punto si potevano vedere molte chiese.
4. Più macchine che biciclette sono comprate.
   Si comprano più macchine che biciclette.
5. Il venerdì sempre pesce era mangiato.
   Il venerdì si mangiava sempre pesce.
6. La musica italiana è sentita volentieri.
   La musica italiana si sente volentieri.
7. E detto che Roma è la città eterna.
   Si dice che Roma è la città eterna.

## 262

### Das große Abendessen

Heute abend findet ein großes Abendessen mit dem Kapitän statt. Alle, außer der Manschaft, müssen sich verkleiden. Herr Brusa verkleidet sich als Pirat, Frau Brusa als Prinzessin. Als sie in den Festsaal eintreten, sehen sie, daß fast alle genauso verkleidet sind.

| | |
|---|---|
| la cena ['tʃeːna] | Abendessen |
| tenersi [te'neːrsi] | stattfinden, sich halten |
| il capitano [kapi'taːno] | Kapitän, Anführer |
| mascherarsi [maske'raːrsi] | sich verkleiden |
| travestirsi [traves'tiːrsi] | sich verkleiden, sich verwandeln |
| il pirata [pi'raːta] | Pirat, Seeräuber |
| il modo ['mɔːdo] | Art, Weise, Benehmen |

## 263

### Anna Maria Ludovica de' Medici

Anna Maria Ludovica, l'unica donna tra i tre figli di Cosimo III, nacque nell'anno 1667. Nel 1691 andò sposa a Guglielmo, elettore Palatino. Dopo la sua morte, 1716, ritornò a Firenze dal padre. Il padre cercò invano di assicurare alla figlia il patrimonio, quando fu chiaro che lei e suo fratello erano gli ultimi membri della famiglia de' Medici. Firenze e la Toscana vennero a far parte del regno d'Austria.

*Che importanza ha Anna per Firenze?*

## 264

### Il casinò

C'è un piccolo casinò a bordo, che ogni lunedì è aperto. Oggi i Brusa ci vanno. Si sono fatti belli, il signor Brusa s'è perfino vestito di uno smoking. Vogliono giocare alla roulette, questo è l'unico gioco di cui conoscono le regole di gioco. Fanno anche bene, poiché vincono.

## 263

### Anna Maria Ludovica de' Medici

Anna Maria Ludovica, die einzige Frau unter den drei Kindern Cosimos III., wurde im Jahr 1667 geboren. 1691 heiratete sie Wilhelm, den Kurfürsten Pfalzgraf bei Rhein. Nach seinem Tod, 1716, kehrte sie nach Florenz zu ihrem Vater zurück. Der Vater versuchte vergeblich, der Tochter das Erbe zu sichern, als klar wurde, daß sie und ihr Bruder die letzten Mitglieder der Familie de' Medici wären. Florenz und die Toskana wurden Teil des Reiches von Österreich. Welche Bedeutung hat Anna für Florenz?

*Anna Maria Ludovica de' Medici verfügte, daß von den unzähligen, unermeßlichen Kunstschätzen der Familie Medici nichts aus Florenz weggebracht werden dürfe und alles dem Nutzen der Allgemeinheit dienen müsse.*

## 264

### Das Kasino

Es gibt ein kleines Kasino an Bord, das jeden Montag geöffnet ist. Heute gehen die Brusas dorthin. Sie haben sich fein gemacht, Herr Brusa hat sogar einen Smoking angezogen. Sie wollen Roulette spielen, das ist das einzige Spiel, dessen Spielregeln sie kennen. Sie tun auch gut daran, denn sie gewinnen.

| | |
|---|---|
| il casinò [kazi'nɔ] | (Spiel-)Kasino |
| farsi bello ['faːrsi] | sich fein machen |
| perfino [per'fiːno] | sogar |
| la regola ['rɛːgola] | Regel, Vorschrift, Maß |
| le regole del gioco ['dʒɔːko] | Spielregeln |
| fare bene a ['bɛːne] | gut daran tun, zu |
| poiché [poi'ke] | da, weil |

## 265

### Una partita a carte

Pietro: *Ciao Vincenzo, vieni con noi a fare una partita a scale 40?*
Vincenzo: *Con questo calda avete voglia di giocare a carte?*
Pietro: *Vieni, andiamo a sederci al chiosco. Lì c'è l'ombra e si sta al fresco.*
Vincenzo: *Daccordo, mi hai convinto. Andiamo, cosi ci beviamo anche una bibita fresca.*

## 266

### Al bar

Pietro: *Una birra, per favore.*
Barista: *In bottiglia o alla spina?*
Pietro: *Alla spina.*
Amico: *Ciao Pietro, che cosa ti posso offrire?*
Pietro: *Ho già ordinato, ma piuttosto che cosa prendi?*
Amico: *Bevo un caffè freddo.*

## 265

### Ein Kartenspiel

Pietro: Ciao Vincenzo, kommst du mit uns eine Partie „Skala 40“ spielen?
Vincenzo: Bei dieser Hitze habt ihr Lust, Karten zu spielen?
Pietro: Komm, laß uns zum Kiosk gehen und uns dort hinsetzen. Da gibt es Schatten, und man ist im Kühlen.
Vincenzo: Einverstanden, du hast mich überzeugt. Laß uns gehen, dann können wir auch ein kühles Getränk zu uns nehmen.

** Das Kartenspiel „Skala 40“ entspricht dem in Deutschland bekannten Rommé.“*

| | |
|---|---|
| il caldo [kaldo] | die Hitze |
| il chiosco [ki'ɔsko] | Kiosk |
| l'ombra (f.) [ombra] | Schatten |
| la bibita ['biːbita] | Getränk |

## 266

### In der Bar

Pietro: Ein Bier, bitte.
Barbesitzer: In der Flasche oder vom Faß?
Pietro: Vom Faß.
Freund: Hallo Pietro, was kann ich dir ausgeben?
Pietro: Ich habe bereits bestellt, aber sag mir lieber: was nimmst du?
Freund: Ich nehme einen kalten Kaffee.

| | |
|---|---|
| il barista [ba'rista] | Barbesitzer |
| alla spina [spiːna] | vom Faß |
| offrire [of-'friːre] | anbieten, ausgeben |
| ordinare [ordi'naːre] | bestellen |
| piuttosto [piut'tɔsto] | lieber, eher |

**267**

## I mondiali di calcio

Franco: *Abbiamo pensato di organizzare un viaggio per andare a vedere una partita dell'Italia durante i mondiali di calcio. Hai voglia di venire con noi?*

Antonella: *È vero che non sono tifosa di calcio, ma dove e quando gioca l'Italia?*

Franco: *Non lo so, bisogna vedere se possiamo prenotare dei biglietti. Ho un amico che lavora nella federazione sportiva.*

**268**

*«I vecchi dicono*
*quello che hanno fatto,*
*i giovani quello che fanno,*
*gli sciocchi quello*
*che vogliono fare.»*

*Filippo Pananti*

## 267

# Die Fußballweltmeisterschaften

Franco: Wir haben überlegt, eine Fahrt zu organisieren, um bei den Fußballweltmeisterschaften ein Spiel von Italien zu sehen. Hast du Lust, mit uns zu kommen?

Antonella: Ich bin zwar kein Fußballfan, aber wann und wo spielt Italien?

Franco: Ich weiß es nicht, wir müssen sehen, ob wir noch Karten vorbestellen können. Ich habe einen Freund, der beim Fußballverband arbeitet.

| | |
|---|---|
| i mondiali (m. pl.) [mondi'a:li] | Weltmeisterschaften |
| il calcio [kaltʃo] | Fußball |
| la tifosa [ti'fo:sa] | Sportbegeisterte, Fan |
| esaurito [ezau'ri:to] | vergriffen |
| la federazione [federatsi'o:ne] | Verband, Vereinigung |
| procurare [proku'ra:re] | besorgen |

## 268

„Die Alten sagen, was sie getan haben, die Jungen, was sie tun, die Dummen, was sie tun wollen.“ – Filippo Pananti (1766-1837), italienischer Dichter

## L'imperativo – Imperativ

| **Verben auf -are** comprare (kaufen) | **Verben auf -ere** vendere (verkaufen) | **Verben auf -ire** finire (beenden) |
|---|---|---|
| compr-a | vend-i | finisc-i |
| compr-i | vend-a | finisc-a |
| compr-iamo | vend-iamo | fin-iamo |
| compr-ate | vend-ete | fin-ite |
| compr-ino | vend-ano | finisc-ano |

- ▶ Übersetzung: Kaufe, er soll kaufen, laßt uns kaufen, kauft, sie sollen kaufen
- ▶ Wird die zweite Person Singular verneint, steht der einfache Infinitiv: *non comprare (kaufe nicht)*
- ▶ Die erste Person Singular kann nicht in den Imperativ gesetzt werden

## 269

### Il gran caldo

Simona: *Mi sciolgo! Ho sempre pensato che sul mare non fa tanto caldo a causa del vento. Ma oggi mi sento come in un forno.*

Arturo: *Sì, soltanto l'idea d'una grande bottiglia di birra mi fa vivere.*

## 270

ESERCIZIO

### Indovinello

*Trovare con queste lettere il maggior numero di parole possibile*

**A D E E F F I N R Z**

## 269

### Die Hitze

Simona: Ich schmelze! Ich dachte immer, daß es auf dem Meer wegen des Windes nicht so heiß sei. Aber heute fühle ich mich wie in einem Backofen.

Arturo: Ja, nur der Gedanke an eine große Flasche Bier läßt mich leben.

| | |
|---|---|
| il caldo ['kaldo] | Wärme, Hitze |
| sciogliersi ['ʃɔʎʎersi] | schmelzen |
| a causa di ['kaːuza] | auf Grund von, wegen |
| il vento ['vɛnto] | Wind |
| il forno ['forno] | Ofen, Backofen |
| l'idea, *f* [i'dɛːa] | Idee, Gedanke, Meinung |
| la bottiglia [bot'tiʎʎa] | Flasche |

## 270

### Rätsel

*Finden Sie so viele Wörter mit diesen Buchstaben wie möglich*

*la differenza* (Verschiedenheit), *Firenze* (Florenz), *le ferie* (Ferien), *la fede* (Glaube), *fare* (tun), *dire* (sagen), *dare* (geben), *la zia* (Tante)

*DIE EXPERTENECKE*

**Espressioni con „vivo“ (lebend, lebendig)**

| | |
|---|---|
| un angolo vivo | scharfe Kante |
| l'argento vivo | Quecksilber |
| le spese vive | Selbstkosten |
| a viva voce | mündlich |
| i vivissimi auguri | herzliche Glückwünsche |
| colpire nel vivo | an der emfindlichen Stelle treffen |
| entrare nel vivo della questione | zum Kern der Frage kommen |
| al vivo | naturgetreu |

## 271

### Lo stretto di Messina

Da anni i politici parlano di finanziamenti per l'inizio dei lavori sullo stretto di Messina. Ma come sempre gli anni passano e non succede niente. Dicono che verrà costruito un tunnel sottomarino che permetterà lo scorrere più veloce del traffico.

## 272

### Lo scalo

Simona: *Che spettacolo, deve essere molto difficile approdare, governare così esattamente una nave così grande.*

Arturo: *Sì, da bambino volevo diventare capitano, ma probabilmente era meglio non realizzare questo sogno.*

## 271

### Die Meerenge von Messina

Seit Jahren reden die Politiker von Finanzierungsmöglichkeiten für den Baubeginn an der Meerenge von Messina. Aber wie immer verstreichen die Jahre, und es geschieht nichts. Man sagt, daß ein Unterwassertunnel gebaut werden wird, der einen schnelleren Verkehrsfluß zuläßt.

| | |
|---|---|
| il politico [po'li:tiko] | Politiker |
| il finanziamento [finantsia'mento] | Finanzierung |
| lo stretto [stret-to] | Meerenge |
| sottomarino [sot-toma'ri:no] | unterseeisch |
| lo scorrere ['skor-rere] | der Abfluß, das Gleiten |
| il traffico [traf-'fi:ko] | Verkehr |

## 272

### Die Anlegestelle

Simona: Was für ein Schauspiel, es muß sehr schwer sein anzulegen, ein so großes Schiff so genau zu bewegen.

Arturo: Ja, als Kind wollte ich immer Kapitän werden, aber wahrscheinlich war es besser, diesen Traum nicht zu verwirklichen.

| | |
|---|---|
| lo scalo ['ska:lo] | Anlegestelle |
| lo spettacolo [spet'ta:kolo] | Schauspiel, Vorstellung |
| approdare [appro'da:re] | anlegen, landen |
| governare [gover'na:re] | regieren, steuern |
| diventare [diven'ta:re] | werden |
| realizzare [realid'dza:re] | verwirklichen, durchführen |
| il sogno ['soɲɲo] | Traum, Wunschtraum |

## 273

### La commedia dell'arte

Circa la metà del '500 nacque in Italia la commedia dell'arte. Fu detta così perché era recitata da attori professionisti. Una parte preponderante avevano in essa le buffonerie e i tiri da matti. Tutto o gran parte dello sviluppo dialogico si lasciava all'improvvisazione degli attori, che avevano a memoria una serie di «concetti», di tirate, di uscite, di chiuse. Gli attori recitavano con una maschera fissa.

*Quale maschera oggi è la più nota?*

## 274

### Il furto

Simona: *Lo hai sentito? Alcuni dei nostri compagni di viaggio sono stati derubati nell'albergo ieri.*

Arturo: *È una vergogna. Ma già mio nonno diceva che viaggiando non ci si può fidare neanche di un vescovo.*

## 273

### Die Commedia dell'Arte

Um die Mitte des 16. Jahrhunderts wurde in Italien die Commedia dell'arte geboren. Sie wurde so genannt, weil sie von Berufsschauspielern vorgetragen wurde. Einen überwiegenden Platz nahmen in ihr die Narrenstreiche und Hanswurstereien ein. Die ganze oder große Teile der Dialogentwicklung überließ man der Improvisation der Schauspieler, die eine Reihe von „Vorstellungen", von langen Reden, von Dialogen, von Enden auswendig kannten. Die Schauspieler traten in einer festgelegten Gestalt auf. Welche Gestalt ist heute am bekanntesten?

*Die bekannteste Figur ist der Arlecchino (Diener).*

Daneben gibt es noch den Komiker, den Abenteurer, den Musiker und zwei Prahlhänse.

## 274

### Der Diebstahl

Simona: Hast du es gehört? Einige unserer Reisegefährten sind gestern im Hotel ausgeraubt worden.

Arturo: Es ist eine Schande. Aber schon mein Großvater sagte, daß man, wenn man reist, nicht einmal einem Bischof trauen darf.

| | |
|---|---|
| il furto ['furto] | Diebstahl |
| il compagno [kom'paɲɲo] | Gefährte, Partner |
| derubare [deru'ba:re] | bestehlen, berauben |
| la vergogna [ver'goɲɲa] | Scham, Schande |
| fidare [fi'da:re] | vertrauen, anvertrauen |
| il vescovo ['veskovo] | Bischof |

## 275

*«Chi è causa del suo mal,*
*pianga se stesso.»*

*Proverbio*

## 276

**La colazione**

Simona sospira. Qui a bordo fanno una colazione abbondante, ma lei preferisce la colazione italiana. Un cappuccino con alcuni biscotti e più tardi un altro con uno oppure due cornetti al bar. Ma poiché qui a bordo fanno il cappuccino con panna, che non piace affatto a Simona, lei rinuncia alla colazione italiana del tutto.

## 275

„Wer der Grund seines Unglücks ist, beweine sich selber." – Italienisches Sprichwort

GRAMMATIK

### I numeri ordinali – Ordnungszahlen

| | |
|---|---|
| 1° primo | 6° sesto |
| 2° secondo | 7° settimo |
| 3° terzo | 8° ottavo |
| 4° quarto | 9° nono |
| 5° quinto | 10° decimo |

Alle weiteren Ordnungszahlen werden ausgehend von den Kardinalzahlen gebildet, an deren Endung, nach Streichung des letzten Vokals, *-esimo* angehängt wird:

| | |
|---|---|
| 11° undicesimo | 12° dodicesimo |

Auch möglich, aber ungebräuchlich:

| | |
|---|---|
| 11° decimo primo | 12° decimo secondo |

## 276

### Das Frühstück

Simona seufzt. Hier an Bord machen sie ein reichhaltiges Frühstück, aber sie zieht das italienische Frühstück vor. Ein Cappuccino mit einigen Keksen und später ein weiterer mit einem oder zwei Hörnchen in der Bar. Aber da sie hier an Bord den Cappuccino mit Sahne machen, was ihr überhaupt nicht schmeckt, verzichtet sie ganz auf das italienische Frühstück.

| | |
|---|---|
| la colazione [kolat'tsio:ne] | Frühstück |
| abbondante [abbon'dante] | reichlich, üppig |
| il cappuccino [kapput'tʃi:no] | Cappuccino, Kapuziner |
| il biscotto [bis'kɔtto] | Keks, Plätzchen |
| il cornetto [kor'netto] | Hörnchen, Croissant |
| il panino [pa'ni:no] | Brötchen |
| rinunciare [rinun'tʃa:re] | verzichten |

## 277

ESERCIZIO

### Aggiungere sempre uno

1. Ho letto sedici libri.
2. Cinque di questi libri erano scritti bene.
3. Specialmente il settimo libro mi è piaciuto.
4. Il primo libro era noioso.
5. Il secondo era migliore, il terzo peggiore.
6. Consisteva di milletrecentodue pagine.
7. Dopo la cinquantesima pagina si sapeva tutto.

## 278

### Una serata latino-americana

Stasera c'è una festa tropicale. In fondo delle feste così non piacciono alla signora Brusa. Ma stasera è più che contenta, la musica ritmica ha fatto ballare anche suo marito. Poiché normalmente lui non balla, lei invece lo fa con piacere, stasera lei approfitta del suo stato d'animo.

## 277

### Fügen Sie immer einen hinzu

1. Ho letto diciassette libri.
2. Sei di questi libri erano scritti bene.
3. Specialmenti l'ottavo libro mi è piaciuto.
4. Il secondo libro era noioso.
5. Il terzo era migliore, il quarto peggiore.
6. Consisteva di milletrecentotré pagine.
7. Dopo la cinquantunesima pagina si sapeva tutto.

*1. Ich habe 16 (17) Bücher gelesen.*
*2. 5 (6) von diesen Büchern waren gut geschrieben.*
*3. Besonders das siebte (achte) Buch hat mir gefallen.*
*4. Das erste (zweite) Buch war langweilig.*
*5. Das zweite (dritte) war besser, das dritte (vierte) schlechter.*
*6. Es bestand aus 1302 (1303) Seiten.*
*7. Nach der fünfzigsten (einundfünfzigsten) Seite wußte man alles.*

## 278

### Ein lateinamerikanischer Abend

Heute findet eine *Fiesta tropical* statt. Im Grunde mag Frau Brusa solche Feste nicht. Aber heute abend ist sie mehr als zufrieden, die rhythmische Musik läßt auch ihren Mann tanzen. Weil er normalerweise nicht tanzt, sie dies hingegen gerne tut, nutzt sie heute abend seine Stimmung aus.

| | |
|---|---|
| la serata [se'ra:ta] | Abend, Abendveranstaltung |
| la festa ['fɛsta] | Fest, Feier, Feiertag |
| tropicale [tropi'ka:le] | tropisch, Tropen- |
| stasera [sta'se:ra] | heute abend |
| ballare [bal'la:re] | tanzen |
| approfittare [approfit'ta:re] | (aus-)nutzen |
| lo stato d'animo ['a:nimo] | Gemütsverfassung |

## Verniciatura del soggiorno

Concetta: *Pietro, hai sistemato bene i giornali sul pavimento in modo da non sporcare?*
Pietro: *Si certo, passami i pennelli e la vernice per favore.*
Concetta: *Quanto tempo pensi che ci vorrá per finire?*
Pietro: *Bisogna fare due passate, perché il muro è pieno di macchie.*

## Una gita in Aspromonte

Amico: *Che effetto ti fa essere su queste montagne?*
Antonella: *Mi sento strana: sento intorno un'atmosfera di mistero.*
Amico: *Sei troppo influenzata da quello che si dice sull'Aspromonte.*
Antonella: *È vero. Qui è pieno di rifugi ed è facilissimo perdere la strada del ritorno, se non si sta attenti.*
Amico: *Non ti preoccupare! Conosco bene il posto.*

## 279

### Anstrich des Wohnzimmers

Concetta: Pietro, hast du die Zeitungen gut auf dem Boden verteilt, damit nichts schmutzig wird?
Pietro: Ja sicher, reich mir bitte die Pinsel und die Farbe.
Concetta: Wieviel Zeit, denkst du, wird es noch brauchen, um fertig zu werden?
Pietro: Es sind zwei Durchgänge nötig, weil die Mauer viele Flecken hat.

| | |
|---|---|
| la verniciatura [vernitʃa'tu:ra] | Anstrich |
| il pavimento [pavi'mento] | Boden |
| sporcare [spor'ka:re] | verschmutzen |
| il pennello [pen-'nɛl-lo] | Pinsel |
| la vernice [ver'ni:tʃe] | Farbe |
| la passata [pas-'sa:ta] | Durchgang |
| la macchia ['mak-kia] | Fleck |
| asciugare [aʃ-ʃu'ga:re] | trocknen |
| il disordine [di'zordine] | Unordnung |

## 280

### Ein Ausflug auf den Aspromonte

Freund: Welchen Eindruck macht es auf dich, auf diesem Berg zu sein?
Antonella: Ich fühle mich sonderbar: Ich empfinde um mich herum eine geheimnisvolle Atmosphäre.
Freund: Du bist zu stark von dem beeinflußt, was man über den Aspromonte sagt.
Antonella: Das ist wahr. Hier ist es voll von Unterschlüpfen, und man kann den Rückweg sehr leicht verlieren, wenn man nicht aufpaßt.
Freund: Mach dir keine Sorgen! Ich kenne die Gegend gut.

| | |
|---|---|
| l'effetto (m.) [ef-'fɛt-to] | Wirkung, Eindruck |
| strano [stra:no] | sonderbar, eigenartig |
| intorno [in'torno] | um...herum |
| il mistero [mis'tɛ:ro] | Geheimnis |
| il rifugio [ri'fu:dʒo] | Zuflucht, Unterschlupf |

## 281

GRAMMATICA

### La verdura

| | |
|---|---|
| lo spinacio | il finocchio |
| il carciofo | la cipolla |
| il broccolo | il cetriolo |
| la rapa | il pisello |
| la melanzana | la carota |
| il fagiolino | il peperone |
| la patata | il ravanello |

## 282

### In un frantoio

Nel meridione esistono poche raffinerie a livello industriale, ma molti piccoli frantoi. Lì si lavorano le olive dopo la raccolta. La gente ci va, dopo una giornata di lavoro nei campi, a portare il proprio raccolto per farlo macinare.

## 281



### Das Gemüse

| | |
|---|---|
| lo spinacio [spi'naːtʃo] | Spinat |
| il carciofo [kar'tʃoːfo] | Artischocke |
| il broccolo ['brɔk-kolo] | Sprossenkohl, Broccoli |
| la rapa [raːpa] | Rübe |
| la melanzana [melan'tsaːna] | Aubergine |
| il fagiolino [fadʒo'liːno] | grüne Bohne |
| la patata [pa'taːta] | Kartoffel |
| il finocchio [fi'nɔk-kio] | Fenchel |
| la cipolla [tʃi'pol-la] | Zwiebel |
| il cetriolo [tʃetri'ɔːlo] | Gurke |
| il pisello [pi'sɛl-lo] | Erbse |
| la carota [ka'rɔːta] | Mohrrübe, Karotte |
| il peperone [pepe'roːne] | Paprika |
| il ravanello [rava'nɛl-lo] | Radieschen |

## 282

### In einer Olivenpresse

In Süditalien existieren wenige Olivenraffinerien von industriellem Niveau, aber viele kleine Olivenpressen. Dort werden die Oliven nach der Ernte bearbeitet. Nach einem Arbeitstag auf den Feldern gehen die Leute dorthin, um ihre eigene Ernte zu bringen und sie pressen zu lassen.

| | |
|---|---|
| il frantoio [fran'toːio] | Olivenpresse |
| esistere [e'zistere] | bestehen, existieren |
| la raffineria [raf-fine'riːa] | Raffinerie |
| la raccolta [rak-'kolta] | Ernte |
| macinare [matʃi'naːre] | Mahlen |
| la macinatura [matʃina'tuːra] | Pressung |

## 283

### Mietitura del grano

È proprio una meraviglia osservare i campi siciliani in questo periodo. Le spighe del grano ormai mature per la mietitura hanno il colore dell'oro. Tra pochi giorni i contadini incominciano a mietere ed i mulini del luogo avranno lavoro per un bel po' di tempo.

## 284

### Un viaggio in vespa

Salvatore è molto orgoglioso della sua nuova vespa. Negli ultimi giorni è sempre andato in giro per provarla. Oggi ci porta sua sorella. Sceglie apposta per lei una strada piena di curve, perch sa che Antonella si spaventa facilmente. Speriamo che non incontrino la polizia, perché Antonella è senza casco.

283

## Weizenernte

Es ist wirklich ein Wunder, die sizilianischen Felder in dieser Zeit zu beobachten. Die Getreideähren sind bereits reif zum Mähen und haben eine goldene Farbe. In einigen Tagen beginnen die Bauern zu mähen, und die Mühlen des Ortes haben für eine längere Zeit Arbeit.

| | |
|---|---|
| la meraviglia [mera'viːʎa] | Wunder |
| il campo [kampo] | Feld |
| la spiga [spiːga] | Ähre |
| il grano [graːno] | Korn, Getreide |
| la mietitura [mieti'tuːra] | Mähen |
| l'oro (m.) [ɔːro] | Gold |
| il mulino [mu'liːno] | Mühle |

284

## Eine Fahrt mit der Vespa

Salvatore ist sehr stolz auf seine neue Vespa. In den letzten Tagen ist er immer umhergefahren, um sie auszuprobieren. Heute nimmt er seine Schwester mit. Er wählt absichtlich eine kurvenreiche Straße, weil er weiß, daß Antonella sich leicht erschrickt. Hoffen wir, daß sie nicht auf die Polizei treffen, weil Antonella keinen Helm trägt.

| | |
|---|---|
| orgoglioso [orgɔ'ʎoːso] | stolz |
| provare [pro'vaːre] | (aus)probieren |
| apposta [ap-'posta] | absichtlich |
| la curva [kurːva] | Kurve |
| spaventarsi [spaven'tarsi] | sich erschrecken |
| il casco [kasko] | Helm |

## 285

ESERCIZIO

### Completa con le forme esatte del verbo

1. I primi ospiti_____ alle sette. (arrivare)
2. Pietro _____ un aperitivo. (offrire)
3. La cena _____ verso le otto. (iniziare)
4. Concetta ha _____ una sua specialità culinaria. (preparare)
5. Davanti alla porta centrale viene _____ un grosso fuoco. (accendere)
6. Le donne _____ (pregare)
7. Gli uomini si _____ fuori (riscaldare)

## 286

### Rigoletto (Atto terzo. Scena seconda.)

La donna è mobile
Qual piuma al vento
Muta d'accento
E di pensiero.
Sempre un amabile
Leggiadro viso,
In pianto o in riso,
È menzognero.

È sempre misero
Chi a lei s'affida
Chi le confida
Mal cauto il core!
Pur mai non sentesi
Felice appieno
Chi su quel seno
Non liba amore!

*Chi ha scritto la musica dell'opera «Rigoletto»?*

## 285

### Setze die richtige Verbform ein:

1. I primi ospiti **arrivano** alle sette.
2. Pietro **offre** un aperitivo.
3. La cena **inizia** verso le otto.
4. Concetta ha **preparato** una sua specialità culinaria.
5. Davanti alla porta centrale viene **acceso** un grosso fuoco.
6. Le donne **pregano.**
7. Gli uomini si **riscaldano** fuori.

1. Die ersten Gäste kommen um sieben.
2. Pietro bietet einen Aperitiv an.
3. Das Essen beginnt gegen acht.
4. Concetta hat eine ihrer kulinarischen Spezialitäten bereitet.
5. Vorne am Haupteingang wird ein großes Feuer entfacht.
6. Die Frauen beten.
7. Die Männer wärmen sich draußen.

## 286

### Rigoletto (Dritter Akt. Zweite Szene.)

Die Frau ist sprunghaft/ wie eine Feder in der Luft/ wechselhaft im Tonfall/ und in Gedanken./ Immer ein liebenswertes/ reizendes Gesicht/ beim Weinen und beim Lachen/ ist trügerisch.

Es ist immer zu bedauern,/ wer sich ihr anvertraut,/ wer ihr vertraut,/ unvorsichtig das Herz!/ Aber nie fühlt sich/ ganz glücklich/ wer auf dieser Brust/ nicht der Liebe huldigt.

Wer hat die Musik der Oper „Rigoletto“ geschrieben?

*Rigoletto wurde 1851 von Giuseppe Verdi (1813 — 1901) geschrieben.*

Die oftmals patriotische Thematik seiner Stoffe machte Verdi zum Repräsentanten des Risorgimento (berühmtestes Beispiel „Nabucco“). Weitere Werke: Der Troubadour, La Traviata, Ein Maskenball, Aida.

## 287

### Una macchina a noleggio

Simona: *Ho letto che qui vicino si trovano alcune caverne interessanti.*

Arturo: *Possiamo noleggiare una macchina. Dopo un mese senza macchina, mi piacerebbe guidare.*

Simona: *Ma non dimenticare il limite di velocità di 110 km/h.*

## 288

*«Regnano i sensi*
*e la ragione è morta.»*

*Francesco Petrarca*

## 287

### Ein Leihwagen

Simona: Ich habe gelesen, daß sich hier in der Nähe einige sehenswerte Höhlen befinden.
Arturo: Wir können uns ein Auto leihen. Nach einem Monat ohne Auto würde ich gerne mal fahren.
Simona: Aber vergiß nicht die Geschwindigkeitsbegrenzung von 110 km/h.

| | |
|---|---|
| il noleggio [no'leddʒo] | Miete, Mietpreis |
| qui [kui] | hier, da |
| vicino, -a [vi'tʃi:no] | nahe benachbart |
| la caverna [ka'vɛrna] | Höhle, Grotte |
| noleggiare [noled'dʒa:re] | mieten |
| il limite ['li:mite] | Grenze |
| il limite di velocità [velotʃi'ta] | Geschwindigkeitsbegrenzung |

## 288

„Herrschen die Sinne, dann ist die Vernunft tot." – Francesco Petrarca (1304 - 1374), italienischer Humanist und Dichter

GRAMMATIK

### L'uso dei numeri – Gebrauch der Zahlen

- **Datum:**
  Der erste Tag jedes Monats wird mit primo bezeichnet:
  *il primo luglio (der erste Juli)*
  Alle weiteren Tage werden mit Kardinalzahlen bezeichnet:
  *il tre febbraio (der dritte Februar)*
  *il ventuno marzo (der einundzwanzigste März)*
- **Personen** werden mit Ordinalzahlen numeriert:
  *Carlo Quinto (Karl V.)*
  *Luigi Decimo Quarto (Ludwig XIV.)*

## 289

ESERCIZIO

**Tradurre**

1. Es war am ersten August.
2. Ich besuchte drei Freunde.
3. Das letzte Mal hatte ich sie vor acht Jahren gesehen.
4. Ein vierter Freund war verreist.
5. Ich hatte nur 3640 Lire bei mir.
6. Aber das reichte für einen dritten Espresso.
7. Es war bestimmt die tausendste Bar, in die ich ging.

## 290

**La caverna**

Simona: *Che buio! Non si vede proprio niente.*
Arturo: *Ma con la lampadina si può vedere tutto. Vedi questa pietra, che forma interessante!*
Simona: *Ma si vede soltanto un piccolo pezzo. Figurati tutti i pipistrelli, gli insetti e cos'altro ci vive.*

## 289

### Übersetzen Sie

1. Era il primo agosto.
2. Visitavo tre amici.
3. L'ultima volta li avevo visti otto anni fa.
4. Un quarto amico era in viaggio.
5. Avevo soltanto tremilaseicentoquaranta lire con me.
6. Ma bastava per un terzo espresso.
7. Probabilmente era il millesimo bar, in cui andavo.

*DIE EXPERTENECKE*

**Espressioni con „numero“ (Zahl, Ziffer)**

| | |
|---|---|
| avere dei numeri | Fähigkeiten haben |
| dare i numeri | unverständliches Zeug reden, sich seltsam benehmen |
| il numero cento | Toilette |
| sbagliare numero | sich verwählen |
| il numero chiuso | Numerus clausus |

## 290

### Die Höhle

Simona: Wie dunkel es ist! Man sieht überhaupt nichts.

Arturo: Aber mit der kleinen Lampe kann man alles sehen. Siehst du diesen Stein, was für eine interessante Form.

Simona: Aber man sieht nur einen kleinen Teil. Stell dir die ganzen Fledermäuse, die Insekten und was sonst noch hier lebt vor.

| | |
|---|---|
| buio, -a ['bu:io] | dunkel, finster |
| la lampadina [lampa'di:na] | Lämpchen, kleine Lampe |
| la pietra ['piɛ:tra] | Stein, Gestein |
| il pezzo ['pettso] | Stück, Teil |
| figurarsi [figu'ra:rsi] | sich vorstellen |
| il pipistrello [pipis'trɛllo] | Fledermaus |
| l'insetto, *m* [in'sɛtto] | Insekt, Wurm |

## 291

### La benzina verde

Simona: *Ho parlato con un turista che mi chiedeva se in Italia ci sia la possibilità di fare benzina senza piombo.*

Arturo: *Sicuramente era uno di quelli che non sono in grado di guidare in tre corsie in una strada normale.*

## 292

### Il Ferragosto

Il ferragosto è una festa antica. Originariamente con questo nome s'indicò il primo giorno del mese di agosto. Il giorno fu festeggiato con piccoli regali, comparabile al modo in cui oggi si festeggia Natale. La chiesa sportò e trasformò la festa del ferragosto in quella dell'Assunzione (15 agosto). Ma il ferragosto non perdè il carattere popolare.

*Oltre ai regali, che altra usanza si è conservata?*

## 291

### Das bleifreie Benzin

Simona: Ich habe mit einem Touristen gesprochen, der mich fragte, ob es in Italien die Möglichkeit gibt, bleifrei zu tanken.

Arturo: Bestimmt war das einer von denen, die nicht in der Lage sind, auf einer normalen Straße dreispurig zu fahren.

| | |
|---|---|
| la benzina [ben'dzi:na] | Benzin |
| la benzina verde ['verde] | bleifreies Benzin |
| il turista [tu'rista] | Tourist |
| fare benzina ['fa:re] | tanken |
| il piombo ['piombo] | Blei |
| essere in grado di fare qc ['gra:do] | in der Lage sein, etw zu tun |
| la corsia [kor'si:a] | (Fahr-)Spur |

## 292

### Der Ferragosto

Der Ferragosto ist ein antikes Fest. Ursprünglich bezeichnete man mit diesem Namen den ersten Tag des August. Der Tag wurde mit kleinen Geschenken gefeiert, vergleichbar der Weise, wie wir heute Weihnachten feiern. Die Kirche verlegte und verwandelte das Fest des Ferragosto in das Fest Mariä Himmelfahrt (15. August). Aber der Ferragosto verlor nicht seinen volkstümlichen Charakter. Welcher Brauch hat sich, außer den Geschenken, erhalten?

*Früher war der Ferragosto der Tag der Ausflüge. Auch heute noch ist der 15. August der Tag der größten Reisebewegung in Italien.*

*Le vacanze di ferragosto* bezeichnet die Augustferien.

## 293

### L'autobus interurbano

Mentre i suoi genitori sono fuori, Stefano progetta una gita con Giovanna. Ma lui è un po' disperato, non è riuscito a farsi prestare una macchina. La ferrovia non arriva al piccolo villaggio che vuole visitare. È così fissato della macchina che a lui non viene in mente l'idea di andarci con un autobus interurbano.

## 294

*«Tutte le strade portano a Roma.»*

*Proverbio*

## 293

### Der Überlandbus

Während seine Eltern weg sind, plant Stefano einen Ausflug mit Giovanna. Aber er ist ein wenig verzweifelt, es ist ihm nicht gelungen, sich ein Auto zu leihen. Die Eisenbahn fährt nicht zu dem kleinen Dorf, das er besuchen will. Er ist so auf ein Auto fixiert, daß ihm die Idee nicht in den Sinn kommt, dorthin mit einem Überlandbus zu fahren.

| | |
|---|---|
| l'autobus, *m* ['a:utobus] | Autobus, Omnibus |
| interurbano, -a [interur'ba:no] | zwischen den Städten liegend |
| l'autobus (interurbano), *m* | Überlandbus |
| la ferrovia [ferro'vi:a] | Eisenbahn |
| il villaggio [vil'laddʒo] | Dorf |
| essere fissato su [fis'sa:to] | sich versteifen auf, fixieren auf |
| venire in mente ['mente] | in den Sinn kommen, einfallen |

## 294

„Alle Straßen führen nach Rom." – Italienisches Sprichwort

GRAMMATIK

### Il congiuntivo presente – Konjunktiv Präsens

| Verben auf -are *comprare* (kaufen) | Verben auf -ere *vendere* (verkaufen) | Verben auf -ire *finire* (beenden) |
|---|---|---|
| compr-i | vend-a | finisc-a |
| compr-i | vend-a | finisc-a |
| compr-i | vend-a | finisc-a |
| compr-iamo | vend-iamo | fin-iamo |
| compr-iate | vend-iate | fin-iate |
| compr-ino | vend-ano | finisc-ano |

*avere:* abbia, abbia, abbia, abbiamo, abbiate, abbiano
*essere:* sia, sia, sia, siamo, siate, siano

## 295

### Affitto della casa per le ferie

Pietro: *Concetta, un mio collega di lavoro possiede una casa a Cefalù e vuole affittarla per le ferie estive.*

Concetta: *Ma non avevamo deciso di andare a Nuoro?*

Pietro: *Lo so, ma questo collega ci dà la casa a buon prezzo e la zona lì è bellissima.*

## 296

ESERCIZIO

**Completa con gli aggettivi mancanti!**

1. pesci ______________ (fresco)
2. macchine ______________ (bello)
3. occhi ______________ (azzurro)
4. ______________ ragazzi (parecchio)
5. varietà ______________ (vasto)
6. idee ______________ (preciso)
7. giornata ______________ (bello)
8. scrittore ______________ (famoso)
9. motivi ______________ (turistico)
10. articoli ______________ (sportivo)

## 295

# Anmieten einer Ferienwohnung

Pietro: Concetta, ein Arbeitskollege von mir besitzt ein Haus in Cefalù und will es uns für die Sommerferien vermieten.

Concetta: Aber hatten wir uns nicht dafür entschieden, nach Nuoro zu fahren?

Pietro: Ich weiß, aber dieser Kollege gibt uns das Haus zu einem guten Preis, und das Gebiet ist sehr schön.

| | |
|---|---|
| l'affitto (m.) [af-'fit-to] | (An)Mieten, Miete |
| possedere [pos-se'de:re] | besitzen |
| il collega [kol-'lɛ:ga] | Kollege |
| pulito [pu'li:to] | sauber, rein |

## 296

ÜBUNG

## Ergänze mit den fehlenden Adjektiven

| | |
|---|---|
| 1. pesci freschi | 1. frische Fische |
| 2. macchine belle | 2. schöne Autos |
| 3. occhi azzurri | 3. blaue Augen |
| 4. parecchi ragazzi | 4. viele Jungen |
| 5. varietà vasta | 5. große Auswahl |
| 6. idee precise | 6. genaue Vorstellungen |
| 7. giornata bella | 7. schöner Tag |
| 8. scrittore famoso | 8. berühmter Schriftsteller |
| 9. motivi turistici | 9. touristische Gründe |
| 10. articoli sportivi | 10. Sportartikel |

## 297

### Diapositive sulle Alpi

Concetta: *Salvatore, vieni dentro che guardiamo le diapositive che Antonella ha fatto sulle Alpi.*
Salvatore: *Ma come vi viene in mente con questo caldo a stare dentro per guardare diapositive.*
Concetta: *Non esagerare, c'è il ventilatore che rinfresca l'ambiente.*

## 298

### I mostri

Per spaventare sua moglie il signor Brusa le ha raccontato delle storie di mostri di mare, di squali, di morene e di altre bestie feroci. Dopo di ciò lei non ha voluto nuotare in mare. Lui s'è beffato di lei, ma quando un'alga ha toccato le sue gambe lui ha avuto bisogno di tutto il suo coraggio per trattenere un grido.

**297**

## Dias von den Alpen

Concetta: Salvatore, komm rein, wir schauen uns die Dias an, die Antonella von den Alpen gemacht hat.

Salvatore: Wie kommt ihr bloß auf die Idee, bei dieser Hitze im Haus zu bleiben, um Dias anzusehen.

Concetta: Übertreibe nicht, wir haben doch den Ventilator, der für Frischluft sorgt.

| | |
|---|---|
| esagerare [ezadʒɛ'ra:re] | übertreiben |
| ventilatore [ventila'to:re] | Ventilator |
| godersi [go'de:rsi] | genießen |
| l'ambiente (m.) [ambi'ɛnte] | Umgebung |

**298**

## Die Ungeheuer

Um seine Frau zu erschrecken, hat Herr Brusa ihr Geschichten über Meerungeheuer, Haie, Muränen und andere wilde Tiere erzählt. Danach wollte sie nicht im Meer schwimmen. Er lachte sie aus, aber als eine Alge seine Beine berührte, brauchte er all seinen Mut, um einen Schrei zu unterdrücken.

| | |
|---|---|
| il mostro ['mostro] | Ungeheuer, Scheusal |
| spaventare [spaven'ta:re] | erschrecken |
| lo squalo ['skua:lo] | Hai(fisch) |
| feroce [fe'ro:tʃe] | wild, grausam |
| nuotare [nuo'ta:re] | schwimmen |
| beffarsi [bef'fa:rsi] | verspotten, auslachen |
| trattenere [tratte'ne:re] | aufhalten, unterdrücken |

## 299

ESERCIZIO

**Trovare la forma giusta del congiuntivo**

1. È necessario che noi ______________ (arrivare) in tempo.
2. Non c'è nessuno che tu ______________ (conoscere).
3. Sicuramente è la più bella casa che voi ______________ (avere) mai vista.
4. Sebbene lui ______________ (essere) ricco non si permette molto.
5. Dubiti che io ce la ______________ (fare)?
6. Sono felice che loro ______________ (venire).

## 300

**La barca**

Giovanna: *Perché non ci affittiamo una barca per fare una gita sul lago?*

Stefano: *Una bellissima idea! Io ti porto a remi dove vuoi. Io sarò come un gondoliere a Venezia.*

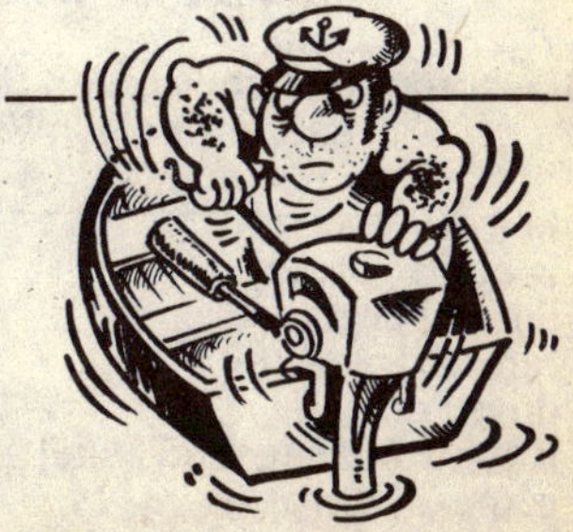

Giovanna: *Speriamo che la barca sia meno cara e l'acqua più pulita che a Venezia.*

## 299

### Finden Sie die richtige Form des Konjunktivs

1. È necessario che noi **arriviamo** in tempo.
2. Non c'è nessuno che tu **conosca**.
3. Sicuramente è la più bella casa che voi **abbiate** mai vista.
4. Sebbene lui **sia** ricco non si permette molto.
5. Dubiti che io ce la **faccia**?
6. Sono felice che loro **vengano**.

*1. Es ist nötig, daß wir rechtzeitig ankommen.*
*2. Hier ist keiner, den du kennst.*
*3. Sicher ist es das schönste Haus, das ihr jemals gesehen habt.*
*4. Obwohl er reich ist, leistet er sich nicht viel.*
*5. Bezweifelst du, daß ich es schaffe?*
*6. Ich bin froh, daß sie kommen.*

## 300

### Der Kahn

Giovanna: Warum leihen wir uns kein Boot, um auf dem See eine Rundfahrt zu machen?
Stefano: Eine ausgezeichnete Idee! Ich rudere dich, wohin du willst. Ich werde wie ein Gondoliere in Venedig sein.
Giovanna: Hoffen wir, daß der Kahn billiger und das Wasser sauberer als in Venedig ist.

| | |
|---|---|
| la barca ['barka] | Boot, Kahn |
| il lago ['la:go] | See, Lache |
| remare [re'ma:re] | rudern |
| dove ['do:ve] | wo, wohin |
| il gondoliere [gondo'liɛ:re] | Gondoliere, Gondelführer |
| caro, -a ['ka:ro] | lieb, nett, teuer |
| pulito, -a [pu'li:to] | sauber, rein |

## 301

### Giuseppe Garibaldi

Giuseppe Garibaldi nacque il 4 luglio 1807 a Nizza. Fu il generale del risorgimento. Il suo primo obiettivo, una repubblica democratica, mutò più tardi in quello della repubblica italiana. Poi ritenne necessario per l'unità la soluzione sabauda, cioè la monarchia. Diventò famoso con la spedizione dei Mille. Sbarcò a Marsala l'11 maggio 1860. In mezz'anno aggiungé il Mezzogiorno al Piemonte.

*Per quale re conquistò Garibaldi il Mezzogiorno?*

## 302

### Sulla spiaggia

Oggi i coniugi Brusa passano il giorno sulla spiaggia. Simona cerca di persuadere Arturo a prendere un po' dell'ambra solare. Ma lui è convinto che la sua abbronzatura ed ogni tanto una rinfrescata con acqua lo proteggano da una scottatura. Il giorno dopo ha l'aspetto d'una zebra.

## 301

### Giuseppe Garibaldi

Giuseppe Garibaldi wurde am 4. Juli 1807 in Nizza geboren. Er war der General des Risorgimento. Sein anfängliches Ziel, eine demokratische Republik, verwandelte sich später in eine italienische Republik. Dann hielt er für die Einheit die savoyische Lösung, das heißt die Monarchie, für nötig. Er wurde berühmt mit dem Feldzug der Tausend. Am 11. Mai 1860 landete er in Marsala. Innerhalb eines halben Jahres fügte er dem Piemont Süditalien hinzu. Für welchen König eroberte Garibaldi den Süden Italiens?

*Für Vittorio Emanuele II., König von Savoyen und seit 1861 König von Italien, eroberte Garibaldi den Mezzogiorno.*

1870 wird mit Einnahme des Kirchenstaats und Roms die Einigung Italiens vollzogen.

## 302

### Am Strand

Heute verbringen die Eheleute Brusa einen Tag am Strand. Simona versucht Arturo zu überreden, etwas von dem Sonnenschutzmittel zu nehmen. Aber er ist überzeugt, daß seine Bräune und ab und zu eine Abkühlung mit Wasser ihn vor einem Sonnenbrand schützen. Am Tag danach sieht er aus wie ein Zebra.

| | |
|---|---|
| la spiaggia ['spiaddʒa] | Strand |
| l'ambra, *f* ['ambra] | Bernstein |
| solare [so'la:re] | Sonnen-, solar, strahlend |
| l'ambra solare, *f* | Sonnenschutzmittel |
| l'abbronzatura, *f* [abbrondza'tu:ra] | Bräunen, Bräunung |
| la rinfrescata [rinfres'ka:ta] | Abkühlung |
| la scottatura [skotta'tu:ra] | Verbrennung, Sonnenbrand |

## 303

### Ancora in albergo

Il viaggio sta per finire. C'è ancora da passare una notte in albergo. La signora Brusa è felice di ritornare a casa. Ha nostalgia dei figli e della casa. Il signor Brusa borbotta qualcosa sui sentimenti di una madre e se dipendesse da lui il viaggio potrebbe durare ancora due mesi. In realtà anche lui è felice di rivedere tutti.

## 304

*«Parla pocchissimo*
*di te, poco degli altri,*
*molto delle cose.»*

*Paolo Mantegazza*

## 303

### Noch einmal im Hotel

Die Reise geht zu Ende. Noch eine Nacht muß im Hotel verbracht werden. Frau Brusa ist glücklich, nach Hause zurückzukehren. Sie hat Sehnsucht nach den Kindern und dem Haus. Herr Brusa murmelt etwas von den Gefühlen einer Mutter, und wenn es nach ihm ginge, könnte die Reise noch zwei Monate dauern. In Wirklichkeit ist auch er glücklich, alle wiederzusehen.

| | |
|---|---|
| stare per fare qc ['sta:re] | im Begriff sein, etw zu tun |
| ritornare [ritor'na:re] | zurückkehren, wiederkehren |
| la nostalgia [nostal'dʒi:a] | Sehnsucht, Heimweh |
| borbottare [borbot'ta:re] | murmeln, brummeln |
| il sentimento [senti'mento] | Gefühl, Gesinnung |
| dipendere [di'pɛndere] | abhängen, abhängig sein |

## 304

„Sprich sehr wenig von dir, wenig von den anderen, viel von den Sachen." – Paolo Mantegazza (1831 - 1910), italienischer Arzt und Schriftsteller

### L'uso del congiuntivo – Gebrauch des Konjunktivs

Der Konjunktiv steht nach:

- einigen Konjunktionen (*benché* – obwohl, *prima che* – bevor, *finché* – bis, solange bis, *se* – wenn, ob, ...):
  *Sebbene lui lo abbia sentito, non ha reagito. (Obwohl er es gehört hat, hat er nicht reagiert.)*
- einigen unpersönlichen Ausdrücken (*è impossibile che* – es ist unmöglich, daß, ...):
  *È necessario che venga anche lui. (Es ist nötig, daß auch er kommt.)*
- Verben des Wünschens, Befehlens (*volere* – wollen, *proibire* – verbieten, *permettere* – erlauben, ...):
  *Ordina che vada. (Er befiehlt, daß er geht.)*

## 305

ESERCIZIO

**Indicativo o congiuntivo?**

1. È bene che ____________ (venire) anche lui.
2. Non dormirò finché tu ____________ (telefonare).
3. È sicuro che loro ____________ (trovare) la strada.
4. Mia madre desidera che voi ____________ (togliersi) le scarpe.
5. Giovanna dice che non ____________ (vedere) niente.
6. Il medico vuole che io non ____________ (fumare) più.
7. Scrivo in italiano perché lei ____________ (capire) tutto.

## 306

**All'aeroporto**

L'ultima tappa del viaggio è il volo. All'aeroporto il signor Brusa passa il tempo guardando gli aeroplani. Già da bambino poteva entusiasmarsi per gli aerei. Mentre lui cerca di vedere tutto, la signora Brusa va nei negozi per comprare esentemente da dazio. Compra anche un modello di un aereo per il bambino grande.

## 305

### Indikativ oder Konjunktiv?

1. È bene che **venga** anche lui.
2. Non dormirò finché tu **telefoni**.
3. È sicuro che loro **trovano** la strada.
4. Mia madre desidera che voi **vi togliate** le scarpe.
5. Giovanna dice che non **vede** niente.
6. Il medico vuole che io non **fumi** più.
7. Scrivo in italiano perché lei **capisca** tutto.

*1. Es ist gut, daß auch er kommt.*
*2. Ich werde nicht schlafen, bis du anrufst.*
*3. Es ist sicher, daß sie die Straße finden.*
*4. Mein Mutter wünscht, daß ihr die Schuhe auszieht.*
*5. Giovanna sagt, daß sie nichts sieht.*
*6. Der Arzt will, daß ich nicht mehr rauche.*
*7. Ich schreibe in Italienisch, damit sie alles versteht.*

## 306

### Am Flughafen

Die letzte Etappe der Reise ist der Flug. Am Flughafen verbringt Herr Brusa seine Zeit damit, die Flugzeuge zu betrachten. Schon als Kind konnte er sich für Flugzeuge begeistern. Während er versucht, alles zu sehen, geht Frau Brusa in die Geschäfte, um zollfrei einzukaufen. Sie kauft auch ein Flugzeugmodell für das große Kind.

| | |
|---|---|
| l'aeroporto, *m* [aero'pɔrto] | Flughafen |
| la tappa ['tappa] | Rast, Station, Etappe |
| il volo ['vo:lo] | Flug, Fliegen |
| l'aeroplano, *m* [aero'pla:no] | Flugzeug |
| entusiasmarsi [entuziaz'ma:rsi] | sich begeistern |
| il dazio ['dattsio] | Zoll |
| esente [e'zɛnte] | befreit, -frei, ohne |

## 307

### I nuraghi

I nuraghi sono un tipo di monumenti preistorici. Non sono, come si credette un tempo, delle tombe, bensì delle dimore fortificate. Sono caratteristici della Sardegna, dove se ne trovano oltre 6000. La forma è quella di una torre coperta di una cupola ad anelli concentrici. C'è un corridoio di accesso e una camera circolare interna. I tipi più complessi hanno due o tre piani legati con scale a spirale.

*Che altra forma architettonica è tipica per l'Italia?*

## 308

### Le lettere

Ieri i coniugi sono arrivati a casa. Per festeggiare il ritorno sono andati a mangiare fuori insieme con i figli. Oggi il signor Brusa dà un'occhiata alla posta. Il risultato è come ha temuto: conti, solleciti, lettere da parenti sgradevoli, scadenze scadute. Sospira: «Dopo che avrò regolato tutto, avrò bisogno d'una vacanza!»

## 307

### Die Nuraghen

Die Nuraghen sind eine Art prähistorischer Monumente. Sie sind keine Gräber, wie man einst glaubte, sondern befestigte Wohnungen. Sie sind charakteristisch für Sardinien, wo sich mehr als 6000 befinden. Die Form ist die eines Turmes mit einer Kuppel aus konzentrischen Kreisen. Es gibt einen Eingangsflur und eine runde innere Kammer. Die komplexeren Typen haben zwei oder drei Stockwerke, die durch Wendeltreppen verbunden sind. Welche andere architektonische Form ist typisch für Italien?

*Noch typisch für Italien sind die Trulli, die in Apulien zu sehen sind.*

Trulli, mit Nuraghen wahrscheinlich verwandt, werden noch bewohnt, während Nuraghen seit fast 2000 Jahren nicht mehr bewohnt werden.

## 308

### Die Briefe

Gestern sind die Eheleute zu Hause angekommen. Um die Rückkehr zu feiern, sind sie zusammen mit den Kindern essen gegangen. Heute sieht Herr Brusa die Post durch. Das Ergebnis ist, wie er befürchtet hat: Rechnungen, Mahnungen, Briefe von unangenehmen Verwandten, abgelaufene Fristen. Er seufzt: „Nachdem ich alles geregelt haben werde, werde ich einen Urlaub brauchen."

| | |
|---|---|
| l'occhiata, *f* [ok'kia:ta] | (kurzer) Blick |
| dare un'occhiata a qc | einen (kurzen) Blick auf etw werfen, durchsehen |
| il conto ['konto] | Rechnung, Konto |
| il sollecito [sol'le:tʃito] | Aufforderung, Mahnung |
| sgradevole [zgra'de:vole] | unangenehm |
| la scadenza [ska'dɛntsa] | Fälligkeit, Frist |
| scadere [ska'de:re] | ablaufen, verfallen |

## 309

### Giuseppe Garibaldi

Giuseppe Garibaldi, eroico generale e uomo politico della storia italiana, con le sue battaglie fu decisivo per la unificazione d'Italia. Partì con i suoi soldati, la cosiddetta «spedizione dei mille», dalla Sicilia per attraversare tutta l'Italia, liberandola dai vari conquistatori. Nacque a Nizza nel 1807 e morì a Caprera nel 1882.

## 310

ESERCIZIO

### C'è o ci sono?

1. . . . vino bianco, rosso, frizzantino e marsalato.
2. . . . molte persone.
3. . . . un'atmosfera calda ed accogliente.
4. A casa . . . molti amici.
5. Vediamo cosa . . .
6. A Taormina . . . molti turisti.
7. . . . un posto libero?

## 309

# Giuseppe Garibaldi

Giuseppe Garibaldi, der heldenmütige General und politische Mensch der italienischen Geschichte, war mit seinen Schlachten entscheidend für die Einigung Italiens. Er zog mit seinen Soldaten, der sogenannten „Expedition der Tausend", von Sizilien aus los, um Italien zu durchqueren und es von verschiedenen Eroberern zu befreien. Er wurde 1807 in Nizza geboren und starb 1882 in Caprera.

*Giuseppe Garibaldi lebte vom 4. Juli 1807 bis 2. Juni 1882.*

| | |
|---|---|
| eroico [e'rɔ:iko] | heldenmütig |
| la storia ['stɔ:ria] | Geschichte |
| decisivo [detʃi'zi:vo] | entscheidend |
| l'unificazione (f.) [unifikatsi'o:ne] | Einigung |
| la spedizione [speditsi'o:ne] | Expedition |
| attraversare [at-'traver'sa:re] | durchqueren |
| il conquistatore [koŋkuista'to:re] | Besetzer, Eroberer |

## 310

ÜBUNG

### C'è oder ci sono?

1. **C'è** vino bianco, rosso, frizzantino e marsalato.
2. **Ci sono** molte persone.
3. **C'è** un'atmosfera calda ed accogliente.
4. A casa **ci sono** molti amici.
5. Vediamo cosa **c'è.**
6. A Taormina **ci sono** molti turisti.
7. **C'è** un posto libero?

1. Es gibt Weißwein, Rotwein, Rosé und Marsalawein.
2. Es sind viele Personen da.
3. Es herrscht eine warme und gemütliche Atmosphäre.
4. Zu Hause sind viele Freunde.
5. Laß uns sehen, was los ist.
6. In Taormina sind viele Touristen.
7. Gibt es hier einen freien Platz?

## 311

### I rifiuti

Simona: *So, che in altri paesi i rifiuti non solo vengono raccolti, ma anche assortiti. Qui si deve essere felici, se tutti mettono i rifiuti nella pattumiera.*

Arturo: *Ma sicuramente siamo il paese con il più grande numero di netturbini.*

## 312

### Dal dottore

Pietro: *Buon giorno, dottore!*

Dottore: *Buon giorno, in che cosa posso aiutarla?*

Pietro: *Sa, mi sono preso uno di quei tipici raffreddori di luglio e non va più via.*

Dottore: *Le prescrivo delle fiale da inalare e vedrà che in un paio di giorni starà meglio.*

## 311

### Der Abfall

Simona: Ich weiß, daß in anderen Ländern der Müll nicht nur gesammelt, sondern auch sortiert wird. Hier muß man glücklich sein, wenn alle den Müll in den Mülleimer werfen.

Arturo: Aber sicher sind wir das Land mit den meisten Straßenkehrern.

| | |
|---|---|
| i rifiuti, *pl* [ri'fiu:ti] | Abfall, Müll |
| il paese [pa'e:ze] | Land, Staat, Heimat |
| raccogliere [rak'kɔʎʎere] | aufheben, ernten, sammeln |
| assortire [assor'ti:re] | sortieren, zusammenstellen |
| la pattumiera [pattu'miɛ:ra] | Müll-, Abfalleimer |
| il numero ['nu:mero] | Zahl, Anzahl |
| il netturbino [nettur'bi:no] | Straßenkehrer |

## 312

### Beim Doktor

Pietro: Guten Tag, Doktor!

Doktor: Guten Tag, womit kann ich Ihnen helfen?

Pietro: Wissen Sie, ich habe mir eine dieser typischen Juli-Erkältungen geholt, und sie geht nicht mehr weg.

Doktor: Ich verschreibe Ihnen Ampullen zum Inhalieren, und Sie werden sehen, daß es Ihnen in einigen Tagen besser gehen wird.

| | |
|---|---|
| il raffreddore [raf-fred-'do:re] | Erkältung |
| la tosse [tos-se] | Husten |
| prescrivere [pres'kri:vere] | verschreiben |
| la fiala [fi'a:la] | Ampulle |

## 313

ESERCIZIO

**Dire dieci espressioni con fare**

1. ______________________________
2. ______________________________
3. ______________________________
4. ______________________________
5. ______________________________
6. ______________________________
7. ______________________________
8. ______________________________
9. ______________________________
10. ______________________________

## 314

**Il picnic**

Poiché oggi è l'ultima giornata libera del signor Brusa, la famiglia ha deciso di fare un picnic. È stato preparato un cesto di pasti squisiti. Anche il luogo perfetto è stato trovato. Perfetto con un piccolo difetto, ci si trovano delle bestie selvatiche specializzate in picnic: formiche, zanzare, mosche.

## 313

### Sagen Sie zehn Ausdrücke mit fare (tun, machen)

1. *Fai tardi!* (Du kommst zu spät!)
2. *Fa freddo fuori.* (Draußen ist es kalt.)
3. *Lei fa la dottoressa.* (Sie ist Ärztin.)
4. *Ce la fate.* (Ihr schafft es.)
5. *Fammi vedere.* (Laß mich mal sehen.)
6. *Sei più cinque fa undici.* (Sechs plus fünf ergibt elf.)
7. *Farò a meno di una macchina.* (Ich werde ohne ein Auto auskommen.)
8. *Mi fanno sempre ridere.* (Sie bringen mich immer zum Lachen.)
9. *Non fare la sciocca.* (Spiel nicht die Dumme.)
10. *L'ho fatta all'insegnante.* (Ich habe den Lehrer hereingelegt.)

## 314

### Das Picknick

Weil heute der letzte freie Tag von Herrn Brusa ist, hat die Familie beschlossen, ein Picknick zu machen. Es wurde ein Korb köstlicher Speisen vorbereitet. Auch der perfekte Ort wurde gefunden. Perfekt mit einem kleinen Fehler, es befinden sich dort auf Picknick spezialisierte wilde Tiere: Ameisen, Mücken, Fliegen.

| | |
|---|---|
| il picnic [pik'nik] | Picknick |
| il cesto ['tʃesto] | Korb |
| squisito, -a [skui'zi:to] | exquisit, erlesen, köstlich |
| il difetto [di'fɛtto] | Mangel, Fehler |
| la formica [for'mi:ka] | Ameise |
| la zanzara [dzan'dza:ra] | (Stech-)Mücke |
| la mosca ['moska] | Fliege |

## 315

*«Acqua cheta rompe i ponti.»*

*Proverbio*

## 316

**La mafia**

La mafia è il flagello d'Italia. Con il suo potere è in grado di intervenire dappertutto, si dice che ogni deputato del parlamento sia comprato dalla mafia. L'origine della mafia non è chiara. Sembra che sia stata una congiunzione fra aristocrazia feudale e paesani, poi, soprattutto per mezzo del potere sull'acqua, è diventata l'organizzazione senza la quale non succede niente in Sicilia e in Italia.

*Quali altre organizzazioni come la mafia esistono in Italia?*

## 315

„Stilles Wasser bricht die Brücken." – Italienisches Sprichwort

GRAMMATIK

### Il pronome dimostrativo – Demonstrativpronomen

| | | | |
|---|---|---|---|
| *questo libro*<br>dieses Buch | *questa casa*<br>dieses Haus | *questi libri*<br>diese Bücher | *queste case*<br>diese Häuser |

(im Besitz des Sprechenden)

| | | | |
|---|---|---|---|
| *codesto libro* | *codesta casa* | *codesti libri* | *codeste case* |

dieses Buch (im Besitz des Angesprochenen)

| | | | |
|---|---|---|---|
| *quel libro* | *quella casa* | *quei libri* | *quelle case* |

jenes Buch (bei einer dritten Person)

| | | | |
|---|---|---|---|
| *quello scolaro*<br>jener Schüler | *quella scarpa*<br>jener Schuh | *quegli scolari*<br>jene Schüler | *quelle scarpe*<br>jene Schuhe |
| *quell'albero*<br>jener Baum | *quell'ora*<br>jene Stunde | *quegli alberi*<br>jene Bäume | *quelle ore*<br>jene Stunden |

## 316

### Die Mafia

Die Mafia ist die Geißel Italiens. Mit ihrer Macht vermag sie überall einzugreifen, man sagt, daß jeder Parlamentsabgeordnete von der Mafia gekauft ist. Die Ursprünge der Mafia sind nicht klar. Es scheint, als sei sie ein Bindeglied zwischen feudaler Aristokratie und Landbewohnern gewesen, dann ist sie, vor allem durch die Macht über das Wasser, die Organisation geworden, ohne die nichts in Sizilien und Italien geschieht. Welche anderen Organisationen wie die Mafia existieren in Italien?

*Die Camorra, ursprünglich ein terroristischer, politischer Geheimbund, hat ihr Aktionsgebiet in Neapel. Die kleinste Mafiagruppe ist die 'ndrangheta, die ihren Hauptsitz in Bari hat und Apulien beherrscht.*

## 317

### Nel negozio di elettrodomestici

Stefano: *Ma babbo! Io volevo comprare un walkman per Giovanna, ma tu, che fai qui?*

Arturo: *Il mio capo è diventato completamente matto. Vuole che gli compri un laptop. Non voglio sapere come rilascia il conto delle spese!*

## 318

### Le fotografie

Simona: *Vedi, sono andata a prendere le fotografie della vacanza.*

Arturo: *Fammi vedere! Ma che bella donna è sempre ritratta su di esse. Tutti i miei amici mi invidieranno per lei.*

Simona: *Vecchio cascamorto, lusingatore!*

## 317

### Im Elektrogeschäft

Stefano: Aber Paps! Ich wollte einen Walkman für Giovanna kaufen, aber was machst du hier?
Arturo: Mein Chef ist völlig verrückt geworden. Er will, daß ich ihm einen tragbaren Computer kaufe. Ich möchte nicht wissen, wie er die Spesenrechnung ausstellt.

| | |
|---|---|
| l'elettrodomestico, *m* [elettrodo'mɛstiko] | Elektrogerät |
| il babbo ['babbo] | Paps, Papi |
| il capo ['ka:po] | Haupt, Kopf, Chef |
| completo, -a [kom'plɛ:to] | voll, völlig, besetzt |
| matto, -a ['matto] | wahnsinnig, verrückt |
| rilasciare [rilaʃ'ʃa:re] | ausstellen |
| le spese ['spe:se] | Kosten, Spesen |

## 318

### Die Fotografien

Simona: Schau, ich habe die Urlaubsfotos abgeholt.
Arturo: Laß mich sehen! Aber was für eine schöne Frau ist immer auf ihnen abgebildet. Alle meine Freunde werden mich um sie beneiden.
Simona: Alter Süßholzraspler, Schmeichler!

| | |
|---|---|
| la fotografia [fotogra'fi:a] | Fotografie, Aufnahme |
| andare a prendere ['prɛndere] | abholen |
| ritrarre [ri'trarre] | zurückziehen, schildern, darstellen |
| invidiare [invi'dia:re] | beneiden, neidisch sein auf |
| il cascamorto [kaska'mɔrto] | Verehrer, Schmachtlappen |
| il lusingatore [luziŋga'to:re] | Schmeichler |

## 319

ESERCIZIO

**Tradurre**

1. Obwohl das Buch sehr umfangreich ist, ist es sehr gut.
2. Dies war das beste Buch, das ich je gelesen habe.
3. Ich glaube nicht, daß ein anderes Buch besser war.
4. Es ist möglich, daß es eins gab.
5. Aber ich fürchte, ich habe es nicht gelesen.
6. Stefano sagt, daß es eins gebe.

## 320

**Lo zoo**

Stefano: *Mi dispiace, Giovanna, oggi non ho tempo. Ho promesso a Sandro di andare con lui allo zoo.*

Giovanna: *Se Sandro non ha nulla in contrario, mi piacerebbe accompagnarvi. Da molto tempo non ho visto nessuna scimmia tranne te.*

Stefano: *Mille grazie!*

## 319

### Übersetzen Sie

1. Sebbene il libro sia molto voluminoso, è buonissimo.
2. Era il migliore libro, che io abbia mai letto.
3. Non credo che un altro libro fosse migliore.
4. È possibile che ce ne fosse uno.
5. Ma temo che non lo abbia letto.
6. Stefano dice che ce n'è uno.

*DIE EXPERTENECKE*

**Espressioni con „filo“ (Faden, Schnur)**

| | |
|---|---|
| un filo di speranza | ein Hoffnungsschimmer |
| dar del filo da torcere a qu | eine harte Nuß für jdn sein, jdm zu schaffen machen |
| essere legato a filo doppio con qu | mit jdm wie Pech und Schwefel zusammenkleben |
| fare il filo a qc | jdm den Hof machen |
| per filo e per segno | des langen und des breiten, haarklein |
| essere attaccato a un filo | an einem seidenen Faden hängen |

## 320

### Der Zoo

Stefano: Es tut mir leid, Giovanna, heute habe ich keine Zeit. Ich habe Sandro versprochen, mit ihm in den Zoo zu gehen.

Giovanna: Wenn Sandro nichts dagegen hat, würde ich euch gerne begleiten. Außer dir habe ich schon lange keinen Affen mehr gesehen.

Stefano: Tausend Dank!

| | |
|---|---|
| lo zoo ['dzɔːo] | Zoo |
| dispiacere [dispia'tʃeːre] | mißfallen, nicht gefallen |
| promettere [pro'mettere] | versprechen |
| avere in contrario qc [kon'traːrio] | etw dagegen haben |
| accompagnare [akkompaɲ'ɲaːre] | begleiten, beifügen |
| la scimmia ['ʃimmia] | Affe |

## 321

### La sibilla cumana

A Cuma si può vedere uno dei santuari più venerati dell'antichità: l'antro della sibilla cumana. Le sibille non furono legate a un culto fisso, profetizzarono quando e dove furono ispirate, anche senza essere richieste. Secondo la tradizione romana la sibille cumana vendette una raccolta di testi oracolari, i libri sibillini, al re Tarquinio, i quali si consultarono in caso di situazioni critiche dello Stato.

*Dove si può vedere il più famoso ritratto della sibilla cumana?*

## 322

### Il processo

Arturo: *Stasera c'è un processo alla televisione. È il processo di un capo della mafia.*

Simona: *Ah no, non voglio vederlo! Quasi ogni sera c'è un processo alla televisione. Sempre le gabbie, i carabinieri, i difensori che urlano.*

## 321

### Die cumaeische Sibylle

In Cumae kann man eins der meistverehrten Heiligtümer der Antike sehen: Die Höhle der cumaeischen Sibylle. Die Sibyllen waren nicht an einen festgelegten Kult gebunden, sie weissagten, wann und wo sie inspiriert wurden, auch ohne gefragt worden zu sein. Nach der römischen Tradition verkaufte die cumaeische Sibylle eine Sammlung von rätselhaften Texten, die sibyllinischen Bücher, an den König Tarquinio, die man in kritischen Situationen des Staates befragte. Wo kann man das berühmteste Bildnis der cumaeischen Sibylle sehen?

*Michelangelo hat sie in der Sixtinischen Kapelle neben vier anderen Sibyllen abgebildet.*

Im Altertum gab es etwa 20 Sibyllen, die berühmteste von ihnen orakelte in Delphi.

## 322

### Der Prozeß

Arturo: Heute abend kommt ein Prozeß im Fernsehen. Es ist der Prozeß eines Mafiachefs.

Simona: Oh nein, ich möchte das nicht sehen! Fast jeden Abend gibt es einen Prozeß im Fernsehen. Immer die Käfige, die Karabinieri, die schreienden Verteidiger.

| | |
|---|---|
| il processo [pro'tʃɛsso] | Verfahren, Prozeß |
| c'è un film alla televisione [televi'zio:ne] | es kommt ein Film im Fernsehen |
| la gabbia ['gabbia] | Käfig, Vogelbauer |
| il carabiniere [karabi'niɛ:re] | Karabiniere (Mitglied einer Sondereinheit der Armee, die eine polizeiliche Funktion ausübt) |
| il difensore [difen'so:re] | Verteidiger |
| urlare [ur'la:re] | schreien, heulen |

## 323

### Aumento della benzina

Gli aumenti della benzina sono talmente frequenti che ormai non fanno più notizia. La gente ascolta del nuovo aumento senza nessun interesse, tanto è cosa ordinaria. Unica novità: questa volta non si tratta più delle solite dieci lire, ma addirittura di trenta! Sembra che i politici si diano l'appuntamento ogni anno puntualmente agli inizi di luglio, il che significa aumenti, aumenti, aumenti.

## 324

GRAMMATICA

### Particolarità nella costruzione del plurale

| | |
|---|---|
| Questa città è bella. | Queste città sono belle. |
| La prego di portarmi un caffè. | La prego di portarmi due caffè. |
| Un tè, per favore. | Due tè, per favore. |
| Guarda, un autogrill! | Ho visto molti autogrill. |
| Questo bar mi pace. | Mi piacciono questi bar. |
| Nel parcheggio c'è un auto. | Ci sono molte auto. |

## 323

### Benzinpreiserhöhung

Die Benzinpreiserhöhungen sind so häufig, daß sie bereits keine Nachricht mehr wert sind. Die Leute vernehmen die neuen Erhöhungen ohne Interesse. Es ist eben eine gewöhnliche Angelegenheit. Einzige Neuheit dieses Mal: es handelt sich nicht um die üblichen zehn Lire, sondern sogar um dreißig! Es scheint, als ob sich die Politiker jedes Jahr pünktlich zu Beginn des Juli absprechen würden, was bedeutet: Erhöhungen, Erhöhungen, Erhöhungen!

| | |
|---|---|
| l'aumento (m.) [au'mento] | Erhöhung |
| la benzina [ben'dzi:na] | Benzin |
| la novità [novi'ta] | Neuheit |
| trattarsi [trat-'tarsi] | sich handeln |
| addirittura [ad-dirit-'tu:ra] | sogar |

## 324

### Besonderheiten bei der Pluralbildung

| | |
|---|---|
| Diese Stadt ist schön. | Diese Städte sind schön. |
| Ich bitte sie, mir einen Kaffee zu bringen. | Ich bitte Sie, mir zwei Kaffee zu bringen. |
| Einen Tee, bitte. | Zwei Tee, bitte. |
| Schau, ein Autobahnrestaurant! | Ich habe viele Autobahnrestaurants gesehen. |
| Diese Bar gefällt mir. | Mir gefallen diese Bars. |
| Auf dem Parkplatz steht ein Auto. | Da sind viele Autos. |

*Einsilbige und endbetonte Substantive bleiben im Plural unveränder[t].*
*Auf Konsonant endende Substantive (Fremd- oder Kurzwörter) kennen in der Regel keine Pluralform. Gelegentlich findet man bei ihnen auch den Plural auf -s: i bars.*
*Auf -o endende feminine Substantive bleiben in der Regel im Plural unverändert. Ausnahme: la mano – le mani (Die Hand – die Hände).*

## 325

### La vendemmia

Anche la famiglia Brusa ha il suo vendemmiatore, cioè un vendemmiatore da cui comprano il vino. Quest'anno aiutano alla vendemmia.
È un po' per amicizia, ma anche perché così non devono pagare il prezzo intero e ricevono il migliore vino. Sandro è così affascinato che subito decide di diventare vendemmiatore anche lui.

## 326

ESERCIZIO

### Trovare la domanda giusta

1. Bernini costruì la Piazza San Pietro.
2. Il mio cappello è quello nero.
3. Io vedo una grande macchina.
4. Puoi offrire uno a me.
5. Questa bevanda è di caffè, latte e grappa.
6. L'ho incontrato due ore fa.

## 325

### Die Weinlese

Auch Familie Brusa hat ihren Winzer, das heißt einen Winzer, bei dem sie Wein kaufen. Dieses Jahr helfen sie bei der Weinlese. Es ist ein wenig aus Freundschaft, aber auch, weil sie so nicht den vollen Preis zahlen müssen und den besten Wein erhalten. Sandro ist so beeindruckt, daß er sofort beschließt, auch Winzer zu werden.

| | |
|---|---|
| la vendemmia [ven'demmia] | Weinlese |
| il vendemmiatore [vendemmia'to:re] | Winzer |
| il vino ['vi:no] | Wein |
| aiutare [aiu'ta:re] | helfen |
| l'amicizia, *f* [ami'tʃittsia] | Freundschaft, Verhältnis |
| intero, -a [in'te:ro] | ganz, vollständig, voll |
| ricevere [ri'tʃe:vere] | bekommen, erhalten |

## 326

### Finden Sie die richtige Frage

1. *Chi costruì la Piazza San Pietro?*
   Wer baute den Petersplatz? Bernini baute den Petersplatz.
2. *Quale è il tuo cappello?*
   Welcher Hut ist deiner? Mein Hut ist dieser schwarze.
3. *Che cosa vedi?*
   Was siehst du? Ich sehe ein großes Auto.
4. *A chi posso offrire un caffè?*
   Wem kann ich einen Kaffee anbieten? Du kannst mir einen anbieten.
5. *Di che cosa è questa bevanda?*
   Woraus ist dieses Getränk? Dieses Getränk ist aus Kaffee, Milch und Schnaps.
6. *Quando l'hai incontrato?*
   Wann hast du ihn getroffen? Ich traf ihn vor zwei Stunden.

## 327

### La cena

Oggi Stefano voleva cucinare. Pensava a una grande cena. Aveva comprato pomodori, mozzarella e basilico per l'antipasto. Per primo piatto ha preparato della pasta. Fino a questo punto tutto andava bene. Ma il secondo piatto era bruciato. Poiché già tutti erano quasi sazi, la frutta faceva la fine grandiosa della cena.

## 328

### L'Est, Est, Est

L'Est, Est, Est è un vino di Montefiascone. Secondo la leggenda il servo del prelato Giovanni Fugger di Augusta ebbe il compito di precederlo nel viaggio per indicargli con la parola «est» i luoghi dove si potè bere del buon vino. Il servo trovò a Montefiascone un vino così squisito che scrisse est, est, est. Il prelato ne bevve tanto che ne morì. Da ciò sarebbe derivato il nome del vino bianco.

*Quali altri vini del Lazio sono famosi?*

## 327

### Das Abendessen

Heute wollte Stefano kochen. Er dachte an ein großes Abendessen. Er hatte Tomaten, Mozzarella und Basilikum für die Vorspeise gekauft. Als ersten Gang bereitete er Nudeln zu. Bis zu diesem Zeitpunkt ging alles gut. Aber der zweite Gang war verbrannt. Da schon alle fast satt waren, war das Obst der großartige Abschluß des Abendessens.

| | |
|---|---|
| la cena ['tʃe:na] | Abendessen |
| cucinare [kutʃi'na:re] | kochen |
| l'antipasto, *m* [anti'pasto] | Vorspeise |
| il piatto ['piatto] | Teller, Gericht, Gang |
| bruciare [bru'tʃa:re] | verbrennen, brennen |
| sazio, -a ['sattsio] | satt, gesättigt |
| la frutta ['frutta] | Obst |

## 328

### L'Est, Est, Est

*L'Est, Est, Est* ist ein Wein aus Montefiascone. Nach der Legende hatte der Diener des Prälaten Johannes Fugger aus Augsburg die Aufgabe, ihm auf der Reise vorauszufahren, um ihm die Orte mit dem Wort „est" zu kennzeichnen, wo man guten Wein trinken konnte. Der Diener fand in Montefiascone einen so ausgezeichneten Wein, daß er *est, est, est* schrieb. Der Prälat trank soviel davon, daß er daran starb. Daher soll der Name des Weißweins kommen. Welche anderen Weine des Lazio sind berühmt?

*Der „Vino dei Castelli Romani" ist der wohl bekannteste Wein. Eigentlich handelt es sich dabei um eine Weingruppe, deren bekanntester Vertreter der „Frascati" ist. An Rotweinen ist der Cesanese zu nennen.*

## 329

### L'imbianchino

Simona è irritata. Oggi la casa viene pitturata. Lo fa un imbianchino che si crede un piccolo Michelangelo. Una casa pitturata in un modo ingegnoso non sarebbe male se l'imbianchino non avesse bisogno dello stesso tempo per il suo lavoro come Michelangelo. Per la Cappella Sistina occorsero dieci anni.

## 330

### Telefonata con i parenti

Cugina: *Pronto Salvatore, sono Anna dalla Germania, come stai?*

Salvatore: *Ciao Anna, sto bene e tu?*

Cugina: *Volveo dirvi che arriveremo il 17 alle undici e mezzo a Palermo.*

Salvatore: *Verremo sicuramente con papà a prendervi.*

Cugina: *Va bene, grazie Salvatore a presto.*

## 329

### Der Anstreicher

Simona ist verärgert. Heute wird das Haus gestrichen. Dies macht ein Anstreicher, der sich für einen kleinen Michelangelo hält. Ein in talentierter Weise gestrichenes Haus wäre nicht schlecht, wenn der Anstreicher für seine Arbeit nicht dieselbe Zeit bräuchte wie Michelangelo. Für die Sixtinische Kapelle waren zehn Jahre nötig.

| | |
|---|---|
| l'imbianchino, *m* [imbiaŋ'ki:no] | Anstreicher, Malermeister |
| irritare [irri'ta:re] | ärgern, erzürnen |
| pitturare [pittu'ra:re] | malen, zeichnen, anstreichen |
| credersi ['kre:dersi] | sich halten für |
| ingegnoso, -a [indʒeɲ'ɲo:so] | einfallsreich, talentiert |
| avere bisogno di [bi'zoɲɲo] | etw/jdn brauchen |
| occorrere [ok'korrere] | erforderlich sein, benötigt werden |

## 330

### Telefongespräch mit den Verwandten

Cousine: Hallo Salvatore, ich bin's, Anna aus Deutschland, wie geht es Dir?
Salvatore: Ciao Anna, mir geht es gut, und Dir?
Cousine: Ich wollte euch sagen, daß wir am 17. um halb zwölf in Palermo ankommen werden.
Salvatore: Wir werden sicher mit Papa kommen, um Euch abzuholen.
Cousine: In Ordnung, danke Salvatore, bis bald.

| | |
|---|---|
| passare [pas-'sa:re] | verbinden, weitergeben (Telefon) |
| avvisare [av-vi'sa:re] | Bescheid sagen |
| venire a prendere [ve'ni:re a 'prendere] | abholen |

## 331

### L'invito

Giovanna: *Pronto?*
Stefano: *Pronto, sono Stefano. Voglio chiederti se hai voglia di andare al cinema? Presentano un film di Charlie Chaplin. Io ci vado, e voglio invitarti.*
Giovanna: *Vuoi farmi le scarpe?*

## 332

*«Gli affetti anch'essi hanno le ambizioni loro.»*

*Gino Capponi*

## 331

### Die Einladung

Giovanna: Hallo?
Stefano: Hallo, hier spricht Stefano. Ich möchte dich fragen, ob du Lust hast, ins Kino zu gehen? Sie zeigen einen Film von Charlie Chaplin. Ich gehe hin und möchte dich einladen.
Giovanna: Willst du mich zum besten halten?

| | |
|---|---|
| l'invito, *m* [in'vi:to] | Einladung, Aufforderung |
| pronto, -a ['pronto] | bereit, fertig, (am Telefon:) hallo, hier spricht |
| chiedere ['kiɛ:dere] | fragen nach, bitten um |
| avere voglia di fare qc ['vɔʎʎa] | Lust haben, etw zu tun |
| presentare [prezen'ta:re] | vorzeigen, vorführen |
| la scarpa ['skarpa] | Schuh |
| fare le scarpe a qc | jdn täuschen |

## 332

„Die Gefühle, auch sie haben ihren eigenen Ehrgeiz." – Gino Capponi (1792–1876), italienischer Historiker, Pädagoge, Politiker

### Le particelle «ne» e «ci» – die Partikel „ne" und „ci"

**«ne»** (von ihm, ihr, ihnen, davon, ...) steht ersatzweise für *di* + folgende Wörter:
*Ha parlato della sua casa.* ***Ne*** *è fiero. (Er hat von seinem Haus gesprochen. Er ist stolz darauf.)*
*Leggi tutti questi libri?* ***Ne*** *[di questi libri] leggo tre. (Liest du all diese Bücher? Ich lese drei davon.)*

**«ci»** (dorthin, daran, dabei, ...) vertritt *a* und *in* + folgende Substantive (nur Sachen!):
*Sei mai stato in Italia? Si,* ***ci*** *sono stato. (Bist du jemals in Italien gewesen? Ja, ich bin dort gewesen.)*
*Andiamo al cinema. Anche noi* ***ci*** *andiamo. (Wir gehen ins Kino. Auch wir gehen dorthin.)*

## 333

ESERCIZIO

**Tradurre**

1. Ich habe von ihm (dem Film) gehört.
2. Er hat sogar drei davon.
3. Wir sind dort gewesen, als sie davon gesprochen haben.
4. Habt ihr daran gedacht?
5. Habt ihr auch an ihn gedacht?
6. Ich habe nicht darüber gesprochen.
7. Mach dich davon!

## 334

**Le antenne televisive**

Giovanna: *Che brutta vista!*
Stefano: *Io non vedo niente di straordinario.*
Giovanna: *Parlo delle antenne televisive. Su ogni tetto ce ne sono almeno una ventina. Perché non comprano un'antenna grande per tutta la casa, magari un'antenna parabolica?*

## 333

### Übersetzen Sie

1. Ne ho sentito.
2. Ne ha perfino tre.
3. Ci siamo stati, quando ne hanno parlato.
4. Ci avete pensato?
5. Avete pensato anche a lui?
6. Non ne ho parlato.
7. Vattene!

*DIE EXPERTENECKE*

**Espressioni con „piede“ (Fuß)**

| | |
|---|---|
| il piede di porco | Brechstange |
| i piedi piatti | familiär für Polizisten (wörtl.: Plattfüße) |
| cadere in piedi | mit einem blauen Auge davonkommen |
| restare a piedi | zu Fuß gehen müssen |
| puntare i piedi | auf seiner Meinung beharren |
| fatto coi piedi | stümperhaft gemacht |
| su due piedi | augenblicklich, stehenden Fußes |

## 334

### Die Fernsehantennen

Giovanna: Was für ein häßlicher Anblick!
Stefano: Ich sehe nichts Außergewöhnliches.
Giovanna: Ich spreche von den Fernsehantennen. Auf jedem Dach stehen wenigstens zwanzig. Warum kaufen sie keine große Antenne für das ganze Haus, vielleicht sogar eine Parabolantenne?

| | |
|---|---|
| l'antenna, *f* [an'tenna] | Antenne |
| televisivo, -a [televi'zi:vo] | Fernseh- |
| la vista ['vista] | Sicht, (Aus-)Blick |
| straordinario, -a [straordi'na:rio] | außerordentlich, ungewöhnlich |
| il tetto ['tetto] | Dach, Haus |
| la ventina [ven'ti:na] | (etwa) zwanzig |
| magari [ma'ga:ri] | möglicherweise, vielleicht, sogar |

## 335

### Lo scrittore

Egli nacque ad Agrigento nel giugno dell'anno 1867. Morì a Roma il dieci dicembre dell'anno 1936. Iniziò i suoi studi a Roma, li compì in Germania, a Bonn. Dopo l'esame là fu lettore d'italiano per un anno, in cui tradusse le «Elegie romane» di Goethe. La sua prima opera, la scrisse a dodici anni. Nel 1889 pubblicò una raccolta di poesie. Nel 1904 pubblicò il suo romanzo più famoso. Nel 1934 gli fu conferito il premio Nobel.

*Come si chiamò questo scrittore?*

## 336

### Un corso

Stefano non sa bene parlare inglese. Per questo vuole iscriversi a un corso d'inglese. Ce n'è uno presso l'università. Ma dove ci si iscrive? La signora nell'ufficio indicato nel programma dice, che lei non sa niente di un corso, che tutto deve essere uno sbaglio. Dopo una ricerca più lunga di un'ora trova l'ufficio giusto.

## 335

### Der Schriftsteller

Er wurde in Agrigent im Juni des Jahres 1867 geboren. Er starb in Rom am 10. Dezember des Jahres 1936. Er begann seine Studien in Rom, er beendete sie in Deutschland, in Bonn. Nach dem Examen war er dort für ein Jahr Lektor der italienischen Sprache, währenddessen übersetzte er die „römischen Elegien" von Goethe. Sein erstes Werk schrieb er mit zwölf Jahren. 1889 veröffentlichte er eine Gedichtsammlung. 1904 veröffentlichte er seinen berühmtesten Roman. 1934 wurde ihm der Nobelpreis verliehen. Wie hieß dieser Schriftsteller?

*Luigi Pirandello veröffentlichte 1904 „Il fu Mattia Pascal" (Der verstorbene Mattia Pascal).*

Grundthema seiner Werke war die Beziehung zwischen Schein und Sein, der der Mensch alleine gegenübersteht.

## 336

### Ein Kurs

Stefano kann nicht gut Englisch sprechen. Deswegen möchte er sich in einen Englischkurs einschreiben. Es gibt einen an der Universität. Aber wo schreibt man sich ein? Die Frau in dem Büro, das im Programm angegeben ist, sagt, daß sie von einem Kurs nichts wüßte, daß alles ein Fehler sein müßte. Nach einer Suche von mehr als einer Stunde findet er das richtige Büro.

| | |
|---|---|
| il corso ['korso] | Verlauf, Lauf, Kurs |
| sapere [sa'pe:re] | können, beherrschen, verstehen |
| iscriversi [is'kri:versi] | sich einschreiben, sich eintragen |
| l'ufficio, *m* [uf'fi:tʃo] | Büro, Abteilung, Amt |
| indicato, -a [indi'ka:to] | angezeigt, geeignet |
| il progamma [pro'gramma] | Programm, Vorstellung |
| lo sbaglio ['zbaʎʎo] | Fehler, Irrtum, Versehen |

## 337

## Antonella festeggia gli esami superati

Antonella è felice. Ha superato gli esami in modo brillante ed è molto soddisfatta del voto che ha ottenuto. Ha avuto 58, anche se lei puntava al 60. Tuttavia non ne fa una tragedia, in quanto c'era una commissione d'esami molto rigida, ed il massimo di 60 era quasi impossibile raggiungerlo. Adesso incomincia gia a fantasticare sull'ambiente universitario.

## 338

ESERCIZIO

### Forma l'esatto participio perfetto!

1. La famiglia Mancini ha . . . (decidere) di andare a visitare l'Etna.
2. Zia Anna è . . . (stare) a Palermo.
3. Pietro è . . . (invitare) per una conferenza di lavoro.
4. Le donne sono . . . (rimanere) a casa.
5. Antonella ha . . . (fare) la patente.
6. I ragazzi sono . . . (andare) in Canada.
7. Concetta ha . . . (avere) fortuna.

## 337

### Antonella feiert ihr bestandenes Examen

Antonella ist glücklich. Sie hat ihre Prüfung glänzend bestanden, und sie ist mit der Note, die sie bekommen hat, sehr zufrieden. Sie hat eine 58 bekommen, auch wenn sie auf eine 60 gesetzt hat. Trotzdem macht sie keine Tragödie daraus, weil die Prüfungskommission sehr streng und die Höchstpunktzahl 60 fast unmöglich zu erreichen war. Jetzt beginnt sie schon, von der Atmosphäre an der Universität zu schwärmen.

| | |
|---|---|
| felice [fe'liːtʃe] | glücklich |
| brillante [bril-'lante] | glänzend |
| puntare [pun'taːre] | hier: setzen auf |
| rigido ['riːdʒido] | steif, streng |
| fantasticare [fantasti'kaːre] | phantasieren |
| l'ambiente (m.) [ambi'ɛnte] | Milieu, Umgebung |

## 338

### Bilde das richtige Perfektpartizip!

1. La famiglia Mancini ha **deciso** di andare a visitare l'Etna.
2. Zia Anna è **stata** a Palermo.
3. Pietro è **invitato** per una conferenza di lavoro.
4. Le donne sono **rimaste** a casa.
5. Antonella ha **fatto** la patente.
6. I ragazzi sono **andati** in Canada.
7. Concetta ha **avuto** fortuna.

1. Familie Mancini hat beschlossen, zum Ätna zu fahren.
2. Tante Anna ist in Palermo gewesen.
3. Pietro ist zu einer Arbeitskonferenz eingeladen.
4. Die Frauen sind zu Hause geblieben.
5. Antonella hat den Führerschein gemacht.
6. Die Jungen sind nach Kanada gefahren.
7. Concetta hat Glück gehabt.

## 339

### Arrivo dei parenti dalla Germania

Stamattina Concetta si è alzata molto presto. C'è un'aria cosi afosa che quasi non si riesce a respirare. Ha pensato di preparare il pranzo adesso che tutti dormono per avere più calma. Più tardi va all'aeroporto con Pietro a prendere i suoi parenti che vengono dalla Germania. In fondo è molto contenta di rivederli dopo tanto tempo. Tra pochi giorni andranno a passare le vacanze al mare.

## 340

*«Meglio un asino vivo*
*che un dottore morto.»*

*Proverbio*

## 339

### Ankunft der Verwandten aus Deutschland

Heute morgen ist Concetta sehr früh aufgestanden. Die Luft ist so schwül, daß einem das Atmen schwerfällt. Sie hat gedacht, das Mittagessen jetzt vorzubereiten, wo alle schlafen, um mehr Ruhe zu haben. Später fährt sie mit Pietro zum Flughafen, um ihre Verwandten abzuholen, die aus Deutschland kommen. Im Grunde ist sie sehr froh, sie nach langer Zeit wiederzusehen. In einigen Tagen werden sie losfahren, um die Ferien am Meer zu verbringen.

| | |
|---|---|
| alzarsi [al'tsarsi] | aufstehen |
| afoso [a'fo:so] | schwül |
| l'aria (f.) ['a:ria] | Luft |
| respirare [respi'ra:re] | einatmen |

## 340

„Besser ein lebender Esel als ein toter Gelehrter." – Italienisches Sprichwort

GRAMMATIK

### L'infinito – Infintiv

Der reine Infinitv steht nach:

- Hilfsverben *(dolere* – sollen, *poter* – können, . . .):
  *Voglio vederlo. (Ich will ihn sehen.)*
- Verben der Sinneswahrnehmung *(udire* – hören, *vedere* – sehen): *Lui osa venire! (Er wagt es zu kommen!)*
- unpersönlichen Ausdrücken *(è facile* – es ist leicht, *è necessario* – es ist nötig, . . .):
  *Basta vederlo. (Es reicht, ihn zu sehen.)*
- Außerdem wird er benutzt, wenn das Subjekt ein Verb ist: *Ridere è buono per la salute. (Lachen ist gut für die Gesundheit.)*

## 341

### Il televisore

La famiglia Brusa è una famiglia tipica. Ciò significa anche, che il televisore viene acceso al mattino presto. Non vuole dire che c'è sempre qualcuno che guarda. Qualche volta non c'è neppure una persona nella stanza. Ma c'è anche questa situazione sgradevole quando tutti vogliono vedere un programma diverso.

## 342

ESERCIZIO

### Una casa

1. si può guardare attraverso
2. copertura della casa
3. per salire o scendere da piano a piano
4. dove si prepara da mangiare
5. quartiere di una città
6. luogo dove crescono delle piante
7. camera

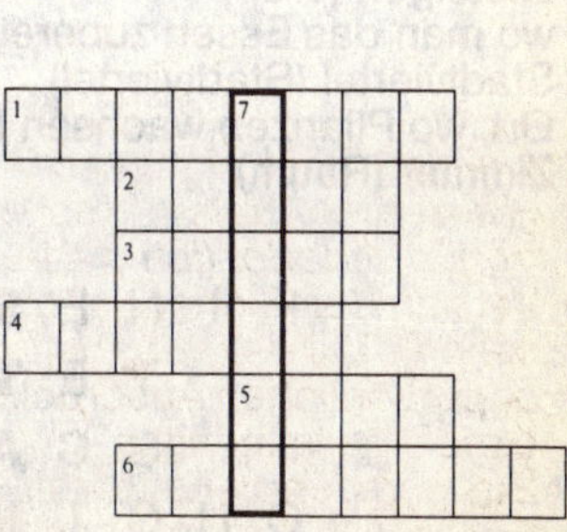

# 341

## Der Fernseher

Familie Brusa ist eine typische Familie. Das bedeutet auch, daß der Fernseher am frühen Morgen angeschaltet wird. Das soll nicht heißen, daß immer jemand da ist, der hinschaut. Manchmal ist noch nicht einmal jemand im Zimmer. Aber es gibt auch diese unangenehme Situation, daß alle ein verschiedenes Programm sehen wollen.

| | |
|---|---|
| tipico, -a [ˈtiːpiko] | typisch, charakteristisch |
| ciò [tʃɔ] | das, dies |
| significare [siɲɲifiˈkaːre] | bedeuten |
| accendere [atˈtʃɛndere] | anzünden, einschalten |
| il mattino [matˈtiːno] | Mcrgen |
| guardare [guarˈdaːre] | anschauen, zusehen |
| sgradevole [zgraˈdeːvole] | unangenehm |

# 342

## Ein Haus

1. man kann hindurchsehen (Fenster)
2. Bedeckung eines Hauses (Dach)
3. um von Stockwerk zu Stockwerk hinauf- oder hinunterzusteigen (Treppe)
4. wo man das Essen zubereitet (Küche)
5. Stadtviertel (Stadtviertel)
6. Ort, wo Pflanzen wachsen (Garten)
7. Zimmer (Raum)

| | | | | | | | | | |
|---|---|---|---|---|---|---|---|---|---|
| F | I | N | E | **S** | T | R | A | | |
| | | T | E | **T** | T | O | | | |
| | | S | C | **A** | L | A | | | |
| C | U | C | I | **N** | A | | | | |
| | | | | **Z** | O | N | A | | |
| | | G | I | **A** | R | D | I | N | O |

## 343

### La scuola materna

Sandro è agitato. La sua vita nell'asilo è finita, comincia a frequentare la scuola materna. Cerca di nascondere la sua eccitazione, e proclama dappertutto che adesso è grande e nessuno ha il diritto di dirgli, cosa deve fare, tranne la maestra per la quale ha subito nutrito un grande affetto.

## 344

### La rete stradale

In Italia si incespica quasi ogni passo in una testimonianza dei vecchi romani. Un patrimonio molto importante è la rete stradale. Quasi ogni strada di una volta, o meglio il tracciato della strada, ancora oggi è in uso, così per esempio a Roma la via Aurelia, la via Flaminia e la via Tiburtina. Anche i ponti dei romani furono importantissimi, perché nel medioevo non si seppe come costruirne dei nuovi.

*Quali altri monumenti erano ancora per lungo tempo in uso?*

## 343

### Die Vorschule

Sandro ist aufgeregt. Sein Leben im Kindergarten ist zu Ende, er beginnt, die Vorschule zu besuchen. Er versucht, seine Aufregung zu verbergen, und erklärt überall, daß er nun groß sei und niemand das Recht habe, ihm zu sagen, was er tun soll, außer der Lehrerin, für die er sofort eine große Zuneigung gehegt hat.

| | |
|---|---|
| la scuola materna [ma'tɛrna] | Vorschule, Kindergarten |
| agitare [adʒi'ta:re] | schütteln, erregen, in Aufruhr versetzen |
| l'asilo, *m* [a'zi:lo] | Asyl, Zuflucht, Heim, Kindergarten |
| l'eccitazione, *f* [ettʃitat'tsio:ne] | Erregung, Aufregung |
| proclamare [prokla'ma:re] | ausrufen, erklären |
| la maestra [ma'estra] | Lehrerin, Meisterin |
| nutrire [nu'tri:re] | nähren, fördern, hegen |

## 344

### Das Straßennetz

In Italien stolpert man bei fast jedem Schritt über ein Zeugnis der alten Römer. Ein sehr wichtiges Erbe ist das Straßennetz. Fast jede ehemalige Straße, oder besser die Straßenführung, wird noch heute genutzt, so zum Beispiel in Rom die *via Aurelia*, die *via Flaminia*, die *via Tiburtina*. Auch die Brücken der Römer waren überaus wichtig, da man im Mittelalter nicht wußte, wie man neue baute. Welche anderen Monumente waren noch lange in Gebrauch?

*Lange, teilweise bis in dieses Jahrhundert, war noch das Kanalisationssystem der Römer in Betrieb.*

Die Äquadukte sind der wohl auffallendste Teil davon.

## 345

### La mostra

Giovanna: *Ho letto che è stata organizzata una mostra su Gino Severini. Mi ci accompagni?*

Stefano: *Non lo so, non so che fare dei pittori moderni. Normalmente non capisco niente.*

Giovanna: *Non sei costretto a scriverne un saggio, basta guardarla!*

## 346

*«Chi non sa ciò che voglia,*
*deve rassegnarsi a fare ciò*
*che vogliono gli altri.»*

*Ugo Foscolo*

## 345

## Die Ausstellung

Giovanna: Ich habe gelesen, daß eine Ausstellung über Gino Severini * organisiert worden ist. Begleitest du mich dorthin?

Stefano: Ich weiß nicht, ich weiß mit den modernen Malern nichts anzufangen. Normalerweise verstehe ich nichts.

Giovanna: Du mußt keinen Essay darüber schreiben, es reicht, wenn du sie ansiehst!

* *Gino Severini (1883–1966), italienischer Maler*

| | |
|---|---|
| la mostra ['mostra] | Ausstellung, Schau |
| organizzare [organid'dza:re] | organisieren, veranstalten |
| il pittore [pit'to:re] | Zeichner, Maler |
| moderno, -a [mo'dɛrno] | modern, neuzeitlich |
| il saggio ['saddʒo] | Essay, Abhandlung |
| bastare [bas'ta:re] | genügen, (aus-)reichen |

## 346

„Wer nicht weiß, was er will, muß sich damit abfinden, das zu tun, was andere wollen." – Ugo Foscolo (1778–1827), italienischer Dichter

GRAMMATIK

### Il pronome indefinito – unbestimmtes Fürwort

Immer ohne Substantiv stehen:

- **altrui** – von anderen, anderer; **certuni, taluni** – manche; **niente, nulla** – nichts; **qualche cosa** – etwas
  *Qualche cosa è successo. – Etwas ist geschehen.*
- nur im Singular: **chiunque** – wer auch immer; **ognuno** – jeder; **qualcuno** – irgend jemand
  *Chiunque viene, è benvenuto. – Wer auch immer kommt, er ist willkommen.*
- dazugehörige Verben stehen in der 3. Person Singular: **altri ... altri** – die einen ... die anderen
  *Altri viene altri va. – Die einen kommen, die anderen gehen.*

## 347

### La prima lezione

Giovanna: *Come è stata la prima lezione?*
Stefano: *Terribile! Il professore è un elettricista mancato! Spero che saprò parlare inglese dopo il corso, ma sono proprio sicuro che potrò riparare un apparecchio elettrico qualsiasi.*

## 348

ESERCIZIO

### Trovare la preposizione giusta

| | | |
|---|---|---|
| 1. La famiglia Brusa vive | | Roma. |
| 2. Ho chiesto la strada | | lui. |
| 3. Non si è accorto | in | la macchina. |
| 4. Ci sono andati | a | bicicletta. |
| 5. Vai con me | di | il bar? |
| 6. Abbiamo parlato | | la signora Brusa. |
| 7. Andate | | Italia? |

## 347

### Die erste Unterrichtsstunde

| | |
|---|---|
| Giovanna: | Wie war die erste Unterrichtsstunde? |
| Stefano: | Schrecklich! Der Lehrer ist ein verhinderter Elektriker! Ich hoffe, daß ich nach dem Kurs Englisch sprechen kann, aber wirklich sicher bin ich, daß ich jedes beliebige technische Gerät werde reparieren können. |

| | |
|---|---|
| la lezione [let'tsio:ne] | Unterrichtsstunde, Lektion |
| terribile [ter'ri:bile] | schrecklich, fürchterlich |
| il professore [profes'so:re] | Lehrer, Professor |
| l'elettricista, *m* [elettri'tʃista] | Elektriker |
| mancato, -a [maŋ'ka:to] | fehlgeschlagen, erfolglos, verhindert |
| proprio ['prɔ:prio] | genau, wirklich |
| l'apparecchio, *m* [appa'rekkio] | Apparat, Gerät |

## 348

### Finden Sie die richtige Präposition

1. La famiglia Brusa vive **a** Roma.
2. Ho chiesto la strada **a** lui.
3. Non si è accorto **della** macchina.
4. Ci sono andati **in** bicicletta.
5. Vai con me **al** bar?
6. Abbiamo parlato **della** signora Brusa.
7. Andate **in** Italia?

*1. Familie Brusa lebt in Rom.*
*2. Ich habe ihn nach der Straße gefragt.*
*3. Er hat das Auto nicht bemerkt.*
*4. Sie sind mit dem Fahrrad dorthin gefahren.*
*5. Gehst du mit mir zur Bar?*
*6. Wir haben von Frau Brusa gesprochen.*
*7. Reist ihr nach Italien?*

## 349

### Gita attraverso lo stretto di Messina

È incredibile come da questo stretto, che è di proporzioni veramente minime, si riesca ad organizzare uno smaltimento di traffico che non è di piccola entità. Oltre alle navi merci, che permettono il collegamento con il continente, si convoglia tutto il traffico che affluisce in maniera molto particolare nei mesi estivi.

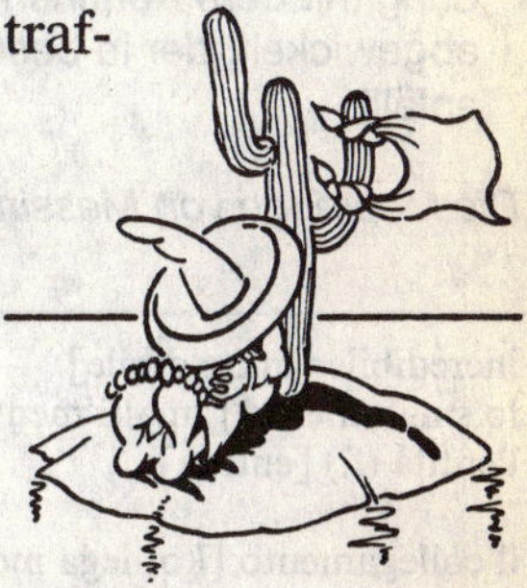

## 350

### Il primo amore

Amica: *Tuo fratello è strano, ha la luna storta?*
Antonella: *Ma no, sai si è innamorato e questo lo rende scorbutico con gli altri.*
Amica: *Strano, normalmente l'amore rende sempre allegri.*
Antonella: *Ma questo è il suo primo amore importante ed ha paura che lo prendiamo in giro. Per questo reagisce cosi.*

## 349

### Fahrt durch die Meerenge von Messina*

Es ist unglaublich, wie es gelingt, durch diese wirklich knapp-bemessene Meerenge einen Verkehrsfluß zu organisieren, der nicht unerheblich ist. Außer Handelsschiffen, die die Verbindung mit dem Kontinent erlauben, wird der gesamte Verkehr abgewickelt, der in besonderem Maße in den Ferienmonaten anfällt.

** Die Meerenge von Messina trennt Sizilien vom italienischen Festland.*

| | |
|---|---|
| incredibile [iŋkre'dibile] | unglaublich |
| lo smaltimento [zmalti'mento] | Verdauen, Absatz |
| l'entità (f.) [enti'ta] | Bedeutung, Einheit, (philosoph.) Wesenheit |
| il collegamento [kol-lega'mento] | Verbindung |
| affluire [af-flu'iːre] | zufließen, zuströmen |

## 350

### Die erste Liebe

Freundin: Dein Bruder ist komisch, hat er schlechte Laune?
Antonella: Aber nein. Weißt du, er hat sich verliebt, und das macht ihn mürrisch auf die anderen.
Freundin: Komisch, normalerweise macht die Liebe immer fröhlich.
Antonella: Aber das ist seine erste große Liebe, und er hat Angst, daß wir uns über ihn lustig machen. Deshalb reagiert er so.

| | |
|---|---|
| la luna [luːna] | Mond, Laune (fig.) |
| innamorarsi [in-namo'rarsi] | sich verlieben |
| scorbutico [skor'buːtiko] | mürrisch |
| prendere in giro [prɛndere in dʒiːro] | sich über jemand lustig machen |
| reagire [rea'dʒiːre] | reagieren |

## 351

### La telefonata

Simona: *Pronto?*
Arturo: *Pronto, sono Arturo. Che stai facendo? Se stai stirando, stai attenta!*
Simona: *Ma come? L'unica cosa che può bruciare è il tuo pranzo. Sei pieno di pregiudizi: una casalinga, un colpo di telefono, dunque il bucato è in pericolo!*

## 352

### Più di un giornalista

Lui nacque nel 1883, morì nel 1945. Nel 1900 si iscrisse al partito socialista. Nel 1901 si diplomò maestro. Nel 1902, per sottrarsi al servizio militare, passò in Svizzera. Dopo l'amnistia del 1904 rientrò in Italia. Diresse il giornale «L'avvenire del lavoratore», nel 1909 ne fu espulso. Ebbe la direzione dell'«Avanti!». 1904, quando il suo atteggiamento antimilitarista si mutò in interventista, fu espulso dal partito. Fondò il giornale «Il Popolo d'Italia».

*Chi era?*

## 351

### Der Telefonanruf

Simona: Hallo?
Arturo: Hallo, ich bin's, Arturo. Was machst du gerade? Wenn du gerade bügelst, sei vorsichtig!
Simona: Was? Die einzige Sache, die verbrennen kann, ist dein Mittagessen. Du bist voller Vorurteile: Eine Hausfrau, ein Telefonanruf, also ist die Wäsche in Gefahr!

| | |
|---|---|
| la telefonata [telefo'na:ta] | (Telefon-)Anruf |
| stirare [sti'ra:re] | strecken, dehnen, bügeln |
| bruciare [bru'tʃa:re] | (an-)brennen, versengen |
| il pranzo ['prandzo] | (Mittag-)Essen |
| il pregiudizio [prɛdʒu'dittsio] | Vorurteil |
| la casalinga [kasa'liŋga] | Hausfrau |
| il bucato [bu'ka:to] | Wäsche |

## 352

### Mehr als ein Journalist

Er wurde 1883 geboren, er starb 1945. 1900 trat er der Sozialistischen Partei bei. 1901 erwarb er ein Diplom als Volksschullehrer. 1902 zog er, um sich dem Militärdienst zu entziehen, in die Schweiz. Nach der Amnestie von 1904 kehrte er nach Italien zurück. Er leitete die Zeitung „Die Zukunft des Arbeiters", 1909 wurde er ausgeschlossen. Er hatte die Leitung des „Vorwärts!" inne. 1904, als er seine antimilitärische Haltung in eine interventionistische wandelte, wurde er aus der Partei ausgeschlossen. Er gründete die Zeitung „Das Volk von Italien". Wer war er?

*Es war Benito Mussolini, der 1919 die faschistische Bewegung gründete.*

1922 wurde er vom König mit der Regierungsbildung beauftragt.

## Che sarà

Paese mio che stai sulla collina
disteso come un vecchio addormentato;
la noia, l'abbandono, il niente son la tua malattia.
Paese mio ti lascio, io vado via.

Rit.: Che sarà, che sarà, che sarà
che sarà della mia vita vita, chi lo sa!
So far tutto o forse niente,
da domani si vedrà
e sarà, sarà quel che sarà.

354

## La fiera

Stasera Giovanna e Stefano vanno alla fiera. Passano davanti ai baracconi da fiera. Ogni tanto ammirano un oggetto di esposizione.
Stefano compra una spilla per Giovanna, lei invece compra un libro su delle buone maniere per lui, nella speranza inutile di perfezionare il suo comportamento.

## 353

### Was wird sein*

Mein Dorf, das du auf dem Hügel liegst,
ausgebreitet wie ein eingeschlafener Alter;
die Langeweile, die Verlassenheit, das Nichts sind deine Krankheit.
Mein Dorf, ich verlasse dich, ich gehe fort.

Ref.: Was wird sein, was wird sein, was wird sein,
was wird sein mit meinem Leben, wer weiß es!
Ich kann alles machen oder vielleicht nichts,
ab morgen wird man sehen,
und es wird sein, es wird sein, was sein wird.

** 1. Strophe und Refrain eines italienischen Liedes*

| | |
|---|---|
| disteso [dis'teso] | ausgebreitet |
| la noia ['nɔːia] | Langeweile |
| l'abbandono (m.) [ab-ban'doːno] | Verlassen, Aufgabe |

## 354

### Der Jahrmarkt

Giovanna und Stefano gehen heute abend zum Jahrmarkt. Sie gehen an den Marktständen vorbei. Ab und zu bewundern sie ein Ausstellungsstück. Stefano kauft eine Brosche für Giovanna, sie hingegen kauft ein Buch über gute Manieren für ihn, in der erfolglosen Hoffnung, sein Benehmen zu vervollkommnen.

| | |
|---|---|
| la fiera ['fiɛːra] | Jahrmarkt, Messe, Ausstellung |
| passare [pas'saːre] | gehen, vorbeigehen |
| il baraccone [barak'koːne] | Jahrmarktbude, Kirmesbude |
| l'oggetto, *m* [od'dʒɛtto] | Gegenstand, Ding, Sache |
| la spilla ['spilla] | Brosche, Nadel |
| la maniera [ma'niɛːra] | Art, Weise, Manieren |
| il comportamento [komporta'mento] | Verhalten, Benehmen |

## 355

# Dal dentista

Concetta: *Buon giorno, dottore. È da ieri che mi fa molto male un molare.*

Dentista: *Prego, si accomodi. Vediamo cosa c'è. Ci credo che Le fa male, qui è caduto il piombo.*

Concetta: *Lo rimette a posto oggi stesso?*

Dentista: *Non è possibile. Prima devo pulirlo e disinfettarlo e fra due giorni lo rimetterò.*

## 356

GRAMMATICA

### Oggetto indiretto

Questo paese **mi** piace.
Quest'estate non **mi** piace.
**Ti** chiedo questo favore.
**Gli** offri il vino?
Ecco l'amica; **le** ho mandato la lettera.
**Ci** piacciono questi cibi.
**Vi** piace questo gelato?
La casalinga offre **loro** i dolci.

## 355

### Beim Zahnarzt

Concetta: Guten Tag, Herr Doktor. Seit gestern tut mir ein Backenzahn sehr weh.
Zahnarzt: Bitte, setzen Sie sich. Mal sehen, was los ist. Ich glaube, daß es Ihnen weh tut: Hier ist die Plombe herausgefallen.
Concetta: Bringen Sie das heute noch in Ordnung?
Zahnarzt: Das ist nicht möglich. Zuerst muß ich ihn säubern und desinfizieren, und in zwei Tagen werde ich ihn wieder in Ordnung bringen.

| | |
|---|---|
| il dentista [den'tista] | Zahnarzt |
| il molare [mo'la:re] | Backenzahn |
| cadere [ka'de:re] | (heraus)fallen |
| il piombo [pi'ombo] | Plombe |
| rimettere [ri'met-tere] | wiederherstellen, in Ordnung bringen |
| disinfettare [dizinfet-'ta:re] | desinfizieren |
| pulire [pu'li:re] | säubern, reinigen |

## 356

GRAMMATIK

### Indirektes Objekt

Dieses Land gefällt **mir.**
Dieser Sommer gefällt **mir** nicht.
Ich bitte **dich** um diesen Gefallen.
Bietest du **ihm** diesen Wein an?
Hier ist die Freundin; ich habe **ihr** den Brief geschickt.
**Uns** gefallen diese Speisen.
Schmeckt **euch** dieses Eis?
Die Hausfrau bietet **ihnen** die Süßigkeiten an.

*Die indirekten Objektpronomen stehen wie die direkten Pronomen vor dem konjugierten Verb, nur „loro“ folgt stets dem Verb. Sie stehen auf die Frage „wem“.*

## 357

*«Chi non ha testa ha gambe.»*

*Proverbio*

## 358

**L'ospedale**

Sandro deve sottoporsi ad un'operazione piccola. Simona e Arturo riflettono se lo portano all'ospedale o ad una clinica privata. Quest'ultima è molto più cara, ma il servizio è molto migliore. Poiché una clinica privata è anche meno burocratica, ci portano Sandro.

## 357

„Wer keinen Kopf hat, muß Beine haben." – Italienisches Sprichwort

GRAMMATIK

### Il pronome indefinito II – unbestimmtes Fürwort II

Immer mit Substantiv stehen:

- **tanto** – so viel; **differente, diverso** – verschieden
  *Non ho mai visto tante case. – Ich habe noch nie so viele Häuser gesehen.*
- nur im Singular: **ogni** – jeder; **qualche** – irgendein, einige
  *Ogni vicino che viene, è benvenuto. – Jeder Nachbar, der kommt, ist willkommen.*
- nachgestellt: **qualsiasi** – jeder beliebige, irgendein
  *Un ragazzo qualsiasi ha trovato il libro. – Irgendein Junge hat das Buch gefunden.*

## 358

### Das Krankenhaus

Sandro muß sich einer kleinen Operation unterziehen. Simona und Arturo überlegen, ob sie ihn in ein Krankenhaus oder eine Privatklinik bringen. Letztere ist sehr viel teurer, aber der Service ist sehr viel besser. Weil eine Privatklinik auch weniger bürokratisch ist, bringen sie Sandro dorthin.

| | |
|---|---|
| l'ospedale, *m* [ospe'da:le] | Krankenhaus |
| sottoporsi [sotto'porsi] | sich unterziehen, sich unterwerfen |
| l'operazione, *f* [operat'tsio:ne] | Operation, Aktion |
| riflettere [ri'flɛttere] | wiederspiegeln, überlegen, nachdenken |
| la clinica ['kli:nika] | Klinik |
| il servizio [ser'vittsio] | Dienstleistung, Bedienung |
| burocratico, -a [buro'kra:tiko] | bürokratisch, Beamten- |

## 359

ESERCIZIO

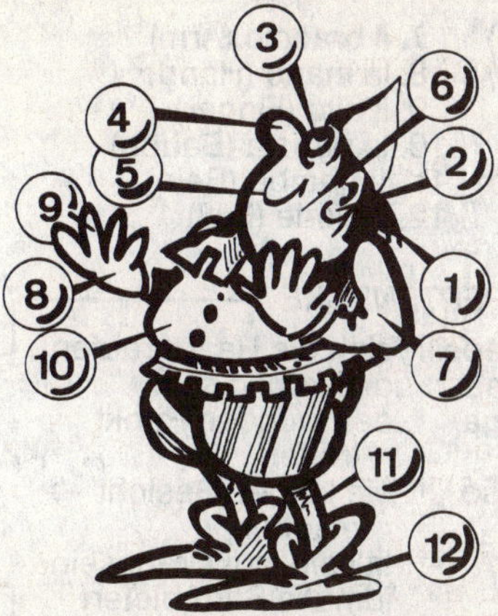


**Conosce il corpo umano?**

1 ____________
2 ____________
3 ____________
4 ____________
5 ____________
6 ____________
7 ____________
8 ____________
9 ____________
10 ____________
11 ____________
12 ____________

## 360

## Antonella si iscrive all'università

Antonella parte tra pochi giorni per Bologna. Va ad iscriversi all'università; come materia ha scelto l'ecologia, perché è un tema che le interessa molto. Da settembre in poi abiterà a Bologna, dove ha già trovato un appartamento da dividere con un'amica.

## 359

### Kennen Sie den menschlichen Körper?

| | |
|---|---|
| 1. i capelli (Haare) | 7. il braccio (Arm) |
| 2. l'orecchio (Ohr) | 8. la mano (Hand) |
| 3. l'occhio (Auge) | 9. il dito (Finger) |
| 4. il naso (Nase) | 10. la pancia (Bauch) |
| 5. la bocca (Mund) | 11. la gamba (Bein) |
| 6. la testa (Kopf) | 12. il piede (Fuß) |

*DIE EXPERTENECKE*

| | |
|---|---|
| cacciarsi le mani nei capelli | sich die Haare raufen |
| avere le orecchie lunghe | dickköpfig sein |
| mettere il dito sulla piaga | den wunden Punkt treffen |
| restare con tanto di naso | ein langes Gesicht machen |
| essere in gamba | fit sein, auf Draht sein |
| tenere testa a qc | jdm die Stirn bieten |

## 360

### Antonella schreibt sich an der Universität ein

Antonella fährt in wenigen Tagen nach Bologna. Sie geht sich an der Universität einschreiben. Als Fach hat sie Ökologie gewählt, weil das ein Thema ist, das sie sehr interessiert. Ab September wird sie in Bologna wohnen, wo sie schon eine Wohnung gefunden hat, die sie mit einer Freundin teilt.

| | |
|---|---|
| la materia [ma'tɛːria] | Stoff, Fach |
| l'ecologia (f.) [ekolo'dʒiːa] | Ökologie |
| dividere [di'viːdere] | teilen |

## 361

### Cocktail «Tramonto» (per 2 persone)

Ingredienti: 1 lattina di aranciata amara (0,33 l), 1 fettina di limone, Campari Soda (0,1 l)

Versare tutti gli ingredienti in uno shaker ed agitare bene. Servire con ghiaccio ed un po' di limone.

Cin cin!

## 362

### L'autunno

Giovanna: *Non capisco gli stranieri! Comincia l'autunno e loro vanno quasi nudi in giro.*

Stefano: *Col vento, che soffia adesso, ho sempre freddo, e non posso immaginare di uscire senza giacca. Devono venire dal polo nord.*

## 361

### Cocktail „Sonnenuntergang" (für 2 Personen)

Zutaten: 1 Dose bitteren Orangensaft (ohne Zuckerzusatz, 0,33 l), 1 Zitronenscheibe, Campari Soda (0,1 l)

Sämtliche Zutaten in einen Shaker geben und gut schütteln. Mit Eis und etwas Zitrone servieren.

Prosit!

| | |
|---|---|
| l'aranciata (f.) [aran'tʃa:ta] | Orangenlimonade |
| agitare [adʒi'ta:re] | schütteln |
| il ghiaccio [gi'at-tʃo] | Eis |

## 362

### Der Herbst

Giovanna: Ich verstehe die Fremden nicht! Der Herbst fängt an, und sie laufen fast nackt herum.

Stefano: Bei dem Wind, der nun weht, friere ich immer, und ich kann mir nicht vorstellen, ohne Jacke auszugehen. Sie müssen vom Nordpol kommen.

| | |
|---|---|
| l'autunno, *m* [au'tunno] | Herbst |
| lo straniero [stra'niɛ:ro] | Fremder, Ausländer |
| andare in giro ['dʒi:ro] | umherlaufen, umherbummeln |
| nudo, -a ['nu:do] | nackt, bloß |
| il vento ['vɛnto] | Wind |
| soffiare [sof'fia:re] | blasen, wehen |
| avere freddo ['freddo] | frieren |

## 363

### Il Tavoliere di Puglia

Il Tavoliere di Puglia con la sua estensione di circa 3000 $km^2$ è la più vasta pianura dell'Italia peninsulare. Il nome deriva dalle *Tabulae censuariae*, una specie di catasto dei terreni di proprietà del fisco imperiale romano, in cui la zona era registrata. Preistoricamente una zona ricca (oltre 300 villaggi trovati), decadde nel medioevo, infestata dalla malaria e sfruttata da una secolare, misera economia pastorale.

*Che cosa viene estratto nel sudest del Tavoliere?*

## 364

### Alla banca

Stamattina il signor Brusa ha perso la sua battaglia settimanale con la banca di nuovo. Per entrare nella banca si deve superare una barriera, che non si apre se un po' di metallo viene registrato. Purtroppo il signor Brusa ha sempre qualcosa con sé, una moneta, una chiave, un ciondolo, una fibbia.

## 363

# Der Tavoliere di Puglia

Der Tavoliere di Puglia mit einer Ausdehnung von ungefähr 3000 km$^2$ ist die größte Ebene des italienischen Festlandes. Der Name leitet sich von den *Tabulae censuariae* (Schätztafeln) ab, einer Art Grundbuch der kaiserlich römischen Staatsverwaltung, in denen die Zone registriert war. In der Vorgeschichte eine reiche Gegend (mehr als 300 entdeckte Dörfer), verfiel sie im Mittelalter, heimgesucht von der Malaria und ausgebeutet durch eine jahrhundertelange,. ärmliche Hirtenwirtschaft. Was wird im Südosten des Tavoliere gewonnen?

*Im Südosten befinden sich die wichtigsten Salinen Italiens.*

Sie wurden schon im dritten vorchristlichen Jahrhundert genutzt. Außer Salz werden dem Meerwasser noch Brom und Bromide entzogen.

## 364

# In der Bank

Heute morgen hat Herr Brusa wieder seinen wöchentlichen Kampf mit der Bank verloren. Um in die Bank einzutreten, muß man eine Sperre überwinden, die sich nicht öffnet, wenn etwas Metall registriert wird. Leider hat Herr Brusa immer etwas bei sich, ein Geldstück, einen Schlüssel, einen Anhänger, eine Schnalle.

| | |
|---|---|
| di nuovo ['nuɔ:vo] | von neuem, wieder |
| perdere ['pɛrdere] | verlieren, verpassen |
| la battaglia [bat'taʎʎa] | Schlacht, Kampf |
| settimanale [settima'na:le] | wöchentlich |
| la barriera [bar'riɛ:ra] | Schranke, Sperre |
| il ciondolo ['tʃondolo] | Anhänger |
| la fibbia ['fibbia] | Schnalle |

## 365

*«La vittoria a questo mondo*
*non appartiene a chi ragiona meglio,*
*ma a chi vuole meglio.»*

*Gaetano Negri*

## 366

### Nella gelateria

Antonella è talmente assetata che propone ad un'amica di andare a mangiare una granita. Lei conosce una gelateria dove si può mangiare un ottimo gelato. Si siedono ad un tavolino all'aperto, Antonella ordina la sua granita e l'amica un cono gigante con fragole, pistacchio e mora.

## 365

„Der Sieg in dieser Welt gehört nicht dem, der besser nachdenkt, sondern dem, der besser will." – Gaetano Negri (1838 – 1902), italienischer Schriftsteller und Politiker

GRAMMATIK

### Il condizionale – Konditional

| Verben auf -are *comprare* (kaufen) | Verben auf -ere *vendere* (verkaufen) | Verben auf -ire *finire* (beenden) |
|---|---|---|
| comprer-ei | vender-ei | finir-ei |
| comprer-esti | vender-esti | finir-esti |
| comprer-ebbe | vender-ebbe | finir-ebbe |
| comprer-emmo | vender-emmo | finir-emmo |
| comprer-este | vender-este | finir-este |
| comprer-ebbero | vender-ebbero | finir-ebbero |

*avere:* avrei, avresti, avrebbe, avremmo, avreste, avrebbero
*essere:* sarei, saresti, sarebbe, saremmo, sareste, sarebbero

## 366

## In der Eisdiele

Antonella ist so durstig, daß sie einer Freundin vorschlägt, ein gekörntes Fruchteis essen zu gehen. Sie kennt eine Eisdiele, in der man ein sehr gutes Eis essen kann. Sie setzen sich an einen kleinen Tisch im Freien. Antonella bestellt ihr gekörntes Fruchteis und die Freundin ein riesengroßes Hörnchen mit Erdbeer, Pistazien und Brombeere.

| | |
|---|---|
| assetare [as-se'ta:re] | durstig machen |
| proporre [pro'por-re] | vorschlagen |
| la granita [gra'ni:ta] | gekörntes Fruchteis |
| il cono [ko:no] | Hörnchen |
| la fragola [fra'go:la] | Erdbeere |
| il pistacchio [pis'tak-kio] | Pistazie |
| la mora [mo:ra] | Brombeere |

**367**

## Ferie al mare

I mancini quest'anno si godono molto le loro ferie al mare con i parenti. Hanno trovato una casa veramente accogliente e fresca e la spiaggia non è cosi affollata come dalle loro parti. Anche i ragazzi si trovano bene. Hanno già fatto amicizia con altri giovani e la sera vanno sempre in discoteca.

**368**

GRAMMATICA

### I pronomi avverbiali «ne» e «ci»

| | |
|---|---|
| Sono contento **del** lavoro. | **Ne** sono contento. |
| Sono contento **di** questi mobili. | **Ne** sono contento. |
| Pietro ritorna **dal** bar. | **Ne** ritorna. |
| Penso **a** questo lavoro. | **Ci** penso. |
| Penso **all'**amica. | **Ci** penso. |
| Pietro va **in** ufficio. | **Ci** va. |
| Pietro mangia **al** ristorante. | Pietro **ci** mangia. |

## 367

### Ferien am Meer

Dieses Jahr genießen die Mancini ihre Ferien am Meer mit den Verwandten sehr. Sie haben ein wirklich gemütliches und kühles Haus gefunden, und der Strand ist nicht so überlaufen wie in ihrer Gegend. Auch den Kindern geht es gut. Sie haben bereits mit anderen Jugendlichen Freundschaft geschlossen, und abends gehen sie immer in die Diskothek.

| | |
|---|---|
| accogliente [ak-ko'ʎεnte] | gemütlich |
| la discoteca [disko'tε:ka] | Diskothek |

## 368

GRAMMATIK

### Die adverbialen Pronomen „ne" und „ci"

*Außer zum Ausdruck einer Menge (ecco 10 libri; quanti* ***ne*** *vuole?) wird* ***ne*** *zur Wiedergabe adverbialer Ergänzungen verwendet:*

1. *von Verben oder Verbalausdrücken, an die diese mit der Präposition* ***di*** *angeschlossen werden;*
2. *nach Verben der Bewegung, an die diese mit der Präposition* ***da*** *angeschlossen werden (Frage: woher?).*

***ci*** *ersetzt adverbiale Ergänzungen:*

1. *von Verben oder Verbalausdrücken, an die diese mit der Präposition* ***a*** *angeschlossen werden;*
2. *von Verben der Bewegung, an die diese mit der Präposition* ***a*** *angeschlossen werden (Frage: wo, wohin?).*

*Für* ***ci*** *kann auch* ***vi*** *verwendet werden;* ***ci*** *und* ***vi*** *können vor mit Vokal beginnenden Verben apostrophiert werden.*

## 369

### Salvatore cerca un lavoro

Spesso d'estate Salvatore cerca per alcune settimane un lavoretto per guadagnarsi un po' di soldi. Non è tanto facile riuscirci, in quanto la crisi occupazionale in Sicilia è estremamente grossa. L'unico probabile campo di lavoro è il turismo. Infatti, attraverso raccomandazioni, Salvatore riesce finalmente a trovare un lavoro come barista.

## 370

### Il lavoro ben amato

Arturo: *Oh figlio mio, t'affido un incarico molto importante: quest'anno tocca a te potare gli alberi!*

Stefano: *O no! Mamma t'importuna con gli alberi già da una settimana. Mi ha obbligato a sarchiare, così siamo tutti e due puniti.*

## 369

### Salvatore sucht eine Arbeit

Oft sucht Salvatore im Sommer einige Wochen einen Job, um etwas Geld zu verdienen. Das gelingt nicht so leicht, weil die Beschäftigungskrise in Sizilien extrem groß ist. Das einzige mögliche Arbeitsfeld ist der Tourismus. Tatsächlich, über Empfehlungen gelingt es Salvatore schließlich, eine Arbeit als Barmixer zu finden.

| | |
|---|---|
| guadagnare [guada'ɲa:re] | verdienen |
| estremamente [estrema'mente] | äußerst |
| raccomandazione [rak-komandatsi'o:ne] | Empfehlung |

## 370

### Die heißgeliebte Arbeit

Arturo: Oh mein Sohn, ich vertraue dir ein sehr wichtiges Amt an: Dieses Jahr bist du an der Reihe, die Bäume zu stutzen!

Stefano: Oh nein! Mama liegt dir schon seit einer Woche mit den Bäumen in den Ohren. Mich hat sie zu jäten verpflichtet, so sind wir alle beide bestraft.

| | |
|---|---|
| l'incarico, *m* [iŋ'ka:riko] | Auftrag |
| toccare a qn [tok'ka:re] | an der Reihe sein |
| potare [po'ta:re] | beschneiden, stutzen |
| importunare [importu'na:re] | belästigen, stören |
| obbligare [obbli'ga:re] | zwingen, verpflichten |
| sarchiare [sar'kia:re] | jäten |
| punire [pu'ni:re] | (be-)strafen |

## 371

ESERCIZIO

**Tradurre**

1. Könntest du mir die Zeitung geben?
2. Ich ginge gerne ins Kino.
3. Würdet ihr mich begleiten?
4. Ich würde euch einladen.
5. Wir würden den neuesten Fellinifilm sehen.
6. Stefano sagt, seine Filme seien mit die besten.

## 372

**Al bar**

Vicino alla casa della famiglia Brusa si trova un bar. Lì Simona compra il suo latte quotidiano. Quasi sempre incontra una vicina, chiacchierano un po' e bevono un caffè. Poiché i mariti fanno lo stesso quando comprano delle sigarette, il barista è la persona che è a conoscenza di tutto e tutti.

## 371

### Übersetzen Sie

1. Potresti darmi il giornale?
2. Mi piacerebbe andare al cinema.
3. Mi accompagnereste?
4. Io vi inviterei.
5. Vedremmo l'ultimo film di Fellini.
6. Stefano dice che i suoi film sono i migliori.

*DIE EXPERTENECKE*

**Espressioni con „luna" (Mond)**

| | |
|---|---|
| la luna di miele | Flitterwochen |
| abbaiare alla luna | den Mond anbellen |
| avere la luna | schlechte Laune haben |
| chiedere la luna | nach den Sternen greifen |
| con questi chiari di luna | in diesen schlechten Zeiten |
| sotto la luna | auf der Erde |
| il luna park | Vergnügungspark |

## 372

### In der Bar

Nahe dem Hause der Familie Brusa befindet sich eine Bar. Dort kauft Simona ihre tägliche Milch. Fast immer trifft sie eine Nachbarin, sie plaudern etwas und trinken einen Kaffee. Weil die Ehemänner dasselbe machen, wenn sie Zigaretten kaufen, ist der Barmann die Person, die über alles und alle Bescheid weiß.

| | |
|---|---|
| lì [li] | da, dort, dorthin |
| il latte ['latte] | Milch |
| quotidiano, -a [kuoti'dia:no] | täglich, alltäglich |
| la vicina [vi'tʃi:na] | Nachbarin |
| la sigaretta [siga'retta] | Zigarette, Röllchen |
| la conoscenza [konoʃ'ʃɛntsa] | Kenntnis, Wissen |
| essere a conoscenza di qc | über etw Bescheid wissen |

## 373

### Il matrimonio con gli alberi

La Basilicata è una zona ricca di antiche usanze. Un esempio è il matrimonio con gli alberi. Questo tipo di rito nuziale si sceglieva, quando una coppia voleva far a meno del parroco, del sindaco e del notaio. La cerimonia si svolgeva compiendo tre giri di danza intorno a un albero mentre il giovane diceva: «Albere senza foglie - quest'è la mia moglie» e la ragazza: «Albere mie fiurite - quest'è lu mie marite».

*Che altro nome ha la Basilicata?*

## 374

ESERCIZIO

### Aggiungi il pronome personale (lo, la, li, le)!

1. Vuole questa macchina? Si, . . . voglio.
2. Vuole questo vino? No, non . . . voglio.
3. Desidera queste sedie? No, non . . . desidero.
4. I vini, non . . . compriamo.
5. Questo libro, . . . abbiamo già.
6. Mi piace questa rivista . . . voglio comprare.
7. Mi piaceva questo pantalone, perciò . . . ho comprato.
8. Guarda questi dolci! . . . vorrei mangiare.

## 373

### Die Hochzeit mit den Bäumen

Die Basilicata ist eine Zone reich an alten Bräuchen. Ein Beispiel ist die Hochzeit mit den Bäumen. Diese Art Hochzeitsritus wählte man, wenn ein Paar ohne Priester, Bürgermeister und Notar auskommen wollte. Die Zeremonie vollzog sich, indem man drei Tanzrunden um einen Baum ausführte, wobei der Jüngling „Baum ohne Blätter – dies ist meine Frau“ und das Mädchen „Baum, meine Blüte – dies ist mein Gatte“ sagte. Welchen anderen Namen trägt die Basilicata?

*Die Basilicata wird auch Lucania genannt.*

Bis zur Mitte des 12. Jahrhunderts und zwischen dem Dezember '32 und der Ratifizierung der Republik war dies der offizielle Name. Ursprünglich war es der Name eines von Norden eingewanderten Volkes.

## 374

### Füge das Personalpronomen (lo, la, li, le) hinzu!

1. Vuole questa macchina? Si, **la** voglio.
2. Vuole questo vino? No, non **lo** voglio.
3. Desidera queste sedie? No, non **le** desidero.
4. I vini, non **li** compriamo.
5. Questo libro, **l'**abbiamo già.
6. Mi piace questa rivista. **La** voglio comprare.
7. Mi piaceva questo pantalone, perciò **l'**ho comprato.
8. Guarda questi dolci! **Li** vorrei mangiare.

1. Wollen Sie dieses Auto? Ja, ich will es.
2. Wollen Sie diesen Wein? Nein, ich will ihn nicht.
3. Möchten Sie diese Stühle? Nein, ich möchte sie nicht.
4. Diese Weine kaufen wir nicht.
5. Dieses Buch haben wir schon.
6. Mir gefällt diese Zeitschrift. Ich will sie kaufen.
7. Mir hat diese Hose gefallen, deshalb habe ich sie gekauft.
8. Schau dir diese Süßigkeiten an! Ich würde sie gerne essen.

## 375

### Giro in città

Dopo tanti tentativi Concetta ha potuto perusadere Pietro a fare con lei un giro in città, come lo facevano quando erano giovani. Concetta si compra un nuovo paio di scarpe, una gonna, una maglia ed una borsa di cuoio. Alla fine a Pietro è chiaro, perché era così scettico: nei prossimi mesi dovranno risparmiare.

## 376

### Mancanza d'acqua

Pietro stamattina, dopo essersi insaponato, apre il rubinetto per sentire il getto d'acqua rinfrescante sul corpo. Ma viene preso dal panico quando si accorge che improvvisamente non esce più neanche un goccia d'acqua. Che bella fregatura! Dopo altri tentativi deve uscire rassegnato dalla doccia. Purtroppo per oggi non fa né una doccia calda né una doccia fredda, ma soltanto un'insaponatura.

## 375

### Rundgang in der Stadt

Nach vielen Versuchen hat Concetta Pietro überzeugen können, mit ihr einen Stadtbummel zu machen wie damals, als sie jung waren. Concetta kauft sich ein neues Paar Schuhe, einen Rock, einen Pullover und eine Ledertasche. Am Ende ist Pietro klar, warum er so skeptisch war: In den nächsten Tagen werden sie sparen müssen.

| | |
|---|---|
| persuadere [persua'de:re] | überzeugen |
| la scarpa [skarpa] | Schuhe |
| la gonna [gon-na] | Rock |
| la maglia [ma:ʎa] | Pullover |
| il cuoio [ku'ɔ:io] | Leder |
| scettico ['ʃɛt-tiko] | skeptisch |
| risparmiare [risparmi'a:re] | sparen |

## 376

### Wassermangel

Nachdem er sich eingeseift hat, öffnet Pietro heute morgen den Wasserhahn, um den erfrischenden Wasserstrahl auf seinem Körper zu spüren. Aber er wird von Panik ergriffen, als er bemerkt, daß plötzlich nicht mal mehr ein Tropfen Wasser herauskommt. Was für ein schöner Reinfall! Nach weiteren Versuchen muß er die Dusche resigniert verlassen. Leider nimmt er heute weder eine warme Dusche noch eine kalte Dusche, sondern lediglich eine Einseifung.

| | |
|---|---|
| insaponare [insapo'na:re] | einseifen |
| il rubinetto [rubi'net-to] | Wasserhahn |
| il getto d'acqua [dʒɛt-to dak-kua] | Wasserstrahl |
| rinfrescante [rinfres'kante] | erfrischend |
| la goccia [got-tʃa] | Tropfen |
| ne...ne [ne ne] | weder...noch |
| l'insaponatura (f.) [insapona'tu:ra] | Einseifen |

## 377



### L'aggettivo dimostrativo «quello»

| | |
|---|---|
| que**l** gelato | que**i** gelati |
| que**llo** zio | que**gli** zii |
| que**ll'**altro libro | que**gli** altri libri |
| que**lla** casa | que**lle** case |
| que**ll'**autostrada | que**lle** autostrade |

**Quello è** un gelato buono.
**Quelli sono** panini freschi.
**Quella è** un'autostrada vecchia.
**Quelle sonno** le autostrade vecchie.

## 378

### Preparazione per Ferragosto

Il 15 agosto in Italia è Festa nazionale. Si festeggia l'ascensione di Maria e per l'occorrenza oltre alle manifestazioni religiose si fa un picnic. Già il giorno prima si incomincia a preparare il pranzo da portare in campagna ed a fare gli ultimi acquisti.

## 377

GRAMMATIK

### Das Demonstrativadjektiv „quello“

| | |
|---|---|
| jenes Eis | jene Eisportionen |
| jener Onkel | jene Onkel |
| jenes andere Buch | jene anderen Bücher |
| jenes Haus | jene Häuser |
| jene Autobahn | jene Autobahnen |

Jenes Eis ist gut.
Jene Brötchen sind frisch.
Jene Autobahn ist alt.
Jene Autobahnen sind alt.

*Auch beim prädikativen Gebrauch richtet sich „quello“ in Fall und Zahl nach dem zugehörigen Substantiv, es wird jedoch nicht apostrophiert.*

## 378

### Vorbereitungen zum Ferragosto*

Der 15. August ist in Italien Nationalfest. Man feiert Mariä Himmelfahrt, und außer den religiösen Veranstaltungen macht man an diesem Tag ein Picknick. Schon am Tag vorher beginnt man, das Mittagessen vorzubereiten, das man aufs Land mitnimmt, und macht die letzten Einkäufe.

** Ferragosto ist die volkstümliche Bezeichnung für den Feiertag am 15. August, an dem auch das Fest Mariä Himmelfahrt gefeiert wird.*

| | |
|---|---|
| l’ascensione (f.) [aʃ-ʃensi'oːne] | Mariä Himmelfahrt |
| l’occorrenza (f.) [ok-kor-'rɛntsa] | Gelegenheit |
| l’acquisto (m.) [ak-ku'isto] | Kauf, Erwerbung |

## La nuova acconciatura

Giovanna: *Ma Stefano! Cosa è successo? Perché ti sei pettinato così stranamente?*

Stefano: *Io non ho fatto niente, tranne lo sbaglio di andare dal barbiere. Ho detto che volevo tutti e due i lati un po' raccorciati. Il risultato puoi vederlo.*

## Il balletto

Stefano ha un amico che fa il ballerino. Stasera lui ha la sua prima grande entrata in scena. Ieri, quando ha invitato Stefano, era nervosissimo. Anche Stefano è agitato, lui non ha mai visto una rappresentazione di balletto. Alla fine è un po' deluso del balletto, sembra a lui che tutto sia un vero e proprio saltaccio.

## 379

### Die neue Frisur

Giovanna: Aber Stefano! Was ist passiert? Warum hast du dich so komisch gekämmt?

Stefano: Ich habe nichts gemacht, außer den Fehler, zum Friseur zu gehen. Ich habe gesagt, daß ich beide Seiten etwas kürzer wollte. Das Ergebnis kannst du ja sehen.

| | |
|---|---|
| l'acconciatura, *f* [akkontʃa'tu:ra] | Frisur, Haarschmuck |
| pettinare [petti'na:re] | kämmen, frisieren |
| lo sbaglio ['zbaʎʎo] | Fehler, Irrtum |
| tutti e due ['tutti] | (alle) beide |
| il lato ['la:to] | Seite, Aspekt |
| raccorciare [rakkor'tʃa:re] | (ver-)kürzen |
| il risultato [risul'ta:to] | Resultat, Ergebnis |

## 380

### Das Ballett

Stefano hat einen Freund, der Tänzer ist. Heute abend hat er seinen ersten großen Bühnenauftritt. Gestern, als er Stefano eingeladen hat, war er sehr nervös. Auch Stefano ist aufgeregt, er hat noch nie eine Ballettaufführung gesehen. Am Ende ist er vom Ballett ein wenig enttäuscht, ihm scheint, alles sei ein einziges Gehopse.

| | |
|---|---|
| il balletto [bal'letto] | Ballett |
| il ballerino [balle'ri:no] | Tänzer |
| l'entrata, *f* [en'tra:ta] | Eingang, Eintritt, Auftritt |
| la scena ['ʃɛ:na] | Bühne, Szene |
| la rappresentazione [rapprezentat'tsio:ne] | Aufführung, Vorführung |
| il salto ['salto] | Sprung |
| il saltaccio [sal'tattʃo] | Gehopse |

## 381

ESERCIZIO

**Completetare con la forma giusta**

1. Se ________________ (sentire), non si sarebbe rotto la gamba.
2. Io ________________ (potere) venire, se vengo chiamato.
3. Se noi lo ________________ (vedere), lo diremmo a lui.
4. Se ritornerà, io lo ________________ (invitare).
5. Se la parola «se» non ci fosse, mio padre ________________ (essere) milionario.
6. Se fosse andato più piano, non ________________ (avere) quell'incidente.

## 382

**Il party**

Prima il signor Brusa era contrario all'idea di andare al ballo in maschera, teneva in poco conto un ballo, e particolarmente un ballo in maschera. Ma quando vede che il suo amico migliore s'è mascherato da cowboy, si comporta come un bambino: Lui è venuto da indiano, così fanno rivivere i ricordi della loro fanciullezza.

## 381

### Vervollständigen Sie mit der richtigen Form

1. Se **avesse sentito**, non si sarebbe rotto la gamba.
2. Io **posso** venire, se vengo chiamato.
3. Se lo **vedessimo**, lo diremmo a lui.
4. Se ritornerà, lo **inviterò**.
5. Se la parola «se» non ci fosse, mio padre **sarebbe** milionario.
6. Se fosse andato più piano, non **avrebbe avuto** quell'incidente.

*1. Wenn er gehört hätte, hätte er sich nicht das Bein gebrochen.*
*2. Ich kann kommen, wenn ich gerufen werde.*
*3. Wenn wir ihn sehen sollten, sagen wir es ihm.*
*4. Wenn er zurückkommen wird, werde ich ihn einladen.*
*5. Wenn es das Wort „wenn" nicht gäbe, wäre meine Vater Millionär.*
*6. Wenn er langsamer gefahren wäre, hätte er diesen Unfall nicht gehabt.*

## 382

### Die Party

Zuerst war Herr Brusa dagegen, zu einem Maskenball zu gehen, er hielt nichts von einem Ball, besonders von einem Maskenball. Aber als er sieht, daß sein bester Freund sich als Cowboy verkleidet hat, benimmt er sich wie ein Kind: Er ist als Indianer gekommen, so lassen sie ihre Kindheitserinnerungen wieder aufleben.

| | |
|---|---|
| il ballo ['ballo] | Tanz, Ball, Tanzfest |
| la maschera ['maskera] | Maske, Kostüm, Maskerade |
| contrario [kon'traːrio] | gegenteilig, widrig |
| tenere in conto qc ['konto] | eine Meinung von etwas haben |
| particolare [partiko'laːre] | besonders |
| il ricordo [ri'kɔrdo] | Erinnerung, Andenken |
| la fanciullezza [fantʃul'lettsa] | Kindheit, Kindesalter |

## 383

### Ustica

L'isola diventò famosa il 27.06.1980, quando un aereo italiano con 81 passeggeri ci fu abbattuto. Fino a oggi il pubblico non sa, che cosa è successo. C'è chi dice che un bombardiere libanese fosse stato abbattuto o che l'aereo italiano sarebbe stato abbattuto da un tale. Altri dicono che i radaristi sono stati distratti ritenendo l'aereo per un'imitazione delle vicine forze armate. Fatto sta che si è cercato di nascondere la disgrazia.

*Dove si trova Ustica?*

## 384

### Il fuoco

Sandro: *Hai visto i pompieri? La scala volante, la manichetta?*
Stefano: *Sì, ma che cosa è successo?*
Sandro: *In fin dei conti niente, tranne che la nostra vicina ha cercato di cuocere al forno. Il tentativo è totalmente fallito.*

## 383

### Ustica

Die Insel wurde am 27.06.1980 berühmt, als ein italienisches Flugzeug mit 81 Passagieren dort abgeschossen wurde. Bis heute weiß die Öffentlichkeit nicht, was passiert ist. Einige sagen, ein libyscher Bomber sollte abgeschossen werden oder das italienische Flugzeug wäre von einem solchen abgeschossen worden. Andere sagen, die Radarbeobachter seien unaufmerksam gewesen, sie hätten das Flugzeug für eine Attrappe des nahegelegenen Militärs gehalten. Tatsache ist, daß versucht wurde, das Unglück zu vertuschen. Wo liegt Ustica?

*Die Isola di Ustica liegt 70 km nördlich von Palermo.*

Ustica ist vulkanischen Ursprungs, mit ihren Lavahalden ist sie eine sehr malerische Insel, die man sich auf mehreren Spazierwegen gut erwandern kann.

## 384

### Das Feuer

Sandro: Hast du die Feuerwehr gesehen? Die Feuerwehrleiter, den Schlauch?
Stefano: Ja, aber was ist passiert?
Sandro: Eigentlich nichts, außer daß unsere Nachbarin versucht hat zu backen. Der Versuch ist vollständig mißlungen.

| | |
|---|---|
| il fuoco ['fuɔ:ko] | Feuer, Flamme |
| il pompiere [pom'piɛ:re] | Feuerwehrmann |
| la scala ['ska:la] | Treppe, Leiter |
| volante [vo'lante] | fliegend, mobil |
| la manichetta [mani'ketta] | Schlauch, Ärmelschoner |
| in fin dei conti [fin] | letztendlich, eigentlich |
| fallire [fal'li:re] | mißlingen, scheitern |

## 385

# Gita con la barca

Pietro ha conosciuto un pescatore che lo invita a fare una gita con la sua barca. La barca è piccola e tutta di legno. Viene messa in moto da un piccolo motore diesel, il quale fa un rumore enorme. Pietro è sorpreso che i pesci non si spaventino per il rumore e scappino via.

## 386

*«Cerca lungo soffrir*
*chi cerca lungo corso di vita.»*

*Vincenzo Monti*

## 385

## Fahrt mit dem Boot

Pietro hat einen Fischer kennengelernt, der ihn zu einer Fahrt mit seinem Boot einlädt. Bei Sonnenuntergang fahren sie ab. Das Boot ist klein und ganz aus Holz. Es wird von einem kleinen Dieselmotor angetrieben, der ungeheuren Lärm macht. Pietro ist überrascht, daß sich die Fische vor dem Krach nicht erschrecken und fliehen.

| | |
|---|---|
| la barca [barka] | **Boot** |
| il pescatore [peska'to:re] | **Fischer** |
| il tramonto [tra'monto] | **Sonnenuntergang** |
| il rumore [ru'mo:re] | **Lärm, Krach** |
| scappare [skap-'pa:re] | **fortlaufen, fliehen** |

## 386

„Es sucht langes Leiden, wer einen langen Lebenslauf sucht."
– Vincenzo Monti (1754 – 1828), italienischer Dichter

GRAMMATIK

### Alcuni verbi irregolari – einige unregelmäßige Verben

**volere – wollen**

| | | |
|---|---|---|
| *Präsens:* | voglio vuoi vuole | vogliamo volete vogliono |
| *Futur:* | vorrò vorrai vorrà | vorremo vorrete vorranno |
| *Konj. Präs.:* | voglia voglia voglia | vogliamo vogliate vogliano |
| *Kond.:* | vorrei vorresti vorrebbe | vorremmo vorreste vorrebbero |
| *Imperativ:* | - vogli voglia | vogliamo vogliate vogliano |

**potere – können**

| | | |
|---|---|---|
| *Präsens:* | posso puoi può | possiamo potete possono |
| *Futur:* | potrò potrai potrà | potremo potrete potranno |
| *Konj. Präs.:* | possa possa possa | possiamo possiate possano |
| *Kond.:* | potrei potresti potrebbe | potremmo potreste potrebbero |
| *Imperativ:* | *fehlt ganz!* | |

## 387

### L'inaugurazione

Stefano: *Oggi viene inaugurato il nuovo luna park. Mi ci accompagni?*

Giovanna: *Non sono matta, ti allettano con prezzi speciali e attrazioni fantastiche, e poi i prezzi sono ancora elevati, si deve far la coda e sopportare almeno quattro discorsi noiosi.*

## 388

ESERCIZIO

### Trasformare in pronomi dove è possibile

1. Chiedo il libro a Laura.
2. Dà il libro a me!
3. Scrive tutta la storia all'amica.
4. Mangio un po' di pane.
5. Ho presentato a Laura la mia amica.
6. Posso prestare i soldi a voi.

## 387

### Die Eröffnung

Stefano: Heute wird der neue Vergnügungspark eingeweiht. Begleitest du mich dorthin?
Giovanna: Ich bin doch nicht verrückt, sie ködern dich mit besonderen Preisen und phantastischen Attraktionen, und dann sind die Preise noch immer hoch, man muß Schlange stehen und mindestens vier langweilige Reden ertragen.

| | |
|---|---|
| l'inaugurazione, *f* [inaugurat'tsio:ne] | Eröffnung, Einweihung |
| il luna park ['lu:na 'park] | Vergnügungspark |
| inaugurare [inaugu'ra:re] | eröffnen, einweihen |
| allettare [allet'ta:re] | (ver)locken, verführen |
| elevato, -a [ele'va:to] | hoch, erhaben |
| la coda ['ko:da] | Schwanz, Schlange, Reihe |
| sopportare [soppor'ta:re] | erleiden, tragen |

## 388

### Formen Sie in Pronomen um, wo es möglich ist

1. Glielo chiedo.
2. Dammelo!
3. Gliela scrive.
4. Ne mangio un po'.
5. Gliela ho presentata(!).
6. Ve li posso prestare. Posso prestarveli.

*1. Ich frage Laura nach dem Buch. Ich frage sie danach.*
*2. Gib mir das Buch! Gib es mir!*
*3. Sie schreibt ihrer Freundin die ganze Geschichte. Sie schreibt sie ihr.*
*4. Ich esse etwas Brot. Ich esse etwas davon.*
*5. Ich habe Laura meine Freundin vorgestellt. Ich habe sie ihr vorgestellt.*
*6. Ich kann euch das Geld leihen. Ich kann es euch leihen.*

## 389

### La mostra

Stefano: *Ma quanta gente è venuta!*
Giovanna: *Ho sentito che fanno delle riprese per la televisione. Sicuramente sperano tutti di essere ripresi e poi mandati in onda. Le immagini vengono appena osservate. Vai, facciamo lo stesso!*

## 390

### La fiera del tartufo

Normalmente i tartufi sono neri, ma in pochi luoghi si trovano dei tartufi bianchi. I più pregiati di quelli sono i tartufi bianchi di Alba. La prima e seconda domenica di novembre si festeggia la fiera del tartufo ad Alba. Per le strade rotolano carri allegorici e si esibisce la «Bela Trifulera», cioè la più bella del paese in veste di tartufaia. In quei giorni tutto è cucinato con tartufo e l'odore si sente dappertutto.

*Come è fatta la raccolta dei tartufi?*

## 389

### Die Ausstellung

Stefano: Wieviele Leute gekommen sind!
Giovanna: Ich habe gehört, daß sie Aufnahmen für das Fernsehen machen. Sicher hoffen alle, aufgenommen und dann gesendet zu werden. Die Bilder werden kaum beachtet. Komm, laß uns dasselbe machen!

| | |
|---|---|
| la gente ['dʒɛnte] | Leute, Menschen |
| sperare [spe'ra:re] | hoffen, erhoffen |
| riprendere [ri'prɛndere] | zurücknehmen, aufnehmen |
| l'onda, *f* ['onda] | Welle, Woge |
| mandare in onda [man'da:re] | ausstrahlen |
| appena [ap'pe:na] | kaum |
| osservare [osser'va:re] | beobachten, betrachten |

## 390

### Der Trüffeljahrmarkt

Normalerweise sind Trüffel schwarz, aber in wenigen Orten findet man weiße Trüffel. Die meistgeschätzten von diesen sind die weißen Trüffel von Alba. Am ersten und zweiten Sonntag im November feiert man in Alba den Trüffeljahrmarkt. Durch die Straßen rollen allegorische Wagen und die „Bela Trifulera", das heißt die Schönste des Ortes in Trüffelkleidung, wird präsentiert. An diesen Tagen wird alles mit Trüffeln gekocht, und den Geruch riecht man überall. Wie werden Trüffel geerntet?

*Da Trüffel unterirdisch wachsen, sind sie nicht zu sehen. In Italien nutzt man den guten Geruchssinn von Hunden, andernorts auch den von Schweinen, um Trüffel zu lokalisieren und dann auszugraben.*

## 391

### La multa

Simona: *Arturo, perché sei così infuriato?*
Arturo: *Questi maledetti piedipiatti! Quando se ne ha bisogno, non ci sono, quando non servono niente, ci sono.*
Simona: *Allora hai ancora ricevuto una multa per eccesso di velocità?*

## 392

*«O mangi questa minestra*
*o salti questa finestra.»*

*Proverbio*

## 391

### Das Bußgeld

Simona: Arturo, warum bist du so wütend?
Arturo: Die verdammten Bullen! Wenn man sie braucht, sind sie nicht da, wenn sie nichts nützen, sind sie da.
Simona: Also hast du wieder ein Bußgeld wegen Geschwindigkeitsübertretung erhalten?

| | |
|---|---|
| la multa ['multa] | Geldstrafe, Bußgeld |
| infuriare [infu'ria:re] | wüten, toben |
| maledetto, -a [male'detto] | verdammt, verflucht |
| piatto, -a ['piatto] | flach, eben, platt |
| i piedipiatti [piedi'piatti] | „Bullen" (eigentlich: Plattfüße) |
| ricevere [ri'tʃe:vere] | bekommen, erhalten |
| l'eccesso, *m* [et'tʃɛsso] | Übermaß, Exzeß |

## 392

„Entweder ißt du diese Suppe, oder du springst aus diesem Fenster." – Italienisches Sprichwort

GRAMMATIK

### Più verbi irregolari – mehr unregelmäßige Verben

**dare – geben**

| | | |
|---|---|---|
| *Präsens:* | do dai dà | diamo date danno |
| *Futur:* | darò darai darà | daremo darete daranno |
| *Konj. Präs.:* | dia dia dia | diamo diate diano |
| *Konj. Imp.:* | dessi dessi desse | dessimo deste dessero |
| *Imperativ:* | - da' *o.* dai dia | diamo date diano |

**fare – tun, machen**

| | | |
|---|---|---|
| *Präsens:* | faccio fai fa | facciamo fate fanno |
| *Futur:* | farò farai farà | faremo farete faranno |
| *Konj. Präs.:* | faccia faccia faccia | facciamo facciate facciano |
| *Konj. Imp.:* | facessi facessi facesse | facessimo faceste facessero |
| *Imperativ:* | - fa' *o.* fai faccia | facciamo fate facciano |

## 393

### Il bucato

Stefano: *Qualcuno mi ha chiesto una lavanderia a gettoni. Non ho saputo una risposta.*

Giovanna: *Anche io non conosco nessuna qui a Roma. Forse ne esiste una, ma non ne ho mai notata una. Devono portare il bucato in lavanderia.*

## 394

### Falò al mare

**Antonella, Salvatore ed altri amici hanno organizzato per stasera un falò al mare. Si incontrano sulla spiaggia verso le 10 e vanno alla ricerca di legna per accendere il fuoco. Ognuno ha portato qualcosa da mangiare. Passeranno lì tutta la notte chiacchierando, mangiando e ballando.**

## 393

### Die Wäsche

Stefano: Jemand hat mich nach einem Waschsalon gefragt. Ich wußte keine Antwort.
Giovanna: Ich kenne auch keinen hier in Rom. Vielleicht gibt es einen, aber ich habe nie einen bemerkt. Sie müssen die Wäsche in die Wäscherei bringen.

| | |
|---|---|
| il bucato [bu'ka:to] | Wäsche |
| la lavanderia [lavande'ri:a] | Wäscherei, Reinigung |
| il gettone [dʒet'to:ne] | (Einwurf-)Münze, Marke |
| la risposta [ris'posta] | Antwort, Entgegnung |
| conoscere [ko'noʃʃere] | kennen |
| mai ['ma:i] | niemals |
| notare [no'ta:re] | bemerken, beachten |

## 394

### Feuer am Meer

Antonella, Salvatore und andere Freunde haben für heute abend ein Feuer am Meer organisiert. Sie treffen sich gegen 10 Uhr am Strand und gehen auf die Suche nach Holz, um das Feuer anzuzünden. Jeder hat etwas zu essen mitgebracht. Schwätzend, essend und tanzend verbringen sie dort die ganze Nacht.

| | |
|---|---|
| il falò [fa:lo] | Feuer |
| verso [vεrso] | gegen |
| la ricerca [ri'tʃerka] | Suche |
| la legna [le:ɲa] | Brennholz |
| passare [pas-'sa:re] | verbringen |
| ballare [bal-'la:re] | tanzen |

## 395



### Il futuro semplice

| *pensare* | *mettere* | *sentire* |
|---|---|---|
| *penser-ò* | *metter-ò* | *sentir-ò* |
| *penser-ai* | *metter-ai* | *sentir-ai* |
| *penser-à* | *metter-à* | *sentir-à* |
| *penser-emo* | *metter-emo* | *sentir-emo* |
| *penser-ete* | *metter-ete* | *sentir-ete* |
| *penser-anno* | *metter-anno* | *sentir-anno* |

## 396

### Raccolta dei pomodori

La fine di agosto è il periodo più propizio per iniziare la raccolta dei pomodori, prima che qualche pioggia improvvisa li rovini. Nella zona siciliana c'è un'abbondante produzione e non tutto il raccolto si utilizza per il consumo locale. La maggior parte viene caricato su grossi camion e venduto ai mercati generali.

## 395

GRAMMATIK

### Das Futur

| denken | legen | fühlen |
|---|---|---|
| ich werde denken | ich werde legen | ich werde fühlen |
| du wirst denken | du wirst legen | du wirst fühlen |
| er wird denken | er wird legen | er wird fühlen |
| wir werden denken | wir werden legen | wir werden fühlen |
| ihr werdet denken | ihr werdet legen | ihr werdet fühlen |
| sie werden denken | sie werden legen | sie werden fühlen |

*Die Endungen des Futurs treten in der Regel an den um -e verkürzten Infinitiv. Bei den Verben auf -are verwandelt sich dabei das -a der Endung in ein -e. Alle Formen des Futurs sind endungsbetont.*

## 396

### Tomatenernte

Ende August ist die günstigste Zeit, die Tomatenernte zu beginnen, bevor unerwarteter Regen sie zerstört. Auf sizilianischem Gebiet gibt es eine reichhaltige Produktion, und es wird nicht die gesamte Ernte für den lokalen Verbrauch benötigt. Der größte Teil wird auf große Lastwagen geladen und an die allgemeinen Märkte verkauft.

| | |
|---|---|
| propizio [pro'pi:tsio] | günstig |
| il consumo [kon'su:mo] | Verbrauch |
| il camion [ka:mion] | Lastwagen |
| rovinare [rovi'na:re] | zerstören |

## 397

ESERCIZIO

**Scegliere la parola giusta**

*«che», «chi», «conoscere», «quale», «tranquillo», «tranquillamente», «vivere»*

1. Stefano ______________ Giovanna da due anni.
2. Stefano e Giovanna ______________ a Roma.
3. Roma non è una città ______________.
4. ______________ aspettava l'arrivo del treno.
5. Il ragazzo ______________ è venuto è mio fratello.
6. ______________ è venuto?
7. ______________ ragazzo è venuto?

## 398

**L'assaggio del vino**

L'amico, che la famiglia Brusa ha aiutato durante la vendemmia, ha invitato tutti ad assaggiare i suoi vini. Simona trova subito un vino che le piace e ne beve due bicchieri.

Arturo non sa decidersi. Beve un po' di questo e di quello. Nella tarda serata è entusiasta di tutti i vini e ne vuole comprare anche l'ultima goccia.

## 397

### Wählen Sie das richtige Wort

1. Stefano **conosce** Giovanna da due anni.
2. Stefano e Giovanna **vivono** a Roma.
3. Roma non è una città **tranquilla**.
4. **Tranquillamente** aspettava l'arrivo del treno.
5. Il ragazzo **che** è venuto è mio fratello.
6. **Chi** è venuto?
7. **Quale** ragazzo è venuto?

*1. Stefano kennt Giovanna seit zwei Jahren.*
*2. Stefano und Giovanna leben in Rom.*
*3. Rom ist keine ruhige Stadt.*
*4. Ruhig erwartete er die Ankunft des Zuges.*
*5. Der Junge, der gekommen ist, ist mein Bruder.*
*6. Wer ist gekommen?*
*7. Welcher Junge ist gekommen?*

## 398

### Die Weinprobe

Der Freund, dem die Familie Brusa während der Weinlese geholfen hat, hat alle eingeladen, seine Weine zu probieren. Simona findet sofort einen Wein, der ihr gefällt, und trinkt zwei Gläser davon. Arturo kann sich nicht entscheiden. Er trinkt ein bißchen von dem und von dem. Am späten Abend ist er von allen Weinen begeistert und will auch den letzten Tropfen kaufen.

| | |
|---|---|
| l'assaggio, *m* [as'saddʒo] | Probe, Kostprobe |
| durante [du'rante] | während |
| invitare [invi'ta:re] | einladen, auffordern, verleiten |
| assaggiare [assad'dʒa:re] | kosten, knabbern, nippen, prüfen |
| subito ['su:bito] | sofort, unmittelbar |
| tardo, -a ['tardo] | spät, langsam |
| la goccia ['gottʃa] | Tropfen |

## 399

### Aquisto di regali

Prima di tornare dalle ferie estive la famiglia Mancini va a comprare piccoli pensierini. Antonella compra una bella fruttiera di ceramica per la nonna, Salvatore una bottiglia di vino marsalato per zio Calogero, Concetta dei dolci di mandorla per la vicina di casa e Pietro una bottiglia di amaro «Averna» per gli amici.

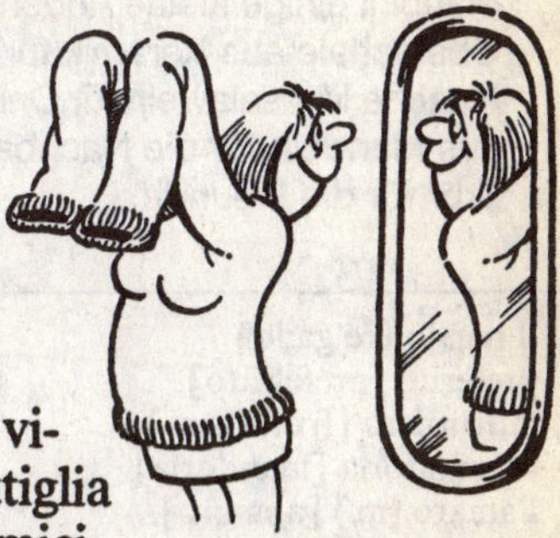

## 400

### Il marmo

Un materiale spesso usato in Italia è il marmo. Se ne serve per sculture, pavimenti o decorazioni. Famose opere di marmo sono il Davide di Michelangelo, i pavimenti dei Cosmati a Roma, la Torre Pendente a Pisa. Quasi tutte le stazioni sono costruzioni spaziose di marmo, allo stesso modo le macellerie. Il marmo si distingue in base ai colori (spesso grigio) e alle forme delle macchie.

*Quale città italiana è famosa per il suo marmo?*

## 399

### Einkauf von Geschenken

Bevor sie aus den Sommerferien zurückkommt, kauft Familie Mancini einige kleine Andenken. Antonella kauft eine schöne Obstschale aus Keramik für die Großmutter, Salvatore eine Flasche Marsalawein für Onkel Calogero, Concetta Süßigkeiten aus Mandeln für die Nachbarin und Pietro eine Flasche Bitterlikör für die Freunde.

| | |
|---|---|
| il regalo [re'ga:lo] | Geschenk |
| preferito [prefe'ri:to] | bevorzugt |
| la fruttiera [frut-ti'ɛ:ra] | Obstschale |
| la mandorla [mandorla] | Mandel |
| l'amaro (m.) [a'ma:ro] | hier: Bitterlikör |

## 400

### Der Marmor

Ein häufig in Italien benutztes Material ist der Marmor. Man verwendet ihn für Skulpturen, Fußböden und Verzierungen. Berühmte Werke aus Marmor sind der David von Michelangelo, die Cosmatenfußböden in Rom, der Schiefe Turm von Pisa. Fast alle Bahnhöfe sind weitläufige Marmorgebäude, genauso die Metzgereien. Der Marmor unterscheidet sich auf Grund seiner Farben (häufig grau) und der Form der Sprenkel. Welche italienische Stadt ist berühmt für ihren Marmor?

*Carrara, das noch heute drei Viertel des italienischen Marmorbedarfs deckt, versorgte schon die Römer und Michelangelo.*

Dort findet man ganz weißen Marmor ohne Einsprenkel, der als besonders hochwertig geschätzt wird. Die Marmorbrüche können besichtigt werden.

## 401

### Il ritardo

Stasera Arturo è stanchissimo. Tutta la giornata è stata una confusione. Aveva dieci termini, ma o lui è rimasto bloccato in un ingorgo o il suo interlocutore aveva ritardo. Così tutto il giorno ha improvvisato ed è riuscito a rispettare otto termini. Qualche volta sogna un'organizzazione perfetta, ma che si può fare?

## 402

### La lavorazione dei pomodori

Tempo di pomodori, tempo di incominciare a preparare la riserva per l'inverno. È un lavoro che viene svolto in parte in cantina e in parte fuori per strada. Prima si macinano i pomodori e si imbottiglia la salsa, poi le bottiglie vengono tappate ermeticamente e si dispongono in grossi fusti dove si fanno bollire per due ore. Il giorno dopo vengono tirati fuori e conservati in cantina per l'inverno.

## 401

### Die Verspätung

Heute abend ist Arturo sehr müde. Der ganze Tag war ein Durcheinander. Er hatte zehn Termine, aber entweder ist er in einem Stau steckengeblieben, oder sein Gesprächspartner hatte Verspätung. So hat er den ganzen Tag über improvisiert, und es ist ihm gelungen, acht Termine wahrzunehmen. Manchmal träumt er von einer perfekten Organisation, aber was kann man machen?

| | |
|---|---|
| il ritardo [ri'tardo] | Verspätung, Verzögerung |
| la confusione [konfu'zio:ne] | Durcheinander, Verwirrung |
| rimanere bloccato [blok'ka:to] | steckenbleiben |
| l'ingorgo, *m* [iŋ'gorgo] | Verstopfung, Stau |
| l'interlocutore, *m* [interloku'to:re] | Gesprächspartner |
| improvvisare [improvvi'za:re] | improvisieren, rasch vorbereiten |
| rispettare [rispet'ta:re] | achten, befolgen, halten |

## 402

### Die Bearbeitung der Tomaten

Zeit der Tomaten, Zeit, mit der Verarbeitung für den Wintervorrat zu beginnen. Es ist eine Arbeit, die zum Teil im Keller und zum Teil draußen auf der Straße durchgeführt wird. Zuerst zerreibt man die Tomaten und füllt die Sauce in Flaschen. Dann werden die Flaschen hermetisch verkorkt und in große Behälter gefüllt, in denen man sie 2 Stunden kochen läßt. Am Tag danach werden sie herausgenommen und im Keller für den Winter aufbewahrt.

| | |
|---|---|
| la lavorazione [lavoratsi'o:ne] | Bearbeitung |
| la riserva [ri'sɛrva] | Vorrat |
| la cantina [kan'ti:na] | Keller |
| imbottigliare [inbot-ti'ʎa:re] | in Flaschen abfüllen |
| tappare [tap-'pa:re] | zukorken |
| ermeticamente [ermetika'mente] | hermetisch |
| disporre [dis'por-re] | ordnen, stellen, legen |

## 403

GRAMMATICA

### Il futuro simplice di «essere» e «avere»

| **essere** | **avere** |
|---|---|
| *sarò* | *avrò* |
| *sarai* | *avrai* |
| *sarà* | *avrà* |
| *saremo* | *avremo* |
| *sarete* | *avrete* |
| *saranno* | *avranno* |

## 404

### I marroni

Simona: *Ho peccato, ma non potevo resistere!*
Arturo: *Ma cosa hai fatto?*
Simona: *Ho comprato due chili di marroni. Stasera li cuocerò e ne mangierò almeno un chilo. E domani mi lamenterò del mio peso.*

## 403

GRAMMATIK

### Das Futur von «sein» und «haben»

| **essere** | **avere** |
|---|---|
| ich werde sein | ich werde haben |
| du wirst sein | du wirst haben |
| er, sie, es wird sein | er, sie, es wird haben |
| wir werden sein | wir werden haben |
| ihr werdet sein | ihr werdet haben |
| sie werden sein | sie werden haben |

## 404

### Die Eßkastanien

Simona: Ich habe gesündigt, aber ich konnte nicht widerstehen!

Arturo: Was hast du denn gemacht?

Simona: Ich habe zwei Kilo Maronen gekauft. Heute abend werde ich sie kochen und wenigstens ein Kilo davon essen. Und morgen werde ich mich über mein Gewicht beklagen.

| | |
|---|---|
| il marrone [mar'ro:ne] | (Eß-)Kastanie, Marone, Braun |
| peccare [pek'ka:re] | sündigen, Fehler begehen |
| resistere [re'sistere] | widerstehen, standhalten |
| cuocere ['kuɔ:tʃere] | kochen, backen, brennen |
| almeno [al'me:no] | wenigstens, zumindest |
| lamentarsi [lamen'ta:rsi] | sich beklagen, sich beschweren |
| il peso ['pe:so] | Gewicht, Last, Bürde |

## 405

ESERCIZIO

**Tradurre**

1. Giovanna? Ja, ich habe sie gesehen.
2. Sie hat sich gewaschen.
3. Die besichtigten Häuser wurden im 16. Jahrhundert gebaut.
4. Giovanna und Stefano sind nach Hause gegangen.
5. Sie haben uns begleitet.
6. Giovanna, ich habe es dir gesagt.
7. Laura, ich habe dich etwas gefragt.

## 406

**L'ispezione**

Stefano: *Povero Papà! La ditta, dove lavora, costruisce un capannone e lui deve ispezionarlo oggi.*

Giovanna: *Ma sembra che sia un lavoro interessante. Perché desta compassione?*

Stefano: *Deve ispezionare la costruzione e soffre di vertigini!*

## 405

### Übersetzen Sie

1. Giovanna? Sì, l'ho vista.
2. S'è lavata.
3. Le case visitate furono costruite nel Cinquecento.
4. Giovanna e Stefano sono andati a casa.
5. Ci hanno accompagnati.
6. Giovanna, te l'ho detto.
7. Laura, ti ho chiesto qualcosa.

*DIE EXPERTENECKE*

*Bestimmte angehängte Silben (-accio, -uccio, -astro) können dazu dienen, eine Geringschätzung auszudrücken:*

| | |
|---|---|
| il medico – medicastro | (Arzt – Kurpfuscher) |
| la lingua – linguaccia | (Zunge, Sprache – Lästermaul, böse Zunge) |
| il cane – canuccio | (Hund – böser, bissiger Hund) |

## 406

### Die Inspektion

Stefano: Armer Papa! Die Firma, in der er arbeitet, baut eine Lagerhalle, und er muß sie heute prüfen.
Giovanna: Das scheint doch eine interessante Arbeit zu sein. Warum ist er zu bemitleiden?
Stefano: Er muß den Bau prüfen und ist nicht schwindelfrei.

| | |
|---|---|
| l'ispezione, *f* [ispet'tsio:ne] | Aufsicht, Revision, Inspektion |
| povero, -a ['pɔ:vero] | arm, armselig, elend |
| il capannone [kapan'no:ne] | Scheune, Lagerhalle |
| ispezionare [ispettsio'na:re] | inspizieren, prüfen |
| destare [des'ta:re] | (auf-)wecken, erwecken |
| la compassione [kompas'sio:ne] | Mitleid, Erbarmen |
| la vertigine [ver'ti:dʒine] | Schwindel(-gefühl) |

## 407

### La questione meridionale

Anche se l'Italia è una unione politica, non si può parlare dell'italiano. La differenza fra settentrione e meridione è troppo grande. A parte delle differenze storiche ci sono delle differenze di lingua, di mentalità, di usanze. Ma il più grande problema è la differenza economica. Il sud è povero, l'industria si trova quasi senza eccezione al nord. La cassa del sud, fondata per migliorare la situazione, è stata senza successo.

*Dove si trova la frontiera fra meridione e settentrione?*

## 408

### La pizza rustica

Giovanna: *Muoio di fame! Andiamo alla più vicina pizza rustica!*

Stefano: *Cosa faresti in una città senza pizza rustica?*

Giovanna: *Mi trasferirei subito a Roma! Senza la possibilità di mangiare sempre una pizza diventerei uno stuzzicadenti.*

## 407

### Die süditalienische Frage

Auch wenn Italien eine politische Einheit ist, kann man nicht von „dem" Italiener sprechen. Der Unterschied zwischen Norden und Süden ist zu groß. Außer den geschichtlichen Unterschieden gibt es Unterschiede in Sprache, Mentalität, Brauchtum. Aber das größte Problem ist der wirtschaftliche Unterschied. Der Süden ist arm, die Industrie befindet sich fast ohne Ausnahme im Norden. Die Südkasse, gegründet, um die Lage zu verbessern, ist erfolglos geblieben. Wo befindet sich die Grenze zwischen Süden und Norden?

*Die Grenze läßt sich ungefähr in Höhe von Rom ziehen.*

Allerdings ist Rom für einen Mailänder zum Beispiel schon tiefster Süden, für einen Bewohner Palermos jedoch hoher Norden.

## 408

### Die Pizza Rustica

| | |
|---|---|
| Giovanna: | Ich sterbe vor Hunger! Laß uns in die nächste Pizza Rustica gehen! |
| Stefano: | Was tätest du in einer Stadt ohne Pizza Rustica? |
| Giovanna: | Ich würde sofort nach Rom ziehen! Ohne die Möglichkeit, immer eine Pizza zu essen, würde ich ein Strich in der Landschaft. |

| | |
|---|---|
| rustico, -a ['rustiko] | ländlich, rustikal, bäuerlich |
| la pizza rustica ['pittsa] | Stehpizzeria (vergleichbar einer Frittenbude) |
| morire [mo'ri:re] | sterben, umkommen |
| la fame ['fa:me] | Hunger, Gier, Sucht |
| trasferirsi [trasfe'ri:rsi] | umziehen |
| la possibilità [possibili'ta] | Möglichkeit |
| lo stuzzicadenti [stuttsika'dɛnti] | Zahnstocher, sehr dünner Mensch |

## 409

*«L'ospite è come il pesce,*
*dopo tre giorni puzza.»*

*Proverbio*

## 410

**Il dentista**

Giovanna: *Ahi! Ho un tal mal di denti.*
Stefano: *E perché non vai dal dentista?*
Giovanna: *Vengo dal dentista! Avevo un buco piccolo che non doleva. Adesso ho un'otturazione che duole. Non riconsulterò questo dentista!*

## 409

„Besuch ist wie Fisch, nach drei Tagen stinkt er." – Italienisches Sprichwort

GRAMMATIK

### La preposizione «di» – die Präposition „di"

- Bildung des Genetivs:
  *il libro di Giovanna (Giovannas Buch)*
- Übersetzung zusammengesetzter Wörter:
  *il mal di testa (Kopfweh), la scuola di ballo (Tanzschule)*
- Bezeichnung eines Teils einer Menge:
  *due di loro (zwei von ihnen),*
  *tre dei dieci figli (drei der zehn Kinder)*
- besonders Teilungsartikel:
  *del vino (Wein)*
- Bezeichnung der Herkunft, des Ursprungs:
  *di Roma (aus Rom), di seta (aus Seide)*

## 410

### Der Zahnarzt

Giovanna: Au! Ich habe solche Zahnschmerzen.
Stefano: Und warum gehst du nicht zum Zahnarzt?
Giovanna: Ich komme vom Zahnarzt! Ich hatte ein kleines Loch, das nicht schmerzte. Jetzt habe ich eine Plombe, die schmerzt. Ich werde diesen Zahnarzt nicht mehr aufsuchen!

| | |
|---|---|
| il dentista [den'tista] | Zahnarzt |
| ahi ['a:i] | au, aua |
| il mal di denti [mal] | Zahnschmerzen |
| il buco ['bu:ko] | Loch, Öffnung |
| dolere [do'le:re] | schmerzen, weh tun |
| l'otturazione, *f* [otturat'tsio:ne] | Füllung, Plombe |
| consultare [konsul'ta:re] | zu Rate ziehen, konsultieren |

## 411

ESERCIZIO

**Tradurre sempre con la parola «pensare»**

1. Giovanna denkt an ihre Familie.
2. Da sie Italienerin ist, denkt sie in Italienisch.
3. Was hast du von diesem Film gehalten?
4. Ich gedenke, ihn mir morgen anzuschauen.
5. Ich denke ja.
6. Sie haben über die Frage nachgedacht.
7. Sie dachten, daß es dich interessiert.

## 412

**Un giro dei negozi**

Arturo: *Mi meraviglio! Non hai dimenticato qualcosa?*
Simona: *Dimenticato? No, non mi viene niente in mente.*
Arturo: *Domani è il primo Avvento e tu non mi hai ancora pregato di fare un giro dei negozi con te.*
Simona: *Un'ottima idea!*

## 411

### Übersetzen Sie immer mit dem Wort „pensare"

1. Giovanna pensa alla sua famiglia.
2. Poiché è italiana, pensa in italiano.
3. Che cosa hai pensato di questo film?
4. Penso di guardarlo domani.
5. Penso di sì.
6. Hanno pensato sulla domanda.
7. Pensavano che ti interessa.

*DIE EXPERTENECKE*

**Übersetzung des Wortes „einige":**

1. alcuni, alcune
   *einige Bücher – alcuni libri,*
   *einige Häuser – alcune case*
2. qualche
   *einige Bücher – qualche libro,*
   *einige Häuser – qualche casa*

Formal ist *qualche* immer als Singular(!) zu behandeln, auch wenn es sinngemäß Plural ist.

## 412

### Ein Einkaufsbummel

| | |
|---|---|
| Arturo: | Ich wundere mich! Hast du nichts vergessen? |
| Simona: | Vergessen? Nein, mir fällt nichts ein. |
| Arturo: | Morgen ist der erste Advent, und du hast mich noch nicht gebeten, mit dir einen Einkaufsbummel zu machen. |
| Simona: | Eine ausgezeichnete Idee! |

| | |
|---|---|
| il giro ['dʒiːro] | Rundgang, Runde |
| meravigliarsi [meraviʎ'ʎaːrsi] | sich wundern |
| dimenticare [dimenti'kaːre] | vergessen, vernachlässigen |
| la mente ['mente] | Geist, Verstand, Sinn, Kopf |
| venire in mente [ve'niːre] | in den Sinn kommen, einfallen |
| l'Avvento, *m* [av'vɛnto] | Advent |
| pregare [pre'gaːre] | beten, bitten, ersuchen |

## 413

### Il portiere

Spesso si vede l'insegna «condominio» attaccata alle case. Significa che la casa appartiene a parecchie persone che si dividono le spese in comune. Fa parte di queste spese in comune il portiere. Lui ha il compito di pulire le scale, il cortile e la strada davanti all'ingresso, se questa è una strada privata. Fa anche delle piccole riparazioni, sorveglia l'ingresso e accetta la posta.

*Qualche volta si vedono delle corone alle case. Che senso hanno?*

## 414

### Il panettone

Giovanna: *Questo è il primo panettone che mangio questo anno nell'Avvento. I primi sono sempre i migliori, vero?*

Stefano: *Sì, potrei mangiare da solo un intero panettone. Soltanto mio fratello può mangiarne anche di più.*

## 413

### Der Pförtner

Oft sieht man das Schild „Miteigentum" an den Häusern angebracht. Es bedeutet, daß das Haus mehreren Personen gehört, die sich die gemeinsamen Kosten teilen. Teil dieser gemeinsamen Kosten ist der Pförtner. Er hat die Aufgabe, die Treppen, den Hof und die Straße vor dem Eingang, wenn diese eine Privatstraße ist, zu säubern. Er führt auch kleine Reparaturen aus, überwacht den Eingang und nimmt die Post an. Manchmal sieht man Kränze an den Häusern. Welchen Sinn haben sie?

*Die großen bronzenen oder grünen Kränze, die immer zu sehen sind, erinnern an gefallene oder getötete Widerstandskämpfer. Kleine rosa (blaue) Kränze verkünden die Geburt eines Mädchens (Jungen).*

## 414

### Der Panettone

Giovanna: Dies ist der erste Panettone, den ich dieses Jahr im Advent esse. Die ersten sind immer die besten, nicht wahr?

Stefano: Ja, ich könnte einen ganzen Panettone alleine essen. Nur mein Bruder kann noch mehr davon essen.

| | |
|---|---|
| il panettone [panet'to:ne] | Panettone (Hefenapfkuchen aus Mailand, wird vor allem Ostern und Weihnachten gegessen) |
| migliore [miʎ'ʎo:re] | besser, bester |
| vero, -a ['ve:ro] | wahr, richtig |
| il pezzo ['pettso] | Stück, Teil, Gegenstand |
| intero, -a [in'te:ro] | ganz, vollständig |
| da solo ['so:lo] | alleine |

## 415

*«La vendetta dà meno*
*di quello che promette,*
*anzi non dà nulla.»*

*Francesco Domenico Guerrazzi*

## 416

**Il giocattolo**

Sandro: *Verrà nonno questa settimana?*
Simona: *Penso di sì, perché?*
Sandro: *In un negozio per giocattoli ho visto un bellissimo orsacchiotto. Se non lo mostro a nonno, come fa a sapere che deve regalarmelo per Natale?*

## 415

„Die Rache gibt weniger als das, was sie verspricht, im Gegenteil, sie gibt gar nichts." – Francesco Domenico Guerrazzi (1804–1873), italienischer Schriftsteller und Patriot

GRAMMATIK

### Il passato remoto – historisches Perfekt

| Verben auf -are *comprare* (kaufen) | Verben auf -ere *vendere* (verkaufen) | Verben auf -ire *finire* (beenden) |
|---|---|---|
| compr-ai | vend-ei | fin-ii |
| compr-asti | vend-esti | fin-isti |
| compr-ò | vend-é | fin-ì |
| compr-ammo | vend-emmo | fin-immo |
| compr-aste | vend-este | fin-iste |
| compr-àrono | vend-érono | fin-ìrono |

*avere:* ebbi, avesti, ebbe, avemmo, aveste, ebbero
*essere:* fui, fosti, fu, fummo, foste, furono

## 416

### Das Spielzeug

Sandro: Wird Großvater diese Woche kommen?
Simona: Ich glaube ja, warum?
Sandro: In einem Spielzeuggeschäft habe ich einen wunderschönen Teddybär gesehen. Wenn ich ihn nicht Großvater zeige, wie kann er wissen, daß er ihn mir zu Weihnachten schenken soll?

| | |
|---|---|
| il giocattolo [dʒo'kattolo] | Spielzeug |
| il nonno ['nɔnno] | Großvater, Opa |
| la settimana [setti'ma:na] | Woche |
| l'orsacchiotto, *m* [orsak'kiɔtto] | Teddybär, Plüschbär |
| mostrare [mos'tra:re] | zeigen, vorzeigen |
| regalare [rega'la:re] | schenken, verschenken |
| il Natale [na'ta:le] | Weihnachten |

## 417

### Una scottatura

Salvatore: *Penso proprio che mi sono preso una scottatura. Guardami le spalle, per favore.*

Concetta: *Dovevi scottarti proprio due giorni prima della fine delle vacanze?*

Salvatore: *Non è colpa mia! Lo sai che ho la pelle molto sensibile al sole ed oggi ho dimenticato di spalmare l'antisolare.*

## 418

### Nel supermercato

Stamattina Simona va al supermercato. In fondo ci va raramente. C'è un piccolo negozio vicino alla sua casa, dove si può comprare quasi tutto, lì fa la spesa. E naturalmente al mercato nella prossima strada, dove si vende la frutta e la verdura fresca. Ma il supermercato è molto economico, così ogni tanto ci fa un acquisto gigantesco.

## 417

### Ein Sonnenbrand

Salvatore: Ich glaube wirklich, daß ich mir einen Sonnenbrand geholt habe. Sieh dir bitte meine Schultern an.
Concetta: Mußtest du dich wirklich zwei Tage vor dem Ferienende verbrennen?
Salvatore: Das ist nicht meine Schuld! Du weißt, daß meine Haut sehr sonnenempfindlich ist, und heute habe ich vergessen, mich mit Sonnenschutzcreme einzureiben.

| | |
|---|---|
| la scottatura [skot-ta'tu:ra] | Sonnenbrand |
| la spalla [spal-la] | Schulter |
| la pelle [pɛl-le] | Haut |
| sensibile [sen'si:bile] | empfindlich, sensibel |
| spalmare [spal'ma:re] | einreiben |
| l'antisolare (m.) [anti'so:lare] | Sonnenschutzmittel |

## 418

### Im Supermarkt

Heute morgen geht Simona zum Supermarkt. Eigentlich geht sie selten dorthin. Nahe ihrer Wohnung gibt es ein Geschäft, wo man fast alles kaufen kann, dort kauft sie ein. Und natürlich auf dem Markt in der nächsten Straße, wo frisches Obst und Gemüse verkauft wird. Aber der Supermarkt ist sehr preiswert, so macht sie dort ab und zu einen Rieseneinkauf.

| | |
|---|---|
| il mercato [mer'ka:to] | Markt |
| stamattina [stamat'ti:na] | heute morgen |
| naturalmente [natural'mente] | selbstverständlich, natürlich |
| fresco, -a ['fresko] | frisch |
| economico, -a [eko'nɔ:miko] | preiswert, billig |
| l'acquisto, *m* [ak'kuisto] | Erwerb, Kauf |
| gigantesco, -a [dʒigan'tesko] | riesig, riesengroß |

## 419

*«L'istoria ufficiale*
*non è mai istoria intera,*
*e non è sempre istoria vera.»*

*Gino Capponi*

## 420

**Al ristorante cinese**

Arturo: *Non mi sembra una buona idea di mangiare qui.*
Simona: *Ma dai! Non hai mai mangiato in un ristorante non italiano, eppure sei convinto che tutti i ristoranti esteri perseguono lo scopo di avvelenarti.*

## 419

„Die offizielle Geschichte ist nie die ganze Geschichte, und sie ist nicht immer die wahre Geschichte.“ – Gino Capponi (1792 – 1876), italienischer Pädagoge, Politiker und Historiker

GRAMMATIK

### Come si dice – e come si risponde
### Wie man sagt – und antwortet

► wenn man einer Person vorgestellt wird:
*Piacere! Felicissima! – Molto lieta!*
*(Freude, Ehre! Überglücklich! – Sehr erfreut!)*

► wenn jemand ein Examen bestanden, geheiratet oder ein Kind bekommen hat, usw:
*Rallegramenti! – Grazie!*
*(Glückwünsche! – Danke!)*

► wenn auf jemanden getrunken wird:
*Alla salute! Cincin! – Alla salute! Cincin!*
*(Auf die Gesundheit! Prost! – Auf die Gesundheit! Prost!)*

► wenn man mit anderen zusammen ißt:
*Buon appetito! – Grazie altrettanto!)*
*(Guten Appetit! – Danke gleichfalls!)*

## 420

### Im Chinarestaurant

Arturo: Es scheint mir keine gute Idee, hier zu essen.
Simona: Ach was! Du hast nie in einem nichtitalienischen Restaurant gegessen, aber trotzdem bist du überzeugt, daß alle ausländischen Restaurants das Ziel verfolgen, dich zu vergiften.

| | |
|---|---|
| cinese [tʃi'ne:ze] | chinesisch |
| l'idea, *f* [i'dɛ:a] | Idee, Begriff, Gedanke |
| convincere [kon'vintʃere] | überzeugen |
| estero, -a ['ɛstero] | ausländisch, Auslands- |
| perseguire [perse'gui:re] | verfolgen, anstreben |
| lo scopo ['skɔ:po] | Zweck, Ziel, Absicht |
| avvelenare [avvele'na:re] | vergiften |

## 421

ESERCIZIO

**Mettere nel passato remoto**

1. Nel 1350 la Torre Pendente è stata finita.
2. Bonanno Pisano cominciava il lavoro.
3. Stefano e Giovanna mangiano sempre pasta.
4. Vendevo delle macchine.
5. Hai visto l'ultimo film di Fellini?
6. Lo avete fatto bene.
7. Non l'ho sentito.

## 422

# Pulizia della casa

È l'ultimo giorno di vacanza e prima di andare via si deve risistemare la casa e lasciarla in ordine. Concetta fa la cucina, perché vuole essere sicura che il frigorifero e la lavastoviglie siano ben puliti. L'unico ad avere difficoltà con l'operazione «pulizie» è Pietro. Perciò cerca una scusa e se ne va a controllare se la macchina è pronta per partire!

## 421

### Setzen Sie ins Passato Remoto

1. Nel 1350 la Torre Pendente fu finita.
2. Bonanno Pisano cominciò il lavoro.
3. Stefano e Giovanna mangiarono sempre pasta.
4. Vendei delle macchine.
5. Vedesti l'ultimo film di Fellini?
6. Lo faceste bene.
7. Non lo sentii.

*1. Im Jahre 1350 ward (wurde) der Schiefe Turm fertiggestellt.*
*2. Bonanno Pisano begann die Arbeit.*
*3. Stefano und Giovanna aßen (essen) immer Nudeln.*
*4. Ich verkaufte Autos.*
*5. Sahst (Hast) du den letzten Film von Fellini (gesehen)?*
*6. Das machtet (habt) ihr gut (gemacht).*
*7. Ich hörte (habe) es nicht (gehört).*

## 422

### Hausputz

Es ist der letzte Ferientag, und bevor man abfährt, muß man das Haus wieder aufräumen und es ordentlich zurücklassen. Concetta macht die Küche, weil sie sicher sein will, daß der Kühlschrank und die Geschirrspülmaschine gut gesäubert sind. Der einzige, der mit der Operation „Säuberung" Schwierigkeiten hat, ist Pietro. Deshalb sucht er eine Ausrede und geht weg, um zu kontrollieren, ob das Auto abfahrbereit ist.

| | |
|---|---|
| la pulizia [puli'tsia] | Reinigung, Säuberung |
| la spazzatura [spat-tsa'tu:ra] | Müll, Abfall |
| il frigorifero [frigo'ri:fero] | Kühlschrank |
| la lavastoviglie [lavasto'viʎe] | Geschirrspülmaschine |

## 423

ESERCIZIO

### Completa con le forme del futuro

1. Antonella . . . . . . . . . . (fare) la patente.
2. I Mancini . . . . . . . . . . (andare) in vacanze.
3. Salvatore . . . . . . . . . . (ritornare) domani.
4. Il futuro . . . . . . . . . . (essere) incerto.
5. Fra poco noi . . . . . . . . (partire) per la Germania.
6. Quando . . . . . . . . . . . (finire) il vostro gioco?
7. La tua macchina non mi piace. Me ne . . . . . . . (comprare) un'altra.

## 424

### Legno per il camino

Adesso che ha ancora un paio di giorni liberi Pietro ha pensato di spaccare la scorta del legno che serve per l'inverno. Si è fatto portare un camion pieno di ceppi e li ha accatastati davanti casa in cortile. Ora segue parecchio lavoro per spaccare con l'accetta i ceppi in pezzi più piccoli.

## 423

### Ergänze mit den Futurformen

1. Antonella **farà** la patente.
2. I Mancini **andranno** in vacanze.
3. Salvatore **ritornerà** domani.
4. Il futuro **sarà** incerto.
5. Fra poco noi **partiremo** per la Germania.
6. Quando **finirà** il vostro gioco?
7. La tua macchina non mi piace. Me ne **comprerò** un'altra.

1. Antonella wird den Führerschein machen.
2. Die Mancini werden in Urlaub fahren.
3. Salvatore wird morgen zurückkommen.
4. Die Zukunft wird ungewiß sein.
5. Bald werden wir nach Deutschland aufbrechen.
6. Wann wird euer Spiel zu Ende sein?
7. Dein Auto gefällt mir nicht. Ich werde mir ein anderes kaufen.

## 424

### Holz für den Kamin

Jetzt, da er noch einige Tage frei hat, hat Pietro sich vorgenommen, den Holzvorrat zu hacken, der für den Winter benötigt wird. Er hat sich eine Wagenladung Holzklötze liefern lassen und sie vor dem Haus im Gang aufgeschichtet. Jetzt folgt ziemlich viel Arbeit, um die Holzklötze mit der Axt in kleinere Stücke zu hacken.

| | |
|---|---|
| spaccare [spak-'ka:re] | hacken (Holz) |
| la scorta [skɔrta] | Vorrat |
| il ceppo [tʃep-po] | Klotz |
| accatastare [ak-katas'ta:re] | aufschichten |
| il cortile [kor'ti:le] | Hof, Gang |
| parecchio [par'rek-kio] | ziemlich viel |

## 425

*«Acqua passata non macina più.»*

*Proverbio*

## 426

### Antonella fa la patente

Alcune settimane fa Antonella ha avuto gli esami di teoria per la patente. Oggi fa la pratica. Si sente abbastanza sicuro, perché, oltre alle ore di guida che ha fatto alla scuola, ha ricevuto anche alcune lezioni da un amico. Si mette in macchina e l'ingegnere le dice di parcheggiare a retromarcia. Poi le fa fare un giro in città ed altre manovre.

## 425

„Vorbeigelaufenes Wasser mahlt nicht mehr." – Italienisches Sprichwort

GRAMMATIK

### Il verbo riflessivo – Reflexives Verb

- Passivkonstruktionen können häufig auch durch reflexive Verben ausgedrückt werden:
  *Le macchine sono costruite in Italia.*
  *Le macchine si costruiscono in Italia.*
  *(Die Autos werden in Italien hergestellt.)*
- Das deutsche „man" wird durch das Reflexivpronomen „si" ausgedrückt:
  *Si vede una macchina. (Man sieht ein Auto.)*
  *Si vedono(!) molte macchine. (Man sieht viele Autos.)*

Beachte: Je nach Objekt(!) steht das Verb in Singular oder Plural!

## 426

### Antonella macht den Führerschein

Vor einigen Wochen hat Antonella die theoretische Führerscheinprüfung gehabt. Heute macht sie die praktische Prüfung. Sie fühlt sich ziemlich sicher, weil sie außer den Stunden in der Fahrschule auch einige Lektionen von einem Freund erhalten hat. Sie setzt sich in das Auto und der Fahrprüfer sagt ihr, daß sie rückwärts einparken soll. Dann läßt er sie eine Runde durch die Stadt fahren und andere Fahrmanöver ausführen.

| | |
|---|---|
| la lezione [letsi'oːne] | (Lehr)Stunde, Lektion |
| parcheggiare [parked-'dʒaːre] | parken |
| la retromarcia [retro'martʃa] | Rückwärtsgang |
| la manovra [ma'nɔːvra] | Manöver |

## 427



### I pronomini personali combinati

| | |
|---|---|
| 1. **Mi** mostra **l'albergo** | **Me lo** mostra. |
| 2. **Mi** vuole mostrare **l'albergo.** | **Me lo** vuol mostrare. Vuol mostrar**melo.** |
| 3. Non **mi** mostra **la fiera** | Non **me la** mostra. |
| 4. **Ti** mostra **l'appartamento.** | **Te lo** mostra. Vuole mostrar**telo.** |
| 5. **Ci** mostra **l'appartamento.** | **Ce lo** mostra. Vuole mostrar**celo.** |
| 6. **Vi** mostra **l'appartamento.** | **Ve lo** mostra. Vuole mostrar**velo.** |

## 428

### La nuova macchina

Oggi Pietro va a ritirare la macchina nuova. L'accompagna Salvatore che non vuole rinunciare al piacere di essere il primo a salire sulla macchina nuova. Concetta ha già cucito le fodere per i sedili, cosi non si rovinano presto. Il rivenditore consegna a Pietro le chiavi ed il libretto di proprietà e gli fornisce le indicazioni necessarie sull'auto.

## 427



### Zwei Pronomen beim Verb

| | |
|---|---|
| 1. Er zeigt mir das Hotel. | Er zeigt es mir. |
| 2. Er will mir das Hotel zeigen. | Er will es mir zeigen. |
| 3. Er zeigt mir die Messe nicht. | Er zeigt sie mir nicht. |
| 4. Er zeigt dir die Wohnung. | Er zeigt sie dir. Er will sie dir zeigen. |
| 5. Er zeigt uns die Wohnung. | Er zeigt sie uns. Er will sie uns zeigen. |
| 6. Er zeigt euch die Wohnung. | Er zeigt sie euch. Er will sie euch zeigen. |

*Bei der Kombination von zwei Objektpronomen steht das indirekte Objekt stets vor dem direkten Objekt. Dabei verwandeln sich* ***mi, ti, ci, vi,*** *in* ***me, te, ce, ve.*** *Bei der Verschmelzung der Pronomen mit dem Infinitiv des Verbs werden beide Pronomen zusammengeschrieben. Die Betonung der Infinitivendung bleibt dabei erhalten.*

## 428

### Das neue Auto

Heute geht Pietro das neue Auto abholen. Salvatore, der nicht auf das Vergnügen verzichten will, als erster in das Auto zu steigen, begleitet ihn. Concetta hat bereits die Bezüge für die Sitze genäht, so nutzen sie nicht so schnell ab. Der Händler übergibt Pietro die Schlüssel und den Fahrzeugbrief und gibt ihm die notwendigen Hinweise über das Auto.

| | |
|---|---|
| ritirare [riti'ra:re] | **abholen** |
| rinunciare [rinun'tʃa:re] | **verzichten** |
| il piacere [pia'tʃe:re] | **Vergnügen** |
| cucire [ku'tʃi:re] | **nähen** |
| il sedile [se'di:le] | **Sitz** |
| la proprietà [proprie'ta] | **Eigentum** |
| il libretto di proprietà [li'bret-to di proprie'ta] | **Fahrzeugbrief** |

## 429

### L'unità italiana

Alla soglia dell'unità europea lo Stato d'Italia deve ancora combattere per l'unità italiana. Continuamente sorgono organizzazioni politiche, che si prefiggono lo scopo di ottenere la separazione di una regione dalla Italia. Così esistono dei movimenti con lo scopo di fare dell'Alto Adige una parte della Germania, di congedare la Sardegna e la Sicilia nell'indipendenza, di dividere il meridione ed il settentrione.

*Come si chiama un gruppo che persegue quest'ultimo scopo?*

## 430

### Pollo alla cacciatora

Ingredienti: 1 pollo, pepe nero, olio d'oliva, aglio, un bicchiere di vino rosso, rosmarino, salvia.

Tagliare il pollo in parti, asciugarlo, salarlo e peparlo. Adagiarlo in una teglia e versare dentro mezzo bicchiere di olio. Farlo soffriggere lentamente e ogni tanto rigirarlo. Dopo ca. 10 minuti mettere dentro l'aglio, il rosmarino e la salvia. Far cuocere alcuni minuti ed aggiungere il vino. Coprire la teglia e lasciar cuocere per 20 minuti.

## 429

### Die italienische Einheit

An der Schwelle der europäischen Einheit muß der Staat Italien noch immer um die italienische Einheit kämpfen. Immer wieder tauchen politische Organisationen auf, die sich zum Ziel setzen, die Abtrennung eines Landesteiles von Italien zu erreichen. So existieren Bewegungen mit dem Ziel, aus Südtirol einen Teil Deutschlands zu machen, Sardinien und Sizilien in die Unabhängigkeit zu entlassen, den Süden und den Norden zu teilen. Wie heißt eine Gruppe, die dieses letzte Ziel verfolgt?

*Für die Zweiteilung Italiens kämpft besonders die* ***Liga Lombarda****, die als Vertreter des „reichen" Nordens nicht den „faulen, armen" Süden unterstützen will.*

## 430

### Huhn auf Jägerart

Zutaten: 1 Huhn, schwarzer Pfeffer, Olivenöl, Knoblauch, ein Glas Rotwein, Rosmarin, Salbei.

Das Huhn zerteilen, trocknen, salzen und pfeffern, in eine Pfanne legen, und ein halbes Glas Öl hinzugeben. Langsam braten lassen und ab und zu wenden. Nach ungefähr 10 Minuten Knoblauch, Rosmarin und Salbei hinzugeben. Einige Minuten kochen lassen, und den Wein hinzufügen. Pfanne zudekken, und 20 Minuten kochen lassen.

| | |
|---|---|
| alla cacciatora [kat-tʃa'toːra] | auf Jägerart |
| la salvia ['salvia] | Salbei |
| adagiare [ada'dʒaːre] | sanft hinlegen |

## 431

### I regali

Giovanna: *Ho deciso di fare quasi tutti i regali di Natale da me.*
Stefano: *Ritorni alle origini? Da bimbo ho fatto così i miei regali.*
Giovanna: *No, un'occhiata sulla situazione del mio conto l'ha suggerito.*

## 432

GRAMMATICA

### I pronomi riflessivi combinati con ci

| | |
|---|---|
| Mi preparo al viaggio. | **Mi ci** preparo. |
| Ti prepari al viaggio. | **Ti ci** prepari. |
| Non si prepara al viaggio. | Non **ci si** prepara. |
| Ci prepariamo al viaggio. | **Ci** prepariamo. |
| Vi preparate al viaggio. | **Vi ci** preparate. |
| Si preparano al viaggio. | **Ci si** preparano. |

## 431

### Die Geschenke

| | |
|---|---|
| Giovanna: | Ich habe beschlossen, fast alle meine Weihnachtsgeschenke selbst zu machen. |
| Stefano: | Kehrst du zu den Anfängen zurück? Als Kind habe ich meine Geschenke so gemacht. |
| Giovanna: | Nein, ein Blick auf meinen Kontostand hat das vorgeschlagen. |

| | |
|---|---|
| da sé [da] | von sich, selbst, selber |
| ritornare [ritor'na:re] | zurückkehren |
| le origine, *f* [o'ri:dʒine] | die Anfänge |
| il bimbo ['bimbo] | (kleines) Kind |
| l'occhiata, *f* [ok'kia:ta] | (kurzer) Blick |
| la situazione [situat'tsio:ne] | Lage, Situation |
| suggerire [suddʒe'ri:re] | eingeben, vorsagen |

## 432

### Die Reflexivpronomen kombiniert mit ci

| | |
|---|---|
| Ich bereite mich auf die Reise vor. | Ich bereite mich darauf vor. |
| Du bereitest dich auf die Reise vor. | Du bereitest dich darauf vor. |
| Er bereitet sich nicht auf die Reise vor. | Er bereitet sich nicht darauf vor. |
| Wir bereiten uns auf die Reise vor. | Wir bereiten uns darauf vor. |
| Ihr bereitet euch auf die Reise vor. | Ihr bereitet euch darauf vor. |
| Sie bereiten sich auf die Reise vor. | Sie bereiten sich darauf vor. |

*Beim Zusammentreffen von Reflexivpronomen mit dem adverbialen* ***ci*** *verwandelt sich das -i der Reflexivpronomen nicht in -e.*
*Bei der Kombination von indirektem und/oder direktem Objektpronomen oder dem adverbialen Pronomen* ***ci*** *einerseits und* ***si*** *(als Reflexivpronomen, auch als „man") andererseits steht si unverändert stets unmittelbar vor dem Verb.*
*Trifft das adverbiale Pronomen* ***ne*** *mit* ***si*** *zusammen, wird si zu* ***se*** *und steht vor ne (z. B. bei der Redewendung* ***andarsene*** *– weggehen).*

## 433

### Il Mercato Comune

Giovanna: *Fra tre settimane avremo il Mercato Comune.*
Stefano: *E pensi che qualcosa cambierà?*
Giovanna: *No, chi voleva prendere contatto con l'Italia, lo faceva. Ma chi non vuole, non lo vuole nemmeno adesso, che sarà più facile.*

## 434

*«Campa, cavallo,*
*che l'erba cresce.»*

*Proverbio*

## 433

### Der Gemeinsame Markt

| | |
|---|---|
| Giovanna: | In drei Wochen haben wir den Gemeinsamen Markt. |
| Stefano: | Und denkst du, daß sich etwas ändern wird? |
| Giovanna: | Nein, wer Kontakt mit Italien aufnehmen wollte, tat es. Aber wer nicht will, der will es auch nicht jetzt, wo es einfacher sein wird. |

| | |
|---|---|
| comune [ko'mu:ne] | gemeinsam, allgemein, gewöhnlich |
| fra [fra] | zwischen, in, innerhalb |
| cambiare [kam'bia:re] | wechseln, (sich) ändern |
| il contatto [kon'tatto] | Verbindung, Berührung |
| prendere contatto ['prɛndere] | Kontakt aufnehmen |
| nemmeno [nem'me:no] | nicht einmal, auch nicht |
| facile ['fa:tʃile] | leicht, umgänglich |

## 434

„Schlag dich durch, Pferd, damit das Gras wächst." – Italienisches Sprichwort

GRAMMATIK

### Passato remoto – historisches Perfekt

► Gebrauch:

| | |
|---|---|
| gesprochene Sprache: | sehr selten, gilt als gehoben |
| Schriftsprache: | abgeschlossene Vorgänge, die in der Vergangenheit liegen: *Dante scrisse la Divina Commedia. – Dante schrieb die Göttliche Komödie.* |

► Einige Formen:

**dire** – sagen – *io dissi*, **vivere** – leben – *io vissi*, **mettere** – stellen, legen – *io misi*, **scegliere** – auswählen – *io scelsi*, **convincere** – überzeugen – *io convinsi*, **vedere** – sehen – *io vidi*, **nascere** – geboren werden – *io nacqui*, **bere** – trinken – io bevvi

## 435

### L'illuminazione

Giovanna: *Facciamo una passeggiata!*
Stefano: *Adesso? Ma fa tanto freddo, proprio gelido! Inoltre è già tardi.*
Giovanna: *Ma soltanto adesso si può vedere tutta l'illuminazione di Natale per le strade e nei negozi!*

## 436

### Alla banca

Concetta: *Buon giorno, dovrei fare un prelievo.*
Impiegato: *Quanto liquido Le occorre?*
Concetta: *Un milione di Lire.*
Impiegato: *Dovrebbe aspettare alcuni minuti, il nostro computer attualmente non funziona.*

## 435

### Die Beleuchtung

| | |
|---|---|
| Giovanna: | Laß uns einen Spaziergang machen! |
| Stefano: | Jetzt? Aber es ist so kalt, richtiggehend eisig! Außerdem ist es schon spät. |
| Giovanna: | Aber nur jetzt kann man die ganze Weihnachtsbeleuchtung in den Straßen und Geschäften sehen! |

| | |
|---|---|
| l'illuminazione, *f* [illuminat'tsio:ne] | Beleuchtung, Erleuchtung |
| la passeggiata [passed'dʒa:ta] | Spaziergang, Spazierfahrt |
| adesso [a'dɛsso] | jetzt, nun, gerade |
| fare freddo ['freddo] | kalt sein |
| gelido, -a ['dʒɛ:lido] | eisig, eiskalt |
| inoltre [i'noltre] | ferner, außerdem |
| tardi ['tardi] | spät |

## 436

### In der Bank

| | |
|---|---|
| Concetta: | Guten Tag, ich müßte etwas Geld abheben. |
| Angestellter: | Wieviel Bargeld benötigen Sie? |
| Concetta: | Eine Million Lire. |
| Angestellter: | Sie müßten einige Minuten warten, unser Computer funktioniert zur Zeit nicht. |

| | |
|---|---|
| il prelievo [preli'ɛ:vo] | Abhebung |
| il liquido ['li:kuido] | hier: Bargeld |
| prelevare [prele'va:re] | abheben |
| registrare [redʒis'tra:re] | registrieren |
| l'uscita (f.) [uʃ-'ʃi:ta] | Ausgang, hier: Auszahlung |

## 437

### ESERCIZIO

**Completare col passato remoto**

1. Loro ___________ (leggere) la lettera ad alta voce.
2. Voi, quanti giorni di riposo __________ (chiedere)?
3. Noi ___________ (invitare) Laura, ma non ___________ (volere) venire.
4. Lui ___________ (lasciare) cadere il vaso, così lo ___________ (rompere).
5. Quel giorno tu ___________ (venire) con molto ritardo.
6. Stefano e Giovanna si ___________ (conoscere) due anni fa.
7. Io non ___________ (sapere) parlare italiano.

## 438

# La diversità tra nord e sud d'Italia

Le due estremità dell'Italia non differiscono soltanto nella disposizione geografica e nel clima, bensi in moltissimi altri fattori importanti. C'è una diversità di cultura e sistema di vita che sarebbe paragonabile non a due parti di una penisola, ma a due nazioni che distano migliaia di chilometri. L'industrializzazione del nord d'Italia e la non industrializzazione del sud creano un abisso sempre più grande nel Paese.

## 437

### Vervollständigen Sie mit dem historischen Perfekt

1. Loro **lessero** la lettera ad alta voce.
2. Voi, quanti giorni di riposo **chiedeste**?
3. Noi **invitammo** Laura, ma non **volle** venire.
4. Lui **lasciò** cadere il vaso, così lo **ruppe**.
5. Quel giorno tu **vennisti** con molto ritardo.
6. Stefano e Giovanna si **conobbero** due anni fa.
7. Io non **seppi** parlare italiano.

*1. Sie lasen den Brief laut vor.*
*2. Wieviel Urlaubstage habt ihr beantragt?*
*3. Wir luden Laura ein, aber sie wollte nicht kommen.*
*4. Er ließ die Vase fallen, so zerbrach er sie.*
*5. An jenem Tag kamst du sehr verspätet.*
*6. Stefano und Giovanna lernten sich vor zwei Jahren kennen.*
*7. Ich konnte kein Italienisch sprechen.*

## 438

### Nord- und Süditalien

Die beiden äußeren Enden Italiens unterscheiden sich nicht nur in ihren geographischen und klimatischen Merkmalen, sondern auch durch andere wichtige Faktoren. Es gibt einen kulturellen Unterschied und einen Unterschied in der Lebensart, der nicht mit zwei Teilen einer Halbinsel, sondern mit zwei Nationen vergleichbar wäre, die Tausende von Kilometern voneinander entfernt liegen. Die Industrialisierung des Nordens und die Nichtindustrialisierung des Südens schaffen im Land eine immer größere Kluft.

| | |
|---|---|
| l'estremità (f.) [estremi'ta] | äußerer Rand |
| la disposizione [dispozitsi'o:ne] | Anordnung |
| la penisola [pe'ni:zola] | Halbinsel |
| paragonabile [parago'na:bile] | vergleichbar |
| l'abisso (m.) [a'bis-so] | Abgrund |
| l'industrializzazione (f.) [industrialid-dzatsi'o:ne] | Industrialisierung |

## 439

## Antonella cerca un appartamento

Antonella si deve cercare un altro appartamento, perché dal padrone di casa precedente ha ricevuto una disdetta. Legge gli annunci sui giornali e prende appuntamento per visitare due appartamenti. Il primo lo esclude, perché è troppo caro e anche molto distante dall'università. Il secondo le sembra molto conveniente e firma subito il contratto d'affitto.

## 440

GRAMMATICA

### Il presente congiuntivo

| ***avere*** | ***essere*** |
| --- | --- |
| *abbia* | *sia* |
| *abbia* | *sia* |
| *abbia* | *sia* |
| *abbiamo* | *siamo* |
| *abbiate* | *siate* |
| *abbiano* | *siano* |

## 439

### Antonella sucht eine Wohnung

Antonella muß sich eine andere Wohnung suchen, weil sie vom vorherigen Vermieter eine Kündigung bekommen hat. Sie liest die Anzeigen in den Zeitungen und macht Termine ab, um sich zwei Wohnungen anzusehen. Die erste schließt sie aus, weil sie zu teuer und zu weit von der Universität entfernt ist. Die zweite scheint ihr sehr günstig zu sein, und sie unterschreibt sofort den Mietvertrag.

| | |
|---|---|
| la disdetta [diz'det-ta] | Absage, Kündigung |
| escludere [es'klu:dere] | ausschließen |
| firmare [fir'ma:re] | unterschreiben |
| il contratto [kon'trat-to] | Vertrag |

## 440

### Der Konjunktiv Präsens

| **haben** | **sein** |
|---|---|
| ich habe | ich sei |
| du habest | du seiest |
| er, sie, es habe | er, sie, es sei |
| wir haben | wir seien |
| ihr habet | ihr seiet |
| sie haben | sie seien |

*Der Konjunktiv ist der Modus der Möglichkeit, der Unsicherheit. Er steht in Nebensätzen im wesentlichen nach Verben des Wollens, der Gemütsbewegung, der Unsicherheit, des Glaubens, nach unpersönlichen Eindrücken, nach einigen Konjunktionen und wenn eine bestimmte Eigenschaft gewünscht wird.*
***Beispiel:***
*credo che Lei abbia ragione – ich glaube, daß Sie recht haben*

## 441

### ESERCIZIO

**Come si dice?**

1. «Buongiorno Giovanna!»
«________________________ signora Brusa!»
2. «Non è bello questo cappello? È un regalo di compleanno.» «È il suo compleanno? ____________»
«____________________»
3. «Stefano mi ha detto che dai un esame oggi: ____________________» «____________________ È l'ultimo per quest'anno.»
4. «Allora festeggi stasera? ____________________»
«____________________»
5. «O, adesso devo sbrigarmi. ____________________, Giovanna.» «____________________»

## 442

**Il profumo**

Alla signora Brusa manca ancora una piccolezza per il marito. Dopo aver riflettuto a lungo, si decide per un after shave. Lo compra in una profumeria, dove trova anche un profumo che piace tanto a lei. Ci pensa un po' e decide che piace sicuramente a suo marito se lei profuma bene, per questo lo compra.

## 441

### Wie sagt man?

1. «**Buongiorno** signora Brusa!»
*„Guten Morgen, Giovanna!" „Guten Morgen, Frau Brusa!"*

2. **„Auguri! Buon compleanno. Cento di questi giorni."**
**„Grazie."**
*„Ist dieser Hut nicht schön? Er ist ein Geburtstagsgeschenk." „Sie haben heute Geburtstag? Glückwünsche! Frohes Fest. Noch hundert solcher Tage." „Danke."*

3. **«In bocca al lupo!» «Crepi il lupo!»**
*„Stefano hat mir gesagt, daß du heute Prüfung hast: Viel Glück!" „Danke. Es ist die letzte für dieses Jahr."*

4. **«Buon divertimento!» «Grazie.»**
*„Also feierst du heute Abend? Viel Spaß!" „Danke."*

5. «**Arrivederci**, Giovanna.» «**ArrivederLa**.»
*„Oh, jetzt muß ich mich beeilen. Auf Wiedersehen, Giovanna." „Auf Wiedersehen."*

## 442

### Der Duft

Frau Brusa fehlt noch eine Kleinigkeit für den Gatten. Nachdem sie lange nachgedacht hat, entscheidet sie sich für ein Aftershave. Sie kauft es in einer Parfümerie, wo sie auch ein Parfüm findet, das ihr sehr gut gefällt. Sie überlegt ein wenig und beschließt, daß es ihrem Mann sicher gefällt, wenn sie gut duftet, deshalb kauft sie es.

| | |
|---|---|
| il profumo [pro'fu:mo] | Duft, Parfüm, Hauch |
| la piccolezza [pikko'lettsa] | Kleinigkeit, Belanglosigkeit |
| riflettere [ri'flɛttere] | überlegen, nachdenken |
| a lungo ['luŋgo] | lange |
| decidere [de'tʃi:dere] | beschließen, entscheiden |
| la profumeria [profume'ri:a] | Parfümerie |
| profumare [profu'ma:re] | duften, parfümieren |

## 443

*«L'amicizia
che si comunica con molti
è un vino annacquato.»*

*Francesco Algarotti*

## 444

### I presepi

Nel periodo natalizio si vede spesso una tavoletta con l'iscrizione «presepio» sui portali delle chiese. I presepi, eretti in queste chiese, riempiono spesso una intera cappella. La loro qualità varia abbondantemente. Ci sono dei presepi con fino a mille figure, vestite preziosamente, e dei presepi semplici e modesti. Anche in qualche posto pubblico vengono eretti dei presepi, per esempio in alcune stazioni.

*Quale città è famosa per la sua produzione di statue di presepio?*

## 443

„Die Freundschaft, die sich vielen mitteilt, ist ein verwässerter Wein." – Francesco Algarotti (1712–1764), italienischer Schriftsteller

GRAMMATIK

### Il congiuntivo imperfetto – Konjunktiv Imperfekt

| Verben auf -are *comprare* (kaufen) | Verben auf -ere *vendere* (verkaufen) | Verben auf -ire *finire* (beenden) |
|---|---|---|
| compr-assi | vend-essi | fin-issi |
| compr-assi | vend-essi | fin-issi |
| compr-asse | vend-esse | fin-isse |
| compr-assimo | vend-essimo | fin-issimo |
| compr-aste | vend-este | fin-iste |
| compr-assero | vend-essero | fin-issero |

*avere:* avessi, avessi, avesse, avessimo, aveste, avessero
*essere:* fossi, fossi, fosse, fossimo, foste, fossero

## 444

### Die Krippen

In der Weihnachtszeit sieht man oft eine Tafel mit der Inschrift „Krippe" über den Kirchenportalen. Die Krippen, die in diesen Kirchen aufgebaut sind, füllen oft eine ganze Kapelle. Ihre Qualität schwankt stark. Es gibt Krippen mit bis zu tausend Figuren, kostbar gekleidet, und einfache und bescheidene Krippen. Auch an einigen öffentlichen Orten werden Krippen aufgebaut, zum Beispiel in manchen Bahnhöfen. Welche Stadt ist berühmt für ihre Krippenstatuenherstellung?

*Fast in jeder italienischen Stadt befindet sich eine Krippenfigur aus Lecce.*

Die dort hergestellten Krippenfiguren aus Pappmaché, Ton, Gips und Holz werden dort vom 13. bis zum 24. Dezember auf einem traditionellen Jahrmarkt zum Kauf angeboten.

## 445

### ESERCIZIO

**Completare con il tempo giusto**

1. Quando la vidi l'ultima volta, Laura mi disse che (laurearsi) ________________ già da due anni.
2. Ci promisero che (mandare) ________________ Carlo a (prenderci) ________________ in macchina.
3. Il mese scorso (piovere) ________________ molto.
4. Domani noi (potere) ________________ (uscire) ________________ insieme.
5. Tu mi (accompagnare ) ________________ adesso?
6. (Andarsene, tu) ________________!

## 446

# La raccolta dell'uva

In Sicilia la raccolta dell'uva negli ultimi decenni si è sempre più industrializzata, in quanto questa regione ne vanta una grossa produzione. Non per questo, comunque, si è persa la tradizione familiare della vendemmia. Ogni famiglia ha il suo piccolo pezzo di vigna e il giorno del raccolto si parte la mattina molto presto con parenti ed amici per tagliare l'uva. Le donne hanno ancora un grosso ruolo per questa raccolta. Infatti sono loro che con grossi cesti di vimini, caricati sulla testa, trasportano l'uva.

## 445

### Vervollständigen Sie mit der richtigen Zeit

1. Quando la vidi l'ultima volta, Laura mi disse che **si era laureata** già da due anni.
2. Ci promisero che **mandassero** Carlo a **prenderci** in macchina.
3. Il mese scorso **piovve** (oder **pioveva**) molto.
4. Domani **potremo uscire** insieme.
5. Mi **accompagni** adesso?
6. **Vattene**!

1. *Als ich sie das letzte Mal sah, sagte Laura mir, sie habe sich schon vor zwei Jahren diplomiert.*
2. *Sie haben uns versprochen, daß sie Carlo schicken, um uns im Auto mitzunehmen.*
3. *Letzten Monat hat es viel geregnet.*
4. *Morgen können wir gemeinsam ausgehen.*
5. *Begleitest du mich jetzt?*
6. *Hau ab!*

## 446

### Die Weinernte

Auf Sizilien wurde die Weinernte in den letzten Jahrzehnten immer stärker industrialisiert, weil diese Region eine große Produktion auszeichnet. Aus diesem Grund hat sich die Familientradition der Weinernte jedoch nicht verloren. Jede Familie hat ihr kleines Stück Weinberg, und am Tag der Ernte geht man am Morgen sehr früh mit Verwandten und Freunden los, um die Trauben zu schneiden. Die Frauen haben immer noch eine wichtige Rolle bei dieser Ernte. Tatsächlich sind sie es, die mit großen Weidenkörben auf dem Kopf die Trauben transportieren.

| | |
|---|---|
| l'uva (f.) [uːva] | Weintraube |
| il decennio [de'tʃɛn-nio] | Jahrzehnt |
| vantare [van'taːre] | rühmen |
| la vigna [viːɲa] | Weinberg |

## 447

### Broccoli al vino

Ingredienti: 1 kg broccoli, 3 spicchi d'aglio, olio d'oliva, sale, un bicchiere di vino rosso

Lavare i broccoli e tagliarli a piccoli tocchetti. Metterli in una pentola con un po' d'olio d'oliva, sale e aglio e farli soffriggere lentamente per ca. 5 minuti. Aggiungere un bicchiere d'acqua e coprirli affinché cuociano con il vapore. Dopo ca. 10 minuti versare il vino rosso e farli marinare per ancora 10 minuti.

Buon appetito!

## 448

### La vendemmia

Nelle maggiori regioni d'Italia la vendemmia è un'occasione per vivere più intensamente il contatto con il vicinato. Si accendono piccoli fuochi in strada e, lavorando e cantando, si abbrustoliscono le pannochie di mais.

## Broccoli in Wein

Zutaten: 1 kg Broccoli, 3 Knoblauchzehen, Olivenöl, Salz, 1 Glas Rotwein

Die Broccoli waschen und in kleine Stückchen schneiden. Sie in einen Topf mit etwas Olivenöl, Salz, Knoblauch geben und langsam 5 Minuten bräunen. Ein Glas Wasser hinzugeben, und sie so zudecken, daß sie im Dampf kochen. Nach ca. 10 Minuten den Rotwein hinzugießen, und nochmals 10 Minuten marinieren.

Guten Appetit!

| | |
|---|---|
| marinare [mari'na:re] | marinieren |
| schiacciare [skiat-'tʃa:re] | zerdrücken |

448

## Die Weinlese

In den meisten Regionen Italiens ist die Weinlese eine Gelegenheit, den Kontakt mit der Nachbarschaft intensiver zu leben. Man zündet auf der Straße kleine Feuer an und röstet arbeitend und singend Maiskolben.

| | |
|---|---|
| la vendemmia [ven'dem-mia] | Weinlese |
| la regione [re'dʒo:ne] | Region, Gebiet |
| l'occasione (f.) [ok-kazi'o:ne] | Gelegenheit |
| il vicinato [vitʃi'na:to] | Nachbarschaft, Nachbar |
| accendere [at-'tʃɛndere] | anzünden |
| abbrustolire [ab-brusto'li:re] | rösten |

## 449

# Pietro gioca al totocalcio

Da anni Pietro cerca di afferrare la fortuna con la schedina del totocalcio. Purtroppo con rammarico non solo di lui ma anche di Concetta, che non capisce quale gusto ci provi a buttare via i soldi, non è mai riuscito a fare un 13. Questa settimana ha giocato con gli amici un sistema particolare. Se non altro spera di poter recuperare almeno le spese.

## 450

GRAMMATICA

### L'uso delle preposizioni da e di

**I. da**
Ho comprato una macchina **da** scrivere.
Ha aspettato **da** Pietro.
Cerco una tazza **da** caffè.

**II. di**
Vedo la macchina **di** Pietro.
Vado alla Fiera **di** Milano.
Sono **di** Catania.
Si è rotta una porta **di** vetro.

## 449

### Pietro spielt Fußballtoto

Seit Jahren versucht Pietro, mit dem Totozettel sein Glück zu machen. Nicht nur zu seinem, sondern auch zu Concettas Bedauern, die nicht versteht, welchen Geschmack er daran findet, Geld wegzuwerfen, ist es ihm leider niemals gelungen, eine 13* zu erzielen. Diese Woche hat er mit Freunden ein besonderes System gespielt. Er hofft, wenigstens die Kosten wieder hereinzuholen.

** 13 Richtige bedeuten im italienischen Fußballtoto den Höchstgewinn.*

| | |
|---|---|
| il totocalcio [toto'kaltʃo] | **Toto, Fußballtoto** |
| afferrare [af-fer-'raːre] | **greifen, ergreifen** |
| la schedina [skɛ'diːna] | **Totozettel, Tippzettel** |
| il sistema [sis'teːma] | **System** |
| recuperare [rekupe'raːre] | **wiedererlangen** |

## 450

GRAMMATIK

### Der Gebrauch der Präpositionen da und di

Ich habe eine Schreibmaschine gekauft.
Ich habe bei Pietro gewartet.
Ich suche eine Kaffeetasse.

Ich sehe das Auto von Pietro.
Ich fahre zur Mailänder Messe.
Ich bin aus Catania.
Eine Glastür ist kaputtgegangen.

***Da** drückt einen Zweck, ein Ziel und auch eine Richtung aus und steht ohne Artikel bei Eigennamen auf die Fragen „wo?“, „wohin?“ und „woher?“ sowie bei Städtenamen auf die Frage „woher?“.*

***Di** drückt ein Besitzverhältnis aus und steht ohne Artikel bei Personennamen, Städtenamen, bei Mengen und Stoffbezeichnungen.*

## 451

### La Vigilia di Natale

Sandro è eccitatissimo. Oggi è la vigilia di Natale. Per tutto il giorno la mamma ha cucinato tutte le cose che si mangiano soltanto nei giorni di Natale. Sandro ha mangiato tanto che si sente male, ma oggi non si lamenta, può rimanere sveglio fino a mezzanotte, fino a Natale, fino alla distribuzione dei regali!

## 452

### Natale

Oggi tutto è quieto nella casa Brusa. Poiché hanno festeggiato fino alle quattro di notte, tutti sono stanchi. Tutti, tranne Sandro, che è vivace e allegro. Ma per fortuna c'è l'orsacchiotto del nonno, a cui Sandro deve mostrare tutta la casa, così lui è occupato.

## 451

### Heiligabend

Sandro ist sehr aufgeregt. Heute ist Heiligabend. Den ganzen Tag über hat die Mutter all die Dinge gekocht, die man nur in den Weihnachtstagen ißt. Sandro hat so viel gegessen, daß ihm schlecht ist, aber heute klagt er nicht, er darf bis Mitternacht aufbleiben, bis Weihnachten, bis zur Verteilung der Geschenke!

| | |
|---|---|
| la vigilia [vi'dʒiːlia] | Vortag, Vorabend |
| la vigilia di Natale [na'taːle] | Heiligabend |
| cucinare [kutʃi'naːre] | kochen, zubereiten |
| sentirsi male [sen'tiːrsi] | schlecht sein |
| lamentare [lamen'taːre] | klagen, beklagen |
| rimanere [rima'neːre] | bleiben, verbleiben |
| sveglio, -a ['zveʎʎo] | wach, aufgeweckt |

## 452

### Weihnachten

Heute ist alles ruhig im Hause Brusa. Weil sie bis vier Uhr nachts gefeiert haben, sind alle müde. Alle, außer Sandro, der munter und fröhlich ist. Aber zum Glück gibt es den Teddybären des Großvaters, dem Sandro das ganze Haus zeigen muß; so ist er beschäftigt.

| | |
|---|---|
| quieto, -a ['kuiɛːto] | ruhig, still, friedlich |
| perciò [per'tʃɔ] | deshalb, deswegen, darum |
| stanco, -a ['staŋko] | müde, satt, ausgelaugt |
| vivace [vi'vaːtʃe] | lebhaft |
| allegro, -a [al'leːgro] | lustig, ausgelassen |
| la fortuna [for'tuːna] | Glück, Schicksal |
| occupare [okku'paːre] | beschäftigen |

## 453

### Presso i nonni

Già da due giorni Stefano e Sandro sono dai nonni. È quasi un'usanza, passarci i giorni fra Natale e capodanno. Purtroppo quest'anno la nonna deve stare a letto, ha preso un'influenza.

Stefano tenta di aiutare il nonno e Sandro racconta alla nonna tutte le favole che conosce per far passarle il tempo.

## 454

ESERCIZIO

### Trovare otto feste dell'anno

| | | | | | | | | | |
|---|---|---|---|---|---|---|---|---|---|
| I | T | E | U | B | O | E | C | F | I |
| T | R | A | C | E | N | T | M | E | O |
| N | O | S | I | L | I | S | M | R | N |
| A | U | Q | S | A | P | O | Z | R | N |
| S | N | I | T | T | I | C | H | A | A |
| S | C | A | L | A | C | E | I | G | D |
| I | R | E | F | N | U | T | P | O | O |
| N | E | T | O | E | C | N | A | S | P |
| G | I | N | D | E | B | E | I | T | A |
| O | N | N | A | E | L | P | M | O | C |

## 453

### Bei den Großeltern

Schon seit zwei Tagen sind Stefano und Sandro bei den Großeltern. Es ist fast schon ein Brauch, dort die Tage zwischen Weihnachten und Neujahr zu verbringen. Leider muß die Großmutter im Bett bleiben, sie hat sich eine Grippe zugezogen. Stefano versucht, dem Großvater zu helfen, und Sandro erzählt der Großmutter alle Märchen, die er kennt, um ihr die Zeit zu vertreiben.

| | |
|---|---|
| presso ['presso] | nahe, bei |
| i nonni ['nɔnni] | Großeltern |
| l'usanza, *f* [u'zantsa] | Brauch, Gewohnheit |
| il capodanno [kapo'danno] | Neujahr |
| purtroppo [pur'trɔppo] | leider |
| l'influenza, *f* [influ'ɛntsa] | Grippe, Einfluß |
| raccontare [rakkon'ta:re] | erzählen, berichten |

## 454

### Finden Sie acht Feste des Jahres

| | | | | | | | | | |
|---|---|---|---|---|---|---|---|---|---|
| I | | | | | | E | | F | |
| T | | | | E | | T | | E | O |
| N | | | | L | | S | | R | N |
| A | U | Q | S | A | P | O | | R | N |
| S | N | | | T | | C | | A | A |
| S | | A | | A | | E | | G | D |
| I | | | F | N | | T | | O | O |
| N | | | | E | | N | | S | P |
| G | | | | | B | E | | T | A |
| O | N | N | A | E | L | P | M | O | C |

*Befana:* Dreikönig(sfest); *Capodanno:* Silvester; *Compleanno:* Geburtstag; *Ferragosto:* Mariä Himmelfahrt; *Natale:* Weihnachten; *Ognissanti:* Allerheiligen; *Pasqua:* Ostern; *Pentecoste:* Pfingsten

## 455

### Nel bosco in cerca di funghi

Pietro ha una grande passione per il bosco e tutto quello che riguarda la natura. Attualmente cominciano a nascere i funghi e lui, quando ha tempo, parte con il suo cestino a cercarli. Grazie alla sua grossa esperienza conosce i posti migliori. Adesso il terreno è abbastanza umido, perché ha piovuto. È il periodo più propizio per cucinarsi il risotto ai funghi porcini.

## 456

GRAMMATICA

### L'uso delle preposizioni a e in

**I. a**

Antonella scrive una lettera **a** Luigi.
Domani vado **a** Roma.
Resto **a** Catania per tre giorni.

**II. in**

Vado **in** Germania.
Vado **in** macchina.
La casa si trova **in** Via Garibaldi.
Pietro va **in** ufficio.

455

## Im Wald auf Pilzsuche

Pietro hat eine große Leidenschaft für den Wald und alles, was mit der Natur zusammenhängt. Zur Zeit beginnen die Pilze zu wachsen, und wenn er Zeit hat, geht er mit seinem Korb los, um sie zu suchen. Aufgrund seiner großen Erfahrung kennt er die besten Plätze. Jetzt ist der Boden ziemlich feucht, weil es geregnet hat. Es ist die günstigste Zeit, um Reis mit Steinpilzen zu kochen.

| | |
|---|---|
| il fungo (pl. funghi) [fuŋgo] | Pilz |
| il bosco [bosko] | Wald |
| il terreno [ter-'re:no] | Boden |
| umido ['u:mido] | feucht |
| propizio [pro'pi:tsio] | günstig |
| il porcino [por'tʃi:no] | Steinpilz |

456

GRAMMATIK

## Der Gebrauch der Präpositionen a und in

Antonella schreibt einen Brief an Luigi.
Morgen fahre ich nach Rom.
Ich bleibe drei Tage in Catania.

Ich fahre nach Deutschland.
Ich fahre mit dem Wagen.
Das Haus befindet sich in der Via Garibaldi.
Pietro geht ins Büro.

**a** *drückt eine Richtung aus und steht ohne Artikel*
– *bei Personennamen*
– *nach Verben, die mit der Präposition **a** verbunden werden*
– *bei Städtenamen auf die Fragen „wo?“ und „wohin?“.*

**in** *steht auf die Fragen „wo?“ und „wohin?“ (bei femininen Ländernamen ohne Artikel).*

## 457

### Antonella mette un'inserzione sul giornale

Lena: *Ciao Antonella, da dove vieni?*
Antonella: *Ciao, sono andata in redazione per farmi mettere un annuncio sul giornale.*
Lena: *Di che cosa si tratta, cerchi una casa?*
Antonella: *Ma no, nel mio annuncio c'è scritto: Offronsi ripetizioni a domicilio in italiano, matematica e technica.*

## 458

GRAMMATICA

### Il presente congiuntivo

| | | |
|---|---|---|
| ***parlare*** | ***mettere*** | ***partire*** |
| *parl-i* | *mett-a* | *part-a* |
| *parl-i* | *mett-a* | *part-a* |
| *parl-i* | *mett-a* | *part-a* |
| *parl-iamo* | *mett-iamo* | *part-iamo* |
| *parl-iate* | *mett-iate* | *part-iate* |
| *parl-ino* | *mett-ano* | *part-ano* |

## 457

### Antonella setzt ein Inserat in die Zeitung

| | |
|---|---|
| Lena: | Hallo Antonella, woher kommst du? |
| Antonella: | Hallo, ich bin in die Redaktion gegangen, um eine Anzeige in die Zeitung setzen zu lassen. |
| Lena: | Worum handelt es sich, suchst du eine Wohnung? |
| Antonella: | Aber nein, in meiner Anzeige steht: Es wird häuslicher Nachhilfeunterreicht in Italienisch, Mathematik und Technik angeboten. |

| | |
|---|---|
| l'inserzione (f.) [insertsi'oːne] | Inserat, Anzeige |
| la redazione [redatsi'oːne] | Redaktion |
| l'annuncio (m.) [an-'nuntʃo] | Ankündigung, Anzeige |
| la ripetizione [ripetitsi'oːne] | Wiederholung, Nachhilfestunde |

## 458

### Der Konjunktiv Präsens

| **sprechen** | **legen** | **abreisen** |
|---|---|---|
| ich spreche | ich lege | ich reise ab |
| du sprechest | du legest | du reisest ab |
| er spreche | er lege | er reise ab |
| wir sprechen | wir legen | wir reisen ab |
| ihr sprechet | ihr leget | ihr reiset ab |
| sie sprechen | sie legen | sie reisen ab |

Beim Konjunktiv Präsens sind wie beim Indikativ die 1., 2. und 3. Person Singular sowie die 3. Person Plural stammbetont.
In den Singularformen können, um Verwechslungen auszuschließen, die Subjektpronomen zum Verb treten.
Die 3. Person des Konjunktivs dient zugleich als Imperativ der Höflichkeitsform „Sie". Die Personal- und Reflexivpronomen stehen vor diesen Imperativformen.

## 459

### Visita dal contadino

Pietro: *Salvatore, vieni che andiamo in campagna a fare una visita al mio amico contadino.*

Salvatore: *Sinceramente non ho molta voglia. Voi chiacchierate sempre di alberi, potatura e lavoro di campagna. Io lì mi annoio.*

Pietro: *Non essere cosi pigro, quantomeno puoi respirare un po' d'aria pura!*

Salvatore: *Va bene andiamo, ma torniamo presto, eh!*

## 460

### Al parco nazionale

Salvatore si è deciso di andare nel Trentino a visitare in quella zona un parco nazionale che è rinomato in tutta l'Italia. In questo parco vivono molte specie di animali, i quali sono in via di estinzione. Perciò si cerca di conservare le varie specie offrendo agli animali un ambiente naturale.

## 459

### Besuch beim Bauern

| | |
|---|---|
| Pietro: | Salvatore, komm, wir gehen aufs Land, um meinen Freund, den Bauern, zu besuchen. |
| Salvatore: | Ehrlich gesagt habe ich nicht viel Lust. Ihr schwätzt immer über Bäume, Beschneiden und Feldarbeit. Ich langweile mich dort. |
| Pietro: | Sei nicht so faul, wo du zumindest etwas frische Luft atmen kannst! |
| Salvatore: | Na gut, gehen wir, aber laß uns früh zurückkehren! |

| | |
|---|---|
| sinceramente [sintʃera'mente] | ehrlich, offen |
| la potatura [pota'tuːra] | Beschneiden |
| annoiarsi [an-noi'arsi] | sich langweilen |
| pigro [piːgro] | faul |
| il cachi ['kaːki] | Khakifrucht |
| il pollo ruspante [pol-lo rus'pante] | mit Korn gemästetes Huhn |

## 460

### Im Nationalpark

Salvatore hat sich entschlossen, nach Triest zu fahren, um in diesem Gebiet einen Nationalpark zu besuchen, der in ganz Italien berühmt ist. In diesem Park leben viele Arten von Tieren, die vom Aussterben bedroht sind. Daher versucht man, die unterschiedlichen Arten zu bewahren, indem man den Tieren eine natürliche Umgebung bietet.

| | |
|---|---|
| rinomato [rino'maːto] | berühmt |
| la specie [spɛːtʃe] | Art, Sorte |
| l'animale (m.) [ani'maːle] | Tier |
| l'estinzione (f.) [estintsi'oːne] | Tilgung, Aussterben |
| l'ambiente (m.) [embi'ɛnte] | Milieu, Umgebung |

## 461

ESERCIZIO

### Completa le mancanti preposizioni!

1. La famiglia Mancini abita . . . Catania.
2. Concetta va . . . Canada.
3. Ho aspettato . . . un mio amico.
4. Oggi Salvatore non è andato . . . scuola.
5. L'amico di Antonella abita . . . Via Marina N° 7.
6. È andato . . . treno a Roma.
7. Sono ritornato . . . Roma . . . Catania tardi la sera.

## 462

### Milano

Milano non è soltanto una città industriale, ma è anche famosa per le sue opere d'arte. C'è il duomo, che è un capolavoro del gotico. Vicino al duomo si trova il famosissimo Teatro della Scala, il più grande e il più pomposo teatro d'Italia. Degno d'essere vista è anche la Pinacoteca di Brera, fondata da Napoleone, una delle più grandi pinacoteche d'Italia e le chiese S. Maria delle Grazie, S. Ambrogio e S. Eustorgio.

*Quale affresco famoso si trova vicino alla chiesa di Santa Maria delle Grazie?*

## 461

ÜBUNG

### Ergänze die fehlenden Präpositionen!

1. La famiglia Mancini abita **a** Catania.
2. Concetta va **in** Canada.
3. Ho aspettato **da** un mio amico.
4. Oggi Salvatore non è andato **a** scuola.
5. L'amico di Antonella abita **in** Via Marina N° 7.
6. È andato **in** treno a Roma.
7. Sono ritornato **da** Roma **a** Catania tardi la sera.

1. Familie Mancini wohnt in Catania.
2. Concetta fährt nach Kanada.
3. Ich habe bei einem Freund von mir gewartet.
4. Heute ist Salvatore nicht zur Schule gegangen.
5. Der Freund von Antonella wohnt in der Via Marina Nr. 7.
6. Er/Sie ist mit dem Zug nach Rom gefahren.
7. Ich bin spätabends von Rom nach Catania zurückgekehrt.

## 462

### Mailand

Mailand ist nicht nur eine Industriestadt, sondern auch berühmt wegen seiner Kunstwerke. Da ist zum einen der Dom, ein Meisterwerk der Gotik. Nahe beim Dom liegt das weltberühmte Teatro della Scala, das größte und prunkvollste Theater Italiens. Sehenswert sind auch die Pinacoteca di Brera, gegründet von Napoleon, eine der größten Pinakotheken Italiens, und die Kirchen S. Maria delle Grazie, S. Ambrogio und S. Eustorgio. Welches berühmte Fresko befindet sich in der Nähe der Kirche Santa Maria delle Grazie?

*Das Abendmahl von Leonardo da Vinci.*

In Mailand befindet sich auch die Biblioteca Ambrosiana, Besitzerin von Originaltexten Leonardo da Vincis und eines Vergil-Bands mit handschriftlichen Anmerkungen Petrarcas.

## 463

### Lo sport

Poiché Giulio è un ragazzo molto sportivo, cerca subito una possibilità di fare dello sport. Naturalmente è un tifoso di calcio. Ma già da ragazzo giocava al basket con gran piacere. Forse trova una squadra a Milano, che ha il suo livello. Oggi va a vedere l'allenamento di una squadra, che però è troppo forte per lui, deve cercarsi un'altra.

## 464

### La festa di Capodanno

Un amico comune di Stefano e Giovanna dà una festa di Capodanno. Per lui hanno comprato un buon libro. Stefano ha anche comprato un paio di mutande rosse per Giovanna. Ubbidisce a una vecchia usanza, la quale vuole che in questo giorno, delle mutande rosse portino fecondità e ricchezza, insomma fortuna.

## 463

### Sport

Weil Giulio ein sehr sportlicher Junge ist, sucht er sofort eine Möglichkeit, Sport zu treiben. Natürlich ist er ein Fußballfan. Aber schon als Junge spielte er gerne Basketball. Vielleicht findet er in Mailand eine Mannschaft, die sein Niveau hat. Heute geht er sich das Training einer Mannschaft ansehen, die jedoch zu stark für ihn ist; er muß sich eine andere suchen.

| | |
|---|---|
| lo sport [spɔrt] | Sport |
| fare dello sport ['fa:re] | Sport treiben |
| il tifoso [ti'fo:so] | Typhuskranker, Fan |
| il calcio ['kaltʃo] | (Fuß-)Tritt, Fußball, Kalzium |
| giocare [dʒo'ka:re] | spielen |
| la squadra ['skua:dra] | Winkel, Gruppe, Mannschaft |
| l'allenamento, *m* [allena'mento] | Übung, Training |

## 464

### Die Silvesterparty

Ein gemeinsamer Freund von Stefano und Giovanna gibt eine Silvesterparty. Sie haben für ihn ein gutes Buch gekauft. Stefano hat auch eine rote Unterhose für Giovanna gekauft. Er befolgt einen alten Brauch, der besagt, daß rote Unterhosen an diesem Tag Fruchtbarkeit und Reichtum, also Glück bringen.

| | |
|---|---|
| dare ['da:re] | geben, veranstalten |
| il paio ['pa:io] | Paar |
| le mutande [mu'tande] | Unterhose |
| un paio di mutande | eine(!) Unterhose |
| ubbidire [ubbi'di:re] | folgsam sein, gehorchen |
| la fecondità [fekondi'ta] | Fruchtbarkeit |
| insomma [in'somma] | also, kurz, schließlich |

465

## Capodanno

Giulio è molto curioso come sarà l'anno mille novecento novantatré. Da poco vive a Milano. Lì si è trasferito per lavoro. Non conosce ancora nessuno a Milano, tranne la sua locatrice. Ma lei ha settantatré anni e non è il tipo con cui Giulio vuole passare il suo tempo libero. Ma Giulio è ottimista, presto conoscerà tutti i milanesi.

466

*«Mal comune,*
*mezzo gaudio.»*

*Proverbio*

## 465

### Neujahr

Giulio ist sehr neugierig darauf, wie das Jahr 1993 sein wird. Seit kurzem lebt er in Mailand. Er ist wegen seiner Arbeit dorthingezogen. Er kennt noch niemanden außer seiner Vermieterin in Mailand. Aber sie ist 73 Jahre alt und ist nicht der Typ, mit dem Giulio seine Freizeit verbringen möchte. Aber Giulio ist optimistisch, bald wird er alle Mailänder kennen.

| | |
|---|---|
| il capodanno [kapo'danno] | Neujahr |
| curioso, -a [ku'rio:so] | neugierig, sonderbar |
| vivere ['vi:vere] | leben |
| trasferirsi [trasfe'ri:rsi] | umziehen, übersiedeln |
| conoscere [ko'noʃʃere] | kennen |
| la locatrice [loka'tri:tʃe] | Vermieterin |
| il tempo ['tɛmpo] | Zeit, Wetter, Takt |

## 466

„Gemeinsames Leid, halbe Freude." (Geteiltes Leid ist halbes Leid.) – Italienisches Sprichwort

GRAMMATIK

### «essere» e «avere» – „sein" und „haben"

| | | |
|---|---|---|
| io sono<br>tu sei<br>lui, lei è<br>noi siamo<br>voi siete<br>loro sono | ich bin<br>du bist<br>er, sie ist<br>wir sind<br>ihr seid<br>sie sind | Höflichkeitsform ist die dritte Person, im Plural wird manchmal auch die zweite benutzt. |
| io ho<br>tu hai<br>lui, lei ha<br>noi abbiamo<br>voi avete<br>loro hanno | ich habe<br>du hast<br>er, sie hat<br>wir haben<br>ihr habt<br>sie haben | Die Pronomen (io, tu, ...) können auch weggelassen werden. |

## 467

# Piani per l'ampliamento del solaio

Pietro: *Vorrei ampliare il solaio e ricavarne una stanza. Mi fa un preventivo delle spese?*

Architetto: *Devo prima misurare e calcolare il materiale occorrente e poi Le saprò dire.*

Pietro: *Allora aspetto una Sua risposta.*

## 468

### ESERCIZIO

**«Essere» o «avere»?**

1. Giulio ___________ italiano.
2. Giulio ___________ una sorella.
3. Loro ___________ molti amici.
4. Giulio, (tu) ___________ una macchina?
5. Sì, io e mia sorella, noi ne ___________ una insieme.
6. (Tu) ___________ più giovane di lei?
7. No, io ___________ ventitré anni, lei ne ___________ venti.

## 467

### Pläne für den Ausbau des Dachbodens

Pietro: Ich würde gerne den Dachboden ausbauen und ein Zimmer hinzugewinnen. Machen Sie mir einen Kostenvoranschlag?

Architekt: Ich muß erst ausmessen und das benötigte Material berechnen, und dann kann ich Ihnen etwas sagen.

Pietro: Ich erwarte also Ihre Antwort.

| | |
|---|---|
| l'ampliamento (m.) [amplia'mento] | Erweiterung |
| ampliare [ampli'a:re] | erweitern, ausdehnen |
| il solaio [so'la:io] | Dachboden |
| ricavare [rika'va:re] | entnehmen, gewinnen |
| il preventivo [preven'ti:vo] | Kostenvoranschlag |
| misurare [mizu'ra:re] | messen, vermessen |
| calcolare [kalko'la:re] | (be)rechnen |
| il materiale [materi'a:le] | Material |

## 468

### „Sein" oder „haben"?

1. Giulio è italiano.
   Giulio ist Italiener.
2. Giulio **ha** una sorella.
   Giulio hat eine Schwester.
3. Loro **hanno** molti amici.
   Sie haben viele Freunde.
4. Giulio, **hai** una macchina?
   Giulio, besitzt du ein Auto?
5. Sì, io e mia sorella, noi ne **abbiamo** una insieme.
   Ja, ich und meine Schwester, wir haben zusammen eins.
6. **Sei** più giovane di lei?
   Bist du jünger als sie?
7. No, io **ho** ventitré anni, lei ne **ha** venti.
   Nein, ich bin 23 Jahre alt, sie ist 20.

## 469

GRAMMATICA

### Gli aggettivi possessivi

*il mio/tuo/suo amico*
*il nostro/vostro/loro amico*
*i miei/tuoi/suoi amici*
*i nostri/vostri/loro amici*

*la mia/tua/sua amica*
*la nostra/vostra/loro amica*
*le mie/tue/sue amiche*
*le nostre/vostre/loro amiche*

## 470

### Il telequiz

Sandro e Laura sono una giovane coppia di sposi. Abitano a Roma. Dopo cena guardano la televisione. Questa trasmissione piace molto a Laura, perché è un quiz. Alle domande che fâ il presentatore anche lei risponde volentieri. Se la risposta è giusta, resta molto soddisfatta di sè.

## 469

### Die Possessivadjektive

*Die Possessivadjektive richten sich in Genus und Numerus nach dem zugehörigen Substantiv; nur „loro“ bleibt stets unverändert. In der Regel werden sie mit dem Artikel gebraucht und stehen vor dem Substantiv.*
*Das Possesivadjektiv der 3. Person richtet sich im Italienischen nur nach dem Besitz:*

| | | | | |
|---|---|---|---|---|
| *Pietro* | | *Pietro* | ***sein*** | |
| | *e il **suo** amico* | *und* | | *Freund* |
| *Carla* | | *Carla* | ***ihr*** | |
| | | | | |
| *Pietro* | | *Pietro* | ***seine*** | |
| | *e la **sua** amica* | *und* | | *Freundin* |
| *Carla* | | *Carla* | ***ihre*** | |

*Bei Verwandschaftsbezeichnungen im Singular fehlt der Artikel; er steht jedoch immer im Plural: mio figlio, tua figlia – **i** miei figli. Die Anreden „il Suo, il Loro“ usw. werden groß geschrieben.*

## 470

### Das Fernsehquiz

Sandro und Laura sind ein junges Ehepaar. Sie wohnen in Rom. Sie schauen nach dem Abendessen Fernsehen. Die Sendung gefällt Laura sehr, weil es ein Quiz ist. Auf die Fragen, die der Quizmaster stellt, antwortet sie auch selbst gern. Wenn die Antwort richtig ist, ist sie sehr mit sich zufrieden.

| | |
|---|---|
| la cena ['tʃe:na] | Abendessen |
| la trasmissione [trazmissi'o:ne] | Fernsehsendung |
| trasmettere [traz'mettere] | übertragen, senden |
| il presentatore [prezenta'to:re] | Leiter (Person) |
| volentieri [volenti'ɛ:ri] | gern |
| giusto ['dʒusto] | richtig |
| soddisfatto [soddis'fatto] | zufrieden |

## 471

### Il rappresentante

Sandro: *Suonano alla porta. Apri, per favore?*
Laura: *Un momento! Vado subito.*
Sandro: *Chi ha suonato?*
Laura: *Solo un rappresentante di birra.*
Sandro: *Dov'è adesso?*
Laura: *Ho detto a lui che beviamo vino.*

## 472

ESERCIZIO

### Sono oder è – Bilden Sie Sätze

1. Sandro ______ il marito di Laura.
2. Sandro e Laura ______ una giovane coppia.
3. La televisione ______ nel salotto.
4. Il rappresentante ______ alla porta.
5. I regali ______ molto belli.

## 471

### Der Vertreter

Sandro: Es läutet. Öffnest du bitte?
Laura: Einen Moment! Ich gehe sofort.
Sandro: Wer hat geläutet?
Laura: Nur ein Biervertreter.
Sandro: Wo ist er jetzt?
Laura: Ich habe ihm gesagt, daß wir Wein trinken.

| | |
|---|---|
| suonare [suo'na:re] | läuten, klingeln, Instrument spielen |
| ha suonato [a suo'na:to] | es hat geläutet |
| vado ['va:do] | ich gehe |
| il rappresentante [rapprezen'tante] | Vertreter |
| ho detto [o 'detto] | ich habe gesagt (Perfekt von sagen) |

## 472

### Sono o è – Completate le frasi

1. Sandro **è** il marito di Laura. Sandro **ist** der Ehemann von Laura.
2. Sandro e Laura **sono** una giovane coppia. Sandro und Laura **sind** ein junges Paar.
3. La televisione **è** nel salotto. Der Fernseher **steht** im Wohnzimmer.
4. Il rappresentante **è** alla porta. Der Vertreter **ist** an der Tür.
5. I regali **sono** molto belli. Die Geschenke **sind** sehr schön.

*DIE EXPERTENECKE*

*è = ist, e = und*

## 473

### Castagne arrostite

Pietro è andato in montagna per raccogliere le prime castagne. È felice di assaporare già l'atmosfera dell'inverno. Si ricorda i tempi della sua gioventù, quando le castagne erano ancora una materia prima per il sostenimento quotidiano. Si faceva la farina di castagne per il pane o i dolci e si indurivano nel forno per mantenerli l'inverno.

## 474

### L'apparecchio televisivo

Sandro: *Il televisore non funziona!*

Laura: *Come mai! Fino a ieri funzionava. Non capisco!*

Sandro: *Ma sì, guarda! Non si vede nessuna immagine.*

Laura: *Domani telefono al tecnico. Così oggi finalmente possiamo cenare tranquillamente.*

## 473

# Geröstete Kastanien

Pietro ist in die Berge gegangen, um die ersten Kastanien zu sammeln. Er ist glücklich, bereits die winterliche Atmosphäre zu spüren. Er erinnert sich an die Zeiten seiner Jugend, als die Kastanien noch ein alltägliches Hauptnahrungsmittel waren. Man machte Mehl aus Kastanien für das Brot, Süßigkeiten, und man härtete sie im Ofen, um sie für den Winter haltbar zu machen.

| | |
|---|---|
| assaporare [as-sapo'raːre] | kosten, probieren |
| la gioventù [dʒoven'tu] | Jugend |
| il sostenimento [sosteni'mento] | Unterhalt |
| indurire [indu'riːre] | (ver)härten |

## 474

# Der Fernsehapparat

Sandro: Der Fernseher funktioniert nicht!
Laura: Weshalb? Bis gestern hat er funktioniert. Das verstehe ich nicht!
Sandro: Aber schau doch! Es kommt kein Bild.
Laura: Morgen rufe ich den Techniker an. So können wir heute endlich einmal in Ruhe zu Abend essen.

| | |
|---|---|
| come mai ['koːme mai] | weshalb, warum |
| ieri [i'ɛːri] | gestern |
| guarda ['guarda] | schau (Imperativ) |
| guardare [guar'daːre] | schauen |
| l'immagine, *f* [im'maːadʒine] | Bild |
| domani [do'maːni] | morgen |
| finalmente [final'mente] | endlich (Adverb) |
| tranquillamente [traŋkuilla'mente] | ruhig (Adverb) |

## 475

### Il Colosseo

Il Colosseo fù costruito nell'anno 73 dopo Cristo, la sua costruzione durò più di 100 anni. Questo grandioso anfiteatro è stato saccheggiato molte volte nel corso dei tempi, non solo dagli aristocratici, che fecero portare via il marmo prezioso, per arricchire i loro palazzi, ma anche dal popolo povero che abbelliva le sue case modeste. La storia di Roma è strettamente unita con il Colosseo. Qui si svolgevano i giochi preferiti dei romani: le lotte dei gladiatori tra di loro ma anche con le belve.

*Quanti spettatori può contenere il Colosseo?*

## 476

*«La reazione
è più dura dell'azione.»*
*Proverbio*

## 475

### Das Kolosseum

Die Entstehung des Kolosseums geht auf das Jahr 73 nach Christus zurück; sein Bau erforderte mehr als 100 Jahre. Das großartige Amphitheater ist im Lauf der Zeit mehrfach geplündert worden, sowohl von den Adligen, die den wertvollen Marmor abtragen ließen, um ihre eigenen Paläste zu schmükken, als auch von der armen Bevölkerung, die damit ihre schlichten Häuser verschönerte. Die Geschichte Roms ist eng mit dem Kolosseum verbunden. Hier fanden die beliebtesten Spiele der Römer statt: Kämpfe der Gladiatoren untereinander oder mit Raubtieren. Wieviele Zuschauer haben im Kolosseum Platz?

*50 000 Zuschauer*

## 476

„Die Reaktion ist schlimmer als die Aktion." (Es wird nichts so heiß gegessen wie gekocht.) – Sprichwort

GRAMMATIK

### Essere und avere

| essere | sein | avere | haben |
|---|---|---|---|
| io sono | ich bin | io ho | ich habe |
| tu sei | du bist | tu hai | du hast |
| lui, lei è | er, sie ist | lui, lei ha | er, sie hat |
| Lei è | Sie sind | Lei ha | Sie haben |
| noi siamo | wir sind | noi abbiamo | wir haben |
| voi siete | ihr seid | voi avete | ihr habt |
| loro sono | sie sind | loro hanno | sie haben |

## 477

### Assicurazione

Oggi Sandro e Laura ricevono una lettera dell'assicurazione. Loro sono molto sorpresi di come sia alta la somma da pagare mensilmente per assicurare la macchina. Sotto la somma c'è scritto che quest'anno l'assicurazione è aumentata del 10 % . Purtroppo l'Italia è un paese molto caro.

## 478

### Una finestra nuova in soffitta

Concetta: *Pietro, vorrei far cambiare la finestra in soffitta.*

Pietro: *Perché? È ancora in buone condizioni.*

Concetta: *Lo so, ma vorrei farne mettere una più grande. Serve per fare entrare più aria. D'inverno, quando piove, posso stendere i panni.*

## 477

### Versicherung

Heute erhalten Sandro und Laura einen Brief von der Versicherung. Sie sind sehr überrascht, wie hoch der monatliche Beitrag für die Autoversicherung ist. Unter der Summe steht, daß in diesem Jahr die Versicherung um 10% gestiegen ist. Leider ist Italien ein sehr teures Land.

| | |
|---|---|
| ricevere [ri'tʃe:vere] | erhalten, bekommen |
| la lettera ['lɛttera] | Brief |
| alto ['alto] | hoch |
| pagare [pa'ga:re] | zahlen |
| mensilmente [mensi:l'mente] | monatlich |
| aumentare [aumen'ta:re] | erhöhen |
| purtroppo [pur'trɔppo] | leider |

## 478

### Ein neues Fenster auf dem Dachboden

Concetta: Pietro, ich würde gerne das Fenster auf dem Dachboden austauschen.

Pietro: Warum? Es ist noch in gutem Zustand.

Concetta: Das weiß ich, aber ich würde gerne ein größeres anbringen lassen. Dadurch soll mehr Luft hereinkommen. Im Winter, wenn es regnet, kann ich die Wäsche dort aufhängen.

| | |
|---|---|
| la soffitta [sof-'fit-ta] | Dachstube, Dachboden |
| stendere ['stɛndere] | aufhängen |
| asciugare [aʃ-ʃu'ga:re] | (ab)trocknen |

## 479

ESERCIZIO

**Übersetzung**

1. Sandro wohnt in Rom.
2. Laura antwortet auf die Frage.
3. Das Geschenk von Sandro gefällt Laura sehr.
4. Sie haben einen Fernseher.
5. Heute abend sind sie zu Hause.

## 480

**Gita a Siracusa**

Siracusa è una delle città più vecchie della Sicilia. C'è molto da ammirare, in quanto è una città che è stata originariamente costruita dai greci e dai romani. Dell'epoca rimangono ancora oggi quasi intatti i resti dell'anfiteatro e delle tombe romane. Del resto tutta la Sicilia è uno specchio di civiltà antiche.

## 479

### Traduzione

1. Sandro abita a Roma.
2. Laura risponde alla domanda.
3. Il regalo di Sandro piace molto a Laura.
4. Loro hanno un televisore.
5. Stasera sono a casa.

*DIE EXPERTENECKE*

| | |
|---|---|
| c'è un sacco di rumore | – es ist sehr laut |
| ha una macchina di seconda mano | – er hat einen Gebrauchtwagen |
| costa un occhio della testa | – es kostet ein Heidengeld |
| passare la notte in bianco | – eine schlaflose Nacht verbringen |
| morire dal sonno | – vor Müdigkeit umfallen |

## 480

### Ausflug nach Syrakus

Syrakus ist eine der ältesten Städte Siziliens. Es gibt viel zu bewundern, weil es eine Stadt ist, die ursprünglich von den Griechen und von den Römern erbaut worden ist. Noch heute überdauern aus dieser Zeit fast unversehrt die Reste des Amphitheaters und der römischen Gräber. Darüberhinaus ist ganz Sizilien ein Spiegel der antiken Kulturen.

| | |
|---|---|
| il greco [grɛːko] | Grieche |
| il romano [ro'maːno] | Römer |
| intatto [in'tat-to] | unberührt, unversehrt |
| l'anfiteatro (m.) [anfite'aːtro] | Amphitheater |
| la tomba [tomba] | Grab |
| la civiltà [tʃivil'ta] | Kultur |

## 481

### In cucina

Sandro e Laura hanno comprato le fettine di vitello. Vogliono preparare una cena molto speciale, le scaloppine al marsala. A casa hanno quasi tutto quello che occorre per prepararle. Lui prepara la carne e lei il contorno. Quando tutto è pronto si siedono a tavola, perché hanno molta fame. Da bere prendono una buona bottiglia di vino rosso.

## 482

### Lorenzo dei Medici

Lorenzo dei Medici nacque nel 1449. La sua educazione venne affidata a famosi umanisti. Ancora giovanissimo gli morì il padre, un celebre uomo di stato. Lorenzo assunse la signoria di Firenze. La sua autorità politica diventò molto importante. Amministrava una grande corte e rendeva alla sua città natale un magnifico splendore artistico. Ma Lorenzo era anche un poeta. La sua prosa esprime il motivo fondamentale del Rinascimento.

*Come fù chiamato Lorenzo dei Medici?*

## 481

### In der Küche

Sandro und Laura haben Kalbsschnitzel gekauft. Sie wollen ein ganz besonderes Abendessen machen, Schnitzel mit Marsala. Sie haben fast alles, was zur Zubereitung nötig ist, im Haus. Er bereitet das Fleisch zu und sie die Beilagen. Sobald alles fertig ist, setzen sie sich an den Tisch, weil sie sehr hungrig sind. Dazu trinken sie eine gute Flasche Rotwein.

| | |
|---|---|
| la scaloppina [skalop'pi:na] | Schnitzel |
| preparare [prepa'ra:re] | vorbereiten, zubereiten |
| occorre [ok'korre] | es ist nötig |
| la carne ['karne] | Fleisch |
| il contorno [kon'torno] | Beilage |
| siedono ['sie:dono] | sie sitzen |
| la fame ['fa:me] | Hunger |
| bere ['be:re] | trinken |

## 482

### Lorenzo von Medici

Lorenzo von Medici wurde 1449 geboren. Seine Erziehung wurde berühmten Humanisten anvertraut. Als er noch sehr jung war, starb sein Vater, ein bedeutender Staatsmann, und Lorenzo übernahm die Herrschaft über Florenz. Er erlangte große politische Bedeutung. Er führte einen großen Hof und verlieh seiner Vaterstadt herausragenden künstlerischen Glanz. Aber Lorenzo war auch Dichter. Seine Prosa drückt die Leitgedanken der Renaissance aus. Wie wurde Lorenzo von Medici genannt?

*Il Magnifico – Der Prächtige*

**Seine fröhlichen Gedichte:**
„Canzoni a ballo“ (Tanzlieder) und „Trionfo di Bacco e Arianna“ (Triumph des Bacchus und der Ariadne)

## 483

### All'ufficio

Laura e Rosa sono amiche da molto tempo. Le due amiche lavorano nello stesso ufficio. Stasera vogliono andare a vedere una mostra. Oggi vogliono rimanere in ufficio solamente fino alle quattro. Ma hanno ancora moltissime cose da sbrigare. La mostra è aperta solamente fino alle ore 18.

## 484

### La discussione

Laura: *Ti aspetto da un'ora! Come mai non mi hai telefonato?*
Sandro: *Perché non sono riuscito a trovare neanche un gettone.*
Laura: *Questa è una bella scusa! Non avevi delle monete da cento lire?*
Sandro: *Sí, ce le avevo, ma la gettoneria era vuota!*
Laura: *Allora comprati una scheda magnetica telefonica.*

## 483

### Im Büro

Laura und Rosa sind schon seit langer Zeit befreundet. Die zwei Freundinnen arbeiten in demselben Büro. Heute abend wollen sie eine Ausstellung ansehen. Sie wollen heute nur bis vier Uhr im Büro bleiben. Aber sie haben noch sehr viele Dinge zu erledigen. Die Ausstellung ist nur bis 18 Uhr geöffnet.

| | |
|---|---|
| l'amico, *m* [a'mi:ko] | Freund |
| lavorare [lavo'ra:re] | arbeiten |
| lo stesso ['stesso] | derselbe |
| io stesso | ich selbst |
| volere [vo'le:re] | wollen |
| vogliono ['voʎono] | sie wollen |
| andare a vedere [an'da:re a ve'de:re] | besichtigen |
| sbrigare [zbri:'ga:re] | erledigen |

## 484

### Die Auseinandersetzung

Laura: Ich warte schon seit einer Stunde auf dich! Weshalb hast du mich nicht angerufen?

Sandro: Weil ich keine einzige Telefonmünze bekommen konnte.

Laura: Das ist eine schöne Ausrede! Hattest du keine Hundert-Lire-Münzen?

Sandro: Doch, die hatte ich schon, aber der Münzautomat war leer!

Laura: Dann kauf dir doch eine Telefonkarte!

| | |
|---|---|
| aspettare [aspet'ta:re] | erwarten |
| riuscire [riuʃ'ʃi:re] | gelingen |
| la scusa ['sku:za] | Entschuldigung |
| vuoto ['vuɔ:to] | leer |
| allora [al'lo:ra] | also |

# 485

## ESERCIZIO

### Kreuzworträtsel

*Tragen Sie folgende Verben in der angegebenen Person ein:* trovare, venire, spendere, fare, andare, dire.

1. er
2. wir
3. sie (Pl.)
4. ich
5. er

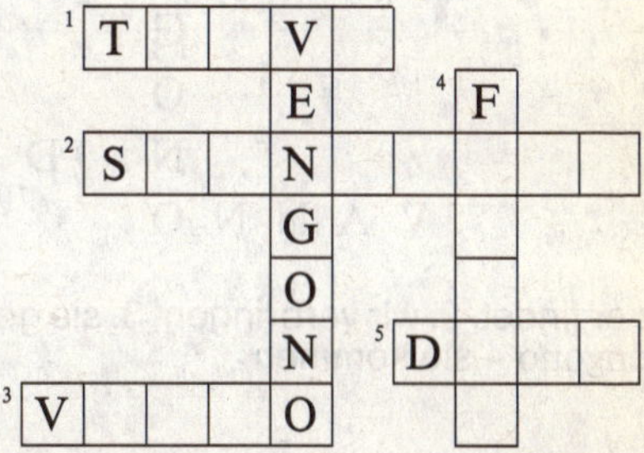

# 486

### I re magi

Oggi è il giorno dei re magi. Giulio desidera tre magi propri, uno con una bella casa, l'altro con mobili ed il terzo con un sacco di amici. Sicuramente non suonano alla porta, ma fa bene a sognare un po'. E lui ha fortuna. Oggi i colleghi decidono di andare ad un concerto. È un'ottima possibilità di conoscere i colleghi.

## 485

### Cruciverba

```
    ¹T R O V A
         E     ⁴F
    ²S P E N D I A M O
         G      C
         O      C
         N   ⁵D I C E
  ³V A N N O      O
```

1. er findet, 2. wir verbringen, 3. sie gehen, 4. ich tue, 5. er sagt, vengono – sie kommen

## 486

### Die Heiligen Drei Könige

Heute ist der Tag der Heiligen Drei Könige. Giulio wünscht sich eigene heilige drei Könige, einen mit einem schönen Haus, den anderen mit Möbeln und den dritten mit einer Menge Freunde. Sicher klingeln sie nicht an der Tür, aber es tut gut, ein wenig zu träumen. Und er hat Glück. Heute beschließen die Kollegen, in ein Konzert zu gehen. Das ist eine ausgezeichnete Möglichkeit, die Kollegen kennenzulernen.

| | |
|---|---|
| il re [re] | König |
| il mago ['maːgo] | Magier, Zauberer, Meister |
| desiderare [deside'raːre] | wünschen, begehren |
| il mobile ['mɔːbile] | Möbel(stück) |
| il sacco ['sakko] | Haufen, Beutel |
| suonare [suo'naːre] | spielen, schlagen, läuten |
| sognare [soɲ'ɲaːre] | träumen, erträumen |

## 487

### L'eredità

Laura e Sandro ricevono oggi una telefonata dal notaio. Lui gli dice che devono presentarsi il giorno dopo nel suo studio, perché hanno ereditato 300 mq di terreno fabbricabile fuori città. Loro pensano subito alla povera zia che è morta da poco.

## 488

### La trattoria tipica

Il turista che arriva in Italia difficilmente potrà resistere alla tentazione di pranzare o cenare almeno per una volta in una tipica trattoria. Le trattorie rappresentano il carattere della regione dove si trovano. Danno ai turisti la sensazione di ritrovarsi in un tempo già passato dove tutto era ancora genuino e fatto di casa.

*Quali altri tipi di locali ci sono in Italia?*

## 487

### Die Erbschaft

Laura und Sandro erhalten heute einen Anruf vom Notar. Er teilt ihnen mit, daß sie sich am nächsten Tag in seinem Büro melden sollen, weil sie ein Baugrundstück von 300 qm außerhalb der Stadt geerbt haben. Sie denken sofort an die arme Tante, die vor kurzem gestorben ist.

| | |
|---|---|
| dire ['di:re] | sagen |
| il notaio [no'ta:io] | Notar |
| dopo ['do:po] | danach |
| lo studio ['stu:dio] | Praxis, Kanzlei |
| ereditare [eredi'ta:re] | erben |
| fuori ['fuɔ:ri] | außerhalb, draußen |
| il terreno [ter're:no] | Grundstück, Land |

## 488

### Die typische Trattoria

Der Tourist, der nach Italien kommt, wird schwerlich der Versuchung widerstehen können, wenigstens einmal in einer typischen Trattoria zu Mittag oder zu Abend zu essen. Die Trattorien spiegeln den Charakter der jeweiligen Region wider. Sie vermitteln dem Touristen das Gefühl, in eine schon vergangene Zeit zurückversetzt zu sein, in der alle Dinge noch unverfälscht und hausgemacht waren. Welche anderen Arten von Lokalen gibt es in Italien?

*Osteria, Pizzeria, Tavola Calda und Ristorante*

(Wirtshaus, Pizzeria, Imbißstube und Restaurant)

## 489

*«Ogni principio è difficile.»*

*Proverbio*

## 490

**La villetta**

Laura e Sandro vogliono costruire una casa sul terreno che hanno ereditato. Prima di tutto devono chiedere il permesso ai tecnici del Comune. Appena ricevono il permesso di costruire vogliono cominciare. Tutti e due hanno molti progetti su come costruire la casa. Il giardino non deve mancare, ma nemmeno il garage.

## 489

„Aller Anfang ist schwer." – Sprichwort

GRAMMATIK

### Namenbuchstabierung

| | | | | | |
|---|---|---|---|---|---|
| A | Ancona | J | i lunga | S | Savona |
| B | Bologna | K | kappa | T | Torino |
| C | Catania | L | Livorno | U | Udine |
| D | Domodossola | M | Milano | V | Verona |
| E | Empoli | N | Napoli | W | vu doppia |
| F | Firenze | O | Otranto | X | ics |
| G | Genova | P | Palermo | Y | Ipsilon |
| H | acca | Q | Quarto | Z | Zara |
| I | Imola | R | Roma | | |

Zum Beispiel „Bach" = Bologna, Ancona, Catania, acca.

## 490

### Das Haus

Laura und Sandro wollen auf dem Grundstück, das sie geerbt haben, ein Haus bauen. Zuerst müssen sie die Erlaubnis vom Bauamt einholen. Sobald sie die Bauerlaubnis haben, wollen sie anfangen. Beide haben viele Ideen für den Hausbau. Der Garten darf nicht fehlen, aber auch nicht die Garage.

| | |
|---|---|
| volere [vo'le:re] | wollen |
| costruire [kostru'i:re] | bauen |
| il terreno [ter're:no] | Grundstück, Land |
| il Comune [ko'mu:ne] | Rathaus |
| cominciare [komin'tʃa:re] | anfangen |
| il progetto [pro'dʒεtto] | Projekt, Plan |
| mancare [maŋ'ka:re] | fehlen |
| nemmeno [nem'me:no] | auch nicht |

## 491

### Il progetto

Aldo e Rosa sono amici di Sandro e Laura. Tutti insieme guardano alcuni prospetti di villette monofamiliari. I loro amici hanno finito da poco con la costruzione della propria casa, così hanno molte esperienze. Loro possono dare dei consigli molto utili a Sandro e Laura.

## 492

ESERCIZIO

### Ergänzen Sie die Wörter

1. Signorina, preferisc___ un tè o un caffè?
2. A che ora f___ colazione, signor Rossi?
3. Che cosa prend___, Marco?
4. Noi andiamo a___ cinema, e tu dove va___?
5. Vado all___ partita.
6. Dove sono andat___ Franco e Luisa?

## 491

### Das Projekt

Aldo und Rosa sind Freunde von Sandro und Laura. Gemeinsam schauen sie einige Prospekte über Einfamilienhäuser an. Ihre Freunde sind erst vor kurzem mit dem Bau ihres Hauses fertiggeworden, so daß sie viel Erfahrung haben. Sie können Sandro und Laura viele nützliche Ratschläge geben.

| | |
|---|---|
| l'amico, *m* [a'mi:ko] | Freund |
| insieme [in'siɛ:me] | zusammen |
| la villetta monofamiliare [vil'letta monofamili'a:re] | Einfamilienhaus |
| familiare [famili'a:re] | häuslich |
| finire [fi'ni:re] | beenden |
| la costruzione [kostrutsi'o:ne] | Bau, Konstruktion |
| l'esperienza, *f* [esperi'ɛntsa] | Erfahrung |
| il consiglio [kon'siʎo] | Rat, Empfehlung |

## 492

### Completate le parole

1. Signorina, preferisce un tè o un caffè?
2. A che ora fà colazione, signor Rossi?
3. Che cosa prendi, Marco?
4. Noi andiamo al cinema, e tu dove vai?
5. Vado alla partita.
6. Dove sono andati Franco e Luisa?

1. Fräulein, möchten Sie lieber einen Tee oder einen Kaffee?
2. Um wieviel Uhr frühstücken Sie, Herr Rossi?
3. Was nimmst du, Marco?
4. Wir gehen ins Kino, und wohin gehst du?
5. Ich gehe zum Fußballspiel.
6. Wohin sind Franco und Luisa gegangen?

## 493

### Al supermercato

Aldo: *Che cosa bisogna comprare per stasera?*
Rosa: *Bisogna comprare la pasta, l'olio, i pomodori, il formaggio, il caffè e il vino.*
Aldo: *Lì c'è anche il prosciutto!*
Rosa: *No, non bisogna comprare il prosciutto. A casa ne ho abbastanza. Il carrello è quasi pieno, andiamo alla cassa!*

## 494

### La nonna

Oggi è il compleanno della nonna di Giulio. Ha ottant'anni, ma è ancora molto in gamba. Per festeggiare ha fatto una grande torta con tante candele sopra, quante poteva sistemarci. Racconta che già da bambina sognava di ricevere una torta così, ma perché la famiglia era abbastanza povera, questo desiderio non si è mai avverato.

## 493

### Im Supermarkt

| | |
|---|---|
| Aldo: | Was müssen wir für heute abend kaufen? |
| Rosa: | Nudeln, Öl, Tomaten, Käse, Kaffee und Wein. |
| Aldo: | Da ist auch Schinken! |
| Rosa: | Nein, wir brauchen keinen Schinken. Ich habe genug zu Hause. Der Einkaufswagen ist fast voll, gehen wir zur Kasse! |

| | |
|---|---|
| lì [li] | dort, da |
| c'è [tʃɛ] | da ist |
| ci sono [tʃi 'so:no] | da sind |
| abbastanza [abbas'tantsa] | genug |
| pieno ['piɛ:no] | voll |

## 494

### Die Großmutter

Heute ist der Geburtstag von Giulios Großmutter. Sie ist achtzig Jahre alt, aber noch sehr fit. Für die Feier hat sie einen großen Kuchen gebacken mit so vielen Kerzen obendrauf, wie sie dort unterbringen konnte. Sie erzählt, daß sie schon als Kind davon geträumt habe, eine solche Torte zu bekommen, aber weil die Familie ziemlich arm war, ist dieser Wunsch nie in Erfüllung gegangen.

| | |
|---|---|
| la nonna ['nɔnna] | Großmutter, Oma |
| il compleanno [komple'anno] | Geburtstag |
| la gamba ['gamba] | Bein |
| essere in gamba ['ɛssere] | auf Draht sein, fit sein |
| festeggiare [fested'dʒa:re] | feiern |
| la candela [kan'de:la] | Kerze |

## 495

### Il telefono

Nei bar si trova quasi sempre un telefono pubblico, ma ce ne sono anche ai margini delle strade. Alcuni telefoni funzionano con spiccioli, l'unità costa duecento lire. Altri funzionano con gettoni. Si possono comprare i gettoni presso il barista, presso alcune edicole e naturalmente presso l'ufficio postale. Installano sempre più dei telefoni a carte. L'ufficio postale vende queste carte.

*Quale numero si deve comporre per telefonare per la Germania?*

## 496

### La borsa

Giulio era sempre affascinato dalla borsa. Adesso che vive a Milano, decide di comprarsi alcune azioni. Già si vede miliardario, il più ricco uomo d'Italia. Ma quando va alla banca è un po' deluso. Aspettava di ricevere un sacco di carte, ma invece deve aprire un deposito alla banca e riceve soltanto una quietanza.

## 495

### Telefon

In den Bars findet man fast immer ein öffentliches Telefon, aber es gibt auch einige am Straßenrand. Manche Telefone funktionieren mit Kleingeld; die Einheit kostet 200 Lire (Stand 1992). Andere funktionieren mit Telefonmünzen. Man kann die Münzen beim Wirt, bei einigen Zeitungskiosken und natürlich beim Postamt kaufen. Es werden immer mehr Magnetkartentelefone aufgestellt. Das Postamt verkauft die Telefonkarten. Welche Nummer muß man wählen, um nach Deutschland zu telefonieren?

*0049*

*Die 0 vor der Ortsvorwahl entfällt dann. Die Vorwahl von Deutschland nach Italien ist 0039, die 0 der Ortsvorwahl entfällt ebenfalls.*

## 496

### Die Börse

Giulio war schon immer von der Börse fasziniert. Jetzt, da er in Mailand lebt, beschließt er, sich einige Aktien zu kaufen. Er sieht sich schon als Milliardär, als den reichsten Mann Italiens. Aber als er zur Bank geht, ist er etwas enttäuscht. Er erwartete, einen Haufen Papiere zu erhalten, aber statt dessen muß er ein Depot bei der Bank einrichten und erhält nur eine Quittung.

| | |
|---|---|
| la borsa ['borsa] | Börse, Tasche |
| affascinare [affaʃʃi'na:re] | faszinieren, bezaubern |
| adesso [a'dɛsso] | jetzt, nun |
| comprare [kom'pra:re] | kaufen |
| l'azione, *f* [at'tsio:ne] | Tat, Handlung, Aktie |
| deludere [de'lu:dere] | enttäuschen |
| invece [in've:tʃe] | dagegen, jedoch |

## 497

### Dall'architetto

Architetto: *Qui c'è la pianta della villetta.*
Sandro: *La cucina è abbastanza grande e poi c'è anche un ripostiglio. Proprio come quello che vuoi tu, no?*
Laura: *Sì, è vero, però trovo che il bagno dovrebbe essere più grande.*

## 498

*«Chi ben comincia è a metà dell'opera.»*

*Proverbio*

## 497

### Beim Architekten

| | |
|---|---|
| Architekt: | Hier ist der Grundriß des Hauses. |
| Sandro: | Die Küche ist ziemlich groß, und außerdem gibt es auch noch einen Abstellraum. Genau das, was du willst, nicht wahr? |
| Laura: | Ja, das stimmt, aber ich finde, daß das Bad größer sein müßte. |

| | |
|---|---|
| la pianta ['pianta] | Grundriß, Plan |
| anche ['aŋke] | auch |
| il ripostiglio [ripo'sti:ʎo] | Abstellraum |
| però [pe'ro] | aber |
| trovare [tro'va:re] | finden |
| dovere [do've:re] | müssen, sollen |

## 498

„Wer gut beginnt, hat das Werk schon zur Hälfte geschafft." (Gut begonnen, halb gewonnen.) – Sprichwort

GRAMMATIK

### Der bestimmte Artikel

| | Männlich Singular | | | Weiblich Singular | |
|---|---|---|---|---|---|
| Nom. | il libro | lo scolaro | l'albero | la pagina | l'ora |
| Gen. | del libro | dello scolaro | dell'albero | della pagina | dell'ora |
| Dat. | al libro | allo scolaro | all'albero | alla pagina | all'ora |
| Akk. | il libro | lo scolaro | l'albero | la pagina | l'ora |
| | **Männlich Plural** | | | **Weiblich Plural** | |
| Nom. | i libri | gli scolari | gli alberi | le pagine | le ore |
| Gen. | dei libri | degli scolari | degli alberi | delle pagine | delle ore |
| Dat. | ai libri | agli scolari | agli alberi | alle pagine | alle ore |
| Akk. | i libri | gli scolari | gli alberi | le pagine | le ore |

## 499

### Il buffet

Sandro e Laura hanno passato sabato scorso una bellissima serata. Sono stati a casa di Aldo e Rosa. Rosa ha preparato un buffet con specialità calde e fredde. Oggi in ufficio Laura la ringrazia ancora una volta della serata veramente riuscita. Gli altri ospiti erano molto simpatici, anche la casa di Aldo e Rosa è molto bella.

## 500

### L'italiano ed il calcio

Per fortuna c'è il calcio! Agli italiani piace tutto lo sport, ma il calcio è il loro grande amore. Anche in ufficio pensano al calcio e appena hanno un po' di tempo libero, leggono sul giornale la pagina sportiva, per sapere le ultime novità. Le loro squadre preferite sono il Torino, la Sampdoria, l'Inter, il Verona e la Roma. Conoscono i nomi di tutti i giocatori e ogni domenica vanno sempre allo stadio.

*Come si chiama l'altra famosa squadra di Torino?*

## 499

### Das Buffet

Sandro und Laura haben am letzten Samstag einen schönen Abend verbracht. Sie waren im Hause von Aldo und Rosa. Rosa hatte ein Buffet mit warmen und kalten Spezialitäten vorbereitet. Laura bedankt sich heute im Büro nochmals für den wirklich gelungenen Abend. Die anderen Gäste waren sehr sympathisch, und auch das Haus von Rosa und Aldo ist sehr schön.

| | |
|---|---|
| scorso [ˈskorso] | vergangen, letzt |
| passare [pasˈsaːre] | verbringen, vorbeigehen |
| ringraziare [riŋgratsiˈaːre] | danken |
| riuscire [riuʃˈʃiːre] | gelingen, fertigbringen |
| l'ospite, *m* [ˈɔspite] | Gast |

## 500

### Der Italiener und der Fußball

Zum Glück gibt es den Fußball! Die Italiener mögen alle Sportarten, aber der Fußball ist ihre große Liebe. Selbst im Büro denken sie an Fußball, und sobald sie ein wenig Zeit haben, lesen sie die Sportseiten in der Zeitung, um die letzten Neuigkeiten zu erfahren. Die populärsten Mannschaften sind Turin, Sampdoria, Inter Mailand, Verona und Rom. Sie kennen die Namen aller Spieler, und jeden Sonntag gehen sie ins Stadion. Wie heißt die andere berühmte Fußballmannschaft aus Turin?

*La Juventus*

## 501

ESERCIZIO

### Ergänzen Sie den passenden Artikel

1. Cameriere, ci porti _____ conto, per favore!
2. Ecco a Lei! Tenga pure _____ resto!
3. Aspettare _____ autobus per mezz'ora.
4. Come mai _____ banca non apre oggi?
5. Come sono _____ tuoi spaghetti?
6. Prendi _____ primo piatto?

## 502

### Il pullover

Sandro: *Adesso comincia il programma della televisione!*
Laura: *Non ho tempo; faccio la maglia!*
Sandro: *Perché hai questa fretta?*
Laura: *Voglio finire il pullover. Domani vorrei mettermelo. Devo solo cucire insieme i singoli pezzi.*

## 501

### Completate le frasi con l'articolo adatto

1. Cameriere, ci porti **il** conto, per favore!
2. Ecco a Lei! Tenga pure **il** resto!
3. Aspettare **l'**autobus per mezz'ora.
4. Come mai **la** banca non apre oggi?
5. Come sono **i** tuoi spaghetti?
6. Prendi **il** primo piatto?

1. Herr Ober, bringen Sie uns bitte **die** Rechnung!
2. Hier, bitte! **Der** Rest ist für Sie!
3. Eine halbe Stunde auf **den** Autobus warten.
4. Warum öffnet **die** Bank heute nicht?
5. Wie sind **deine** Spaghetti?
6. Nimmst du **den** 1. Gang?

## 502

### Der Pullover

Sandro: Das Fernsehprogramm fängt jetzt an!
Laura: Ich habe keine Zeit; ich bin beim Pulloverstricken!
Sandro: Warum so eilig?
Laura: Ich will den Pullover fertigbekommen. Morgen möchte ich ihn anziehen. Ich muß nur noch die Einzelteile zusammennähen.

| | |
|---|---|
| la fretta ['fretta] | Eile |
| mettere ['mettere] | tun, legen |
| mettersi | anziehen |
| cucire [ku'tʃi:re] | nähen |
| singolo ['siŋgolo] | einzeln |
| il pezzo ['pɛttso] | Stück, Teil |

## 503

### I mobili

Oggi arrivano i mobili di Giulio. Non ne ha molti. Sua nonna gli ha regalato un bellissimo armadio vecchio. Anche lei l'ha ricevuto da suo nonno. Giulio ha dovuto cercare lungamente una tavola e delle sedie, ma alla fine ne ha trovate alcune che vanno benissimo con l'armadio. Ci mancano ancora alcuni quadri, che vuole comprare a Milano.

## 504

### L'arredamento

Poiché oggi Giulio ha un po' di tempo, completa il suo arredamento. Dapprima vuota tutte le casse. Lui è sorpreso dalla moltitudine di cose che sono in suo possesso. Molte cose sembrano robaccia a lui. Decide di buttar via tutte le cose che non gli piacciono più, e si chiede perché non l'ha fatto quando ha incassato tutto.

## 503

### Möbel

Heute kommen Giulios Möbel an. Er hat nicht viele. Seine Großmutter hat ihm einen wunderschönen alten Schrank geschenkt. Auch sie hat ihn von ihrem Großvater erhalten. Giulio mußte lange nach einem Tisch und nach Stühlen suchen, aber schließlich hat er welche gefunden, die sehr gut zum Schrank passen. Es fehlen noch einige Bilder, die er in Mailand kaufen will.

| | |
|---|---|
| arrivare [arri'va:re] | ankommen, erreichen |
| regalare [rega'la:re] | schenken, verschenken |
| l'armadio, *m* [ar'ma:dio] | Schrank |
| ricevere [ri'tʃe:vere] | bekommen, erhalten |
| la sedia ['sɛ:dia] | Stuhl, Sitz |
| mancare [maŋ'ka:re] | fehlen |
| il quadro ['kua:dro] | Bild, Gemälde |

## 504

### Die Einrichtung

Weil Giulio heute etwas Zeit hat, vervollständigt er seine Einrichtung. Zuerst räumt er alle Kisten aus. Er ist überrascht von der Menge der Dinge, die er besitzt. Viele Sachen erscheinen ihm als Ramsch. Er beschließt, alle Sachen wegzuwerfen, die ihm nicht mehr gefallen, und fragt sich, warum er das nicht bereits getan hat, als er alles einpackte.

| | |
|---|---|
| l'arredamento, *m* [arreda'me:nto] | Einrichtung |
| completare [komple'ta:re] | vervollständigen, ergänzen |
| la cassa ['kassa] | Kiste, Kasten |
| sorprendere [sor'prɛndere] | überraschen, ertappen |
| la moltitudine [molti'tu:dine] | Menge, Masse, Vielzahl |
| sembrare [sem'bra:re] | scheinen, erscheinen |
| buttare [but'ta:re] | werfen, schmeißen |

## 505

### Gnocchi

*Ingredienti: 1 kg di patate, 300 g di farina, sale, pepe, eventualmente un uovo*

Far cuocere le patate con la buccia, finché diventano farinose. Pelare e schiacciare. Mescolare con la farina e secondo i gusti con l'uovo. Condire con sale e pepe. Spianare grosso un dito, tagliare in pezzi di circa tre centimetri. Scalfire con una forchetta. Mettere in acqua salata bollente. Apparendo alla superficie, sono pronti.

*In quale giorno si fanno tradizionalmente degli gnocchi?*

## 506

### Gli autobus

Giulio: *Fabrizia, voglio soltanto dirti che devi prendere l'autobus numero sedici per arrivare a casa mia.*

Fabrizia: *Devo davvero andare in uno di quegli autobus puzzolenti?*

Giulio: *Qui a Milano sono molti bus elettrici, non sono seguiti da una nuvola nera di diesel.*

## 505

### Klößchen

*Zutaten: 1 kg Kartoffeln, 300 g Mehl, Salz, Pfeffer, unter Umständen ein Ei*

Die Kartoffeln ungeschält kochen, bis sie mehlig sind. Schälen und zerstampfen. Mit dem Mehl und nach Geschmack mit dem Ei verkneten. Mit Salz und Pfeffer würzen. Fingerdick ausrollen, in circa drei Zentimeter dicke Stücke schneiden. Mit einer Gabel einritzen. In kochendes Salzwasser geben. Wenn sie an der Oberfläche auftauchen, sind sie fertig. An welchem Tag macht man herkömmlicherweise Gnocchi?

*Donnerstag*

Man kann die Gnocchi mit Parmesan überstreut oder mit jeder beliebigen Tomatensoße, die sich auch für Nudeln eignet, servieren.

## 506

### Omnibusse

Giulio: Fabrizia, ich will dir nur sagen, daß du die Buslinie 16 nehmen mußt, um zu mir zu gelangen.

Fabrizia: Muß ich wirklich mit einem dieser stinkenden Busse fahren?

Giulio: Hier in Mailand gibt es viele Elektrobusse, die werden nicht von einer schwarzen Dieselwolke verfolgt.

| | |
|---|---|
| l'autobus, *m* ['a:utobus] | Omnibus |
| soltanto [sol'tanto] | nur, bloß, allein |
| sedici ['se:ditʃi] | sechzehn |
| davvero [dav've:ro] | wirklich, tatsächlich |
| puzzolente [puttso'lɛnte] | stinkend |
| elettrico, -a [e'lɛttriko] | elektrisch |
| la nuvola ['nu:vola] | Wolke |

## 507

### Lavorare a casa

Aldo: *Che fai di bello?*
Sandro: *Niente, ma tu hai finito i lavori nella tua nuova casa?*
Aldo: *No, devo ancora imbiancare le pareti della cantina!*
Sandro: *Ti aiuto, se vuoi?*
Aldo: *Che bell'idea! Se vuoi puoi venire sabato! Mi farebbe un gran piacere.*
Sandro: *D'accordo, a sabato!*

## 508

*«Nessuno nasce maestro.»*

*Proverbio*

## 507

### Heimwerken

Aldo: Was machst du Schönes?
Sandro: Nichts, aber bist du fertig mit den Arbeiten in deinem neuen Haus?
Aldo: Nein, ich muß noch die Kellerwände anstreichen!
Sandro: Wenn du willst, helfe ich dir!
Aldo: Was für eine schöne Idee, du kannst Samstag kommen, wenn du willst! Es würde mich mächtig freuen.
Sandro: Einverstanden, bis Samstag!

| | |
|---|---|
| il lavoro [la'vo:ro] | Arbeit |
| imbiancare [imbiaŋ'ka:re] | anstreichen |
| aiutare [aiu'ta:re] | helfen |
| il sabato ['sa:bato] | Samstag |
| il piacere [pia'tʃe:re] | Freude |

## 508

„Keiner wird als Meister geboren." (Es ist noch kein Meister vom Himmel gefallen.) – Italienisches Sprichwort

GRAMMATIK

### Il presente – Präsens II

▷ Bei einigen Verben auf -ire wird in den Singularformen und in der dritten Person Plural die Silbe -isc- hinter den Stamm gesetzt: finire (enden): finisco, finisci, finisce, finiamo, finite, finiscono.

▷ Verben auf -care oder -gare fügen in der zweiten Person Singular und in der ersten Person Plural hinter dem Stamm ein „h" ein, damit sich die Aussprache nicht ändert: pagare (zahlen): pago, paghi, paga, paghiamo, pagate, pagano.

▷ Umgekehrt verlieren Wörter auf -giare und -ciare ihr -i- in diesen Personen: mangiare (essen): mangio, mangi, mangia, mangiamo, mangiate, mangiano.

## 509

### La strada

Fabrizia: *Mi scusi, dove si trova il viale Piave?*
Signora: *Deve prendere la seconda strada a destra e poi la prima a sinistra, in fondo si trova il viale Piave.*
Fabrizia: *Oh grazie! Avevo paura di essermi persa del tutto, ma per fortuna non è vero.*

## 510

ESERCIZIO

### Un indovinello

1. quattro per quattro fa ...
2. il contrario di sempre
3. non vecchio
4. non a destra, ma a ...
5. un armadio, una sedia, una tavola sono dei ...
6. una via, un cammino
7. monarca, sovrano

Verticale: Un uomo

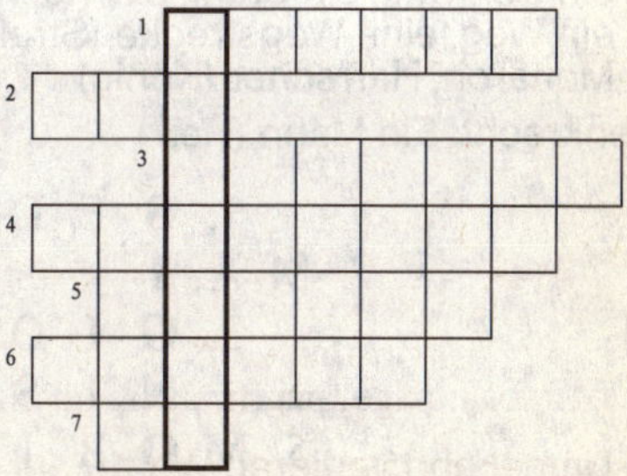

## 509

### Die Straße

Fabrizia: Entschuldigen Sie bitte, wo ist die Piave-Allee?
Frau: Sie müssen die zweite Straße rechts und dann die erste links nehmen, am Ende liegt die Piave-Allee.
Fabrizia: Oh danke! Ich hatte schon Angst, mich völlig verlaufen zu haben, aber glücklicherweise stimmt das doch nicht.

| | |
|---|---|
| la strada ['stra:da] | Straße, Weg |
| scusare [sku'sa:re] | entschuldigen |
| il viale [vi'a:le] | Allee, Parkweg |
| sinistro, -a [si'nistro] | linke/r/s, unheilvoll, düster |
| destro, -a ['dɛstro] | rechte/r/s, tüchtig, geschickt |
| in fondo ['fondo] | hinten |
| perdersi ['pɛrdersi] | sich verirren, sich verlieren |

## 510

### Ein Rätsel

1. vier mal vier macht (sechzehn)
2. das Gegenteil von immer (nie)
3. nicht alt (jung)
4. nicht rechts, sondern (links)
5. ein Schrank, ein Stuhl, ein Tisch sind (Möbel)
6. ein Weg, eine Wegstrecke (Straße)
7. Monarch, Herrscher (König)

Senkrecht: Ein Mann (Herr)

1. **S** E D I C I
2. M A **I**
3. **G** I O V A N E
4. S I **N** I S T R A
5. M **O** B I L I
6. S T **R** A D A
7. R **E**

## 511

### La festa

Giulio ha organizzato una festa per il suo trasloco. Molti amici sono venuti dal suo paese natale. Ha anche invitato tutti quelli del suo paese che vivono adesso a Milano. Lui è davvero sorpreso che siano in tanti. La più bella sorpresa è una ragazza di nome Anna. Conversano a lungo e alla fine si danno un appuntamento per domenica.

## 512

### Al telefono

Sandro: *Pronto!*
Rosa: *Pronto! Sono Rosa. Sei tu Sandro?*
Sandro: *Sì, sono io!*
Rosa: *C'è Laura in casa?*
Sandro: *No, Laura è uscita.*
Rosa: *Avrei una comunicazione da fare a Laura. Vuoi prendere nota?*
Sandro: *Sì, subito, prendo una matita!*
Rosa: *La vorrei pregare di comprarmi due bottiglie di Amaretto.*

## 511

### Die Fete

Giulio hat eine Umzugsfete organisiert. Es sind viele Freunde aus seinem Heimatdorf gekommen. Er hat auch alle aus seinem Dorf eingeladen, die jetzt in Mailand leben. Er ist richtig überrascht, wie viele das sind. Die schönste Überraschung ist ein Mädchen mit Namen Anna. Sie unterhalten sich lange, und am Ende verabreden sie sich für Sonntag.

| | |
|---|---|
| la festa [ˈfɛsta] | Fest, Feier |
| il trasloco [trazˈlɔːko] | Umzug, Übersiedlung |
| il paese [paˈeːze] | Land, Heimat, Dorf, Gegend |
| natale [naˈtaːle] | Geburts-, Heimat- |
| lungo, -a [ˈluŋgo] | lange, weit |
| l'appuntamento, *m* [appuntaˈmento] | Verabredung, Treffen |

## 512

### Am Telefon

Sandro: Hallo!
Rosa: Hallo! Hier ist Rosa. Ist da Sandro?
Sandro: Ja, ich bin es.
Rosa: Ist Laura zu Hause?
Sandro: Nein, Laura ist ausgegangen.
Rosa: Ich hätte eine Mitteilung für Laura. Kannst du sie notieren?
Sandro: Ja, sofort, ich hole einen Bleistift!
Rosa: Ich möchte sie bitten, für mich zwei Flaschen Amaretto zu kaufen.

| | |
|---|---|
| uscire [uʃˈʃiːre] | ausgehen |
| la comunicazione [komunikatsiˈoːne] | Mitteilung |
| la nota [ˈnɔːta] | Notiz |
| pregare [preˈgaːre] | bitten, beten |

## 513

### Frittata di patate

Ingredienti: 5 patate, 4 uova, sale, parmigiano grattugiato, olio d'oliva.

Sbucciare le patate e tagliarle a fettine molto sottili nel senso della grandezza. Salarle e farle friggere lentamente in padella finché non sono ben dorate. In una insalatiera sbattere bene le uova con un po' di sale ed aggiungere una manciata di parmigiano grattugiato. Versare il liquido in padella in modo da ricoprire bene le patate e far cuocere da ambedue le parti per ca. 5 minuti.

## 514

ESERCIZIO

### Übersetzen Sie

1. Haben wir nichts vergessen?
2. Für wann hast du sie eingeladen?
3. Gestern abend habe ich Rosa angerufen.
4. Es hat sich niemand gemeldet.
5. Meine Eltern sind heute morgen gekommen.
6. Habt ihr schon zu Abend gegessen?

## 513

### Kartoffelomelett

Zutaten: 5 Kartoffeln, 4 Eier, Salz, geriebener Parmesankäse, Olivenöl

Die Kartoffeln schälen und der Breite nach in sehr dünne Scheiben schneiden. Salzen, und langsam in der Pfanne braten lassen, bis sie goldfarben sind. Die Eier in einer Salatschüssel mit etwas Salz gut schlagen, und eine Handvoll geriebenen Parmesankäse hinzugeben. Die Flüssigkeit so in die Pfanne geben, daß die Kartoffeln gut bedeckt sind, und von beiden Seiten ca. 5 Minuten braten lassen.

| | |
|---|---|
| grattugiare [grat-tu'dʒa:re] | reiben |
| sbucciare [zbut-'tʃa:re] | schälen |
| dorato [do'ra:to] | goldfarben |
| la manciata [man'tʃa:ta] | Handvoll |
| il liquido ['li:kuido] | Flüssigkeit |

## 514

### Tradurre

1. Non abbiamo dimenticato niente?
2. Per quando li hai invitati?
3. Ieri sera ho telefonato a Rosa.
4. Non ha risposto nessuno.
5. I miei genitori sono venuti stamattina.
6. Avete già cenato?

*DIE EXPERTENECKE*

| | |
|---|---|
| Il mare è liscio come l'olio | – Das Meer ist spiegelglatt |
| Fare un pisolino | – Ein Nickerchen machen |
| Mi piace un mondo | – Es gefällt mir ungemein |
| Ci penso io | – Das erledige ich |

## 515

### La svendita

Laura va in centro per fare acquisti. Cerca un cappotto per suo marito e una gonna per se stessa. In un negozio trova una gonna che le sta benissimo e un paio di pantaloni di cotone che, anche se costano poco, sono di buona qualità. Non trova un cappotto. Laura è lo stesso molto contenta, perché ha comprato qualcosa di bello e non ha speso molto.

## 516

*«Il meravigliarsi è uno dei bisogni dell'uomo.»*

*U. Foscolo*

## 515

### Der Schlußverkauf

Laura fährt ins Zentrum, um Einkäufe zu machen. Sie sucht einen Mantel für ihren Mann und einen Rock für sich selbst. In einem Geschäft findet sie einen Rock, der ihr sehr gut steht, und eine Baumwollhose, die, auch wenn sie wenig kostet, von guter Qualität ist. Einen Mantel findet sie nicht. Laura ist trotzdem sehr zufrieden; sie hat etwas Schönes gekauft und nicht viel ausgegeben.

| | |
|---|---|
| l'acquisto, *m* [akku'isto] | Einkauf |
| se stesso [se 'stesso] | sich selbst |
| il negozio [ne'gɔːtsio] | Geschäft, Laden |
| un paio ['paːio] | Paar |
| lo stesso ['stesso] | genauso, trotzdem |
| spendere ['spɛndere] | ausgeben |

## 516

„Sich zu wundern ist eines der Bedürfnisse des Menschen." – Ugo Foscolo (1778 – 1827), italienischer Dichter

GRAMMATIK

### Il presente – Präsens III

Einige unregelmäßige Formen:

| | **fare**<br>tun | **potere**<br>können | **venire**<br>kommen | **volere**<br>wollen |
|---|---|---|---|---|
| io | faccio | posso | vengo | voglio |
| tu | fai | puoi | vieni | vuoi |
| lui | fa | può | viene | vuole |
| noi | facciamo | possiamo | veniamo | vogliamo |
| voi | fate | potete | venite | volete |
| loro | fanno | possono | vengono | vogliono |

## 517

### Lo sciopero

Quando Giulio vuole andare a fare la spesa vede un grande corteo degli autisti dei mezzi pubblici. Il corteo è stato organizzato dagli iscritti al sindacato. Oggi sospendono il lavoro soltanto per due ore, ma annunciano un grande sciopero per i prossimi giorni. Così Giulio rinvia i suoi acquisti e si prepara a prendere la macchina domani.

## 518

ESERCIZIO

### Trovare la regione giusta

| | |
|---|---|
| Catanzaro | Abruzzo |
| Cagliari | Puglie |
| Milano | Emilia-Romagna |
| Roma | Calabria |
| Bari | Lazio |
| Bologna | Liguria |
| Perugia | Lombardia |
| Campobasso | Molise |
| L'Aquila | Sardegna |
| Genova | Umbria |

## 517

### Der Streik

Als Giulio einkaufen gehen will, sieht er einen großen Zug von Fahrern der öffentlichen Verkehrsmittel. Der Zug wurde von Gewerkschaftsmitgliedern organisiert. Heute legen sie die Arbeit nur für zwei Stunden nieder, aber sie kündigen einen großen Streik für die nächsten Tage an. So verschiebt Giulio seinen Einkauf und stellt sich darauf ein, morgen das Auto zu nehmen.

| | |
|---|---|
| lo sciopero [ˈʃɔːpero] | Streik |
| la spesa [ˈspeːsa] | Ausgabe, Einkauf |
| fare la spesa [ˈfaːre] | einkaufen gehen |
| il corteo [korˈtɛːo] | (Um)zug |
| l'autista, *m/f* [auˈtista] | Fahrer(in), Chauffeur(in) |
| pubblico, -a [ˈpubbliko] | öffentlich, staatlich, allgemein |
| il sindacato [sindaˈkaːto] | Verband, Gewerkschaft |

## 518

### Finden Sie die richtige Region

| | | | |
|---|---|---|---|
| Catanzaro | – Calabria | Cagliari | – Sardegna |
| Milano | – Lombardia | Roma | – Lazio |
| Bari | – Puglie | Bologna | – Emilia-Romagna |
| Perugia | – Umbria | Campobasso | – Molise |
| L'Aquila | – Abruzzo | Genova | – Liguria |

*DIE EXPERTENECKE*

**Die Hauptstädte der anderen Regionen sind:**

| | | | |
|---|---|---|---|
| Aosta | – Val d'Aosta | Potenza | – Basilicata |
| Trieste | – Friuli-Venezia Giulia | Napoli | – Campania |
| Ancona | – Marche | Torino | – Piemonte |
| Palermo | – Sicilia | Firenze | – Toscana |
| Trento | – Trentino-Alto Adige | Venezia | – Veneto |

## 519

### Il bebè

Giulio: *Non ho dormito per tutta la notte, non è possibile tranquillizzare il bambino?*

Vicina: *Mi dispiace tanto, ma mia figlia mette i denti. Spesso non riesco a consolarla.*

Giulio: *Povera bambina, speriamo che presto presto abbia tutti i denti.*

## 520

### L'Italia

L'Italia è una repubblica parlamentare. Il capo dello stato è il presidente della Repubblica. Diversamente dalla Germania il presidente non ha soltanto una funzione rappresentativa. Il parlamento consta di una camera dei deputati con 630 seggi e un senato con 315 seggi. I deputati vengono eletti per cinque anni. La capitale d'Italia è Roma. La valuta nazionale è la lira italiana.

*Quali lingue si parlano in Italia?*

## 519

### Das Baby

| | |
|---|---|
| Giulio: | Ich habe die ganze Nacht nicht geschlafen, ist es nicht möglich, das Kind zu beruhigen? |
| Nachbarin: | Es tut mir sehr leid, aber meine Tochter bekommt die ersten Zähne. Ich schaffe es oft nicht, sie zu trösten. |
| Giulio: | Armes Mädchen, hoffen wir, daß sie sehr bald alle Zähne hat. |

| | |
|---|---|
| il bebè [beˈbɛ] | Baby |
| dormire [dorˈmiːre] | schlafen, ruhen |
| la notte [ˈnɔtte] | Nacht |
| possibile [posˈsiːbile] | möglich, durchführbar, denkbar |
| tranquillizzare [traŋkuilidˈdzaːre] | beruhigen |
| il dente [ˈdɛnte] | Zahn, Spitze, Zacke |
| consolare [konsoˈlaːre] | trösten |

## 520

### Italien

Italien ist eine parlamentarische Republik. Staatsoberhaupt ist der Präsident der Republik. Anders als in Deutschland hat der Präsident nicht nur repräsentative Funktion. Das Parlament besteht aus einer Abgeordnetenkammer mit 630 Sitzen und einem Senat mit 315 Sitzen. Die Abgeordneten werden für fünf Jahre gewählt. Die Hauptstadt Italiens ist Rom. Die Landeswährung ist die italienische Lira. Welche Sprachen spricht man in Italien?

*Italienisch, Französisch, Deutsch, Sardisch*

Außer diesen vier Staatssprachen wird in Italien von Minderheiten noch Albanisch, Rätoromanisch (Friaulisch, Ladinisch), Griechisch, Okzitanisch, Katalanisch, Kroatisch und Slowenisch gesprochen.

## 521

*«Val più un amico nella sfortuna che cento amici nella fortuna.»*

*Proverbio*

## 522

### Concetta raccoglie vecchi indumenti

Vicina: *Concetta, mentre tu non c'eri sono passati quelli della Croce Rossa ed hanno distribuito i sacchetti per la raccolta di indumenti.*

Concetta: *Ne hai preso uno anche per me?*

Vicina: *No, lo hanno attaccato alla porta. Ripasseranno dopodomani in mattinata a riprenderlo.*

## 521

„Ein Freund im Unglück ist mehr wert als hundert Freunde im Glück." – Sprichwort

GRAMMATIK

### Das Perfekt

| comprare | ricevere | partire |
|---|---|---|
| io ho comprato | io ho ricevuto | io sono partito, -a |
| tu hai comprato | tu hai ricevuto | tu sei partito, -a |
| lei, lui ha comprato | lei, lui ha ricevuto | lei, lui è partito, -a |
| Lei ha comprato | Lei ha ricevuto | Lei è partito, -a |
| noi abbiamo comprato | noi abbiamo ricevuto | noi siamo partiti, -e |
| voi avete comprato | voi avete ricevuto | voi siete partiti, -e |
| loro hanno comprato | loro hanno ricevuto | loro sono partiti, -e |

## 522

### Concetta sammelt alte Kleider

Nachbarin: Concetta, während du nicht da warst, sind Leute vom Roten Kreuz vorbeigekommen und haben die Beutel für die Kleidersammlung verteilt.
Concetta: Hast du auch einen für mich genommen?
Nachbarin: Nein, sie haben ihn an die Tür geklebt. Sie werden übermorgen früh wieder vorbeikommen, um ihn abzuholen.

| | |
|---|---|
| l'indumento (m.) [indu'mento] | Gewand, Kleid |
| la Croce Rossa [kroːtʃe ros-sa] | Rotes Kreuz |
| il sacchetto [sak-'ket-to] | Beutel |
| attaccare [at-tak-'kaːre] | anhängen, ankleben |
| rovistare [rovis'taːre] | durchstöbern |
| indossare [indos-'saːre] | anziehen |
| buttare [but-'taːre] | wegwerfen |

## 523

### Il gatto

Dopo il lavoro Giulio s'affretta ad arrivare a casa sua, perché ha un appuntamento con Anna. Ma quando passa davanti ad una macchina parcheggiata ai margini della strada, sente un miagolare compassionevole. Subito pensa che sia una buona idea di regalare ad Anna questo gattino. Striscia sotto la macchina e prende un gattino dimagrito con sé.

## 524

### Quando le gondole portano le maschere

Gente nella nebbia, maschere piene di malinconia, visi freddi e bianchi gessati, Carnevale in un mondo quasi già sommerso. Venezia, la città delle lagune. Nel 18esimo secolo era il centro del carnevale europeo. Sotto la protezione delle maschere cominciava la libertà, che durava sei mesi l'anno. Solo uno straniero ha potuto dare fine a questa scena variopinta: Napoleone. Ma anche stranieri sono stati quelli che hanno fatto rivivere questa antica tradizione: i turisti, nel 1979.

*Sapete, come si chiamano alcune figure della Commedia dell'Arte?*

## 523

### Die Katze

Nach der Arbeit beeilt sich Giulio, nach Hause zu kommen, weil er eine Verabredung mit Anna hat. Aber als er an einem am Straßenrand geparkten Auto vorbeikommt, hört er ein Mitleid erregendes Miauen. Sofort denkt er, daß es eine gute Idee wäre, Anna dieses Kätzchen zu schenken. Er kriecht unter das Auto und nimmt sich ein abgemagertes Kätzchen mit.

| | |
|---|---|
| affrettarsi [affret'ta:rsi] | sich beeilen |
| passare [pas'sa:re] | vorbeigehen |
| parcheggiare [parked'dʒa:re] | parken |
| miagolare [miago'la:re] | miauen, jaulen |
| compassionevole [kompassio'ne:vole] | bedauernswert, mitleidig |
| strisciare [striʃ'ʃa:re] | kriechen, streifen |
| dimagrire [dima'gri:re] | abmagern, mager werden |

## 524

### Wenn die Gondeln Masken tragen

Menschen im Nebel, Masken voller Melancholie, kalte und kalkweiße Gesichter. Karneval in einer fast versunkenen Welt. Venedig, die Stadt der Lagunen. Im 18. Jahrhundert war Venedig Zentrum des europäischen Karnevals. Im Schutz der Masken begann eine Freiheit, die sechs Monate im Jahr dauerte. Erst ein Fremder machte dem bunten Treiben ein Ende: Napoleon. Fremde waren es aber auch, die den alten Brauch wieder aufleben ließen: Touristen im Jahre 1979. Kennen Sie einige Figuren der Commedia dell'Arte?

*Arlecchino, Colombina, Pantalone, Pulcinella usw.*

(Harlekin, Täubchen, Hanswurst, Küken)

525

## Cosa fare con il gatto?

Giulio è deluso. Anna non voleva trattenere il gatto presso di sé, diceva che non c'era spazio nel suo appartamento. Adesso lui non riesce a mettere fuori il gatto. Ma non trova un proprietario, va anche alla polizia per chiedere se qualcuno ha domandato notizie del gatto. Il poliziotto ride soltanto, di gatti ce ne sono tanti, non ne ha domandato nessuno.

526

## La maschera Pulcinella

Il nome Pulcinella, deriverebbe, per i più, proprio da pulcino. In verità questa buffa maschera napoletana, ad un pulcino somiglia non solo per la voce, ma anche per il suo camminare a passettini, come un galletto che zampetta. Sotto la maschera nera che gli copre il viso accentuando il naso adunco come il becco d'un uccello, non si può mai dire se fa smorfie di paura o di arroganza, di dolore o di allegria.

*Che cosa significa la parola Carnevale?*

## 525

### Was tun mit der Katze?

Giulio ist enttäuscht. Anna wollte die Katze nicht behalten, sie sagte, sie hätte keinen Platz in ihrer Wohnung. Nun bringt er es nicht fertig, die Katze vor die Tür zu setzen. Aber er findet keinen Besitzer; er geht sogar zur Polizei, um zu fragen, ob jemand nach der Katze gefragt hat. Der Polizist lacht nur; es gibt so viele Katzen, niemand hat nach ihr gefragt.

| | |
|---|---|
| deludere [de'lu:dere] | enttäuschen |
| trattenere [tratte'ne:re] | aufhalten, einbehalten |
| lo spazio ['spattsio] | Raum, Platz |
| mettere fuori qn ['mettere] | jdn vor die Tür setzen |
| il proprietario [proprie'ta:rio] | Eigentümer, Besitzer |
| domandare qc [doman'da:re] | fragen nach etw. |
| il poliziotto [polit'tsiɔtto] | Polizist |

## 526

### Die Karnevalsmaske Pulcinella

Der Name Pulcinella leitet sich, so behaupten viele, von dem Wort Küken ab. In der Tat erinnert diese komische neapolitanische Karnevalsfigur an ein Küken, nicht nur wegen der Stimme, sondern auch weil sie mit ganz kleinen Schritten geht, wie ein trippelndes Hähnchen. Unter der schwarzen Maske, die das Gesicht bedeckt und die wie der Schnabel eines Vogels gekrümmte Nase betont, läßt sich nie erkennen, ob sie Grimassen aus Angst oder Arroganz, Schmerz oder Fröhlichkeit zieht. Was bedeutet das Wort Carnevale?

*Levare la carne* – Das Fleisch entziehen

## 527

ESERCIZIO

### Forma il congiuntivo!

1. Sono felice che tu . . . superato gli esami. (avere)
2. Spero che lei . . . puntualmente. (arrivare)
3. Non è sicuro se loro . . . subito. (venire)
4. È meglio che io . . . a casa. (rimanere)
5. È bene che voi . . . questa mostra. (visitare)
6. Bisogna che noi . . . il medico. (consultare)
7. Non sono certo che questa . . . la strada giusta. (essere)

## 528

### Il concerto

Collega: *Come ti è piaciuto il concerto? A mio parere il sassofonista era il migliore.*

Giulio: *Il sassofonista? Ma suonava tanto forte, non mi piaceva.*

Collega: *Proprio per questo mi piaceva. Sono un po' sordo, e lui, l'ho sentito bene.*

## 527

ÜBUNG

### Bilde den Konjunktiv

1. Sono felice che tu **abbia** superato gli esami.
2. Spero che lei **arrivi** puntualmente.
3. Non è sicuro se loro **vengano** subito.
4. È meglio che io **rimanga** a casa.
5. È bene che voi **visitiate** questa mostra.
6. Bisogna che noi **consultiamo** il medico.
7. Non sono certo che questa **sia** la strada giusta.

1. Ich bin glücklich, daß du die Prüfungen bestanden hast.
2. Ich hoffe, daß sie pünktlich ankommt.
3. Es ist nicht sicher, ob sie sofort kommen.
4. Es ist besser, daß ich zu Hause bleibe.
5. Es ist gut, daß ihr diese Ausstellung besucht.
6. Es ist notwendig, daß wir den Arzt aufsuchen.
7. Ich bin nicht sicher, ob dies die richtige Straße ist.

## 528

### Das Konzert

Kollege: Wie hat dir das Konzert gefallen? Meiner Meinung nach war der Saxophonist der Beste.

Giulio: Der Saxophonist? Aber der hat doch so laut gespielt, mir hat er nicht gefallen.

Kollege: Genau deswegen hat er mir gefallen. Ich bin etwas schwerhörig, und ihn habe ich gut gehört.

| | |
|---|---|
| piacere [pia'tʃe:re] | gefallen, passen, schmecken |
| il parere [pa're:re] | Meinung, Ansicht |
| il migliore [miʎ'ʎo:re] | Beste(r) |
| forte ['fɔrte] | laut, schnell, stark |
| proprio ['prɔ:prio] | genau, wirklich |
| sordo, -a ['sordo] | taub, dumpf, schwerhörig |
| sentire [sen'ti:re] | hören, zuhören |

## 529

### Tutto per Carla

Nel frattempo Giulio s'è deciso a tenere la gattina, battezzata Carla. Oggi va in città per comprare alcuni oggetti per Carla.

Il primo acquisto è un gabinetto, non sa ancora come insegnare ad usarlo a Carla, ma si vedrà. Poi compra una scodella per il cibo e un'altra per l'acqua. Alla fine compra un topolino giallo di plastica come giocattolo.

## 530

ESERCIZIO

### Tradurre

1. Giulio hat ein Kätzchen gefunden.
2. Nun sucht er einen Namen für die Katze.
3. Er nennt das Tier Carlo, so wie ein Onkel heißt.
4. Er liest einen Artikel, der die beste Nahrung für Katzen beschreibt.
5. Die Woche darauf entdeckt er, daß Carlo eine Katze ist, kein Kater.
6. Deswegen kann der Onkel nicht länger Pate sein.

## 529

### Alles für Carla

Inzwischen hat sich Giulio entschlossen, die kleine Katze, die er Carla getauft hat, zu behalten. Heute geht er in die Stadt, um ein paar Sachen für Carla zu kaufen. Der erste Kauf ist ein Klosett; er weiß noch nicht, wie er Carla beibringen soll, es zu benutzen, aber man wird sehen. Dann kauft er einen Napf für das Futter und einen anderen für das Wasser. Schließlich kauft er ein gelbes Plastikmäuschen als Spielzeug.

| | |
|---|---|
| nel frattempo [frat'tɛmpo] | inzwischen, unterdessen |
| battezzare [batted'dza:re] | taufen |
| l'acquisto, *m* [ak'kuisto] | Kauf, Erwerb |
| il gabinetto [gabi'netto] | Toilette, Arbeitszimmer |
| insegnare [inseɲ'ɲa:re] | lehren, beibringen |
| la scodella [sko'dɛlla] | Schüssel |
| il topolino [topo'li:no] | Mäuschen |

## 530

### Übersetzen Sie

1. Giulio ha trovato un gattino.
2. Adesso cerca un nome per il gatto.
3. Chiama l'animale Carlo, come si chiama uno zio.
4. Legge un articolo che descrive l'alimentazione migliore per i gatti.
5. La settimana dopo scopre, che Carlo è una gatta, non un gatto.
6. Per questo lo zio non può essere più a lungo padrino.

*DIE EXPERTENECKE*

prendere la via dell'orto – den Weg des geringsten Widerstandes gehen (wörtlich: den Gartenweg nehmen): Lui non è di carattere fermo, prende sempre la via dell'orto. – Er ist nicht charakterfest, er nimmt immer den Weg des geringsten Widerstandes.

## 531

### Gli autobus

I biglietti per gli autobus si devono comprare prima di salire. Si comprano presso le edicole o presso alcuni bar. Spesso c'è anche la possibilità di comprarli ai nodi grandi delle linee. Si può comprare un biglietto solo, oppure un carnet. Poi c'è un biglietto che permette di prendere ogni autobus fin alle ore quattordici, un altro che lo permette dopo le quattordici e uno per tutto il giorno.

*Di che colore sono gli autobus?*

## 532

### Party

Antonella: *Questo party è un po' noioso senza musica, non trovi?*

Alba: *Hai ragione, ma Laura non ha uno stereo e non ha trovato nessuno che glielo prestasse.*

Antonella: *Che sciocca, poteva chiederlo a me! A proposito, adesso le faccio una sorpresa: vado a casa a prenderlo!*

## 531

### Busse

Die Busfahrkarten muß man vorm Einsteigen kaufen. Sie werden an Zeitungskiosken und in einigen Bars verkauft. Oft gibt es auch die Möglichkeit, sie an den großen Knotenpunkten der Buslinien zu kaufen. Man kann ein einzelnes Ticket kaufen oder eine Zehnerkarte. Dann gibt es ein Ticket, das die Benutzung jedes Busses bis 14 Uhr erlaubt, ein anderes, das es nach 14 Uhr erlaubt und ein Tagesticket. Welche Farbe haben die Busse?

*Orange*

Für Touristen gibt es in einigen Städten die Möglichkeit, eine sehr preisgünstige Wochenkarte zu kaufen. Für längere Aufenthalte lohnt sich eine „tessera“, eine Monatskarte, die es für einzelne Linien oder das Gesamtnetz gibt.

## 532

### Party

Antonella: Diese Party ist ein bißchen langweilig ohne Musik, findest du nicht?
Alba: Du hast recht, aber Laura hat keine Stereoanlage, und sie hat niemanden gefunden, der ihr eine geliehen hätte.
Antonella: Wie dumm, sie hätte mich doch fragen können. Übrigens, jetzt bereite ich ihr eine Überraschung: Ich fahre nach Hause, um sie zu holen!

| | |
|---|---|
| noioso [noi'oːso] | langweilig |
| la musica [mu'ziːka] | Musik |
| lo stereo ['stereo] | Stereoanlage |
| prestare [pres'taːre] | leihen |
| sciocco [ʃɔk-ko] | dumm |
| a proposito [a pro'pɔːzito] | übrigens |

533

## Sugo alla zingaresca

Ingredienti: 2 scatole di pomodori, 1 cipolla, sale, un peperoncino piccante, olio d'oliva, basilico, 100 gr. di olive nere

Mettere in una pentola i pomodori pelati, la cipolla tagliata a pezzetti, il peperoncino, il sale e l'olio e far cuocere lentamente per 15 minuti. Aggiungere il basilico, le olive tagliate a dadini e cuocere ancora per 10 minuti, girando il sugo di tanto in tanto. Con questo sugo si possono condire maccheroni o riso.

534

## Il veterinario

Giulio è venuto a sapere che un gatto dev'essere vaccinato contro tutto. Così Giulio va dal veterinario. Carla non ne è contenta, ma non ha possibilità di scelta. Il veterinario è molto capace, il trattamento dura soltanto cinque minuti. Adesso Giulio ha paura che il medico sia altrettanto abile nel rilasciare una fattura.

## 533

### Soße nach Zigeunerinnenart

Zutaten: 2 Dosen geschälte Tomaten, 1 Zwiebel, Salz, 1 scharfe Peperone, Olivenöl, Basilikum, 100 g schwarze Oliven

Die geschälten Tomaten, die kleingeschnittene Zwiebel, die Peperone, Salz und Öl in einen Topf geben, und 15 Minuten langsam kochen lassen. Danach das Basilikum und die in kleine Würfel geschnittenen Oliven hinzufügen, und nochmals 10 Minuten kochen, dabei die Soße ab und zu umrühren. Mit dieser Soße kann man Makkaroni oder Reis würzen.

| | |
|---|---|
| il dadino [da'di:no] | kleiner Würfel, Würfelchen |

## 534

### Der Tierarzt

Giulio hat erfahren, daß eine Katze gegen alles mögliche geimpft sein muß. So geht Giulio zum Tierarzt. Carla ist damit nicht zufrieden, aber sie hat keine Wahl. Der Tierarzt ist sehr geschickt, die Behandlung dauert nur fünf Minuten. Nun hat Giulio Angst, daß der Arzt genauso fähig darin ist, Rechnungen auszuschreiben.

| | |
|---|---|
| il veterinario [veteri'na:rio] | Tierarzt |
| vaccinare [vattʃi'na:re] | impfen |
| la scelta ['ʃelta] | (Aus-)Wahl |
| capace [ka'pa:tʃe] | fähig, geschickt |
| il trattamento [tratta'mento] | Behandlung |
| altrettanto [altret'tanto] | genauso, gleich |
| abile ['a:bile] | fähig, tüchtig, gewandt |

## 535

*«Se aprile produce il fiore*
*è maggio che se ne fa l'onore.»*

*Proverbio*

## 536

**I francobolli**

Giulio: *Un attimino Anna, devo finire questa lettera. Oh no!*

Anna: *Che c'è?*

Giulio: *I miei francobolli si sono attaccati. Non ce n'è neanche uno che si possa usare.*

Anna: *Perché li hai messi davanti alla finestra aperta con questa pioggia?*

## 535

„Wenn es der April ist, der die Blume hervorbringt, so ist es der Mai, der sich dessen brüstet." – Italienisches Sprichwort

GRAMMATIK

### L'articolo partitivo – Teilungsartikel

Der Teilungsartikel steht nicht bei:

- ▶ allgemeinen Gegenständen: *Non mangio carne. (Ich esse kein Fleisch.)*
- ▶ abstrakten Begriffen: *Ho paura. (Ich habe Angst.)*
- ▶ Aufzählungen: *Ho comprato mele, pomodori, cipolle e spinaci. (Ich habe Äpfel, Tomaten, Zwiebeln und Spinat gekauft.)*
- ▶ Fragen und verneinten Sätzen: *Hai mele? (Hast du Äpfel?) Non ho mele. (Ich habe keine Äpfel.)*
- ▶ Präpositionen: *senza mele (ohne Äpfel).*

## 536

### Briefmarken

Giulio: Einen kleinen Augenblick, Anna, ich muß noch diesen Brief beenden. Oh nein!

Anna: Was ist?

Giulio: Meine Briefmarken kleben aneinander. Es gibt keine einzige, die man benutzen kann.

Anna: Warum hast du sie auch bei diesem Regen ans offene Fenster gelegt?

| | |
|---|---|
| il francobollo [fraŋko'bollo] | Briefmarke |
| l'attimo, *m* ['attimo] | Augenblick |
| la lettera ['lettera] | Brief, Buchstabe |
| attaccarsi [attak'ka:rsi] | haften, kleben |
| davanti a [da'vanti] | vor |
| la finestra [fi'nɛstra] | Fenster |
| la pioggia ['piɔddʒa] | Regen, Flut |

## 537

ESERCIZIO

**Completare con l'articolo giusto**

1. Giulio vuole fare ________ insalata.
2. Perciò ha comprato ________ pomodori, ________ cipolle, ________ peperoni e ________ olive.
3. Purtroppo ha dimenticato ________ formaggio.
4. «Devo tagliare ________ cipolle?»
5. «Buona idea, taglia ________ cipolle.»
6. «Mi serve ________ olio, puoi darmene?»
7. «Certo, qui hai anche ________ sale e ________ pepe.»

## 538

**Amici**

Giulio: *Pronto?*
Andrea: *Ciao, sono Andrea. Come stai?*
Giulio: *Bene! E tu? Cosa fai?*
Andrea: *Io mi trasferirò a Milano. La mia ditta ci ha aperto una filiale. Mi hanno domandato se ho voglia di diventarne capo. Ho accettato.*

## 537

### Vervollständigen Sie mit dem richtigen Artikel

1. Giulio vuole fare **un'**insalata. Giulio möchte einen Salat machen.
2. Perciò ha comprato pomodori, cipolle, peperoni e olive. Deswegen hat er Tomaten, Zwiebeln, Paprika und Oliven gekauft.
3. Purtroppo ha dimenticato **del** formaggio. Leider hat er Käse vergessen.
4. «Devo tagliare cipolle?» „Soll ich Zwiebeln schneiden?"
5. «Buona idea, taglia **delle** cipolle.» „Gute Idee, schneide Zwiebeln."
6. «Mi serve **dell'**olio, puoi darmene?» „Ich brauche Öl, kannst du mir was geben?"
7. «Certo, qui hai anche **del** sale e **del** pepe.» „Sicher, hier hast du auch Salz und Pfeffer."

## 538

### Freunde

| | |
|---|---|
| Giulio: | Hallo? |
| Andrea: | Hallo, ich bin's, Andrea. Wie geht es dir? |
| Giulio: | Gut! Und dir? Was machst du? |
| Andrea: | Ich ziehe nach Mailand um. Meine Firma hat dort eine Zweigstelle eröffnet. Sie haben mich gefragt, ob ich Lust hätte, dort Chef zu werden. Ich habe angenommen. |

| | |
|---|---|
| pronto ['pronto] | hallo (am Telefon) |
| trasferirsi [trasfe'ri:rsi] | umziehen, übersiedeln |
| la ditta ['ditta] | Firma |
| aprire [a'pri:re] | öffnen, eröffnen |
| la filiale [fi'lia:le] | Zweigstelle |
| la voglia ['vɔʎʎa] | Lust, Verlangen |
| diventare [diven'ta:re] | werden |

## 539

### L'abbazia di Pomposa

L'abbazia fu fondata nel sesto secolo dopo Cristo. I benedettini cercarono di prosciugare le paludi del luogo. Ma quando il Po cambiò il suo letto, seguì un'epidemia di malaria che costrinse i monaci ad abbandonare l'abbazia nel 1496. Nel Seicento l'abbazia fu abbandonata del tutto. La chiesa del convento fu costruita nello stile delle chiese di Ravenna, l'influenza bizantina, la si vede bene nell'ornamento.

*Che cosa si trova a sinistra della chiesa?*

## 540

### La cena

Giulio: *Anna, ho bisogno del tuo aiuto. Voglio dare una cena, ma non so cucinare bene. Sai per caso una buona ricetta semplice?*

Anna: *Mi piace mangiare pollo al vino bianco con pasta. È quello che vuoi tu, perfino io riesco a farlo.*

## 539

### Die Abtei von Pomposa

Die Abtei wurde im sechsten Jahrhundert nach Christus gegründet. Die Benediktiner versuchten, die dortigen Sümpfe trockenzulegen. Aber als der Po sein Bett änderte, folgte eine Malaria-Epidemie, die 1496 die Mönche zwang, die Abtei zu verlassen. Im 17. Jahrhundert wurde die Abtei völlig aufgegeben. Die Klosterkirche wurde im Stil der Kirchen Ravennas errichtet, den byzantinischen Einfluß sieht man gut in den Verzierungen. Was befindet sich links der Kirche?

*Il campanile – der Glockenturm*

Der romanische Glockenturm wurde 1063 erbaut. Seine neun Stockwerke (48 m) sind mit nach oben größeren und reicher verzierten Fensteröffnungen, lombardischen Streifen und geometrischen Ornamenten geschmückt.

## 540

### Das Abendessen

Giulio: Anna, ich brauche deine Hilfe. Ich möchte ein Abendessen geben, aber ich kann nicht gut kochen. Kennst du zufälligerweise ein gutes, einfaches Rezept?

Anna: Ich esse gerne Huhn in Weißwein mit Nudeln. Das ist genau das, was du willst; sogar ich schaffe es, das zu machen.

| | |
|---|---|
| avere bisogno di [biˈzoɲɲo] | etw/jdn brauchen |
| l'aiuto, *m* [aˈiuːto] | Hilfe, Beistand |
| la ricetta [riˈtʃɛtta] | Rezept, Mittel |
| semplice [ˈsemplitʃe] | einfach, schlicht |
| il pollo [ˈpollo] | Huhn |
| bianco, -a [ˈbiaŋko] | weiß |

## 541

*«Chi ha la testa nelle nuvole non vede più la terra.»*

*Proverbio*

## 542

**La serata**

Andrea: *Ma non hai risparmiato fatica! La cena era squisita e abbondante!*

Giulio: *Ma c'è sicuramente ancora spazio per un digestivo o un espresso?*

Andrea: *Un'ottima idea, prendo un amaro. Spero che dopo non mi senta più come una palla.*

## 541

„Wer den Kopf in den Wolken hat, sieht die Erde nicht mehr."
– Italienisches Sprichwort

GRAMMATIK

### Unbetonte persönliche Fürwörter

| Dativ | | | | Akkusativ | | | |
|---|---|---|---|---|---|---|---|
| Singular | | Plural | | Singular | | Plural | |
| mi | mir | ci | uns | mi | mich | ci | uns |
| ti | dir | vi | euch | ti | dich | vi | euch |
| gli | ihm | loro | ihnen | lo | ihn | li | sie |
| le | ihr | loro | ihnen | la | sie | le | sie |
| Le | Ihnen | Loro | Ihnen | La | Sie | Li | Sie, männlich |
| | | | | | | Le | Sie, weiblich |
| si | sich | si | sich | si | sich | si | sich |

## 542

### Ein Abend

Andrea: Du hast ja keine Mühe gescheut! Das Abendessen war großartig und reichlich!

Giulio: Aber sicher hast du noch Platz für einen Verdauungsschnaps oder einen Espresso?

Andrea: Eine ausgezeichnete Idee, ich nehme einen Bitter. Ich hoffe, daß ich mich danach nicht mehr wie ein Ballon fühle.

| | |
|---|---|
| la serata [seˈraːta] | Abend, Abendveranstaltung |
| risparmiare [risparˈmiaːre] | sparen, schonen |
| la fatica [faˈtiːka] | Mühe, Anstrengung |
| squisito, -a [skuiˈziːto] | erlesen, köstlich |
| il digestivo [didʒesˈtiːvo] | Verdauungsschnaps |
| l'amaro, *m* [aˈmaːro] | Bitter, Magenbitter |
| la palla [ˈpalla] | Ball, Kugel |

## 543

### ESERCIZIO

**Cercare gli 8 tipi di pasta**

| | | | | | | | | | |
|---|---|---|---|---|---|---|---|---|---|
| T | A | L | A | S | A | G | N | E | R |
| P | O | E | S | T | R | I | V | N | I |
| R | A | R | I | M | E | N | S | N | P |
| A | R | E | T | F | U | C | U | E | V |
| V | I | T | T | E | H | G | A | P | S |
| I | O | L | I | O | L | S | O | L | E |
| O | F | A | R | F | A | L | L | E | N |
| L | I | N | O | T | A | G | I | R | O |
| I | P | A | N | E | Z | U | C | N | E |
| M | A | C | C | H | E | R | O | N | I |

## 544

**Dal parrucchiere**

Laura telefona ad «Antonio».

Laura: *Buon giorno. Il mio nome è Morini. Vorrei un appuntamento.*

Parrucchiere: *Bene, allora taglio, shampo e piega?*

Laura: *Sì, è possibile martedì mattina?*

Parrucchiere: *Sì, alle nove.*

Laura: *Va bene, allora a martedì!*

## 543

| | | | | | | | | | |
|---|---|---|---|---|---|---|---|---|---|
| T | | L | A | S | A | G | N | E | |
| | O | | | | | | | N | |
| R | | R | | | | | | N | |
| A | | | T | | | | | E | |
| V | I | T | T | E | H | G | A | P | S |
| I | | | | | L | | | | |
| O | F | A | R | F | A | L | L | E | |
| L | I | N | O | T | A | G | I | R | |
| I | | | | | | | | N | |
| M | A | C | C | H | E | R | O | N | I |

Farfalle: kleine Nudelschmetterlinge und Schleifen
Lasagne: dünne Teigplatten, handbreit, für Aufläufe
Maccheroni: lange, dünne Röhrennudeln
Penne: kurze, schräg abgeschnittene Röhrennudeln
Ravioli: viereckige, gefüllte Teigtaschen
Rigatoni: kurze Röhrennudeln mit geriffelter Oberfläche
Spaghetti: sehr lange, dünne Nudeln
Tortellini: mit Fleischfarce oder Käse gefüllte Teigringe

## 544

### Beim Friseur

Laura ruft bei «Antonio» an.

| | |
|---|---|
| Laura: | Guten Tag! Mein Name ist Morini. Ich möchte einen Termin haben. |
| Friseur: | Gut, also schneiden, waschen und legen? |
| Laura: | Ja, geht es Dienstag morgen? |
| Friseur: | Ja, um neun Uhr. |
| Laura: | Gut, dann bis Dienstag! |

| | |
|---|---|
| il parrucchiere [parrukki'ɛːre] | Friseur |
| l'appuntamento, *m* [appunta'mento] | Termin, Verabredung |
| tagliare [taʎ'ʎaːre] | schneiden |

## 545

ESERCIZIO

### Verben

*Füllen Sie die Lücken mit den passenden Verbformen von* trovare, visitare, andare, venire.

1. Allora ___________ all'università con te.
2. Perché ___________ a letto tardi?
3. Sono amici di Napoli che si ___________ a Siena da una settimana.
4. Abbiamo tutto il giorno a disposizione per ___________ la città.
5. Sono andata a ___________ degli amici.

## 546

### La festa

Anna: *Come ti è piaciuta la festa?*
Giulio: *Molto bene, questo ragazzo con cui ho parlato per tutta la sera è molto simpatico.*
Anna: *Ci credo volentieri. Non posso immaginare che uno che parla di calcio per un'intera sera con te non ti sia simpatico!*

## 545

### Die Lösung

1. Allora **vengo** all'università con te.
2. Perché **vai** a letto tardi?
3. Sono amici di Napoli che si **trovano** a Siena da una settimana.
4. Abbiamo tutto il giorno a disposizione per **visitare** la città.
5. Sono andata a **trovare** degli amici.

1. **Ich komme** jetzt mit dir zur Universität.
2. Warum **gehst du** spät ins Bett?
3. Es sind Freunde aus Neapel, die erst seit einer Woche in Siena **sind**.
4. Wir haben den ganzen Tag zur Verfügung, um die Stadt zu **besichtigen**.
5. Ich bin Freunde **besuchen** gegangen.

## 546

### Die Feier

| | |
|---|---|
| Anna: | Wie hat dir das Fest gefallen? |
| Giulio: | Sehr gut; dieser Junge, mit dem ich den ganzen Abend geredet habe, ist sehr sympathisch. |
| Anna: | Das glaube ich gerne. Ich kann mir auch nicht vorstellen, daß jemand, der mit dir einen ganzen Abend lang über Fußball spricht, dir nicht sympathisch ist! |

| | |
|---|---|
| molto ['molto] | viel, sehr |
| il ragazzo [ra'gattso] | Junge, Bursche |
| tutto, -a ['tutto] | ganz, all |
| la sera ['se:ra] | Abend |
| simpatico, -a [sim'pa:tiko] | sympatisch |
| volentieri [volen'tiɛ:ri] | gern(e) |
| intero, -a [in'te:ro] | ganz, vollständig |

## 547

### L’incidente stradale

Aldo e Rosa vanno al centro con la macchina. Il traffico è particolarmente intenso. Nello stesso tempo bisogna guidare con molta prudenza, fare attenzione ai segnali stradali, ai semafori, alle macchine davanti. Lui dà solo un’occhiata allo specchietto retrovisore e già quello davanti a lui frena e così Aldo urta quella macchina.

## 548

### Pizza

*Ingredienti: 30 g di lievito di birra, 525 g di farina, 1 1/2 tazze d’acqua tiepida, 3/4 tazze d’olio d’oliva, un cucchiaino di sale, zucchero*

Mettere tutti gli ingredienti insieme. Ben mescolare e impastare per quindici minuti. Lasciar crescere una o due ore. Quando la pasta si è raddoppiata, spianare, imbottire secondo il proprio gusto e cuocere nel forno riscaldato a 250 gradi per 15 minuti.

*Di che cosa la pizza Margherita è imbottita?*

## 547

### Der Autounfall

Aldo und Rosa fahren mit dem Wagen ins Zentrum. Der Verkehr ist besonders dicht. Man muß gleichzeitig sehr vorsichtig fahren, auf die Verkehrszeichen achten, auf die Ampeln und auf die Autos vor einem. Er wirft nur einen kurzen Blick in den Rückspiegel, und schon bremst der Vordermann und Aldo rammt diesen Wagen.

| | |
|---|---|
| intenso [in'tɛnso] | dicht, intensiv |
| la prudenza [pru'dɛntsa] | Vorsicht, Behutsamkeit |
| il semaforo [se'ma:foro] | Ampel |
| il segnale [se'ɲa:le] | Zeichen |
| urtare [ur'ta:re] | rammen |

## 548

### Pizza

*Zutaten: 30 g frische Hefe, 525 g Mehl, 1 1/2 Tassen lauwarmes Wasser, 3/4 Tassen Olivenöl, ein Teelöffel Salz, Zucker*

Alle Zutaten zusammengeben. Gut mischen und 15 Minuten kneten. Ein bis zwei Stunden gehen lassen. Wenn der Teig sich verdoppelt hat, ausrollen, nach Geschmack belegen und im auf 250 Grad vorgeheizten Backofen 15 Minuten backen lassen. Womit ist die Pizza Margherita belegt?

*Tomaten, Käse, Oregano*

Nebeneinander aufgelegt ergibt dieser Belag die Farben der italienische Flagge. Pizza gibt es auch in Form von „calzone“, einer Art Maultasche, die mit den unterschiedlichsten „Beläge“ gefüllt wird.

## 549

GRAMMATICA

### Il passato del congiuntivo

| **dare** | **partire** |
|---|---|
| *abbia dato* | *sia partito /-a* |
| *abbia dato* | *sia partito /-a* |
| *abbia dato* | *sia partito /-a* |
| *abbiamo dato* | *siamo partiti /-e* |
| *abbiate dato* | *siate partiti /-e* |
| *abbiano dato* | *siano partiti /-e* |

## 550

*«Quando la gioia è vera,*
*il cuore crede ch'essa durerà sempre.»*

*G. Carcano*

## 549

GRAMMATIK

### Konjunktiv des zusammengesetzten Perfekts

| **geben** | **abreisen** |
|---|---|
| ich habe gegeben | ich sei abgereist |
| du habest gegeben | du seist abgereist |
| er/sie habe gegeben | er/sie sei abgereist |
| wir haben gegeben | wir seien abgereist |
| ihr habet gegeben | ihr seiet abgereist |
| sie haben gegeben | sie seien abgereist |

*Der Konjunktiv des zusammengesetzten Perfekts besteht aus dem* ***Konjunktiv Präsens*** *von* ***avere*** *bzw.* ***essere*** *und dem* ***Partizip Perfekt*** *des Verbs.*

*Der Konjunktiv des zusammengesetzten Perfekts wird verwendet, wenn eine mögliche Handlung des Nebensatzes vor der im Präsens stehenden des Hauptsatzes liegt.*

## 550

„Wenn die Freude echt ist, glaubt das Herz, daß sie für immer andauert." – Giulio Carcano (1812 – 1882), italienischer Schriftsteller

GRAMMATIK

### Il passato prossimo – zusammengesetztes Perfekt

Das passato prossimo wird gebildet aus den Präsensformen von «avere» und «essere» und dem participio passato. «essere» wird benutzt bei reflexiven Verben, Verben der Bewegung und einigen anderen Verben. Wird das passato prossimo mit «essere» gebildet, richtet sich die Endung des Partizips nach dem Subjekt. In der Umgangssprache ist das passato prossimo die normale Zeit der Vergangenheit, in der Schriftsprache stellt es einen Bezug zur Gegenwart her. Bsp.:

La madre ha chiamato. (Die Mutter hat gerufen.)
La madre è venuta. (Die Mutter ist gekommen.)
Loro sono arrivati. (Sie sind angekommen.)

## 551

### Nella pasticceria

Luciano: *Guarda quante leccornie ci sono nella vetrina di questa pasticceria!*

Salvatore: *Ogni volta che passo davanti ad una pasticceria mi viene in mente la mia infanzia. Prima ammiravo da fuori quello che mi sarebbe piaciuto mangiare. Poi andavo a casa a rubare i soldi a mia madre per comprarmelo.*

Luciano: *Se sapessi le mie invenzioni!*

## 552

### Un sogno

Stanotte Carla ha fatto un mucchio di sciocchezze. Quando Giulio lo scopre, sospira. Si chiede perché Carla non è un cane.

Così potrebbe imparare a prendere le pantofole oppure il giornale. Ma sicuramente un cane porterebbe sempre il giornale sbagliato e le pantofole sarebbero morsicate. E in generale Carla è una gatta brava.

## 551

### In der Konditorei

Luciano: Sieh mal, wie viele Leckerbissen es im Schaufenster dieser Konditorei gibt!

Salvatore: Jedes Mal, wenn ich an einer Konditorei vorbeigehe, denke ich an meine Kindheit. Zuerst bestaunte ich von draußen, was ich gerne gegessen hätte. Danach ging ich nach Hause, das Geld meiner Mutter stehlen, um es mir zu kaufen.

Luciano: Wenn du meine Einfälle kennen würdest!

| | |
|---|---|
| la pasticceria [pastit-tʃe'ri:a] | Konditorei |
| la leccornia [lek-kor'ni:a] | Leckerbissen |
| la mente [mente] | Geist, Gedächtnis |
| l'infanzia (f.) [in'fantsia] | Kindheit |
| rubare [ru'ba:re] | stehlen |
| l'invenzione (f.) [inventsi'o:ne] | Erfindung, Lüge |

## 552

### Ein Traum

Heute nacht hat Carla einen Haufen Unsinn gemacht. Als Giulio das entdeckt, seufzt er. Er fragt sich, warum Carla kein Hund ist. So könnte sie lernen, die Pantoffeln oder die Zeitung zu holen. Aber sicher würde ein Hund immer die falsche Zeitung holen, und die Pantoffeln wären zerbissen. Und im allgemeinen ist Carla ja eine brave Katze.

| | |
|---|---|
| il sogno ['soɲɲo] | Traum |
| stanotte [sta'nɔtte] | diese Nacht, heute Nacht |
| il mucchio ['mukkio] | Haufen, Menge |
| la sciocchezza [ʃok'kettsa] | Dummheit, Kleinigkeit |
| il cane ['ka:ne] | Hund |
| sbagliare [zbaʎ'ʎa:re] | verfehlen, verwechseln |
| morsicare [morsi'ka:re] | beißen, stechen |

## 553

### Le banche ed il denaro

In Italia si usa dire la banca o il banco. Infatti c'è la Banca d'Italia, la Banca Nazionale del Lavoro, ma anche il Banco di Roma, il Banco di Napoli. I più famosi banchieri erano già dal 13esimo secolo i fiorentini. Le banche sono aperte da lunedì a venerdì dalle ore 8.30 alle 15.45. È molto importante non dimenticare, che molti alberghi e negozi non prendono assegni da persone che non conoscono. Per cambiare del denaro si deve presentare il passaporto o la tessera.

*Come si chiama la «Sparkasse» in Italia?*

## 554

### Martedì grasso

Giulio: *Oggi è martedì grasso! Festeggiamolo!*
Andrea: *Oh no, è una festa per bambini!*
Giulio: *Ma non è vero, non conosci il grande corteo di Viareggio? Mascheriamoci da animali! Quale animale vuoi rappresentare?*
Andrea: *Sarò una scimmia.*

## 553

### Banken und Geld

In Italien wird für Bank sowohl das Wort banca als auch banco gebraucht. So gibt es la Banca d'Italia, la Banca Nazionale del Lavoro, aber auch il Banco di Roma, il Banco di Napoli. Die bedeutendsten Bankiers sind schon seit dem 13. Jahrhundert die Florentiner. Die Banken sind von Montag bis Freitag von 8.30 Uhr bis 15.45 Uhr geöffnet. Es ist sehr wichtig, dies nicht zu vergessen, da viele Hotels und Geschäfte keine Schecks von ihnen unbekannten Personen annehmen. Um Geld umzutauschen, muß man den Reisepaß oder den Ausweis vorzeigen. Wie heißt die Sparkasse in Italien?

*Cassa di Risparmio*

## 554

### Fastnacht

Giulio: Heute ist Fastnacht! Das sollten wir feiern!
Andrea: Oh nein, das ist doch ein Fest für Kinder!
Giulio: Aber das ist nicht wahr, kennst du nicht den großen Umzug in Viareggio? Verkleiden wir uns als Tiere! Welches Tier willst du darstellen?
Andrea: Ich werde ein Affe sein.

| | |
|---|---|
| grasso, -a ['grasso] | dick, fett, reich |
| il bambino [bam'bi:no] | Kind, Kindskopf |
| il corteo [kor'tɛ:o] | (Um)zug |
| mascherare [maske'ra:re] | verkleiden, tarnen |
| l'animale, *m* [ani'ma:le] | Tier, Vieh, Lebewesen |
| rappresentare [rapprezen'ta:re] | darstellen, verkörpern |
| la scimmia ['ʃimmia] | Affe |

## 555

ESERCIZIO

### Il passato prossimo

*Completare le frasi e accordare i participi.*

1. Giulio _____ trovat _____ un gatto.
2. «Come (tu) _____ chiamat _____ il gatto?»
3. «(Io) _____ scelt _____ Carla come nome.»
4. «Giulio e Andrea, quando (voi) vi _____ incontrat _____ la prima volta?»
5. «(Noi) _____ stat _____ nella stessa classe.»
6. Andrea _____ vissut _____ nel sud, adesso _____ ritornat _____ nel nord.

## 556

### I libri

Giulio: *Che brutto tempo, non ho voglia di fare niente!*
Anna: *Non mi disturba. Sto leggendo un libro di Italo Calvino. Mi piace tanto che il resto del mondo mi è indifferente.*
Giulio: *Sì, tu sei una vera divoratrice di libri, ma forse un invito al cinema ti fa dimenticare i libri?*

## 555

### Zusammengesetztes Perfekt

*Vervollständigen Sie die Sätze und gleichen Sie die Partizipien an.*

1. Giulio **ha** trovat**o** un gatto. Giulio hat eine Katze gefunden.
2. «Come **hai** chiamat**o** il gatto?» „Wie hast du die Katze genannt?“
3. «**Ho** scelt**o** Carla come nome.» „Ich habe Carla als Namen ausgesucht.“
4. «Giulio e Andrea, quando vi **siete** incontrat**i** la prima volta?» „Giulio und Andrea, wann habt ihr euch das erste Mal getroffen?“
5. «**Siamo** stat**i** nella stessa classe.» „Wir sind in derselben Schulklasse gewesen.“
6. Andrea **ha** vissut**o** nel sud, adesso **è** ritornat**o** nel nord. Andrea hat im Süden gelebt, jetzt ist er in den Norden zurückgekehrt.

## 556

### Bücher

Giulio: Was für ein scheußliches Wetter, ich habe keine Lust, irgendetwas zu tun!

Anna: Mich stört das nicht. Ich lese gerade ein Buch von Italo Calvino. Es gefällt mir so gut, daß der Rest der Welt mir gleich ist.

Giulio: Ja, du bist eine echte Leseratte, aber vielleicht läßt dich ja eine Einladung ins Kino die Bücher vergessen?

| | |
|---|---|
| il tempo ['tɛmpo] | Zeit, Wetter, Takt |
| disturbare [distur'ba:re] | stören, belästigen |
| leggere ['lɛddʒere] | lesen, vorlesen |
| il mondo ['mondo] | Welt, Reich, Unmenge |
| indifferente [indiffe'rɛnte] | gleichgültig, gleich |
| divoratrice [divora'tri:tʃe] | Vielfraß |
| il cinema ['tʃi:nema] | Kino |

## 557

### Umberto II re d'Italia

Umberto nacque il 15 settembre 1904 a Racconigi, nella provincia di Cuneo. Ebbe una formazione militare. Nell'anno 1930 sposò Maria José, figlia del re di Belgio. Il 5 giugno 1944 fu nominato luogotenente generale del regno, il 9 maggio 1946 venne assunto al trono. Dopo la proclamazione del referendum per la repubblica partì per l'esilio in Portogallo. Morì il 18 marzo 1983.

*Come si chiamavano i re d'Italia?*

## 558

### Il capo

Anna: *Ma che faccia corrucciata! Cosa è successo?*
Giulio: *Oggi era aria di tempesta nell'ufficio. Il nostro capo si è comportato come un bambino. Ha trovato da ridire su tutto.*
Anna: *Forse ha litigato con sua moglie e lei non tollera obiezioni.*

## 557

### Humbert II., König von Italien

Humbert wurde am 15. September 1904 in Racconigi, in der Provinz Cuneo, geboren. Er erhielt eine militärische Ausbildung. Im Jahre 1930 heiratete er Maria José, Tochter des Königs von Belgien. Am 5. Juni 1944 wurde er zum Generalstatthalter des Königreichs ernannt, am 9. Mai 1946 wurde er auf den Thron gehoben. Nach der Verkündung der Volksabstimmung für die Republik ging er ins Exil nach Portugal. Er starb am 18. März 1983. Wie hießen die Könige Italiens?

*Vittorio Emanuele II, Umberto I,*
*Vittorio Emanuele III, Umberto II*

Viktor Emanuel II. war der letzte König Sardiniens und wurde erster König Italiens, daher fängt die Zählung bei zwei an.

## 558

### Der Chef

Anna: Was für ein finsteres Gesicht! Was ist passiert?
Giulio: Heute war dicke Luft im Büro. Unser Chef hat sich wie ein Kleinkind aufgeführt. Er hatte an allem etwas auszusetzen.
Anna: Vielleicht hat er sich mit seiner Frau gestritten, und sie duldet keine Widerrede.

| | |
|---|---|
| il capo ['ka:po] | Kopf, Haupt, Chef |
| la faccia ['fattʃa] | Gesicht, Miene |
| corrucciare [korrut'tʃa:re] | verdrießen |
| la tempesta [tem'pɛsta] | Unwetter, Sturm |
| comportarsi [kompor'tarsi] | sich verhalten, sich benehmen |
| ridire [ri'di:re] | wiederholen, erwidern, einwenden |
| litigare [liti'ga:re] | streiten, prozessieren |

## 559

### La polizia

Aldo telefona subito dopo l'incidente alla polizia.

Aldo: *Pronto! Abbiamo avuto un incidente!*
Polizia: *Dov'è la macchina?*
Aldo: *È alla stazione. Può mandare lì qualcuno?*
Polizia: *Veniamo subito!*
Rosa: *La nostra macchina è totalmente rotta?*
Aldo: *No, totalmente no, ma dobbiamo farla rimorchiare.*

## 560

### All'officina

Aldo: *Quant'è il danno?*
Meccanico: *Aspetti, devo prima guardare. Il còfano del motore, il paraurti e il parafango, tre milioni di lire!*
Aldo: *Accidenti! Tanto? Comunque mi serve la macchina entro sabato!*
Meccanico: *Oggi abbiamo molto da fare. Non glielo posso garantire!*

## 559

### Die Polizei

Aldo ruft sofort nach dem Unfall die Polizei an.

| | |
|---|---|
| Aldo: | Hallo! Wir haben einen Unfall gehabt! |
| Polizei: | Wo ist der Wagen? |
| Aldo: | Er steht am Bahnhof. Können Sie jemand herschicken? |
| Polizei: | Wir kommen sofort! |
| Rosa: | Ist unser Wagen total kaputt? |
| Aldo: | Nein, total nicht, aber wir müssen ihn abschleppen lassen. |

| | |
|---|---|
| l'incidente, *m* [intʃiˈdɛnte] | Unfall |
| la strada [ˈstraːda] | Straße |
| mandare [manˈdaːre] | schicken, senden |
| qualcuno [kualˈkuːno] | jemand |
| totalmente [totalˈmente] | total, gänzlich |
| rimorchiare [rimorkiˈaːre] | abschleppen |

## 560

### In der Kfz-Werkstatt

| | |
|---|---|
| Aldo: | Wie hoch ist der Schaden? |
| Mechaniker: | Warten Sie, ich muß es mir erst einmal ansehen. Die Motorhaube, die Stoßstange und der Kotflügel: Drei Millionen Lire! |
| Aldo: | Donnerwetter! So viel? Trotzdem, ich brauche den Wagen bis Samstag. |
| Mechaniker: | Wir haben heute sehr viel Arbeit. Das kann ich Ihnen nicht versprechen! |

| | |
|---|---|
| il danno [ˈdanno] | Schaden |
| aspettare [aspetˈtaːre] | warten, erwarten |
| guardare [guarˈdaːre] | schauen |
| il còfano [ˈkofano] | Motorhaube |
| comunque [koˈmuŋkue] | jedenfalls |

## 561

*«L'arte è gelosa,*
*vuole l'uomo tutto quanto.»*

*Michelangelo*

## 562

**La conciliazione**

Giulio: *Credo proprio che tu abbia avuto ragione.*
Anna: *Grazie, ma in cosa?*
Giulio: *L'altrieri hai detto che il mio capo ha litigato con sua moglie. Oggi lui è stato molto gentile e ha messo una fotografia nuova di lei sulla scrivania.*

## 561

„Die Kunst ist eifersüchtig, sie will den ganzen Menschen." – Michelangelo Buonarroti (1475 – 1564), italienischer Architekt, Bildhauer, Maler und Dichter

### Il pronome personale atono – unbetontes Personalpronomen I

| Singular | **(io)** | **(tu)** | **(lui)** | **(lei)** |
|---|---|---|---|---|
| indirektes Objekt/Dativ | mi | ti | gli | le |
| direktes Objekt/Akkusativ | mi | ti | lo | la |
| Plural | **(noi)** | **(voi)** | **(loro)** | **(loro)** |
| indirektes Objekt/Dativ | ci | vi | loro | loro |
| direktes Objekt/Akkusativ | ci | vi | li | le |

Diese Pronomina stehen vor dem Verb, hinter der eventuellen Verneinung: Le do il libro. (Ich gebe ihr das Buch.) Non lo vedo. (Ich sehe ihn nicht.)
Vor Vokal werden lo und la apostrophiert, manchmal auch mi, ti und si: L'inviti? (Lädst du sie/ihn ein?)

## 562

### Die Versöhnung

Giulio: Ich glaube wirklich, du hattest recht.
Anna: Danke, aber womit?
Giulio: Vorgestern hast du gesagt, daß mein Chef sich mit seiner Frau gestritten hat. Heute war er sehr freundlich und hat ein neues Foto von ihr auf den Schreibtisch gestellt.

| | |
|---|---|
| la conciliazione [kontʃiliatˈtsioːne] | Versöhnung |
| proprio [ˈprɔːprio] | genau, wirklich |
| la ragione [raˈdʒoːne] | Verstand, Vernunft |
| avere ragione [aˈveːre] | recht haben |
| l'altrieri [altrˈiɛːri] | vorgestern |
| gentile [dʒenˈtiːle] | freundlich, nett |
| la scrivania [skrivaˈniːa] | Schreibtisch |

## 563

### ESERCIZIO

**Übersetzen Sie**

1. Mit dem Wagen kann man (dorthin) nicht fahren.
2. Wenn Sie nicht laufen wollen, können Sie mit dem Autobus fahren.
3. Sie müssen an der letzten Haltestelle aussteigen.
4. Um Rom gut besichtigen zu können, braucht man viel Zeit.
5. Ist die Piazza Navona weit entfernt von hier?
6. Entschuldigen Sie, können Sie mir sagen, ob der Autobus hier vorbeikommt?

## 564

### ESERCIZIO

**Trasformare secondo il modello:**

*Anna legge il libro. – Anna lo legge.*

1. Vedi le chiavi?
2. No, devi chiedere ad Anna dove sono.
3. «Ciao Giulio, ho visto Giulio ieri.»
4. Giulio conosce Anna e Fabrizia.
5. A Giulio e Anna piace leggere.
6. Purtroppo non so il nome di questa ragazza.
7. Giulio lava la sua macchina.

## 563

### Übersetzung

1. Con la macchina non si può andare.
2. Se non vuole camminare può prendere l'autobus.
3. Deve scendere all'ultima fermata.
4. Per vedere bene Roma ci vuole molto tempo.
5. È lontana da qui Piazza Navona?
6. Scusi, mi sa dire se passa di qui l'autobus?

*DIE EXPERTENECKE*

| | |
|---|---|
| mandare a monte | – über den Haufen werfen |
| trarsi d'impaccio | – sich aus der Verlegenheit ziehen |
| mancare di rispetto | – die Achtung versagen |
| a porte chiuse | – unter Ausschluß der Öffentlichkeit |

## 564

### Formen Sie entsprechend dem Modell um:

*Anna liest das Buch. – Anna liest es.*

1. Le vedi? Siehst du sie (die Schlüssel)?
2. No, le devi chiedere, dove sono. Nein, du mußt sie (Anna) fragen, wo sie sind.
3. «Ciao Giulio, ti ho visto ieri.» „Hallo Giulio, ich habe dich (Giulio) gestern gesehen."
4. Giulio le conosce. Giulio kennt sie (Anna und Fabrizia).
5. A loro piace leggere. Ihnen (Giulio und Anna) gefällt es zu lesen.
6. Purtroppo non lo so. Leider weiß ich ihn (den Namen dieses Mädchens) nicht.
7. Giulio la lava. Giulio wäscht es (sein Auto).

## 565

### La fattura

Rosa e Aldo ricevono oggi la fattura dell'officina. Le spese di riparazione della macchina sono più di tre milioni di lire. L'officina ha montato non solo i nuovi pezzi di carrozzerìa, ma ha naturalmente verniciato la macchina. Inclusa l'IVA la fattura è di 3 560 000 lire. Loro sono sbalorditi quanto può costare una disattenzione nel traffico.

## 566

### La riforma del calendario

Fino a pochi anni fà, l'Italia aveva in paragone agli altri paesi europei il numero più alto di giorni festivi, molti dei quali intanto sono stati eliminati. Per questo non esistono più i cosiddetti ponti, giorni feriali che si trovavano tra due giorni festivi. Il numero di quelli che non possono permettersi di andare in vacanza e che devono accontentarsi qualche volta di andare al mare il fine settimana è relativamente alto. Pochi sono quelli che possono permettersi di andare in vacanza in inverno, o per motivi economici o perché devono lavorare.

*Si lavora in Italia il venerdì santo?*

## 565

### Die Rechnung

Rosa und Aldo erhalten heute die Rechnung der Werkstatt. Die Reparaturkosten liegen über drei Millionen Lire. Die Werkstatt hat nicht nur die neuen Fahrzeugteile eingebaut, sondern natürlich auch den Wagen lackiert. Einschließlich Mehrwertsteuer * beträgt die Rechnung 3 560 000 Lire. Sie sind verblüfft, was eine Unaufmerksamkeit im Straßenverkehr kosten kann.

* *IVA = Imposta sul Valore Aggiunto* – *Mehrwertsteuer (MWSt)*

| | |
|---|---|
| la fattura [fat'tu:ra] | Rechnung |
| la spesa ['spe:sa] | Ausgabe; Pl.: Kosten |
| alto ['alto] | hoch |
| montare [mon'ta:re] | einbauen |
| la disattenzione [dizattentsi'o:ne] | Unaufmerksamkeit |

## 566

### Die Reform des Kalenders

Bis vor wenigen Jahren hatte Italien im Vergleich zu den anderen europäischen Ländern die höchste Zahl an Feiertagen, von denen viele mittlerweile abgeschafft sind. Infolgedessen gibt es auch die sogenannten «Brücken» nicht mehr, Werktage, die zwischen zwei Feiertagen lagen. Die Zahl derer, die sich keinen Urlaub leisten können und sich damit zufriedengeben müssen, gelegentlich über das Wochenende ans Meer zu fahren, ist relativ groß. Nur die wenigsten können es sich leisten, im Winter in den Urlaub zu fahren, sei es aus finanziellen Gründen, sei es, weil sie arbeiten müssen. Wird in Italien am Karfreitag gearbeitet?

*Ja, Karfreitag ist ein Arbeitstag.*

## 567

GRAMMATICA

### La frutta

| | |
|---|---|
| la mela | il limone |
| la pesca | il pampelmo |
| la ciliegia | l'arancia |
| la prugna | la banana |
| l'albicocca | la pera |

## 568

### Lo sport

Lo sport più giocato in Italia è il calcio. Ci sono delle squadre importanti a Milano, Torino e Napoli.
Un altro sport diffuso in Italia è la pallacanestro. Come nel calcio anche nel basket esistono numerose squadre professionali. Nelle Alpi e dappertutto dove è possibile (per esempio sull'Etna) si scia. In più ci sono degli eventi sportivi di livello internazionale come il giro d'Italia per i ciclisti o il gran torneo di Roma per l'equitazione.

*Come vengono chiamati gli sportivi italiani?*

## 567

GRAMMATIK

### Das Obst

| | |
|---|---|
| la mela [me:la] | Apfel |
| la pesca [pɛska] | Pfirsich |
| la ciliegia [tʃili'ɛ:dʒa] | Kirsche |
| la prugna [pru:ɲa] | Pflaume |
| l'albicocca (f.) [albi'kɔk-ka] | Aprikose |
| il limone [li'mo:ne] | Zitrone |
| il pompelmo [pom'pɛlmo] | Pampelmuse |
| l'arancia (f.) [a'rantʃa] | Orange |
| la banana [ba'na:na] | Banane |
| la pera [pe:ra] | Birne |

## 568

### Sport

Der meistgespielte Sport in Italien ist der Fußball. Wichtige Vereine gibt es in Mailand, Turin und Neapel. Ein anderer in Italien verbreiteter Sport ist das Basketballspiel. Wie beim Fußball gibt es auch im Basketball zahlreiche professionelle Vereine. In den Alpen und überall, wo es möglich ist (zum Beispiel auf dem Ätna), fährt man Ski. Außerdem gibt es Sportereignisse internationalen Ranges wie den Giro d'Italia für die Radfahrer oder das große Turnier von Rom für die Reiter. Wie werden die italienischen Sportler genannt?

*Gli azzurri – die Blauen*

Der Name entstand dadurch, daß italienische Nationalmannschaften normalerweise in blauer Kleidung zu den Wettkämpfen antreten.

## 569

### La Bugatti

Stamattina Giulio ha trovato un annuncio sensazionale. C'è l'offerta di una Bugatti. Naturalmente il prezzo è tanto elevato che Giulio non osa neanche riflettere sull'acquisto. Tutto il giorno parla con entusiasmo di questa macchina. La sera esce con Anna, ma dopo un po' di tempo lei si lamenta dello sviluppo unilaterale della conversazione.

## 570

*«Contro la forza*
*la ragion non vale.»*

*Proverbio*

## 569

### Der Bugatti

Heute morgen hat Giulio eine sensationelle Anzeige entdeckt. Es wird ein Bugatti angeboten. Natürlich ist der Preis so hoch, daß Giulio an einen Kauf noch nicht einmal zu denken wagt. Den ganzen Tag lang schwärmt er von diesem Auto. Am Abend geht er mit Anna aus, aber nach einiger Zeit beschwert sie sich über den einseitigen Gesprächsverlauf.

| | |
|---|---|
| la Bugatti [bu'gatti] | *elsässische Automarke, benannt nach dem Fabrikanten* |
| stamattina [stamat'ti:na] | heute morgen |
| sensazionale [sensattsio'na:le] | aufsehenerregend |
| elevato, -a [ele'va:to] | hoch, erhaben |
| osare [o'za:re] | wagen |
| lo sviluppo [zvi'luppo] | Entwicklung |
| unilaterale [unilate'ra:le] | einseitig |

## 570

„Gegen die Gewalt ist das Recht nichts wert." (Wo Gewalt herrscht, schweigen die Rechte.) – Italienisches Sprichwort

GRAMMATIK

### Il pronome personale atono – unbetontes Personalpronomen II

Bei zusammengesetzten Zeiten, wie dem passato prossimo, verlangt ein vorausgehendes Pronomen im Akkusativ (= direktes Objekt) eine Angleichung des Partizips:

▷ Ho visto la casa. – L'ho (= la ho) vist**a**. – Ich habe das Haus gesehen.

▷ Hai letto il libro? – L'hai (= lo hai) lett**o**? – Hast du das Buch gelesen?

▷ Lui ha comprato i cani. – Li ha comprat**i**. – Er hat die Hunde gekauft.

▷ **Aber:** Hai domandato ad Anna? – Le hai domandato? – Hast du Anna gefragt? (Dativ!)

## 571

### Il regalo

In un negozio Anna ha trovato un modello piccolo di una Bugatti. Lo compra per far una sorpresa a Giulio. Lui si rallegra molto. Lo mette nello scaffale davanti alla sua poltrona preferita. Dice che così può figurarsi di guidarla sempre quando vuole. Per ringraziare chiede ad Anna se ha voglia di fare una gita il fine settimana.

## 572

ESERCIZIO

**Rispondere secondo il modello:**

*Hai trovato le chiavi? – No, non le ho trovate.*

1. Hai aiutato Anna? – Sì, ______________________
2. Abbiamo dimenticato il libro? – No, ______________
3. Avete salutato i nonni? – Sì, __________________
4. Hanno detto tutto a te? – No, _________________
5. Hai chiesto a Giulio? – Sì, ____________________
6. Ha ascoltato Fabrizia e Anna? – Sì, ____________
7. Avete comprato i cani? – No, _________________

## 571

### Das Geschenk

In einem Geschäft hat Anna ein kleines Modell eines Bugattis gefunden. Sie kauft es, um Giulio zu überraschen. Er freut sich sehr. Er stellt es in das Regal vor seinen Lieblingssessel. Er sagt, so könne er sich vorstellen, ihn zu fahren, wann immer er will. Um sich zu bedanken, fragt er Anna, ob sie Lust hat, am Wochenende einen Ausflug zu machen.

| | |
|---|---|
| il regalo [reˈgaːlo] | Geschenk |
| il negozio [neˈgɔttsio] | Geschäft, Laden |
| il modello [moˈdɛllo] | Modell, Muster |
| fare una sorpresa a qc [sorˈpreːsa] | Überraschung |
| rallegrarsi [ralleˈgraːrsi] | sich aufheitern |
| la poltrona [polˈtroːna] | Sessel |
| la gita [ˈdʒiːta] | Ausflug |

## 572

### Antworten Sie nach dem Modell:

*Hast du die Schlüssel gefunden? – Nein, ich habe sie nicht gefunden.*

1. Sì, **l'ho aiutata.** – Hast du Anna geholfen? – Ja, ich habe ihr geholfen.
2. No, **non lo abbiamo dimenticato.** – Haben wir das Buch vergessen? – Nein, wir haben es nicht vergessen.
3. Sì, **li abbiamo salutati.** – Habt ihr die Großeltern gegrüßt? – Ja, wir haben sie gegrüßt.
4. No, **non mi hanno detto tutto.** – Haben sie dir alles gesagt? – Nein, sie haben mir nicht alles gesagt.
5. Sì, **gli ho chiesto.** – Hast du Giulio gefragt? – Ja, ich habe ihn gefragt.
6. Sì, **le ha ascoltate.** – Hat er Fabrizia und Anna zugehört? – Ja, er hat ihnen zugehört.
7. No, **non li abbiamo comprati.** – Habt ihr die Hunde gekauft? – Nein, wir haben sie nicht gekauft.

## 573

### La gita

Anna ha desiderato di andare in montagna, vuole sciare. Giulio è un po' preoccupato, non sa sciare. Subito si ricorda di tutti i racconti di cadute e lesioni. Ma Anna lo rassicura, non c'è l'obbligo di sciare. C'è una terrazza con una vista magnifica sulla montagna. Là le giovani sciatrici sono l'unico pericolo.

## 574

### La città dei Saraceni

Federico II fece della città una delle più potenti fortezze d'Italia, dove concentrò tra il 1224 e il 1246 i Saraceni di Sicilia, che lì erano divenuti elementi di disordine. Questi, lasciati liberi di sviluppare le attività economiche e di far amministrare la città da membri del loro popolo, le portarono un progresso notevole. Riuscendo scandalosa l'esistenza di un centro musulmano nel regno i Saraceni di là furono sterminati il 1300.

*Come si chiama la città?*

## 573

### Der Ausflug

Anna hat sich gewünscht, in die Berge zu fahren, sie möchte Ski laufen. Giulio ist ein wenig besorgt, er kann nicht Ski laufen. Sofort fallen ihm all die Erzählungen über Stürze und Verletzungen ein. Aber Anna beruhigt ihn, man muß ja nicht Ski fahren. Es gibt auch eine Terrasse mit einer großartigen Aussicht auf die Berge. Die einzige Gefahr sind dort die jungen Skifahrerinnen.

| | |
|---|---|
| la montagna [mon'taɲɲa] | Berg, Gebirge |
| sciare [ʃi'a:re] | Ski laufen, Ski fahren |
| sapere fare qc [sa'pe:re] | etw können, etw beherrschen |
| la caduta [ka'du:ta] | Fall, Sturz |
| la lesione [le'zio:ne] | Schaden, Verletzung |
| l'obbligo, *m* ['ɔbbligo] | Pflicht |
| lo sciatore, la -trice [ʃia'to:re] | Skiläufer(in) |

## 574

### Die Stadt der Sarazenen

Friedrich II. machte aus der Stadt eine der mächtigsten Festungen Italiens, wo er zwischen 1224 und 1246 die Sarazenen aus Sizilien sammelte, die dort zu einem Unruhefaktor geworden waren. Als diese die Freiheit erhielten, ökonomische Aktivitäten zu entfalten und die Verwaltung der Stadt durch Mitglieder ihres Volkes zu besetzen, brachten sie ihr eine bemerkenswerte Weiterentwicklung. Als man an der Existenz eines moslemischen Zentrums im Reich Anstoß nahm, wurden die dortigen Sarazenen 1300 ausgerottet. Wie heißt die Stadt?

*Lucera*

Lucera liegt 18 km westlich von Foggia in Apulien. Bis 1806 war es die Hauptstadt der Capitanata, wie die Region früher genannt wurde.

## 575

### Il giornale

Collega: *Ma Giulio, sei proprio puntualissimo nell'ufficio. La tua ragazza ti ha buttato fuori?*

Giulio: *No! Non sai che oggi scioperano i tipografi? I giornali non escono. Non ho avuto niente di leggere stamattina, così potevo arrivare in tempo.*

## 576

*«Per far il bene bisogna conoscerlo.»*

*A. Manzoni*

## 575

### Die Zeitung

Kollege: Aber Giulio, du bist ja wirklich überpünktlich im Büro. Hat dich deine Freundin rausgeworfen?
Giulio: Nein! Weißt du nicht, daß heute die Drucker streiken? Die Zeitungen erscheinen nicht. Ich hatte heute morgen nichts zu lesen, deshalb konnte ich rechtzeitig da sein.

| | |
|---|---|
| il collega [kol'lɛːga] | Kollege |
| puntuale [puntu'aːle] | pünktlich, genau |
| fuori [fu'ɔːri] | draußen, hinaus, heraus |
| scioperare [ʃope'raːre] | streiken |
| il tipografo [ti'pɔːgrafo] | Drucker |
| uscire [uʃ'ʃiːre] | hinausgehen, erscheinen |
| in tempo ['tɛmpo] | rechtzeitig |

## 576

„Um das Gute zu tun, muß man es kennen." – Alessandro Manzoni (1785–1873), italienischer Schriftsteller

GRAMMATIK

### Coppie di pronomi atoni – Verbindungen von unbetonten Pronomina

Treffen zwei Pronomina im Satz aufeinander, so sind die folgenden Verbindungen möglich:

| | | | |
|---|---|---|---|
| me lo | me la | me li | me le |
| te lo | te la | te li | te le |
| glielo | gliela | glieli | gliele |
| ce lo | ce la | ce li | ce le |
| ve lo | ve la | ve li | ve le |
| se lo | se la | se li | se le |

1. Dativpronomina stehen vor Akkusativpronomina
2. glie-: männliche und weibliche Form
3. Mit loro gibt es keine Verbindungen: Lo dico loro. (Ich sage es ihnen.) Häufig statt dessen: Glielo dico.

## 577

### Il proprio paese

Anna: *Sei arrivato tardi. Dove sei stato?*
Giulio: *Sono passato ad un'agenzia viaggi. Facevano un quiz. Ti hanno chiesto un sacco di cose sulla geografia, sui luoghi fuori d'Italia. Arbatax era l'unico luogo che non conoscevo.*
Anna: *Ma si trova in Sardegna!*

## 578

ESERCIZIO

### Indovinello di sillabe

*Trovare gli otto mestieri*

at – au – av – ca – cel – co – di – di – gio – gnan – in – io – la – ma – me – nie – ra – re – re – re – se – sta – te – ti – to – to – to – ven – vo

1. ____________ 5. ____________
2. ____________ 6. ____________
3. ____________ 7. ____________
4. ____________ 8. ____________

## 577

### Das eigene Land

Anna: Du bist spät gekommen. Wo warst du?
Giulio: Ich bin an einem Reisebüro vorbeigekommen. Sie machten ein Quiz. Sie haben dich eine ganze Menge über Geografie gefragt, über Orte außerhalb Italiens. Arbatax war der einzige Ort, den ich nicht kannte.
Anna: Aber der liegt doch auf Sardinien!

| | |
|---|---|
| il paese [pa'e:ze] | Land, Staat |
| tardi ['tardi] | spät, verspätet |
| dove ['do:ve] | wo, wohin |
| il quiz [kuidz] | Quiz |
| il sacco ['sakko] | Sack, Haufen, Beutel |
| la geografia [dʒeogra'fi:a] | Erdkunde |
| il luogo ['luɔ:go] | Ort, Stelle |

## 578

### Silbenrätsel

*Finden Sie die acht Berufe*

1. l'attore – Schauspieler
2. l'autista – Busfahrer
3. l'avvocato – Anwalt
4. l'insegnante – Lehrer
5. il macellaio – Metzger
6. il medico – Arzt
7. il ragioniere – Buchhalter
8. il venditore – Verkäufer

*DIE EXPERTENECKE*

**Weibliche Formen werden gebildet, indem:**

▷ die Endung -ore zu -rice wird: l'attrice, la venditrice
▷ der Vokal -o oder -e am Ende zu -a wird: la macellaia, la medica, la ragioniera
▷ der Vokal am Ende zu -essa wird: l'avvocatessa
▷ manchmal nichts verändert wird: l'autista, l'insegnante

## 579

### La meta del viaggio

Anna: *Hai questo sguardo trasognato. A cosa pensi?*
Giulio: *Mi sono portato alcuni dépliant turistici dall'agenzia viaggi. Che bei luoghi ci sono al mondo!*
Anna: *Hai ragione, ma per vivere là, dove hanno fatto le fotografie, bisogna essere un'ereditiera.*

## 580

### La polenta

*Ingredienti: 3/4 litri di acqua, 50 g di burro, due cucchiaini di sale, 225 g di semolino di granoturco, pepe*

Sciogliere il burro nell'acqua bollente e aggiungere sale e pepe. Sempre mescolando aggiungere lentamente il semolino di granoturco finché la massa si ispessisce (almeno 30 minuti). Secondo il proprio gusto lasciare la massa soffice o farla diventare soda.

*Quale nomignolo deriva da «polenta»?*

## 579

### Das Reiseziel

Anna: Du hast diesen verträumten Blick. An was denkst du?
Giulio: Ich habe mir einige Prospekte aus dem Reisebüro mitgebracht. Was für schöne Orte es auf der Erde gibt!
Anna: Du hast recht, aber um dort zu leben, wo sie diese Fotografien gemacht haben, muß man eine reiche Erbin sein.

| | |
|---|---|
| la meta ['mɛːta] | Ziel, Zweck |
| lo sguardo ['zguardo] | Blick |
| trasognato, -a [trasoɲ'ɲaːto] | verträumt |
| il dépliant [depli'jã] | Faltblatt, Prospekt |
| bei ['bɛːi] (*m pl von* bello) | schöne (*m pl*) |
| là [la] | da, dort, dorthin |
| l'ereditiera, *f* [eredi'tiɛːra] | (reiche) Erbin |

## 580

### Polenta

*Zutaten: 3/4 l Wasser, 50 g Butter, zwei Teelöffel Salz, 225 g Maisgrieß, Pfeffer*

In kochendem Wasser die Butter auflösen und Salz und Pfeffer hinzufügen. Unter ständigem Umrühren langsam den Maisgrieß hinzufügen, bis die Masse eindickt (mindestens 30 Minuten). Nach Geschmack die Masse locker oder sie fester werden lassen. Welcher Schimpfname wird von „Polenta" abgeleitet?

*Polentone oder mangia polenta (Polentafresser)*

Polentone ist die abfällige Bezeichnung der Süditaliener für die Norditaliener. Im Süden Italiens war die Polenta fast unbekannt und unbeliebt. Die Norditaliener nennen die Süditaliener hingegen „terroni" (Bauern).

## 581

ESERCIZIO

### Finden Sie die 6 Fehler

1. Nelle strade ci sono un traffico intenso.
2. La signora Morini guidare una FIAT.
3. Lei vai al supermercato.
4. All'uscita incontra due amica.
5. È stanca, perché è stato in piedi due ore.
6. Entrano in uno bar e ordinano tre caffè.

## 582

### La banca

Rosa: *Vorrei prelevare 3.600.000 lire!*
Impiegato: *Mi dà il passaporto, per favore? Ha anche il Suo libretto di assegni?*
Rosa: *Sì, ma purtroppo devo mandare allo scoperto il mio conto corrente!*
Impiegato: *Ma la banca vive di questo! Deve solamente firmare ancora.*
Rosa: *Mi dia la somma in biglietti di taglio grosso, per favore.*

## 581

### Trovate i 6 errori

1. Nelle strade **c'è** un traffico intenso.
2. La signora Morini **guida** una FIAT.
3. Lei **va** al supermercato.
4. All'uscita incontra due **amiche**.
5. È stanca, perché è **stata** in piedi due ore.
6. Entrano in **un** bar e ordinano tre caffè.

1. Auf den Straßen **ist** starker Verkehr.
2. Frau Morini **fährt** einen FIAT.
3. Sie **fährt** zum Supermarkt.
4. Am Ausgang trifft sie zwei **Freundinnen**.
5. Sie ist müde, weil sie zwei Stunden auf den Beinen **gewesen** ist.
6. Sie gehen in **eine** Kaffeebar und bestellen drei Kaffee.

## 582

### Die Bank

| | |
|---|---|
| Rosa: | Ich möchte 3.600.000 Lire abheben! |
| Angestellter: | Geben Sie mir bitte Ihren Paß? Haben Sie auch Ihr Scheckbuch dabei? |
| Rosa: | Ja, aber ich muß leider mein Konto überziehen! |
| Angestellter: | Aber davon lebt doch die Bank! Sie müssen nur noch unterschreiben. |
| Rosa: | Geben Sie mir bitte die Summe in großen Scheinen. |

| | |
|---|---|
| prelevare [prele'va:re] | abheben (vom Konto) |
| il libretto [li'bretto] | Büchlein |
| l'assegno, *m* [as'se:ɲo] | Scheck |
| mandare allo scoperto [man'da:re 'allo sko'pɛrto] | überziehen (Konto) |
| firmare [fir'ma:re] | unterschreiben |
| il taglio ['ta:ʎio] | Schnitt, Größe |

## 583

### Dal medico

Medico: *Che disturbi ha, signor Morini?*
Sandro: *Ho degli strani sintomi. Da una settimana mangio pochissimo e quello che mangio non mi piace. Ho anche qualche volta dolori allo stomaco.*

Medico: *Le prendo un po' di sangue e domani Le so dire che disturbi ha.*

## 584

### La pubblicità

Laura: *Sandro, guarda questo annuncio, è molto interessante!*
Sandro: *Quale?*
Laura: *Qui sul giornale. I grandi magazzini in via Torelli offrono tutto questo a prezzi eccezionali!*

Sandro: *Ah, di nuovo pubblicità!*
Laura: *È vero! È solo pubblicità, ma i prezzi sono proprio interessanti.*

## 583

### Beim Arzt

| | |
|---|---|
| Arzt: | Was fehlt Ihnen, Herr Morini? |
| Sandro: | Ich habe merkwürdige Beschwerden. Seit einer Woche esse ich schon ganz wenig, und was ich esse, schmeckt mir nicht. Ich habe auch manchmal Schmerzen im Bauch. |
| Arzt: | Ich nehme Ihnen etwas Blut ab, und morgen kann ich Ihnen sagen, was Ihnen fehlt. |

| | |
|---|---|
| il disturbo [dis'turbo] | Beschwerde, Störung |
| strano ['strano] | fremd, merkwürdig |
| stanco ['staŋko] | müde |
| il dolore [do'lo:re] | Schmerz |
| il sangue ['saŋgue] | Blut |

## 584

### Werbung

| | |
|---|---|
| Laura: | Sandro, schau mal, diese Anzeige ist sehr interessant! |
| Sandro: | Welche denn? |
| Laura: | Hier, in der Zeitung. Das Kaufhaus an der Torellistraße bietet das alles zu außergewöhnlichen Preisen an! |
| Sandro: | Ach, schon wieder Werbung! |
| Laura: | Stimmt! Es ist nur Werbung, aber die Preise sind wirklich interessant. |

| | |
|---|---|
| l'annuncio, *m* [an'nuntʃo] | Annonce, Anzeige |
| offrire [of'fri:re] | anbieten |
| eccezionale [ettʃetsio'na:le] | außergewöhnlich |
| di nuovo ['nuɔ:vo] | schon wieder |
| pubblicità [pubblitʃi'ta] | Werbung |

## 585

### Carlo Goldoni

Carlo Goldoni è il più famoso commediografo d'Italia. Nacque a Venezia e passò la maggior parte della sua vita nella sua città natale. Questo è molto importante per la comprensione delle sue opere, perché quasi tutte sono scritte in dialetto veneziano. «La Locandiera» che Goldoni scrisse nel 1752, è un'eccezione. Si svolge a Firenze nella «locanda» che viene condotta da Mirandolina, la protagonista della commedia.

*Come si chiama il famoso «teatro» di Goldoni?*

## 586

*«Ecco già l'alba appare*
*e si specchia nel mare*
*e rasserena il cielo;*
*e le campagne imperla e il dolce gelo*
*e gli alti monti indora.*
*Oh, bella e vaga aurora!»*

*Torquato Tasso*

## 585

### Carlo Goldoni

Carlo Goldoni ist der berühmteste Lustspieldichter Italiens. Er stammt aus Venedig und verbrachte den größten Teil seines Lebens in seiner Heimatstadt. Dies ist für das Verständnis seiner Werke sehr wichtig, denn fast alle sind im venezianischen Dialekt geschrieben. „La Locandiera“, das Goldoni 1752 schrieb, bildet eine Ausnahme. Das Stück spielt in Florenz, in der „Gastwirtschaft“, die von Mirandolina, der Hauptperson des Stückes, geführt wird. Wie heißt das berühmte „Theater“ von Goldoni?

*Teatro dell'Arte*

**Weitere Werke:**
Rusteghi, La donna di garbo, Baruffe chiozzotte, Memoires

## 586

„Schon erscheint die Morgenröte und spiegelt sich im Meer und heitert den Himmel auf; und überzieht die Felder und den süßen Frost mit Perlen und vergoldet die hohen Berge. Oh, schöne und anmutige Morgenröte.“ – Torquato Tasso (1544 – 1595), italienischer Dichter

### Imperativ der Höflichkeitsform

| Indikativ Präsens | | Imperativ der Höflichkeitsform | |
|---|---|---|---|
| 1. Konjugation: | entr- a | entr- i! | treten Sie ein! (3. Pers. Sing.) |
| | entr- ano | entr- ino! | treten Sie ein! (3. Pers. Pl.) |
| 2. Konjugation: | vend- e | vend- a! | verkaufen Sie! (3. Pers. Sing.) |
| | vend- ono | vend- ano! | verkaufen Sie! (3. Pers. Plural) |
| 3. Konjugation: | part- e | part- a! | reisen Sie ab! (3. Pers. Sing.) |
| | part- ono | part- ano! | reisen Sie ab! (3. Pers. Pl.) |

## 587

### La scuola

Anna: *Questo fine settimana ho incontrato il mio vecchio maestro. Che bei tempi erano gli anni di scuola!*

Giulio: *No, non per me. Di pomeriggio ho sempre dovuto andare da un altro maestro per imparare.*

Anna: *Anch'io, ma mi piaceva rivedere tutti i miei amici.*

## 588

*«Chi di spada ferisce, di spada perisce.»*

*Proverbio*

## 587

### Die Schule

Anna: Dieses Wochenende habe ich meinen alten Lehrer getroffen. Was für eine schöne Zeit war die Schulzeit doch!
Giulio: Nein, nicht für mich. Nachmittags mußte ich immer zu einem anderen Lehrer gehen, um zu lernen.
Anna: Ich auch, aber es gefiel mir, meine ganzen Freunde wiederzusehen.

| | |
|---|---|
| la scuola ['skuɔːla] | Schule |
| incontrare [iŋkon'traːre] | treffen, begegnen |
| il maestro [ma'ɛstro *oder* mae'stro] | Lehrer |
| il pomeriggio [pome'riddʒo] | Nachmittag |
| imparare [impa'raːre] | (er)lernen |
| rivedere [rive'deːre] | wieder sehen |
| tutto, -a ['tutto] | ganz, all |

## 588

„Wer durch das Schwert verletzt, kommt durch das Schwert um." (Wie man in den Wald hineinruft, so schallt es heraus.) – Italienisches Sprichwort

GRAMMATIK

### Il futuro – Futur I

| | **compra(!)r-e** kaufen | **chiuder-e** schließen | **finir-e** enden |
|---|---|---|---|
| io | compre(!)r-ò | chiuder-ò | finir-ò |
| tu | compre(!)r-ai | chiuder-ai | finir-ai |
| lui | comprer-à | chiuder-à | finir-à |
| noi | comprer-emo | chiuder-emo | finir-emo |
| voi | comprer-ete | chiuder-ete | finir-ete |
| loro | comprer-anno | chiuder-anno | finir-anno |

Das Futur wird wie im Deutschen gebraucht.
In Fällen, wo der Bezug zur Zukunft klar ist, muß es nicht stehen, steht aber häufiger als im Deutschen: Ich mache (!) es morgen. – Lo farò (!) domani.

## 589

### Il passatempo

Poiché gli ultimi giorni Giulio s'è annoiato, decide di cercarsi uno svago preferito. Di sport, già ne fa abbastanza. Lavori femminili non gli piacciono. Quando bighellona attraverso la città vede in un negozio delle macchine fotografiche a buon mercato. Pensa che fotografare sarà un buon passatempo, così ne compra una.

## 590

ESERCIZIO

### Mettere le frasi nel futuro

1. Ti porto il libro.
2. Giulio legge la lettera subito.
3. Siamo arrivati alle dieci.
4. Avete sentito la nuova canzone?
5. Mangiano pasta.
6. Credi alle parole di Franco?
7. Ho perso la pazienza.
8. Hanno finito in tempo.

## 589

### Der Zeitvertreib

Weil Giulio sich in den letzten Tagen gelangweilt hat, beschließt er, sich ein Hobby zu suchen. Sport treibt er schon genug. Handarbeiten gefallen ihm nicht. Als er durch die Stadt schlendert, sieht er in einem Geschäft billige Fotoapparate. Er denkt, daß Fotografieren ein guter Zeitvertreib sein wird, so kauft er einen.

| | |
|---|---|
| il passatempo [passa'tɛmpo] | Zeitvertreib |
| ultimo, -a ['ultimo] | letzte, neueste |
| lo svago ['zva:go] | Ablenkung, Zerstreuung |
| femminile [femmi'ni:le] | weiblich |
| i lavori femminili [la'vo:ri] | Handarbeit |
| bighellonare [bigello'na:re] | bummeln, umherschlendern |
| a buon mercato [mer'ka:to] | preiswert, günstig |

## 590

### Setzen Sie die Sätze ins Futur

1. Ti porterò il libro. Ich werde dir das Buch bringen.
2. Giulio leggerà la lettera subito. Giulio wird den Brief sofort lesen.
3. Arriveremo alle dieci. Wir werden um zehn Uhr ankommen.
4. Sentirete la nuova canzone? Werdet ihr das neue Lied hören?
5. Mangeranno pasta. Sie werden Nudeln essen.
6. Crederai alle parole di Franco? Wirst du Francos Worten glauben?
7. Perderò la pazienza. Ich werde die Geduld verlieren.
8. Finiranno in tempo. Sie werden rechtzeitig fertig werden.

## 591

### Il tormento

Anna: *Smettila Giulio, sei proprio una piaga!*
Giulio: *Anna, devo provare il mio apparecchio fotografico.*
Anna: *Ma hai già fatto almeno mille fotografie di me. Mi basta.*
Giulio: *Che peccato, perdo un motivo bellissimo.*

## 592

### Lucrezia Borgia

Nacque nel 1480 a Roma come figlia del papa futuro Alessandro VI. Era promessa a uno spagnolo, ma per suggellare l'alleanza con gli Sforza dovette sposare Giovanni Sforza. Per volontà del padre il matrimonio fu dichiarato nullo. Secondo i nuovi disegni del pontefice sposò il figlio naturale del re di Napoli. Il marito venne strangolato da uomini del fratello di lei.
Poi fu data in sposa ad Alfonso d'Este. A 39 anni morì d'aborto.

*Perché Lucrezia è rimasta famosa?*

## 591

### Der Quälgeist

| | |
|---|---|
| Anna: | Hör auf, Giulio, du bist wirklich ein Quälgeist! |
| Giulio: | Anna, ich muß doch meinen Fotoapparat ausprobieren. |
| Anna: | Aber du hast schon mindestens tausend Fotos von mir gemacht. Es reicht mir. |
| Giulio: | Schade, ich verliere ein wunderhübsches Motiv. |

| | |
|---|---|
| il tormento [tor'mento] | Qual, Schmerz |
| smettere ['zmettere] | aufgeben, abbrechen |
| la piaga ['pia:ga] | Wunde, Plage, Quälgeist |
| provare [pro'va:re] | probieren, versuchen, kosten |
| già [dʒa] | schon, nun, freilich |
| il peccato [pek'ka:to] | Sünde, Fehler, Jammer |
| il motivo [mo'ti:vo] | Ursache, Thema, Muster |

## 592

### Lucrezia Borgia

Sie wurde 1480 in Rom als Tochter des späteren Papstes Alexander VI. geboren. Sie war mit einem Spanier verlobt, aber um das Bündnis mit den Sforza zu besiegeln, mußte sie Giovanni Sforza heiraten. Auf Wunsch des Vaters wurde die Ehe für nichtig erklärt. Nach den neuen Plänen des Pontifex heiratete sie den unehelichen Sohn des Königs von Neapel. Der Ehemann wurde von Leuten ihres Bruders ermordet. Dann wurde sie mit Alfonso d'Este verheiratet. Mit 39 Jahren starb sie bei einer Fehlgeburt. Warum ist Lucrezia berühmt geblieben?

*Wegen ihrer angeblichen Verbrechen*

Als typische und schöne Renaissancefürstin zog sie viele Künstler an ihren Hof. Ihr wurden in verleumderischer Absicht viele Liebhaber und deren Ermordung nachgesagt.

## 593

### La destrezza

Collega: *Che livido sulla guancia! Sei capitato in una rissa?*

Giulio: *No, ho cercato di fotografare la mia gatta. Ma lei s'è nascosta. L'ho seguita ed esattamente quando l'avevo trovata, sono inciampato nel camminare. Sono andato a finire per terra.*

## 594

ESERCIZIO

### Completare secondo il modello:

*Il caffè è caldo, ma la pizza è più calda.*

1. Anna è alta un metro e sessantotto centimetri. Giulio ____________________
2. Il letto è lungo, ma la tavola ____________________
3. La madre di Giulio è giovane, ma Anna __________
4. Scrivere in italiano è facile, ma parlarci __________
5. La casa è vecchia, ma il castello ______________
6. La sedia è comoda, la poltrona ______________

## 593

### Geschicklichkeit

Kollege: Was du für einen blauen Fleck auf der Backe hast! Bist du in eine Schlägerei geraten?

Giulio: Nein, ich habe versucht, meine Katze zu fotografieren. Aber sie hat sich versteckt. Ich bin ihr gefolgt, und genau als ich sie gefunden hatte, bin ich über meine Füße gestolpert. Ich bin auf der Erde gelandet.

| | |
|---|---|
| la destrezza [des'trettsa] | Geschick, Geschicklichkeit |
| il livido ['li:vido] | blauer Fleck |
| la guancia ['guantʃa] | Wange, Backe |
| capitare [kapi'ta:re] | (zufällig) kommen, geraten |
| la rissa ['rissa] | Rauferei, Schlägerei |
| inciampare [intʃam'pa:re] | stolpern |
| andare a finire [fi'ni:re] | hinkommen, landen |

## 594

### Vervollständigen Sie gemäß dem Beispiel:

*Der Kaffee ist heiß, aber die Pizza ist heißer.*

1. Anna è alta un metro e sessantotto centimetri. Giulio **è più alto.** Anna ist einen Meter achtundsechzig groß. Giulio ist größer.
2. Il letto è lungo, ma la tavola **è più lunga.** Das Bett ist lang, aber der Tisch ist länger.
3. La madre di Giulio è giovane, ma Anna **è più giovane.** Die Mutter von Giulio ist jung, aber Anna ist jünger.
4. Scrivere in italiano è facile, ma parlarci **è più facile.** Italienisch zu schreiben ist einfach, aber es zu sprechen ist einfacher.
5. La casa è vecchia, ma il castello **è più vecchio.** Das Haus ist alt, aber das Schloß ist älter.
6. La sedia è comoda, la poltrona **è più comoda.** Der Stuhl ist bequem, der Sessel ist bequemer.

## 595

*«Chi vuol conservare*
*un amico, osservi tre cose:*
*L'onori in presenza,*
*lo lodi in assenza*
*lo aiuti ne' bisogni.»*

*G. Giusti*

## 596

**L'ospedale**

Sandro racconta ad Aldo, che è stato dal medico. Il medico è stato molto gentile e gli ha chiesto subito i sintomi della malattia. Sandro ha ricevuto il suo indirizzo da Aldo. È un'appendicite e deve ricoverarsi all'ospedale. Sandro è molto preoccupato, perché è la prima volta che va in ospedale.

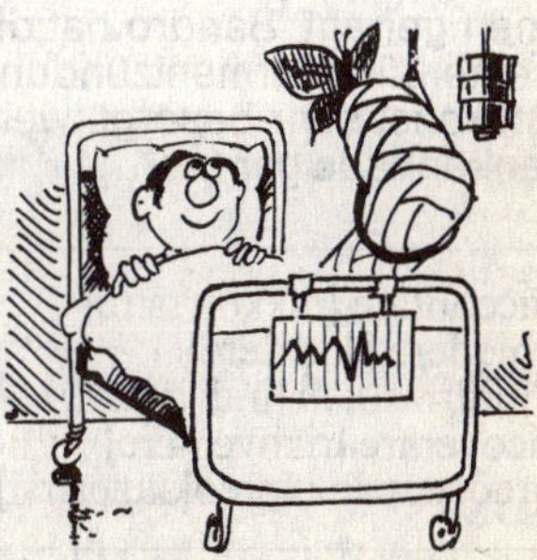

## 595

„Wer einen Freund behalten will, beachte drei Dinge: Er ehre ihn, wenn er anwesend ist, er lobe ihn, wenn er abwesend ist, er helfe ihm, wenn er es braucht.“ – Giuseppe Giusti (1809–1873), italienischer Dichter

GRAMMATIK

### Il futuro – Futur II

Wie üblich gibt es viele, viele Ausnahmen bei der Bildung:

| | |
|---|---|
| essere – sarò (ich werde sein) | avere (haben) – avrò |
| sapere (wissen) – saprò | dovere (müssen) – dovrò |
| vedere (sehen) – vedrò | andare (gehen) – andrò |
| rimanere (bleiben) – rimarrò | volere (wollen) – vorrò |
| venire (kommen) – verrò | bere (trinken) – berrò |
| pagare (zahlen) – pagherò | cercare (suchen) – cercherò |
| porre (stellen) – porrò | trarre (ziehen) – trarrò |

## 596

### Das Krankenhaus

Sandro erzählt Aldo, daß er beim Arzt gewesen ist. Der Arzt war sehr freundlich und hat ihn sofort nach den Krankheitssymptomen gefragt. Sandro hat die Adresse von Aldo erhalten. Es ist eine Blinddarmentzündung, und er muß ins Krankenhaus. Sandro ist sehr besorgt, weil es das erste Mal ist, daß er ins Krankenhaus geht.

| | |
|---|---|
| raccontare [rakkonˈtaːre] | erzählen |
| chiedere [ˈkiɛːdere] | fragen, verlangen |
| l’indirizzo, *m* [indiˈrittso] | Adresse |
| ricoverare [rikoveˈraːre] | einliefern (Krankenhaus) |
| preoccuparsi [preokkuˈpaːrsi] | sich sorgen |

## 597

ESERCIZIO

**Übersetzen Sie**

1. Kennst du die Dame, die die Zeitung liest?
2. Weshalb bleiben Sie nicht einige Tage?
3. Hier ist der Herr, von dem ich gestern gesprochen habe.
4. Ein Koffer, der nur Bücher enthält, ist sehr schwer.
5. In diesem Zug findet man immer Platz.
6. Neapel ist eine Stadt, die wir nicht kennen.
7. Wir müssen mit allen diesen Koffern umsteigen.

## 598

**Dopo l'operazione**

Laura: *Devi cercare di riposarti un po'.*
Sandro: *Dormo poco e non mi va di mangiare.*
Laura: *Fra una settimana sei di nuovo a casa. Così avrai di nuovo fame e puoi mangiare tutto quello che vuoi, gli spaghetti, i piatti di carne, anche i dolci, che mangi volentieri.*

## 597

### Tradurre

1. Conosci la signora che legge il giornale?
2. Perché non si ferma alcuni giorni?
3. Ecco il signore di cui ho parlato ieri.
4. Una valigia che contiene solo libri, è molto pesante.
5. In questo treno si trova sempre posto.
6. Napoli è una città che non conosciamo.
7. Dobbiamo cambiare treno con tutte queste valigie.

*DIE EXPERTENECKE*

| | |
|---|---|
| saltare in mente | – einfallen, darauf kommen |
| a più non posso | – mit allen Kräften |
| a portata di mano | – zur Hand |
| a forza di | – mittels, durch viel … |
| a caso | – aufs Geratewohl |

## 598

### Nach der Operation

Laura: Du mußt versuchen, ein wenig auszuruhen.
Sandro: Ich schlafe wenig, und ich habe keinen Appetit.
Laura: In einer Woche bist du wieder zu Hause. Dann bekommst du auch wieder Appetit und darfst alles essen: Spaghetti, Fleischgerichte, auch die Süßigkeiten, die du so gerne magst.

| | |
|---|---|
| cercare [tʃer'ka:re] | versuchen, suchen |
| riposarsi [ripo'sarsi] | sich ausruhen |
| fra [fra] | in, zwischen |
| la settimana [setti'ma:na] | Woche |
| il dolce ['doltʃe] | Süßspeise |

## 599

### Tortino di carciofi

Ingredienti: *4 uova, 1/2 cucchiaino di sale, 2 cucchiai di olio d'oliva, 1 tazza di carciofini in scatola tagliati per lungo in quattro*

Riscaldare il forno a 200 gradi. Salare le uova e batterle a schiuma. Fare rosolare i carciofini in una padella con l'olio per 5 minuti. Metterli in un tegame con burro. Versare le uova di sopra e farli cuocere per 15 minuti nel forno.

*Buon appetito!*

## 600

### La visita all'ospedale

Aldo: *Come stai, Sandro?*
Sandro: *Adesso meglio, lunedì vado a casa.*
Rosa: *Come! Non ti piace stare qui??*
Sandro: *Esatto! Anche se qui sto a letto comodo e Laura a casa a volte mi fà arrabbiare, non lo preferirei mai. L'aria di casa mi manca molto.*

## 599

### Gemüsetorte mit Artischockenherzen

Zutaten: *4 Eier, 1/2 Teelöffel Salz, 2 Eßlöffel Olivenöl, 1 Tasse Artischockenherzen aus der Dose, der Länge nach geviertelt*

Den Ofen auf 200 Grad vorwärmen. Die Eier salzen und schaumig schlagen. Das Olivenöl in einer Pfanne erhitzen, die Artischockenherzen 5 Minuten braten. Sie dann auf den Boden einer gebutterten Form legen und die geschlagene Eimasse darübergießen. 15 Minuten im Backofen backen.

*Guten Appetit!*

In den Wintermonaten werden die Artischocken hauptsächlich in Süditalien geerntet.

## 600

### Besuch im Krankenhaus

| | |
|---|---|
| Aldo: | Wie geht's dir, Sandro? |
| Sandro: | Schon besser. Montag gehe ich nach Hause. |
| Rosa: | Wieso! Gefällt's dir hier nicht?? |
| Sandro: | Richtig! Auch wenn ich hier bequem im Bett liege und Laura mich zu Hause manchmal ärgert, würde ich niemals lieber hierbleiben. Die häusliche Umgebung fehlt mir sehr. |

| | |
|---|---|
| la visita ['vi:zita] | Besuch |
| meglio ['mɛ:ʎo] | besser |
| comodo ['kɔ:modo] | bequem |
| a volte ['vɔlte] | manchmal |
| arrabbiarsi [arrabbi'arsi] | sich ärgern |

## 601

### L’orologio

Giulio: *Anna, sei quasi di un’ora in ritardo!*

Anna: *Di un’ora in ritardo? Ma no, avevamo un appuntamento per le nove e ora sono le nove esattamente. Vedi il mio orologio?*

Giulio: *Lo vedo, il tuo orologio s’è fermato. Probabilmente la pila è scarica.*

## 602

### Il pesce d’aprile

Fabrizia s’è decisa a fare un pesce d’aprile a Giulio. Va da lui e gli chiede perché lui non ha celebrato le nozze di suo fratello. Giulio è un po’ confuso, dice che non sapeva niente del matrimonio del fratello. Fabrizia gli racconta chi è stato invitato e come la sposa era bella. Quando Giulio decide di andare a casa, Fabrizia gli spiega del suo inganno.

## 601

### Die Uhr

Giulio: Anna, du bist fast eine Stunde zu spät!
Anna: Eine Stunde verspätet? Aber nein, wir hatten eine Verabredung für neun Uhr, und jetzt ist es genau neun. Siehst du meine Uhr?
Giulio: Ich sehe sie, deine Uhr ist stehengeblieben. Wahrscheinlich ist die Batterie leer.

| | |
|---|---|
| l'orologio, *m* [oro'lɔdʒo] | Uhr |
| l'ora, *f* ['oːra] | Stunde, Uhr (bei Zeitangabe) |
| ora ['oːra] | jetzt, nun |
| l'appuntamento, *m* [appunta'mento] | Verabredung, Treffen |
| esatto, -a [e'zatto] | genau, richtig |
| fermarsi [fer'maːrsi] | anhalten, stehenbleiben |
| la pila ['piːla] | Batterie, Stapel |
| scarico, -a ['skaːriko] | leer, unbeladen, abgelaufen |

## 602

### Der Aprilscherz

Fabrizia hat beschlossen, Giulio in den April zu schicken. Sie geht zu ihm und fragt ihn, warum er nicht die Hochzeit seines Bruders gefeiert hat. Giulio ist ein wenig verwirrt; er sagt, er wüßte nichts von der Hochzeit des Bruders. Fabrizia erzählt ihm, wer eingeladen war und wie schön die Braut war. Als Giulio beschließt, nach Hause zu fahren, klärt Fabrizia ihn über seinen Irrtum auf.

| | |
|---|---|
| il pesce ['peʃʃe] | Fisch |
| il pesce d'aprile [a'priːle] | Aprilscherz |
| celebrare [tʃele'braːre] | feiern, zelebrieren |
| le nozze, *f pl* ['nɔttse] | Hochzeit |
| il matrimonio [matri'mɔːnio] | Hochzeit, Trauung |
| l'inganno, *m* [iŋ'ganno] | Betrug, Täuschung |

## 603

ESERCIZIO

### Preposizioni

*Completare con le preposizioni*
a, alle, con, da, di, in, senza.

1. Ho domandato la strada _____ Fabrizia.
2. Leggo il libro «Un uomo» _____ Oriana Fallaci.
3. Puoi darmi un bicchiere _____ vino?
   *(due possibilità)*
4. Giulio è arrivato _____ Roma _____ sei.
5. _____ Sicilia lui è andato _____ aeroplano.
6. Il nome si scrive _____ o _____ doppia m?

## 604

### I bar

Ci sono due possibilità per consumare qualcosa in un bar. Qualche volta ci si può sedere, arriva un cameriere a prendere l'ordine. Normalmente il servizio è compreso, altrimenti si dà da dieci a quindici percento del conto come mancia. Consumare qualcosa a tavola è molto più caro che prendere qualcosa in piedi. In questo caso si deve andare alla cassa, pagarci, prendere lo scontrino e portarlo al banco.

*Che cosa è un tramezzino?*

## 603

### Präpositionen

*Vervollständigen Sie mit den Präpositionen*
*a, alle, con, da, di, in, senza.*

1. Ho domandato la strada **a** Fabrizia. Ich habe Fabrizia nach dem Weg gefragt.
2. Leggo il libro «Un uomo» **di** Oriana Fallaci. Ich lese das Buch „Ein Mann“ von Oriana Fallaci.
3. Puoi darmi un bicchiere **da** vino? Kannst du mir ein Weinglas geben?

   Puoi darmi un bicchiere **di** vino? Kannst du mir ein Glas Wein geben?
4. Giulio è arrivato **a** Roma **alle** sei. Giulio ist um sechs in Rom angekommen.
5. **In** Sicilia lui è andato **in** aeroplano. Nach Sizilien ist er mit dem Flugzeug gereist.
6. Il nome si scrive **con** o **senza** doppia m? Schreibt sich der Name mit doppeltem m oder ohne?

## 604

### Cafés

Es gibt zwei Möglichkeiten, um etwas in einem Café zu verzehren. Manchmal kann man sich dort setzen, es kommt ein Kellner und nimmt die Bestellung auf. Normalerweise ist die Bedienung eingeschlossen, sonst gibt man 10 bis 15 Prozent der Rechnung als Trinkgeld. Wenn man etwas am Tisch verzehrt, ist dies viel teurer, als etwas im Stehen zu sich zu nehmen. In diesem Fall muß man zur Kasse gehen, dort bezahlen, den Kassenzettel nehmen und ihn zur Theke bringen. Was ist ein Tramezzino?

*Ein Toastbrot – Sandwich*

Der Belag in der Mitte kann sehr unterschiedlich sein: Thunfisch, Tomate, Ei, Schinken und vieles mehr.

## 605

### Il sommozzatore

Da piccolo Giulio è affascinato dal mare. Sa nuotare bene e adesso vuole imparare a tuffarsi. Poiché a Milano non c'è né il mare né un lago, progetta le prossime vacanze al mare. Nell'agenzia viaggi viene servito da una ragazza molto appassionata di immersioni. Vedendola a Giulio vengono dei dubbi sulla sua decisione.

## 606

### La tuta subacquea

Giulio: *Mi accompagni? Voglio andare a fare la spesa.*
Anna: *Cosa vuoi comprarti?*
Giulio: *Voglio acquistare una tuta subacquea per le vacanze.*
Anna: *Ah, capisco! Vuoi il mio consiglio per scegliere la tuta più bella, cosicché poi tutte le ragazze nella spiaggia vedano soltanto te.*

## 605

### Der Taucher

Schon seit der Kindheit ist Giulio vom Meer fasziniert. Er kann gut schwimmen, und nun will er tauchen lernen. Weil es in Mailand weder das Meer noch einen See gibt, plant er seinen nächsten Urlaub am Meer. Im Reisebüro wird er von einem Mädchen bedient, das vom Tauchen sehr begeistert ist. Als er sie sieht, kommen Giulio Zweifel an seiner Entscheidung.

| | |
|---|---|
| il sommozzatore [sommottsa'to:re] | Froschmann |
| il mare ['ma:re] | See, Meer |
| nuotare [nuo'ta:re] | schwimmen, treiben |
| tuffarsi [tuf'fa:rsi] | (unter)tauchen |
| il lago ['la:go] | See, Lache |
| progettare [prodʒet'ta:re] | planen, entwerfen |
| l'immersione, *f* [immersi'o:ne] | Eintauchen |
| il dubbio ['dubbio] | Zweifel |

## 606

### Der Taucheranzug

Giulio: Begleitest du mich? Ich möchte einkaufen gehen.
Anna: Was willst du dir kaufen?
Giulio: Ich möchte einen Taucheranzug für die Ferien kaufen.
Anna: Ah so! Du willst meinen Rat, um den schönsten Taucheranzug auszusuchen, so daß dann alle Mädchen am Strand nur dich sehen.

| | |
|---|---|
| la tuta subacquea ['tu:ta su'bakkuea] | Taucheranzug |
| accompagnare [akkompaɲ'ɲa:re] | begleiten |
| acquistare [akkuis'ta:re] | erwerben, kaufen |
| capire [ka'pi:re] | verstehen, begreifen |
| il consiglio [kon'siʎʎo] | Rat, Empfehlung |
| scegliere ['ʃeʎʎere] | aussuchen, wählen |
| la spiaggia ['spiaddʒa] | Strand |

## 607

### Salvatore va in discoteca

Vincenzo: *Conosci già la nuova discoteca?*
Salvatore: *No, ma voglio andarci proprio adesso. Mi hanno detto che hanno installato un impianto stereofonico stupendo con un'acustica perfetta.*
Vincenzo: *Fammi sapere qualcosa e buon divertimento per stasera!*

## 608

ESERCIZIO

### Tradurre

1. Sein Auto ist groß.
2. Hast du meine Schlüssel gesehen?
3. Unsere Großmutter ist neunzig Jahre alt.
4. Ihre *(Plural)* beiden Großeltern sind achtzig.
5. Eure Tür ist offen.
6. Ich habe deine Freunde getroffen.
7. Fräulein, ist dies Ihr Buch?
8. Deine Schuhe sind schön.

## 607

### Salvatore geht in die Diskothek

Vincenzo: Kennst du schon die neue Diskothek?
Salvatore: Nein, aber ich will gerade dorthingehen. Man hat mir gesagt, daß sie eine wundervolle Stereoanlage mit perfekter Akustik eingebaut haben.
Vincenzo: Sag mir dann Bescheid, und viel Vergnügen für heute Abend!

| | |
|---|---|
| la discoteca [disko'tɛːka] | Diskothek |
| installare [instal-'laːre] | aufstellen, einbauen |
| l'impianto (m.) [impi'anto] | Anlage |
| stupendo [stu'pɛndo] | wundervoll, fabelhaft |
| il divertimento [diverti'mento] | Vergnügen |

## 608

### Übersetzen Sie

1. La sua macchina è grande.
2. Hai visto le mie chiavi?
3. Nostra nonna ha novant'anni.
4. Tutti e due i loro nonni hanno ottant'anni.
5. La vostra porta è aperta.
6. Ho incontrato i tuoi amici.
7. Signorina, questo è il Suo libro?
8. Le tue scarpe sono belle.

*DIE EXPERTENECKE*

capire tra (fra) capo e collo – unerwartet, ungelegen kommen (wörtlich: zwischen Kopf und Hals erfassen): Questa notizia gli è capitata tra capo e collo. – Diese Neuigkeit kam ihm sehr ungelegen.

una lavata di testa – Standpauke (wörtl.: Kopfwäsche): Ha avuto una bella lavata di testa. – Er hat eine ordentliche Standpauke erhalten.

## 609

### Monreale

Monreale è una città in provincia di Palermo, posta ai margini meridionali della Conca d'Oro. Guglielmo II re di Sicilia ci fece costruire il duomo col monastero benedettino. Il duomo conclude la storia dell'architettura normanna in Sicilia. La sua pianta è a tre navate, con un santuario di tipo bizantino a pianta quadrata. Importanti sono i mosaici bizantini che rivestono tutte le pareti interne.

*Cosa si trova a destra della chiesa?*

## 610

### Venerdì Santo

Giulio non è propriamente religioso, ma il Venerdì Santo desidera sempre una chiesa più forte in Italia. Non per la religione, ma perché oggi è un giorno feriale e non festivo. Ci sono tanti paesi nel mondo nei quali oggi non si lavora, ma in Italia si deve lavorare. Ingiustizia!

## 609

### Monreale

Monreale ist eine Stadt in der Provinz Palermo, am südlichen Rand des Goldenen Beckens gelegen. Wilhelm II., der König Siziliens, ließ hier den Dom und das Benediktinerkloster bauen. Der Dom schließt die Geschichte der normannischen Architektur in Sizilien ab. Sein Grundriß ist dreischiffig, mit einem Heiligtum byzantinischer Art auf quadratischem Grundriß. Bedeutend sind die byzantinischen Mosaiken, die alle inneren Wände verkleiden. Was befindet sich rechts von der Kirche?

*Il chiostro – der Kreuzgang*

Der Kreuzgang wurde im letzten Viertel des 13. Jahrhunderts gebaut. Er besteht aus 228 verschiedenen Zwillingssäulen mit fein gearbeiteten Kapitellen.

## 610

### Karfreitag

Giulio ist eigentlich nicht religiös, aber am Karfreitag wünscht er sich immer eine stärkere Kirche in Italien. Nicht wegen der Religion, sondern weil heute ein Werktag und kein Feiertag ist. Es gibt so viele Länder auf der Welt, in denen heute nicht gearbeitet wird, aber in Italien muß man arbeiten. Ungerechtigkeit!

| | |
|---|---|
| santo, -a ['santo] | heilig, fromm |
| Venerdì Santo [vener'di] | Karfreitag |
| religioso, -a [reli'dʒo:so] | fromm, gewissenhaft |
| la chiesa ['kiɛ:za] | Kirche |
| feriale [fe'ria:le] | Wochen-, Werk- |
| festivo [fes'ti:vo] | Feier-, Fest-, festlich |
| l'ingiustizia, *f* [indʒus'tittsia] | Ungerechtigkeit |

611

## Il problema del centro storico

Aldo lavora all'Ente Nazionale Italiano per il Turismo (ENIT) e dice che non solo per il turismo la ricchezza artistica, unica al mondo, delle città italiane è una grandissima fortuna. Si deve fare di tutto per salvarla e chiudere il centro storico al traffico, anche i centri storici delle città piccole.

612

*«Chi non è contento*
*di quello che ha,*
*non sarebbe neppure contento,*
*se avesse ciò che non ha.»*

*Proverbio*

## 611

### Die Altstadt-Problematik

Aldo arbeitet beim Italienischen Nationalen Fremdenverkehrsverband und sagt, daß der weltweit einzigartige Kunstreichtum der italienischen Städte nicht nur für den Fremdenverkehr ein sehr großes Glück ist. Man muß alles tun, um ihn zu retten, und die Altstädte, auch der kleineren Orte, für den Verkehr sperren.

| | |
|---|---|
| storico ['stɔːriko] | historisch |
| la ricchezza [rik'kettsa] | Reichtum |
| il mondo ['mondo] | Welt |
| la fortuna [for'tuːna] | Glück |
| salvare [sal'vaːre] | retten |
| il traffico ['traffiko] | Verkehr |

## 612

„Wer nicht mit dem zufrieden ist, was er hat, wäre auch nicht zufrieden, wenn er hätte, was er nicht hat." – Italienisches Sprichwort

GRAMMATIK

### Einige unregelmäßige Perfektpartizipien

| | | | | | |
|---|---|---|---|---|---|
| accendere | acceso | anzünden, angezündet | leggere | letto | lesen, gelesen |
| aprire | aperto | öffnen | mettere | messo | stellen |
| bere | bevuto | trinken | prendere | preso | nehmen |
| chiedere | chiesto | fragen | vedere | visto | sehen |
| chiudere | chiuso | schließen | venire | venuto | kommen |
| correre | corso | rennen | essere | stato | sein |
| dire | detto | sagen | fare | fatto | machen |

## 613

### L'uovo di Pasqua

Anna: *Che cosa c'è dentro la scatola?*
Giulio: *C'è l'uovo di Pasqua di mia madre. Da bambino mi regala un uovo e una colomba pasquale. La colomba, la mangio in un giorno, l'uovo non mi piace.*
Anna: *Io lo mangio volentieri al tuo posto.*
Giulio: *Golosa!*

## 614

### La febbre della partenza

Anna si prende gioco di Giulio. Lui ha prenotato il viaggio al mare. Adesso legge tutto ciò che si occupa del mare, dello sport acquatico o della riva. Almeno dieci volte all'ora chiede ad Anna se lei sa già questo e quello. Quando lei gli chiede se lui è un po' nervoso, lui lo nega. Ma ha tutti gli indizi della febbre della partenza.

## 613

### Das Osterei

Anna: Was ist in der Schachtel?
Giulio: Darin ist das Osterei von meiner Mutter. Von klein auf schenkt sie mir immer ein Ei und einen Osterkuchen. Den Osterkuchen esse ich an einem Tag, das Ei schmeckt mir nicht.
Anna: Ich esse es gerne an deiner Stelle.
Giulio: Schleckermaul!

| | |
|---|---|
| l'uovo, *m* ['uɔːvo] | Ei |
| la Pasqua ['paskua] | Ostern, Passah(fest) |
| la scatola ['skaːtola] | Schachtel, Dose |
| la colomba [ko'lomba] | Taube |
| la colomba pasquale [pas'kuaːle] | *ein Osterkuchen aus Hefeteig in Form einer Taube* |
| volentieri [volen'tiɛːri] | gerne |
| il goloso [go'loːso] | Schlemmer, Leckermaul |

## 614

### Reisefieber

Anna amüsiert sich über Giulio. Er hat die Reise ans Meer gebucht. Jetzt liest er alles, was mit dem Meer, mit Wassersport oder der Küste zu tun hat. Mindestens zehnmal pro Stunde fragt er Anna, ob sie schon dies und das wisse. Als sie ihn fragt, ob er ein wenig nervös sei, weist er das zurück. Aber er hat alle Anzeichen des Reisefiebers.

| | |
|---|---|
| la febbre ['fɛbbre] | Fieber |
| la partenza [par'tɛntsa] | Abreise, Aufbruch |
| prenotare [preno'taːre] | (vor)bestellen, reservieren |
| la riva ['riːva] | Ufer |
| l'indizio, *m* [in'dittsio] | Zeichen, Anhaltspunkt |

## 615

ESERCIZIO

**Assegnare correttamente**

| | |
|---|---|
| 1. La Piazza Navona si trova a | |
| 2. La città delle gondole è | |
| 3. Il Vesuvio si trova vicino a | Firenze. |
| 4. Dante è nato a | Napoli. |
| 5. Scarlatti morì a | Roma. |
| 6. Casanova era un figlio di | Venezia. |
| 7. Il Davide di Michelangelo si trova a | |
| 8. Il papa vive a | |

## 616

**Ecco il caffè!**

Cameriere: *Che cosa desiderano bere?*
Rosa: *Prendo volentieri una tazza di caffè.*
Laura: *Sì, anch'io, grazie.*
Rosa: *Bene, prendiamo un buon espresso!*
Laura: *Ma è un caffè molto forte!*
Rosa: *Ecco lo zucchero e il latte!*

## 615

### Ordnen Sie richtig zu

1. Die Piazza Navona befindet sich in **Rom**.
2. Die Stadt der Gondeln ist **Venedig**.
3. Der Vesuv befindet sich in der Nähe **Neapels**.
4. Dante wurde in **Florenz** geboren.
5. Scarlatti starb in **Neapel**.
6. Casanova war ein Sohn **Venedigs**.
7. Der David von Michelangelo steht in **Florenz**.
8. Der Papst lebt in **Rom**.

*DIE EXPERTENECKE*

aver gli occhi foderati di prosciutto – Tomaten auf den Augen haben (wörtl. die Augen mit Schinken bedeckt haben): Avevo gli occhi foderati di prosciutto, non ti ho visto. – Ich hatte Tomaten auf den Augen, ich habe dich nicht gesehen.

## 616

### Hier ist der Kaffee!

| | |
|---|---|
| Kellner: | Was möchten Sie trinken? |
| Rosa: | Ich hätte gerne eine Tasse Kaffee. |
| Laura: | Ja, ich auch, danke. |
| Rosa: | Gut, trinken wir einen guten Espresso! |
| Laura: | Oh, der Kaffee ist aber stark! |
| Rosa: | Hier sind der Zucker und die Milch! |

| | |
|---|---|
| ecco ['ɛkko] | hier ist |
| desiderare [deside'ra:re] | wünschen |
| ma [ma] | aber |
| forte ['fɔrte] | stark, laut |
| il latte ['latte] | Milch |

## 617

### L'albergo

Impiegato: *Pronto, telefono dall'agenzia viaggi. Vorrei dirLe che siamo stati obbligati a cambiare l'albergo. Il nuovo hotel si chiama «La Stella di Mare». Si trova direttamente sulla spiaggia.*

Giulio: *Va bene finché posso imparare a tuffarmi e il pasto è buono.*

## 618

*«Cosa bella e mortal passa e non dura.»*

*F. Petrarca*

## 617

### Das Hotel

| | |
|---|---|
| Angestellter: | Hallo, ich rufe vom Reisebüro an. Ich möchte Ihnen sagen, daß wir das Hotel wechseln mußten. Das neue Hotel heißt „Der Seestern". Es liegt direkt am Strand. |
| Giulio: | Das ist okay, solange ich tauchen lernen kann und das Essen gut ist. |

| | |
|---|---|
| l'albergo, *m* [al'bɛrgo] | Hotel, Gasthof |
| telefonare [telefo'naːre] | anrufen, telefonieren |
| obbligare [obbli'gaːre] | zwingen, verpflichten |
| l'hotel, *m* [o'tɛl] | Hotel |
| la stella ['stella] | Stern |
| finché [fiŋ'ke] | solange |
| il pasto ['pasto] | Essen, Speise |

## 618

„Eine schöne und sterbliche Sache vergeht und dauert nicht."
– Francesco Petrarca (1304 – 1374), italienischer Dichter und Humanist

GRAMMATIK

### I numeri cardinali – Grundzahlen

| | | | |
|---|---|---|---|
| 0 zero | 10 dieci | 20 venti | 80 ottanta |
| 1 uno | 11 undici | 21 ventuno | 90 novanta |
| 2 due | 12 dodici | 22 ventidue | 100 cento |
| 3 tre | 13 tredici | 23 ventitré | 200 duecento |
| 4 quattro | 14 quattordici | 28 ventotto | 300 trecento |
| 5 cinque | 15 quindici | 30 trenta | 600 seicento |
| 6 sei | 16 sedici | 40 quaranta | 1000 mille |
| 7 sette | 17 diciassette | 50 cinquanta | 2000 duemila |
| 8 otto | 18 diciotto | 60 sessanta | 3000 tremila |
| 9 nove | 19 diciannove | 70 settanta | 4000 quattromila |

## 619

### La telefonata

Rosa: *Pronto. Chi parla?*
Direttore: *Buongiorno, signora. Sono Rossi. C'è suo marito? Dobbiamo risolvere un problema di lavoro molto importante.*
Rosa: *No, signor Rossi. Mio marito non è a casa. È andato a fare la spesa. Torna fra mezz'ora.*
Direttore: *Grazie, signora.*

## 620

ESERCIZIO

### Setzen Sie die richtige Verbform ein

1. Noi _______________ (dovere) fare le nostre valigie.
2. Ma dove _______________ (essere) le mie cravatte?
3. Mi _______________ (mancare) la mia sciarpa.
4. La mia valigia _______________ (essere) già piena.
5. Ma devo _______________ (mettere) i miei libri!
6. Prima di partire _______________ (telefonare) ai nostri genitori.

## 619

### Das Telefongespräch

Rosa: Hallo, wer spricht?
Direktor: Guten Tag(, gnädige Frau). Hier ist Rossi. Ist Ihr Mann zu Hause? Wir haben ein sehr wichtiges geschäftliches Problem zu lösen.
Rosa: Nein, Herr Rossi. Mein Mann ist nicht zu Hause. Er ist einkaufen gefahren. Er kommt in einer halben Stunde zurück.
Direktor: Danke(, gnädige Frau).

| | |
|---|---|
| dovere [do'veːre] | müssen, sollen |
| risolvere [ri'sɔlvere] | lösen |
| il problema [pro'blɛːma] | Problem |
| importante [impor'tante] | wichtig |
| fare la spesa ['faːre la 'speːsa] | einkaufen |
| tornare [tor'naːre] | zurückkommen |

## 620

### Mettere la forma adatta dei verbi

1. Noi **dobbiamo** fare le nostre valigie.
2. Ma dove **sono** le mie cravatte?
3. Mi **manca** la mia sciarpa.
4. La mia valigia **è** già piena.
5. Ma devo **mettere** i miei libri!
6. Prima di partire **telefoniamo** ai nostri genitori.

1. Wir **müssen** unsere Koffer packen.
2. Aber wo **sind** meine Krawatten?
3. Mir **fehlt** mein Schal.
4. Mein Koffer **ist** schon voll.
5. Aber ich muß noch meine Bücher **hineinpacken**!
6. Bevor wir losfahren, **telefonieren** wir mit unseren Eltern.

## 621

### L’Etna

L’Etna è il più grande e più alto vulcano d’Europa, 3340 m. I siciliani hanno combinato il termine italiano e arabo per monte, così lo chiamano Mongibello. Ai piedi di questa gigantesca montagna che viene coltivata intensamente, si trovano gli aranceti della valle di Alcantara al nord e la provincia di Paternò al sud. La vegetazione cessa a 2500 m, lì inizia la zona incolta, che 6 mesi l’anno è coperta di neve.

*Come si chiama la più grande provincia dell’Etna?*

## 622

### Pasta

*Ingredienti: 500 g di farina (meglio semola di grano duro), 5 uova, un pizzico di sale, 2 – 3 cucchiaiate di olio d’oliva*

Mettere la farina su una superficie piatta. In un avvallamento aggiungere le uova, il sale e l’olio d’oliva. Dapprima impastare cautamente finché si forma una pasta solida e morbida. Poi impastare fortemente. Lasciare fermo per un’ora. Spianare sottilmente. A piacere, tagliare a pezzi. Servire al dente.

*Che aspetto ha la pasta chiamata «capelli d’angeli»?*

## 621

### Der Ätna

Der Ätna ist der größte und höchste Vulkan Europas, er ist 3340 m hoch. Die Sizilianer verbanden die italienische und arabische Bezeichnung für Berg, Monte und Dijebel, und nennen ihn Mongibello. Am Fuß dieses landwirtschaftlich intensiv genutzten, riesigen Berges liegen die Orangenhaine des Alcantara-Tales im Norden und der Provinz Paternò im Süden. Die Vegetation endet auf einer Höhe von 2500 m, dort beginnt die unbebaute Zone, die 6 Monate im Jahr von Schnee bedeckt ist. Wie heißt die größte Provinzstadt am Ätna?

*Catania*

## 622

### Nudeln

*Zutaten: 500 g Mehl (am besten Hartweizengrieß), 5 Eier, eine Prise Salz, 2 – 3 Eßlöffel Olivenöl*

Das Mehl auf eine glatte Fläche häufen. In einer Mulde die Eier, das Salz und das Olivenöl hinzufügen. Zuerst vorsichtig kneten, bis sich ein fester, geschmeidiger Teig bildet. Dann kräftig kneten. Eine Stunde ruhen lassen. Dünn ausrollen. Nach Belieben in Stücke schneiden. Mit Biß servieren. Wie sehen die „Engelshaare“ genannten Nudeln aus?

*Sehr dünne, zu einem Nest geformte Nudeln*

Nudeln gibt es in Italien in allen möglichen Formen: Cannelloni (große Röhren), Lasagne (dünne Teigplatten), Penne (kurze, schräg abgeschnittene Röhrennudeln), Conchiglie (muschelförmige Nudeln) als Beispiele.

## 623

### In autobus

Fattorino: *Avanti, signori, avanti! Davanti c'è posto. Biglietti, signori!*

Laura: *Via Garibaldi! Per favore, fattorino, quando devo scendere?*

Fattorino: *Alla terza fermata. Si scende dietro. Chi è senza biglietto?*

## 624

### I bagagli

Oggi Giulio s'è prefisso di fare le valigie. Ha molta paura di dimenticare qualcosa. Dopo due ore tre valigie e una borsa grande sono pronte. Quando Giulio le vede l'una accanto all'altra è insoddisfatto di se stesso. In fondo parte per un viaggio per una settimana sola. Così fa le valigie di nuovo, adesso ne restano due.

## 623

### Im Bus

| | |
|---|---|
| Schaffner: | Weiter, meine Herrschaften, weiter! Vorne ist Platz. Die Fahrkarten, bitte! |
| Laura: | Via Garibaldi! Wann muß ich bitte aussteigen, Herr Schaffner? |
| Schaffner: | An der dritten Haltestelle. Man steigt hinten aus. Wer ist ohne Fahrschein? |

| | |
|---|---|
| davanti [da'vanti] | vorne |
| biglietto [bi'ʎetto] | Fahrkarte, Eintrittskarte |
| scendere ['ʃendere] | aussteigen |
| chi [ki] | wer |
| senza ['sɛntsa] | ohne |

## 624

### Das Gepäck

Heute hat sich Giulio vorgenommen, die Koffer zu packen. Er hat große Angst, etwas zu vergessen. Nach zwei Stunden sind drei Koffer und eine große Tasche fertig. Als Giulio sie nebeneinander stehen sieht, ist er mit sich selbst unzufrieden. Schließlich verreist er ja nur für eine einzige Woche. So packt er die Koffer neu, nun bleiben zwei übrig.

| | |
|---|---|
| il bagaglio [ba'gaʎʎo] | Gepäck, Ausrüstung |
| prefiggersi [pre'fiddʒersi] | sich vornehmen |
| la valigia [va'li:dʒa] | Koffer |
| fare le valigie ['fa:re] | die Koffer packen |
| la borsa ['borsa] | Tasche, Beutel |
| accanto a [ak'kanto] | neben |
| insoddisfatto, -a [insoddis'fatto] | unzufrieden |

## 625

ESERCIZIO

### Trovare le desinenze giuste degli aggettivi

1. Giulio sta in un piccol _____ villaggio.
2. Ci passa il suo tempo liber _____ .
3. I libri appassionant _____ piacciono ad Anna.
4. La casa giall _____ è la casa di mia madre.
5. La gatta fedel _____ è ritornata a casa.
6. Le isole isolat _____ sono bellissime.
7. I cani giovan _____ giocano molto.
8. Le macchine grand _____ consumano molta benzina.

## 626

### Il traghetto

Finalmente Giulio può godersi le sue vacanze. Sta in un piccolo villaggio sulla riva del Mediterraneo. Il porto fu costruito nel medioevo. A circa dieci chilometri dal porto c'è una bellissima isola. Due volte al giorno ci si può traghettare. Naturalmente anche Giulio ci va, ma nella barca scopre che ha il mal di mare.

## 625

### Finden Sie die richtigen Adjektivendungen

1. Giulio sta in un piccol**o** villaggio. Giulio hält sich in einem kleinen Dorf auf.
2. Ci passa il suo tempo liber**o**. Er verbringt dort seine freie Zeit.
3. I libri appassionant**i** piacciono ad Anna. Anna gefallen spannende Bücher.
4. La casa giall**a** è la casa di mia madre. Das gelbe Haus ist das Haus meiner Mutter.
5. La gatta fedel**e** è ritornata a casa. Die treue Katze ist nach Hause zurückgekehrt.
6. Le isole isolat**e** sono bellissime. Die abgelegenen Inseln sind wunderschön.
7. I cani giovan**i** giocano molto. Die jungen Hunde spielen viel.
8. Le macchine grand**i** consumano molta benzina. Große Autos verbrauchen viel Benzin.

## 626

### Die Fähre

Endlich kann Giulio seinen Urlaub genießen. Er ist in einem kleinen Dorf am Ufer des Mittelmeers. Der Hafen wurde im Mittelalter gebaut. Ungefähr zehn Kilometer vom Hafen entfernt liegt eine wunderschöne Insel. Zweimal am Tag kann man dorthin übersetzen. Natürlich fährt auch Giulio dorthin, aber im Boot merkt er, daß er seekrank wird.

| | |
|---|---|
| il traghetto [tra'getto] | Überfahrt, Fähre |
| godersi [go'de:rsi] | genießen |
| il Mediterraneo [mediter'ra:neo] | Mittelmeer |
| il porto ['pɔrto] | Hafen, Ziel |
| il medioevo [medio'ɛ:vo] | Mittelalter |
| la distanza [dis'tantsa] | Abstand, Entfernung |
| la barca ['barka] | Boot, Kahn |

## 627

### Giorno della liberazione dal fascismo

Dopo la destituzione di Mussolini e la proclamazione dell'armistizio nel 1943 i tedeschi disarmarono le truppe italiane. Il re e il governo doverono fuggire a Bari. Con l'aiuto tedesco Mussolini fondò la Repubblica di Salò. Ma il 25 aprile 1945 il CLNAI lanciò l'ordine della insurrezione generale, i partigiani scesero dalle montagne a liberare le città, mentre le truppe alleate dilagarono la pianura padana.

*Chi fu presidente del consiglio quel giorno?*

## 628

### Il pedaggio

Giulio vuole visitare un po' i dintorni del suo villaggio. Perciò noleggia una macchina. Va in giro tutto il giorno. Alla sera ha soltanto il desiderio di ritornare presto all'albergo. La via più corta è l'autostrada, è a pedaggio, ma ci si può guidare velocemente e non c'è tanto traffico. Così Giulio non versa tante lacrime per il pedaggio.

## 627

### Tag der Befreiung vom Faschismus

Nach der Absetzung Mussolinis und der Verkündung des Waffenstillstands 1943 entwaffneten die Deutschen die italienischen Truppen. Der König und die Regierung mußten nach Bari fliehen. Mit deutscher Hilfe gründete Mussolini die Republik von Salò. Aber am 25. April 1945 erließ das nationale Befreiungskomitee Oberitaliens den Befehl zum allgemeinen Aufstand, die Partisanen stiegen von den Bergen, um die Städte zu befreien, während die alliierten Truppen sich über die Po-Ebene ausbreiteten. Wer war an jenem Tag Ministerpräsident?

*Ivanoe Bonomi*

CLNAI steht für das Comitato di Liberazione Nazionale Alta Italia, das von fast allen Parteien getragen wurde.

## 628

### Maut

Giulio will ein wenig die Umgebung seines Dorfes besichtigen. Deswegen mietet er ein Auto. Er fährt den ganzen Tag umher. Am Abend hat er nur noch den Wunsch, schnell ins Hotel zurückzukehren. Der kürzeste Weg ist die Autobahn; sie ist gebührenpflichtig, aber man kann dort schnell fahren, und der Verkehr ist nicht so stark. So weint Giulio der Maut nicht allzusehr nach.

| | |
|---|---|
| il pedaggio [pe'daddʒo] | Maut, Straßengebühr |
| visitare [vizi'ta:re] | besuchen, besichtigen |
| i dintorni, *m pl* [din'torni] | Umgebung |
| noleggiare [noled'dʒa:re] | vermieten, mieten |
| corto, -a ['korto] | kurz |
| il traffico ['traffiko] | Handel, Verkehr |
| versare [ver'sa:re] | (ver)gießen, einschenken |

## 629

**La visita**

Villeggiante: *Lei, cosa fa oggi? Passa ancora una giornata al mare?*

Giulio: *No, oggi vado in gita a Napoli. Voglio vedere il Museo Archeologico Nazionale. Dev'essere molto interessante.*

Villeggiante: *Più interessante è la domanda se Lei viene derubato o no!*

## 630

*«Non vi sono rimedi per chi non si aiuta.»*

*G. Mazzini*

## 629

### Die Besichtigung

| | |
|---|---|
| Urlauber: | Was machen Sie heute? Verbringen Sie wieder einen Tag am Meer? |
| Giulio: | Nein, heute mache ich einen Ausflug nach Neapel. Ich will das Archäologische Nationalmuseum besuchen. Es muß sehr interessant sein. |
| Urlauber: | Interessanter ist die Frage, ob Sie ausgeraubt werden oder nicht! |

| | |
|---|---|
| il villeggiante [villed'dʒante] | Feriengast, Urlauber |
| la giornata [dʒor'naːta] | Tag, Tagesablauf |
| il museo [mu'zɛːo] | Museum |
| archeologico, -a [arkeo'lɔːdʒiko] | archäologisch |
| nazionale [nattsio'naːle] | national, staatlich |
| la domanda [do'manda] | Frage, Antrag |
| derubare [deru'baːre] | bestehlen, berauben |

## 630

„Es gibt keine Heilmittel für jemanden, der sich nicht selber hilft." – Giuseppe Mazzini (1805 – 1872), italienischer Politiker

GRAMMATIK

### Comparazione degli aggetivi – Steigerung der Adjektive

Regelmäßig wird die Steigerung gebildet, indem man:

▷ zur Bildung des Komparativs ein „più" vor das Adjektiv setzt

▷ zur Bildung des relativen Superlativs ein „il più" und

▷ zur Bildung des absoluten Superlativs entweder ein „molto" voransetzt oder die Endung -issimo anhängt.

| | | |
|---|---|---|
| facile | – | leicht |
| più facile | – | leichter |
| il più facile | – | leichtester (nichts und niemand ist leichter) |
| molto facile | – | sehr leicht, kinderleicht (besonders leicht) |
| facilissimo | – | sehr leicht, kinderleicht |

## 631

### I pensierini

Stasera Giulio deve ritornare a Milano. Finora non ha comprato niente per la famiglia ed Anna. Odia di comprare dei pensierini, ma ci si sente obbligato. Trovare qualcosa per Anna non sarà un problema, ha visto una collana bellissima di conchiglie. Sta in un centro turistico tipico, sicuramente ci sarà anche qualcosa per gli altri.

## 632

*«Primavera è tornata.*
*Il cielo è azzurro e il sole splende.*
*Gli alberi sono in fiore.*
*Le rondini tornano al nido.*
*I fiori variopinti e profumati*
*spuntano nei prati.»*

*Poesia*

## 631

### Mitbringsel

Heute abend muß Giulio nach Mailand zurückkehren. Bis jetzt hat er noch nichts für die Familie und Anna gekauft. Er haßt es, Mitbringsel zu kaufen, aber er fühlt sich dazu verpflichtet. Etwas für Anna zu finden wird kein Problem sein; er hat schon eine wunderschöne Halskette aus Muscheln gesehen. Er ist in einem typischen Touristenzentrum, sicher wird sich dort auch etwas für die anderen finden.

| | |
|---|---|
| il pensierino [pensie'ri:no] | verführerischer Gedanke, kleine Aufmerksamkeit |
| finora [fi'no:ra] | bis jetzt |
| odiare [o'dia:re] | hassen |
| il problema [pro'blɛ:ma] | Problem, Schwierigkeit |
| la collana [kol'la:na] | (Hals)kette |
| la conchiglia [koŋ'kiʎʎa] | Muschel |
| turistico, -a [tu'ristiko] | touristisch, Reise- |

## 632

„Der Frühling ist zurückgekehrt. Der Himmel ist blau, und die Sonne scheint. Die Bäume blühen. Die Schwalben kehren in Ihr Nest zurück. Die bunten, duftenden Blumen wachsen auf den Wiesen." – Italienisches Frühlingsgedicht

### Possessivpronomen

| **Männlich** | | **Weiblich** | |
|---|---|---|---|
| Singular | Plural | Singular | Plural |
| il mio | i miei | la mia | le mie |
| il tuo | i tuoi | la tua | le tue |
| il suo | i suoi | la sua | le sue |
| il Suo | i Suoi | la Sua | le Sue |
| il nostro | i nostri | la nostra | le nostre |
| il vostro | i vostri | la vostra | le vostre |
| il loro | i loro | la loro | le loro |
| il Loro | i Loro | la Loro | le Loro |
| meiner | meine | meine | meine |
| … | … | … | … |

## 633

### Il regalo

Laura: *Dopodomani Sandro compie gli anni e io non so che cosa regalargli.*
Rosa: *Possiamo andare domani in centro. Ha un debole per qualcosa di particolare?*
Laura: *Va matto per le macchine da corsa . . .*
Rosa: *. . . che tu, logicamente, non gli puoi regalare.*

## 634

### ESERCIZIO

### Kennen Sie die Partizipien?

1. preferire
2. fare
3. mettere
4. vedere
5. avere
6. leggere
7. dire

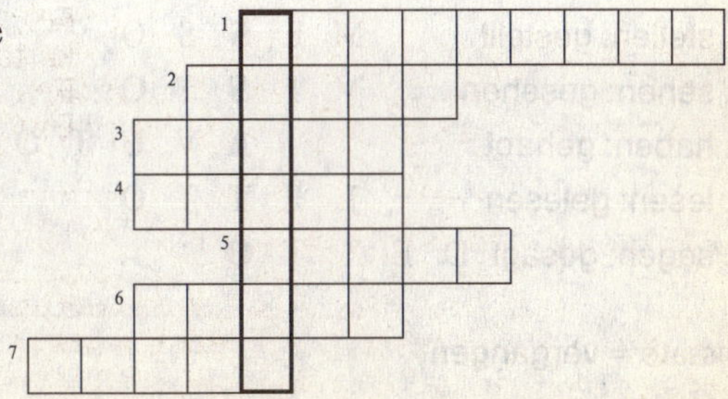

## 633

### Das Geschenk

Laura: Übermorgen hat Sandro Geburtstag, und ich weiß nicht, was ich ihm schenken soll.
Rosa: Wir können morgen ins Zentrum gehen. Hat er für irgend etwas eine besondere Vorliebe?
Laura: Er ist verrückt nach Rennwagen...
Rosa: ...die du, logischerweise, ihm nicht schenken kannst.

| | |
|---|---|
| compiere ['kompiere] | vollenden (das Lebensjahr) |
| regalare [rega'la:re] | schenken |
| il debole ['debole] | Vorliebe, Schwäche |
| andare matto per ['matto] | verrückt sein nach |

## 634

### Conosce i participi?

1. vorziehen: vorgezogen **P** R E F E R I T O
2. machen, tun: getan F **A** T T O
3. stellen: gestellt M E **S** S O
4. sehen: gesehen V I **S** T O
5. haben: gehabt **A** V U T O
6. lesen: gelesen L E **T** T O
7. sagen: gesagt D E T T **O**

passato = vergangen

## 635

### La festa del compleanno

Ieri sera Aldo e Rosa sono stati alla festa del compleanno di Sandro. Alla festa hanno conosciuto molte persone, anche due ragazze austriache. Rosa parla un po' il tedesco e così hanno fatto subito amicizia. A mezzanotte sono andati tutti in cucina e hanno fatto una bella spaghettata.

## 636

### Renato Guttuso

Il pittore Renato Guttuso era siciliano, nato il 1912 a Bagheria, vicino a Palermo. Guttuso ottene l'ispirazione per la pittura dalla sua terra siciliana. La struttura sociologica del paese caratterizzata degli strani aristocratici siciliani e in confronto il semplice popolo. Di un'applicazione mitica e particolare per la propria terra e la sua vegetazione, gli aranceti oscuri, la crescita serpentina degli ulivi primitivi e il gigantesco ritmo dei campi di grano che sotto il sole dissipato nel cuore dell'isola diseccano.

*Dove si trovano i suoi quadri?*

## 635

### Die Geburtstagsfeier

Gestern abend sind Aldo und Rosa auf der Geburtstagsfeier von Sandro gewesen. Auf dem Fest haben sie viele Leute kennengelernt, auch zwei österreichische Mädchen. Rosa spricht ein wenig Deutsch, und so haben sie sofort Freundschaft geschlossen. Mitternacht sind sie alle in die Küche gegangen und haben ein schönes Spaghettiessen veranstaltet.

| | |
|---|---|
| conoscere [ko'noʃʃere] | kennenlernen |
| austriaco [aus'triːako] | österreichisch |
| il tedesco [te'desko] | Deutsch (Sprache) |
| fare amicizia ['faːre ami'tʃiːtsia] | Freundschaft schließen |
| la mezzanotte [meddza'nɔtte] | Mitternacht |

## 636

### Renato Guttuso

Der Maler Renato Guttuso war Sizilianer, geboren 1912 in Bagheria bei Palermo. Guttuso wurde durch seine sizilianische Heimat zur Malerei angeregt: Die soziologische Struktur des Landes, geprägt duch die sonderbaren sizilianischen Adelsherren und ihnen gegenüber das einfache Volk. Daher eine mystische und eigentümliche Hinwendung zum eigenen Land und seiner Vegetation, den dunklen Orangenhainen, dem Schlangenwuchs der urtümlichen Olivenbäume und dem gigantischen Rhythmus der unter der öden Sonne dörrenden Weizenfelder im Herzen der Insel. Wo befinden sich seine Bilder?

*In der Galleria Nazionale d'Arte Moderna in Rom*

Am 18. 1. 1987 starb Renato Guttuso. Wenige Tage vor seinem Tod vermachte er einen großen Teil seiner Werke der Galleria.

## 637

### Una serata con amici

Giulio ha invitato tutti i suoi amici stasera per chiacchierare un po'. Racconta del viaggio, del mare e dei tentativi di tuffarsi. Gli amici gli chiedono se ha incontrato uno squalo oppure un'ondina. Quando lui lo nega seriamente lo prendono in giro per tutta la serata. Così alla fine lui inventa una storia con la sua persona come eroe.

## 638

### Viaggiare in Italia

Per un soggiorno fino a tre mesi basta una carta d'identità per entrare in Italia. Viaggiando in macchina si consiglia di stipulare un'assicurazione automobilistica internazionale. Un'assicurazione contro il furto è sensata in ogni caso. Le autostrade sono a pedaggio fino a Salerno. Alcuni centri storici sono chiusi per il traffico. I mezzi pubblici non sono cari e tutti i luoghi di interesse turistico sono collegati.

*Quando si telefona il numero 113?*

## 637

### Ein Abend mit Freunden

Giulio hat alle seine Freunde heute abend eingeladen, um ein wenig zu erzählen. Er erzählt von der Reise, dem Meer und den Tauchversuchen. Die Freunde fragen ihn, ob er einen Hai oder eine Nixe getroffen hat. Als er ernsthaft verneint, ziehen sie ihn den ganzen Abend lang auf. So erfindet er am Ende eine Geschichte mit seiner Person als Held.

| | |
|---|---|
| la serata [se'ra:ta] | Abend |
| raccontare [rakkon'ta:re] | erzählen, berichten |
| incontrare [iŋkon'tra:re] | treffen, stoßen auf |
| lo squalo ['skua:lo] | Hai(fisch) |
| l'ondina, *f* [on'di:na] | Nixe, Undine |
| serio, -a ['sɛ:rio] | ernst, ernsthaft |
| inventare [inven'ta:re] | erfinden, ausdenken |

## 638

### Reisen in Italien

Für einen Aufenthalt bis zu drei Monaten genügt ein Personalausweis, um nach Italien einzureisen. Wenn man mit dem Auto reist, empfiehlt es sich, eine internationale Kraftfahrzeugversicherung abzuschließen. Eine Diebstahlversicherung ist auf jeden Fall vernünftig. Die Autobahnen sind bis Salerno gebührenpflichtig. Einige historische Zentren sind für den Verkehr geschlossen. Die öffentlichen Verkehrsmittel sind nicht teuer, und alle Orte von touristischem Interesse sind angebunden. Wann ruft man die Nummer 113 an?

*Bei einem Unfall*

Unter 116 erreicht man einen kostenlosen Autohilfsdienst für Ausländer (Dolmetscher vorhanden). Diese Nummer hilft auch bei besonderen Schwierigkeiten.

639

## Ballare

Anna: *Sai ballare?*
Giulio: *Si capisce! Sono sempre stato il più bel danzatore della discoteca.*
Anna: *Ma parlo delle danze come rumba, samba e valzer.*
Giulio: *Finora non so ballarle, ma ho il sospetto che tu voglia insegnarmele.*

640

*«Chi pecora si fa,*
*il lupo lo mangia.»*
*Proverbio*

## 639

### Tanzen

Anna: Kannst du tanzen?
Giulio: Selbstverständlich! Ich war immer der schönste Tänzer in der Disco.
Anna: Aber ich spreche von Tänzen wie Rumba, Samba und Walzer.
Giulio: Die kann ich bisher noch nicht tanzen, aber ich habe den Verdacht, daß du sie mir beibringen willst.

| | |
|---|---|
| ballare [bal'la:re] | tanzen |
| sapere fare qc [sa'pe:re] | wissen, können, beherrschen |
| il danzatore [dantsa'to:re] | Tänzer |
| la discoteca [disko'tɛ:ka] | Disco, Schallplattensammlung |
| il valzer ['valtser] | Walzer |
| il sospetto [sos'pɛtto] | Verdacht, Argwohn |
| insegnare [inseɲ'ɲa:re] | lehren, unterrichten |

## 640

„Wer sich zum Schaf macht, den frißt der Wolf." (Wer sich unter den Treber mengt, den fressen die Schweine.) – Italienisches Sprichwort

GRAMMATIK

### L'avverbio – Adverb

Viele Adverbien kann man aus Adjektiven herleiten:

▷ Man nimmt die weibliche Form und hängt ein -mente an:
vivo (lebendig) : viva : vivamente
intelligente (klug) : intelligente : intelligentemente.

▷ Enden Adjektive auf -le oder -re, so entfällt das -e:
facile (leicht) : facilmente
regolare (regelmäßig) : regolarmente.

Sonderformen:
buono (gut) : bene
cattivo (schlecht) : male
und ursprüngliche Adverbien wie ora (nun), sempre (immer).

641

## La musica

Giulio: *Che fai? Hai un aspetto così deciso.*
Anna: *Vado a comprarmi un compact di musica da ballo.*
Giulio: *E poi tocca a me imparare a ballare? Sei tenace.*
*Lo faccio se mi prometti di accompagnarmi cinque volte in discoteca.*
Anna: *Dunque, chi è tenace?*

642

ESERCIZIO

## Tradurre

1. Ich habe ihn deutlich gesehen.
2. Sie sind pünktlich angekommen.
3. Du hast klug gefragt.
4. Richtig zu singen ist schwierig.
5. Er kann schnell laufen.
6. Ich habe dich nicht gut verstanden.
7. Das können Sie ruhig machen.
8. Ich werde es Giulio vorsichtig sagen.

## 641

### Musik

Giulio: Was machst du? Du hast einen so entschlossenen Gesichtsausdruck.
Anna: Ich gehe mir eine CD mit Tanzmusik kaufen.
Giulio: Und dann muß ich tanzen lernen? Du bist hartnäckig. Ich mache es, wenn du mir versprichst, mich fünfmal in die Disco zu begleiten.
Anna: Also, wer ist hier hartnäckig?

| | |
|---|---|
| la musica [ˈmuːzika] | Musik |
| l'aspetto, *m* [asˈpɛtto] | Aussehen, Blickwinkel |
| toccare a [tokˈkaːre] | obliegen, zustehen |
| tenace [teˈnaːtʃe] | zäh, hartnäckig |
| promettere [proˈmettere] | versprechen, aussehen nach |
| accompagnare [akkompaɲˈɲaːre] | begleiten, beifügen |
| dunque [ˈduŋkue] | also, nun |

## 642

### Übersetzen Sie

1. L'ho visto chiaramente.
2. Sono arrivati puntualmente.
3. Hai chiesto intelligentemente.
4. Cantare correttamente è difficile.
5. Sa correre velocemente.
6. Non ti ho capito bene.
7. Può farlo tranquillamente.
8. Lo dirò prudentemente a Giulio.

*DIE EXPERTENECKE*

essere quattro gatti – zu ganz wenigen sein, nur wenige Leute sein (wörtl.: zu vier Katzen sein): Al cinema c'erano soltanto quattro gatti. – Im Kino waren kaum Leute.

agile come un gatto – flink wie ein Wiesel (wörtl.: wie eine Katze): L'ha montato agilmente come un gatto. – Er hat es flink wie ein Wiesel zusammengebaut.

## 643

### Il giardino

Questo fine settimana Giulio lo passerà a casa sua in campagna. Ha dovuto promettere di venire, perché deve aiutare nell'orto.

Da quando può ricordarsi deve aiutare. Negli ultimi anni non lo faceva volentieri, ma quest'anno, dopo una settimana in ufficio, ne è contento. Inoltre spera di ricevere un po' del raccolto in compenso.

## 644

### La Santa Casa

La leggenda dice che dopo l'invasione della Palestina da parte dei Maomettani, la casa della Sacra Famiglia a Nazareth fu trasportata vicino a Fiume. La casa spariva e compariva non lontano da Recanati. Diventando un luogo infestato dai ladroni la casa fu smossa in un podere vicino da due fratelli. Per possedere quel tesoro litigavano l'uno con l'altro. Perciò la casa fu trasportata a una strada pubblica dove si trova tuttora.

*In che città si trova?*

## 643

### Der Garten

Dieses Wochenende wird Giulio zu Hause auf dem Land verbringen. Er mußte versprechen zu kommen, weil er im Garten helfen muß. Seit er sich erinnern kann, muß er helfen. In den letzten Jahren hat er das nicht gerne gemacht, aber dieses Jahr, nach einer Woche im Büro, freut er sich darauf. Außerdem hofft er, etwas von der Ernte zum Ausgleich zu erhalten.

| | |
|---|---|
| il giardino [dʒarˈdiːno] | Garten |
| la campagna [kamˈpaɲɲa] | Land, Landgut |
| l'orto, *m* [ˈɔrto] | (Nutz)garten |
| ricordare [rikorˈdaːre] | erinnern, sich erinnern |
| ultimo, -a [ˈultimo] | letzte, neueste |
| il raccolto [rakˈkɔlto] | Ernte |
| il compenso [komˈpɛnso] | Entschädigung, Ausgleich |

## 644

### Das Haus der Maria

Die Legende sagt, daß das Haus der Heiligen Familie in Nazareth nach dem Einmarsch der Mohammedaner in Palästina in die Nähe von Rijeka (Jugoslavien) gebracht wurde. Das Haus verschwand und tauchte nicht weit von Recanati auf. Als der Ort von Räubern heimgesucht wurde, wurde das Haus in ein nahegelegenes Landgut von zwei Brüdern gebracht. Um den Besitz des Schatzes stritten sie untereinander. Deswegen wurde das Haus an eine öffentliche Straße gebracht, wo es auch heute liegt. In welcher Stadt befindet es sich?

*Loreto*

Bedeutende Wallfahrten finden am 8. 9. (Mariä Geburt) und am 10. 12. (Überführung der Santa Casa) statt.

## 645

### Vita in campagna

Sandro: *Ti trovi bene qui in campagna?*
Aldo: *Vivere in campagna è più bello che vivere in città. La natura, la pace e il silenzio mi piacciono di più del rumore e del traffico.*
Sandro: *Insomma, a te piace la vita sana, lontano dagli stress della vita quotidiana moderna.*

## 646

*«Il pesce vuol nuotare tre volte: nell'acqua, nell'olio e nel vino.»*

*Proverbio*

## 645

### Landleben

Sandro: Fühlst du dich wohl hier auf dem Lande?
Aldo: Auf dem Land zu leben ist schöner als in der Stadt. Die Natur, der Frieden und die Ruhe gefallen mir besser als der Lärm und der Verkehr.
Sandro: Kurz und gut, dir gefällt das gesunde Leben, weit weg vom Streß des modernen Alltags.

| | |
|---|---|
| vivere ['vi:vere] | leben |
| la pace ['pa:tʃe] | Frieden |
| il silenzio [si'lɛntsio] | Ruhe |
| il rumore [ru'mo:re] | Lärm |
| quotidiano [kuotidi'a:no] | täglich |

## 646

„Der Fisch will dreimal schwimmen: Im Wasser, im Öl und im Wein.“ – Italienisches Sprichwort

GRAMMATIK

### Fragepronomen

| | |
|---|---|
| **Quanto** bagaglio hai? | **Wieviel** Gepäck hast du? |
| **Quanti** fazzoletti vuoi? | **Wieviele** Taschentücher willst du? |
| **Quanta** fame hai? | **Wieviel** Hunger hast du? |
| **Quante** persone vengono? | **Wieviele** Personen kommen? |
| **Quale** signora? | **Welche** Frau? |
| **Quali** signore? | **Welche** Frauen? |
| **Quale** giornale? | **Welche** Zeitung? |
| **Quali** giornali? | **Welche** Zeitungen? |

## 647

### L'intervista

Giornalista: *Dov'è nato, signor Morini?*
Sandro: *Sono nato a Perugia.*
Giornalista: *Quanti anni ha?*
Sandro: *Ne ho 38.*
Giornalista: *Complimenti! Sembra molto più giovane! Fa qualche sport?*
Sandro: *Sì, gioco a tennis, perché ho capito che aiuta a restare giovani.*

## 648

ESERCIZIO

### Übersetzen Sie

1. Haben Sie noch Karten für die Aufführung heute abend?
2. Wieviele möchten Sie haben?
3. Bis wann kann ich die Karten abholen?
4. Die Aufführung fängt erst um halb neun an.
5. Wegen der vorbestellten Karten müssen Sie schon um 8 Uhr kommen.

## 647

### Das Interview

| | |
|---|---|
| Journalist: | Wo sind Sie geboren, Herr Morini? |
| Sandro: | Ich bin in Perugia geboren. |
| Journalist: | Wie alt sind Sie? |
| Sandro: | Ich bin 38. |
| Journalist: | Kompliment! Sie sehen viel jünger aus! Betreiben Sie irgendeinen Sport? |
| Sandro: | Ja, ich spiele Tennis, weil ich gemerkt habe, daß es hilft, jung zu bleiben. |

| | |
|---|---|
| nascere ['naʃʃere] | geboren werden |
| nato ['na:to] | geboren (Partizip) |
| sembrare [sem'bra:re] | aussehen |
| giovane ['dʒo:vane] | jung |
| giocare [dʒo'ka:re] | spielen |

## 648

### Tradurre

1. Ha ancora dei biglietti per la rappresentazione di stasera?
2. Quanti ne vuole?
3. Fino a che ora posso venire a prendere i biglietti?
4. La rappresentazione comincia solo alle otto e mezzo.
5. Per i biglietti prenotati si deve venire già alle otto.

*DIE EXPERTENECKE*

dare un'occhiata – einen Blick werfen
il rumore assordante – der ohrenbetäubende Lärm
il palato – der Geschmackssinn
il tatto – der Tastsinn
potere percepire – wahrnehmen

## 649

### La politica

Giulio: *Che fine settimana! Mio padre e mio nonno hanno litigato l'uno con l'altro. Sai, mio nonno è monarchico, mio padre invece comunista. Almeno una volta all'anno vogliono trasformare tutta l'Italia.*

Anna: *Tu come sostenitore della DC hai conciliato?*

## 650

### Arriva un pacchetto

Concetta: *Pietro, non puoi immaginarti che bella sorpresa ho avuto oggi!*

Pietro: *Non fare la misteriosa: dimmelo!*

Conceta: *Stamattina è passato il postino e mi ha lasciato un avviso per andare a ritirare un pacchetto alla posta.*

Pietro: *Chi ci manda un pacchetto?*

Concetta: *Questo me sono chiesto anch'io per tutta la mattinata. Comunque, sono andata a ritirarlo ed era da parte di zia Maria dal Canada.*

## 649

### Politik

Giulio: Was für ein Wochenende! Mein Vater und mein Großvater haben miteinander gestritten. Weißt du, mein Großvater ist Monarchist, mein Vater hingegen Kommunist. Wenigstens einmal im Jahr wollen sie ganz Italien umwandeln.

Anna: Und du als Anhänger der DC* hast vermittelt?

* *DC: Democrazia Cristiana, Christlich-Demokratische Partei*

| | |
|---|---|
| la politica [po'litika] | Politik |
| litigare [liti'gaːre] | streiten |
| il monarchico [mo'narkiko] | Monarchist |
| il comunista [komu'nista] | Kommunist |
| trasformare [trasfor'maːre] | verwandeln, verändern |
| il sostenitore [sosteni'toːre] | Vertreter, Verfechter |
| conciliare [kontʃi'liaːre] | fördern, herbeiführen, versöhnen |

## 650

### Ein Päckchen kommt an

Concetta: Pietro, du kannst dir nicht vorstellen, was für eine schöne Überraschung ich heute erlebt habe.

Pietro: Tu nicht so geheimnisvoll: Sag es mir!

Concetta: Heute morgen ist der Postbote vorbeigekommen und hat mir eine Benachrichtigung über ein Päckchen dagelassen, das bei der Post abgeholt werden muß.

Pietro: Wer schickt uns ein Päckchen?

Concetta: Das habe ich mich auch den ganzen Morgen gefragt. Jedenfalls bin ich es abholen gegangen, und es war von Tante Maria aus Kanada.

| | |
|---|---|
| il pacchetto [pak-'ket-to] | Päckchen |
| immaginarsi [im-madʒi'narsi] | sich vorstellen |
| il postino [pos'tiːno] | Postbote |
| l'avviso (m.) [av-'viːzo] | Benachrichtigung |
| ritirare [riti'raːre] | (ab)holen |

## 651

*«Le cose non sono come sono,*
*ma come si vedono.»*

*F. Pananti*

## 652

**Gli stranieri**

Anna: *Ieri ho fatto la conoscenza di alcuni studenti stranieri. Erano molto simpatici, studiano chimica. Me ne sono stupita, di come parlano bene l'italiano.*

Giulio: *È vero, molti stranieri parlano l'italiano bene. Io non potrei mai imparare una lingua straniera.*

## 651

„Die Dinge sind nicht, wie sie sind, sondern wie man sie sieht."
– Filippo Pananti (1766 – 1827), italienischer Dichter

GRAMMATIK

### Il paragone – Vergleich

- ▷ Bei Vergleichen steht erst ein Komparativ: più bello (schöner), meno bello (weniger schön)
- ▷ Dann als Verbindungswort di oder che (als)
- ▷ Dann das zweite Vergleichsglied
- ▷ Di steht vor Substantiven und Pronomina, die auf die gleiche Eigenschaft hin verglichen werden, und vor Zahlen
- ▷ Bei allen anderen Vergleichen steht che.

Sandro è più bello di lui. – Sandro ist schöner als er.
È più facile parlare che scrivere una lingua straniera. – Es ist einfacher, eine fremde Sprache zu sprechen als zu schreiben.

## 652

### Die Ausländer

Anna: Gestern habe ich einige ausländische Studenten kennengelernt. Sie waren sehr sympathisch; sie studieren Chemie. Ich habe mich darüber gewundert, wie gut sie Italienisch sprechen.

Giulio: Das ist wahr, viele Ausländer sprechen gut Italienisch. Ich könnte nie eine Fremdsprache lernen.

| | |
|---|---|
| lo straniero [stra'niɛːro] | Ausländer, Fremder |
| la conoscenza [konoʃ'ʃɛntsa] | Kenntnis, Bekanntschaft |
| lo studente [stu'dɛnte] | Schüler, Student |
| straniero, -a [stra'niɛːro] | fremd, ausländisch |
| simpatico, -a [sim'paːtiko] | sympathisch |
| la chimica ['kiːmika] | Chemie |
| stupirsi [stu'piːrsi] | sich wundern, staunen |

## 653

### ESERCIZIO

**«di» o «che»?**

1. Anna è più giovane ________ Giulio.
2. A maggio Luigi era più morto ________ vivo.
3. Mi piace più mangiare gelato ________ verdura.
4. L'Italia è più piccola ________ Germania.
5. Lui è più grasso ________ lei.
6. La casa è più bella ________ comoda.
7. Questo vino è più caro ________ vino di casa.
8. Distruggere la casa è più facile ________ costruirla.

## 654

**Nell'orto botanico**

Anna: *Vieni con noi? Andiamo nell'orto botanico.*
Giulio: *Cosa ci fate?*
Anna: *Vogliamo guardare le piante. A me piace il giardino, è così verde e fresco. Viene anche Luisa.*

Giulio: *Luisa? Quella bella bionda? Ci vengo anch'io.*
Anna: *Lei viene col suo findanzato.*

## 653

### „di“ oder „che“?

1. Anna è più giovane **di** Giulio. Anna ist jünger als Giulio.
2. A maggio Luigi era più morto **che** vivo. Im Mai war Luigi mehr tot als lebendig.
3. Mi piace più mangiare gelato **che** verdura. Ich esse lieber Eis als Gemüse.
4. L'Italia è più piccola **della** Germania. Italien ist kleiner als Deutschland.
5. Lui è più grasso **di** lei. Er ist dicker als sie.
6. La casa è più bella **che** comoda. Das Haus ist schöner als es bequem ist.
7. Questo vino è più caro **del** vino di casa. Dieser Wein ist teurer als der Hauswein.
8. Distruggere la casa è più facile **che** costruirla. Das Haus zu zerstören ist einfacher als es zu bauen.

## 654

### Im Botanischen Garten

Anna: Kommst du mit uns? Wir gehen in den Botanischen Garten.
Giulio: Was macht ihr da?
Anna: Wir wollen die Pflanzen anschauen. Ich mag den Garten, er ist so grün und frisch. Luisa kommt auch.
Giulio: Luisa? Die blonde Schönheit? Ich komme auch mit.
Anna: Sie kommt mit ihrem Freund.

| | |
|---|---|
| botanico, -a [bo'ta:niko] | botanisch |
| venire [ve'ni:re] | kommen |
| guardare [guar'da:re] | (an)sehen, anschauen |
| la pianta ['pianta] | Pflanze, Gewächs |
| fresco, -a ['fresko] | frisch |
| biondo, -a ['biondo] | blond |
| il fidanzato [fidan'tsa:to] | Verlobter, Bräutigam, fester Freund |

## 655

### Il minestrone

*Ingredienti: cipolle, carote, sedano, odori, olio d'oliva, brodo oppure acqua, verdura, pasta o riso*

Tritare cipolle, carote e sedano, poi stufarli con odori nell'olio. Spegnere con brodo (va bene anche acqua – ma ciò è privo di gusto). Aggiungere pasta o riso e verdura secondo il gusto e la stagione, per esempio patate, cavolfiori, fagiolini. Far attenzione al tempo che ci vuole per cuocere gli ingredienti. Condire con spezie.

*Qual è la differenza fra minestra, minestrone e minestrina?*

## 656

### Il regalo

Anna: *Hai un'idea di cosa possiamo regalare a Luisa? Domani è il suo compleanno.*

Giulio: *Perché non le regaliamo un libro con ricette di cocktail?*

Anna: *Hai il desiderio di ubriacarti?*

Giulio: *Un po' d'alcool non fa mica male!*

## 655

### Minestrone

*Zutaten: Zwiebeln, Möhren, Sellerie, Kräuter, Olivenöl, Brühe oder Wasser, Gemüse, Nudeln oder Reis*

Zwiebeln, Möhren und Sellerie zerhacken, dann mit Kräutern in Öl anbraten. Mit Brühe ablöschen (es geht auch mit Wasser – aber das ist geschmacklos). Nudeln oder Reis und nach Geschmack und Jahreszeit Gemüse hinzufügen, zum Beispiel Kartoffeln, Blumenkohl, Bohnen. Die Zeit, die man zum Kochen der Zutaten braucht, bedenken. Mit Gewürzen abschmecken. Was ist der Unterschied zwischen Minestra, Minestrone und Minestrina?

*Die Konsistenz*

Minestra ist eine normale, Minestrone eine „dicke" Suppe (mit viel Einlage), Minestrina eine „dünne" Brühe.

## 656

### Das Geschenk

| | |
|---|---|
| Anna: | Hast du eine Idee, was wir Luisa schenken können? Morgen ist ihr Geburtstag. |
| Giulio: | Warum schenken wir ihr kein Buch mit Cocktailrezepten? |
| Anna: | Hast du den Wunsch, dich zu betrinken? |
| Giulio: | Ein wenig Alkohol schadet doch nicht! |

| | |
|---|---|
| regalare [rega'la:re] | schenken |
| il compleanno [komple'anno] | Geburtstag |
| la ricetta [ri'tʃɛtta] | Rezept, Mittel |
| il cocktail ['kɔkteɪl] | Cocktail, Cocktailparty |
| ubriacarsi [ubria'ka:rsi] | sich betrinken |
| l'alcool, *m* ['alkool] | Alkohol |
| non . . . mica ['mi:ka] | doch nicht, ja nicht |

## 657

*«Impara l'arte*
*e mettila da parte.»*
*Proverbio*

## 658

**Blocco stradale**

Anna: *I prossimi giorni non saranno silenziosi.*
Giulio: *Perché?*
Anna: *Non lo hai ancora notato? La strada davanti alla tua casa è stata sbarrata. Sicuramente cominciano a lavorarci presto.*
Giulio: *Terribile, speriamo che facciano presto!*

## 657

„Lerne eine Kunst und bewahre sie auf.“ (Gelernt ist gelernt.) – Italienisches Sprichwort

GRAMMATIK

### L'imperfetto – Imperfekt

| | **trovare** finden | **perdere** verlieren | **sentire** hören |
|---|---|---|---|
| io (ich) | trova-vo (fand) | perde-vo (verlor) | senti-vo (hörte) |
| tu | trova-vi | perde-vi | senti-vi |
| lui/lei | trova-va | perde-va | senti-va |
| noi | trova-vamo | perde-vamo | senti-vamo |
| voi | trova-vate | perde-vate | senti-vate |
| loro | trova-vano | perde-vano | senti-vano |

Die Imperfektendungen werden an den um -re verkürzten Infinitiv angehängt.

## 658

### Straßensperre

Anna: Die nächsten Tage werden nicht ruhig sein.
Giulio: Warum?
Anna: Hast du es noch nicht bemerkt? Die Straße vor deinem Haus wurde abgesperrt. Sicher fangen sie bald an, dort zu arbeiten.
Giulio: Oh nein, hoffentlich beeilen sie sich!

| | |
|---|---|
| il blocco ['blɔkko] | (Ab)sperrung, Sperre |
| stradale [stra'da:le] | Straßen-, Verkehrs- |
| silenzioso, -a [silen'tsio:so] | still, ruhig, leise |
| non ... ancora [aŋ'ko:ra] | noch nicht |
| sbarrare [zbar'ra:re] | sperren, versperren |
| terribile [ter'ri:bile] | schrecklich, fürchterlich |
| fare presto ['prɛsto] | schnell machen, sich beeilen |

## 659

ESERCIZIO

### Mettere nell'imperfetto

1. Ogni sabato guarda la televisione.
2. Compriamo delle case.
3. Vanno in macchina in Olanda.
4. Leggi il libro?
5. Faccio il bagno.
6. Cosa vedete?
7. Mangio sempre frutta.
8. Lei insegna tedesco.

## 660

### L'invito

Anna: *Hai visto l'invito? Sabato Luisa darà un cocktailparty. Mi chiedo come ci si veste?*

Giulio: *Un abito da cocktail.*

Anna: *Ho già visto un vestito che mi piace tanto. Lo comprerò!*

Giulio: *Trovi sempre una ragione per comprarti qualcosa!*

## 659

### Setzen Sie ins Imperfekt

1. Ogni sabato guardava la televisione. Jeden Samstag sah er fern.
2. Compravamo delle case. Wir kauften Häuser.
3. Andavano in macchina in Olanda. Sie fuhren mit dem Auto nach Holland.
4. Leggevi il libro? Hast du das Buch gelesen?
5. Facevo il bagno. Ich badete.
6. Cosa vedevate? Was saht ihr?
7. Mangiavo sempre frutta. Ich aß immer Obst.
8. Lei insegnava tedesco. Sie unterrichtete Deutsch.

## 660

### Die Einladung

Anna: Hast du die Einladung gesehen? Am Samstag gibt Luisa eine Cocktailparty. Ich frage mich, was man dazu anzieht?

Giulio: Ein Cocktailkleid.

Anna: Ich habe schon ein Kleid gesehen, das mir sehr gut gefällt. Ich werde es kaufen!

Giulio: Du findest immer einen Grund, um dir etwas zu kaufen.

| | |
|---|---|
| l'invito, *m* [in'vi:to] | Einladung |
| vestire [ves'ti:re] | anziehen, kleiden |
| l'abito, *m* ['a:bito] | Kleidung |
| il vestito [ves'ti:to] | Kleidung, Kleid, Anzug |
| la ragione [ra'dʒo:ne] | Verstand, Grund, Ursache |
| qualcosa [kual'kɔ:sa] | etwas |

## 661

### Il seduttore

Lui nacque a Venezia nel 1725. I genitori furono attori, il padre morì presto, la madre lo abbandonò. Studiò a Padova, poi fu chierico. Fu adottato da un senatore. Ritornato a Venezia dopo una vita randagia venne rinchiuso nei Piombi sotto l'accusa d'aver tentato di diffondere la massoneria. Evaso, visse in molti paesi d'Europa. Finì la sua vita come segretario e bibliotecario a Dux in Boemia il 4 giugno 1798.

*Come si chiama quest'uomo?*

## 662

### La festa del quartiere

Giulio abita in un quartiere vecchio di Milano. Questo fine settimana sarà la festa del patrono del quartiere. Perciò viene organizzata una festa. Alcuni decorano le strade. Altri preparano qualcosa per mangiare. Ci sarà anche una tombola. A Giulio è stato chiesto di partecipare, s'è lasciato convincere a pulire le strade il giorno dopo.

## 661

### Der Verführer

Er wurde 1725 in Venedig geboren. Die Eltern waren Schauspieler, der Vater starb früh, die Mutter verließ ihn. Er studierte in Padua, wurde dann Geistlicher. Er wurde von einem Senator adoptiert. Als er nach einem unsteten Leben nach Venedig zurückkehrte, wurde er unter der Anklage der versuchten Verbreitung der Freimaurerei in die Bleikammern eingesperrt. Er floh, lebte in vielen Ländern Europas. Er beendete sein Leben als Sekretär und Bibliothekar in Dux in Böhmen am 4. Juni 1798. Wie heißt dieser Mann?

*Giacomo Girolamo Casanova*

Heute ist er wegen seiner Memoiren berühmt, die, neben der Schilderung seiner vielen Liebschaften, eine gute Beschreibung des höfischen Lebens im 18. Jahrhundert geben.

## 662

### Das Stadtteilfest

Giulio wohnt in einem alten Viertel von Mailand. An diesem Wochenende ist das Fest des Schutzheiligen des Viertels. Deshalb wird ein Fest organisiert. Einige schmücken die Straßen. Andere bereiten etwas zu essen vor. Es wird auch eine Verlosung geben. Giulio wurde gebeten, sich zu beteiligen; er hat sich dazu überreden lassen, die Straßen am nächsten Tag zu säubern.

| | |
|---|---|
| il quartiere [kuar'tiɛ:re] | Viertel, Stadtteil |
| vecchio, -a ['vɛkkio] | alt, gebraucht |
| il patrono [pa'trɔ:no] | Schutzheiliger, Förderer |
| decorare [deko'ra:re] | schmücken, verzieren |
| la tombola ['tombola] | Zahlenlotto, Sturz |
| partecipare [partetʃi'pa:re] | teilnehmen, sich beteiligen |
| pulire [pu'li:re] | saubermachen, putzen |

## 663

ESERCIZIO

**Bilden Sie Sätze mit La, ti oder Le**

1. Signorina, _____ posso accompagnare?
2. Marco, _____ presento Giorgio.
3. Signor Ferri, _____ ringrazio.
4. Maria, _____ vengo a prendere alle otto.
5. Signora, _____ piacciono i fagiolini?
6. Renato, _____ piace il vino?

## 664

**Alla posta centrale**

Impiegato: *Che cosa desidera?*
Rosa: *Desidero quattro francobolli.*
Impiegato: *Desidera i francobolli per l'Italia o per l'estero?*
Rosa: *Per l'Italia. Desidero anche due cartoline.*
Impiegato: *Due minuti, signora!*
Rosa: *Grazie, signore.*

## 663

1. Signorina, **La** posso accompagnare?
2. Marco, **ti** presento Giorgio.
3. Signor Ferri, **La** ringrazio.
4. Maria, **ti** vengo a prendere alle otto.
5. Signora, **Le** piacciono i fagiolini?
6. Renato, **ti** piace il vino?

1. Fräulein, kann ich **Sie** begleiten?
2. Marco, ich stelle **dir** Giorgio vor.
3. Herr Ferri, ich danke **Ihnen**.
4. Maria, ich hole **dich** um acht ab.
5. Gnädige Frau, schmecken **Ihnen** die grünen Bohnen?
6. Renato, magst **du** den Wein?

*DIE EXPERTENECKE*

| | |
|---|---|
| la forza | – Kraft, Gewalt |
| con la forza | – mit Gewalt |
| per forza! | – klar! unbedingt! |
| bella forza! | – Kunststück! |

## 664

### Auf der Hauptpost

Angestellter: Was wünschen Sie?
Rosa: Ich möchte vier Briefmarken.
Angestellter: Möchten Sie Briefmarken für Italien oder für das Ausland?
Rosa: Für Italien. Außerdem hätte ich gerne zwei Postkarten.
Angestellter: Einen Augenblick(, meine Dame)!
Rosa: Danke(, mein Herr).

| | |
|---|---|
| la posta [ˈpɔsta] | Post |
| centrale [tʃenˈtraːle] | zentral |
| il francobollo [fraŋkoˈbollo] | Briefmarke |
| l'estero, *m* [ˈestero] | Ausland |
| la cartolina [kartoˈliːna] | Postkarte |

## 665

### Paesi che vai, usanze che trovi

Al turista che viaggia per l'Italia e che ancora non conosce i piatti caratteristici di ogni regione, accade molto spesso di ordinare, in un ristorante a Bolzano, una specialità di Genova e a Napoli una specialità di Torino. E così gli può accadere anche di ordinare del Valpolicella a Roma, del Bardolino a Firenze e a Palermo del Lambrusco. Proprio in Italia dove ogni regione ha le sue usanze caratteristiche.

*Che cosa si fà, se non si conosce il nome dei piatti o dei vini della regione?*

## 666

### Portare il cane fuori

Sandro: *Buongiorno, signor Miceli. Anche Lei si alza presto, però!*

Vicino: *Sì, la mattina quando mi sveglio, non posso restare a letto, preferisco uscire e portare fuori il cane. Poi mi fermo al bar e faccio colazione.*

Sandro: *Bella passeggiata allora, arrivederLa!*

## 665

### Andere Länder, andere Sitten

Dem Touristen, der durch Italien reist und der die typischen Gerichte der einzelnen Regionen noch nicht kennt, wird es sehr oft passieren, daß er in einem Restaurant in Bozen eine Spezialität aus Genua bestellt und in Neapel eine Spezialität aus Turin. Ebenso wird er vielleicht in Rom Valpolicella bestellen, Bardolino in Florenz und in Palermo Lambrusco. Und dies gerade in Italien, wo jede Region ihre charakteristischen Gebräuche hat. Was macht man, wenn man die Gerichte und die Weine der Region nicht kennt?

*Man verlangt einfach die lokalen Gerichte und Weine.*

Valpolicella (Gardasee), Bardolino (Gardasee), Lambrusco (Emilia), Frascati (Latium), Chianti (Toskana), Barolo (Piemont), Marsala (Sizilien)

## 666

### Den Hund ausführen

Sandro: Guten Tag, Herr Miceli. Sie stehen aber auch früh auf!

Nachbar: Ja, wenn ich morgens aufwache, kann ich nicht mehr im Bett bleiben; ich führe lieber den Hund aus. Danach gehe ich ins Café und frühstücke.

Sandro: Dann noch einen schönen Spaziergang, auf Wiedersehen!

| | |
|---|---|
| alzarsi [al'tsarsi] | aufstehen |
| presto ['prεsto] | früh |
| fare presto | sich beeilen |
| svegliarsi [zve'ʎarsi] | aufwachen |
| fuori ['fuɔ:ri] | draußen |
| fermarsi [fer'marsi] | halten |

## 667

*«Le mie parole sono profonde*
*come le radici terrene,*
*altre serene come i firmamenti . . .»*

*Gabriele D'Annunzio*

## 668

**Le scarpe italiane**

Tutti sanno che le scarpe italiane, specialmente quelle per signora, sono molto eleganti. Oggi Laura e Rosa sono davanti a un negozio di calzature e ammirano le belle scarpe nella vetrina. Ci sono scarpe in camoscio e in pelle. Con il tacco basso e alto.

## 667

„Meine Worte sind so tief wie die Wurzeln in der Erde, andere ruhig wie das Firmament..." – Gabriele D'Annunzio (1863–1938), italienischer Schriftsteller

### Ausdrücke mit Präpositionen (a, di, da)

andare **a** piedi (zu Fuß gehen)
**a** destra, **a** sinistra (rechts, links)
camera **a** un letto (Einbettzimmer)
**a** che ora? (um wieviel Uhr?)
arrivederci **a** domenica (auf Wiedersehen bis Sonntag)

un vestito **di** lana (ein Wollkleid)
**di** linea nuova (nach dem neuen Modetrend)
i magazzini **di** Milano (die Kaufhäuser von Mailand)
che cosa c'è **di** bello? (was gibt es Schönes?)

**dalle** sette in poi (ab sieben Uhr)
**da** Torino ad Aosta (von Turin nach Aosta)
**da** qui si vede (von hier sieht man)
a 15 chilometri **da** Torino (15 km von Turin entfernt)

## 668

### Italienische Schuhe

Alle wissen, daß die italienischen Schuhe, besonders für Damen, sehr elegant sind. Laura und Rosa stehen heute vor einem Schuhgeschäft und bewundern die schönen Schuhe im Schaufenster. Es gibt Schuhe aus Wildleder und Leder, mit niedrigen und hohen Absätzen.

| | |
|---|---|
| le scarpe, *f* ['skarpe] | Schuhe |
| davanti [da'vanti] | vor |
| la calzatura [kaltsa'tura] | Schuhwerk |
| ammirare [ammi'ra:re] | bewundern |
| il tacco ['takko] | Schuhabsatz |

## 669

ESERCIZIO

**Übersetzen Sie**

1. Wo bist du die ganze Zeit gewesen, Laura?
2. Bis vor zwei Tagen war ich in Perugia.
3. So eine lange Reise hast du gemacht?
4. Zum Teil, weil ich diese Gegend nie gesehen habe, und zum Teil, weil ich eine liebe Freundin besuchen wollte.
5. Um diese Zeit möchte ich lieber einen Kaffee, danke!

## 670

**Com'è il tempo oggi?**

Laura: *Quanti gradi ci sono oggi?*

Sandro: *Abbiamo diciotto gradi. È una giornata magnifica. Non fa né freddo né troppo caldo e non si vede una nuvola in cielo.*

Laura: *Sì, stamattina faceva fresco. Adesso si sta bene.*

## 669

### Tradurre

1. Dove sei stata tutto questo tempo, Laura?
2. Fino a due giorni fà sono stata a Perugia.
3. Un viaggio così lungo hai fatto?
4. Un po' perché non ho mai visto questa regione, e un po' perché ho voluto fare una visita ad una cara amica.
5. A quest'ora preferisco un caffè, grazie!

*DIE EXPERTENECKE*

| | |
|---|---|
| acqua in bocca! | – Kein Wort davon! |
| a buon mercato | – billig |
| domani a quindici | – morgen in vierzehn Tagen |
| nutrire speranza | – Hoffnung hegen |
| caricare l'orologio | – Uhr aufziehen |

## 670

### Wie ist das Wetter heute?

Laura: Wieviel Grad haben wir heute?

Sandro: Wir haben achtzehn Grad. Es ist ein wunderschöner Tag. Es ist nicht kalt und auch nicht zu warm, und man sieht keine Wolke am Himmel.

Laura: Ja, heute morgen war es noch kalt. Jetzt ist es angenehm.

| | |
|---|---|
| il tempo ['tɛmpo] | Wetter, Zeit |
| la giornata [dʒor'na:ta] | Tagesverlauf |
| troppo ['trɔppo] | zu viel |
| il cielo ['tʃɛ:lo] | Himmel |

## 671

### La tombola

Anna: *Hai visto? Il primo premio della tombola è una radio. Mi piacerebbe vincerla.*

Giulio: *Io non ci prendo parte. L'ho fatto due volte, la prima volta ho vinto un poster terribile, la seconda un vaso mostruoso. Per fortuna s'è rotto presto.*

## 672

ESERCIZIO

### L'imperfetto o passato prossimo?

1. Io ____________________ (andare) a trovarlo quando lui ____________________ (stare) male e ____________________ (dovere) stare a letto.
2. Ieri Giulio ____________________ (lavorare) fino alle nove e poi ____________________ (mangiare) un'insalata grande.
3. Mentre noi ____________________ (aspettare) l'autobus, ____________________ (vedere) un incidente grave.
4. Un anno intero loro ____________________ (cenare) sempre in questo ristorante e dopo ____________________ (bere) un caffè in quel bar.

## 671

### Die Tombola

Anna: Hast du gesehen? Der Hauptgewinn der Tombola ist ein Radio. Das würde ich gerne gewinnen.

Giulio: Ich nehme nicht teil. Das habe ich zweimal gemacht; das erste Mal habe ich ein scheußliches Poster gewonnen, das zweite Mal eine gräßliche Vase. Glücklicherweise ist sie schnell kaputtgegangen.

| | |
|---|---|
| primo, -a ['pri:mo] | erster, bester, Haupt- |
| la radio ['ra:dio] | Radio(gerät), Rundfunk |
| vincere ['vintʃere] | gewinnen, besiegen |
| terribile [ter'ri:bile] | schrecklich, entsetzlich |
| il vaso ['va:zo] | Gefäß, Vase |
| mostruoso, -a [mostru'o:so] | scheußlich |
| rompersi ['rompersi] | (zer)brechen, kaputtgehen |

## 672

### Imperfekt oder Passato prossimo?

1. Io **sono andato** a trovarlo quando lui **stava** male e **doveva** stare a letto. Ich habe ihn besucht, als er krank war und das Bett hüten mußte.
2. Ieri Giulio **ha lavorato** fino alle nove e poi **ha mangiato** un'insalata grande. Gestern hat Giulio bis neun gearbeitet, und dann hat er einen großen Salat gegessen.
3. Mentre noi **aspettavamo** l'autobus, **abbiamo visto** un incidente grave. Während wir auf den Bus warteten, haben wir einen schweren Unfall gesehen.
4. Un anno intero **cenavano** sempre in questo ristorante e dopo **bevevano** un caffè in quel bar. Ein ganzes Jahr lang aßen sie immer in diesem Lokal zu Abend und tranken danach einen Kaffee in jener Bar.

## 673

### Il mangiafuoco

Ritornando a casa Giulio incontra il suo portiere. Giulio vuole soltanto contraccambiare i saluti, ma il portiere lo ferma.

Racconta a Giulio che suo figlio maggiore farà il mangiafuoco alla festa. Scoppia dall'orgoglio. Dice che fa anche il giocoliere, ma questo non lo sa fare tanto bene. Giulio è impressionato.

## 674

### Un caffè in Piazza Venezia

Quasi tutti i caffè sulle grandi vie hanno tavoli e sedie davanti ai loro locali ed è questo uno dei più bei passatempi che le metropoli ci offrono, sedere qui un'oretta in pace e guardare la vita e il movimento nelle strade. Qui si può assistere a uno squarcio della vita del popolo. Ed è anche un passatempo che non costa caro. Si prende un espresso che il cameriere serve con una caraffa d'acqua. Mentre ci si siede qui tranquillamente si osserva un po' la vita sul corso o in una piazza.

*Dove si trova Piazza Venezia?*

## 673

### Der Feuerschlucker

Als Giulio nach Hause zurückkehrt, trifft er seinen Pförtner. Giulio will nur Grüße austauschen, aber der Portier hält ihn fest. Er erzählt Giulio, daß sein ältester Sohn als Feuerschlucker auf dem Fest auftreten wird. Er platzt vor Stolz. Er sagt, daß er auch jongliert, aber dies könne er nicht so gut. Giulio ist beeindruckt.

| | |
|---|---|
| il mangiafuoco [mandʒaˈfuɔːko] | Feuerschlucker |
| il portiere [porˈtiɛːre] | Portier, Pförtner |
| contraccambiare [kontrakkamˈbiaːre] | erwidern |
| il saluto [saˈluːto] | Gruß |
| scoppiare [skopˈpiaːre] | ausbrechen, platzen |
| l'orgoglio, *m* [orˈgoʎʎo] | Stolz |
| impressionare [impressioˈnaːre] | beeindrucken |

## 674

### Ein Café auf der Piazza Venezia

Fast alle Cafés an den Hauptstraßen haben Tische und Stühle vor ihren Lokalen, und dies gehört zum schönsten Zeitvertreib, den die großen Städte zu bieten haben: Hier ein Stündchen in Ruhe sitzen und das Leben und Treiben auf den Straßen beobachten. Hier kann man ein Stück Volksleben mitbekommen. Und außerdem ist es ein Zeitvertreib, der nicht viel kostet. Man trinkt einen Espresso, den der Kellner mit einer Karaffe Wasser serviert. Unterdessen sitzt man ruhig da und beobachtet ein wenig das Leben auf dem Korso oder dem Platz. Wo befindet sich die Piazza Venezia?

*In Rom*

## 675

### Ascoltare la radio

In Italia sulle autostrade c'è molto traffico; anche ai caselli ci sono lunghe code e bisogna passare molto tempo in macchina, per arrivare al mare o in montagna. Per evitare ingorghi, Sandro e Laura ascoltano sempre alla radio un programma, «onda verde», che dà informazioni sulla situazione del traffico.

## 676

### Progetti per le vacanze

Rosa: *Io quest'anno vorrei fare delle vacanze interessanti.*
Aldo: *Io si che ho una bell'idea!*
Rosa: *Tu hai sempre belle idee . . ., ma noi non abbiamo soldi!*
Aldo: *Ma no! Non dire sciocchezze! Per il mio progetto non è necessario avere molti soldi. Perché non andiamo in campeggio al mare?*

## 675

### Radiohören

Auf den Autobahnen in Italien ist viel Verkehr; auch an den Mautstellen sind lange Warteschlangen, und man muß viel Zeit im Auto verbringen, um ans Meer oder ins Gebirge zu kommen. Um Staus zu vermeiden, hören Sandro und Laura im Radio immer ein Programm, das Informationen über die Verkehrssituation gibt – „die grüne Welle".

| | |
|---|---|
| ascoltare [askol'taːre] | zuhören |
| bisogna [bi'zoːɲa] | es ist nötig, man muß |
| passare [pas'saːre] | verbringen |
| evitare [evi'taːre] | vermeiden |
| il programma [pro'gramma] | Programm |

## 676

### Urlaubspläne

Rosa: Ich möchte in diesem Jahr einen interessanten Urlaub machen.

Aldo: Ich habe schon eine schöne Idee!

Rosa: Du hast immer schöne Ideen..., aber wir haben kein Geld!

Aldo: Aber nicht doch! Sag keine Dummheiten! Für meinen Plan braucht man nicht viel Geld. Warum gehen wir nicht auf einen Campingplatz am Meer?

| | |
|---|---|
| l'anno, *m* ['anno] | Jahr |
| i soldi, *m pl* ['sɔldi] | Geld |
| la sciocchezza [ʃok'kettsa] | Dummheit |
| necessario [netʃes'saːrio] | nötig |

## 677

### Roma

La padrona del Regno Romano. Da molti secoli è la capitale dello Stato della Chiesa, sede del Papa. Divenne capitale di tutta l'Italia solo nel 1870. Non è solo la capitale ma anche la più grande città italiana. Nei tempi antichi anche le navi potevano entrare fino al porto della città. Ma durante i secoli il Tevere si insabbiò, così oggi è possibile arrivare in città solamente con piccole barche.

*Quanti abitanti ha Roma?*

## 678

### La corriera

Giulio: *Che livido hai qui! Cosa è successo?*
Anna: *Sono stata a casa mia questo fine settimana.*
Giulio: *Te le sei date con tuo fratello?*
Anna: *No, ma poiché la mia macchina s'è rotta, ho preso la corriera. L'autista ha guidato come un matto.*

## 677

### Rom

Herrin des Römischen Reiches. Seit Jahrhunderten ist Rom die Hauptstadt des Kirchenstaates, in dem der Papst residiert. Hauptstadt von ganz Italien wurde Rom erst 1870. Rom ist nicht nur die Hauptstadt, sondern auch die größte Stadt Italiens. In der Antike konnten sogar Seeschiffe bis in den Stadthafen fahren. Da der Tiber jedoch im Laufe der Jahrhunderte versandete, kann man heute nur noch mit kleinen Booten in die Stadt gelangen. Wieviele Einwohner hat Rom?

*2,8 Mio Einwohner*

**Die wichtigsten Sehenswürdigkeiten:**
Die Peterskirche, die Engelsburg, der Trevibrunnen, das Kolosseum, die Katakomben, das Castel Gandolfo, die Trinità dei Monti, die Museen

## 678

### Der Überlandbus

| | |
|---|---|
| Giulio: | Was für einen blauen Fleck du da hast! Was ist denn passiert? |
| Anna: | Ich bin dieses Wochenende zu Hause gewesen. |
| Giulio: | Hast du dich mit deinem Bruder geprügelt? |
| Anna: | Nein, aber weil mein Auto kaputt ist, habe ich den Überlandbus genommen. Der Fahrer ist wie ein Verrückter gefahren. |

| | |
|---|---|
| la corriera [kor'riɛːra] | Überlandbus |
| il livido ['liːvido] | blauer Fleck |
| darsele ['daːrsele] | sich prügeln |
| rompersi ['rompersi] | kaputtgehen, brechen |
| l'autista, *m* [au'tista] | Fahrer, Chauffeur |
| guidare [gui'daːre] | führen, fahren |
| matto, -a ['matto] | wahnsinnig, verrückt |

## 679

### Nella piscina

Perché oggi è il giorno della proclamazione della repubblica Giulio non deve lavorare. Anna e gli altri vogliono andare alla piscina. Giulio teme che la piscina sia sovraffollata. Fa un bellissimo tempo. Purtroppo Giulio ha ragione, c'è tanta gente, ma trovano un bel posto e cominciano subito a sguazzare. Alla sera tutti hanno una scottatura.

## 680

ESERCIZIO

### Übersetzen Sie

1. Wir haben uns seit zwei Monaten nicht mehr gesehen!
2. Sie sind erst seit einer Woche aus ihrem Urlaub zurückgekehrt.
3. Sie haben eine lange Auslandsreise gemacht.
4. Haben Sie sich gut amüsiert?
5. Sie sind zumindest sehr zufrieden heimgekehrt.

## 679

### Im Schwimmbad

Weil heute Tag der Proklamation der Republik ist, muß Giulio nicht arbeiten. Anna und die anderen wollen ins Schwimmbad gehen. Giulio fürchtet, daß das Schwimmbad überfüllt ist. Es ist wunderschönes Wetter. Leider hat Giulio recht, es sind viele Leute da, aber sie finden einen schönen Platz und fangen sofort an zu planschen. Am Abend haben alle einen Sonnenbrand.

| | |
|---|---|
| la piscina [piʃˈʃiːna] | Schwimmbad |
| temere [teˈmeːre] | fürchten, Angst haben vor |
| sovraffollato, -a [sovraffolˈlaːto] | überfüllt |
| purtroppo [purˈtrɔppo] | leider |
| la gente [ˈdʒɛnte] | Leute, Menschen |
| sguazzare [zguatˈtsaːre] | planschen, plätschern |
| la scottatura [skottaˈtuːra] | Verbrennung, Sonnenbrand |

## 680

### Tradurre

1. Non ci siamo più visti da due mesi!
2. Sono tornati dalle loro vacanze appena una settimana fà.
3. Hanno fatto un lungo viaggio all'estero.
4. Si sono divertiti molto?
5. Almeno sono ritornati a casa molto contenti.

*DIE EXPERTENECKE*

| | |
|---|---|
| fresco | – frisch, kühl |
| stai fresco! | – du bist schlimm dran! da wirst du was erleben! |
| importare | – es liegt jemandem daran |
| rincrescere | – es tut jemandem leid |

## 681

### La serata con gli amici

Aldo: *Ciao, Laura e Sandro, ma dov'è che siete rimasti? Vi abbiamo aspettati tutta la sera!*

Laura: *Ci dispiace moltissimo, Aldo. Dovete scusarci. I miei genitori sono venuti stamattina e abbiamo fatto una gita. Per il traffico abbiamo perso molto tempo.*

## 682

### Il formaggio

Oggi Anna è andata al mercato. Sta davanti alla bancarella, dove compra sempre il suo formaggio. Come sempre non sa decidersi. Ci sono tanti tipi di formaggio: gorgonzola, parmigiano, mozzarella, ricotta, mascarpone. Il venditore sorride. Lui sa bene cosa Anna prenderà, perché è quasi sempre lo stesso.

## 681

### Ein Abend mit Freunden

Aldo: Hallo, Laura und Sandro, wo bleibt ihr denn? Wir haben den ganzen Abend auf euch gewartet!

Laura: Es tut uns schrecklich leid, Aldo. Ihr müßt uns entschuldigen. Meine Eltern sind heute morgen gekommen, und wir haben einen Ausflug gemacht. Wegen des Verkehrs haben wir viel Zeit verloren.

| | |
|---|---|
| rimanere [rima'ne:re] | bleiben |
| aspettare [aspet'ta:re] | warten |
| i genitori, *m* [dʒeni'to:ri] | Eltern |
| stamattina [stamat'ti:na] | heute morgen |
| perdere ['pɛrdere] | verlieren |

## 682

### Käse

Heute ist Anna zum Markt gegangen. Sie steht vor dem Stand, wo sie immer ihren Käse kauft. Wie immer kann sie sich nicht entscheiden. Es gibt so viele Käsearten: Gorgonzola, Parmesan, Mozzarella, Ricotta, Mascarpone. Der Verkäufer lächelt. Er weiß genau, was Anna nehmen wird, weil es fast immer dasselbe ist.

| | |
|---|---|
| la bancarella [baŋka'rɛlla] | Markt-, Verkaufsstand |
| il gorgonzola [gorgon'dzɔ:la] | *scharfer Blauschimmelkäse aus der Lombardei* |
| il parmigiano [parmi'dʒa:no] | Parmesan |
| la mozzarella [mottsa'rɛlla] | *Frischkäse aus Büffel- oder Kuhmilch* |
| la ricotta [ri'kɔtta] | *quarkähnlicher Frischkäse* |
| il mascarpone [maskar'po:ne] | *Frischmilchkäse aus der Lombardei* |
| sorridere [sor'ri:dere] | lächeln, zulächeln |

## 683

ESERCIZIO

**Mettere nella forma passiva (due possibilità)**

1. Qualcuno ha rubato la pittura.
2. Conoscono questo bel paese.
3. Tutti comprano questi libri.
4. Giulio legge il giornale.
5. Anna invita Luisa.
6. La medicina ha trovato la causa.

## 684

**Giovanni Pascoli**

Nacque a San Mauro in Romagna, nel 1855; l'animo georgico del futuro poeta si formò nell'ambiente campagnolo ove suo padre, amministratore dei beni del principe Torlonia, svolgeva la sua opera. Il Pascoli si rivela figura di poeta grande. La poesia pascoliana si accentra nella serena vita dei campi e nel confidente amore per le creature vegetali ed animali. Il Pascoli è un poeta nuovo, cioè grande, il poeta della purità sensitiva.

*Quando morì Giovanni Pascoli?*

## 683

### Formen Sie ins Passiv um (zwei Möglichkeiten)

1. La pittura è stata rubata (da qualcuno). Si è rubata la pittura. Das Gemälde ist (von jemandem) geraubt worden.
2. Questo bel paese è conosciuto (da loro). Questo bel paese si conosce. Dieses schöne Dorf ist (ihnen) bekannt.
3. Questi libri sono comprati (da tutti). Questi libri si comprano. Diese Bücher werden (von allen) gekauft.
4. Il giornale è letto (da Giulio). Si legge il giornale. Die Zeitung wird (von Giulio) gelesen.
5. Luisa è invitata (da Anna). Si invita Luisa. Luisa wird (von Anna) eingeladen.
6. La causa è stata trovata (dalla medicina). Si è trovata la causa. Der Grund wurde (von der Medizin) gefunden.

## 684

### Giovanni Pascoli

Er wurde 1855 in San Mauro in der Romagna geboren; die georgische Seele des künftigen Dichters formte sich in der ländlichen Umgebung, wo sein Vater, Gutsverwalter des Prinzen Torlonia, tätig war. Pascoli entpuppte sich als große dichterische Persönlichkeit. Die Dichtung Pascolis hat als zentrales Thema das heitere Landleben und die zuversichtliche Liebe zur Pflanzen- und Tierwelt. Pascoli ist ein großer und neuer Poet der sensiblen Natürlichkeit. Wann starb Giovanni Pascoli?

*Im Jahre 1912*

**Einige Gedichte und Lieder:**
„Paolo Uccello“, „Carmina“, „Odi e Inni“, „Poemi italici“, „La cavallina storna“

**685**

## Le lettere

La cattiva fama della posta italiana è conosciuta dappertutto. Oggi Giulio ha dovuto spedire due lettere importanti all'estero. Perché non ha fiducia nella posta ha deciso d'imbucare le lettere in Svizzera. Si può bene combinarlo con una visita a Como. Oltre a ciò si può fare benzina a buon prezzo.

**686**

## Mangiare

In molti ristoranti italiani non si conosce il piatto combinato, si ordina tutto separatamente. Si comincia con l'antipasto: salame, prosciutto oppure verdura cotta raffreddata. Poi si prende il primo piatto: minestra, pasta, risotto oppure gnocchi. Le porzioni non sono tanto grandi. Il secondo piatto consta di carne o pesce, secondo il proprio gusto combinato con una verdura come contorno. Segue formaggio e dolce, spesso frutta.

*Con che cosa si finisce il pasto?*

## 685

### Briefe

Der schlechte Ruf der italienischen Post ist überall verbreitet. Heute mußte Giulio zwei wichtige Briefe ins Ausland schicken. Weil er der Post nicht traut, hat er beschlossen, die Briefe in der Schweiz einzuwerfen. Das kann man gut mit einem Besuch in Como verbinden. Außerdem kann man billig tanken.

| | |
|---|---|
| la lettera ['lettera] | Brief |
| la fama ['fa:ma] | Ruf, Ruhm |
| cattivo, -a [kat'ti:vo] | böse, schlecht |
| spedire [spe'di:re] | schicken, senden |
| la fiducia [fi'du:tʃa] | Vertrauen |
| imbucare [imbu'ka:re] | einwerfen |
| fare benzina [ben'dzi:na] | tanken |

## 686

### Essen

In vielen italienischen Restaurants kennt man keine zusammengestellten Gerichte, man bestellt alles einzeln. Man fängt mit der Vorspeise an: Salami, Schinken oder gekochtes, abgekühltes Gemüse. Dann nimmt man den ersten Gang: Suppe, Nudeln, Risotto oder Gnocchi. Die Portionen sind nicht groß. Der zweite Gang besteht aus Fleisch oder Fisch, nach Geschmack mit einem Gemüse als Beilage kombiniert. Es folgt Käse und Nachtisch, oft Obst. Womit endet das Essen?

Mit espresso und digestivo (Verdauungsschnaps)

Man ist natürlich nicht verpflichtet, alle Gänge zu sich zu nehmen. Was man nachher sicher auf der Rechnung findet, ist „pane e coperto“, Brot und Gedeck.

## 687

### I vestiti estivi

Anna: *Uffa, sono sfinita. Non ne posso più.*
Giulio: *Perché?*
Anna: *Non ti accompagnerò mai più a comprare dei vestiti estivi! Niente ti piaceva, ed alla fine ti sei comprato le stesse camice come sempre. Per questo avevi bisogno di tutto un pomeriggio!*

## 688

*«Le amicizie fatte in luoghi chiusi voglionsi provare a cielo aperto.»*

*F. D. Guerrazzi*

## 687

### Sommerkleidung

Anna: Uff, ich bin fertig. Ich kann nicht mehr.
Giulio: Warum?
Anna: Ich begleite dich nie mehr, wenn du Sommerkleidung einkaufst! Nichts gefiel dir, und am Ende hast du dir dieselben Hemden wie immer gekauft. Dafür hast du einen ganzen Nachmittag gebraucht!

| | |
|---|---|
| estivo, -a [es'tiːvo] | sommerlich, Sommer- |
| sfinire [sfi'niːre] | erschöpfen |
| niente ['niɛnte] | nichts |
| lo stesso, la -a ['stesso] | der-, die-, dasselbe |
| la camicia [ka'miːtʃa] | Hemd, Hülle |
| avere bisogno di [bi'zoɲɲo] | etw/jdn brauchen |
| il pomeriggio [pome'riddʒo] | Nachmittag |

## 688

„In geschlossenen Räumen begründete Freundschaften müssen sich unter offenem Himmel bewähren." – Francesco Domenico Guerrazzi (1804 – 1873), italienischer Schriftsteller und Patriot

### I pronomi relativi – Relativpronomen

| | Singular | Plural |
|---|---|---|
| Nominativ | che, il (la) quale<br>welche(r), der (die) | che, i (le) quali<br>welche, die |
| Genitiv | di cui, del (della) quale<br>von dem (der),<br>dessen (deren) | di cui, dei (delle) quali<br>von denen, deren |
| Dativ | a cui, al (alla) quale<br>an den (die), dem (der) | a cui, ai (alle) quali<br>an die, denen |
| Akkusativ | che, –<br>den (die) | che, –<br>die |

▷ il (la) quale wird zur Vermeidung von Verwechslungen gebraucht (in Klammern weiblicher Artikel).
▷ che, ... steht für beide Geschlechter.

## 689

### Il magazzino

Laura: *Cerco un pullover.*
Commessa: *Per Lei?*
Laura: *No, per mio marito. Taglia 50, per favore.*
Commessa: *Questo qui è di lana Shetland, è molto comodo e sta bene con tutto. Il prezzo è molto buono.*
Laura: *Bene, prendo il pullover, grazie!*

## 690

### La villetta

Sandro: *Guarda, sotto, accanto alla cantina c'è ancora una stanza. È il mio studio.*
Aldo: *Bene, e dov'è previsto il garage?*
Sandro: *Davanti alla casa. Al pianterreno c'è la cucina e il soggiorno con l'angolo pranzo. Sopra ci sono le camere da letto e il bagno.*

## 689

### Das Kaufhaus

| | |
|---|---|
| Laura: | Ich suche einen Pulli. |
| Verkäuferin: | Für Sie? |
| Laura: | Nein, für meinen Mann. Größe 50, bitte. |
| Verkäuferin: | Dieser hier ist aus Shetlandwolle, sehr bequem und paßt zu allem. Der Preis ist sehr günstig. |
| Laura: | Gut, ich nehme den Pulli, danke! |

| | |
|---|---|
| il magazzino [magad'dzi:no] | Kaufhaus |
| cercare [tʃer'ka:re] | suchen |
| la taglia ['ta:ʎa] | Kleidergröße |
| la lana ['la:na] | Wolle |
| comodo ['kɔ:modo] | bequem |

## 690

### Das Landhaus

| | |
|---|---|
| Sandro: | Schau mal, unten neben dem Keller ist noch ein Raum. Das ist mein Arbeitszimmer. |
| Aldo: | Gut, und wo ist die Garage vorgesehen? |
| Sandro: | Vor dem Haus. Im Erdgeschoß ist die Küche und das Wohnzimmer mit der Eßecke. Oben sind die Schlafräume und das Bad. |

| | |
|---|---|
| guardare [guar'da:re] | schauen |
| accanto [ak'kanto] | neben |
| la cantina [kan'ti:na] | Keller |
| prevedere [preve'de:re] | vorsehen |
| l'angolo, *m* ['aŋgolo] | Ecke |

## 691

### In trattoria

Cameriere: *Buonasera! Ecco la lista.*
Sandro: *Buonasera! Io prendo spaghetti. E tu, Laura?*
Laura: *Bene, spaghetti per due e pollo con insalata.*
Sandro: *Io prendo una bistecca. Porti anche una bottiglia di vino rosso e un'acqua minerale, per favore!*

## 692

ESERCIZIO

### Ergänzen Sie mit da oder di

1. Hai qualcosa _____ bello _____ leggere?
2. Sandro, che cosa vuoi _____ mangiare stasera?
3. Vorrei qualcosa _____ leggero, perché ieri ho mangiato troppo.
4. Vorrei fare qualcosa _____ nuovo.
5. Ieri sera siamo stati _____ Aldo e Rosa.

## 691

### Im Gasthaus

Kellner: Guten Abend! Hier ist die Speisekarte.
Sandro: Guten Abend! Ich nehme Spaghetti. Und du, Laura?
Laura: Gut, zweimal Spaghetti und Huhn mit Salat.
Sandro: Ich nehme ein Beefsteak. Bringen Sie uns bitte außerdem eine Flasche Rotwein und ein Mineralwasser!

| | |
|---|---|
| la trattoria [tratto'ri:a] | Gasthaus |
| il pollo ['pollo] | Huhn |
| la bistecca [bis'tekka] | Steak |
| la bottiglia [bot'tiʎa] | Flasche |
| il favore [fa'vo:re] | Gefallen |

## 692

### Die Lösung

1. Hai qualcosa **di** bello **da** leggere?
2. Sandro, che cosa vuoi **da** mangiare stasera?
3. Vorrei qualcosa **di** leggero, perché ieri ho mangiato troppo.
4. Vorrei fare qualcosa **di** nuovo.
5. Ieri sera siamo stati **da** Aldo e Rosa.

1. Hast du etwas **Schönes zu** lesen?
2. Sandro, was willst du heute abend **zum** Essen?
3. Ich möchte etwas **Leichtes**, weil ich gestern zuviel gegessen habe.
4. Ich möchte etwas **Neues** machen.
5. Gestern abend waren wir **bei** Aldo und Rosa.

## 693

### Il primo maggio

Assisi, il primo maggio, fa un salto indietro nella storia e torna al Rinascimento; e festeggia come allora l'arrivo della primavera. La gente arriva dai paesi vicini per vedere e farsi vedere. Ci sono le bancarelle dove si possono comprare tante cose, i tavoli all'aperto dove si mangia e si beve, la banda e il ballo in piazza. È un'occasione per ritrovarsi e divertirsi, e per far conoscere a chi viene da fuori i prodotti locali.

*In quale regione d'Italia si trova Assisi?*

## 694

### Al Caffè

Sandro: *Che cosa prendi?*
Laura: *Ma... prenderò un analcoolico.*
Sandro: *Un „Crodino", allora. Ti va bene?*
Laura: *Sì, d'accordo.*
Sandro: *Allora, mentre io faccio lo scontrino alla cassa, tu va' al banco e ordina un „Crodino" e un „Bianco Sarti" per me.*

## 693

### Der erste Mai

Assisi macht am 1. Mai einen Sprung in die Geschichte und kehrt in die Renaissance zurück; und feiert wie damals die Rückkehr des Frühlings. Die Leute kommen aus den benachbarten Dörfern, um zu sehen und gesehen zu werden. Es gibt Verkaufsstände, wo man alles mögliche kaufen kann, Tische im Freien, wo man ißt und trinkt, eine Musikkapelle und Tanz auf dem Festplatz. Es ist eine Gelegenheit, um sich wiederzusehen und sich zu amüsieren, und um den Leuten, die von auswärts kommen, die lokalen Produkte zu zeigen. In welcher Region Italiens befindet sich Assisi?

*In Umbrien*

Italien hat 20 Regionen, die kleinste ist Val d'Aosta.

## 694

### Im Café

Sandro: Was nimmst du?
Laura: Hm ... ich werde ein alkoholfreies Getränk nehmen.
Sandro: Einen „Crodino" also. Ist dir das recht?
Laura: Ja, einverstanden.
Sandro: O. k., während ich die Rechnung an der Kasse bezahle, kannst du ja schon an die Theke gehen und einen „Crodino" und für mich einen „Bianco Sarti" bestellen.

| | |
|---|---|
| allora [al'lo:ra] | also, dann |
| lo scontrino [skon'tri:no] | Kassenzettel |
| la cassa ['kassa] | Kasse |
| il banco ['baŋko] | Theke |
| ordinare [ordi'na:re] | bestellen |
| Crodino [kro'dino] | *Name eines Aperitivs* |
| Bianco Sarti ['bianko 'sarti] | *Name eines Schnapses* |

## 695

*«Chi ha veramente fame*
*non ha bisogno di condimenti.»*

*Proverbio*

## 696

**In un negozio di generi alimentari**

Commesso: *Buon giorno, che cosa Le do oggi?*
Rosa: *Mi dia prima di tutto un chilo di riso. Mi serve anche del formaggio. A quanto va il parmigiano?*
Commesso: *A 16.500 al chilo, ma è di prima qualità!*
Rosa: *Mi dia due etti. Mi metta la roba in una sportina, per favore!*

## 695

„Wer wirklich Hunger hat, braucht keine Gewürze.“ (Hunger ist der beste Koch.) – Sprichwort

GRAMMATIK

### Unregelmäßige Verben

| wählen<br>scegliere | halten<br>tenere | ankommen<br>giungere | kennen<br>conoscere |
|---|---|---|---|
| io scelgo | tengo | giungo | conosco |
| tu scegli | tieni | giungi | conosci |
| lui sceglie | tiene | giunge | conosce |
| noi scegliamo | teniamo | giungiamo | conosciamo |
| voi scegliete | tenete | giungete | conoscete |
| loro scelgono | tengono | giungono | conoscono |

## 696

### In einem Lebensmittelgeschäft

Verkäufer: Guten Tag, was darf ich Ihnen heute geben?
Rosa: Geben Sie mir zuerst ein Kilo Reis. Ich brauche auch Käse. Wieviel kostet der Parmesankäse?
Verkäufer: 16.500 das Kilo, aber es ist Parmesan erster Qualität!
Rosa: Geben Sie mir 200 Gramm. Packen Sie mir bitte die Sachen in eine Tüte!

| | |
|---|---|
| i generi alimentari, *m* ['dʒɛːneri alimen'taːri] | Lebensmittel |
| prima di tutto ['prima di 'tutto] | zuerst |
| servire [ser'viːre] | bedienen |
| la roba ['rɔːba] | Sachen |
| la sportina [spor'tiːna] | Tüte |

## 697

ESERCIZIO

### Ergänzen Sie den Text

telefonare, compra, di fronte, sbaglia, esce, a casa, entra, forte, gettoni, bar, amica, cabina, gettoni

Rosa ________ in una ________ telefonica per ________ a Laura. Ma ________ numero e non ha più ________. Allora ________ dalla cabina e va in un ________. Qui ________ cinque ________ e telefona all'________ dal bar ________. Perché piove ________ va ________ di Laura.

## 698

### L'invito

Laura: *Sandro, stasera siamo ospiti dei Rossi; che cosa gli portiamo?*

Sandro: *Alla signora Rossi piace molto il vino buono, lui legge molto, gli piace soprattutto la satira politica.*

Laura: *Allora gli regaliamo una bottiglia di Pinot e il libro di Stefano Benni «Terra».*

## 697

### Der vollständige Text

Rosa **entra** in una **cabina** telefonica per **telefonare** a Laura. Ma **sbaglia** numero e non ha più **gettoni**. Allora **esce** dalla cabina e va in un **bar**. Qui **compra** cinque **gettoni** e telefona all'**amica** dal bar **di fronte**. Perché piove **forte** va **a casa** di Laura.

Rosa **betritt** eine Telefon**zelle**, um Laura **anzurufen**. Aber sie **wählt die falsche** Nummer und hat keine **Telefonmünzen** mehr. So **verläßt** sie die Telefonzelle und geht in eine **Bar**. Hier kauft sie fünf **Telefonmünzen** und ruft ihre **Freundin** aus der Bar **gegenüber** an. Weil es **heftig** regnet, geht sie **zu** Laura.

*DIE EXPERTENECKE*

| | |
|---|---|
| abbaiare | – bellen |
| belare | – blöken |
| miagolare | – miauen |
| muggire | – muhen |
| ruggire | – brüllen (Löwe) |
| grugnire | – grunzen |

## 698

### Die Einladung

Laura: Sandro, heute abend sind wir bei den Rossis eingeladen; was sollen wir ihnen mitbringen?

Sandro: Frau Rossi mag guten Wein; er liest viel, ihm gefällt vor allem politische Satire.

Laura: Dann schenken wir ihnen eine Flasche Pinot und das Buch „Terra“ von Stefano Benni.

| | |
|---|---|
| l'ospite, *m* ['ɔspite] | Gast |
| piacere [pia'tʃe:re] | gefallen, mögen |
| leggere ['lɛddʒere] | lesen |
| soprattutto [soprat'tutto] | vor allem |
| regalare [rega'la:re] | schenken |

## 699

### All'agenzia turistica

Sandro: *Desideriamo fare un viaggio in Sicilia. Cerchiamo un albergo vicino ad Agrigento. Nel mese di luglio dal 10 al 25.*

Impiegata: *Consigliamo un albergo fuori città a 100 metri dal mare. Ecco il depliant.*

Laura: *Guardiamo con calma a casa e poi ritorniamo.*

## 700

*«Ti saluto, terra cara*
*a Dio santissima terra, ti saluto.*
*O più nobile, o più fertile,*
*o più bella di tutte le regioni,*
*cinta da due mari*
*e altera di monti famosi . . .»*

*Giosuè Carducci*

## 699

### Im Reisebüro

Sandro: Wir möchten eine Reise nach Sizilien machen. Wir suchen ein Hotel in der Nähe von Agrigent. Im Juli vom 10. bis 25.

Angestellte: Wir empfehlen ein Hotel außerhalb der Stadt, nur 100 Meter vom Meer entfernt. Hier ist ein Prospekt.

Laura: Wir schauen ihn uns in Ruhe zu Hause an und kommen morgen wieder.

| | |
|---|---|
| l'agenzia, *f* [adʒen'tsiːa] | Agentur, Büro |
| il viaggio [vi'addʒio] | Reise |
| consigliare [konsi'ʎaːre] | empfehlen, raten |
| la calma ['kalma] | Ruhe |

## 700

„Ich grüße Dich, gottgnädiges Land; heiliges Land, ich grüße Dich. Das nobelste und fruchtbarste und schönste aller Länder, umschlossen von zwei Meeren und erhaben mit berühmten Bergen…" – Giosuè Carducci (1835–1907), italienischer Schriftsteller, „Saluto all'Italia" (Gruß an Italien)

### Das Imperfekt

| sprechen<br>parlare | verlieren<br>perdere | abfahren<br>partire |
|---|---|---|
| io parlavo<br>tu parlavi<br>lui parlava | perdevo<br>perdevi<br>perdeva | partivo<br>partivi<br>partiva |
| noi parlavamo<br>voi parlavate<br>loro parlavano | perdevamo<br>perdevate<br>perdevano | partivamo<br>partivate<br>partivano |
| ich sprach<br>… | ich verlor<br>… | ich fuhr ab<br>… |

Diese Zeit hat fast immer regelmäßige Formen; sie werden vom Infinitiv abgeleitet.

## 701

ESERCIZIO

**Tradurre**

1. Lidia ist das Mädchen, das wir gestern kennengelernt haben.
2. Sie kommt aus dem Dorf, von dem ich dir so oft erzählt habe.
3. Ich schreibe an meinen Vater einen Brief, der sehr dringend ist.
4. Die Mädchen, die Italienisch studieren, fahren nach Italien.

## 702

**Il viaggio d'affari**

Luisa: *Così sola? Hai litigato con Giulio?*

Anna: *No, il suo capo l'ha mandato in viaggio d'affari. Adesso sta a Roma. Poverino!*

Luisa: *Perché lo chiami poverino? A me piacerebbe viaggiare a spese del mio capo.*

Anna: *Ma non hai il suo capo!*

## 701

### Übersetzen Sie

1. Lidia è la ragazza, che abbiamo conosciuta ieri.
2. Viene dal paese, di cui ti ho parlato tante volte.
3. Scrivo una lettera a mio padre, la quale è molto urgente.
4. Le ragazze che studiano l'italiano vanno in Italia.

*DIE EXPERTENECKE*

sostenere qc a spada tratta – etwas steif und fest behaupten (wörtl.: etw. mit gezücktem Schwert behaupten.): So che lui l'ha fatto, ma sostiene di no a spada tratta. – Ich weiß, daß er es getan hat, aber er behauptet steif und fest nein.

rendersi prezioso – sich rar machen (wörtl.: sich kostbar machen): Non lo vedo da tanto tempo, si rende prezioso. – Ich sehe ihn seit langer Zeit nicht, er macht sich rar.

## 702

### Die Geschäftsreise

| | |
|---|---|
| Luisa: | So allein? Hast du mit Giulio gestritten? |
| Anna: | Nein, sein Chef hat ihn auf Geschäftsreise geschickt. Jetzt ist er in Rom. Der Ärmste! |
| Luisa: | Warum nennst du ihn Ärmsten? Mir würde es gefallen, auf Kosten meines Chefs zu reisen. |
| Anna: | Aber du hast nicht seinen Chef! |

| | |
|---|---|
| l'affare, *m* [afˈfaːre] | Angelegenheit, Geschäft |
| solo, -a [ˈsoːlo] | allein, einzig |
| litigare [litiˈgaːre] | streiten |
| mandare [manˈdaːre] | schicken, (über)senden |
| povero, -a [ˈpɔːvero] | arm, elend |
| la spesa [ˈspeːsa] | Ausgabe |
| a spese di | auf Kosten von |

## 703

### Raccolta delle olive

Anticamente si raccoglievano le olive quando erano cadute per terra, il che comportava un enorme lavoro. Oggi si ricopre il terreno al di sotto degli alberi con reti sintetiche e si lasciano cadere dentro le olive. Quando quasi tutte le olive sono cadute si raccolgano le reti. Si ripuliscono le olive dalle foglie e poi si insaccano direttamente prima di portarle in frantoio per la spremitura.

## 704

### Il picnic

Anna: *Stanotte ho sognato di un picnic magnifico. Perché non ne prepariamo uno?*

Luisa: *Una buona idea! Facciamolo questa domenica.*

Anna: *Una cosa mi fa paura. Nel sogno era meraviglioso, ma in realtà ci saranno sicuramente delle formiche.*

## 703

### Olivenernte

Früher sammelte man die Oliven auf, wenn sie auf die Erde gefallen waren, was eine enorme Arbeit bedeutete. Heute bedeckt man den Boden unterhalb der Bäume mit synthetischen Netzen und läßt die Oliven hineinfallen. Nachdem fast alle Oliven heruntergefallen sind, sammelt man die Netze ein. Man säubert die Oliven von den Blättern und sackt sie direkt ein, bevor man sie zur Pressung in die Olivenpresse bringt.

| | |
|---|---|
| anticamente [antika'mente] | früher |
| applicare [ap-pli'ka:re] | anwenden |
| sintetico [sin'tɛ:tiko] | synthetisch |
| insaccare [insak-'ka:re] | einsacken |
| il frantoio [fran'to:io] | Olivenpresse |

## 704

### Das Picknick

Anna: Heute nacht habe ich von einem großartigen Picknick geträumt. Warum machen wir nicht mal eins?

Luisa: Eine gute Idee! Machen wir es diesen Sonntag.

Anna: Eine Sache bereitet mir Sorge. Im Traum war es ja wunderbar, aber in Wirklichkeit werden sicher Ameisen dasein.

| | |
|---|---|
| il picnic [pik'nik] | Picknick |
| magnifico, -a [maɲ'ɲi:fiko] | herrlich, prächtig |
| preparare [prepa'ra:re] | vorbereiten, herrichten |
| fare paura a qc [pa'u:ra] | jdm Angst machen |
| meraviglioso [meraviʎ'ʎo:so] | wunderbar |
| la realtà [real'ta] | Wirklichkeit |
| la formica [for'mi:ka] | Ameise |

## 705

### La prima colazione

Rosa e Laura fanno colazione al bar. Loro ordinano la colazione per due persone: una spremuta d'arancia e un succo di pomodoro, delle briosce, burro, marmellata e caffelatte. Non desiderano altro, perché in Italia non si mangia molto la mattina come negli altri paesi europei.

## 706

### I miracoli in Italia

È stato detto che in Italia le sole cose programmabili sono i miracoli. Dal dopoguerra a oggi si sono registrate, dal Brennero alla Sicilia, almeno venti apparizioni della Madonna, con tanta gente che l'ha vista e le ha parlato. L'ultimo miracolo è successo in una cittadina abruzzese dell'Adriatico dove, in un osso di seppia, una donnetta ha riconosciuto il volto di Gesù. Il vescovo ha benedetto la reliquia, che adesso viene esposta in un tabernacolo. Intanto le seppie, che vengono considerate da molti un segno divino, costano tre volte di più.

*Cosa significa l'espressione «l'altra riva del Tevere»?*

## 705

### Das Frühstück

Rosa und Laura frühstücken im Café. Sie bestellen ein Frühstück für zwei Personen: Einen Orangensaft pur, einen Tomatensaft, Hörnchen, Butter, Marmelade und Milchkaffee. Mehr möchten sie nicht; in Italien ißt man morgens nicht so viel wie in anderen europäischen Ländern.

| | |
|---|---|
| la colazione [kola'tsio:ne] | Frühstück |
| il succo ['sukko] | Saft |
| il pomodoro [pomo'dɔ:ro] | Tomate |
| la mattina [mat'ti:na] | morgens |
| il paese [pa'e:ze] | Land, Ort |

## 706

### Wunder in Italien

Es ist gesagt worden, daß in Italien Wunder die einzigen vorhersagbaren Dinge sind. Von der Nachkriegszeit bis heute sind vom Brenner bis Sizilien mindestens 20 Erscheinungen der Jungfrau registriert worden, mit sehr vielen Menschen, die sie gesehen und gesprochen haben. Das letzte Wunder ist in einer kleinen Stadt in den adriatischen Abruzzen geschehen, da hat eine einfache Frau in einem Tintenfischknochen das Antlitz Jesu erkannt. Der Bischof hat die Reliquie geweiht, die jetzt in einem Tabernakel ausgestellt wird. Inzwischen werden Tintenfische von vielen für ein göttliches Zeichen gehalten und kosten dreimal mehr. Was bedeutet der Ausdruck „das andere Ufer des Tibers“?

*Vatikan*

## 707

### La mostra

Rosa e Laura vanno a una mostra eccezionale. La «Biblioteca Medioevale Vaticana» con la sua ricca raccolta di libri vecchissimi – la maggior parte risalgono al medioevo. Per la prima volta dopo più di tre secoli i libri della Biblioteca Vaticana possono essere visti di nuovo da un vasto pubblico.

## 708

### Pomodori alla Siciliana

Ingredienti: *4 – 8 pomodori duri e maturi, sale, 2 cucchiaia di olio d'oliva, 1/4 tazza di cipolla tritata, 1/2 cucchiaino di aglio tritato, 1 tazza di mollica di pane, 4 filetti di acciughe, 1 scatola di tonno 200 gr., 3 cucchiaia di prezzemolo tritato, 2 cucchiaia di capperi, 6 olive nere tritate, 1 cucchiaio di parmigiano grattugiato*

Riscaldare il forno a 165 gradi. Tagliare 1/2 cm il lato superiore dei pomodori. Togliere la polpa e il seme. Fare rosolare gli ingredienti in una padella e mescolare continuamente e riempire con questo i pomodori. Mettere sopra il parmigiano e alcune gocce d'olio. Fare cuocere per 25 minuti nel forno. Servire con il prezzemolo sopra.

*In quale regione si coltivano principalmente i pomodori?*

## 707

### Die Ausstellung

Rosa und Laura gehen in eine außergewöhnliche Ausstellung: Die „Mittelalterliche Bibliothek des Vatikans“ mit ihren reichen Beständen an alten Büchern – die meisten stammen aus dem Mittelalter. Zum ersten Mal nach mehr als drei Jahrhunderten können die Bücher aus der Bibliothek des Vatikans wieder von einem breiten Publikum gesehen werden.

| | |
|---|---|
| la raccolta [rak'kolta] | Bestand, Sammlung |
| vecchio ['vɛkkio] | alt |
| risalire [risa'li:re] | stammen |
| il secolo ['sɛ:kolo] | Jahrhundert |
| vasto ['vasto] | breit |
| il valore [va'lore] | Wert |

## 708

### Gebackene Tomaten auf sizilianische Art

Zutaten: *4 – 8 feste, reife Tomaten, Salz, 2 EL Olivenöl, 1/4 Tasse feingehackte Zwiebeln, 1/2 TL feingehackter Knoblauch, 1 Tasse frische Weißbrotkrumen, 4 Anschovisfilets, eine 200-g-Dose Thunfisch, 3 EL gehackte Petersilie, 2 EL Kapern, 6 feingehackte schwarze Oliven, 1 EL geriebener Parmesan*

Den Ofen auf 165 Grad vorwärmen. Etwa 1/2 cm von dem oberen Teil jeder Tomate abschneiden. Fruchtfleisch und Kerne herausnehmen. Die Zutaten in einer Pfanne unter ständigem Umrühren braten. Die Tomaten damit füllen, den Parmesan und ein paar Tropfen Olivenöl darübergeben, 25 Minuten im Ofen backen. Mit ein wenig gehackter Petersilie bestreut anrichten. Wo werden hauptsächlich Tomaten angepflanzt?

*In Kampanien*

In der Nähe von Neapel werden auf riesigen Feldern Tomaten angepflanzt. Die berühmtesten sind die „San Marzano“.

## 709

### Il collega tedesco

Aldo scrive ad un collega tedesco. Lui è venuto a sapere dal suo capufficio, che il collega tedesco questa volta ha intenzione di venire in Italia per un periodo più lungo. Questa sarebbe una buona occasione per vedersi con più calma e non solo durante i loro colloqui d'affari. Lo invita nella sua casa in campagna, per tutta la durata del suo soggiorno.

## 710

### Le formiche

Rosa: *Abbiamo delle formiche nel garage.*

Aldo: *Sì, le ho viste. Sembra che aumentino di giorno in giorno. Dobbiamo fare il modo di farle uscire, forse prendiamo dello zucchero e lo mettiamo fuori nel giardino.*

Rosa: *La tua idea è buona, proviamo!*

## 709

### Der deutsche Kollege

Aldo schreibt einem deutschen Kollegen. Er hat von seinem Chef erfahren, daß der deutsche Kollege die Absicht hat, diesmal für eine längere Zeit nach Italien zu kommen. Das wäre eine gute Gelegenheit, sich in Ruhe zu sehen und nicht nur während der Geschäftsbesprechungen. Er lädt ihn für die ganze Dauer seines Aufenthaltes in sein Landhaus ein.

| | |
|---|---|
| scrivere ['skri:vere] | schreiben |
| venire a sapere [sa'pe:re] | erfahren |
| l'intenzione, *f* [inten'tsio:ne] | Absicht |
| l'occasione, *f* [okka'zio:ne] | Gelegenheit |
| durante [du'rante] | während |

## 710

### Die Ameisen

Rosa: Wir haben Ameisen in der Garage.

Aldo: Ja, ich habe sie gesehen. Es scheinen jeden Tag mehr zu werden. Wir müssen einen Weg finden, sie herauszulocken; vielleicht nehmen wir Zucker und stellen ihn draußen in den Garten.

Rosa: Deine Idee ist gut, versuchen wir es!

| | |
|---|---|
| la formica [for'mi:ka] | Ameise |
| aumentare [aumen'ta:re] | erhöhen, vermehren |
| forse ['forse] | vielleicht |
| fuori ['fuɔ:ri] | draußen, außerhalb |
| provare [pro'va:re] | versuchen, probieren |

## 711

ESERCIZIO

**Setzen Sie in den Singular**

1. I nostri amici partono.
2. Le sue amiche vanno in un bar.
3. I miei vestiti sono nella valigia.
4. I tuoi giornali sono nella borsa.
5. I tuoi bambini mangiano un panino.

## 712

**L'Isola Bella**

L'isola è la più famosa delle isole Borromee. Fino alla metà del '600 l'isola, detta allora l'isola di San Vittore, era un nudo scoglio, abitato da pescatori. La sua trasformazione avvenne intorno al 1632, quando il Conte Carlo III Borromeo ci fece costruire un palazzo. Il giardino lì è uno dei più belli d'Italia. Consta di dieci terrazze sovrapposte, adorne di statue e fontane, coperte di cedri, aranci, limoni, magnolie e piante rare.

*Dove si trova l'isola?*

## 711

1. Il nostro amico parte.
2. La sua amica va in un bar.
3. Il mio vestito è nella valigia
4. Il tuo giornale è nella borsa.
5. Il tuo bambino mangia un panino.

1. Unser Freund reist ab.
2. Ihre Freundin geht in eine Bar.
3. Mein Kleid ist im Koffer.
4. Deine Zeitung ist in der Tasche.
5. Dein Kind ißt ein Brötchen.

*DIE EXPERTENECKE*

i talloni – die Fersen
la caviglia – das Schienbein
il polpaccio – die Wade
la coscia – der Schenkel
le guance – die Wangen
le tempie – die Schläfen

## 712

### Die Isola Bella

Die Insel ist die berühmteste der Borromäischen Inseln. Bis zur Mitte des 17. Jahrhunderts war die Insel, damals noch Insel von San Vittore genannt, eine nackte Klippe, bewohnt von Fischern. Ihre Umwandlung geschah um das Jahr 1632, als Graf Karl Borromeo der Dritte dort einen Palast erbauen ließ. Der dortige Garten ist einer der schönsten Italiens. Er besteht aus zehn übereinandergelegenen Terrassen, geschmückt mit Statuen und Brunnen, übersät mit Zedern, Orangenbäumen, Zitronenbäumen, Magnolien und seltenen Pflanzen. Wo befindet sich die Insel?

*Im Lago Maggiore*

Zu den Borromäischen Inseln gehören auch die Isola dei Pescatori (oder Superiore) und die Isola Madre.

## 713

### In taxi

Aldo: *Alla stazione Termini, per favore! Ma con la massima velocità, se no perdo il treno.*

Tassista: *Quando parte il treno?*

Aldo: *Fra un quarto d'ora!*

Tassista: *Non abbia paura! I tassisti romani sono i più bravi d'Italia.*

Aldo: *Anche quelli di Milano dicono lo stesso.*

## 714

*«Aria netta*
*non ha paura del tuono.»*

*Proverbio*

## 713

### Im Taxi

| | |
|---|---|
| Aldo: | Zum Bahnhof Termini, bitte! Aber schnellstens, sonst versäume ich den Zug. |
| Taxifahrer: | Wann fährt der Zug? |
| Aldo: | In einer Viertelstunde! |
| Taxifahrer: | Haben Sie keine Angst! Die römischen Taxifahrer sind die tüchtigsten in ganz Italien. |
| Aldo: | Die in Mailand behaupten dasselbe. |

| | |
|---|---|
| massimo ['massimo] | höchste |
| la velocità [velotʃi'ta] | Geschwindigkeit |
| la paura ['pau:ra] | Angst |
| bravo ['bra:vo] | tüchtig |

## 714

„Reine Luft fürchtet nicht den Donner." – Italienisches Sprichwort

GRAMMATIK

### Der Plural

Den Plural bilden die Substantive fast immer auf -i. Eine Ausnahme machen nur die weiblichen Substantive, die im Singular auf -a enden.

| Singular | Plural |
|---|---|
| il ragazz**o** | i ragazz**i** |
| la man**o** | le man**i** |
| il giornal**e** | i giornal**i** |
| la chiav**e** | le chiav**i** |
| il giornalist**a** | i giornalist**i** |
| la giornalist**a** | le giornalist**e** |

## 715

### Un souvenir

Aldo: *Guarda che cosa ho portato dalla Sicilia!*
Rosa: *Che roba è?*
Aldo: *Ma non lo vedi? È una moneta romana. Pare che abbia più di 2000 anni.*
Rosa: *È strano, però che tu, come privato, possa avere una cosa del genere. Un oggetto come questo bisognerebbe tenerlo in un museo!*

## 716

### Religione e religiosità in Italia

L'Italia è il paese più cattolico del mondo. Le altre religioni sono quasi inesistenti. Quasi tutti i cittadini della Repubblica vengono battezzati secondo la religione cattolica, e 87 su 100 si dichiarano credenti. Infatti, su 100 fedeli 58 credono alla verginità di Maria e 47 credono che l'inferno e il diavolo esistano davvero. Negli italiani c'è la tendenza ad umanizzare anche il divino. Per capirlo bisogna considerare che il loro rapporto col mistico e con l'invisibile ha sempre qualcosa a che fare col mistero, col miracolo e con un fondo di paganesimo.

*Quale paese d'Europa è quasi così cattolico?*

## 715

### Ein Souvenir

| | |
|---|---|
| Aldo: | Schau mal, was ich aus Sizilien mitgebracht habe! |
| Rosa: | Was ist das? |
| Aldo: | Siehst du das nicht? Es ist eine römische Münze. Scheint mehr als 2000 Jahre alt zu sein. |
| Rosa: | Merkwürdig, daß du als Privatperson so etwas haben kannst. So ein Gegenstand gehörte in ein Museum! |

| | |
|---|---|
| strano ['stra:no] | merkwürdig |
| del genere ['dʒɛ:nere] | derartig |
| tenere [te'ne:re] | halten, behalten |

## 716

### Religion und Religiosität in Italien

Italien ist das katholischste Land der Welt. Andere Religionen existieren praktisch nicht. Fast alle Bürger der Republik werden katholisch getauft, und 87 von 100 bezeichnen sich selbst als gläubig. Von 100 Gläubigen glauben 58 an die Jungfräulichkeit Mariä, und 47 glauben, daß die Hölle und der Teufel wirklich existieren. Die Italiener neigen dazu, auch das Göttliche zu vermenschlichen. Um das zu verstehen, muß man in Betracht ziehen, daß ihr Verhältnis zum Mystischen und zum Unsichtbaren immer etwas mit Mysterien, Wundern und einer Spur Heidentum zu tun hat. Welches Land Europas ist fast genauso katholisch?

*Spanien*

Manche behaupten auch, daß Spanien das katholischste Land der Welt ist.

# 717

## A Roma in tram

Turista: *Scusi, vorrei andare a Castel Sant'Angelo. Può avvertirmi Lei quando devo scendere? Purtroppo non sono pratica di Roma.*

Laura: *È la quinta fermata, comunque non si preoccupi, L'avverto io.*

Turista: *È la prima volta che sono a Roma e la trovo meravigliosa.*

# 718

### ESERCIZIO

**Ergänzen Sie**

| Adjektive | Substantive |
|---|---|
| ______________ | Milano (Mailand) |
| nuovo (neu) | ______________ |
| ______________ | semplicità (Einfachheit) |
| speciale (speziell) | ______________ |
| ______________ | regione (Region) |

## 717

### Mit der Straßenbahn durch Rom

Tourist: Entschuldigung, ich möchte zur Engelsburg. Können Sie mir sagen, wann ich aussteigen muß? Leider kenne ich mich in Rom nicht aus.

Laura: Es ist die fünfte Haltestelle, aber machen Sie sich keine Sorgen, ich sage Ihnen Bescheid.

Tourist: Ich bin das erste Mal in Rom, ich finde es wundervoll.

| | |
|---|---|
| avvertire [avver'ti:re] | sagen, benachrichtigen |
| essere pratica ['pra:tika] | sich auskennen |
| la fermata [fer'ma:ta] | Haltestelle |
| comunque [ko'muŋkue] | auf jeden Fall |
| preoccuparsi [preokku'pa:rsi] | sich kümmern |

## 718

### Ergänzung

| Adjektive | Substantive |
|---|---|
| **milanese** (mailändisch) | Milano |
| nuovo | **novità** (Neuheit) |
| **semplice** (einfach) | semplicità |
| speciale | **specialità** (Spezialität) |
| **regionale** (regional) | regione |

*DIE EXPERTENECKE*

| | |
|---|---|
| con aria sospettosa | – mit mißtrauischer Miene |
| mandara all'aria | – über den Haufen werfen |
| aria di ... | – Stimmung |
| campato in aria | – in der Luft hängen |
| darsi delle arie | – sich brüsten |

## 719

### Nel ristorante

Giulio: *Mi sorprendi, Anna!*
Anna: *Sei accecato dalla mia bellezza?*
Giulio: *No, dalla tua fame! Hai mangiato antipasto misto, spaghetti alla panna per primo, poi sogliola al burro e adesso prendi anche del formaggio.*
Anna: *Approfitto soltanto del tuo invito generoso.*

## 720

### In un negozio di calzature

Aldo: *Cerco un paio di scarpe nere, sportive.*
Commesso: *Che nummero porta?*
Aldo: *Il 42.*
Commesso: *Questo modello Le piace?*
Aldo: *Non tanto. Mi faccia vedere qualcos'altro. Sì, queste sono comode, ma quelle mi piacciono di più. Sono indeciso, ci penso.*

## 719

### Im Restaurant

| | |
|---|---|
| Giulio: | Du überraschst mich, Anna! |
| Anna: | Bist du von meiner Schönheit geblendet? |
| Giulio: | Nein, von deinem Hunger! Du hast eine gemischte Vorspeise gegessen, als ersten Gang Spaghetti in Rahmsoße, dann Seezungenfilet in Butter, und nun nimmst du auch noch Käse. |
| Anna: | Ich nutze nur deine großzügige Einladung aus. |

| | |
|---|---|
| il ristorante [risto'rante] | (Speise)lokal, Restaurant |
| sorprendere [sor'prɛndere] | überraschen, ertappen |
| accecare [attʃe'ka:re] | blenden, blind machen |
| l'antipasto, *m* [anti'pasto] | Vorspeise |
| la panna ['panna] | Sahne, Rahm |
| il primo ['pri:mo] | erster Gang |
| il formaggio [for'maddʒo] | Käse |

## 720

### In einem Schuhgeschäft

| | |
|---|---|
| Aldo: | Ich suche ein paar schwarze, sportliche Schuhe. |
| Verkäufer: | Welche Größe tragen Sie? |
| Aldo: | 42. |
| Verkäufer: | Gefällt Ihnen dieses Modell? |
| Aldo: | Nicht sehr. Zeigen Sie mir etwas anderes. Ja, diese sind bequem, aber die gefallen mir besser. Ich weiß nicht, ich überlege es mir noch. |

| | |
|---|---|
| le calzature, *f* [kaltsa'tu:re] | Schuhe, Schuhwerk |
| il paio ['pa:io] | Paar |
| faccia vedere ['fattʃia ve'de:re] | zeigen Sie! |
| mi piacciono [piat'tʃio:no] | gefallen mir |

## 721

*«La strada dell'inferno
è lastricata di buone intenzioni.»*

*Proverbio*

## 722

**Il mercato**

Venditrice: *Bella, bella frutta! Fresca, fresca!*
Anna: *Che belle pesche! Quanto costa un chilo?*
Venditrice: *Per Lei, signorina, duemila.*
Anna: *Ne prendo uno.*
Venditrice: *Prenda anche alcune fragole, sono ben mature, piaceranno al fidanzato.*

## 721

„Der Weg zur Hölle ist mit guten Vorsätzen gepflastert." – Sprichwort

GRAMMATIK

### Le parole alterate – veränderte Wörter I

Im Italienischen kann man durch Anhängen von Suffixen Wörtern eine bestimmte Nuance geben:

**Vergrößerung:**

| | |
|---|---|
| ▷ -one, -ona: | bene – benone (sehr gut) |
| ▷ -otto, -otta: | il giovane – il giovanotto (junger Mann). |

**Verkleinerung:**

| | |
|---|---|
| ▷ -ino, -ina: | il ragazzo – il ragazzino (der kleine Junge) |
| ▷ -etto, -etta: | il vecchio – il vecchietto (altes Männlein; zärtliche Verkleinerung) |
| ▷ -ello, -ella: | la storia – la storiella (Geschichtchen). |

## 722

### Der Markt

| | |
|---|---|
| Verkäuferin: | Wunderschönes Obst! Ganz frisch! |
| Anna: | Was für schöne Pfirsiche! Wieviel kostet ein Kilo? |
| Verkäuferin: | Für Sie, Fräulein, zweitausend. |
| Anna: | Ich nehme eins. |
| Verkäuferin: | Nehmen Sie auch ein paar Erdbeeren, sie sind schön reif, sie werden dem Freund gefallen. |

| | |
|---|---|
| il mercato [mer'ka:to] | Markt |
| la venditrice [vendi'tri:tʃe] | Verkäuferin |
| la frutta ['frutta] | Obst |
| fresco, -a ['fresko] | frisch |
| la pesca ['pɛska] | Pfirsich |
| la fragola ['fra:gola] | Erdbeere |
| maturo, -a [ma'tu:ro] | reif, erwachsen |

## 723

### I Siciliani

I Siciliani sono di una gentilezza estrema e di un'ospitalità squisita. L'unico svantaggio è, che non fanno amicizia tanto facilmente. Sembrano aperti perché sono molto cordiali e ospitali, ma in loro c'è una certa diffidenza, non solo verso gli italiani del Nord, ma si può dire, verso tutti i forestieri. Una diffidenza per quanto riguarda i rapporti di amicizia. Prima di fare amicizia con un forestiero il Siciliano vuole essere ben sicuro di non avere poi delle delusioni. Per lui l'amicizia, è la cosa più sacra che ci sia.

*Qual è la differenza tra il mio ragazzo e l'amico?*

## 724

### La cena

Rosa: *Pronto, Laura? Che cosa stai facendo?*
Laura: *Oh, niente di speciale: sono in cucina e sto preparando la cena.*
Rosa: *E che cosa prepari di buono?*
Laura: *Faccio un minestrone e poi un'insalata e un po' di formaggio. Venite anche voi?*
Rosa: *Accettiamo molto volentieri, se non disturbiamo.*

## 723

### Die Sizilianer

Die Sizilianer sind von einer extremen Höflichkeit und einer hervorragenden Gastfreundschaft. Der einzige Nachteil ist, daß sie nicht so schnell Freundschaft schließen. Sie scheinen offen, weil sie sehr herzlich und gastfreundlich sind, aber in ihnen ist ein gewisses Mißtrauen, nicht nur gegen die Italiener aus dem Norden, sondern man könnte sagen, gegen alle Fremden. Ein Mißtrauen, was Freundschaftsbeziehungen betrifft. Bevor ein Sizilianer Freundschaft mit einem Fremden schließt, will er ganz sicher sein, daß er danach keine Enttäuschungen erlebt. Freundschaft ist für ihn die heiligste Sache, die es gibt. Wo liegt der Unterschied zwischen „il mio ragazzo“ und „l’amico“?

*„Il mio ragazzo“ ist mein Partner, „l’amico“ der Freund.*

## 724

### Das Abendessen

| | |
|---|---|
| Rosa: | Hallo, Laura? Was tust du gerade? |
| Laura: | Nichts Besonderes: Ich bin in der Küche und bereite das Abendessen vor. |
| Rosa: | Was machst du Gutes? |
| Laura: | Ich mache eine Gemüsesuppe, dann einen Salat und ein bißchen Käse. Kommt ihr auch? |
| Rosa: | Wir nehmen gerne an, wenn wir nicht stören. |

| | |
|---|---|
| niente ['niɛnte] | nichts |
| il minestrone, *m* [mines'tro:ne] | Gemüsesuppe |
| accettare [attʃɛt'ta:re] | akzeptieren |
| disturbare [distur'ba:re] | stören |

## 725

*«Non mi vedi, non mi senti,*
*non mi tocchi, non mi prendi.*
*Corro corro, lesto lesto,*
*ora lieto ed ora mèsto.*
*Corro corro e mai mi stanco*
*ed ai nonni il capo imbianco.»*

*G. Bresadola*

## 726

### Alla piscina

Sandro: *Ciao, Aldo! Come va con questo caldo? Vieni con noi in piscina?*

Aldo: *Non posso. Ho un appuntamento con un mio collega. Vado con lui a giocare a tennis.*

Sandro: *Peccato! Allora un'altra volta! Alla piscina troveremo senz'altro una gran folla.*

## 725

„Du siehst mich nicht, du hörst mich nicht, du fühlst mich nicht und erreichst mich nicht. Ich laufe, laufe, schnell, schnell, mal glücklich und mal traurig. Ich laufe, laufe und ermüde nie und lasse die Haare der Großeltern ergrauen." – G. Bresadola, italienischer Autor, „Il tempo" (Die Zeit)

GRAMMATIK

### Personalpronomen in Verbindung mit Verbformen

| | |
|---|---|
| Ha il passaporto? | – Sì, **ce l'**ho. |
| Haben Sie den Reisepaß? | – Ja, ich habe **ihn**. |
| Ha la patente? | – Sì, **ce l'**ho. |
| Haben Sie den Führerschein? | – Ja, ich habe **ihn**. |
| Ha i biglietti? | – Sì, **ce li** ho. |
| Haben Sie die Karten? | – Ja, ich habe **sie**. |
| Ha le chiavi? | – Sì, **ce le** ho. |
| Haben Sie die Schlüssel? | – Ja, ich habe **sie**. |

## 726

### Im Schwimmbad

Sandro: Hallo Aldo! Wie geht es bei dieser Hitze! Kommst du mit uns ins Schwimmbad?

Aldo: Ich kann nicht. Ich habe eine Verabredung mit einem Kollegen. Ich gehe mit ihm Tennis spielen.

Sandro: Schade! Dann ein anderes Mal! Es wird im Schwimmbad bestimmt sehr voll sein.

| | |
|---|---|
| il caldo ['kaldo] | Wärme |
| la piscina [piʃ'ʃi:na] | Schwimmbad |
| l'appuntamento, *m* [appunta'mento] | Verabredung |
| giocare [dʒo'ka:re] | spielen |
| peccato [pek'kato] | schade |
| il peccato | Sünde |

## 727

ESERCIZIO

**Übersetzen Sie**

1. Sandro ist früh aufgestanden und ans Meer gefahren.
2. Weil er müde war, hat er sich sofort in einen Liegestuhl im Schatten eines Strandschirmes gesetzt.
3. Er wollte eine Zeitung lesen, aber der Ball einer Gruppe von Jungen hat sie ihm aus den Händen gerissen.
4. Dann hat er den Bademeister gesucht, um ein Ruderboot zu mieten.

## 728

**Ciclismo**

Il giro d'Italia è un circo a due ruote che attraversa ogni anno l'Italia. Aldo segue molto attentamente alla radio questo giro. Ancora oggi è una delle manifestazioni sportive più popolari del nostro paese. Costa miliardi, ma fa anche incassare miliardi.

## 727

### Übersetzung

1. Sandro si è alzato presto ed è andato al mare.
2. Perché era stanco, si è subito seduto su una sdraia all'ombra di un ombrellone.
3. Voleva leggere un giornale, ma la palla di un gruppo di ragazzi gliel'ha strappato dalle mani.
4. Poi ha cercato il bagnino per noleggiare una barca a remi.

*DIE EXPERTENECKE*

| | |
|---|---|
| va bevuto liscio | – man muß es pur trinken |
| non avrebbe mica ...? | – hätten Sie nicht zufällig ...? |
| è roba da matti! | – es ist Wahnsinn! |
| non riesco a sbarcare il lunario | – ich kann kaum mein Leben fristen |

## 728

### Radsport

Der Giro d'Italia ist ein Zirkus auf zwei Rädern, der jedes Jahr Italien durchquert. Aldo verfolgt die Tour sehr aufmerksam im Radio. Bis heute ist sie eine der beliebtesten Sportveranstaltungen unseres Landes. Sie kostet Milliarden, aber sie bringt auch Milliarden ein.

| | |
|---|---|
| il circo ['tʃirko] | Zirkus |
| la ruota ['ruɔ:ta] | Rad |
| attraversare [attraver'sa:re] | überqueren |
| seguire [se'gui:re] | folgen |
| popolare [popo'la:re] | volkstümlich |

## 729

### Gli ortaggi

Le principali produzioni di ortaggi in Italia sono i pomodori, le patate, i cocomeri, i cavoli, i cavolfiori, poi carciofi, cipolle, finocchi, piselli. Per i pomodori, la Campania è la principale produttrice. Solo in Campania si coltivano i famosi «San Marzano» usati per la pelatura, anche se oggi si pelano anche i tipi «Romano», prodotti in diverse regioni. Al secondo posto viene la produzione emiliana. Anche per altre produzioni di ortaggi, come patate e cavolfiori, la Campania è la principale produttrice, con il 20 – 30% della produzione italiana.

*Chi coltiva questi ortaggi?*

## 730

ESERCIZIO

### Indovinello di sillabe

*Trovare cinque vini bianchi e cinque vini rossi*

ba – bru – cel – chian – cin – fra – la – la – lam – li – lo – lot – mar – mer – or – po – que – re – ro – sa – sca – sco – soa – ter – ti – ti – to – val – ve – vie

| | |
|---|---|
| 1. ______ | 1. ______ |
| 2. ______ | 2. ______ |
| 3. ______ | 3. ______ |
| 4. ______ | 4. ______ |
| 5. ______ | 5. ______ |

## 729

### Gemüse

Hauptsächlich werden in Italien an Gemüsesorten Tomaten, Kartoffeln, Gurken, Kohl und Blumenkohl erzeugt, gefolgt von Artischocken, Zwiebeln, Fenchel und Erbsen. Kampanien ist die wichtigste Region für den Tomatenanbau. Nur in Kampanien baut man die berühmten „San Marzano“ an, die man zu Schältomaten verarbeitet, wenn man auch heute ebenfalls die Sorten „Romano“, die aus verschiedenen Regionen stammen, dafür verwendet. An zweiter Stelle steht der Anbau in der Emilia Romagna. Auch für andere Gemüsearten, wie Kartoffeln und Blumenkohl, ist Kampanien das Hauptanbaugebiet mit einem Anteil von 20 – 30% der Gesamterzeugung Italiens. Wer baut dieses Gemüse an?

*Hauptsächlich Kleinbauern*

Die Preise werden von der Industrie festgelegt.

## 730

### Silbenrätsel

*Finden Sie fünf Weißweine und fünf Rotweine*

**Weißweine:**
1. Frascati — Latium, mild und trocken
2. Soave — Venetien, trocken
3. Cinque Terre — Ligurien, aromatisch, schwer
4. Orvieto — Umbrien, gibt es auch trocken
5. Marsala — Sizilien, leicht bis stark süß

**Rotweine:**
1. Valpolicella — Venetien, trocken oder halbtrocken
2. Merlot — Trentin und Venetien, leicht und trocken
3. Barolo — Piemont, aromatisch
4. Lambrusco — Emilia Romagna, spritzig
5. Chianti — Toskana, lieblich

## 731

### L'anniversario delle nozze

Anna: *Così bella? C'è qualcosa da festeggiare?*
Luisa: *Sì, oggi sono le nozze d'oro dei miei nonni.*
Anna: *È vero? Auguri!*
Luisa: *Sì, ma secondo loro sembra essere soltanto un anno fa che si siano sposati e tutta la confusione, la credono puerile.*

## 732

### Pesto alla Genovese

*Ingredienti: 60 g foglie di basilico, 40 g noccioli di pino, 2 spicchi d'aglio, 5 cucchiai di olio d'oliva, 50 g parmigiano grattugiato, sale, pepe*

Tritare grossamente le foglie di basilico e i noccioli di pino. Pestare insieme con l'aglio, sale e pepe, finché diventa una pasta liscia. Aggiungere l'olio a goccia a goccia. Alla fine mescolare con il parmigiano.

*Con che cosa si mangia il pesto?*

## 731

### Der Hochzeitstag

Anna: So hübsch? Gibt es etwas zu feiern?
Luisa: Ja, heute ist die goldene Hochzeit meiner Großeltern.
Anna: Wirklich? Glückwünsche!
Luisa: Ja, aber ihrer Meinung nach scheint es erst ein Jahr her zu sein, daß sie geheiratet haben, und den ganzen Trubel halten sie für kindisch.

| | |
|---|---|
| l'anniversario, *m* [anniver'sa:rio] | Jahrestag, Geburtstag |
| le nozze ['nɔttse] | Hochzeit |
| l'oro, *m* ['ɔ:ro] | Gold |
| l'augurio, *m* [au'gu:rio] | Glückwunsch |
| sposarsi [spo'za:rsi] | heiraten |
| la confusione [konfu'zio:ne] | Durcheinander, Verwirrung |
| puerile [pue'ri:le] | kindlich, kindisch |

## 732

### Pesto alla Genovese

*Zutaten: 60 g Basilikumblätter, 40 g Pinienkerne, 2 Knoblauchzehen, 5 Eßlöffel Olivenöl, 50 g geriebener Parmesan, Salz, Pfeffer*

Die Basilikumblätter und die Pinienkerne grob hacken. Gemeinsam mit dem Knoblauch, Salz und Pfeffer zerstampfen, bis es eine glatte Paste wird. Das Öl tröpfchenweise hinzugeben. Zuletzt mit dem Parmesan vermischen. Wozu ißt man Pesto?

*Spaghetti*

Diese Soße wird kalt, eventuell mit etwas Nudelwasser verdünnt, über die heißen Spaghetti gegeben. Die angegebene Menge reicht für vier Personen. Wenn der Pesto heiß wird, verteilt er sich hauchfein über alle Nudeln. Am besten läßt man den Pesto über Nacht ziehen.

## 733

### Il telefono

Anna: *Perché non ti sei fatta viva, Luisa?*
Luisa: *Sono perseguitata dalla sfortuna. Il mio telefono è guasto e non ho trovato un telefono intatto.*

Anna: *Ma siamo a Milano, ci si trova un telefono!*
Luisa: *Ogni persona normale sì, ma nessuna scalognata come me.*

## 734

### Lo sciopero

Anna: *Domani scioperano i mezzi pubblici. Devo sbrigare tante cose in città, senza macchina non so come farlo.*
Giulio: *Conti sulla mia macchina? Te la presto, se mi fai un favore e mi compri una pentola.*

Anna: *Finché non devo cucinare qualcosa!*

## 733

### Das Telefon

| | |
|---|---|
| Anna: | Warum hast du dich nicht gemeldet, Luisa? |
| Luisa: | Ich bin vom Pech verfolgt. Mein Telefon ist kaputt, und ich habe kein heiles Telefon gefunden. |
| Anna: | Aber wir sind hier in Mailand, hier findet man doch ein Telefon! |
| Luisa: | Jede normale Person ja, aber kein Pechvogel wie ich. |

| | |
|---|---|
| vivo, -a ['vi:vo] | lebend, lebendig |
| farsi vivo ['fa:rsi] | sich melden, ein Lebenszeichen geben |
| perseguitare [persegui'ta:re] | verfolgen |
| la sfortuna [sfor'tu:na] | Unglück, Pech |
| guasto, -a ['guasto] | kaputt, defekt |
| intatto, -a [in'tatto] | intakt, unversehrt |
| scalognato, -a [skaloɲ'ɲa:to] | vom Pech verfolgt |

## 734

### Der Streik

| | |
|---|---|
| Anna: | Morgen streiken die öffentlichen Verkehrsmittel. Ich muß so viele Sachen in der Stadt erledigen, ohne Auto weiß ich nicht, wie ich das schaffen soll. |
| Giulio: | Rechnest du mit meinem Auto? Ich leihe es dir, wenn du mir einen Gefallen tust und mir einen Topf kaufst. |
| Anna: | Solange ich dir nichts kochen muß! |

| | |
|---|---|
| lo sciopero ['ʃɔ:pero] | Streik |
| scioperare [ʃope'ra:re] | streiken |
| il mezzo ['mɛddzo] | Mittel, Verkehrsmittel |
| pubblico, -a ['pubbliko] | öffentlich, staatlich |
| sbrigare [zbri'ga:re] | erledigen, besorgen |
| contare su [kon'ta:re] | zählen auf, rechnen mit |
| la pentola ['pentola] | (Koch)topf |

## 735

*«Ogni tempo*
*ha le sue corbellerie.»*

*G. Capponi*

## 736

### ESERCIZIO

**Trovare le domande**

1. Lui è mio fratello.
2. Mi serve un coltello più affilato.
3. Il mio cappello è quello rosso.
4. L'ho detto a Luisa.
5. Questa è la casa di mia madre.
6. Dante ha scritto «la Divina Commedia».
7. Abbiamo parlato del film di ieri.

## 735

„Jede Zeit hat ihre Dummheiten." – Gino Capponi (1792–1876), italienischer Historiker, Pädagoge, Politiker

GRAMMATIK

### I pronomi interrogativi – fragende Fürwörter

| | | | | |
|---|---|---|---|---|
| Nominativ | chi? | wer? | che (cosa)? | was? |
| | quale? | welche(r/s?) | quali? | welche? |
| Genetiv | di chi? | wessen? | di che (cosa)? | wovon? |
| Dativ | a chi? | wem? | a che (cosa)? | wozu? |
| Akkusativ | chi? | wen? | che (cosa)? | was? |

▷ chi bezieht sich auf Personen
▷ che bezieht sich auf Sachen
▷ folgt auf che ein Substantiv, so wird es mit „was für ein" übersetzt
▷ quale fragt nach Personen und Sachen aus einer bestimmten Menge.

## 736

### Finden Sie die Fragen

1. Chi è lui? Wer ist er? Er ist mein Bruder.
2. Che cosa ti serve? Was brauchst du? Ich brauche ein schärferes Messer.
3. Qual è il tuo cappello? Welcher ist dein Hut? Mein Hut ist jener rote.
4. A chi l'hai detto? Wem hast du es gesagt? Ich habe es Luisa gesagt.
5. Di chi è questa casa? Wem gehört dieses Haus? Es ist das Haus meiner Mutter.
6. Chi ha scritto «la Divina Commedia»? Wer hat „Die göttliche Komödie" geschrieben? Dante hat „Die göttliche Komödie" geschrieben.
7. Di che cosa avete parlato? Wovon habt ihr gesprochen? Wir haben vom gestrigen Film gesprochen.

## 737

### A Como

Anna: *Che bellissima città! Abbiamo fatto bene a venirci. Il duomo mi è piaciuto molto.*
Giulio: *Era abbastanza bello. Perché non andiamo adesso al lago a fare il bagno?*
Anna: *Mi sono già stupita di te, aspettavo prima questa domanda.*

## 738

### Giuseppe Garibaldi

Lui nacque il 4 luglio 1807 a Nizza marittima. Morì il 2 giugno 1882 a Caprera. Aveva una passione per il mare. Comandava una nave propria quando nel 1833 decise di offrirsi alla causa nazionale. Dopo una rivolta fallita fu condannato a morte e dovette fuggire. Viveva in Sudamerica, dove partecipò ad alcune guerre d'indipendenza. Le sue due campagne militari in Italia fecero fiasco. Così nel 1849 cominciò il suo secondo esilio.

*Con quale azione militare diventò famoso?*

## 737

### In Como

Anna: Was für eine wunderschöne Stadt! Wir haben gut daran getan, hierhinzufahren. Der Dom hat mir sehr gefallen.

Giulio: Er war recht schön. Warum gehen wir jetzt nicht zum See und baden?

Anna: Ich habe mich schon über dich gewundert; ich hatte diese Frage schon viel eher erwartet.

| | |
|---|---|
| venire [ve'ni:re] | kommen |
| il duomo ['duɔ:mo] | Dom |
| perché [per'ke] | weshalb, darum, weil, deswegen |
| il lago ['la:go] | See, Lache |
| fare il bagno ['baɲɲo] | baden |
| stupirsi [stu'pi:rsi] | sich wundern, staunen |
| aspettare [aspet'ta:re] | warten auf, erwarten |

## 738

### Giuseppe Garibaldi

Er wurde am 4. Juli 1807 im Hafengebiet von Nizza geboren. Er starb am 2. Juni 1882 in Caprera. Das Meer war seine Leidenschaft. Er kommandierte ein eigenes Schiff, als er sich 1833 entschloß, sich der nationalen Sache anzubieten. Nach einem gescheiterten Aufstand wurde er zum Tode verurteilt und mußte fliehen. Er lebte in Südamerika, wo er an einigen Unabhängigkeitskriegen teilnahm. Seine zwei Feldzüge in Italien schlugen fehl. So trat er 1849 sein zweites Exil an. Mit welcher militärischen Aktion wurde er berühmt?

*Mit dem Zug der Tausend*

„La spedizione dei Mille" begann in der Nacht vom 5. auf den 6. Mai 1860. Innerhalb von dreieinhalb Monaten war Sizilien besetzt. Der Zug ging weiter nach Neapel.

## 739

*«La corda troppo tesa*
*si spezza.»*

*Proverbio*

## 740

**Lo sport**

Giulio: *Pronto, Luisa? Hai voglia di accompagnarci al campo sportivo? Vogliamo giocare un po' al tennis.*

Luisa: *No, non ci vengo. Lo sport in generale non mi piace e del tennis so soltanto che si gioca con racchetta e palla, ma questo si fa con molti tipi di sport.*

## 739

„Das zu sehr gespannte Seil zerreißt." (Man soll den Bogen nicht überspannen.) – Italienisches Sprichwort

GRAMMATIK

### L'imperativo – Imperativ

| **comprare** (kaufen) | **vedere** (sehen) | **finire** (enden) |
|---|---|---|
| compra (kaufe!) | vedi (sehe!) | finisci (hör auf!) |
| compri | veda | finisca |
| compriamo | vediamo | finiamo |
| comprate | vedete | finite |
| comprino | vedano | finiscano |

▷ Den Imperativ der ersten Person Singular (ich) gibt es nicht.

▷ Wird der Imparativ der zweiten Person Singular (du) verneint, steht nach dem non der reine Infinitv: Non farlo! – Tue es nicht!

## 740

### Sport

Giulio: Hallo, Luisa? Hast du Lust, uns auf den Sportplatz zu begleiten? Wir wollen etwas Tennis spielen.

Luisa: Nein, ich komme nicht mit. Sport im allgemeinen gefällt mir nicht, und vom Tennis weiß ich nur, daß man es mit Schläger und Ball spielt; aber das macht man bei vielen Sportarten.

| | |
|---|---|
| lo sport [spɔrt] | Sport |
| accompagnare [akkompaɲ'ɲa:re] | begleiten, beifügen |
| il campo ['kampo] | Feld, Platz, Gebiet |
| giocare [dʒo'ka:re] | spielen |
| generale [dʒene'ra:le] | allgemein, gesamt |
| la racchetta [rak'ketta] | Tennisschläger |
| la palla ['palla] | Ball, Kugel |

## 741

### Visita ai genitori

Mamma: *Pronto, Laura? Allora quando venite a trovarci?*
Laura: *Veniamo sabato verso le dieci.*
Mamma: *Benissimo. Restate qui almeno due giorni?*
Laura: *Purtroppo sabato sera dobbiamo rientrare. Sandro ha urgenti impegni di lavoro.*
Mamma: *Così poco! Che peccato!*

## 742

### Il nuovo CD

Rosa: *Hai già sentito il nouvo CD di Gianna Nannini?*
Laura: *No, com'è?*
Rosa: *Per me è il migliore che abbia inciso fino ad ora.*
Laura: *Me lo fai sentire?*
Rosa: *Volentieri. Perché non passi da me domani sera?*

## 741

### Besuch bei den Eltern

| | |
|---|---|
| Mutter: | Hallo, Laura? Wann kommt ihr uns besuchen? |
| Laura: | Wir kommen Samstag, gegen zehn Uhr. |
| Mutter: | Sehr gut. Bleibt ihr wenigstens zwei Tage hier? |
| Laura: | Leider müssen wir Samstag abend wieder zurück. Sandro hat dringende geschäftliche Termine. |
| Mutter: | So kurz! Wie schade! |

| | |
|---|---|
| venire a trovare [veˈniːre a troˈvaːre] | besuchen |
| verso [ˈvɛrso] | gegen, um |
| almeno [alˈmeno] | wenigstens |
| l'impegno, *m* [imˈpeɲo] | Termin, Verpflichtung |

## 742

### Die neue CD

| | |
|---|---|
| Rosa: | Hast du schon die neue CD von Gianna Nannini gehört? |
| Laura: | Nein, wie ist sie? |
| Rosa: | Für mich ist sie die beste, die sie bis jetzt herausgebracht hat. |
| Laura: | Darf ich sie hören? |
| Rosa: | Gern. Warum kommst du nicht morgen abend bei mir vorbei? |

| | |
|---|---|
| già [dʒa] | schon |
| il migliore [miˈʎoːre] | beste |
| incidere [inˈtʃiːdere] | aufnehmen, herausbringen |
| passare [pasˈsaːre] | vorbeigehen, verbringen |

ESERCIZIO

## Setzen Sie ins Perfekt

Rosa si alza, apre le persiane della camera da letto, va in cucina e beve un caffè. Poi si toglie il pigiama, si lava e si veste. Esce di casa e va a fare spese. Prende la macchina per andare in centro.



## Un Fax

Rosa: *Sai, Laura, ho mandato un Fax ad Aldo. Da un'ora cerco di telefonargli, ma lui non è mai nel suo ufficio.*

Laura: *Credi che così ti risponderà piu in fretta?*

Rosa: *Non lo so, ma d'altronde avrà così la lista di quello che deve comprare al supermercato stasera.*

## 743

### Perfekt

Rosa si **è alzata, ha aperto** le persiane della camera da letto, **è andata** in cucina e **ha bevuto** un caffè. Poi si **è tolto** il pigiama, si **è lavata** e si **è vestita. È uscita** di casa ed **è andata** a fare spese. **Ha preso** la macchina per andare in centro.

Rosa **ist aufgestanden, hat** die Fensterläden im Schlafzimmer **aufgemacht, ist** in die Küche **gegangen** und **hat** einen Kaffee **getrunken**. Dann **hat** sie ihren Pyjama **ausgezogen,** sich **gewaschen** und **angezogen**. Sie **hat** das Haus **verlassen** und **ist** einkaufen **gegangen.** Sie **hat** den Wagen **genommen**, um ins Zentrum zu fahren.

## 744

### Ein Fax

| | |
|---|---|
| Rosa: | Laura, ich habe Aldo ein Fax gesendet. Seit einer Stunde versuche ich ihn telefonisch zu erreichen, aber er ist nie in seinem Büro. |
| Laura: | Glaubst du, daß er sich so schneller melden wird? |
| Rosa: | Ich weiß es nicht, aber auf jeden Fall hat er so die Liste, was er heute abend im Supermarkt kaufen soll. |

| | |
|---|---|
| mandare [man'da:re] | senden |
| l'ora, *f* ['o:ra] | Stunde |
| mai [ma:i] | niemals |
| in fretta ['fretta] | in Eile |
| d'altronde [dal'tronde] | andererseits |

## 745

### Ai ferri

Giulio: *Perché non cuociamo sulla griglia stasera?*

Anna: *Con questo gran caldo vuoi fare un fuoco? Sei proprio matto! Io non so come rinfrescarmi e tu pensi di fare anche un fuoco.*

Giulio: *Ma ha un sapore tanto buono.*

## 746

### La posta

In Italia i francobolli si comprano o dai tabaccai o alla posta. Una lettera per la Germania deve essere affrancata con 750 lire, una cartolina con 650 lire. Per l'indicazione del luogo si scrive o Repubblica Federale Tedesca, abbreviata R. F. T., o semplicemente Germania. Delle cassette postali si trovano quasi dappertutto. La Repubblica di San Marino e lo Stato della Città del Vaticano vendono dei propri francobolli.

*Che preposizione si usa per il tedesco «an» sulle buste?*

## 745

### Auf dem Grill

| | |
|---|---|
| Giulio: | Warum grillen wir heute abend nicht? |
| Anna: | Bei dieser Hitze willst du ein Feuer machen? Du bist wirklich verrückt! Ich weiß nicht, wie ich mich abkühlen soll, und du willst auch noch ein Feuer machen. |
| Giulio: | Aber es schmeckt so gut. |

| | |
|---|---|
| i ferri ['fɛrri] | Grill, Rost |
| la griglia ['griʎʎa] | Grill, Rost, Gitter |
| il caldo ['kaldo] | Wärme, Hitze |
| il fuoco ['fuɔ:ko] | Feuer, Flamme |
| rinfrescare [rinfres'ka:re] | abkühlen, auffrischen |
| il sapore [sa'po:re] | Geschmack |
| avere un sapore di qc [a've:re] | schmecken nach |

## 746

### Die Post

In Italien kauft man Briefmarken entweder beim Tabakwarenverkäufer oder bei der Post. Ein Brief nach Deutschland muß mit 750 Lire frankiert werden, eine Postkarte mit 650 Lire (Stand: 1992). Als Ortsangabe schreibt man entweder Bundesrepublik Deutschland, abgekürzt BRD, oder einfach Deutschland. Briefkästen findet man fast überall. Die Republik San Marino und der Vatikanstaat geben eigene Briefmarken aus. Welche Präposition gebraucht man für das deutsche „an" auf Briefumschlägen?

*per*

Manchmal sieht man das „per" durch das Malzeichen X (gesprochen im Italienischen: per) ersetzt, oft wird „per" dann noch in das Zeichen geschrieben:

## 747

### Le vetrine

Rosa e Laura si incontrano al centro, loro fanno un giro per i negozi e così vedono se trovano qualcosa di carino e a buon mercato. Loro vorrebbero qualcosa di elegante e pratico da mettersi durante le vacanze. Non è facile perché le cose belle costano molto e le cose pratiche non sono eleganti.

## 748

### Fumo

Mentre in molti paesi del mondo i fumatori registrano una costante diminuzione, l'italiano sembra faticare a liberarsi dal tabacco. Secondo i dati della commissione sanitaria della Comunità Europea il consumo del tabacco è in discesa negli altri paesi. I fumatori italiani sono stimati in una cifra oscillante tra i sedici e i ventuno milioni. In Italia la legge è tollerante con il fumo e quindi si fuma molto. Il legislatore trova più popolare essere tollerante.

*Quanti italiani fumano più di un pacchetto al giorno?*

## 747

### Schaufenster

Rosa und Laura treffen sich im Zentrum der Stadt, sie machen einen Rundgang durch die Geschäfte, um zu sehen, ob sie etwas Schönes und Preiswertes finden. Sie möchten etwas Elegantes und Praktisches zum Anziehen während des Urlaubs. Das ist nicht einfach, weil die schönen Sachen teuer sind und die praktischen nicht elegant.

| | |
|---|---|
| incontrarsi [iŋkonˈtrarsi] | sich treffen |
| il negozio [neˈgɔːtsio] | Geschäft |
| carino [kaˈriːno] | hübsch, nett |
| buon mercato [buˈɔn merˈkaːto] | billig |
| durante [duˈrante] | während |

## 748

### Rauchen

Während in vielen Ländern der Erde die Zahl der Raucher kontinuierlich abnimmt, scheint der Italiener Mühe damit zu haben, sich vom Tabak zu trennen. Daten der EG-Gesundheitskommission zufolge sinkt der Tabakkonsum in den anderen Ländern. Die italienischen Raucher schätzt man auf eine Zahl, die zwischen 16 und 21 Millionen schwankt. In Italien ist das Gesetz tolerant dem Raucher gegenüber, deswegen wird viel geraucht. Der Gesetzgeber hält es für populärer, tolerant zu sein. Wieviele Italiener rauchen mehr als ein Päckchen Zigaretten am Tag?

*Sechs Millionen*

## 749

### L'abito da sera

Anna: *Giulio, vedi!*
Giulio: *Fantastico! Sembri una principessa!*
Anna: *Questo abito da sera, l'ho comprato per il ballo che darà il tuo capo. Tu, come ti vesti?*
Giulio: *Quale ballo? Oh no, purtroppo mi ricordo, siamo invitati. Ci devo andare?*

## 750

*«L'uomo non pensa mai all'avvenire, se non quando gli dà noia il presente.»*

*F. Algarotti*

## 749

### Das Abendkleid

| | |
|---|---|
| Anna: | Giulio, schau mal! |
| Giulio: | Toll! Du siehst aus wie eine Prinzessin! |
| Anna: | Dieses Abendkleid habe ich mir für den Ball gekauft, den dein Chef geben wird. Was ziehst du an? |
| Giulio: | Welcher Ball? Oh nein, jetzt erinnere ich mich leider, wir sind eingeladen. Muß ich dorthingehen? |

| | |
|---|---|
| l'abito, *m* ['a:bito] | Kleidung, Gewand |
| fantastico, -a [fan'tastiko] | phantastisch |
| la principessa [printʃi'pessa] | Prinzessin, Fürstin |
| il ballo ['ballo] | Tanz, Ball, Tanzfest |
| dare ['da:re] | geben, veranstalten |
| vestirsi [ves'ti:rsi] | sich anziehen |
| invitare [invi'ta:re] | einladen, auffordern |

## 750

„Der Mensch denkt nie an die Zukunft, es sei denn, ihn langweile die Gegenwart." – Francesco Algarotti (1712–1764), italienischer Schriftsteller

GRAMMATIK

### Il congiuntivo presente – Konjunktiv Präsens

| **comprare** (kaufen) | **vedere** (sehen) | **finire** (enden) |
|---|---|---|
| compri | veda | finisca |
| compri | veda | finisca |
| compri<br>(er kaufe) | veda<br>(er sehe) | finisca<br>(er ende) |
| compriamo | vediamo | finiamo |
| compriate | vediate | finiate |
| comprino | vedano | finiscano |

**avere:** abbia abbia abbia abbiamo abbiate abbiano
**essere:** sia sia sia siamo siate siano

## 751

### Dal barbiere

Giulio: *Per favore, mi fa una bella pettinatura, devo fare bella figura, il mio capo mi ha invitato.*

Barbiere: *Non si preoccupi, me ne occupo io! Vuole anche una rasatura?*

Giulio: *Sì, un po' di lusso non può fare male nella mia situazione.*

## 752

### ESERCIZIO

**Antworten Sie wie im Beispiel**

*Hai voluto parlare a Sandro? – Sì, ho voluto parlargli.*

1. Sei andato a vedere la Traviata?
2. Hai potuto trovare Rosa?
3. Avete potuto avere i biglietti?
4. Hai dovuto vedere il capufficio?
5. Siete andati a vedere la partita di calcio?
6. Vai a prendere i giornali?

## 751

### Beim Friseur

Giulio: Bitte, machen Sie mir eine schöne Frisur, ich muß einen guten Eindruck machen, mein Chef hat mich eingeladen.

Friseur: Keine Sorge, darum kümmere ich mich! Wünschen Sie auch eine Rasur?

Giulio: Ja, ein wenig Luxus kann in meiner Situation nicht schaden.

| | |
|---|---|
| il barbiere [bar'biɛ:re] | (Herren)friseur |
| il favore [fa'vo:re] | Wohlwollen, Gefallen |
| per favore [per] | bitte |
| la pettinatura [pettina'tu:ra] | Frisur |
| la figura [fi'gu:ra] | Form, Aussehen, Erscheinung |
| la rasatura [rasa'tu:ra] | Rasur |
| il lusso ['lusso] | Luxus |

## 752

### Die Antworten

1. Sì, sono andato a vederla.
2. Sì, ho potuto trovarla.
3. Sì, abbiamo potuto averli.
4. Sì, ho dovuto vederlo.
5. Sì, siamo andati a vederla.
6. Sì, vado a prenderli.

Beispiel: Wolltest du Sandro sprechen? – Ja, ich wollte ihn sprechen.

1. Bist du dir „La Traviata“ ansehen gegangen?
2. Hast du Rosa finden können?
3. Habt ihr die Karten bekommen?
4. Mußtest du zum Chef gehen?
5. Seid ihr euch das Fußballspiel ansehen gegangen?
6. Holst du die Zeitungen?

# 753

ESERCIZIO

## Completetare con il congiuntivo

1. Lo dico perché tu mi ______________ (capire).
2. Prima che noi ______________ (cominciare), dobbiamo chiarirlo.
3. Senza che loro lo ______________ (sapere), non possiamo fare niente.
4. Benché io non ______________ (avere) tempo, ti aspetterò.
5. Ho paura che voi __________ (essere) in ritardo.
6. Non conosco nessuno che mi __________ (aiutare).
7. Spero che loro __________ (avere) tutto.

# 754

## Giocare al lotto

Sandro: *Giochi al lotto, Aldo?*
Aldo: *No, perché so che sono soldi spesi male.*
Sandro: *Ma devi sfidare la fortuna! Se non giochi, non puoi vincere.*
Aldo: *No, non sono del tuo parere, io vinco ogni settimana la somma della schedina!*

## 753

### Vervollständigen Sie mit dem Konjunktiv

1. Lo dico perché mi **capisca**. Ich sage es, damit du mich verstehst.
2. Prima che noi **cominciamo**, dobbiamo chiarirlo. Bevor wir anfangen, müssen wir es klären.
3. Senza che loro lo **sappiano**, non possiamo fare niente. Ohne daß sie es wissen, können wir nichts tun.
4. Benché io non **abbia** tempo, ti aspetterò. Obwohl ich keine Zeit habe, werde ich auf dich warten.
5. Ho paura che voi **siate** in ritardo. Ich fürchte, ihr kommt zu spät.
6. Non conosco nessuno che mi **aiuti**. Ich kenne niemanden, der mir hilft.
7. Spero che loro **abbiano** tutto. Ich hoffe, sie haben alles.

## 754

### Lottospielen

Sandro: Spielst du Lotto, Aldo?
Aldo: Nein, weil ich weiß, daß das schlecht ausgegebenes Geld ist.
Sandro: Aber du mußt das Glück herausfordern! Wenn du nicht spielst, gewinnst du auch nicht.
Aldo: Nein, ich bin nicht deiner Meinung; ich gewinne jede Woche die Gebühren für einen Lottoschein!

| | |
|---|---|
| giocare [dʒoˈkaːre] | spielen |
| i soldi, *m pl* [ˈsɔldi] | Geld |
| sfidare [sfiˈdaːre] | herausfordern |
| il parere [paˈreːre] | Meinung |
| vincere [ˈvintʃere] | gewinnen |

## 755

### Il ballo

Stasera c'è il ballo per il cinquantesimo anniversario della ditta per cui Giulio lavora. C'è un buffet freddo che fa venire l'acquolina in bocca. Perché la musica non è tanto terribile come Giulio ha temuto, lui ed Anna ballano per tutta la serata. Cessano di ballare soltanto per bere o mangiare qualcosa.

## 756

### La grotta dell'Angelo

Nel 1897 si fecero ricerche scientifiche nella grotta. Risultò che la grotta fu abitata con la costruzione di palafitte nel neolitico. Ebbe abitatori nell'età del bronzo e del ferro. Verso la metà dell'XI secolo vi cominciò il culto cristiano, la grotta venne consacrata a San Michele. Le gallerie esplorate, lunghe 2560 m, sono di interesse particolare per un corso d'acqua interno e la varietà e la ricchezza delle concrezioni.

*Dove si trova la grotta?*

## 755

### Der Ball

Heute abend ist der Ball zum fünfzigjährigen Bestehen der Firma, für die Giulio arbeitet. Es gibt ein kaltes Buffet, das einem das Wasser im Mund zusammenlaufen läßt. Weil die Musik nicht so schrecklich ist, wie Giulio befürchtet hat, tanzen er und Anna den ganzen Abend lang. Sie hören nur auf zu tanzen, um etwas zu trinken oder zu essen.

| | |
|---|---|
| l'anniversario, *m* [anniver'saːrio] | Jahrestag, Geburtstag |
| la ditta ['ditta] | Firma |
| freddo, -a ['freddo] | kalt, kühl |
| la bocca ['bocca] | Mund, Maul |
| far venire a qu l'acquolina in bocca [akkuo'liːna] | jdm den Mund wäßrig machen |
| la serata [se'raːta] | Abend, Abendveranstaltung |

## 756

### Die Engelsgrotte

1897 stellte man wissenschaftliche Forschungen in der Grotte an. Es stellte sich heraus, daß die Grotte in der Jungsteinzeit mit einer Konstruktion von Pfahlbauten bewohnt war. Sie hatte Bewohner in der Bronze- und in der Eisenzeit. Gegen Mitte des 12. Jahrhundert begann dort der christliche Kultus, die Grotte wurde dem heiligen Michael geweiht. Die erforschten Gänge, 2560 Meter lang, sind von besonderem Interesse wegen eines inneren Wasserlaufs und der Vielzahl und Fülle der Konkretionen (von innen nach außen wachsendes Sedimentgestein). Wo befindet sich die Grotte?

*Bei Pertosa, in Kampanien*

Die wohl berühmteste Grotte Italiens ist die Blaue Grotte auf Capri, die nur von See her erreicht werden kann.

## 757

### L'oggetto antico

Giulio: *Non è fantastico? Sono riuscito ad acquistare un oggetto antico. Bellissimo!*

Anna: *Un oggetto antico? Lascia vedermi! Ma, cos'è questo? Vedo soltanto un mucchio di ferro arrugginito.*

Giulio: *Sei proprio un'ignorante! È un modello vecchio di un treno.*

## 758

### Nel parco

Fa un tempo così bello, che Anna e Giulio si sono decisi a fare una passeggiata nei giardini pubblici. Il parco è sovraffollato, vedono anche alcuni che conoscono. L'attrazione di stasera sono due pagliacci, che fanno ridere tutto il pubblico. Anna non può staccarsi da loro, quando vanno a casa li imita per tutta la strada.

## 757

### Die Antiquität

Giulio: Ist es nicht sagenhaft? Mir ist es gelungen, eine Antiquität zu erwerben. Wunderschön!

Anna: Eine Antiquität? Laß mich sehen! Was ist denn das? Ich sehe nur einen Haufen verrostetes Eisen.

Giulio: Du bist wirklich eine Ignorantin! Das ist ein altes Eisenbahnmodell.

| | |
|---|---|
| l'oggetto, *m* [od'dʒɛtto] | Gegenstand, Ding, Sache |
| il mucchio ['mukkio] | Haufen, Menge |
| il ferro ['fɛrro] | Eisen |
| arrugginire [arruddʒi'ni:re] | rosten lassen, rostig machen |
| ignorante [iɲɲo'rante] | ungebildet, unwissend, unfähig |
| il treno ['trɛ:no] | Zug |

## 758

### Im Park

Es ist so schönes Wetter, daß Anna und Giulio beschlossen haben, einen Spaziergang in den öffentlichen Gärten zu machen. Der Park ist überfüllt; sie sehen auch einige Leute, die sie kennen. Die Attraktion des heutigen Abends sind zwei Clowns, die das ganze Publikum zum Lachen bringen. Anna kann sich nicht von ihnen losreißen; als sie nach Hause gehen, macht sie sie den ganzen Weg lang nach.

| | |
|---|---|
| il parco ['parko] | Park |
| sovraffollato, -a [sovraffol'la:to] | überfüllt |
| l'attrazione, *f* [attrat'tsio:ne] | Attraktion, Anziehung |
| il pagliaccio [paʎ'ʎattʃo] | Clown, Narr |
| ridere ['ri:dere] | lachen |
| staccarsi [stak'ka:rsi] | sich trennen, sich lösen |
| imitare [imi'ta:re] | nachahmen, nachmachen |

## 759

ESERCIZIO

### Congiuntivo oppure indicativo?

1. È probabile che Anna lo ______________ (incontrare).
2. Giulio crede che Anna ________ (essere) in ritardo.
3. Anna dice che lo ______________ (vedere) spesso.
4. Perché ______________ (piovere) non ci andiamo.
5. Permetti che io ______________ (aprire) la finestra?
6. Mi meraviglio che lui __________ (mangiare) tanto.
7. Supposto che lui la ______________ (visitare), cosa facciamo?
8. È sicuro che lui ______________ (venire) oggi.

## 760

### La festa

A casa di Laura oggi c'è una festa e ci sono molti amici e conoscenti.

Sandro: *È vero che va via da qui, signor Marchi?*
Sg. Marchi: *Sì, la prossima settimana vado a Torino per lavoro.*
Sandro: *E la Sua famiglia?*
Sg. Marchi: *Rimane ancora qui a Roma.*
Sandro: *Allora buona fortuna!*

## 759

### Konjunktiv oder Indikativ?

1. È probabile che Anna lo **incontri.** Es ist wahrscheinlich, daß Anna ihn trifft.
2. Giulio crede che Anna **sia** in ritardo. Giulio glaubt, daß Anna sich verspätet.
3. Anna dice che lo **vede** spesso. Anna sagt, daß sie ihn oft sehe.
4. Perché **piove** non ci andiamo. Weil es regnet, gehen wir nicht dorthin.
5. Permetti che **apra** la finestra? Erlaubst du, daß ich das Fenster öffne?
6. Mi meraviglio che lui **mangi** tanto. Ich wundere mich, daß er so viel ißt.
7. Supposto che lui la **visiti**, cosa facciamo? Vorausgesetzt, daß er sie besucht, was tun wir dann?
8. È sicuro che lui **viene** oggi. Es ist sicher, daß er heute kommt.

## 760

### Das Fest

Zu Hause bei Laura ist heute ein Fest, und viele Freunde und Bekannte sind da.

| | |
|---|---|
| Sandro: | Ist es wahr, daß Sie von hier weggehen, Herr Marchi? |
| H. Marchi: | Ja, nächste Woche gehe ich nach Turin, um dort zu arbeiten. |
| Sandro: | Und Ihre Familie? |
| H. Marchi: | Sie bleibt noch hier in Rom. |
| Sandro: | Dann viel Glück! |

| | |
|---|---|
| il conoscente [konoʃ'ʃɛnte] | Bekannter |
| andare via ['viːa] | weggehen |
| la settimana [setti'maːna] | Woche |
| ancora [aŋ'koːra] | noch |

## 761

### Il tappeto

Anna: *Devo mettere una questione sul tappeto! Sei stato tu che hai fatto questa macchia nel mio tappeto persiano?*

Giulio: *Mi riconosco colpevole, sono stato io. Ma ti prometto, se prima o poi vincerò al tappeto verde ti comprerò un tappeto nuovo.*

## 762

### L'ondata di caldo

Anna: *Lo hai sentito? Alla radio hanno detto che questo caldo continuerà. È probabile che questa estate sia la più calda del secolo.*

Giulio: *Spero che abbiamo abbastanza acqua, già normalmente non basta, per fortuna andiamo all'estero.*

## 761

### Der Teppich

Anna: Ich muß eine Frage aufs Tapet bringen! Warst du das, der diesen Fleck auf meinem Perserteppich gemacht hat?

Giulio: Ich bekenne mich schuldig, ich bin es gewesen. Aber ich verspreche dir, wenn ich irgendwann einmal am Spieltisch gewinnen werde, werde ich dir einen neuen Teppich kaufen.

| | |
|---|---|
| il tappeto [tap'pe:to] | Teppich |
| mettere una questione sul tappeto [kues'tio:ne] | eine Frage aufs Tapet bringen |
| la macchia ['makkia] | Fleck, Sprenkel |
| persiano, -a [per'sia:no] | persisch, Perser- |
| colpevole [kol'pe:vole] | schuldig, schuldhaft |
| prima o poi [pɔ:i] | früher oder später |
| il tappeto verde ['verde] | Spieltisch |

## 762

### Hitzewelle

Anna: Hast du gehört? Im Radio haben sie gesagt, daß diese Hitze andauern wird. Es ist wahrscheinlich, daß dieser Sommer der heißeste des Jahrhunderts wird.

Giulio: Ich hoffe, wir haben genügend Wasser; schon normalerweise reicht es nicht; zum Glück fahren wir ins Ausland.

| | |
|---|---|
| l'ondata, *f* [on'da:ta] | Sturzwelle, Welle |
| il caldo ['kaldo] | Hitze, Wärme |
| la radio ['ra:dio] | Rundfunk |
| l'estate, *f* [es'ta:te] | Sommer |
| il secolo ['sɛ:kolo] | Jahrhundert, Welt |
| la fortuna [for'tu:na] | Schicksal, Glück |
| l'estero, *m* ['ɛstero] | Ausland |

## 763

### L'albero

Davanti alla casa di Anna c'è un bellissimo mandorlo. Per dir la verità, adesso, con questo caldo, non è una bella vista. Perciò Anna prega il portiere di annaffiarlo. Lui lo fa subito, dice che quest'albero piace tanto anche a lui. Lui è cresciuto nei pressi di Naro, in Sicilia, e questo mandorlo gli fa ricordare il suo paese natale.

## 764

### Tiramisù

*Ingredienti: 500 g di mascarpone, 3 uova, 4 cucchiaiate di zucchero, 3 cucchiaiate di liquore all'uovo, 1 scatola di savoiardi, espresso, polvere di cacao*

Intingere i savoiardi nell'espresso freddo. Battere a schiuma i tuorli e lo zucchero. Aggiungerci il mascarpone, il liquore e il bianco dell'uovo montato. Riempire una forma bassa a turno con savoiardi e crema. Mettere in fresco per cinque ore. Cospargere di cacao.

*Cosa significa «tiramisù»?*

## 763

### Der Baum

Vor Annas Haus steht ein wunderschöner Mandelbaum. Allerdings ist er bei dieser Hitze kein schöner Anblick. Deshalb bittet Anna den Pförtner, ihn zu gießen. Er macht es sofort, er sagt, daß der Baum auch ihm so gut gefiele. Er ist in der Nähe von Naro, auf Sizilien, aufgewachsen, und dieser Mandelbaum erinnert ihn an sein Heimatdorf.

| | |
|---|---|
| l'albero, *m* ['albero] | Baum |
| il mandorlo ['mandorlo] | Mandelbaum |
| la vista ['vista] | Sicht, Aussicht, Augenlicht |
| annaffiare [annaf'fia:re] | wässern, gießen, sprengen |
| crescere ['kreʃʃere] | wachsen, aufziehen |
| ricordare [rikor'da:re] | sich erinnern, erinnern |
| natale [na'ta:le] | Geburts-, Heimat- |

## 764

### Tiramisu

*Zutaten: 500 g Mascarpone, 3 Eier, 4 Eßlöffel Zucker, 3 Eßlöffel Eierlikör, 1 Packung Löffelbiskuits, Espresso, Kakaopulver*

Die Löffelbiskuits in den kalten Espresso eintunken. Die Eigelbe und den Zucker schaumig schlagen. Den Mascarpone, den Likör und das geschlagene Eiweiß hinzufügen. Eine flache Form abwechselnd mit Löffelbiskuits und Creme auffüllen. Fünf Stunden lang kühl stellen. Mit Kakao bestreuen. Was bedeutet „Tiramisù"?

*„Richte bzw. bau mich auf!"*

Wer keinen Eierlikör mag, kann ihn auch gut durch Amaretto ersetzen.

## 765

ESERCIZIO

### Legare le due frasi

1. Cerco un libro. Il libro dev'essere scritto in italiano.
2. Piove a catinelle. Nonostante ciò andiamo fuori.
3. Non l'ho mai visto. Almeno lo penso.
4. Giulio è molto contento. Anna lo ha invitato.
5. La bambina va alla spiaggia. La madre lo permette.
6. Leggevo un libro. All'improvviso lui è entrato.

## 766

### Il Gandhi della Sicilia

Nato nel 1924 a Sesana presso Trieste, smise di studiare architettura e andò nel 1952 a Trappeto, un paese di pescatori vicino a Palermo. Da qui realizzò il suo progetto di aiutare i più poveri dei poveri. Organizzò «scioperi opposti», una dimostrazione per il diritto al lavoro. Aprì cooperative dove i contadini imparavano a economizzare in collettività. Fondò scuole accessibili per tutti. È tuttora rimasto un lottatore e un uomo solitario.

*Chi è?*

## 765

### Verbinden Sie die beiden Sätze

1. Cerco un libro che sia scritto in italiano. Ich suche ein Buch, das in Italienisch geschrieben ist.
2. Sebbene piova a catinelle andiamo fuori. Obwohl es Bindfäden regnet, gehen wir außer Haus.
3. Penso che non lo abbia mai visto. Ich denke, daß ich es nie gesehen habe.
4. Giulio è molto contento che Anna lo abbia invitato. Giulio freut sich sehr darüber, daß Anna ihn eingeladen hat.
5. La madre permette che la bambina vada alla spiaggia. Die Mutter erlaubt, daß das Mädchen an den Strand geht.
6. Leggevo un libro quando lui è entrato all'improvviso. Ich las ein Buch, als er plötzlich eingetreten ist.

## 766

### Der Gandhi Siziliens

Er wurde 1924 in Sesana bei Triest geboren, gab sein Architekturstudium auf und ging 1952 nach Trappeto, einem Fischerdorf in der Nähe von Palermo. Von hier aus verwirklichte er seinen Plan, den Ärmsten der Armen zu helfen. Er organisierte „Umgekehrte Streiks", eine Demonstration für das Recht auf Arbeit. Er initiierte Kooperativen, in denen Bauern lernten, gemeinschaftlich zu wirtschaften. Er gründete Schulen, die allen zugänglich waren. Er ist bis heute ein Kämpfer und Einzelgänger geblieben. Wer ist er?

*Danilo Dolci*

## 767

### Il computer

Laura: *Finirò per odiare lo sport, tutte le domeniche devi andare a fare il tifo per la tua stupida squadra.*

Sandro: *Hai ragione, ho davvero avuto la sensibilità di un computer, perdonami!*

Laura: *Sì. Sei un computer capace di pentirsi. Dove lo trovo un altro come te?!*

## 768

### Il negozio di giocattoli

Laura vede dietro una vetrina di un negozio di giocattoli, una signora incerta davanti ad uno scaffale pieno di giocattoli. Dopo aver messo tutto sossopra, la signora se ne va. Non è certamente facile decidersi tra tutti questi articoli.

## 767

### Der Computer

Laura: Ich werde den Sport noch hassen, jeden Sonntag mußt du deine dumme Mannschaft anfeuern gehen.

Sandro: Du hast recht, ich habe die Einfühlsamkeit eines Computers gehabt, verzeih mir!

Laura: Ja. Du bist ein Computer, der in der Lage ist zu bereuen. Wo finde ich nochmals so einen wie dich?!

| | |
|---|---|
| odiare [odiˈaːre] | hassen |
| il tifo [ˈtiːfo] | Sportleidenschaft |
| ragione [raˈdʒoːne] | recht |
| capace [kaˈpaːtʃe] | fähig |
| pentirsi [penˈtirsi] | bereuen |

## 768

### Der Spielzeugladen

Laura sieht durch das Schaufenster eines Spielzeugladens, wie eine Dame unsicher vor einem Regal voller Spielsachen steht. Nachdem sie alles auf den Kopf gestellt hat, geht die Dame. Es ist gewiß nicht einfach, sich bei so vielen Artikeln zu entscheiden.

| | |
|---|---|
| la vetrina [veˈtriːna] | Schaufenster |
| il giocattolo [dʒoˈkattolo] | Spielzeug |
| incerto [inˈtʃɛrto] | unsicher |
| lo scaffale, *m* [skafˈfaːle] | Regal |
| decidersi [deˈtʃiːdersi] | sich entscheiden |

## 769

### Una scottatura

Anna: *Povera Luisa! È troppo bionda!*
Giulio: *Perché? Non mi sembra destare compassione essere bionda.*
Anna: *Per principio hai ragione, ma con questo sole lei s'è bruciata dappertutto. Lei è rossa come un gambero.*

## 770

### Sibilla Aleramo

Sibilla Aleramo (pseudonimo di Rina Faccio) nacque nell'agosto 1876 ad Alessandria (Piemonte). Passò la fanciullezza a Milano, l'adolescenza in un borgo marchigiano, dove si sposò sedicenne. Il matrimonio non fu felice, lei lasciò marito e figlio nel 1902, andò a vivere a Roma. Lì cominciò a scrivere il suo primo romanzo, che uscì nel novembre 1906. Morì il 13 gennaio 1960. Fu anche pubblicato il suo diario.

*Come si chiama il suo primo romanzo?*

## 769

### Ein Sonnenbrand

Anna: Arme Luisa! Sie ist zu blond!
Giulio: Warum? Es kommt mir nicht bedauernswert vor, blond zu sein.
Anna: Im Prinzip hast du recht, aber bei dieser Sonne hat sie sich überall verbrannt. Sie ist krebsrot.

| | |
|---|---|
| la scottatura [skotta'tu:ra] | Verbrennung, Sonnenbrand |
| biondo, -a ['biondo] | blond |
| destare [des'ta:re] | wecken, erwecken |
| la compassione [kompas'sio:ne] | Mitleid, Erbarmen |
| il sole ['so:le] | Sonne |
| bruciarsi [bru'tʃa:rsi] | sich verbrennen |
| il gambero ['gambero] | Krebs |

## 770

### Sibilla Aleramo

Sibilla Aleramo (Pseudonym von Rina Faccio) wurde im August 1876 in Alessandria (Piemont) geboren. Sie verbrachte die Kindheit in Mailand, die Jugend in einem Dorf in den Marken, wo sie mit sechzehn Jahren heiratete. Die Ehe war nicht glücklich, 1902 verließ sie Ehemann und Sohn, sie lebte fortan in Rom. Dort begann sie, ihren ersten Roman zu schreiben, der im November 1906 veröffentlicht wurde. Sie starb am 13. Januar 1960. Auch ihr Tagebuch wurde veröffentlicht. Wie heißt ihr erster Roman?

*Una donna – Eine Frau*

Dieser autobiographisch geprägte Roman war eines der Hauptwerke der frühen Emanzipationsbewegung. Er wurde schon 1908 in viele Sprachen übersetzt.

## 771

### Il volo

Giulio: *Dobbiamo davvero passare le vacanze in un paese tanto lontano? Perché non restiamo in Italia? Mi piacerebbe esplorare la Sardegna.*

Anna: *Ma abbiamo già prenotato il volo.*

Giulio: *Sì, ... ma temo che io abbia paura di volare.*

## 772

ESERCIZIO

### Setzen Sie ins Konditional

*Vieni con me stasera? – Verresti con me stasera?*

1. Voglio andare in Italia.
2. Desidero venire con voi.
3. Sa dirmi dov'è la stazione?
4. Giovanna, hai tempo per me?
5. Puoi aiutarmi un momento?
6. Beviamo volentieri un'aranciata.

## 771

### Der Flug

Giulio: Müssen wir wirklich unsere Ferien in einem so weit entfernten Land verbringen? Warum bleiben wir nicht in Italien? Ich würde gerne Sardinien erforschen.
Anna: Aber wir haben schon den Flug gebucht.
Giulio: Ja, ... aber ich fürchte, ich habe Flugangst.

| | |
|---|---|
| il volo ['vo:lo] | Flug, Fliegen |
| davvero [dav've:ro] | wirklich, tatsächlich |
| lontano, -a [lon'ta:no] | fern, entfernt, weit weg |
| restare [res'ta:re] | bleiben, übrigbleiben |
| esplorare [esplo'ra:re] | erforschen, auskundschaften |
| prenotare [preno'ta:re] | reservieren, buchen |
| la paura [pa'u:ra] | Angst, Furcht |

## 772

### Konditional

1. **Vorrei** andare in Italia.
2. **Desidererei** venire con voi.
3. **Saprebbe** dirmi dov'è la stazione?
4. Giovanna, **avresti** tempo per me?
5. **Potresti** aiutarmi un momento?
6. **Berremmo** volentieri un'aranciata.

Beispiel: Kommst du heute abend mit mir?

1. **Ich will** nach Italien fahren.
2. **Ich möchte** mit euch kommen.
3. **Können Sie** mir sagen, wo der Bahnhof ist?
4. Giovanna, **hast du** Zeit für mich?
5. **Kannst du** mir einen Moment helfen?
6. **Wir trinken** gern eine Orangeade.

## 773

### Nel negozio del pesce

Laura: *In questi ultimi mesi i prezzi del pesce non fanno che aumentare di giorno in giorno.*

Commesso: *Ma che cosa non aumenta di giorno in giorno? Tutti vogliono la sogliola, l'orata, gli scampi, solo pesce di prima qualità, gli altri pesci non li vuole nessuno.*

## 774

### Cibi dietetici pronti da consumare

Come in America, Germania e Francia, anche a Milano da qualche tempo è possibile portarsi a casa un pranzo già cucinato, a basso costo e «tutto salute», basato su ottimali principi dietetici. «L'angolo della natura» - cosi si chiama - vuole essere una tavola calda speciale, che offre carni bianche, piatti di pasta tradizionali, preparati senza grassi, con calorie e proteine in giusta quantità, che nutrono lasciando un senso di leggerezza e digeribilità.

*Qual è la carne bianca?*

## 773

### Im Fischgeschäft

Laura: In den letzten Monaten steigen die Fischpreise von Tag zu Tag.

Verkäufer: Aber was steigt nicht von Tag zu Tag? Alle wollen Seezunge, Goldbrasse, Hummer, nur Fisch der ersten Qualität. Die anderen Fische will niemand.

| | |
|---|---|
| l'ultimo, *m* ['ultimo] | letzte |
| aumentare [aumen'ta:re] | erhöhen |
| tutti ['tutti] | alle |
| solo ['so:lo] | allein |

## 774

### Diät-Fertiggerichte

Wie in Amerika, Deutschland und Frankreich ist es seit einiger Zeit auch in Mailand möglich, ein fertiggekochtes Gericht mit nach Hause zu nehmen, preiswert und „ganz Gesundheit", nach optimalen Diätgrundsätzen zubereitet. „Die Naturecke" – so heißt es – will eine besondere warme Küche sein, die weißes Fleisch, herkömmliche Nudelgerichte, ohne Fett gekocht, anbietet, bei denen Kalorien und Proteine im richtigen Mengenverhältnis zueinander stehen, die nahrhaft und gut verdaulich sind und ein Gefühl der Leichtigkeit hinterlassen. Was ist weißes Fleisch?

*Kalbfleisch, Huhn*

## 775

*«Corpo sazio*
*non crede a digiuno.»*

*Proverbio*

## 776

**Mal di testa**

Aldo: *Dove vai, Rosa?*
Rosa: *Vado a telefonare a Laura, è malata.*
Aldo: *Che cos'ha?*
Rosa: *Non si sa ancora. Ha la febbre e mal di testa.*
Aldo: *Oh, mi dispiace molto! Tanti saluti e auguri da parte mia!*

## 775

„Ein satter Körper glaubt nicht an den Hunger." (Ein voller Bauch glaubt nicht an den Hunger.) – Italienisches Sprichwort

GRAMMATIK

### I pronomi dimostrativi – hinweisende Fürwörter

Mit Substantiv verbunden stehen:

▷ questo, questa – dies:
quest'anello (dieser Ring), queste cose (diese Sachen); normalerweise Besitz des Sprechenden gemeint.

▷ codesto, codesta – dies:
codesto anello (dieser Ring), codeste cose (diese Sachen); selten gebraucht, Besitz des Angesprochenen gemeint.

▷ quel, quella – jener:
quell'anello (jener Ring), quello strumento (jenes Werkzeug), quegli anelli (jene Ringe), quelle cose (jene Sachen); Besitz einer dritten Person gemeint.

## 776

### Kopfschmerzen

Aldo: Wohin gehst du, Rosa?
Rosa: Ich rufe Laura an, sie ist krank.
Aldo: Was hat sie?
Rosa: Man weiß es noch nicht. Sie hat Fieber und Kopfschmerzen.
Aldo: Oh, das tut mir sehr leid! Viele Grüße und alles Gute von mir.

| | |
|---|---|
| malato [ma'la:to] | krank |
| ancora [aŋ'ko:ra] | noch |
| la febbre ['fɛbbre] | Fieber |
| l'augurio, *m* [au'gu:rio] | Glückwunsch, guter Wunsch |
| da parte mia | von mir, meinerseits |

## 777

### Gli occhiali da sole

Anna: *Che pasticcio! Ho perso i miei occhiali da sole. L'ultima volta, che li ho visti, era in quel bar.*

Giulio: *Ritorniamo e chiediamo se qualcuno li abbia trovati.*

Anna: *Se non li troviamo, mi compro degli altri, ho già in mente alcuni belli.*

## 778

ESERCIZIO

### Chi ha scritto cosa?

| | |
|---|---|
| Giovanni Boccaccio | Il gattopardo |
| Umberto Eco | La storia |
| Oriana Fallaci | A ciascuno il suo |
| Natalia Ginzburg | Il nome della rosa |
| Niccolò Machiavelli | I Malavoglia |
| Elsa Morante | Il principe |
| Giuseppe Tomasi di Lampedusa | Lettera a un bambino mai nato |
| Leonardo Sciascia | Lessico familiare |
| Giovanni Verga | Il Decamerone |

## 777

### Die Sonnenbrille

Anna: Was für ein Mist! Ich habe meine Sonnenbrille verloren. Das letzte Mal, daß ich sie gesehen habe, war in dieser Bar.

Giulio: Kehren wir um und fragen wir, ob jemand sie gefunden hat.

Anna: Wenn wir sie nicht finden, kaufe ich mir eine andere; mir schwebt schon eine schöne vor.

| | |
|---|---|
| gli occhiali [ok'kia:li] | Brille |
| il pasticcio [pas'tittʃo] | Pastete, Schlamassel, Pfuscherei |
| perdere ['pɛrdere] | verlieren, verlegen |
| ultimo, -a ['ultimo] | letzter, neuester |
| ritornare [ritor'na:re] | zurückkehren, wiederkehren |
| altro, -a ['altro] | anderer, weiterer |
| la mente ['mente] | Geist, Verstand |

## 778

### Wer hat was geschrieben?

G. Boccaccio – Il Decamerone (Das Decamerone)
U. Eco – Il nome della rosa (Der Name der Rose)
O. Fallaci – Lettera a un bambino mai nato (Brief an ein nie geborenes Kind)
N. Ginzburg – Lessico familiare (Familienlexikon)
N. Machiavelli – Il principe (Der Fürst)
E. Morante – La storia (Die Geschichte)
G. Tomasi di Lampedusa – Il gattopardo (Der Leopard)
L. Sciascia – A ciascuno il suo (Jedem das Seine)
G. Verga – I Malavoglia (Die Malavoglia)

*DIE EXPERTENECKE*

Malavoglia heißt Widerwille, Unwille, es ist der Name einer sizilianischen Fischerfamilie. Zusammen mit «Mastro Don Gesualdo» sollte es der Anfang eines großen Zyklus «I vinti» (Die Besiegten) sein. Es sind die Hauptwerke des verismo, des italienischen Naturalismus.

## 779

### La borsa da viaggio

Ancora Giulio si trova di fronte ad un problema. Deve stivare tutto ciò che vuole portare con sé in viaggio. Facendo le valigie vede subito che così non funziona. Ma quando Anna gli racconta, che lei prende una borsa e uno zaino, lui progetta di comprarsi anche un piccolo zaino e una borsa da viaggio leggera.

## 780

### L'Italia

All'incirca il venticinque percento delle Alpi si trovano su territorio italiano. Il punto più alto è il Monte Bianco, alto 4807 metri. Fin a questo secolo le Alpi erano una barriera che non si poteva superare facilmente. Le altre grandi montagne d'Italia sono gli Appennini, che si estendono dalle Alpi fino al sud della Calabria. Il monte più alto è il Corno Grande (2912). Ogni tanto c'è anche un terremoto in questa regione.

*Come si chiamano i due monti più famosi d'Italia?*

## 779

### Die Reisetasche

Schon wieder steht Giulio vor einem Problem. Er muß all das verstauen, was er auf die Reise mitnehmen möchte. Beim Kofferpacken sieht er sofort, daß es so nicht klappt. Aber als Anna ihm erzählt, das sie eine Tasche und einen Rucksack mitnimmt, plant er, sich auch einen kleinen Rucksack und eine leichte Reisetasche zu kaufen.

| | |
|---|---|
| ancora [aŋˈkoːra] | wieder, schon wieder |
| la fronte [ˈfronte] | Gesicht, Stirn |
| di fronte | gegenüber |
| il problema [proˈblɛːma] | Problem, Schwierigkeit |
| stivare [stiˈvaːre] | (ver)stauen |
| lo zaino [ˈdzaːino] | Rucksack |

## 780

### Italien

Ungefähr 25% der Alpen befinden sich auf italienischem Boden. Der höchste Punkt ist der Montblanc, 4807 Meter hoch. Bis zu diesem Jahrhundert waren die Alpen eine Barriere, die nicht leicht zu überwinden war. Das andere große Gebirge Italiens sind die Apenninen, die sich von den Alpen bis zum Süden Kalabriens erstrecken. Der höchste Berg ist der Corno Grande (2912). Ab und zu gibt es in dieser Gegend auch Erdbeben. Wie heißen die beiden berühmtesten Berge Italiens?

*Vesuv und Ätna*

Neben diesen beiden gibt es noch vier andere tätige Vulkane: Die Phlegräischen Felder bei Neapel, den Stromboli, die Krater auf der Insel Vulcano und die Pantelleria.

## 781

### L'acquisto

Anna: *Avanti, Giulio! Mi hai promesso di accompagnarmi in città. Voglio fare alcuni acquisti prima del viaggio.*

Giulio: *Perché tocca sempre a me fare il portatore?*

Anna: *Perché sei tu che mangi sempre i miei dolci, bevi il mio vino e ti servi delle mie cose!*

## 782

*«Chi confessa il proprio errore, è sulla via della verità.»*

*Proverbio*

## 781

### Der Einkauf

Anna: Auf, Giulio! Du hast mir versprochen, mich in die Stadt zu begleiten. Ich möchte einige Einkäufe vor der Reise machen.
Giulio: Warum muß ich immer der Träger sein?
Anna: Weil du es bist, der immer meine Süßigkeiten ißt, meinen Wein trinkt und meine Sachen benutzt!

| | |
|---|---|
| l'acquisto, *m* [ak'kuisto] | Erwerb, Kauf |
| avanti [a'vanti] | herein, los, vorwärts |
| prima di ['pri:ma] | vorher, zuerst, vor |
| toccare [tok'ka:re] | berühren, erreichen |
| il portatore [porta'to:re] | Träger, Überbringer |
| il dolce ['doltʃe] | Süßspeise, Süßigkeit |
| servirsi [ser'vi:rsi] | dienen, bedienen |

## 782

„Wer den eigenen Fehler eingesteht, ist auf dem Weg zur Wahrheit." – Italienisches Sprichwort

GRAMMATIK

### Das Gerundium

Das Gerundium bezeichnet eine Handlung, die gleichzeitig mit der des Hauptsatzes verläuft. Das Subjekt des Satzes ist zugleich Subjekt des Gerundiums.

Mi salutò **dicendo** che mi aveva aspettato.
Er begrüßte mich **und sagte (dabei)**, er habe mich erwartet.

È caduta malamente **fratturandosi** il braccio.
Sie ist böse gestürzt **und hat sich dabei** den Arm **gebrochen**.

Ci ascoltavano **sorridendo**.
Sie hörten uns **lächelnd** zu.

## 783

### I preparativi per il viaggio

Durante la settimana Aldo e Rosa aspettano il giorno di partenza con impazienza. Rosa si mette a fare i preparativi per il viaggio. Infatti lei deve fare le valigie e vuole anche lasciare la casa in perfetto ordine. Lui deve far controllare la macchina.

## 784

ESERCIZIO

### Übersetzen Sie

Aldo ist in Mailand angekommen. Er ist müde, und deswegen nimmt er ein Taxi, um ins Hotel zu fahren (andare). Aber er vergißt das Gepäck im Taxi. Der Taxifahrer ruft ihn. Aldo nimmt es und tritt ins Hotel ein, wo er ein Einzelzimmer mit Bad bestellt hat. Er nimmt den Zimmerschlüssel und geht schlafen.

## 783

### Reisevorbereitungen

Die ganze Woche lang erwarten Aldo und Rosa mit Ungeduld den Abreisetag. Rosa macht sich daran, die Reisevorbereitungen zu treffen. Sie muß die Koffer packen, und sie will auch das Haus in perfekter Ordnung zurücklassen. Aldo muß den Wagen kontrollieren lassen.

| | |
|---|---|
| aspettare [aspet'ta:re] | warten, erwarten |
| la partenza [par'tɛntsa] | Abfahrt |
| l'impazienza, *f* [impatsi'ɛntsa] | Ungeduld |
| i preparativi, *m* [prepara'ti:vi] | Vorbereitungen |
| il viaggio [vi'addʒo] | Reise |

## 784

### Übersetzung

Aldo è arrivato a Milano. È stanco e perciò prende un tassi per andare in albergo. Ma dimentica i bagagli nel tassi. Il tassista lo chiama. Aldo li prende ed entra in albergo dove ha prenotato una camera singola con bagno. Prende la chiave della camera e va a dormire.

*DIE EXPERTENECKE*

| | |
|---|---|
| Grazie, e a buon rendere! | – Danke, ich werde mich revanchieren! |
| Sono negato per queste cose. | – Ich bin dafür nicht geeignet. |
| Non sono né carne né pesce. | – Sie sind weder Fisch noch Fleisch. |

## 785

### All'aeroporto

Laura e Sandro vanno all'aeroporto per andare a prendere i genitori di Laura, che ritornano dagli Stati Uniti. Sono stati lì in vacanza per due settimane. I genitori trovano ogni volta che l'aereo è il mezzo più comodo e naturalmente più veloce per viaggiare.

## 786

### Il ponte sullo Stretto di Messina

Il ponte sospeso di maggior luce oggi esistente al mondo è di 1418 metri, mentre il ponte sullo Stretto di Messina sarebbe di 3300 metri. Ciò vuol dire che non esiste un precedente tecnico al riguardo. Anche c'è il problema del peso (il ponte di Minami in Giappone pesa sessanta tonnellate al metro, quello sullo Stretto supererà le 100 tonnellate). L'altra soluzione prevede la costruzione di una galleria sub-alveo, cioè scavata sotto i fondali. Il mare qui arriva a una profondità di 250 metri.

*Come si chiamano i due paesi che collegano la terraferma con la Sicilia?*

## 785

### Auf dem Flughafen

Laura und Sandro fahren zum Flughafen, um Lauras Eltern abzuholen, die aus den Vereinigten Staaten zurückkommen. Sie haben dort zwei Wochen Urlaub gemacht. Die Eltern finden jedes Mal, daß das Flugzeug das bequemste und natürlich das schnellste Verkehrsmittel zum Reisen ist.

| | |
|---|---|
| l'aeroporto, *m* [aero'pɔrto] | Flughafen |
| i genitori, *m* [dʒeni'to:ri] | Eltern |
| il mezzo ['mɛddzo] | Verkehrsmittel |
| veloce [ve'lo:tʃe] | schnell |

## 786

### Die Brücke über die Straße von Messina

Die heute weltweit längste Hängebrücke mißt 1418 m, eine Brücke über die Straße von Messina wäre 3300 m lang. Das bedeutet, daß kein technisches Vorbild existiert. Dann gibt es da auch noch das Problem mit dem Gewicht (die Brücke von Minami in Japan wiegt 60 Tonnen je Meter, die über den Stretto wöge mehr als 100 Tonnen). Eine andere Lösung sieht den Bau eines Tunnels unterm Meeresgrund vor. Das Wasser erreicht hier eine Tiefe von 250 Metern. Wie heißen die zwei Städte, die das Festland mit Sizilien verbinden?

*Messina und Villa San Giovanni*

## 787

### All'albergo

Laura e Sandro con Rosa e Aldo passano insieme le loro vacanze. Adesso sono in un albergo vicino ad Agrigento in Sicilia. Il viaggio con la macchina di Aldo è stato comodo, perché hanno fatto il percorso di notte e l'Autostrada del Sole era libera. L'albergo è molto accogliente, moderno e anche vicino al mare.

## 788

### Il tassì

Anna: *Temo che dobbiamo chiamare un tassì per arrivare all'aeroporto. Luisa non ha tempo per portarci lì.*

Giulio: *Niente paura! Faccio subito una prenotazione. Quanto tempo ci vuole per arrivarci?*

Anna: *Non lo so, chiedilo al tassista.*

787

## Im Hotel

Laura und Sandro verbringen ihre Ferien gemeinsam mit Aldo und Rosa. Jetzt sind sie in einem Hotel in der Nähe von Agrigent in Sizilien. Die Reise mit Aldos Wagen war bequem, weil sie nachts gefahren sind und die Autobahn „Autostrada del Sole" frei war. Das Hotel ist sehr gemütlich, modern und liegt auch nahe am Meer.

| | |
|---|---|
| passare [pas'sa:re] | verbringen |
| il viaggio [vi'addʒo] | Reise |
| il percorso [per'korso] | Fahrt |
| accogliente [akko'ʎente] | gemütlich, gastlich |

788

## Das Taxi

Anna: Ich fürchte, wir müssen ein Taxi rufen, um zum Flughafen zu kommen. Luisa hat keine Zeit, uns dorthinzubringen.

Giulio: Kein Problem! Ich mache sofort eine Vorbestellung. Wie lange braucht man, um dorthinzukommen?

Anna: Ich weiß es nicht, frag den Taxifahrer.

| | |
|---|---|
| il tassì [tas'si] | Taxi |
| arrivare [arri'va:re] | gelangen, erreichen |
| l'aeroporto, *m* [aero'pɔrto] | Flughafen |
| portare [por'ta:re] | bringen, fahren |
| subito ['su:bito] | sofort, unmittelbar |
| quanto ['kuanto] | wieviel, was |
| il tassista [tas'sista] | Taxifahrer |

## 789

ESERCIZIO

**Che ore sono?**

## 790

*«Rientran lente dalle liete pesche*
*sette vele latine,*
*e portan seco delle ondate fresche*
*di fraganze marine. . .»*

*Gabriele D'Annunzio*

## 789

### Wie spät ist es?

1. Sono le tre e venti.
2. È mezzanotte. È mezzogiorno. Sono le dodici.
3. Sono le cinque e mezzo.
4. Sono le sei meno un quarto.
5. Sono le otto meno cinque.
6. È l'una e un quarto.
7. Sono le due.
8. Sono le quattro meno dieci.

*DIE EXPERTENECKE*

fare le ore piccole – bis in die frühen Morgenstunden aufbleiben (die kleinen Stunden machen): Sono stanchissimo, ieri sera ho fatto le ore piccole. – Ich bin hundemüde, gestern abend bin ich bis in die frühen Morgenstunden aufgeblieben.

spaccare il minuto – auf die Minute genau sein (die Minute zerschlagen): Questo è un orologio che spacca il minuto. – Dies ist eine Uhr, die auf die Minute genau geht.

## 790

„Sie kommen langsam zurück vom Fischfang, zufrieden unter den sieben leichten Segeln, und bringen aus den kühlen Wellen die duftenden Meeresfrüchte..." – Gabriele D'Annunzio (1863–1938), italienischer Schriftsteller, „Vespro marino" (Der Abend am See)

GRAMMATIK

### Der Infinitiv

Der Infinitiv mit a steht:

a) nach Verben der Bewegung wie andare, venire, mandare, correre, condurre (gehen, kommen, senden, rennen, führen)

b) nach folgenden Verben: abituarsi (sich gewöhnen), acconsentire (einwilligen), affrettarsi (sich beeilen), aiutare (helfen), cominciare (beginnen), mettersi (sich daran machen), continuare (weitermachen), contribuire (beitragen), divertirsi (sich unterhalten), esitare (zögern), imparare (lernen), incoraggiare (ermutigen) usw.

## 791

### A Palermo in autobus

L'autista: *Conosce bene la Sicilia?*
Sandro: *No, della Sicilia non conosco ancora niente.*
L'autista: *Lei non conosce nemmeno Palermo?*
Sandro: *No, siamo arrivati due giorni fa. Conosciamo solo Agrigento.*

## 792

ESERCIZIO

### Setzen Sie das Personalpronomen ein

1. Perché non fai come _____ (er)?
2. Questo regalo è per _____ (mich)?
3. Chi vedi, _____ (ihn) o _____ (sie)?
4. Non potete venire con _____ (uns) adesso e andare dopo da _____ (ihm)?
5. Andiamo con _____ (ihnen).
6. Abbiamo pagato _____ (wir) per _____ (dich).

## 791

### Mit dem Autobus durch Palermo

| | |
|---|---|
| Fahrer: | Kennen Sie Sizilien gut? |
| Sandro: | Nein, ich kenne Sizilien noch gar nicht. |
| Fahrer: | Sie kennen nicht einmal Palermo? |
| Sandro: | Nein, wir sind vor zwei Tagen angekommen. Wir kennen nur Agrigent. |

| | |
|---|---|
| conoscere [ko'noʃʃere] | kennen |
| niente [ni'ɛnte] | nichts |
| nemmeno [nem'me:no] | auch nicht |
| solo ['so:lo] | nur |

## 792

### Personalpronomen

1. Perché non fai come **lui**?
2. Questo regalo è per **me**?
3. Chi vedi, **lui** o **lei**?
4. Non potete venire con **noi** adesso e andare dopo da **lui**?
5. Andiamo con **loro**.
6. Abbiamo pagato **noi** per **te**.

1. Warum machst du es nicht so wie **er**?
2. Ist dieses Geschenk für **mich**?
3. Wen siehst du, **ihn** oder **sie**?
4. Könnt ihr nicht jetzt mit **uns** kommen und dann zu **ihm** gehen?
5. Wir gehen mit **ihnen**.
6. **Wir** haben für **dich** bezahlt.

## 793

### Il decollo

Oggi è il giorno della partenza. Giulio ed Anna si sono fatti portare all'aeroporto. Perché Anna non è mai andata in aero, lei è un po' intimidita dalla grandezza della costruzione. Anche se Giulio stesso è un po' nervoso – la febbre della partenza! – coglie l'occasione e spiega come si ricevono le carte d'imbarco e dove si deve andare.

## 794

### Le banche

Le ore di apertura delle banche sono fissate per legge. Da lunedì a venerdì aprono dalle otto e mezzo alle tredici e mezzo, al pomeriggio dalle quattordici e mezzo alle quindici e mezzo. Le ore di apertura possono variare di un quarto d'ora. Spesso esistono degli uffici di cambio speciali. Per prelevare dei soldi da un libretto postale di risparmio occorre un libretto speciale rilasciato in Germania.

*Quali biglietti di banca sono usati in Italia?*

## 793

### Der Abflug

Heute ist der Tag der Abreise. Giulio und Anna haben sich zum Flughafen bringen lassen. Weil Anna noch nie geflogen ist, ist sie von der Größe der Anlage etwas eingeschüchtert. Auch wenn Giulio selber etwas nervös ist – das Reisefieber! – ergreift er die Gelegenheit und erklärt, wie man die Bordkarten erhält und wohin man gehen muß.

| | |
|---|---|
| il decollo [de'kɔllo] | Start, Abheben |
| la partenza [par'tɛntsa] | Abreise, Aufbruch |
| far fare qc ['fa:re] | etwas machen lassen |
| andare in aereo [a'ɛ:reo] | fliegen |
| intimidire [intimi'di:re] | einschüchtern |
| cogliere ['kɔʎʎere] | pflücken, ernten, ergreifen |
| l'imbarco, *m* [im'barko] | Einschiffung, Verladung |

## 794

### Banken

Die Öffnungszeiten der Banken sind gesetzlich geregelt. Von Montag bis Freitag öffnen sie von halb neun bis halb zwei, am Nachmittag von halb drei bis halb vier. Die Öffnungszeiten können um eine Viertelstunde von diesen Zeiten abweichen. Oft gibt es besondere Wechselstuben. Um Geld von einem Postsparbuch abzuheben, braucht man ein besonderes, in Deutschland ausgestelltes Sparbuch. Welche Banknoten werden in Italien benutzt?

*1000-, 2000-, 5000-, 10 000-, 50 000-, 100 000-Lire-Noten*

Wenn man mit 50 000- oder 100 000-Lire-Noten zahlt, kann es sein, daß die Kassierer zuerst in eine Liste schauen, in der gefälschte oder von der Polizei gesuchte Notennummern aufgeführt werden. Es ist immer besser, sich beim Wechseln kleine Noten geben zu lassen.

795

## Il luna park

La regione dove Anna e Giulio trascorrono le ferie è un centro turistico. Ci sono tante possibilità di passare il tempo. Stasera Anna e Giulio si prefiggono di andare al luna park. C'è tanto da vedere. Anna non può separarsi da una giostra piccola, che le ricorda la fiera nel suo paese. Giulio invece è affascinato dall'otto volante.

796

*«Chi tardi arriva male alloggia.»*

*Proverbio*

## 795

### Der Vergnügungspark

Das Gebiet, wo Anna und Giulio den Urlaub verbringen, ist ein Touristenzentrum. Es gibt sehr viele Möglichkeiten, die Zeit zu verbringen. Heute abend nehmen sich Anna und Giulio vor, zum Vergnügungspark zu gehen. Es gibt so viel zu sehen. Anna kann sich nicht von einem kleinen Karussell trennen, das sie an den Jahrmarkt in ihrem Dorf erinnert. Giulio hingegen ist von der Achterbahn fasziniert.

| | |
|---|---|
| la luna ['lu:na] | Mond |
| il luna park ['lu:na park] | Vergnügungspark |
| trascorrere [tras'korrere] | verbringen |
| le ferie ['fɛ:rie] | Ferien, Urlaub |
| la giostra ['dʒɔstra] | Karussell |
| la fiera ['fiɛ:ra] | Jahrmarkt |
| l'otto volante, *m* ['ɔtto vo'lante] | Achterbahn |

## 796

„Wer zu spät ankommt, wird schlecht untergebracht.“ (Wer nicht kommt zur rechten Zeit, der muß nehmen, was übrigbleibt.) – Italienisches Sprichwort

GRAMMATIK

### Il congiuntivo imperfetto – Konjunktiv Imperfekt

| **comprare** kaufen | **vedere** sehen | **sentire** hören |
|---|---|---|
| comprassi | vedessi | sentissi |
| comprassi | vedessi | sentissi |
| comprasse | vedesse | sentisse |
| comprassimo | vedessimo | sentissimo |
| compraste | vedeste | sentiste |
| comprassero | vedessero | sentissero |

**avere:** avessi avessi avesse avessimo aveste avessero
**essere:** fossi fossi fosse fossimo foste fossero

## 797

### Di buon mattino

Ieri si è fatto tardi al luna park. Perciò Giulio dorme profondamente quando il telefono squilla. Al primo istante è molto sorpreso. Quando stacca il ricevitore sente la voce di un ragazzo col quale ha fatto conoscenza ieri. Subito a Giulio viene in mente che ha un appuntamento con lui per stamattina. Non s'è svegliato in tempo!

## 798

ESERCIZIO

### Preposizioni e articoli

*Trovare le preposizioni giuste e gli articoli.*

1. Sono andata ________ cinema.
2. Hanno chiesto ________ Giulio ________ prezzo ________ libro.
3. ________ dieci questo lavoro si fa ________ pochi minuti.
4. ________ 1940 ________ 1944, ________ ________ guerra ha lavorato ________ Roma.
5. ______ ultimi anni ho profittato ______ suo nome.
6. Accanto _______ bagno si trova la camera ________ letto.
7. ________ tavolo c'è ________ vino.

## 797

### Früh am Morgen

Gestern wurde es spät im Vergnügungspark. Deswegen schläft Giulio fest, als das Telefon klingelt. Im ersten Augenblick ist er sehr überrascht. Als er den Hörer abnimmt, hört er die Stimme eines Jungen, den er gestern kennengelernt hat. Sofort fällt Giulio ein, daß er für heute morgen eine Verabredung mit ihm hat. Er hat verschlafen.

| | |
|---|---|
| di buon mattino [mat'ti:no] | frühmorgens |
| profondo, -a [pro'fondo] | tief, fest, stark |
| squillare [skuil'la:re] | schmettern, klingen |
| l'istante, *m* [is'tante] | Augenblick, Moment |
| staccare [stak'ka:re] | lösen, abnehmen, abhängen |
| il ricevitore [ritʃevi'to:re] | Hörer, Empfänger |
| svegliarsi [zveʎ'ʎa:rsi] | aufwachen, erwachen |

## 798

### Präpositionen und Artikel

*Finden Sie die richtigen Präpositionen und die Artikel.*

1. Sono andata **al** cinema. Ich bin ins Kino gegangen.
2. Hanno chiesto **a** Giulio **il** prezzo **del** libro. Sie haben Giulio nach dem Preis des Buches gefragt.
3. **In** dieci questo lavoro si fa **in** pochi minuti. Zu zehnt macht man diese Arbeit in wenigen Minuten.
4. **Dal** 1940 **al** 1944, **durante la** guerra ha lavorato **a** Roma. Von 1940 bis 1944, während des Krieges, hat er in Rom gearbeitet.
5. **Negli** ultimi anni ho profittato **del** suo nome. In den letzten Jahren habe ich seinen Namen benutzt.
6. Accanto **al** bagno si trova la camera **da** letto. Neben dem Bad ist das Schlafzimmer.
7. **Sul** tavolo c'è **del** vino. Auf dem Tisch steht Wein.

## 799

### La gita

Oggi Rosa e Laura e i loro mariti partecipano a una gita ai templi di Agrigento. Vedono il Tempio della Concordia, il Tempio Dioscuri, l'Acròpoli e la Necròpoli. Poi in un negozio di ceramica ammirano bei capolavori, che rappresentano la cultura siciliana in una raffinatezza eccezionale.

## 800

### Il clima

Il clima delle aree litoranee italiane è un clima marittimo o, più precisamente, mediterraneo. In realtà, l'influenza del mare non è uguale dappertutto. Il clima adriatico ha, rispetto agli altri, inverni più freddi, per l'arrivo dàl Nordest di venti freddi provenienti dall'Europa centrale. Le temperature medie, sia invernali sia estive, tendono a crescere man mano che si scende verso sud, da Trieste a Lecce. Le piogge sono, per lo più, primaverili e autunnali.

*Come si chiamano i mari che circondano l'Italia?*

## 799

### Der Ausflug

Heute nehmen Rosa und Laura zusammen mit ihren Ehemännern an einem Ausflug zu den Tempeln von Agrigent teil. Sie sehen den Concordia-Tempel, den Dioskuren-Tempel, die Akropolis und die Nekropole. Danach bewundern sie in einem Töpferladen schöne Kunstwerke, die sizilianische Kultur in außergewöhnlicher Verfeinerung zeigen.

| | |
|---|---|
| la gita ['dʒi:ta] | Ausflug |
| partecipare [partetʃi'pa:re] | teilnehmen |
| la raffinatezza [raffina'tettsa] | Rafinesse |
| la ceramica [tʃe'ra:mika] | Keramik |

## 800

### Das Klima

Das Klima an den italienischen Küsten ist ein Meeresklima oder, genauer gesagt, ein Mittelmeerklima. Tatsächlich ist der Einfluß des Meeres nicht überall gleich. Das adriatische Klima hat gegenüber den anderen kältere Winter, bedingt durch kalte Nordostwinde aus Mitteleuropa. Die durchschnittlichen Temperaturen im Winter wie im Sommer haben nach Süden hin, von Triest bis Lecce, steigende Tendenz. Die Regenzeit ist vorwiegend im Frühling und im Herbst. Wie heißen die Meere, die Italien umgeben?

*Mare Ligure, Mare Tirrenio, Mare Adriatico und Mare Ionio*

Die Temperaturen erreichen auf den Inseln und in Kalabrien afrikanische Höhen bis zu 40 Grad.

## 801

### Al ristorante

Sandro: *C'è un tavolo libero per quattro?*
Cameriere: *Sì, s'accomodino qui, prego!*
Laura: *Ci porti il menù, per favore! Che cosa ci consiglia di buono oggi?*
Cameriere: *Abbiamo degli ottimi antipasti di pesce, lasagne alla siciliana e arrosto di vitello al forno. Una nostra specialità.*

## 802

*«La galleria è una notte per gioco,*
*è corta corta e dura poco,*
*che piccola notte scura scura!*
*Non si fa in tempo ad avere paura.»*

*Gianni Rodari*

## 801

### Im Restaurant

Sandro: Haben Sie einen freien Tisch für vier Personen?
Kellner: Ja, nehmen Sie hier Platz, bitte!
Laura: Bringen Sie uns bitte die Karte! Was empfehlen Sie uns heute Gutes?
Kellner: Wir haben ausgezeichnete Fischvorspeisen, Lasagne nach sizilianischer Art und Kalbsbraten. Eine Spezialität von uns.

| | |
|---|---|
| il menù [meˈnu] | Speisekarte |
| consigliare [konsiˈʎaːre] | empfehlen |
| ottimo [ˈɔttimo] | ausgezeichnet |
| l'antipasto, *m* [antiˈpasto] | Vorspeise |
| il forno [ˈforno] | Backofen |

## 802

„Der Tunnel ist eine Nacht nur zum Spaß, ist sehr kurz und nur von kurzer Dauer, was für eine kleine dunkle Nacht! Man hat keine Zeit, Angst zu haben." – Gianni Rodari (1920 – 1980), italienischer Kinderbuchautor, „La galleria" (Der Tunnel)

GRAMMATIK

### Konditional I

| essere (sein) | volere (wollen) |
|---|---|
| sarei (ich wäre) | vorrei (ich wollte) |
| saresti (du wärest) | vorresti (du wolltest) |
| sarebbe (er wäre) | vorrebbe (er wollte) |
| saremmo (wir wären) | vorremmo (wir wollten) |
| sareste (ihr wäret) | vorreste (ihr wolltet) |
| sarebbero (sie wären) | vorrebbero (sie wollten) |

Das Konditional bezieht sich auf die Gegenwart oder Zukunft, im Deutschen wird es gewöhnlich durch den Konjunktiv ausgedrückt.

## 803

### La spiaggia

Le spiagge in Sicilia non sono piene di ombrelloni e sedie a sdraio come quelle dell'Adriatico. Piuttosto sono tranquille. Laura e gli altri trovano che conviene fare un viaggio così lungo. Adesso Aldo e Sandro fanno il bagno, lei e Rosa sono distese sulla sabbia e prendono il sole.

## 804

ESERCIZIO

### Geben Sie eine verneinende Antwort

1. Vedi un'edicola?
2. Hai un giornale?
3. Prendete un tassì?
4. Cerchi un tabaccaio?
5. Andate a piedi?
6. È anziana quella signora?

## 803

### Der Strand

Die Strände in Sizilien sind nicht so überfüllt mit Sonnenschirmen und Liegestühlen wie an der Adria. Im Gegenteil, hier sind die Strände noch sehr ruhig. Laura und die anderen finden, daß es sich lohnt, so eine weite Reise zu machen. Im Augenblick schwimmen Aldo und Sandro, sie und Rosa liegen im Sand und sonnen sich.

| | |
|---|---|
| la spiaggia [spi'addʒa] | Strand |
| l'ombrellone, *m* [ombrel'lo:ne] | Sonnenschirm |
| la sedia a sdraio ['sɛ:dia a 'zdrɑ:io] | Liegestuhl |
| fare il bagno ['fa:re il 'baɲo] | baden, schwimmen |
| la sabbia ['sa:bbia] | Sand |

## 804

### Die Antworten

1. No, non vedo un'edicola.
2. No, non ho un giornale.
3. No, non prendiamo un tassì.
4. No, non cerco un tabaccaio.
5. No, non andiamo a piedi.
6. No, quella signora non è anziana.

1. Siehst du einen Kiosk?
2. Hast du eine Zeitung?
3. Nehmt ihr ein Taxi?
4. Suchst du einen Tabakladen?
5. Geht ihr zu Fuß?
6. Ist diese Dame alt?

*DIE EXPERTENECKE*

| | |
|---|---|
| il via | – Startzeichen |
| il vicino | – das Nahe, der Nachbar |
| la vicinanza | – die Nähe |
| vicina a qu./qc. | – nahe, nahe gelegen |

## 805

### La pianta della città

Gli amici si trovano a Palermo. Adesso guardano sulla pianta della città, dove si trovano i monumenti più interessanti. Per esempio la Cattedrale, la Piazza Pretoriana, la Chiesa del Gesù, Palazzo Reale. Il màcabro Convento dei Cappuccini l'hanno già visitato.

## 806

### La leggenda del «dolce far niente»

È difficile eliminare pregiudizi su genti e paesi che nascono spesso da una conoscenza superficiale, da una visione parziale dei fatti e delle persone. Si è diffusa nel mondo la fama dell'«italiano straccione», del «meridionale sfaticato», perché fa comodo accettare opinioni diffuse, piuttosto che discernere con senso critico il vero dal falso. La realtà testimonia, invece, che i nostri emigranti si sono fatti conoscere come gente laboriosa, paziente e capace di integrarsi nel nuovo ambiente.

*Come viene chiamato l'italiano che abita al Nord?*

## 805

### Der Stadtplan

Die Freunde sind in Palermo. Jetzt schauen sie auf dem Stadtplan, wo die wichtigsten Sehenswürdigkeiten zu finden sind. Zum Beispiel die Kathedrale, der Prätorianerplatz, die Jesuskirche, der Königspalast. Das makabre Kloster der Kapuziner haben sie bereits besichtigt.

| | |
|---|---|
| la pianta ['pianta] | Plan |
| trovarsi [tro'va:rsi] | sich befinden |
| per esempio [e'zempio] | zum Beispiel |
| màcabro ['ma:kabro] | makaber |

## 806

### Die Legende vom „süßen Nichtstun“

Es ist schwierig, Vorurteile über Menschen und Länder auszuräumen, die oft aus einer oberflächlichen Kenntnis entstehen, aus einer partiellen Sicht der Tatsachen und Personen. Es hat sich in der Welt der Ruf des „zerlumpten Italieners“, des „faulen Süditalieners“ verbreitet, weil es bequemer ist, verbreitete Meinungen aufzugreifen, statt mit kritischem Sinn das Wahre vom Falschen zu trennen. Die Wirklichkeit hingegen bezeugt, daß unsere Emigranten sich als fleißig, geduldig und fähig, sich in der neuen Umgebung zu integrieren, erwiesen haben. Wie wird der Norditaliener genannt?

*Der „Settentrionale“ (Nordländer)*

Die Süditaliener nennen so die Menschen, die nördlich von Rom wohnen, ihrerseits nennen die Norditaliener sie „Meridionali“ (Südländer).

## 807

*«Passata è la tempesta:*
*odo augelli far festa,*
*e la gallina, tornata in su la via,*
*che ripete il suo verso.*
*Ecco il sereno rompe là*
*da ponente, alla montagna;*
*sgombrasi la campagna*
*e chiaro nella valle*
*il fiume appare.»*

*Giacomo Leopardi*

## 808

### Per esperienza

Giulio: *Cosa facciamo oggi? Mi piacerebbe poltrire nell'ozio.*

Anna: *Perché non andiamo a vedere le vetrine?*

Giulio: *Per esperienza so, che questo non è riposante. Ti fermi qua e là e per cento metri ci vuole almeno un'ora!*

## 807

„Vorbei ist das Gewitter: Ich höre, wie die Vögel feiern, und das Huhn kehrt auf die Straße zurück und wiederholt seinen Schrei. Der heitere Himmel scheint von Westen zum Berg; das Land wird aufgeräumt, und hell im Tal erscheint der Fluß." – Giacomo Leopardi (1798 – 1837), italienischer Schriftsteller, „Dopo il temporale" (Nach dem Gewitter)

### Das Konditional II

Das Konditional drückt aus, was unter Umständen sein oder geschehen könnte. Er steht auch zum Ausdruck höflicher oder vorsichtiger Zurückhaltung.

| | |
|---|---|
| Vorrei un caffè. | Ich möchte einen Kaffee |
| (Statt: Voglio) | (Statt: Ich will) |
| Dovresti andare dal ... | Du solltest zum ... gehen |
| (Statt: Devi) | (Statt: Du mußt) |
| Sarebbe bello avere ... | Es wäre schön, wenn man ... hätte |
| Potremmo aiutarvi. | Wir könnten euch helfen. |

## 808

### Aus Erfahrung

Giulio: Was machen wir heute? Ich würde gerne dem Müßiggang frönen.

Anna: Warum machen wir keinen Schaufensterbummel?

Giulio: Aus Erfahrung weiß ich, daß das nicht erholsam ist. Du hältst hier und da an, und für hundert Meter braucht man mindestens eine Stunde!

| | |
|---|---|
| l'esperienza, *f* [espe'riɛntsa] | Erfahrung |
| poltrire [pol'tri:re] | sich im Bett rekeln, faulenzen |
| l'ozio, *m* ['ɔttsio] | Müßiggang, Muße |
| la vetrina [ve'tri:na] | Schaufenster, Auslage |
| riposante [ripo'sante] | erholsam, entspannend |
| fermarsi [fer'ma:rsi] | (an)halten, stehenbleiben |
| volere [vo'le:re] | wollen, wünschen, brauchen |

## 809

### Alla banca

Sandro: *Vorrei cambiare un assegno di cinquecento-mila lire in biglietti di taglio piccolo.*

Impiegato: *Come vuole i biglietti?*

Sandro: *Tre biglietti da centomila, due biglietti da cinquantamila e il resto in biglietti da diecimila e cinquemila.*

## 810

### Una visita

Sandro e Laura insieme a Rosa e Aldo sono stati oggi a Piazza Armerina vicino a Enna. Prima hanno visitato il piccolo paese con il Duomo e il Campanile gotico, dopo sono andati verso Sudovest a vedere la Villa Romana del Casale, una residenza romana degli imperatori con i suoi mosaici meravigliosi sul pavimento.

## 809

### In der Bank

| | |
|---|---|
| Sandro: | Ich möchte einen Scheck über fünfhunderttausend Lire einlösen. |
| Angestellter: | Wie möchten Sie die Scheine? |
| Sandro: | Drei Hundertausend-Lire-Scheine, zwei Fünfzigtausend-Lire-Scheine und den Rest in Zehntausend-Lire- und Fünftausend-Lire-Scheinen. |

| | |
|---|---|
| l'assegno, *m* [as'se:ɲo] | Scheck |
| il taglio ['taʎo] | Größe, Schnitt |
| il resto ['rɛsto] | Rest |
| il biglietto [bi'ʎetto] | Schein, Karte |

## 810

### Eine Besichtigung

Sandro und Laura waren heute zusammen mit Rosa und Aldo in Piazza Armerina bei Enna. Zuerst haben sie das Städtchen mit seinem Dom und dem gotischen Kirchturm besichtigt, danach sind sie nach Südwesten gefahren, um die Villa Romana del Casale, einen römischen kaiserlichen Landsitz mit seinen herrlichen Bodenmosaiken anzusehen.

| | |
|---|---|
| visitare [vizi'ta:re] | besichtigen |
| il paese [pa'e:ze] | Städtchen, Dorf |
| il campanile [kampa:'ni:le] | Kirchturm |
| l'imperatore, *m* [impera'to:re] | Kaiser |
| il pavimento [pavi'mento] | Fußboden |

## 811

### Il ristorante con self-service

Anna: *Se continuiamo a spendere i soldi così velocemente, sarò presto al verde!*

Giulio: *Purtroppo devo acconsentirti. Cancelliamo i pranzi abbondanti.*

Anna: *Buona idea, ho visto un ristorante con self-service, mangiamo là.*

## 812

### La certosa di Pavia

La prima pietra fu posta il 27 agosto 1396 da Gian Galeazzo Visconti. Destinò la chiesa a mausoleo proprio e della famiglia. Già nel 1402 si ebbe una prima costruzione delle celle del chiostro grande, modificate nel corso del secolo. Nel 1784 la certosa, soppressi i certosini, fu data ai cistercensi, dodici anni dopo ai carmelitani scalzi. Nel 1819 fu abbandonata a causa della soppressione degli ordini religiosi.

*Quale altra certosa italiana è famosa?*

## 811

### Das Fast-food-Restaurant

Anna: Wenn wir weiter so schnell das Geld ausgeben, bin ich bald pleite!

Giulio: Leider muß ich dir zustimmen. Streichen wir die ausgiebigen Mittagessen.

Anna: Gute Idee, ich habe ein Selbstbedienungsrestaurant gesehen, essen wir dort.

| | |
|---|---|
| continuare [kontinu'a:re] | fortfahren, weitermachen |
| spendere ['spɛndere] | ausgeben, aufwenden |
| i soldi ['sɔldi] | Geld |
| al verde ['verde] | blank, abgebrannt |
| acconsentire [akkonsen'ti:re] | zustimmen, einwilligen |
| cancellare [kantʃel'la:re] | auslöschen, streichen |
| abbondante [abbon'dante] | reichlich, üppig |

## 812

### Die Kartause von Pavia

Der Grundstein wurde am 27. August 1396 von Gian Galeazzo Visconti gelegt. Er bestimmte die Kirche zu seinem eigenen Grabdenkmal und zu dem seiner Familie. Schon 1402 gab es einen ersten Bau der Zellen des großen Kreuzgangs, die im Lauf des Jahrhunderts verändert wurden. 1784 wurde die Kartause, weil die Kartäuser aufgelöst wurden, den Zisterziensern gegeben, zwölf Jahre später den Barfüßigen Karmelitern. 1819 wurde sie wegen der Auflösung der Orden verlassen. Welche andere italienische Kartause ist noch berühmt?

*Die Kartause von Parma*

Gegründet 1285, ist sie durch das gleichnamige Buch von Stendhal bekannt. 1769 wurde sie in eine Tabakfabrik, 1881 in ein Erziehungsheim umgewandelt.

## 813

ESERCIZIO

### 15 Verbformen

*Waagrecht und senkrecht, vorwärts und rückwärts: 7 Formen von dare, 5 von salire und 3 von scegliere. Der Rest: Ein Kompliment für Sie!*

| | | | | | | | | | |
|---|---|---|---|---|---|---|---|---|---|
| B | R | A | S | A | L | G | O | N | O |
| V | E | L | A | S | I | S | T | S | N |
| I | A | D | L | C | I | M | A | S | O |
| L | O | L | G | E | A | I | D | C | G |
| A | E | D | O | L | I | S | E | E | L |
| S | A | L | I | T | O | A | T | G | E |
| D | A | N | N | O | T | U | A | L | C |
| T | T | O | O | M | A | I | D | I | S |

## 814

### Alla stazione di servizio

Sandro: *Il pieno, per favore! Senta, per il traghetto, che uscita devo prendere?*

Benzinaio: *Prenda l'uscita dell'autostrada per Villa San Giovanni. Continui sempre diritto fino al secondo semaforo, poi giri a sinistra. Dopo duecento metri vede il porto.*

## 813

### 15 Verbformen

| | | | | | | | | | |
|---|---|---|---|---|---|---|---|---|---|
| B | R | A | **S** | **A** | **L** | **G** | **O** | **N** | **O** |
| V | **E** | **L** | **A** | **S** | I | S | **T** | S | **N** |
| **I** | **A** | **D** | **L** | **C** | I | M | **A** | **S** | **O** |
| **L** | O | L | **G** | **E** | **A** | **I** | **D** | **C** | **G** |
| **A** | E | **D** | **O** | **L** | I | S | **E** | **E** | **L** |
| **S** | **A** | **L** | **I** | **T** | **O** | A | **T** | **G** | **E** |
| **D** | **A** | **N** | **N** | **O** | T | U | **A** | **L** | **C** |
| T | T | O | **O** | **M** | **A** | **I** | **D** | **I** | **S** |

salgono (sie steigen) – sale (er steigt) – dai (du gibst) – dia (gib) – do (ich gebe) – salito (gestiegen) – danno (sie geben) – diamo (geben wir) – sali (du steigst) – salgo (ich steige) – scelto (gewählt) – dato (gegeben) – date (gebt) – scegli (du wählst) – scelgono (sie wählen)
bravissimo, lei sa tutto! (bravo, Sie wissen alles!)

## 814

### An der Tankstelle

Sandro: Volltanken, bitte! Hören Sie, zur Fähre: Welche Ausfahrt muß ich nehmen?

Tankwart: Nehmen Sie die Autobahnausfahrt nach Villa San Giovanni. Fahren Sie immer geradeaus bis zur zweiten Ampel, dann biegen Sie nach links ab. Nach zweihundert Metern sehen Sie den Hafen.

| | |
|---|---|
| pieno ['piɛ:no] | voll |
| l'uscita, *f* [uʃ'ʃi:ta] | Ausgang, Ausfahrt |
| continuare [kontinu'a:re] | weitergehen, weiterfahren |
| il semaforo [se'ma:foro] | Ampel |

## 815

### Proprietari grandi e piccoli

Le famiglie che abitano case di loro proprietà in Italia sono molte, più di quelle che hanno case in affitto. Questo è frutto di una costante linea di condotta dei governi. Con misure diverse, i governi hanno favorito massicciamente la piccola proprietà fondiaria, soprattutto per gli strati medi, impiegati statali, piccoli professionisti, commercianti, ma anche operai anziani che hanno risparmiato fino a pagarsi la casa. L'iniziativa dello Stato per un'edilizia pubblica è stata invece assai carente, specie se paragonata ad altri paesi europei.

*Come si chiama «Wohnung» in italiano?*

## 816

### Sul traghetto

Quasi mezz'ora dura il passaggio sul grande traghetto dello Stretto di Messina. Per Laura e Sandro l'avvenimento questa volta è più interessante, perché è di giorno, al loro arrivo è stato di notte. Adesso possono vedere le due coste e lo stretto di quasi tre chilometri.

## 815

### Groß- und Kleinbesitzer

In Italien gibt es viele Familien, die Wohnungseigentum besitzen, mehr als solche, die zur Miete wohnen. Dies ist das Ergebnis einer konsequenten Regierungspolitik. Mit verschiedenen Maßnahmen haben die Regierungen kleine Immobilien-Eigentümer massiv unterstützt, vor allem aus der Mittelschicht, Beamte, kleine Selbständige, Händler, aber auch ältere Arbeiter, die darauf gespart haben, sich ein Haus leisten zu können. Der Einsatz des Staates für das öffentliche Bauwesen ließ hingegen sehr zu wünschen übrig, vor allem verglichen mit anderen europäischen Staaten. Wie heißt „Wohnung“ auf italienisch?

*Appartamento*

Ein Appartement wie im Deutschen nennt man mini-appartamento, una camera ammobiliata ist ein möbliertes Zimmer.

## 816

### Auf der Fähre

Ungefähr eine halbe Stunde dauert die Überfahrt auf dem großen Fährschiff über die Straße von Messina. Für Laura und Sandro ist das Ereignis diesmal interessanter, weil es Tag ist, bei der Hinfahrt war es Nacht. Jetzt sehen sie die beiden Küsten und die etwa drei Kilometer breite Meerenge.

| | |
|---|---|
| il passaggio [pas'saddʒo] | Überfahrt |
| l'avvenimento, *m* [avveni'mento] | Ereignis |
| di giorno ['dʒorno] | tagsüber |
| adesso [a'dɛsso] | jetzt |
| la costa ['kɔsta] | Küste |

## 817

*«Si andava per funghi*
*sui tappeti di muschio dei castagni.*
*Si andava per grilli*
*e le lucciole erano i nostri fanali.*
*Si andava per lucertole*
*e non ne ho mai uccisa una.»*

*Eugenio Montale*

## 818

**Di nuovo in ufficio**

Collega: *Come hai passato le vacanze, Sandro?*
Sandro: *Meravigliose. È stato un posto interessante. La spiaggia quasi deserta e la cucina naturale e genuina.*
Collega: *Siete rimasti sempre al mare?*
Sandro: *No. Abbiamo visto tanti bei posti.*

## 817

„Wir gingen Pilze suchen auf den Moosteppichen der Kastanienbäume. Wir gingen Heuschrecken fangen, und die Glühwürmchen waren unsere Scheinwerfer. Wir gingen Eidechsen fangen, und ich habe niemals eine getötet." – Eugenio Montale (1896 – 1981), italienischer Lyriker, „Ricordi" (Erinnerungen)

GRAMMATIK

### Pronomenfolge

| | | +lo | +la | +li | +le | +ne |
|---|---|---|---|---|---|---|
| mir | mi | me lo | me la | me li | me le | me ne |
| dir | ti | te lo | te la | te li | te le | te ne |
| ihm | gli | glielo | gliela | glieli | gliele | gliene |
| ihr | le | glielo | gliela | glieli | gliele | gliene |
| uns | ci | ce lo | ce la | ce li | ce le | ce ne |
| euch | vi | ve lo | ve la | ve li | ve le | ve ne |
| sich | si | se lo | se la | se li | se le | se ne |

## 818

### Wieder im Büro

Kollege: Wie war's in den Ferien, Sandro?
Sandro: Wunderschön. Es war ein interessanter Ort. Der Strand war fast leer und die Küche natürlich und ursprünglich.
Kollege: Seid ihr immer am Meer geblieben?
Sandro: Nein. Wir haben viele schöne Orte gesehen.

| | |
|---|---|
| la spiaggia [spi'addʒa] | Strand |
| deserto [de'zɛrto] | menschenleer |
| genuino [dʒenu'i:no] | ursprünglich |
| conoscere [ko'noʃʃere] | kennen |

## 819

ESERCIZIO

**Vergleiche**

*Bilden Sie die Vergleichsformen mit*
«così ... come, tanto ... quanto, (la) più ... di».

1. L'estate è ________ lunga ________ l'inverno.
2. Questa signora è ________ interessante ________ bella.
3. La camera di Aldo è ________ piccola ________ tutta la casa.
4. Il mio vestito è ________ caro ________ il tuo.
5. Mia nonna è ________ vecchia ________ la vostra.
6. Questo è il cameriere _____ gentile ________ ristorante.

## 820

**Sulla costa**

Oggi Anna e Giulio passano un giorno sulla costa. Il paesaggio è molto pittoresco. Anna fruga fra gli scogli, lei è affascinata dalle varie viste. Giulio invece ha soltanto una meta, vuole rilassarsi e non fare niente. Riesce a farlo fino al momento in cui arrivano quattro bambini, i quali vogliono giocare con Giulio a ogni costo.

## 819

1. L'estate è **così** lunga **come** l'inverno.
2. Questa signora è **tanto** interessante **quanto** bella.
3. La camera di Aldo è **la più** piccola **di** tutta la casa.
4. Il mio vestito è **così** caro **come** il tuo.
5. Mia nonna è **così** vecchia **come** la vostra.
6. Questo è il cameriere **più** gentile **del** ristorante.

1. Der Sommer ist **genauso** lang **wie** der Winter.
2. Diese Dame ist **ebenso** interessant **wie** schön.
3. Aldos Zimmer ist **das kleinste im** ganzen Haus.
4. Mein Anzug ist **so** teuer **wie** deiner.
5. Meine Großmutter ist **genauso** alt **wie** eure.
6. Dieser Kellner ist **der** freundlich**ste im** ganzen Restaurant.

*DIE EXPERTENECKE*

| | |
|---|---|
| Me ne andavo a spasso. | – Ich ging spazieren. |
| Che ne so? | – Was soll ich davon wissen? |
| Questo che c'entra? | – Was hat es damit zu tun? |

## 820

### An der Küste

Heute verbringen Anna und Giulio einen Tag an der Küste. Die Landschaft ist sehr malerisch. Anna stöbert zwischen den Klippen herum, sie ist von den wechselnden Ausblicken begeistert. Giulio hingegen hat nur ein Ziel: Er möchte sich erholen und nichts tun. Das gelingt ihm bis zu dem Moment, in dem vier Kinder kommen, die um jeden Preis mit Giulio spielen wollen.

| | |
|---|---|
| la costa ['kɔsta] | Küste |
| il paesaggio [pae'zaddʒo] | Landschaft, Panorama |
| pittoresco, -a [pitto'resko] | malerisch |
| frugare [fru'ga:re] | kramen, stöbern |
| lo scoglio ['skɔʎʎo] | Klippe |
| la meta ['mɛ:ta] | Zweck, Ziel |
| il costo ['kɔsto] | Preis, Kosten |

## 821

### Che brutto tempo!

Da alcuni giorni Laura e Sandro sono a casa. Il tempo non è bello. Stamattina è piovuto molto, e adesso c'è vento e il cielo è coperto. Con questo tempaccio non si vede che siamo in estate. Fortunatamente le previsioni del tempo per i prossimi giorni sono buone.

## 822

### I turisti stranieri in Italia

L'Italia resta soprattutto una meta del turismo internazionale, L'Italia ha il 38% dei beni culturali di tutto il mondo, secondo i dati dell'UNESCO. Ed è un paese di grandi bellezze naturali. Il turismo straniero sembra essere per l'Italia una miniera che non si esaurisce.

*Di quale nazionalità è la maggior parte dei turisti?*

## 821

### Was für ein scheußliches Wetter!

Seit einigen Tagen sind Laura und Sandro wieder zu Hause. Das Wetter ist nicht schön. Heute morgen hat es heftig geregnet, und jetzt ist es windig und der Himmel ist bedeckt. Bei diesem Wetter merkt man kaum, daß es Sommer ist. Glücklicherweise ist die Wettervorhersage für die nächsten Tage gut.

| | |
|---|---|
| alcune [al'ku:ne] | einige |
| stamattina [stamat'ti:na] | heute morgen |
| il vento ['vento] | Wind |
| la previsione del tempo [previzi'o:ne del 'tɛmpo] | Wettervorhersage |
| il prossimo ['prɔssimo] | nächste |

## 822

### Ausländische Touristen in Italien

Italien bleibt vor allem ein Ziel für den internationalen Tourismus. Italien besitzt nach Angaben der UNESCO 38% der Kulturgüter der Welt. Es ist ein Land großer Naturschönheiten. Der ausländische Tourismus scheint für Italien eine unerschöpfliche Goldgrube zu sein. Welcher Nationalität sind die meisten Touristen?

*Die meisten Touristen kommen aus Deutschland.*

## 823

### La doccia

Rosa: *Aldo, la doccia non funziona!*
Aldo: *Come mai, ho fatto la doccia mezz'ora fa.*
Rosa: *Non capisco, l'acqua non si può regolare, è sempre fredda. Forse tu hai fatto una doccia fredda!*

## 824

ESERCIZIO

### Tradurre

1. Kannst du Italienisch sprechen?
2. Erlaubst du mir, das Fenster zu öffnen?
3. Er hat nicht gesagt, daß er kommt.
4. Es ist verboten, etwas zu rauben.
5. Sie *(Plural)* wagen es, mir zu widersprechen.
6. Du bist nicht verpflichtet, mir zu helfen.
7. Es ist gefährlich, sich hinauszulehnen.
8. Er ließ sich von einem Freund malen.

## 823

### Die Dusche

Rosa: Aldo, die Dusche funktioniert nicht!
Aldo: Wieso, ich habe vor einer halben Stunde geduscht.
Rosa: Das verstehe ich nicht, man kann das Wasser nicht regulieren, es ist immer kalt. Vielleicht hast du eine kalte Dusche genommen!

| | |
|---|---|
| la doccia ['dottʃa] | Dusche |
| l'acqua, *f* ['akkua] | Wasser |
| regolare [rego'la:re] | regulieren |
| freddo ['freddo] | kalt |
| forse ['forse] | vielleicht |

## 824

### Übersetzen Sie

1. Sai parlare italiano?
2. Mi permetti di aprire la finestra?
3. Non ha detto di venire.
4. È proibito rubare qualcosa.
5. Osano contraddirmi.
6. Non sei obbligato ad aiutarmi.
7. È pericoloso sporgersi.
8. Si faceva fare il ritratto da un amico.

*DIE EXPERTENECKE*

avere le orecchie lunghe – dickköpfig sein (wörtl.: lange Ohren haben): Lo faceva da solo, ha davvero le orecchie lunghe. – Er machte es alleine, er ist wirklich dickköpfig.

fare orecchie da mercante – sich taub stellen (wörtl.: Kaufmannsohren machen): Non voleva capire, faceva orecchie da mercante. – Er wollte nicht verstehen, er stellte sich taub.

## 825

### Il giro turistico

Giulio: *La regione è bellissima! Mi piacerebbe davvero viverci!*

Anna: *Che idea orribile! Immaginati questa regione d'inverno oppure in piena estate! O muori di solitudine o vieni assediato dai turisti.*

Giulio: *Sei per niente di indole romantica!*

## 826

### Al cinema

Stasera Aldo e Rosa vanno al cinema. Da alcuni giorni hanno questa idea, ma Aldo non ha avuto mai tempo libero. Vanno a vedere il nuovo film americano. La critica è molto buona, ma loro vogliono andare a vedere, se è così come scrivono i giornali.

## 825

### Die Rundfahrt

Giulio: Die Gegend ist wunderschön! Es würde mir wirklich gefallen, hier zu leben!

Anna: Was für eine schreckliche Vorstellung! Stell dir diese Gegend im Winter oder im Hochsommer vor! Entweder stirbst du vor Einsamkeit, oder du wirst von den Urlaubern belagert.

Giulio: Du bist nicht das kleinste bißchen romantisch veranlagt!

| | |
|---|---|
| vivere ['vi:vere] | leben |
| l'inverno, *m* [in'vɛrno] | Winter |
| l'estate, *f* [es'ta:te] | Sommer |
| morire [mo'ri:re] | sterben, eingehen |
| la solitudine [soli'tu:dine] | Einsamkeit |
| assediare [asse'dia:re] | belagern, bestürmen |
| l'indole, *f* ['indole] | Wesen, Natur |

## 826

### Im Kino

Aldo und Rosa gehen heute abend ins Kino. Schon seit einigen Tagen haben sie diese Idee, aber Aldo hatte nie Zeit. Sie gehen sich den neuen amerikanischen Film ansehen. Die Kritiken sind sehr gut, aber sie wollen selbst sehen, ob er so ist, wie die Zeitungen schreiben.

| | |
|---|---|
| stasera [sta'se:ra] | heute abend |
| il tempo libero ['tɛmpo 'li:bero] | Freizeit |
| la critica ['kri:tika] | Kritik |

## 827

### Gelato

*Ingredienti: 1 litro di latte, 250 g di zucchero, 8 tuorli d'uovo, 1 baccello di vaniglia*

Far bollire il latte con il baccello di vaniglia. Togliere la vaniglia. Batter a schiuma i tuorli e lo zucchero. Mescolare lentamente con il latte a vaniglia, non lasciarlo bollire. Mettere la pentola su ghiaccio e mescolare il contenuto finché sia freddo. Mettere la crèma nel congelatore.

*Che cosa è la cassata?*

## 828

### L'elicottero

Giulio: *Fantastico! Hai visto l'elicottero? Dev'essere bello vedere tutto questo dall'alto.*

Anna: *Per qualcuno che non soffre di vertigini! Soltanto il pensiero di farlo fa sentirmi male.*

Giulio: *Potremmo chiedere a un medico di accompagnarvi!*

Anna: *Scemo!*

## 827

### Eis

*Zutaten: 1 Liter Milch, 250 g Zucker, 8 Eigelb, 1 Vanillestange*

Die Milch mit der Vanillestange aufkochen lassen. Die Vanille hinausnehmen. Die Eigelb mit dem Zucker schaumig schlagen. Langsam mit der Vanillemilch vermischen, nicht aufkochen lassen. Den Topf auf Eis stellen, und den Inhalt umrühren, bis er kalt ist. Die Creme in die Tiefkühltruhe stellen. Was ist Cassata?

*Eis mit kandierten Früchten*

Man kann die Hälfte der Milch durch geschlagene Sahne ersetzen, um noch kremigeres Eis zu erhalten. Dieser Grundmasse können nach Belieben Früchte, am besten in passierter Form, beigemischt werden.

## 828

### Der Hubschrauber

| | |
|---|---|
| Giulio: | Toll! Hast du den Hubschrauber gesehen? Es muß schön sein, all dies von oben zu sehen. |
| Anna: | Für jemanden, der schwindelfrei ist! Schon beim Gedanken daran wird mir übel. |
| Giulio: | Wir könnten einen Arzt bitten, uns zu begleiten! |
| Anna: | Dummkopf! |

| | |
|---|---|
| l'elicottero, *m* [eli'kɔttero] | Hubschrauber |
| l'alto, *m* ['alto] | Höhe, obere Teil |
| soffrire [sof'friːre] | leiden, erleiden |
| la vertigine [ver'tiːdʒine] | Schwindel(gefühl) |
| il pensiero [pen'siɛːro] | Gedanke, Idee |
| il medico ['mɛːdiko] | Arzt |
| lo scemo ['ʃeːmo] | Dummkopf, Esel, Trottel |

## 829

*«La notte porta consiglio.»*

*Proverbio*

## 830

**Il porto**

Anna: *Prima di partire voglio ancora vedere il porto. Se guardo l'andirivieni nel porto mi viene sempre la nostalgia di terre lontane.*

Giulio: *Nostalgia di terre lontane? Siamo non so quante migliaia di metri lontani da casa nostra, e cosa senti tu?*

## 829

„Die Nacht bringt Rat." (Man soll eine Sache überschlafen.) – Italienisches Sprichwort

GRAMMATIK

### I pronomi indefiniti – unbestimmte Fürwörter I

**Verbundene Pronomen (mit folgendem Substantiv):**

▷ Certo – ein gewisser; differente, diverso – verschieden; tanto – so viel.
▷ Nur im Singular können stehen: ogni – jeder; qualche – irgendein, einige; qualunque – jeder, wer auch immer; ciascuno – jeder; nessuno – keiner; tale – solch: Compro qualche mela. – Ich kaufe einige Äpfel.
▷ Qualsiasi – irgendein, jeder beliebige wird nachgestellt: Leggo un libro qualsiasi. – Ich lese jedes beliebige Buch.
▷ Auf tutto – ganz, alles folgt der Artikel: Tutti i ragazzi lo sanno. – Alle Jungen wissen es.

## 830

### Der Hafen

Anna: Bevor wir abreisen, möchte ich noch mal den Hafen sehen. Wenn ich das Treiben im Hafen betrachte, bekomme ich immer Fernweh.

Giulio: Fernweh? Wir sind ich weiß nicht wie viele tausend Meter von zu Hause weg, und du fühlst was?

| | |
|---|---|
| guardare [guar'da:re] | sehen, beobachten |
| l'andirivieni, *m* [andiri'viɛ:ni] | Hin und Her, Treiben |
| la nostalgia [nostal'dʒi:a] | Sehnsucht, Heimweh |
| la terra ['tɛrra] | Land, Erde, Ländereien |
| lontano, -a [lon'ta:no] | fern, entfernt, weit weg |
| il migliaio [miʎ'ʎa:io] | Tausend |
| la casa ['ka:sa] | Haus, Heim |

## 831

### Il bar prediletto

Dopo l'ultimo giro nel luogo di vacanze Giulio ed Anna vanno a finire ancora nel loro bar prediletto. Gli ultimi soldi esteri li spendono per bibite. Giulio prende un cocktail ed Anna una birra. Ma poi finiscono tutti e due con il vino locale. Perché ne sono tanto golosi decidono di portarne alcune bottiglie a casa.

## 832

ESERCIZIO

### Tradurre

1. Jedes Buch von ihm hat mir gefallen.
2. Jede beliebige Person kann diese Arbeit machen.
3. Ein gewisser Herr Rossi hat dich gerufen.
4. Mein Großvater hat die ganzen Möbel gekauft.
5. Wir werden irgendein Zimmer für ihn finden.
6. Ich habe so viele Dinge gesehen.
7. Ihr müßt mir verschiedene Fragen beantworten.
8. Jedem das Seine.

## 831

### Die Lieblingsbar

Nach dem letzten Rundgang im Ferienort landen Giulio und Anna wieder in ihrer Lieblingsbar. Das letzte ausländische Geld geben sie für Getränke aus. Giulio nimmt einen Cocktail und Anna ein Bier. Aber dann enden beide doch wieder beim örtlichen Wein. Weil er ihnen so gut schmeckt, beschließen sie, einige Flaschen davon mit nach Hause zu nehmen.

| | |
|---|---|
| prediletto, -a [prediˈlɛtto] | bevorzugt, Lieblings- |
| ultimo, -a [ˈultimo] | letzter |
| estero, -a [ˈɛstero] | ausländisch |
| spendere [ˈspɛndere] | ausgeben, verwenden |
| la bibita [ˈbiːbita] | Getränk |
| locale [loˈkaːle] | örtlich, ortsüblich |
| goloso, -a [goˈloːso] | naschhaft, gierig |

## 832

1. Mi è piaciuto ogni libro di lui.
2. Una persona qualsiasi può fare questo lavoro.
3. Un certo signor Rossi ti ha chiamato.
4. Mio nonno ha comprato tutti i mobili.
5. Troveremo qualche camera per lui.
6. Ho visto tante cose.
7. Dovete rispondere a diverse domande.
8. A ciascuno il suo.

*DIE EXPERTENECKE*

cambiare le carte in tavola – die Situation zu seinen Gunsten wenden (wörtl.: die Karten auf dem Tisch vertauschen): Sono riuscita a cambiare le carte in tavola. – Es ist mir gelungen, die Situation zu meinen Gunsten zu wenden.

dare carta bianca a qu – jdm freie Hand lassen (wörtl.: jdm ein weißes Papier geben): Lo può fare a suo modo, gli dò carta bianca. – Er kann es auf seine Art tun, ich lasse ihm freie Hand.

## 833

### ESERCIZIO

**Formen Sie die Sätze wie im Beispiel um**

Porta il pacchetto alla signora! - Portaglielo!

1. Manda la lettera a Maria!
2. Date le chiavi al padrone!
3. Prendi la valigia a Claudia!
4. Portate i giornali allo zio!

## 834

### Il vino siciliano

Sandro e Laura hanno portato alcune bottiglie di vino siciliano. Loro bevono volentieri a cena un buon bicchiere di vino, così oggi aprono una bottiglia di Corvo. Questo vino siciliano si produce nelle parti di Agrigento.

## 833

### Die Lösung

1. Manda la lettera a Maria! - Mandagliela!
2. Date le chiavi al padrone! - Dategliele!
3. Prendi la valigia a Claudia! - Prendigliela!
4. Portate i giornali allo zio! - Portateglieli!

Beispiel: Bring der Dame das Päckchen! – Bring es ihr!
1. Sende den Brief an Maria! – Sende ihn ihr!
2. Gebt dem Eigentümer die Schlüssel! – Gebt sie ihm!
3. Nimm Claudia den Koffer ab! – Nimm ihn ihr ab!
4. Bringt dem Onkel die Zeitungen! – Bringt sie ihm!

*DIE EXPERTENECKE*

**Aus der Wirtschaftssprache**

| | |
|---|---|
| la gamma | – Bereich, Skala |
| la branca | – Branche |
| la succursale | – Zweigstelle |
| il mediatore | – Vermittler |

## 834

### Sizilianischer Wein

Sandro und Laura haben einige Flaschen sizilianischen Wein mitgenommen. Sie trinken gern zum Abendessen ein Glas guten Wein, und so öffnen sie heute eine Flasche Corvo. Dieser sizilianische Wein wird in der Gegend von Agrigent produziert.

| | |
|---|---|
| bere ['be:re] | trinken |
| volentieri [volen'tiɛ:ri] | gern |
| produrre [pro'du:rre] | produzieren |
| le parti, *f pl* ['parti] | Gegend |

## 835

### Camillo Benso conte di Cavour

Nacque il 10 agosto 1810 a Torino. Dal 1848 prese parte alla politica. Nel 1850 entrò nel gabinetto sabaudo come ministro dell'Agricoltura e Commercio, realizzò il proprio ideale di libero scambista. Nel 1851 assunse anche il Ministero delle Finanze. Fu costretto alle dimissioni nel maggio 1852, ma il 2 novembre 1852 fu designato nuovo presidente del consiglio da Vittorio Emanuele II. Morì il 6 giugno 1861 a Torino.

*Per quale prestazione politica Camillo Cavour diventò famoso?*

## 836

### Il viaggio di ritorno

Giulio: *Che seccatura! Non possiamo atterrare a Milano a causa della nebbia.*

Anna: *Questa è la prova che l'Italia non è il paese dove splende sempre il sole. Ma non arrabbiarti, le assistenti di bordo già ci portano qualcosa da bere.*

## 835

### Camillo Benso Graf von Cavour

Er wurde am 10. August 1810 in Turin geboren. 1848 ging er in die Politik. 1850 trat er in das savoyische Kabinett als Minister für Landwirtschaft und Handel ein, er verwirklichte seine eigene Vorstellung vom Freihandel. 1851 übernahm er auch das Amt des Finanzministers. Im Mai 1852 mußte er zurücktreten, aber am 2. November 1852 wurde er von Viktor Emanuel II. zum neuen Ratspräsidenten ernannt. Er starb am 6. Juni 1861 in Turin. Aufgrund welcher politischen Leistung wurde Camillo Cavour berühmt?

*Aufgrund der Einigung Italiens*

Er brachte Mittelitalien unter savoyische Herrschaft und gewann Garibaldi und damit Süditalien für seine Ideen.

## 836

### Der Rückflug

Giulio: Wie ärgerlich! Wir können in Mailand wegen des Nebels nicht landen.

Anna: Das ist der Beweis, daß Italien nicht das Land ist, wo immer die Sonne scheint. Aber ärger dich nicht, die Stewardessen bringen uns schon was zu trinken.

| | |
|---|---|
| il ritorno [ri'torno] | Rückkehr, Wiederkehr |
| la seccatura [sekka'tu:ra] | Störung, Belästigung |
| atterrare [atter'ra:re] | fällen, niederschlagen, landen |
| la nebbia ['nebbia] | Nebel, Rauch |
| la prova ['prɔ:va] | Prüfung, Probe, Beweis |
| splendere ['splɛndere] | strahlen, glänzen |
| arrabbiarsi [arrab'bia:rsi] | wütend werden |

## 837

*«La colpa altrui,*
*se toglie il diritto di accusare,*
*non iscusa per questo*
*la tua colpa.»*

*F. D. Guerrazzi*

## 838

**I pensierini**

Anna: *È sempre lo stesso! Non so dove metterli!*
Giulio: *Di che cosa parli?*
Anna: *In ogni luogo dove siamo stati mi sono comprata qualcosa. Adesso non so, cosa ne devo fare.*
Giulio: *Perché non ne fai dei regali? Sicuramente c'è qualcuno che ne è contento.*

## 837

„Die Schuld anderer, auch wenn sie das Recht nimmt anzuklagen, entschuldigt deswegen nicht deine eigene Schuld." – Francesco Domenico Guerrazzi (1804–1873), italienischer Schriftsteller und Patriot

### I pronomi indefiniti – unbestimmte Fürwörter II

**Unverbundene Pronomen (ohne folgendes Substantiv):**

▷ Altrui – von anderen, anderer; certuni, taluni – manche; niente, nulla – nichts; qualche cosa – etwas; uno – einer, jemand.
▷ Nur im Singular können stehen: chiunque – wer immer auch; ognuno, ciascuno – jeder; qualcuno – irgend jemand; nessuno – keiner; tale – solch.
▷ Bei altri ... altri – die einen ... die anderen stehen die Verben im Singular: Altri va altri viene. – Die einen gehen, die anderen kommen.
▷ Für niente und nessuno gibt es zwei Konstruktionen: Nessuno lo fa. = Non lo fa nessuno. – Keiner macht es.

## 838

### Mitbringsel

Anna: Es ist immer dasselbe! Ich weiß nicht, wo ich sie hinstellen soll!
Giulio: Wovon sprichst du?
Anna: An jedem Ort, wo wir gewesen sind, habe ich mir etwas gekauft. Nun weiß ich nicht, was ich damit tun soll.
Giulio: Warum machst du daraus keine Geschenke? Sicher gibt es jemanden, der sich darüber freut.

| | |
|---|---|
| parlare [par'la:re] | sprechen, reden |
| dove ['do:ve] | wo, wohin |
| ogni ['oɲɲi] | jede(r,s) |
| adesso [a'dɛsso] | jetzt, nun |
| dovere [do've:re] | müssen, sollen |
| il regalo [re'ga:lo] | Geschenk, Gabe |
| contento, -a [kon'tɛnto] | zufrieden, froh |

## 839

ESERCIZIO

**Trovare le dieci città italiane**

T C O P E P A N
O R I M I N I O
R A C S E L R A
I V A B O L A N
N E C P S A B I
O N A L I M E R
A N G O L O B U
R A L A S R A M

## 840

**Le fotografie**

Giulio: *Vedi Anna, ho ritirato le fotografie.*
Anna: *Lasciami vedere! Oh no, orrendo! Posso distruggerle?*
Giulio: *Vedi questa? Me l'attacco. Una smorfia favolosa!*
Anna: *Se attacchi quella fotografia, faccio lo stesso con questa! Allora rifletti bene sulle tue azioni!*

## 839

### Finden sie die zehn italienischen Städte

| | | | | | | | |
|---|---|---|---|---|---|---|---|
| T | | | | | P | | |
| O | R | I | M | I | N | I | |
| R | A | | S | | L | R | |
| I | V | A | | O | | A | |
| N | E | | P | | A | B | |
| O | N | A | L | I | M | | |
| A | N | G | O | L | O | B | |
| | A | L | A | S | R | A | M |

Rimini
Milano
Bologna
Marsala
Torino
Ravenna
Roma
Bari
Pisa
Napoli

*DIE EXPERTENECKE*

▷ Marsala ist gleichzeitig der Name eines leichten bis süßen Weißweins

▷ la cotoletta alla milanese (Mailänder Schnitzel) entspricht dem, was in Deutschland unter dem Namen „Wiener Schnitzel“ bekannt ist

## 840

### Fotos

Giulio: Schau mal Anna, ich habe die Fotos abgeholt.
Anna: Laß mich mal sehen! Oh nein, schrecklich! Darf ich sie vernichten?
Giulio: Siehst du dieses? Das hänge ich mir auf. Eine sagenhafte Grimasse!
Anna: Wenn du dieses Foto aufhängst, mache ich dasselbe mit diesem! Also überlege dir gut, was du tust

| | |
|---|---|
| ritirare [ritiˈraːre] | abholen, sich aushändigen lassen |
| orrendo, -a [orˈrɛndo] | schrecklich, entsetzlich |
| distruggere [disˈtruddʒere] | zerstören, vernichten |
| attaccare [attakˈkaːre] | aufhängen, befestigen |
| la smorfia [ˈzmɔrfia] | Grimasse, Fratze |
| riflettere [riˈflɛttere] | überlegen, nachdenken |
| l'azione, *f* [atˈtsioːne] | Tat, Handlung |

## 841

### I negozi

I grandi magazzini non sono molto diffusi, i più grandi sono la Standa e la Rinascente. Non chiudono a mezzogiorno. La maggior parte dei negozi sono piccoli, aprono verso le nove e chiudono verso le tredici. Poi riaprono pressappoco dalle quindici e mezzo alle venti. Nei luoghi turistici sono anche più a lungo aperti. Quasi tutti sono chiusi il lunedì mattina, tranne i negozi di alimentari che chiudono il giovedì pomeriggio.

*Come si chiama un negozio dove si vende della carne?*

## 842

### Di nuovo nell'ufficio

Collega: *Allora, come erano le tue vacanze?*

Giulio: *Dunque, il tempo è passato come un lampo. L'ufficio non mi è mancato per niente.*

Collega: *Lo credo immediatamente, ma per tua sfortuna tu sei mancato qui. La tua scrivania trabocca di lavoro.*

## 841

### Läden

Kaufhäuser sind nicht sehr verbreitet, die größten sind Standa und Rinascente. Sie schließen nicht über Mittag. Der größte Teil der Geschäfte ist klein, sie öffnen gegen neun und schließen gegen dreizehn Uhr. Dann öffnen sie wieder von ungefähr halb vier bis acht. In Touristenorten sind sie auch länger offen. Fast alle sind am Montagvormittag geschlossen, außer den Lebensmittelgeschäften, die Donnerstagnachmittag schließen. Wie heißt ein Geschäft, in dem Fleisch verkauft wird?

*La macelleria – Metzgerei*

Vieles kann man am besten auf den Märkten kaufen. Oft finden die Lebensmittelmärkte jeden Vormittag statt. Die schwarzen fliegenden Händler werden nach ihrer meistens französischen Sprache „vous-compra" genannt.

## 842

### Wieder im Büro

Kollege: Nun, wie waren deine Ferien?
Giulio: Also, die Zeit ist wie im Fluge vergangen. Das Büro hat mir überhaupt nicht gefehlt.
Kollege: Das glaube ich sofort, aber zu deinem Unglück hast du hier gefehlt. Dein Schreibtisch quillt vor lauter Arbeit über.

| | |
|---|---|
| dunque ['duŋkue] | also, nun, folglich |
| passare [pas'sa:re] | vorübergehen, vorbeigehen |
| il lampo ['lampo] | Blitz, Aufleuchten |
| mancare [maŋ'ka:re] | fehlen, versäumen |
| immediato, -a [imme'dia:to] | unmittelbar, sofort |
| la scrivania [skriva'ni:a] | Schreibtisch |
| traboccare [trabok'ka:re] | überlaufen, überfließen |

## 843

*«Casa mia, casa mia,*
*benché piccola tu sia,*
*tu mi sembri una badia.»*

*Proverbio*

## 844

**Il lattoniere**

Finalmente dopo alcuni giorni che Laura telefona al lattoniere per la doccia, oggi è venuto. Dopo aver controllato la doccia, le dice che deve cambiarla, perché difetta. Per fortuna ancora c'è la garanzia, così può reclamare.

## 843

„Mein Haus, mein Haus, obwohl du klein bist, scheinst du mir eine Abtei zu sein." (Eigener Herd ist Goldes wert.) – Italienisches Sprichwort

GRAMMATIK

### Il condizionale – Konditional

| **comprare** kaufen | **vendere** verkaufen | **capire** verstehen |
|---|---|---|
| comprerei | venderei | capirei |
| compreresti | venderesti | capiresti |
| comprerebbe | venderebbe | capirebbe |
| compreremmo | venderemmo | capiremmo |
| comprereste | vendereste | capireste |
| comprerebbero | venderebbero | capirebbero |

**avere:** avrei avresti avrebbe avremmo avreste avrebbero
**essere:** sarei saresti sarebbe saremmo sareste sarebbero

## 844

### Der Klempner

Nachdem Laura wegen der Dusche schon seit einigen Tagen beim Installateur angerufen hat, kommt er heute endlich. Nach der Überprüfung sagt er ihr, daß die Dusche defekt ist und ausgewechselt werden muß. Zum Glück hat sie noch Garantie, daher kann sie reklamieren.

| | |
|---|---|
| il lattoniere [lattoni'ɛ:re] | Klempner, Installateur |
| cambiare [kambi'a:re] | wechseln |
| difettare [difet'ta:re] | fehlerhaft sein |
| reclamare [rekla'ma:re] | reklamieren |

845

## Essere donna in Italia

La donna in Italia deve essere per prima cosa bellissima, elegantissima e truccatissima. E se una donna non è bella, che cosa fa? Semplice: deve imparare ad esserlo. La bellezza si impara, dicono le riviste femminili. Per questo le riviste danno consigli pratici non solo per la casa, la cucina, i vestiti da mettere per il cocktail o teatro, per essere una brava madre e una brava moglie, ma anche soprattutto per essere bella, giovane e sempre in forma. Tutto il resto, dicono le riviste femminili, non è importante.

*Sapete, come si chiamano alcune riviste femminili in Italia?*

846

## Lo studio

Laura ha deciso di arredare lo studio. La lampada e la scrivania ci sono già, ma lei vorrebbe comprare degli scaffali e cassetti. Anche per un armadio c'è posto. La stanza è grande con un bel balcone che dà sul giardino. Nel suo appartamento non aveva uno studio, perché era molto più piccolo della casa.

## 845

### Frau sein in Italien

In Italien muß die Frau vor allem sehr schön, sehr elegant und stark geschminkt sein. Und wenn eine Frau nicht schön ist, was macht sie dann? Ganz einfach: Sie muß lernen, es zu sein. Schönsein kann man lernen, sagen die Frauenzeitschriften. Deshalb geben sie praktische Ratschläge nicht nur für Haus und Küche, dafür, was man zu Cocktail-Empfängen oder ins Theater anzieht, wie man eine gute Mutter und eine gute Ehefrau ist, sondern vor allem auch, wie man schön, jung und immer in Form ist. Alles andere, sagen die Frauenzeitschriften, ist nicht wichtig. Kennen Sie einige Frauenzeitschriften in Italien?

*„Amica", „Eva", „Grazia", „Donna" …*

## 846

### Das Arbeitszimmer

Laura hat beschlossen, das Arbeitszimmer einzurichten. Die Lampe und der Schreibtisch sind schon da, aber sie möchte noch Regale und Schubladen kaufen. Auch für einen Schrank ist genügend Platz vorhanden. Das Zimmer ist groß und hat einen Balkon zum Garten hin. In ihrer Wohnung hatte sie kein Arbeitszimmer, weil sie sehr viel kleiner war als das Haus.

| | |
|---|---|
| lo studio, *m* ['stu:dio] | Arbeitszimmer |
| arredare [arre'da:re] | ausstatten |
| lo scaffale, *m* [skaf'fa:le] | Regal |
| il cassetto [kas'setto] | Schublade |
| l'armadio, *m* [ar'ma:dio] | Schrank |

## 847

*«Rosso di mattina*
*la pioggia è vicina.»*

*Proverbio*

## 848

**In libreria**

Rosa: *Signore, possiamo dare un'occhiata? Non sappiamo ancora che cosa comprare.*

Commesso: *Prego, facciano pure con comodo.*

Laura: *«Poeti del nostro secolo», «Novità» . . . Ho trovato! Ma perché non ci ho pensato prima? Ecco guarda: «Volevo i pantaloni», il primo libro di Lara Cardella.*

## 847

„Morgenrot, Regen droht." – Sprichwort

GRAMMATIK

### Futur I

| -are | -ere | -ire |
|---|---|---|
| io parlerò | crederò | sentirò |
| tu parlerai | crederai | sentirai |
| Lei, lei, lui parlerà | crederà | sentirà |
| noi parleremo | crederemo | sentiremo |
| voi parlerete | crederete | sentirete |
| loro parleranno | crederanno | sentiranno |
| ich werde sprechen | ich werde glauben | ich werde hören |
| … | … | … |

## 848

### Im Buchladen

Rosa: (Mein Herr,) dürfen wir uns ein bißchen umsehen? Wir wissen noch nicht, was wir kaufen wollen.
Verkäufer: Aber bitte, lassen Sie sich ruhig Zeit.
Laura: „Dichter unseres Jahrhunderts", „Neuauflage" … Ich habe's! Warum haben wir nicht gleich daran gedacht? Sieh: „Ich wollte Hosen", das erste Buch von Lara Cardella.

| | |
|---|---|
| dare un'occhiata ['da:re] [okki'a:ta] | einen Blick werfen |
| il poeta ['poɛ:ta] | Schriftsteller |
| il secolo ['sɛ:kolo] | Jahrhundert |
| la novità [novi'ta] | Neuigkeit, Neuauflage |

## 849

### La spremitura delle olive

Nel sud d'Italia l'olio d'oliva è sicuramente uno dei prodotti più importanti per l'alimentazione quotidiana. Ognuno s'impegna per riempirsi le giare in cantina che serviranno per il condimento di tutto l'anno. Dopo la raccolta si portano le olive al frantoio, dove vengono macinate a freddo. Alla fine di questa operazione l'olio viene versato nelle giare in cantina, dove si lascia riposare per alcuni mesi per la distillazione.

## 850

ESERCIZIO

### Setzen Sie ins Futur

1. Giovedì vado a Milano.
2. Domani posso venire da te.
3. Quando vedi mio zio?
4. Mario e Luigi cercano una camera.
5. Avete tempo per noi?
6. Ceniamo presto e dopo veniamo da voi.

## 849

### Die Pressung der Oliven

Im Süden Italiens ist das Olivenöl sicherlich eines der wichtigsten Produkte für die alltägliche Ernährung. Jeder bemüht sich, die Krüge im Keller zu füllen, die zum Würzen für das gesamte Jahr dienen. Nach der Ernte bringt man die Oliven zur Olivenpresse, wo sie kalt gepreßt werden. Am Ende dieses Vorgangs wird das Öl in Henkelkrüge im Keller gegossen, in denen man es sich einige Monate für die Destillation setzen läßt.

| | |
|---|---|
| l'alimentazione (f.) [alimentatsi'o:ne] | Ernährung |
| la giara [dʒa:ra] | Henkelkrug |
| la cantina [kan'ti:na] | (Wein)keller |
| il condimento [kondi'mento] | Würze |
| l'operazione (f.) [operatsi'o:ne] | Handlung, Unternehmung |
| la distillazione [distil-latsi'o:ne] | Destillation |

## 850

### Futur

1. Giovedì **andrò** a Milano.
2. Domani **potrò** venire da te.
3. Quando **vedrai** mio zio?
4. Mario e Luigi **cercheranno** una camera.
5. **Avrete** tempo per noi?
6. **Ceneremo** presto e dopo **verremo** da voi.

1. Donnerstag **fahre ich** nach Mailand.
2. Morgen **kann ich** zu dir kommen.
3. Wann **siehst du** meinen Onkel?
4. Mario und Luigi **suchen** ein Zimmer.
5. **Habt ihr** Zeit für uns?
6. **Wir essen** früh zu Abend, und danach **kommen wir** zu euch.

## 851

### I vecchi amici

Anna: *Perché sorridi così?*
Giulio: *Ho ricevuto una lettera di mia nonna. Scrive che un vecchio amico ha visitato mio nonno. Posso immaginarmi bene i due vecchiotti, come bevono qualcosa e chiacchierano dei buoni tempi passati.*

## 852

ESERCIZIO

### Trovare le desinenze giuste

1. I libri, li ho dat _____ a Giulio.
2. La ragazza che abbiamo vist _____ è molt _____ bell _____.
3. Dopo che Giulio ed Anna si sono alzat _____ hanno mangiat _____ qualcosa.
4. Sì, Giulio le ha dett _____ di venirci.
5. Il più giovan _____ dei fratelli s'è sedut _____.
6. Il mio braccio s'è rott _____, le sue braccia invece sono uscit _____ illes _____ dall'incidente.

## 851

### Alte Freunde

Anna: Warum lächelst du so?
Giulio: Ich habe einen Brief von meiner Großmutter erhalten. Sie schreibt, daß ein alter Freund meinen Großvater besucht hat. Ich kann mir die beiden Alterchen gut vorstellen, wie sie etwas trinken und von den guten alten Zeiten plaudern.

| | |
|---|---|
| vecchio, -a ['vɛkkio] | alt, langjährig |
| sorridere [sor'ri:dere] | lächeln |
| ricevere [ri'tʃe:vere] | bekommen, erhalten |
| l'amico, *m* [a'mi:ko] | Freund |
| la lettera ['lettera] | Buchstabe, Brief |
| immaginare [immadʒi'na:re] | sich vorstellen, ahnen |
| bere ['be:re] | trinken |

## 852

### Finden Sie die richtigen Endungen

1. I libri, li ho dat**i** a Giulio. Die Bücher, die habe ich Giulio gegeben.
2. La ragazza che abbiamo vist**a** è molt**o** bell**a**. Das Mädchen, das wir gesehen haben, ist sehr schön.
3. Dopo che Giulio ed Anna si sono alzat**i** hanno mangiat**o** qualcosa. Nachdem Giulio und Anna aufgestanden sind, haben sie etwas gegessen.
4. Sì, Giulio le ha dett**o** di venirci. Ja, Giulio hat ihr gesagt, daß sie hierhinkommen soll.
5. Il più giovan**e** dei fratelli s'è sedut**o**. Der jüngste der Brüder hat sich gesetzt.
6. Il mio braccio s'è rott**o**, le sue braccia invece sono uscit**e** illes**e** dall'incidente. Mein Arm ist gebrochen, seine Arme hingegen haben den Unfall heil überstanden.

## 853

### La vendemmia

Giulio: *Anna, non vuoi accompagnarmi? L'uva è matura. Questo fine settimana passerò a casa mia, vendemmierò.*

Anna: *No, ma credo che un po' di lavoro ti faccia bene. Quando il vino sarà maturo, ti accompagnerò volentieri per degustare.*

## 854

### Castel del Monte

Il castello è il capolavoro dell'architettura sveva. Iniziato prima del 1240 e già compiuto alla morte di Federico II (1250), si chiamò dapprima Castello di S. Maria del Monte. Si pensa che il castello fosse creato come ritrovo di caccia, alcuni storici sostengono invece che fu opera militare. Dopo la caduta degli svevi il castello rimase per lo più adibito a carcere. La pianta è un ottagono regolare con otto torrioni pure ottagonali.

*Di quale colore è il castello?*

## 853

### Die Weinlese

Giulio: Anna, willst du mich nicht begleiten? Die Trauben sind reif. Dieses Wochenende werde ich zu Hause verbringen, ich werde Trauben lesen

Anna: Nein, aber ich glaube, ein wenig Arbeit tut dir gut. Wenn der Wein fertig ist, begleite ich dich gerne, um zu probieren.

| | |
|---|---|
| la vendemmia [ven'demmia] | Weinlese, Weinernte |
| l'uva, *f* ['u:va] | (Wein)traube |
| maturo, -a [ma'tu:ro] | reif, ausgereift |
| vendemmiare [vendem'mia:re] | Wein lesen, Wein ernten |
| il vino ['vi:no] | Wein |
| volentieri [volen'tiɛ:ri] | gern(e) |
| degustare [degus'ta:re] | probieren, kosten |

## 854

### Castel del Monte

Das Schloß ist das Meisterwerk der staufischen Architektur. Vor 1240 begonnen und schon beim Tode Friedrichs II. (1250) vollendet, wurde es zuerst Schloß der Hl. Maria vom Berge genannt. Man denkt, daß das Schloß als Jagdtreffpunkt geschaffen wurde, einige Historiker jedoch behaupten, daß es eine militärische Anlage war. Nach dem Fall der Staufer wurde das Schloß meistens als Gefängnis genutzt. Der Grundriß ist ein regelmäßiges Achteck mit acht ebenfalls achteckigen Wachtürmen. Welche Farbe hat das Schloß?

*Helles Ocker*

Das Schloß war für seine Zeit sehr fortschrittlich ausgestattet, es gab Wasserleitungen, die aus einer Zisterne auf dem Dach gespeist wurden, Toiletten und Kamine.

## 855

### Il vinaio

Poiché Giulio ha parlato della vendemmia, Anna vuole comprarsi un vino veramente buono. Tempo fa ha visto un negozio piccolo dove si vende soltanto del vino. Adesso ci va. Viene servito da un ragazzo al quale piace chiaramente. Lui fa assaggiarle così tanti vini, che alla fine lei è alticcia e non sa decidersi per uno di essi.

## 856

*«Negli uomini pubblici l'amicizia è o interessata o falsa, e sempre corta.»*

*U. Foscolo*

## 855

## Der Weinhändler

Da Giulio von der Weinlese gesprochen hat, möchte Anna sich einen wirklich guten Wein kaufen. Vor einiger Zeit hat sie ein kleines Geschäft gesehen, wo nur Wein verkauft wird. Nun geht sie dorthin. Sie wird von einem Jungen bedient, dem sie offensichtlich gefällt. Er läßt sie so viele Weine probieren, daß sie am Ende beschwipst ist und sich nicht für einen entscheiden kann.

| | |
|---|---|
| il vinaio [vi'na:io] | Weinhändler |
| vero, -a ['ve:ro] | wahr, richtig |
| fa [fa] | vor (zeitlich) |
| servire [ser'vi:re] | dienen, bedienen |
| chiaro, -a ['kia:ro] | klar, hell |
| assaggiare [assad'dʒa:re] | kosten, versuchen, probieren |
| alticcio, -a [al'tittʃo] | angeheitert |

## 856

„Die Freundschaft zwischen Staatsmännern ist entweder eigennützig oder falsch und immer kurz." – Ugo Foscolo (1778–1827), italienischer Dichter

## L'uso del condizionale – Gebrauch des Konditionals

▷ Zum Ausdruck einer Möglichkeit in der Zukunft dient das condizionale:
Lo comprerei. – Ich werde es (möglicherweise) kaufen.

▷ Zum Ausdruck einer theoretischen Möglichkeit, die tatsächlich aber nicht mehr gegeben ist, dienen die Formen des condizionale composto:
Lo avrei comprato, ma non lo vendono più. – Ich hätte es gekauft, aber sie verkaufen es nicht mehr.

▷ Falls bei „se"(wenn)-Sätzen im bedingenden Teil congiuntivo gebraucht wird, folgt das condizionale:
Se lui tornasse, ci incontreremmo. – Wenn er heimkehren sollte, werden wir uns treffen.

## 857

### Un corso linguistico

Anna: *Che rumori strani! Cosa stai facendo?*

Giulio: *Il mio capo mi ha fatto capire che occorre la conoscenza di una lingua straniera per fare carriera. Così mi sono iscritto a un corso linguistico.*

Anna: *Oh, già da bambina mi piaceva far dire dei vocaboli.*

## 858

ESERCIZIO

### Completare con la forma giusta

1. Se io avessi un giorno libero, ______________ (andare) in città.
2. Se lo avesse saputo, ______________ (telefonare) subito.
3. Speriamo che non abbia dimenticato le chiavi, altrimenti ______________ (noi - dovere) forzare la porta.
4. Giulio, ______________ (aprire) la finestra per favore?
5. Domani ______________ (loro - andare) a Roma.
6. Dicevi che mi ______________ (accompagnare) e poi non lo hai fatto.

## 857

### Ein Sprachkurs

Anna: Was für seltsame Geräusche! Was machst du gerade?

Giulio: Mein Chef hat mir zu verstehen gegeben, daß man eine Fremdsprache beherrschen muß, um Karriere zu machen. So habe ich mich für einen Sprachkurs eingeschrieben.

Anna: Oh, schon als Kind habe ich gerne Vokabeln abgehört.

| | |
|---|---|
| linguistico, -a [liŋ'guistiko] | sprachlich, Sprach- |
| il rumore [ru'mo:re] | Geräusch, Krach |
| la conoscenza [konoʃ'ʃɛntsa] | Kenntnis, Wissen |
| la lingua ['liŋgua] | Sprache, Zunge |
| la carriera [kar'riɛ:ra] | Karriere, Laufbahn |
| iscriversi [is'kri:versi] | eintragen, anmelden |
| il vocabolo [vo'ka:bolo] | Wort, Vokabel |

## 858

### Vervollständigen Sie mit der richtigen Form

1. Se io avessi un giorno libero, **andrei** in città. Wenn ich einen freien Tag haben sollte, gehe ich in die Stadt.
2. Se lo avesse saputo, **avrebbe telefonato** subito. Wenn er es gewußt hätte, hätte er sofort angerufen.
3. Speriamo che non abbia dimenticato le chiavi, altrimenti **dovremmo** forzare la porta. Hoffen wir, daß er nicht die Schlüssel vergessen hat, sonst müßten wir die Tür aufbrechen.
4. Giulio, **apriresti** la finestra per favore? Giulio, würdest du bitte das Fenster öffnen?
5. Domani **andranno** a Roma. Morgen werden sie (sicher) nach Rom fahren.
   Domani **andrebbero** a Roma. Morgen werden sie wohl nach Rom fahren.
6. Dicevi che mi **avresti accompagnato**, e poi non lo hai fatto. Du sagtest, du würdest mich begleiten, und dann hast du es nicht getan.

## 859

### La lingua straniera

All'inizio Giulio voleva migliorare il suo francese, ma poi ha deciso di imparare il tedesco. Ha persino comprato un walkman per essere in grado di sentire le sue cassette con le lezioni dappertutto. La pronuncia sembra molto difficile a lui. Il fatto che non si pronuncia un «ch» come nell'italiano lo sorprende sempre di nuovo.

## 860

### La bruschetta

*Ingredienti: pane bianco, olio d'oliva, aglio*

Tostare le fette di pane bianco. Grattugiare sulle fette calde gli spicchi d'aglio. Gocciolare l'olio su questo. Mangiare caldo.

*Quando si mangiano delle bruschette?*

## 859

# Die Fremdsprache

Am Anfang wollte Giulio sein Französisch verbessern, aber dann hat er beschlossen, Deutsch zu lernen. Er hat sogar einen Walkman gekauft, um überall seine Kassetten mit den Lektionen hören zu können. Die Aussprache erscheint ihm sehr schwer. Die Tatsache, daß man ein „ch“ nicht wie im Italienischen ausspricht (d. h. wie deutsches k), wundert ihn immer aufs neue.

| | |
|---|---|
| migliorare [miʎʎo'ra:re] | (ver)bessern |
| persino [per'si:no] | sogar |
| la lezione [let'tsio:ne] | Unterrichtsstunde, Lektion |
| la pronuncia [pro'nuntʃa] | Aussprache |
| c [tʃi] | c, Abkürzung von Celsius |
| h ['akka] | h, Abkürzung von Stunde und von etto (=100 g) |
| sorprendere [sor'prɛndere] | überraschen, erstaunen |

## 860

# Bruschetta

*Zutaten: Weißbrot, Olivenöl, Knoblauch*

Die Weißbrotscheiben rösten. Die Knoblauchzehen auf den heißen Scheiben zerreiben. Das Öl darauftröpfeln. Heiß essen. Wann ißt man Bruschetten?

*Noch vor der Vorspeise*

Je nach Geschmack kann man diese einfachen Bruschetten auch noch mit Pizzaiola bestreichen. Pizzaiola besteht aus passierten, mit Gewürzen und Kräutern abgeschmeckten eingekochten Tomaten.

## 861

### Vino

Giulio: *Anna, perché non beviamo insieme uno o due bicchieri di vino stasera? I miei genitori me ne hanno regalato uno, che è stato pigiato da loro.*

Anna: *Ottimo! Finalmente un vino, del quale si sa esattamente cosa contiene.*

## 862

### In campagna

Un collega di Giulio possiede una seconda casa in campagna non tanto lontano da Milano. Lui ha invitato tutti dell'ufficio a passarci il prossimo fine settimana. Giulio sogna un fine settimana contemplativo. Quando lo racconta ad Anna, lei è scetticissima. Tutti i colleghi e un fine settimana tranquillo, questo non funzionerà.

## 861

### Wein

Giulio: Anna, warum trinken wir nicht heute abend ein oder zwei Gläser Wein zusammen. Meine Eltern haben mir einen geschenkt, der von ihnen gekeltert wurde.

Anna: Ausgezeichnet! Endlich mal ein Wein, bei dem man genau weiß, was drin ist.

| | |
|---|---|
| bere ['be:re] | trinken |
| insieme [in'siε:me] | zusammen, gleichzeitig |
| il bicchiere [bik'kiε:re] | (Trink)glas |
| i genitori [dʒeni'to:ri] | Eltern, Vater und Mutter |
| pigiare [pi'dʒa:re] | stoßen, drücken, keltern |
| finalmente [final'mente] | endlich, schließlich |
| contenere [konte'ne:re] | enthalten, fassen |

## 862

### Auf dem Land

Ein Kollege von Giulio besitzt ein Zweithaus auf dem Land, nicht weit von Mailand. Er hat alle aus dem Büro eingeladen, dort das nächste Wochenende zu verbringen. Giulio träumt von einem beschaulichen Wochenende. Als er das Anna erzählt, ist sie sehr skeptisch. Alle Kollegen und ein ruhiges Wochenende; das wird nicht klappen.

| | |
|---|---|
| possedere [posse'de:re] | besitzen, haben |
| secondo, -a [se'kondo] | zweite(r, s) |
| invitare [invi'ta:re] | einladen, mahnen |
| contemplativo, -a [kontempla'ti:vo] | besinnlich |
| scettico, -a ['ʃεttiko] | skeptisch |
| tranquillo, -a [traŋ'kuillo] | ruhig, still |
| funzionare [funtsio'na:re] | funktionieren, gehen |

## 863

### ESERCIZIO

**Quale delle due forme è giusta?**

| | |
|---|---|
| 1. Noi sapiamo. | Noi sappiamo. |
| 2. Io vengo. | Tu venghi. |
| 3. Io viverò. | Io vivrò. |
| 4. Ha riso. | Ha riduto. |
| 5. gli amichi | gli amici |
| 6. gli esercizi | gli esercizii |
| 7. Pagi tu? | Paghi tu? |
| 8. le città | le citte |

## 864

**Il circo**

Su un prato vicino alla casetta per il fine settimana s'è stabilito un circo. Senza difficoltà tutti i colleghi decidono di andarci.

È soltanto un circo piccolo, ma il pagliaccio ha davvero del talento e si immischia in ogni numero. Ritornando a casa tentano di imitarlo, con sorpresa generale il più taciturno dell'ufficio lo fa nel modo migliore.

## 863

### Welche der zwei Formen ist die richtige?

| | |
|---|---|
| 1. Noi sappiamo. | – Wir wissen. |
| 2. Io vengo. | – Ich komme. |
| Tu vieni. | – Du kommst. |
| 3. Io vivrò. | – Ich werde leben. |
| 4. Ha riso. | – Er hat gelacht. |
| 5. gli amici | – die Freunde |
| 6. gli esercizi | – die Übungen |
| 7. Paghi tu? | – Zahlst du? |
| 8. le città | – die Städte |

*DIE EXPERTENECKE*

▷ gli amici, aber le amiche: Oft behält der Plural der weiblichen Form trotzdem den ursprünglich gesprochenen Konsonanten bei.

▷ la città, le città: Ist ein Wort endungsbetont, ist normalerweise die Pluralform mit der Singularform identisch.

## 864

### Der Zirkus

Auf einer Wiese nahe dem Wochenendhaus hat sich ein Zirkus niedergelassen. Ohne weiteres beschließen alle Kollegen, dorthinzugehen. Es ist nur ein kleiner Zirkus, aber der Clown ist wirklich begabt und mischt sich in jede Nummer ein. Auf dem Heimweg versuchen sie, ihn nachzumachen; zur allgemeinen Überraschung gelingt es dem Schweigsamsten aus dem Büro am besten.

| | |
|---|---|
| il prato ['pra:to] | Wiese, Rasen, Weide |
| stabilirsi [stabi'li:rsi] | sich niederlassen |
| la difficoltà [diffikol'ta] | Schwierigkeit |
| il pagliaccio [paʎ'ʎattʃo] | Clown, Narr |
| il talento [ta'lɛnto] | Begabung |
| ritornare [ritor'na:re] | zurückkehren, zurückkommen |
| taciturno, -a [tatʃi'turno] | schweigsam, wortkarg |

## 865

### La pedagogista

Lei nacque nel 1870 ad Ancona. Fu la prima donna laureata dell'università di Roma nel 1894. Lavorò come assistente alla clinica psichiatrica di questa università, s'interessò specialmente del problema dell'educazione dei pazienti. Nel 1898 fu incaricata di un corso di psichiatria per maestre di Roma. Sorse la scuola magistrale ortofrenica di Roma. Estese poi all'educazione dei fanciulli normali il suo metodo.

*Qual è il suo nome?*

## 866

### Il film

Giulio: *Un giallo davvero avvincente. Ma sono molto sorpreso che il fratello fosse l'assassino. Pensavo che l'amante oppure la moglie lo avesse ammazzato.*

Anna: *No, una donna non avrebbe mai lasciato una collana così preziosa sul luogo del reato.*

Giulio: *Questo mi convince!*

## 865

### Die Pädagogin

Sie wurde 1870 in Ancona geboren. 1894 war sie die erste Frau, die einen Hochschulabschluß der Universität Rom erhielt. Sie arbeitete als Assistentin in der psychiatrischen Klinik dieser Universität, sie interessierte sich besonders für das Problem der Erziehung der Patienten. 1898 wurde sie mit einem Psychiatriekurs für römische Lehrerinnen beauftragt. Daraus entstand die Lehrerschule für Lernbehinderte in Rom. Sie dehnte dann ihre Methode auf die Erziehung der normalen Kinder aus. Wie ist ihr Name?

*Maria Montessori*

Ihre Idee ist, daß in einer didaktisch gestalteten Umgebung die gesammelte Aufmerksamkeit des Kindes und damit seine Selbsttätigkeit geweckt werden soll.

## 866

### Der Film

Giulio: Ein wirklich fesselnder Krimi. Aber ich bin sehr überrascht, das der Bruder der Mörder war. Ich dachte, daß die Geliebte oder die Frau ihn umgebracht hätte.

Anna: Nein, eine Frau hätte niemals eine so kostbare Halskette am Tatort zurückgelassen.

Giulio: Das leuchtet mir ein!

| | |
|---|---|
| il giallo ['dʒallo] | Krimi, Gelb |
| avvincente [avvin'tʃɛnte] | fesselnd, anziehend |
| l'assassino, *m* [assas'siːno] | Mörder |
| ammazzare [ammat'tsaːre] | töten, umbringen |
| la collana [kol'laːna] | (Hals)kette, Reihe |
| il reato [re'aːto] | Straftat, Delikt |
| convincere [kon'vintʃere] | überzeugen |

## 867

### Un telegramma

Oggi si sposa la cugina di Laura. Ma purtroppo lei e Sandro non possono partecipare alle nozze, perché la cugina abita in Svezia. Così lei va all'ufficio postale e manda agli sposi un telegramma di auguri. Ma trascorreranno il loro viaggio di nozze in Italia.

## 868

### Spìgola al forno

Ingredienti: *Una spìgola 1500 g, 1 spicchio d'aglio tritato, rosmarino, timo, maggiorana tritate, grossolanamente, prezzemolo, 1 cucchiaio di pangrattato, 1 bicchiere d'olio d'oliva, 1 cucchiaio di succo di limone*

Pulire il pesce; distribuite nel ventre e nelle branchie le erbe odorose, il prezzemolo e l'aglio tritati. Accomodate il pesce in un piatto da gratino ovale, unto con olio, salatelo leggermente, cospargetelo con il pangrattato e versatevi sopra un bicchiere d'olio battuto con il succo di limone, per 25 – 30 minuti in forno caldo.

*Sapete, come si chiamano altri pesci della stessa specie?*

## 867

### Ein Telegramm

Heute heiratet die Kusine von Laura. Aber leider können sie und Sandro nicht an der Hochzeit teilnehmen, weil die Kusine in Schweden wohnt. So geht sie zum Postamt und sendet dem Brautpaar ein Glückwunschtelegramm. Ihre Hochzeitsreise werden sie jedoch in Italien verbringen.

| | |
|---|---|
| la cugina [ku'dʒiːna] | Kusine |
| sposarsi [spo'zaːrsi] | heiraten |
| partecipare [partetʃi'paːre] | teilnehmen |
| gli sposi, *m* ['spɔːzi] | Brautleute |
| le nozze, *f pl* ['nɔttse] | Hochzeit |

## 868

### Gebackener Wolfsbarsch

Zutaten: *1 Barsch von 1500 g, 1 zerkleinerte Knoblauchzehe, Rosmarin, Thymian, Majoran, grob geschnitten, Petersilie, 1 EL Paniermehl, 1 Gläschen Olivenöl, 1 EL Zitronensaft*

Den Fisch säubern; Bauch und Kiemen mit den zerkleinerten aromatischen Kräutern, Petersilie und Knoblauch bestreichen. Den Fisch in eine ovale Backform legen, die vorher mit Öl bepinselt wurde, leicht salzen, mit dem Paniermehl bestreuen und ein Gläschen Öl, gemischt mit dem Zitronensaft, darübergießen, 25 – 30 Minuten in den vorgewärmten Backofen. Kennen Sie andere Fische dieser Art?

*Barsch (pesce persico), Goldbarsch (acerina)*

## 869

*«L'affetto
lo intelletto lega.»*

*Dante*

## 870

**Il Ferragosto**

Le grandi città dell'Italia del Sud si sono svuotate in questi giorni di Ferragosto. In città sono rimasti i turisti stranieri. Gli italiani sono andati quasi tutti nei luoghi turistici sulla costa. Gli alberghi e le pensioni hanno fatto il «tutto esaurito». Gli italiani spendono in questi giorni quasi 500 miliardi di lire. Sei milioni di italiani si trovano in vacanza già dal 1. agosto. Per 400 mila persone le vacanze sono solo una breve gita di un giorno in campagna. Si parte la mattina e si ritorna in città la sera.

*Da dove deriva il nome «Ferragosto»?*

## 869

„Die Liebe bindet den Verstand." – Dante Alighieri (1265–1321), italienischer Dichter

GRAMMATIK

### La preposizione «a» – Präposition „a"

Die Präposition „a" steht:

- ▷ als Ortsangabe bei Städten und Inseln: Vado a Roma. – Ich gehe nach Rom. Vivo a Capri. – Ich lebe auf Capri.
- ▷ zur Angabe der Entfernung: L'ho trovato a due metri da qui. Ich habe es zwei Meter von hier gefunden.
- ▷ als Angabe eines Zeitpunktes: Alle tre lo incontro. – Um drei Uhr treffe ich ihn. Ci vediamo a Natale. – Wir sehen uns Weihnachten.
- ▷ zur Angebe der Art und Weise: Vado a piedi. – Ich gehe zu Fuß. Cucino degli spaghetti alla bolognese. – Ich koche Spaghetti nach Bologneser Art.

## 870

### Ferragosto

Die großen italienischen Städte im Süden sind in diesen Tagen von Ferragosto leer. In der Stadt sind nur noch die ausländischen Touristen. Die Italiener sind fast alle in die Touristenorte an der Küste gefahren. Die Hotels und Pensionen sind vollständig ausgebucht. Die Italiener geben in diesen Tagen fast 500 Milliarden Lire aus. Sechs Millionen Italiener befinden sich schon seit dem 1. August im Urlaub. Für 400 000 Personen ist der Urlaub nur ein kurzer Ausflug von einem Tag aufs Land. Man fährt morgens und kommt abends wieder zurück. Woher kommt der Ausdruck „Ferragosto"?

*Wörtlich: Ferie di agosto = Augustferien*

# 871

## Il camino

Anna: *Leggo un romanzo nel quale si incontrano sempre accanto al camino. Mi piacerebbe averne uno.*

Giulio: *Me lo immagino tanto scomodo. Arrostito davanti e dietro niente. Figurati la sporcizia!*

Anna: *Naturalmente voglio uno con almeno due servi.*

# 872

### ESERCIZIO

## Un enigma

1. Fra ieri e domani c'è ...
2. Vino e birra si bevono da un ...
3. Alla mattina si mangia la prima ...
4. Un maschio giovane è un ...
5. Dopo la sera viene la ...
6. Il ... fa il pendant alla moglie.
7. Quando non ci sono delle nuvole splende il ...
8. Si dorme in un ...

Verticale: Le ultime notizie si possono leggere in un ...

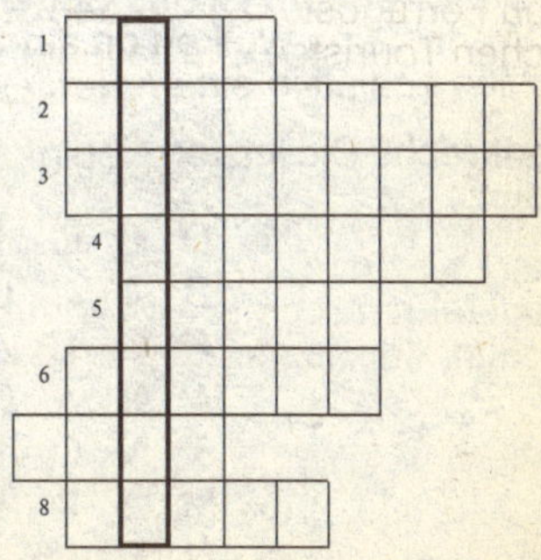

## 871

### Der Kamin

Anna: Ich lese einen Roman, in dem sie sich immer am Kamin treffen. Ich hätte auch gerne einen.

Giulio: Ich stelle mir das sehr unbequem vor. Von vorne geröstet und von hinten nichts. Und stell dir den Schmutz vor!

Anna: Natürlich will ich einen mit mindestens zwei Dienern.

| | |
|---|---|
| il camino [ka'mi:no] | Kamin, Schornstein |
| il romanzo [ro'mandzo] | Roman, Märchen |
| accanto a [ak'kanto] | neben |
| scomodo, -a ['skɔ:modo] | unbequem |
| dietro ['diɛ:tro] | hinten, nach hinten |
| la sporcizia [spor'tʃi:tsia] | Unreinlichkeit, Schweinerei |
| il servo ['sɛrvo] | Knecht, Diener |

## 872

1. Zwischen gestern und morgen liegt **heute**.
2. Wein und Bier trinkt man aus einem **Glas**.
3. Am Morgen ißt man das **Frühstück**.
4. Ein junger Mann ist ein **Bursche**.
5. Nach dem Abend kommt die **Nacht**.
6. Der **Ehemann** ist das Gegenstück zur Ehefrau.
7. Wenn keine Wolken da sind, scheint die **Sonne**.
8. Man schläft in einem **Bett**.

Senkrecht: Die letzten Neuigkeiten kann man in einer **Zeitung** lesen.

1. O **G** G I
2. B **I** C C H I E R E
3. C **O** L A Z I O N E
4. **R** A G A Z Z O
5. **N** O T T E
6. M **A** R I T O
7. S O **L** E
8. L **E** T T O

## 873

*«Uccello in gabbia*
*o canta per passione*
*o canta per rabbia.»*

*Proverbio*

## 874

**Il traffico in città**

Il traffico della mattina è sempre molto intenso, ma oggi sembra superare ogni record. Proprio stamattina Sandro ha un appuntamento importantissimo nel suo ufficio con un cliente. Di solito non ci si mettono più di dieci minuti. Ma più si va verso il centro più il traffico è intasato.

## 873

„Vogel im Käfig, er singt aus Liebe oder aus Zorn." – Italienisches Sprichwort

GRAMMATIK

### Der Teilungsartikel

Zum Ausdruck einer unbestimmten Menge oder Anzahl steht vor Stoffnamen, Gattungsnamen und gelegentlich auch vor Abstrakta di + bestimmter Artikel.

Dammi **dell'**acqua. Gib mir (etwas) Wasser.
Hai preso **dello** zucchero? Hast du Zucker genommen?
C'erano **dei** bambini che giocavano. Da waren Kinder, die spielten.
Ho **degli** amici in Svizzera. Ich habe Freunde in der Schweiz.

## 874

### Stadtverkehr

Morgens ist der Verkehr immer sehr dicht, aber heute scheint er jeden Rekord zu brechen. Gerade heute morgen hat Sandro eine sehr wichtige Verabredung in seinem Büro mit einem Kunden. Normalerweise braucht man nicht mehr als zehn Minuten. Aber je näher man ans Zentrum kommt, um so stärker wird der Verkehr.

| | |
|---|---|
| il traffico ['traffiko] | Verkehr |
| intenso [in'tɛnso] | dicht |
| l'appuntamento, *m* [appunta'mento] | Verabredung |
| il cliente [kli'ɛnte] | Kunde |
| di solito [di 'so:lito] | gewöhnlich |
| intasato [inta'sa:to] | verstopft |

## 875

### Delle leccornie

Anna: *Tanti auguri di buon compleanno! Pensavo che ti piacesse fare un giro in un negozio di specialità gastronomiche, so che sei un ghiottone.*

Giulio: *Vuoi che ingrassi? Ma nonostante un'idea ottima, sceglierò un pesce. Ma chi lo preparerà?*

## 876

### Lo scontrino

In Italia esiste una legge che obbliga ciascuno a chiedere uno scontrino e portarlo via se si compra qualcosa. Il cliente deve portare questo scontrino fin a una certa distanza dal negozio, altrimenti è passibile di pena. Questa legge è nata per volontà della guardia di finanza che ha tentato di creare così un metodo che obbliga i venditori a registrare le vendite e impedisce così l'evasione fiscale.

*Chi sono i rappresentanti più vistosi della legge in generale?*

## 875

### Delikatessen

Anna: Herzlichen Glückwunsch zum Geburtstag! Ich dachte, daß dir ein Bummel durch ein Delikatessengeschäft gefallen würde; ich weiß, daß du ein Schlemmer bist.

Giulio: Willst du, daß ich dick werde? Aber trotzdem eine Superidee, ich werde einen Fisch nehmen. Aber wer bereitet ihn zu?

| | |
|---|---|
| la leccornia [lekkor'ni:a] | Leckerbissen, Delikatesse |
| l'augurio, *m* [au'gu:rio] | Glückwunsch, Wunsch |
| la specialità [spetʃali'ta] | Spezialität, Fachgebiet |
| gastronomico, -a [gastro'nɔ:miko] | gastronomisch |
| il ghiottone [giot'to:ne] | Schlemmer, Leckermaul |
| ingrassare [iŋgras'sa:re] | dick werden, dick machen |
| il pesce ['peʃʃe] | Fisch |

## 876

### Quittungen

In Italien gibt es ein Gesetz, das jeden dazu verpflichtet, einen Kassenbon zu verlangen und ihn mitzunehmen, wenn er etwas kauft. Der Käufer muß diese Quittung bis zu einer bestimmten Entfernung vom Geschäft mitnehmen, sonst macht er sich strafbar. Dieses Gesetz entstand auf Betreiben der Zollbehörde, die versucht hat, so ein Mittel zu schaffen, das die Verkäufer verpflichtet, die Verkäufe zu verbuchen, und so die Steuerhinterziehung verhindert. Wer sind die auffälligsten Vertreter des Gesetzes im allgemeinen?

*Die Carabinieri*

Die Carabinieri sind eine Polizeitruppe des italienischen Heeres. Das Militär ist auf den Straßen auch noch durch die polizia militare, die Militärpolizei, vertreten.

## 877

### Le strenne di Natale

Anna: *Non è orribile? Lo disapprovo sempre di più!*
Giulio: *Di che cosa stai parlando?*
Anna: *Sono gli inizi di ottobre e ho già visto le prime offerte per Natale. Due mesi e mezzo prima di Natale!*
Giulio: *È davvero troppo presto!*

## 878

### Gli alberi

Giulio: *Che peccato, sembra che abbattano tutti gli alberi nella mia strada.*
Anna: *Speriamo di no. Forse potano soltanto i rami morti.*
Giulio: *Vedendo l'entusiasmo dell'uomo che ci lavora non posso immaginarmelo.*

## 877

### Weihnachtsgeschenke

Anna: Ist es nicht schrecklich? Es gefällt mir immer weniger!
Giulio: Wovon sprichst du?
Anna: Wir haben Anfang Oktober, und ich habe schon die ersten Weihnachtsangebote gesehen. Zweieinhalb Monate vor Weihnachten!
Giulio: Das ist wirklich zu früh!

| | |
|---|---|
| la strenna ['strɛnna] | Geschenk |
| il Natale [na'ta:le] | Weihnacht, Weihnachten |
| disapprovare [dizappro'va:re] | mißbilligen, ablehnen |
| l'offerta, *f* [of'fɛrta] | Gabe, Spende, Angebot |
| il mese ['me:se] | Monat |
| presto ['prɛsto] | rasch, schnell, verfrüht |

## 878

### Die Bäume

Giulio: Wie schade, es scheint, daß sie alle Bäume in meiner Straße fällen.
Anna: Hoffen wir, daß sie es nicht tun. Vielleicht schneiden sie nur die toten Äste aus.
Giulio: Wenn ich den Eifer des Mannes sehe, der dort arbeitet, kann ich mir das nicht vorstellen.

| | |
|---|---|
| l'albero, *m* ['albero] | Baum |
| sembrare [sem'bra:re] | scheinen, erscheinen |
| abbattere [ab'battere] | niederschlagen, fällen |
| forse ['forse] | vielleicht |
| potare [po'ta:re] | beschneiden, stutzen |
| il ramo ['ra:mo] | Zweig, Ast |
| l'entusiasmo, *m* [entu'ziazmo] | Begeisterung |

879

## I primi giorni freddi

Per Antonella e Salvatore i primi giorni di freddo sono sempre particolari. Si ricordano quando nei giorni di freddo stavano seduti attorno al fuoco ed i nonni gli raccontavano storie di fantasmi e streghe per tenerli buoni. Facendoli impaurire, approfittavano di qualche tuono o dell'improvvisa mancanza della corrente.

880

*«A rubare poco si va in galera,*
*a rubare tanto si fa carriera.»*

*Proverbio*

## 879

### Die ersten kalten Tage

Für Antonella und Salvatore sind die ersten kalten Tage immer etwas Besonderes. Sie erinnern sich, als sie an kalten Tagen um das Feuer saßen und die Großeltern ihnen Geschichten von Geistern und Hexen erzählten, um sie artig zu halten. Sie nutzten einige Laute oder den unerwarteten Ausfall von Strom, um ihnen Angst einzujagen.

| | |
|---|---|
| il fantasma [fan'tazma] | Geist |
| la strega [stre:ga] | Hexe |
| impaurire [impau'ri:re] | ängstigen, Angst machen |
| approfittare [ap-profit-'ta:re] | ausnützen, (be)nützen |
| la corrente [kor-'rɛnte] | Strom |

## 880

„Wenn man wenig stiehlt, kommt man ins Gefängnis, wenn man viel stiehlt, macht man Karriere." – Italienisches Sprichwort

GRAMMATIK

### Forme irregolare – unregelmäßige Formen

Futur und Konditional unterscheiden sich nur in den Endungen, der Stamm ist gleich:

| Verb | Deutsch | Futur | Konditional |
|---|---|---|---|
| andare | gehen | andrò (ich werde gehen) | andrei (ich ginge) |
| cadere | fallen | cadrò | cadrei |
| dolere | schmerzen | dorrò | dorrei |
| fare | tun, machen | farò | farei |
| morire | sterben | morrò | morrei |
| sapere | wissen | saprò | saprei |
| valere | wert sein | varrò | varrei |
| vivere | leben | vivrò | vivrei |

## 881

### ESERCIZIO

**Completetare con le forme di «a» e «di»**

1. Vi ci siamo incontrati ________ dieci.
2. Ho comprato due litri ________ latte.
3. La casa si trova ________ dieci chilometri dalla città.
4. Ho visto dei bellissimi pantaloni ________ seta.
5. ________ lunedì lo vedo sempre.
6. Ti accompagno ________ casa.
7. Una ________ ragazze è la sorella ________ Anna.
8. Lui sopravvivrà ________ nonno.

## 882

**Il pranzo d'affari**

Giulio scoppia di orgoglio. Oggi lui ha partecipato al suo primo pranzo d'affari. Le trattative erano molto delicate. Il suo capo voleva avere tempo per decidersi in tutta tranquillità. Così ha invitato i suoi contraenti a pranzare con lui. Anche Giulio era invitato perché faceva il suo assistente. Lo racconta almeno dieci volte ad Anna.

## 881

### Vervollständigen Sie mit den Formen von „a“ und „di“

1. Vi ci siamo incontrati **alle** dieci. Wir haben uns dort um zehn getroffen.
2. Ho comprato due litri **di** latte. Ich habe zwei Liter Milch gekauft.
3. La casa si trova **a** dieci chilometri dalla città. Das Haus liegt zehn Kilometer von der Stadt entfernt.
4. Ho visto dei bellissimi pantaloni **di** seta. Ich habe wunderschöne Seidenhosen gesehen.
5. **Di** lunedì lo vedo sempre. Montags sehe ich ihn immer.
6. Ti accompagno **a** casa. Ich begleite dich nach Hause.
7. Una **delle** ragazze è la sorella **di** Anna. Eins der Mädchen ist die Schwester von Anna.
8. Lui sopravvivrà **al** nonno. Er wird den Großvater überleben.

## 882

### Das Geschäftsessen

Giulio platzt vor Stolz. Er hat heute an seinem ersten Geschäftsessen teilgenommen. Die Verhandlungen waren sehr verzwickt. Sein Chef wollte Zeit haben, um sich in aller Ruhe zu entscheiden. So hat er seine Verhandlungspartner eingeladen, mit ihm zu Mittag zu essen. Auch Giulio war eingeladen, weil er sein Assistent war. Anna erzählt er das mindestens zehnmal.

| | |
|---|---|
| scoppiare [skop'pia:re] | ausbrechen, platzen |
| l'orgoglio, *m* [or'goʎʎo] | Stolz |
| la trattativa [tratta'ti:va] | Verhandlung |
| delicato, -a [deli'ka:to] | fein, empfindlich, heikel |
| la tranquillità [traŋkuilli'ta] | Ruhe, Stille |
| il contraente [kontra'ɛnte] | Vertragspartner |
| pranzare [pran'dza:re] | zu Mittag essen |

## 883

### L'Aquila

L'Aquila fu uno dei castelli (pare ne fossero 86, secondo la tradizione 99) costruiti dopo la distruzione delle antiche città della regione. Nel Duecento sorse l'idea di unire gli abitanti dei castelli sparsi. Come centro fu scelto L'Aquila. Così sorse una città, formata da 99 rioni, ciascuno dotato di una chiesa, una piazza e una fontana. A ricordo di questo la campana della Torre Civica batte ancora oggi a tarda sera 99 rintocchi.

*Che cosa si vede sullo stemma di L'Aquila?*

## 884

### La lampada a incandescenza

Anna: *La sfortuna mi perseguita davvero!*

Giulio: *Che c'è? Hai perso il tuo portamonete?*

Anna: *Ci mancherebbe anche questo! No, due giorni fa questa lampada a incandescenza s'è rotta. Staccare il paralume è così difficile. Adesso è di nuovo rotta.*

## 883

### L'Aquila

L'Aquila war eine der Burgen (es scheinen 86 gewesen zu sein, der Legende nach jedoch 99), die nach der Zerstörung der alten Städte der Gegend gebaut wurden. Im 13. Jahrhundert kam die Idee auf, die Bewohner der zerstreuten Festungen zu vereinen. Als Zentrum wurde L'Aquila ausgewählt. So entstand eine Stadt, gebildet aus 99 Stadtvierteln, jedes ausgestattet mit einer Kirche, einem Platz und einem Brunnen. Zum Gedenken daran schlägt auch heute noch die Glocke des Stadtturms 99mal am späten Abend. Was sieht man auf dem Wappen von L'Aquila?

*Einen gekrönten Adler (aquila)*

L'Aquila war eine der ersten Städte Italiens, in denen die Buchdruckkunst ausgeübt wurde.

## 884

### Die Glühbirne

Anna: Ich bin wirklich von Pech verfolgt.

Giulio: Was ist? Hast du dein Portemonnaie verloren?

Anna: Das würde mir noch fehlen! Nein, vor zwei Tagen ist diese Glühbirne kaputtgegangen. Es ist so schwierig, den Lampenschirm abzumachen. Und jetzt ist sie schon wieder kaputt.

| | |
|---|---|
| la lampada ['lampada] | Lampe, Leuchte |
| l'incandescenza, *f* [iŋkandeʃ'ʃɛntsa] | Glühen |
| perseguitare [persegui'ta:re] | verfolgen, quälen |
| il portamonete [portamo'ne:te] | Portemonnaie, Geldbörse |
| rompersi ['rompersi] | (zer)brechen, kaputtgehen |
| staccare [stak'ka:re] | (ab)lösen, abtrennen |
| il paralume [para'lu:me] | Lampenschirm |

## 885

*«La bellezza si guarda,*
*ma la bontà si stima.»*

*A. Gabelli*

## 886

**La lite**

Giulio: *Oggi era molto poco accogliente all'ufficio.*
Anna: *Perché? S'è fermato l'impianto di climatizzazione?*
Giulio: *No, il capo ha scoperto che un collega scriveva delle lettere private al computer durante l'orario di lavoro. Ha subito cominciato ad urlare!*

## 885

„Die Schönheit betrachtet man, die Güte achtet man." – Aristide Gabelli (1830 – 1891), italienischer Pädagoge

GRAMMATIK

### Il gerundio – Gerundium

| | | |
|---|---|---|
| trov-are | (finden): | trov-ando |
| ved-ere | (sehen): | ved-endo |
| sent-ire | (hören): | sent-endo |
| essere | (sein): | essendo |
| avere | (haben): | avendo |

Das Gerundium wird im Deutschen meist mit einem Nebensatz wiedergegeben. Die Grundform des Gerundiums drückt eine Gleichzeitigkeit aus: Guardando la televisione sentiva un rumore. – Während sie fernsah, hörte sie ein Geräusch.

Um Vorzeitigkeit auszudrücken, benutzt man ein zusammengesetztes Gerundium: avendo visto, essendo stato.

## 886

### Der Streit

Giulio: Heute war es sehr ungemütlich im Büro.
Anna: Warum? Ist die Klimaanlage ausgefallen?
Giulio: Nein, der Chef hat entdeckt, daß ein Kollege während der Arbeitszeit Privatbriefe am Computer schrieb. Er hat sofort angefangen herumzuschreien!

| | |
|---|---|
| la lite ['li:te] | Streit, Zank |
| accogliente [akkoʎ'ʎɛnte] | einladend, gastfreundlich |
| fermarsi [fer'ma:rsi] | anhalten, stehenbleiben |
| l'impianto, *m* [im'pianto] | Einrichtung, Anlage |
| la climatizzazione [klimatiddzat'tsio:ne] | Klimatisierung |
| scoprire [sko'pri:re] | enthüllen, entdecken |
| urlare [ur'la:re] | heulen, brüllen |

## 887

### Il sarto

Oggi Anna è di buon umore. Finalmente ha preso una decisione, si fa cucire un vestito. Ha già scelto un tessuto bellissimo di buona qualità. I vestiti confezionati non hanno mai la giusta misura, o una manica è troppo corta o la gonna è troppo stretta o qualcosa altro non sta bene. Anna desidera almeno un vestito che stia a pennello.

## 888

### Quaglie

*Ingredienti: 8 quaglie, 70 g di olive nere, 2 spicchi d'aglio, olio d'oliva, 1 mazzo di salvia, 1 ramo di rosmarino*

Tritare la salvia, salvo 16 foglie, e il rosmarino. Mescolarli con le olive passate, l'aglio passato e un po' d'olio. Lavare le quaglie. Frizionare le parte interne con sale e pepe. Riempire con la purea, chiudere con filo. Recidere gli artigli e attaccarci le foglie di salvia. Spalmare di olio, tenere al fresco per 12 ore.

*Quanto tempo devono cuocere le quaglie?*

## 887

### Der Schneider

Heute hat Anna gute Laune. Endlich hat sie sich entschlossen: Sie läßt sich ein Kleid nähen. Sie hat schon einen wunderschönen Stoff von guter Qualität ausgewählt. Die Kleider von der Stange haben nie die richtige Größe; entweder ist ein Ärmel zu kurz oder ein Rock zu eng, oder irgendetwas anderes paßt nicht. Anna möchte wenigstens ein Kleid haben, das wie angegossen sitzt.

| | |
|---|---|
| il sarto ['sarto] | Schneider |
| l'umore, *m* [u'mo:re] | Wesen, Art, Laune |
| cucire [ku'tʃi:re] | nähen |
| il vestito [ves'ti:to] | Kleid, Kleidung |
| confezionare [konfettsio'na:re] | anfertigen, machen |
| la manica ['ma:nika] | Ärmel |
| stretto, -a ['stretto] | schmal, eng, knapp |

## 888

### Wachteln

*Zutaten: 8 Wachteln, 70 g schwarze Oliven, 2 Knoblauchzehen, Olivenöl, 1 Strauß Salbei, 1 Zweig Rosmarin*

Den Salbei, bis auf 16 Blätter, und den Rosmarin hacken. Mit den passierten Oliven, dem passierten Knoblauch und etwas Öl mischen. Die Wachteln waschen. Die Innenseiten mit Salz und Pfeffer ausreiben. Mit dem Püree auffüllen, mit Garn verschließen. Die Krallen abschneiden und dort die Salbeiblätter befestigen. Mit Öl bestreichen, für zwölf Stunden kühlstellen. Wie lange müssen die Wachteln braten?

*30 Minuten bei mittlerer Hitze*

Huhn wird in Italien auf die verschiedensten Arten zubereitet: fritto (gebacken), arrosto (gebraten), all'arrabbiata (mit Pfefferschoten), in padella (mit Tomaten).

## 889

### Aumento dello stipendio

Giulio: *Anna, mi piacerebbe invitarti ad andare a mangiare con me.*

Anna: *È il tuo compleanno o hai ereditato un patrimonio?*

Giulio: *No, ma ho ricevuto un aumento dello stipendio.*

Anna: *Capisco! Allora dobbiamo spenderlo subito!*

## 890

ESERCIZIO

### Tradurre usando il gerundio

1. Während Giulio aß, hörte er Radio.
2. Obwohl er die Lösung gefunden hatte, war er nicht zufrieden.
3. Wenn du so weitermachst, wirst du nie fertig.
4. Während er auf Anna wartete, schlief er ein.
5. Singend spülten sie das Geschirr.
6. Du gehst nach Hause und denkst dabei über meine Worte nach.

## 889

### Gehaltserhöhung

Giulio: Anna, ich würde dich gerne einladen, mit mir essen zu gehen.
Anna: Ist dein Geburtstag, oder hast du ein Vermögen geerbt?
Giulio: Nein, aber ich habe eine Gehaltserhöhung bekommen.
Anna: Ich verstehe! Dann müssen wir sie sofort ausgeben!

| | |
|---|---|
| l'aumento, *m* [au'mento] | Erhöhung, Zunahme |
| lo stipendio [sti'pɛndio] | Lohn, Gehalt |
| invitare [invi'ta:re] | einladen, verführen |
| mangiare [man'dʒa:re] | essen, verbrauchen |
| ereditare [eredi'ta:re] | erben |
| il patrimonio [patri'mɔ:nio] | Vermögen, Reichtum |
| ricevere [ri'tʃe:vere] | bekommen, empfangen |

## 890

### Übersetzen Sie unter Verwendung des Gerundiums

1. Mangiando, Giulio ascoltava la radio.
2. Pur avendo trovato la soluzione, non era soddisfatto.
3. Continuando così non finirai mai.
4. Aspettando Anna, s'è addormentato.
5. Cantando, lavavano i piatti.
6. Andando a casa, rifletti sulle mie parole.

*DIE EXPERTENECKE*

andare + Gerundium – ständig etwas tun: Anna va leggendo qualche libro. – Anna liest ständig irgendein Buch.

stare + Gerundium – gerade dabei sein, etwas zu tun: Stavo leggendo questo libro quando Giulio ha telefonato. – Ich war gerade dabei, dieses Buch zu lesen, als Giulio angerufen hat.

## 891

### I giochi

Giulio ha invitato degli amici a giocare. Si è procacciato delle bibite e dei bocconcini. Gli amici hanno portato dei giochi di società. Ne sperimentano tutti. Giulio è molto fortunato, soltanto una volta perde. Così gli amici lo prendono in giro dicendo: «Oh, chi è fortunato in amore non giochi a carte, Giulio dev'essere molto sfortunato.»

## 892

### Alla fiera

Anna: *Non posso più restare in piedi! Sono stanca morta.*

Giulio: *Hai festeggiato troppo a lungo ieri sera?*

Anna: *Sarebbe bello! Lavoro alla fiera. Presento il prodotto di una ditta. Non sapevo che fosse tanto faticoso sorridere sempre.*

## 891

### Spiele

Giulio hat Freunde zum Spielen eingeladen. Er hat Getränke und Häppchen besorgt. Die Freunde haben Gesellschaftsspiele mitgebracht. Sie probieren alle aus. Giulio hat sehr viel Glück, er verliert nur einmal. So nehmen ihn die Freunde auf den Arm, indem sie sagen: „Oh, Glück im Spiel, Pech in der Liebe; Giulio muß sehr viel Pech haben."

| | |
|---|---|
| il gioco ['dʒɔːko] | Spiel |
| procacciare [prokat'tʃaːre] | besorgen, beschaffen |
| il bocconcino [bokkon'tʃiːno] | Häppchen |
| la società [sotʃe'ta] | Gemeinschaft, Gesellschaft |
| sperimentare [sperimen'taːre] | versuchen, testen |
| essere fortunato, -a [fortu'naːto] | Glück haben |
| prendere in giro ['dʒiːro] | auf den Arm nehmen |

## 892

### Auf der Messe

Anna: Ich kann nicht mehr stehen! Ich bin todmüde.
Giulio: Hast du gestern abend zu lange gefeiert?
Anna: Das wäre schön! Ich arbeite auf der Messe. Ich präsentiere das Produkt einer Firma. Ich wußte nicht, daß es so anstrengend ist, immer zu lächeln.

| | |
|---|---|
| la fiera ['fiɛːra] | Messe, Ausstellung |
| restare [res'taːre] | bleiben, (ver)bleiben |
| il piede ['piɛːde] | Fuß |
| stanco, -a ['staŋko] | müde, ermüdet |
| presentare [prezen'taːre] | vorführen, anbieten, erläutern |
| il prodotto [pro'dotto] | Erzeugnis, Produkt |
| faticoso, -a [fati'koːso] | mühsam, anstrengend |

## 893

### ESERCIZIO

**Übersetzen Sie**

1. Ich habe einen Brief aus Italien erhalten.
2. Aldo schreibt mir, daß er mir helfen wird, ein ruhiges Zimmer in einer kleinen Pension am Stadtrand zu finden.
3. Er möchte mein Ankunftsdatum wissen.
4. Er und seine Frau, die ich noch nicht kenne, werden mich am Bahnhof abholen.

## 894

**In tabaccherìa**

Rosa: *Due cartoline e due francobolli, per favore! Un francobollo per l'Italia e uno per il Brasile.*

Commesso: *Ecco, signora. Desidera altro?*

Rosa: *Sì, ha anche delle caramelle al limone?*

Commesso: *Sì, abbiamo anche delle ottime caramelle alla frutta e al caffè.*

## 893

### Übersetzung

1. Ho ricevuto una lettera dall'Italia.
2. Aldo mi scrive che mi aiuterà a trovare una camera tranquilla in una piccola pensione alla periferia.
3. Vuole sapere la data del mio arrivo.
4. Lui e sua moglie, che non conosco ancora, mi verranno a prendere alla stazione.

*DIE EXPERTENECKE*

| | |
|---|---|
| lo zio | – Onkel |
| il cognato | – Schwager |
| la nuora | – Schwiegertochter |
| il genero | – Schwiegersohn |
| il nonno | – Großvater |

## 894

### Im Tabakwarengeschäft

| | |
|---|---|
| Rosa: | Zwei Ansichtskarten und zwei Briefmarken, bitte! Eine Briefmarke für Italien und eine für Brasilien. |
| Verkäufer: | Hier, bitte. Wünschen Sie noch etwas? |
| Rosa: | Ja, haben Sie auch Zitronenbonbons? |
| Verkäufer: | Ja, wir haben auch sehr gute Bonbons mit Frucht- und Kaffeegeschmack. |

| | |
|---|---|
| il francobollo [fraŋko'bollo] | Briefmarke |
| ecco ['ɛkko] | hier ist |
| desiderare [deside'ra:re] | wünschen |
| la caramella [kara'mɛlla] | Bonbon |
| la frutta, *f* ['frutta] | Obst |

## 895

### Made in Italy

Sensibile più di altri settori alle variazioni delle richieste del mercato, l'abbigliamento (confezioni, calzature, ecc.) ha bisogno di una duttilità delle imprese che consenta loro di adeguarsi rapidamente al variare della domanda. Nella forza della produzione tessile, conta molto la grande fortuna internazionale dello «stile italiano» nella moda (e in genere nel «design»). Nomi come Krizia, Armani, Versace, Missoni e altri, i creatori italiani di Alta Moda.

*Dove si trovano spesso questi nomi?*

## 896

### Il trasloco

Adesso Laura e Sandro traslocano. Loro portano con sé tutta la roba e i mobili che avevano nell' appartamento. Naturalmente l'appartamento è molto più piccolo della casa. Rosa e Aldo li aiutano, perché è molto faticoso e solo adesso si accorgono quanta roba possiedono.

895

## Made in Italy

Da sie empfindlicher als andere Branchen für die wechselnden Befürfnisse des Marktes ist, braucht die Bekleidungsindustrie (Konfektion, Schuhe usw.) eine Anpassungsfähigkeit der Unternehmen, die es ihnen erlaubt, sich schnell an den Wandel der Nachfrage anzupassen. Zur Stärke der Textilproduktion trägt sehr der große internationale Erfolg des „italienischen Stils" in der Mode (und allgemein im „Design") bei. Namen wie Krizia, Armani, Versace, Missoni und andere, die italienischen Schöpfer der „Alta Moda". Wo findet man diese Namen oft?

*Auf den Titelblättern der großen internationalen Illustrierten*

896

## Der Umzug

Jetzt ziehen Sandro und Laura um. Sie nehmen alle Sachen und Möbel mit, die sie in ihrer Wohnung hatten. Natürlich ist die Wohnung viel kleiner als das Haus. Rosa und Aldo helfen ihnen, weil es sehr anstrengend ist, und erst jetzt merken Sie, wieviele Sachen sie besitzen.

| | |
|---|---|
| il trasloco [traz'lɔ:ko] | Umzug |
| la roba ['rɔ:ba] | Sachen |
| faticoso [fati'ko:so] | anstrengend |
| accorgersi [ak'kɔrdʒersi] | bemerken |
| possedere [posse'de:re] | besitzen |

## 897

### I compiti

Aldo frequenta un corso di lingua. Lui impara lo spagnolo. Ieri sera è andato lì per la prima volta e trova questa lingua molto interessante. Il francese e l'inglese l'ha già imparato, ma lo spagnolo no. Adesso deve fare i compiti. È sorpreso quanti vocaboli sono simili a quelli italiani.

## 898

ESERCIZIO

### Verben

*Ergänzen Sie mit der entsprechenden Form des Verbs in Klammern.*

1. Questo bambino non ____________ (ubbidire) mai.
2. Il signore ____________ (aprire) il finestrino.
3. Noi ____________ (preferire) andare in Italia.
4. Io non ____________ (capire) questa regola.
5. Noi non ____________ (sapere) niente.
6. L'impiegato ____________ (finire) di leggere il giornale.

## 897

### Hausaufgaben

Aldo besucht einen Sprachkurs. Er lernt Spanisch. Gestern abend ist er zum ersten Mal dortgewesen , und er findet diese Sprache sehr interessant. Französich und Englisch hat er bereits gelernt, aber Spanisch noch nicht. Jetzt muß er Hausaufgaben machen. Er ist erstaunt, wieviele Vokabeln dem Italienischen ähnlich sind.

| | |
|---|---|
| frequentare [frekuen'ta:re] | besuchen |
| imparare [impa'ra:re] | lernen |
| la lingua ['liŋgua] | Sprache, Zunge |
| sorpreso [sor'pre:so] | erstaunt |
| simile ['simile] | ähnlich |

## 898

### Die Lösung

1. Questo bambino non **ubbidisce** mai.
2. Il signore **apre** il finestrino.
3. Noi **preferiamo** andare in Italia.
4. Io non **capisco** questa regola.
5. Noi non **sappiamo** niente.
6. L'impiegato **finisce** di leggere il giornale.

1. Dieses Kind **gehorcht** nie.
2. Der Herr **öffnet** das Fenster.
3. Wir fahren **lieber** nach Italien.
4. Ich **verstehe** diese Regel nicht.
5. Wir **wissen** nichts.
6. Der Angestellte **hört auf**, die Zeitung zu lesen.

## 899

### Il telecomando

Rosa: *Hai tu il telecomando del televisore?*
Aldo: *No, io non l'ho usato stasera.*
Rosa: *Ma non può sparire così. Questo succede quando uno non mette gli oggetti al proprio posto. Accidenti! Io devo sempre cercare tutto in questa casa!*

## 900

### Napoli

Nel 1600 - 1700 Napoli era una delle maggiori città d'Europa; nel 1860, allorché entrò a far parte dell'Italia unita, era con Milano la maggiore città della penisola. Oggi ha più di 1 200 000 abitanti, una popolazione di gran lunga inferiore a quella di Roma e di Milano, e all'incirca pari a quella di Torino. Ma tutto il litorale del golfo napoletano, da Napoli propriamente detta a Castellammare di Stabia, costituisce in realtà un'unica gigantesca conurbazione dove vivono più di 3 milioni e mezzo di persone.

*Quando è sorta Napoli?*

## 899

### Die Fernbedienung

Rosa: Hast du die Fernbedienung vom Fernseher?
Aldo: Nein, ich habe sie heute abend noch nicht gebraucht.
Rosa: Aber sie kann doch nicht einfach so verschwinden. Das passiert, wenn man die Dinge nicht auf ihren Platz stellt. Donnerwetter! Ich muß in diesem Haus immer alles suchen!

| | |
|---|---|
| il telecomando [teleko'mando] | Fernbedienung |
| usare [u'za:re] | benutzen |
| sparire [spa'ri:re] | verschwinden |
| succedere [sut'tʃɛ:dere] | geschehen |
| l'oggetto, *m* [od'dʒɛtto] | Gegenstand, Ding |

## 900

### Neapel

Zwischen 1600 und 1700 war Neapel eine der größten Städte Europas; im Jahre 1860, als Neapel dem Vereinigten Italien beitrat, war es nach Mailand die größte Stadt der Halbinsel. Heute hat Neapel 1 200 000 Einwohner, eine weitaus geringere Bevölkerungszahl als Rom und Mailand, ungefähr so groß wie Turin. Aber das ganze Küstengebiet des neapolitanischen Golfs, von Neapel im engeren Sinn bis Castellammare di Stabia bildet in Wirklichkeit eine einzige, gewaltige Stadtlandschaft, in der mehr als 3,5 Millionen Menschen leben. Wann ist Neapel entstanden?

*Im 8./7. Jahrhundert vor Christus*

## 901

### Alla posta

Sandro: *Vorrei spedire questo pacco in Svezia.*
Impiegato: *Aspetti un attimo, prima devo pesarlo. Ah sì, tre chili e 400 grammi. Per la Svezia 24.000 lire, signore.*
Sandro: *Ma è molto caro. È solo una spedizione normale, non è un espresso!*

## 902

*«Ed è subito sera.*
*Ognuno sta solo sul cuore della terra*
*trafitto da un raggio di sole:*
*ed è subito sera.»*

*Salvatore Quasimodo*

## 901

### Im Postamt

| | |
|---|---|
| Sandro: | Ich möchte das Paket nach Schweden senden. |
| Angestellter: | Warten Sie einen Augenblick, vorher muß ich es wiegen. Ah ja, drei Kilo und 400 Gramm. Nach Schweden 24 000 Lire(, mein Herr). |
| Sandro: | Das ist aber teuer. Es ist doch nur eine normale Sendung, kein Eilpaket! |

| | |
|---|---|
| spedire [spe'di:re] | senden |
| il pacco ['pakko] | Paket |
| aspettare [aspet'ta:re] | warten |
| pesare [pe'sa:re] | wiegen |
| la spedizione [speditsi'o:ne] | Sendung |

## 902

„Und plötzlich ist es Abend. Jeder bleibt allein auf dem Herzen der Erde, gestochen von einem Sonnenstrahl: Und plötzlich ist es Abend." – Salvatore Quasimodo (1901 – 1968), italienischer Schriftsteller

GRAMMATIK

### Wendungen mit di

| | |
|---|---|
| pieno di | voll von |
| fiero di | stolz auf |
| contento di | zufrieden mit |
| responsabile di | verantwortlich für |
| innamorato di | verliebt in |
| vivere di | leben von |
| soffrire di | leiden an |
| avere paura di | Angst haben vor |
| sapore di | schmecken nach |
| ornare di | schmücken mit |

## 903

ESERCIZIO

### Un enigma

**Verticale:** 1. offendere, causare fastidio. 2. un libro di voi è il … libro. 3. un odore qualunque è un'…

**Orizzontale:** 1. la storia di Cappuccetto rosso è una … 4. uno strumento per farsi la barba. 5. una cosa scarsa oppure unica è una …

## 904

### La fattura

Laura riceve la fattura dell'architetto. Lui ha fatto un buon lavoro, su questo lei e Sandro sono d'accordo. Anche se qualche volta lui non ha fatto quello che voleva Sandro, specialmente il bagno e lo studio. Queste stanze adesso sono più grandi di come era previsto. Anche la somma della fattura non piace molto a loro.

## 903

### Ein Rätsel

**Senkrecht:** 1. verletzen, Störung bereiten (verletzen). 2. ein Buch von euch ist ... Buch (euer). 3. ein beliebiger Geruch ist ein ... (Aroma).

**Waagrecht:** 1. die Geschichte von Rotkäppchen ist ein ... (Märchen). 4. ein Instrument, um sich zu rasieren (Rasierapparat). 5. eine seltene oder einmalige Sache ist eine ... (Seltenheit).

| | | | | | |
|---|---|---|---|---|---|
| F | A | V | O | L | A |
| E | | O | | | R |
| R | A | S | O | I | O |
| I | | T | | | M |
| R | A | R | I | T | A |
| E | | O | | | |

## 904

### Die Rechnung

Laura erhält die Rechnung vom Architekten. Er hat gute Arbeit geleistet, darüber sind sie und Sandro sich einig. Auch wenn er manchmal nicht das gemacht hat, was Sandro wollte, insbesondere beim Bad und Arbeitszimmer. Diese Räume sind jetzt größer als vorgesehen. Auch die Rechnungssumme gefällt Ihnen nicht sehr.

| | |
|---|---|
| la fattura [fat'tu:ra] | Rechnung |
| d'accordo [dak'kɔrdo] | einverstanden |
| qualche volta ['kualke 'vɔlta] | manchmal |
| la stanza ['stantsa] | Raum |
| previsto [pre'visto] | vorgesehen |

## 905

ESERCIZIO

**Setzen Sie die passende Präposition ein**

1. Carlo va ________ centro.
2. Andiamo ________ Italia.
3. L'amica va ________ edicola.
4. Marco va ________ stazione.
5. Andate ________ bar.
6. Le signore vanno ________ sportello.

## 906

**Il fine settimana**

Alcuni amici di Aldo vengono sabato da lui, perché vogliono provare nuovi programmi nel computer con Aldo. Uno degli amici ha frequentato dei corsi di qualificazione professionale per specializzarsi in questa tecnologia. Lui mostra agli amici, come è possibile facilitare alcuni lavori attraverso nuovi programmi.

## 905

1. Carlo va **in** centro.
2. Andiamo **in** Italia.
3. L'amica va **all'**edicola.
4. Marco va **alla** stazione.
5. Andate **al** bar.
6. Le signore vanno **allo** sportello.

1. Carlo geht (fährt) **ins** Zentrum.
2. Fahren wir **nach** Italien.
3. Die Freundin geht **zum** Kiosk.
4. Marco geht (fährt) **zum** Bahnhof.
5. Ihr geht **in die** Bar.
6. Die Damen gehen **zum** Schalter.

*DIE EXPERTENECKE*

| | |
|---|---|
| lungimiranza | – Weitsichtigkeit |
| lussureggiante | – üppig |
| piacevole | – lieblich |
| prosperare | – gedeihen |

## 906

### Das Wochenende

Einige Freunde von Aldo kommen am Samstag zu ihm, weil sie mit Aldo neue Computerprogramme ausprobieren wollen. Einer der Freunde hat berufliche Fortbildungskurse besucht, um sich in dieser Richtung zu spezialisieren. Er zeigt den Freunden, wie es mit einigen neuen Programmen möglich ist, sich die Arbeit zu erleichtern.

| | |
|---|---|
| provare [pro'va:re] | ausprobieren |
| la qualificazione [kualifikatsi'o:ne] | Qualifikation |
| professionale [professio'na:le] | beruflich |
| specializzarsi [spetʃalit'tsa:rsi] | spezialisieren |
| mostrare [mos'tra:re] | zeigen |
| facilitare [fatʃili'ta:re] | erleichtern |

## 907

### Piè di pere e more

Ingredienti: *500 g di pere, 200 g di more, 50 g di zucchero bianco, 60 g di zucchero nero, 20 g di mandorle tritate a granella, 150 g di farina, 60 g di burro*

Tagliate le pere a spicchi sottili, disponetele in una pirofila assieme alle more cospargendole man mano di zucchero bianco. Setacciate la farina e un pizzico di sale in una terrina, incorporate il burro a pezzetti lavorandolo con la punta delle dita, aggiungete lo zucchero nero, distribuite queste briciole sulla frutta, cospargete di mandorle e cuocete in forno a 180 gradi per 40 minuti.

*Quanti minuti di preparazione ci vogliono?*

## 908

### Le lampade

Non solo i mobili e tutta l'altra roba bisogna sistemare nella nuova casa di Sandro e Laura, ma anche le lampade devono essere impiantate. Laura ha comprato delle lampade meravigliose, che in Italia si trovano nei piccoli negozi raffinati. Costano un occhio della testa, ma rendono le stanze molto eleganti.

## 907

### Piè von Birnen und Brombeeren

Zutaten: *500 g Birnen, 200 g Brombeeren, 50 g weißer Zucker, 60 g brauner Zucker, 20 g grob gehackte Mandeln, 150 g Mehl, 60 g Butter*

Die Birnen in kleine Stücke schneiden, zusammen mit den Brombeeren in eine feuerfeste Form legen, nach und nach mit dem weißen Zucker bestreuen. Das Mehl in eine Schüssel sieben und salzen, die Butter stückchenweise hinzufügen und mit den Fingerspitzen verarbeiten; fügen Sie den braunen Zucker hinzu, verteilen Sie die Flocken auf dem Obst, bestreuen Sie das Ganze mit Mandeln und stellen Sie es bei 180 Grad für 40 Minuten in den Backofen. Wieviel Zeit braucht man für die Vorbereitung?

*20 Minuten*

## 908

### Lampen

Nicht nur die Möbel und all die anderen Sachen müssen in dem neuen Haus von Sandro und Laura eingerichtet werden, sondern auch die Lampen müssen installiert werden. Laura hat wunderschöne Lampen gekauft, die man in Italien in kleinen exklusiven Geschäften findet. Sie kosten ein Heidengeld, aber sie verleihen den Räumen eine besondere Eleganz.

| | |
|---|---|
| impiantare [impian'ta:re] | installieren |
| meraviglioso [meravi'ʎo:so] | wunderschön |
| un occhio della testa ['okkio] ['tɛsta] | Heidengeld (wörtl.: ein Auge des Kopfes) |
| rendere ['rendere] | verleihen, geben |

## 909

*«Prosperità umana,*
*sospetta e vana.»*
*Proverbio*

## 910

**Alfonso Capone**

Lui nacque il 17 gennaio 1899 a Napoli. Dal 1920 viveva a Chicago. Lui fu accusato d'aver partecipato ad alcuni assassini. Durante il proibizionismo fece soldi con prostituzione, gioco d'azzardo, night-club illegali e pagamenti protettivi. Dei suoi delitti, nessuno poté essere legalmente provato, nel 1931 fu condannato a undici anni di reclusione sotto l'accusa di falsa dichiarazione di reddito al fisco.

*Qual era il soprannome di Al Capone?*

## 909

„Menschlicher Wohlstand ist verdächtig und vergänglich." – Italienisches Sprichwort

GRAMMATIK

### Wendungen mit in

| | |
|---|---|
| in alto mare | auf hoher See |
| in testa a | an der Spitze von |
| in cerca di | auf der Suche nach |
| in fretta | in Eile |
| in poche parole | in wenigen Worten |
| in tempo | rechtzeitig |
| in parte | teilweise |
| in viaggio | auf Reisen |
| in buona salute | bei guter Gesundheit |

## 910

### Alfonso Capone

Er wurde am 17. Januar 1899 in Neapel geboren. Seit 1920 lebte er in Chicago. Er wurde angeklagt, an einigen Morden beteiligt gewesen zu sein. Während der Prohibitionszeit kassierte er Gelder mit Prostitution, Glücksspiel, illegalen Nachtklubs und Schutzgeldzahlungen. Keines seiner Verbrechen konnte legal nachgewiesen werden, 1931 wurde er zu elf Jahren Haft verurteilt aufgrund der Anklage einer falschen Steuererklärung an die Steuerbehörde. Was war der Spitzname Al Capones?

*Scarface (Narbengesicht)*

1939 wurde er vorzeitig aus der Haft entlassen. Er starb am 25. Januar 1947 in Miami. Für 1927 wurde der Gewinn seiner Bande auf 105 Mill. $ geschätzt.

## 911

### Il teatro

Giulio: *Hai visto? Al teatro danno «Sei personaggi in cerca d'autore». Mi ci accompagnerai?*

Anna: *Sicuramente non ci andrò! Abbiamo letto quel libro a scuola, subito dopo ho deciso di non leggere o guardare mai più qualcosa di Pirandello!*

## 912

ESERCIZIO

### Tradurre usando il passato remoto

1. Sie kauften die Bücher.
2. Du schliefst wie ein Murmeltier.
3. Er fand ihn im Wald.
4. Ich hatte einen großen Erfolg mit diesem Werk.
5. Wir gingen zum Meer.
6. Ihr habt diese Adresse erfunden.
7. Ich hörte ein Geräusch und stand auf.
8. Es war das erste Mal, daß er es erzählte.

## 911

### Theater

Giulio: Hast du gesehen? Im Theater geben sie „Sechs Personen suchen einen Autor“. Gehst du mit mir dorthin?

Anna: Mit Sicherheit gehe ich nicht da rein! Wir haben dieses Buch in der Schule gelesen; sofort danach habe ich beschlossen, nie mehr etwas von Pirandello zu lesen oder zu sehen!

| | |
|---|---|
| il teatro [te'aːtro] | Theater, Schauplatz |
| dare ['daːre] | veranstalten, geben, anbieten |
| il personaggio [perso'naddʒo] | Figur, Gestalt |
| la cerca ['tʃerka] | Suche, Aufspürung |
| l'autore, *m* [au'toːre] | Autor, Täter |
| la scuola ['skuɔːla] | Schule |
| guardare [guar'daːre] | anschauen, zusehen |

## 912

### Übersetzen Sie mit dem historischen Perfekt

1. Comprarono i libri.
2. Dormisti come un ghiro.
3. Lo trovò nella foresta.
4. Ebbi un grande successo con questo lavoro.
5. Andammo al mare.
6. Inventaste questo indirizzo.
7. Sentii un rumore e mi alzai.
8. Fu la prima volta che lo raccontò.

## 913

### Il caminetto

La nuova casa ha anche un grande caminetto nel salotto. Fuori in giardino metteranno la legna per accenderlo nei mesi durante l'autunno e l'inverno. Sarà sicuramente molto romantico, pensa Laura, il fuoco acceso nelle serate fredde.

## 914

### La televisione

Anna: *Cosa facciamo stasera? C'è un buon film alla RAI uno.*
Giulio: *No, questo è un film d'amore. Sull'altro canale invece c'è un western, un classico.*
Anna: *Che noia! Ma ho un'idea, andiamo al cinema, alle otto danno il giallo del quale tutti parlano.*

## 913

### Der Kamin

Das neue Haus hat auch einen großen Kamin im Wohnzimmer. Draußen im Garten werden sie das Holz stapeln, um ihn während der Herbst- und Wintermonate anzuzünden. Es wird sicherlich sehr romantisch, denkt Laura, das leuchtende Feuer an den kalten Abenden.

| | |
|---|---|
| la legna ['le:ɲa] | Brennholz |
| il legno ['le:ɲo] | Holz |
| accendere [at'tʃɛndere] | anzünden, einschalten |
| pensare [pen'sa:re] | denken |
| la serata [se'ra:ta] | Abend |

## 914

### Fernsehen

Anna: Was machen wir heute abend? Es kommt ein guter Film im ersten Programm der RAI.

Giulio: Nein, das ist ein Liebesfilm. Aber auf dem anderen Kanal kommt ein Western, ein Klassiker.

Anna: Wie langweilig! Aber ich habe eine Idee: Gehen wir ins Kino, um acht Uhr zeigen sie diesen Krimi, von dem alle sprechen.

| | |
|---|---|
| la televisione [televi'zio:ne] | Fernsehen, Fernseher |
| il film [film] | Film, Folie |
| RAI ['ra:i] (Radio Audizioni Italiane) | *italienische Rundfunk- und Fernsehanstalt* |
| il canale [ka'na:le] | Kanal, Gang, Programm |
| il western ['vɛstern] | Western |
| il classico ['klassiko] | Klassiker |
| la noia ['nɔ:ia] | Langeweile, Unannehmlichkeit |

## 915

ESERCIZIO

**Setzen Sie ins Perfekt bzw. Imperfekt**

1. È una bella giornata e fà caldo.
2. I miei nipotini giocano in giardino.
3. Mia madre sta in cucina.
4. Io guardo la televisione.
5. Ad un tratto sentiamo una macchina che si ferma e una voce che dice:
6. Non c'è nessuno in casa?

## 916

**Umberto Boccioni**

Umberto Boccioni morì nel 1916, a 34 anni. Ebbe una vita breve ma intensa, consumata fra Roma (dove giunse dalla nativa Reggio Calabria), Parigi, Mosca e Milano. Pittore e scultore entusiasta aderì al Movimento futurista diventandone l'animatore. Il Futurismo affascinò gli artisti italiani dei primi anni del 1900, poiché rappresentava una corrente giovane e ribelle a tutto ciò che sembrava vecchio e passato.

*Come si chiama una delle sue opere più importanti?*

## 915

### Perfekt oder Imperfekt

1. **Era** una bella giornata e **faceva** caldo.
2. I miei nipotini **giocavano** in giardino.
3. Mia madre **stava** in cucina.
4. Io **guardavo** la televisione.
5. Ad un tratto **abbiamo sentito** una macchina che si **fermava** e una voce che **diceva**:
6. Non **c'è** nessuno in casa?

1. **Es ist** ein schöner Tag, und **es ist** warm.
2. Meine Neffen (Enkel) **spielen** im Garten.
3. Meine Mutter **ist** in der Küche.
4. Ich **schaue** Fernsehen.
5. Plötzlich **hören wir** ein Auto **bremsen** und eine Stimme **sagen**:
6. **Ist** niemand zu Hause?

## 916

### Umberto Boccioni

Umberto Boccioni starb im Jahre 1916, im Alter von 34 Jahren. Er hatte ein kurzes, aber ausgefülltes Leben, verbracht zwischen Rom (wohin er aus seiner Geburtsstadt Reggio Calabria kam), Paris, Moskau und Mailand. Als enthusiastischer Maler und Bildhauer trat er der futuristischen Bewegung bei, in der er die treibende Kraft wurde. Der Futurismus faszinierte die italienischen Künstler Anfang des 20. Jahrhunderts, weil er eine junge und rebellische Strömung darstellte und gegen alles, was alt und vergangen erschien, rebellierte. Wie heißt eines seiner wichtigsten Werke?

*Volumi Orizzontali, 1912*

Zu finden in der Bayerischen Staatsgemäldesammlung, München.

## 917

### Il cane

Sandro si trova nel giardino della casa. Ad un tratto sente abbaiare un cane. Lui va a vedere e trova un danese che abbaia dietro il recinto accanto al giardino. Pensa che sarà sicuramente il cane del vicino, che non conosce ancora i nuovi vicini.

## 918

*«Ogni erba diventa paglia.»*

*Proverbio*

## 917

### Der Hund

Sandro ist im Garten des Hauses. Plötzlich hört er einen Hund bellen. Er geht nachsehen und sieht eine Dogge, die hinter dem Zaun des Gartens bellt. Es ist sicherlich der Hund des Nachbarn, denkt er, der die neuen Nachbarn noch nicht kennt.

| | |
|---|---|
| trovarsi [tro'vaːrsi] | sich befinden |
| abbaiare [abbai'aːre] | bellen |
| il recinto [re'tʃinto] | Zaun |
| sicuramente [sikura'mente] | sicherlich |
| il vicino [vi'tʃiːno] | Nachbar |

## 918

„Jedes Gras wird Stroh." – Italienisches Sprichwort

GRAMMATIK

### Das Personalpronomen

Unbetonte Objektformen werden angehängt, ohne daß sich die Betonung ändert. Loro als Objekt wird nicht angehängt.

| | |
|---|---|
| Racconta**mi** del tuo viaggio. | Erzähl **mir** … |
| Dite**melo.** | Sagt **es mir**. |
| Bisogna dir**glielo**. | Man muß **es ihm** sagen. |
| Vedendo**la**, le corsi incontro. | Als ich **sie** sah, … |
| Dicendo**gli** questo, lo offenderai. | Wenn du **ihm** das sagst, … |
| Dove sei? - Ecco**mi** qui! | … Hier bin **ich**! |
| Ecco**la** che viene. | Da kommt **sie** ja. |
| Racconta **loro** del tuo viaggio. | Erzähl **ihnen** … |

## 919

### Il buffet

Oggi Laura telefona per prenotare il buffet per la festa di inaugurazione. Lei ha invitato molti amici e parenti e naturalmente anche i suoi vicini. Non conosce ancora questi vicini ma è sicura che con questa occasione avrà la possibilità di sapere chi vive nelle vicinanze.

## 920

ESERCIZIO

### Übersetzen Sie

1. Nach einer ermüdenden Reise ist die ganze Familie wieder zu Hause.
2. Die Mutter möchte rasch das Abendessen zubereiten und die Kinder zu Bett bringen.
3. Der Vater sucht die Kofferschlüssel, die verloren scheinen.
4. Obwohl er überall nachschaut, findet er sie nicht.
5. Schließlich erinnert er sich, daß er sie in eine Plastiktüte gesteckt hat.

## 919

### Das Buffet

Laura telefoniert, um das Buffet für die Einweihungsfete zu bestellen. Sie hat viele Freunde und Verwandte eingeladen und natürlich auch ihre Nachbarn. Sie kennt diese Nachbarn noch nicht, aber sie ist sicher, daß sie bei dieser Gelegenheit die Möglichkeit haben wird, zu erfahren, wer in ihrer Nachbarschaft wohnt.

| | |
|---|---|
| prenotare [preno'ta:re] | bestellen |
| inaugurare [inaugu'ra:re] | einweihen |
| invitare [invi'ta:re] | einladen |
| l'occasione, *f* [okkazi'o:ne] | Gelegenheit |

## 920

### Übersetzung

1. Dopo un viaggio estenuante tutta la famiglia è di nuovo a casa.
2. La madre vorrebbe preparare subito la cena e mettere a letto i bambini.
3. Il padre cerca le chiavi delle valigie che sembrano perdute.
4. Sebbene cerchi dappertutto non le trova.
5. Infine si ricorda che le ha messe in una busta di plastica.

## 921

### La festa

La festa d'inaugurazione è stata un vero successo. Anche il buffet era geniale. Gli amici e parenti sono stati soddisfatti non solo del buffet ma della loro nuova casa in campagna. I vicini sono venuti con i loro bambini. È stata una bella festa anche perché l'hanno festeggiata fuori in giardino.

## 922

### Una canzone di Dario Fo

Fratelli d'ufficio alziamo la testa,
del genio dei bolli cantiamo le gesta,
alziamo gli sportelli, laudiamo il Signore
che per nostro amore qui tutto creò:

i timbri rotondi, la carta bollata,
la marca da dieci, la carta intestata,
l'usciere di porta, i portapennini,
la penna, i cestini per i caposezion!

## 921

### Die Fete

Die Einweihungsfete ist ein großer Erfolg gewesen. Auch das Buffet war genial. Die Freunde und Verwandten waren zufrieden, nicht nur mit dem Buffet, sondern auch mit dem neuen Haus auf dem Land. Die Nachbarn sind mit ihren Kindern gekommen. Es war eine schöne Fete, auch weil sie draußen im Garten gefeiert haben.

| | |
|---|---|
| il successo [sut'tʃɛsso] | Erfolg |
| i parenti, *m* [pa'rɛnti] | Verwandte (Pl.) |
| festeggiare [fested'dʒaːre] | feiern |

## 922

### Ein Lied von Dario Fo

Bürobrüder, erheben wir die Köpfe,
besingen wir die Heldentaten vom Geist der Stempel,
heben wir die Schalter auf, loben wir Gott,
daß er aus Liebe zu uns dies alles hier schuf:

Die runden Stempel, das Stempelpapier,
die Zehnerkarte, das Briefkopfpapier,
den Pförtner, die Federhalter,
die Feder, die Körbe für die Abteilungsleiter!

Dario Fo (* 1926) ist ein berühmter zeitgenössischer Theaterregisseur und Dramatiker.

## 923

### Usanze strane

Anna: *Ci sono delle usanze strane! Leggo un libro statunitense. Si svolge intorno alla festa «Halloween», durante la quale tutti si mascherano.*

Giulio: *Da bambino mi sono mascherato spesso come gli animali allo zoo.*

Anna: *Ma loro tentano d'aver l'aria di mostri!*

## 924

### L'Italia

Il fiume più lungo d'Italia è il Po. Viene alimentato dai Laghi di Garda, d'Iseo, di Como e dal Lago Maggiore. Ci sono altri tre laghi famosi in Italia: il Lago Trasimeno vicino a Perugia, il Lago di Bolsena presso Orvieto e il Lago di Bracciano presso Roma. Dopo il Po e i suoi affluenti il Tevere è il fiume più lungo. Scorre per Roma. In Sicilia l'acqua potabile è scarsa, i fiumi lì sono spesso disseccati.

*Qual è il nome tedesco dell'Adige?*

## 923

### Fremde Sitten

Anna: Es gibt merkwürdige Sitten! Ich lese ein amerikanisches Buch; es spielt um das Fest „Halloween" herum, für das sich alle verkleiden.

Giulio: Als Kind habe ich mich oft wie die Tiere im Zoo verkleidet.

Anna: Aber sie versuchen, wie Monster auszusehen!

| | |
|---|---|
| l'usanza, *f* [u'zantsa] | Brauch, Sitte |
| statunitense [statuni'tεnse] | nordamerikanisch, US- |
| svolgersi ['zvɔldʒersi] | sich ereignen, spielen |
| intorno a [in'torno] | um ... herum |
| durante [du'rante] | während |
| mascherare [maske'ra:re] | verkleiden, tarnen |
| il mostro ['mostro] | Monstrum, Ungeheuer |

## 924

### Italien

Der längste Fluß Italiens ist der Po. Er wird vom Gardasee, vom Iseo-See, vom Comer See und vom Lago Maggiore gespeist. Es gibt drei weitere berühmte Seen in Italien: Den Trasimenischen See in der Nähe von Perugia, den Bolsena-See bei Orvieto und den Bracciano-See bei Rom. Nach dem Po und seinen Nebenflüssen ist der Tiber der längste Fluß. Er fließt durch Rom. Auf Sizilien ist Trinkwasser rar, die Flüsse dort sind oft ausgetrocknet. Was ist der deutsche Name des Adige?

*Etsch*

Der Rubikon, vermutlich der heutige Rubicone, war Grenzfluß der römischen Republik. Bewaffnete Truppen durften ihn in Richtung Rom nicht überschreiten.

## 925

### Gli alberi

Sandro: *Devo piantare alcuni alberi di frutta nel giardino.*
Laura: *È la stagione giusta adesso per questo?*
Sandro: *Sì, qui da noi si devono piantare in autunno, perché fioriscono anche prima che in altri paesi europei del nord.*

## 926

### I mobili

I mobili per lo studio e altri mobili per il salotto sono arrivati. Adesso la casa si è riempita e tutte le stanze sono molto accoglienti. Anche le tende sono tutte pronte. Queste le ha cucite tutte Laura. Cucire è il suo hobby anche se cucire tutte le tende è stato molto lavoro.

## 925

### Bäume

| | |
|---|---|
| Sandro: | Ich muß einige Obstbäume im Garten pflanzen. |
| Laura: | Ist jetzt die richtige Jahreszeit dafür? |
| Sandro: | Ja, hier bei uns muß man sie im Herbst pflanzen, weil sie auch früher blühen als in anderen europäischen Ländern im Norden. |

| | |
|---|---|
| piantare [pian'ta:re] | pflanzen |
| la stagione [sta'dʒo:ne] | Jahreszeit |
| l'autunno, *m* [au'tunno] | Herbst |
| fiorire [fio'ri:re] | blühen |
| prima ['pri:ma] | vorher |

## 926

### Möbel

Die Möbel für das Arbeitszimmer und andere Möbel für das Wohnzimmer sind angekommen. Jetzt ist das Haus voll eingerichtet, und alle Räume sehen gemütlich aus. Auch alle Vorhänge sind fertig. Diese hat alle Laura genäht. Nähen ist ihr Hobby, auch wenn es viel Arbeit war, alle Vorhänge zu nähen.

| | |
|---|---|
| il salotto [sa'lɔtto] | Wohnzimmer |
| riempire [riem'pi:re] | an-/ein-/auffüllen |
| accogliente [akko'ʎɛnte] | einladend |
| la tenda ['tɛnda] | Vorhang, Gardine |
| cucire [ku'tʃi:re] | nähen |

## 927

ESERCIZIO

**Setzen Sie in den Plural**

1. Il signore compra valuta èstera.
2. Devi andare in banca.
3. Comincio ad aver fame.
4. Lo zio aspetta da un'ora.
5. Cambi cento marchi in lire!
6. L'ospite mangia fuori casa.

## 928

**La partita di calcio**

Stasera trasmettono alla televisione una partita di calcio. Due famose squadre giocano. Sandro e Aldo sono già tutto il giorno ansiosi. Gioca la squadra preferita di Aldo. Sandro gli dice ironicamente che questa sera perderà. Ma Aldo è anche di buon umore e non dà retta alle parole di Sandro.

## 927

### Plural

1. I signori comprano valuta èstera.
2. Dovete andare in banca.
3. Cominciamo ad aver fame.
4. Gli zii aspettano da un'ora.
5. Cambiate cento marchi in lire!
6. Gli ospiti mangiano fuori casa.

1. Der Herr kauft ausländische Währung.
2. Du mußt zur Bank.
3. Ich bekomme Hunger.
4. Der Onkel wartet seit einer Stunde.
5. Wechseln Sie hundert Mark in Lire!
6. Der Gast ißt auswärts.

## 928

### Das Fußballspiel

Heute abend wird im Fernsehen ein Fußballspiel übertragen. Zwei berühmte Mannschaften spielen. Sandro und Aldo sind schon den ganzen Tag gespannt. Die Lieblingsmannschaft von Aldo spielt. Sandro sagt ihm ironisch, daß sie heute abend verlieren wird. Aber Aldo hat auch gute Laune und hört nicht auf die Worte von Sandro.

| | |
|---|---|
| la partita [par'ti:ta] | Spiel |
| famoso [fa'mo:so] | berühmt |
| la squadra [sku'a:dra] | Mannschaft |
| preferito [prefe'ri:to] | bevorzugt |
| dare retta ['da:re 'retta] | Gehör schenken |

## 929

### Il Parco del Delta del Po

Dopo anni di attesa, il Parco del Delta del Po si è trasformato in realtà. Le Regioni Emilia-Romagna e Veneto, hanno firmato un'intesa per dar vita a un parco interregionale sotto gli auspici del ministero per l'Ambiente. Un passo avanti nella difesa di un'area considerata di importantissimo rilievo ambientale. Il Parco si estende sul Polesine tra l'Adige e il Po di Goro e, dalla parte emiliana, dal Po di Goro sino alle Valli di Comacchio. Ma il tratto distintivo del grande delta è nell'incerto confine tra acqua e terra.

*Quanto è lungo il Po?*

## 930

### La lavastoviglie

Laura ha comprato una nuova lavastoviglie, perché l'altra non funzionava più. Questa è molto più silenziosa di quella che aveva prima. Il negoziante le ha detto che la lavastoviglie consuma meno acqua dell'altra e naturalmente meno corrente. Laura spera che tutto questo sia vero.

## 929

### Der Park am Po-Delta

Nach Jahren des Wartens ist der Park am Po-Delta Wirklichkeit geworden. Die Regionen Emilia-Romagna und Venetien haben eine Vereinbarung getroffen, um unter der Schirmherrschaft des Umweltministeriums einen überregionalen Park ins Leben zu rufen. Ein Schritt vorwärts zum Schutz eines Areals, dessen Bedeutung für die Umwelt als äußerst wichtig eingeschätzt wird. Der Park erstreckt sich auf dem Polesine zwischen Adige und Po di Goro und auf der emilianischen Seite von Po di Goro bis zu den Comacchio-Tälern. Aber das charakteristische Merkmal des großen Deltas ist die unbestimmte Grenze zwischen Wasser und Land. Wie lang ist der Po?

*Der Fluß ist 652 km lang.*

## 930

### Die Spülmaschine

Laura hat eine neue Spülmaschine gekauft, weil die alte nicht mehr funktionierte. Diese ist viel leiser als die, die sie vorher hatte. Der Händler hat ihr gesagt, daß diese Spülmaschine weniger Wasser und natürlich auch weniger Strom verbraucht als die andere. Laura hofft, daß das alles stimmt.

| | |
|---|---|
| la lavastoviglie [lavasto'viʎe] | Spülmaschine |
| silenzioso [silentsi'o:so] | leise |
| il negoziante [negotsi'ante] | Händler |
| la corrente [kor'rɛnte] | Strom |
| sperare [spe'ra:re] | hoffen |

## 931

*«Non lodare il giorno prima della sera.»*

*Proverbio*

## 932

**Dal barbiere**

Sandro: *Mi faccia prima uno shampo e poi un taglio normale, per favore!*

Barbiere: *Bene, signore, e i capelli come li vuole tagliati?*

Sandro: *Li accorci soprattutto dietro e ai lati e li pettini all'indietro senza riga.*

## 931

„Du sollst den Tag nicht vor dem Abend loben." – Sprichwort

GRAMMATIK

### Nachsilben

| | | | |
|---|---|---|---|
| la nuvola | Wolke | il nuvolone | dicke Wolke |
| la ragazza | Mädchen | la ragazzina | kleines Mädchen |
| caro | lieb, teuer | carino | hübsch, niedlich |
| la campana | Glocke | il campanello | Klingel |
| la spesa | Einkauf | la spesuccia | kleine Besorgung |
| il ragazzo | Junge | il ragazzaccio | Bengel |
| il tempo | Wetter | il tempaccio | Sauwetter |
| la gente | Leute | la gentaglia | Pöbel |

## 932

### Beim Herrenfriseur

Sandro: Waschen und dann einen normalen Haarschnitt, bitte.

Friseur: Gut, und wie möchten Sie die Haare geschnitten haben?

Sandro: Schneiden Sie sie vor allem hinten und an den Seiten kürzer, und kämmen Sie sie nach hinten ohne Scheitel.

| | |
|---|---|
| il barbiere [barbi'ɛːre] | Herrenfriseur |
| il taglio, *m* ['taʎo] | Schnitt |
| i capelli, *m pl* [ka'pelli] | Haar |
| accorciare [akkor'tʃaːre] | kürzen |
| pettinare [petti'naːre] | kämmen |

## 933

ESERCIZIO

**Verkleinerungsformen**

*Bilden Sie die Verkleinerungsformen mit*
-etto, -etta, -ino, -ina, -ello.

L'angolo, la camera, la valigia, la bottiglia, il naso, la lettera, il viaggio, il momento, cattivo, la pianta, l'albero, l'appartamento e il dente. ____________

____________

____________

____________

## 934

**La bolletta del telefono**

Anna: *Ma che faccia lunga! Cosa è successo?*
Giulio: *Ho ricevuto la bimestrale bolletta del telefono. Sembra che io abbia telefonato con tutto il mondo e mai dopo le dieci, tanti soldi esigono loro.*
Anna: *Spedire delle lettere non è tanto caro!*

## 933

### Verkleinerungsformen

L'angoletto, la cameretta, la valigetta, la bottiglietta, il nasino, la letterina, il viaggetto, il momentino, cattivello, la piantina, l'alberello, l'appartamentino e il dentino.

Die Ecke, das Zimmer, der Koffer, die Flasche, die Nase, der Brief, die Reise, der Moment, böse, die Pflanze, der Baum, die Wohnung und der Zahn.

*DIE EXPERTENECKE*

| | |
|---|---|
| a ciò non si oppone ostacolo | – dem steht nichts im Wege |
| se è così | – wenn dem so ist |
| sia come si vuole | – wie dem auch sei |

## 934

### Die Telefonrechnung

Anna: Was für ein langes Gesicht! Was ist passiert?
Giulio: Ich habe die zweimonatliche Telefonrechnung erhalten. Es scheint, daß ich mit der ganzen Welt telefoniert habe und niemals nach zehn, so viel Geld verlangen sie.
Anna: Briefe zu verschicken ist nicht so teuer!

| | |
|---|---|
| la bolletta [bol'letta] | (Ab)rechnung |
| la faccia ['fattʃa] | Gesicht, Miene, Ausdruck |
| lungo, -a ['luŋgo] | lang, langwierig, verdünnt |
| bimestrale [bimes'tra:le] | zweimonatlich, Zweimonats- |
| il mondo ['mondo] | Welt, Weltall, Reich |
| esigere [e'zi:dʒere] | verlangen, fordern |
| spedire [spe'di:re] | schicken, senden |

## 935

### ESERCIZIO

**Il passato remoto**

*Completare con le forme giuste del passato remoto.*

1. Tu ______________ (dire) che avevi lavorato qui.
2. Lui ______________ (nascere) nel 1845 a Milano.
3. Loro ______________ (vedere) questa chiesa soltanto una volta.
4. Io __________ (vincere) questo premio due anni fa.
5. Noi non ______________ (sapere) cosa fare.
6. Voi ______________ (venire) in tempo.
7. Lei ______________ (volere) averlo, ma non ci ______________ (riuscire).
8. Loro __________ (essere) i primi uomini ad arrivarci.

## 936

**La mostra**

Giulio ed Anna si sono accinti a visitare una mostra delle opere di Tiziano. I dipinti piacciono molto ad Anna, specialmente i colori dei capelli delle donne. Decide di farsi tingere di rosso i capelli. Giulio non è d'accordo, i capelli rossi non gli piacciono, anche se pensa che alcune delle donne ritratte siano bellissime.

## 935

### Historisches Perfekt

*Vervollständigen Sie mit den richtigen Formen des historischen Perfekts.*

1. Tu **dicesti** che avevi lavorato qui. Du hast gesagt, daß du hier gearbeitet hast.
2. Lui **nacque** nel 1845 a Milano. Er wurde 1845 in Mailand geboren.
3. Loro **videro** questa chiesa soltanto una volta. Sie sahen diese Kirche nur einmal.
4. Io **vinsi** questo premio due anni fa. Ich gewann diesen Preis vor zwei Jahren.
5. Noi non **sapemmo** cosa fare. Wir wußten nicht, was wir tun sollten.
6. Voi **veniste** in tempo. Ihr kamt rechtzeitig.
7. Lei **volle** averlo, ma non ci **riuscì**. Sie wollte es haben, aber es gelang ihr nicht.
8. Loro **furono** i primi uomini ad arrivarci. Sie waren die ersten Menschen, die dort ankamen.

## 936

### Die Ausstellung

Giulio und Anna haben sich aufgemacht, eine Ausstellung von Tizian-Werken zu besuchen. Die Gemälde gefallen Anna sehr gut, besonders die Haarfarbe der Frauen. Sie beschließt, sich die Haare rot färben zu lassen. Giulio ist nicht einverstanden, rote Haare gefallen ihm nicht, auch wenn er findet, daß einige der abgebildeten Frauen wunderschön sind.

| | |
|---|---|
| la mostra ['mostra] | Ausstellung, Schau |
| accingersi [at'tʃindʒersi] | sich anschicken |
| l'opera, *f* ['ɔːpera] | Arbeit, Werk, Oper |
| il dipinto [di'pinto] | Gemälde |
| il capello [ka'pello] | Haar |
| tingere ['tindʒere] | färben |
| ritrarre [ri'trarre] | zurückziehen, abbilden, darstellen |

## 937

### Il campanilismo

Il campanilismo è molto diffuso in Italia. La ragione è soprattutto di carattere storico. L'Italia era divisa in tanti principati che lottarono l'uno contro l'altro. La differenza fra le regioni si manifesta anche nel linguaggio, esiste una grande varietà di espressioni. La differenza più ovvia è quella fra il settentrione e il meridione. Il risorgimento ha creato un'unità politica, ma sono rimaste molte tendenze di separazione.

*Cosa si dice per sottolineare che uno è veramente di una certa città?*

## 938

### La musica

Non c'è opera che Aldo non conosca, e non c'è romanza di Verdi o Puccini che lui non sappia a memoria. Il melodramma è infatti la sua passione, e anche quella di moltissimi italiani. Rosa invece non ama tanto il melodramma classico. La sua musica preferita è la canzonetta.

## 937

### Lokalpatriotismus

Der Lokalpatriotismus ist weitverbreitet in Italien. Der Grund ist hauptsächlich geschichtlicher Natur. Italien war in sehr viele Fürstentümer unterteilt, die sich bekämpften. Der Unterschied zwischen den Gegenden äußert sich auch in der Sprache, es besteht eine große Vielfalt an Ausdrücken. Der offensichtlichste Unterschied ist der zwischen Norden und Süden. Das Risorgimento hat die politische Einheit geschaffen, aber es sind viele Trennungstendenzen geblieben. Was sagt man, um zu unterstreichen, daß jemand wirklich aus einer bestimmten Stadt ist?

*Di buon napoletano (als richtiger Neapolitaner)*

Bei internationalen Sportwettkämpfen fühlen sich aber alle Italiener von den „azzurri", den Blauen, vertreten.

## 938

### Musik

Es gibt keine Oper, die Aldo nicht kennt, und es gibt keine Arie von Verdi oder Puccini, die er nicht auswendig kann. Das Melodrama ist in der Tat seine große Vorliebe und auch die von vielen Italienern. Rosa hingegen liebt das klassische Melodrama nicht so sehr. Ihre Lieblingsmusik sind Schlager.

| | |
|---|---|
| conoscere [ko'noʃʃere] | kennen |
| sapere [sa'pe:re] | wissen, können |
| a memoria [me'mo:ria] | auswendig |
| infatti [in'fatti] | tatsächlich |
| la passione [passi'o:ne] | Vorliebe, Leidenschaft |

## 939

## Ottobre

È sgusciata la mandorla rossa dal suo cappuccetto di velluto, è caduto per terra nell'orto il nido vuoto dei cardellini d'agosto. Fumigano i torsi di granturco nei camini, raspano i muli la museruola a mattutino. L'erba nera è cresciuta sopra i tetti, la pera è già compiuta. Io devo andarmene. Quaggiù la terra ha dato tutti i frutti.

*Leonardo Sinisgalli*

*Come viene chiamato l'albero delle pere?*

## 940

## I campi

Laura e Sandro vedono dalla loro casa in campagna come i contadini nei dintorni arano i campi. Adesso il raccolto è da molte settimane eseguito e puliscono i campi per poterli coltivare per l'anno prossimo. L'aria è molto buona in campagna e sono ancora una volta contenti di avere preso la decisione di costruire la casa qui.

## 939

### Oktober

Die rote Mandel ist ausgeschlüpft aus ihrer Samthaube, das leere Nest der Stieglitze vom August ist im Garten auf den Boden gefallen. Es qualmen die Maisblätter aus den Schornsteinen, die Maulesel schreien den Maulkorbschrei zur Morgenstunde. Das schwarze Gras ist auf den Dächern gewachsen, die Birnen sind bereits gereift. Ich muß gehen. Hier unten hat die Erde bereits all ihre Früchte gegeben. – Leonardo Sinisgalli. Wie wird der Birnbaum genannt?

*Il pero*

Die weibliche Bezeichnung (pera) ist die Frucht, die männliche Bezeichnung (pero) ist der Baum, auch für alle anderen Obstsorten.

## 940

### Die Felder

Laura und Sandro sehen aus ihrem Landhaus, wie die Bauern in der Umgebung die Felder pflügen. Jetzt ist die Ernte bereits seit vielen Wochen eingefahren, und sie säubern die Felder, um sie im nächsten Jahr bepflanzen zu können. Die Luft auf dem Land ist sehr gut, und sie sind wieder einmal froh, daß sie die Entscheidung gefällt haben, hier ein Haus zu bauen.

| | |
|---|---|
| il campo ['kampo] | Feld |
| la campagna [kam'paːɲa] | Land |
| il contadino [konta'diːno] | Bauer |
| arare [a'raːre] | pflügen |
| coltivare [kolti'vaːre] | bepflanzen |

## 941

### Il bebè

Anna: *Giulio, sai le ultime novità? Sono diventata zia!*
Giulio: *Zia? La mia idea di una zia è una vecchietta che sempre cerca di educarti.*
Anna: *Allora vedi come uno si può sbagliare, né sono vecchia, né ho l'intenzione di educare il mio nipotino.*

## 942

*«La curiosità è la madre della sapienza.»*

*Proverbio*

## 941

### Das Baby

| | |
|---|---|
| Anna: | Giulio, weißt du die letzten Neuigkeiten? Ich bin Tante geworden! |
| Giulio: | Tante? Meine Vorstellung von einer Tante ist eine alte Frau, die immer versucht, dich zu erziehen. |
| Anna: | Da siehst du, wie man sich irren kann; ich bin weder alt, noch habe ich die Absicht, meinen kleinen Neffen zu erziehen. |

| | |
|---|---|
| il bebè [be'bɛ] | Baby |
| la novità [novi'ta] | Neuigkeit, Neuheit |
| diventare [diven'ta:re] | werden |
| la vecchietta [vek'kietta] | altes Mütterchen |
| educare [edu'ka:re] | gewöhnen, erziehen |
| uno, -a ['u:no] | einer, man, jemand |
| il nipote [ni'po:te] | Neffe, Enkel |

## 942

„Neugier ist die Mutter der Weisheit." – Sprichwort

GRAMMATIK

### Vorsilben

| | | | |
|---|---|---|---|
| abile | fähig | inabile | unfähig |
| personale | persönlich | impersonale | unpersönlich |
| sperare | hoffen | disperare | verzweifeln |
| l'ordine | Ordnung | il disordine | Unordnung |
| coprire | zu-/bedecken | scoprire | auf-/entdecken |
| corretto | richtig | scorretto | falsch |
| ordinario | gewöhnlich | straordinario | außergewöhnlich |
| ricco | reich | straricco | steinreich |

## 943

### Il temporale

Milano non è una città dove fa sempre bel tempo. C'è spesso dello smog. Ma ieri sera c'era un temporale così dirotto che Giulio non poteva ricordarsi di aver visto mai uno simile. Per dire la verità lui aveva anche un po' di paura, i tuoni erano tanto forti. Così faceva lo stesso come da bambino, si raccontava delle storie ad alta voce.

## 944

ESERCIZIO

### Come si chiama un abitante di ...?

Milano: ______________________

La Spagna: ______________________

Napoli: ______________________

Parma: ______________________

Pavia: ______________________

Firenze: ______________________

Bologna: ______________________

La Sardegna: ______________________

## 943

### Das Gewitter

Mailand ist keine Stadt, wo das Wetter immer schön ist. Oft gibt es dort Smog. Aber gestern abend gab es ein so heftiges Gewitter, daß Giulio sich nicht daran erinnern konnte, jemals ein ähnliches erlebt zu haben. Um die Wahrheit zu sagen, hatte er auch etwas Angst, die Donner waren so laut. So machte er dasselbe wie als Kind, er erzählte sich laut Geschichten.

| | |
|---|---|
| il temporale [tempo'ra:le] | Gewitter |
| lo smog [zmɔg] | Smog |
| dirotto, -a [di'rotto] | stark, heftig |
| ricordarsi [rikor'da:rsi] | sich erinnern |
| similare [simi'la:re] | gleichartig, ähnlich |
| il tuono ['tuɔ:no] | Donner |
| ad alta voce ['alta] | laut, mit lauter Stimme |

## 944

### Wie heißt ein Einwohner von ...?

| | | |
|---|---|---|
| Milano: | **milanese** | – Mailänder |
| La Spagna: | **spagnolo** | – Spanier |
| Napoli: | **napoletano** | – Neapolitaner |
| Parma: | **parmigiano** | – Einwohner von Parma |
| Pavia: | **pavese** | – Einwohner von Pavia |
| Firenze: | **fiorentino** | – Florentiner |
| Bologna: | **bolognese** | – Bologneser |
| La Sardegna: | **sardo** | – Sarde |

*DIE EXPERTENECKE*

**Viele italienische Orte haben einen Beinamen:**

| | |
|---|---|
| la Superba – die Erhabene | = Genova – Genua |
| la Regale – die Königliche | = Torino – Turin |
| la Canora – die Singende | = Napoli – Neapel |
| dalle cento torri – Stadt der 100 Türme | = Pavia |
| la Dotta – die Gelehrte | = Bologna |
| l'Eterna - die Ewige | = Roma – Rom |
| la Mistica – die Mystische | = Assisi |

## 945

### Il museo

Aldo: *Andiamo sabato a visitare il museo etrusco?*
Rosa: *Perché no, da molto tempo non siamo stati in un luogo del genere, tu hai sempre impegni di lavoro. Tanto se continua questo brutto tempo, non ci resta altro da fare. Potremmo dirlo anche a Laura e Sandro.*

## 946

## ESERCIZIO

### Setzen Sie in den Plural

1. Ti alzi sempre tardi.
2. Il bambino si veste e si pettina.
3. Ti ricordi della signora Marchetti?
4. M'incammino verso la fermata del bus.
5. Vado in bagno e mi lavo.
6. Bevo un caffè.

## 945

### Das Museum

Aldo: Gehen wir Samstag ins Etruskische Museum?
Rosa: Warum nicht, wir sind schon lange nicht mehr in so etwas gewesen, du hast immer geschäftliche Verpflichtungen. Wenn weiter so schlechtes Wetter ist, wird uns nichts anderes übrigbleiben. Wir könnten auch Laura und Sandro Bescheid sagen.

| | |
|---|---|
| il luogo [lu'ɔːgo] | Ort, Stelle |
| del genere, *m* ['dʒɛːnere] | ähnliches |
| l'impegno, *m* [im'peɲo] | Verpflichtung |
| restare [res'taːre] | bleiben |

## 946

### Plural

1. Vi alzate sempre tardi.
2. I bambini si vestono e si pettinano.
3. Vi ricordate della signora Marchetti?
4. C'incamminiamo verso la fermata del bus.
5. Andiamo in bagno e ci laviamo.
6. Beviamo un caffè.

1. Du stehst immer zu spät auf.
2. Das Kind zieht sich an und kämmt sich.
3. Erinnerst du dich an Frau Marchetti?
4. Ich gehe zur Bushaltestelle.
5. Ich gehe ins Bad und wasche mich.
6. Ich trinke einen Kaffee.

*DIE EXPERTENECKE*

un abito da sera (bestimmt für) – Abendkleid
un abito di lana (bestehend aus) – Wollkleid
un abito a righe (mit) – Streifenkleid

## 947

### Un aquilone in giardino

Laura trova nel giardino un grande aquilone colorato. Mentre osserva da quale direzione potrebbe essere venuto, vede un ragazzo sulla strada che sembra cercar qualcosa. Subito pensa che sarebbe l'aquilone quello che cerca. Lo chiama e gli indica di venire a prenderselo. Il ragazzo ringrazia Laura di averlo aiutato.

## 948

### Il cimitero

Anna: *Mi accompagni al cimitero?*
Giulio: *Al cimitero? Ma perché? È morto qualcuno?*
Anna: *Ma no, oggi è Ognissanti. Vado alla tomba di una zia sepolta qui.*
Giulio: *Hai ragione, l'ho dimenticato completamente. Perfino il papa va oggi al cimitero.*

## 947

### Ein Papierdrachen im Garten

Laura findet im Garten einen großen bunten Papierdrachen. Während sie schaut, woher er gekommen sein könnte, sieht sie einen Jungen auf der Straße, der aussieht, als würde er etwas suchen. Sofort denkt sie, es könnte nur der Papierdrachen sein, den er sucht. Sie ruft ihn, daß er ihn sich abholen soll. Der Junge dankt Laura, daß sie ihm geholfen hat.

| | |
|---|---|
| colorato [koloˈraːto] | bunt |
| osservare [osserˈvaːre] | beobachten |
| la direzione [diretsiˈoːne] | Richtung |
| sembrare [semˈbraːre] | scheinen |
| indicare [indiˈkaːre] | zeigen |

## 948

### Der Friedhof

Anna: Begleitest du mich zum Friedhof?

Giulio: Zum Friedhof? Aber warum? Ist jemand gestorben?

Anna: Aber nein, heute ist Allerheiligen. Ich gehe zum Grab einer hier begrabenen Tante.

Giulio: Du hast recht, ich habe es völlig vergessen. Sogar der Papst geht heute zum Friedhof.

| | |
|---|---|
| il cimitero [tʃimiˈtɛːro] | Friedhof |
| morire [moˈriːre] | sterben, eingehen |
| Ognissanti, *m* [oɲɲisˈsanti] | Allerheiligen |
| la tomba [ˈtomba] | Grab |
| seppellire [seppelˈliːre] | begraben, beerdigen |
| perfino [perˈfiːno] | sogar |
| il papa [ˈpaːpa] | Papst |

## 949

### Giovanni Verga

Nacque a Catania nel 1840 e morì nel 1922, iniziò scrivendo romanzi storici di una intensa, romantica commozione come la «Storia d'una Capinera», dramma di una fanciulla costretta a farsi monaca che muore, pazza d'amore, nel convento in cui è stata rinchiusa. Nel 1873, con il racconto «Nedda», si verifica quel consapevole incontro con il mondo delle plebi siciliane che sarà alla base dei suoi capolavori. Poi scrisse la storia di un rozzo campagnolo arricchito a furia di lavoro che muore, tra servi sprezzanti, nel palazzo nobiliare ove sua figlia è andata sposa ad un nobile decaduto.

*Come si chiama quest'ultimo romanzo?*

## 950

*«L'abitudine esercita una specie di dominio su di noi.»*

*A. Manzoni*

## 949

### Giovanni Verga

Er wurde 1840 in Catania geboren und starb im Jahre 1922. Er schrieb zunächst historische Romane voll tiefer romantischer Ergriffenheit, wie die „Geschichte einer Grasmücke", das Drama eines Mädchens, das gezwungen wird, Nonne zu werden, und aus Liebeskummer in dem Kloster, wo sie eingesperrt wurde, stirbt. Im Jahre 1873, mit der Erzählung „Nedda", findet die bewußte Begegnung mit der Welt des niederen sizilianischen Volks statt, die Grundlage für seine Hauptwerke sein wird. Später schrieb er die Geschichte eines groben Bauern, der durch besessenes Arbeiten reich geworden ist und der unter verächtlichen Dienern in dem vornehmen Palast stirbt, in dem seine Tochter die Ehefrau eines heruntergekommenen Adligen geworden ist. Wie heißt dieser letzte Roman?

*„Mastro don Gesualdo"*

## 950

„Die Gewohnheit übt eine Art Herrschaft über uns aus." – Alessandro Manzoni (1785 – 1873), italienischer Schriftsteller

GRAMMATIK

### L'uso del passato – Gebrauch der Vergangenheit

- ▷ Das passato prossimo beschreibt ein vor kurzem geschehenes Ereignis, das noch Bezug zur Gegenwart hat: Sono arrivato a Roma. – Ich bin in Rom angekommen (und bin jetzt noch da).
- ▷ Außer in der Schriftsprache wird das passato remoto selten benutzt. Es drückt ein lange zurückliegendes Ereignis aus: Arrivai a Roma. – Ich kam (damals) in Rom an.
- ▷ Das imperfetto stellt Zustände der Vergangenheit dar oder Ereignisse, ohne daß es dem Sprecher auf zeitliche Abfolge oder Anfangs- bzw. Endpunkt ankommt: Quel giorno pioveva. – An diesem Tag regnete es.

## 951

### L'incidente

Anna: *Luisa ha avuto un incidente, è all'ospedale!*
Giulio: *Poverina! Ma cosa è successo?*
Anna: *Una macchina l'ha investita. Non s'è rotta niente, ma la pelle è escoriata quasì dappertutto.*
Giulio: *Allora il medico ha fatto sicuramente una mummia di lei.*

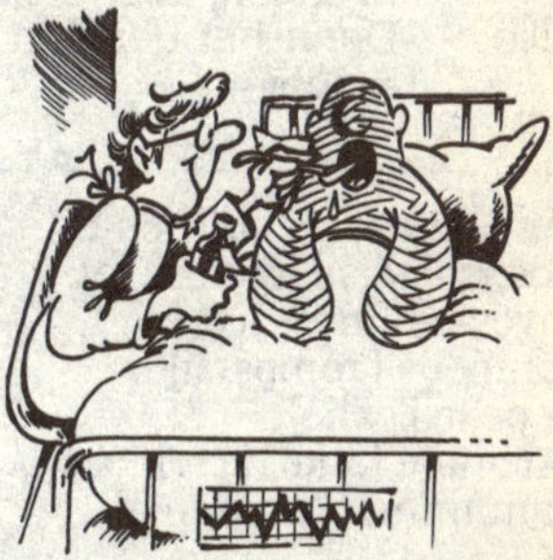

## 952

### Il sepolcro di Dante

Dante morì la notte dal 13 al 14 settembre 1321. La salma fu sepolta in un sarcofago antico sotto un portico laterale della chiesa poi detta di San Francesco. Nel 1357 vi fu inciso un epitaffio di Canaccio, nel 1483 Pietro Lombardo ornò la tomba con l'immagine dell'Alighieri e la cinse di una cappella. Nel 1780 Camillo Morigia costruì l'attuale tempietto. I fiorentini richiesero invano le spoglie mortali del loro poeta.

*Dove si trova il sepolcro?*

# 951

## Der Unfall

Anna: Luisa hatte einen Unfall, sie ist im Krankenhaus!
Giulio: Die Ärmste! Was ist denn passiert?
Anna: Ein Auto hat sie angefahren. Sie hat sich nichts gebrochen, aber die Haut ist fast überall abgeschürft.
Giulio: Dann hat der Arzt sicher eine Mumie aus ihr gemacht.

| | |
|---|---|
| l'incidente, *m* [intʃi'dɛnte] | Unfall, Unglück |
| l'ospedale, *m* [ospe'da:le] | Krankenhaus, Hospital |
| investire [inves'ti:re] | anfahren, überfahren |
| rompersi ['rompersi] | brechen, zerbrechen |
| la pelle ['pɛlle] | Haut, Fell |
| escoriare [esko'ria:re] | abschürfen, aufschürfen |
| la mummia ['mummia] | Mumie |

# 952

## Das Grabmal Dantes

Dante starb in der Nacht vom 13. auf den 14. September 1321. Der Leichnam wurde in einem alten Sarkophag unter einem seitlichen Portikus der später S. Franziskus genannten Kirche begraben. 1357 wurde dort eine Grabinschrift von Canaccio eingraviert, 1483 schmückte Pietro Lombardo das Grab mit dem Bild Alighieris und umgab es mit einer Kapelle. 1780 baute Camillo Morigia das jetzige Tempelchen. Die Florentiner forderten vergeblich die sterblichen Überreste ihres Dichters heraus. Wo befindet sich das Grab?

*In Ravenna*

Die bedeutendsten Sehenswürdigkeiten von Ravenna sind jedoch die byzantinischen Mosaiken aus kleinen Stein- oder Glasstückchen.

## 953

ESERCIZIO

### Verben

*Ergänzen Sie mit der entsprechenden Form des Verbs in Klammern.*

1. Come ___________ (stare), Gina?
2. Il cameriere ___________ (portare) le ordinazioni.
3. Il marito ___________ (dovere) aspettare.
4. Gli amici ___________ (andare) alla stazione.
5. Tu ___________ (cercare) il borsellino.
6. Il commesso ___________ (entrare) nel magazzino.

## 954

### Il Mezzogiorno

La definizione di «Mezzogiorno» in realtà copre aree tra loro molto diverse. In genere, utilizzando questo termine, si evoca la Cassa per il Mezzogiorno. Gli investimenti industriali, sollecitati da agevolazioni creditizie e fiscali, si sono volti generalmente verso settori come la siderurgia e chimica, ad alta intensità di capitale. Si sono costruiti cioè impianti giganteschi che impiegavano una manodopera relativamente scarsa. Il tentativo di costruire accanto a queste industrie una rete di industrie minori ad esse collegate è sostanzialmente fallito.

*Come vengono chiamati questi impianti e dove sono?*

## 953

### Die Lösung

1. Come **stai**, Gina?
2. Il cameriere **porta** le ordinazioni.
3. Il marito **deve** aspettare.
4. Gli amici **vanno** alla stazione.
5. Tu **cerchi** il borsellino.
6. Il commesso **entra** nel magazzino.

1. Wie **geht es dir**, Gina?
2. Der Kellner **bringt** die Bestellungen.
3. Der Ehemann **muß** warten.
4. Die Freunde **gehen (fahren)** zum Bahnhof.
5. Du **suchst** die Geldbörse.
6. Der Verkäufer **tritt** in das Kaufhaus **ein**.

## 954

### Der „Mezzogiorno"

Die Bezeichnung „Mezzogiorno" umfaßt in Wirklichkeit viele verschiedene Bedeutungen. Im allgemeinen meint man mit diesem Ausdruck die „Kasse für den Mezzogiorno". Die industriellen Investitionen, die durch Kredit- und Steuervergünstigungen angeregt wurden, gingen im allgemeinen in Sektoren mit hoher Kapitalintensität wie die Eisen- und Chemieindustrie. Es wurden gewaltige Fabriken gebaut, die nur einen geringen Einsatz menschlicher Arbeitskraft erforderten. Der Versuch, neben diesen Anlagen ein Netz kleinerer, damit verbundener Gewerbebetriebe aufzubauen, ist im wesentlichen gescheitert. Wie werden diese Fabriken genannt und wo befinden sie sich?

*Die „Kathedralen in der Wüste" liegen in Süditalien.*

## 955

### Le ruote invernali

Aldo viaggia molto per affari e oggi ha deciso di cambiare le ruote della sua macchina e sostituirle con quelle invernali. È un lavoro che fà molto volentieri, anche perché Rosa gli aveva detto di aiutarla a pulire la cantina. Così lui ha trovato la scusa opportuna per non farlo.

## 956

### I vestiti invernali

Anna: *Giulio, m'aiuti? Voglio comprarmi dei vestiti invernali. Mi serve anche un cappotto.*

Giulio: *No, mi ricordo l'ultima volta quando ti ho accompagnato a fare la spesa. Non eravamo mai d'accordo su un vestito. Alla fine abbiamo persino litigato.*

## 955

### Winterreifen

Aldo ist sehr oft geschäftlich unterwegs, und heute hat er beschlossen, die Reifen seines Wagens zu wechseln und statt dessen die Winterreifen aufzuziehen. Es ist eine Arbeit, die er gerne macht, auch weil Rosa ihm gesagt hatte, er sollte ihr beim Kellerputzen helfen. So hat er eine passende Ausrede gefunden, das nicht zu tun.

| | |
|---|---|
| viaggiare [viad'dʒaːre] | reisen |
| l'affare, *m* [af'faːre] | Geschäft |
| sostituire [sostitu'iːre] | ersetzen |
| volentieri [volenti'ɛːri] | gern |
| la scusa ['skuːza] | Ausrede |

## 956

### Die Winterkleidung

Anna: Giulio, hilfst du mir? Ich möchte mir Winterkleider kaufen. Ich brauche auch einen Mantel.

Giulio: Nein, ich erinnere mich an das letzte Mal, als ich dich beim Einkaufen begleitet habe. Wir waren uns nie über ein Kleid einig. Am Ende haben wir sogar gestritten.

| | |
|---|---|
| invernale [inver'naːle] | winterlich, Winter- |
| aiutare qc [aiu'taːre] | jdm helfen |
| il cappotto [kap'pɔtto] | Mantel |
| ricordarsi [rikor'daːrsi] | sich erinnern |
| l'accordo, *m* [ak'kɔrdo] | Einigkeit, Einigung |
| persino [per'siːno] | sogar |
| litigare [liti'gaːre] | streiten, prozessieren |

## 957

### L'opera

Anna: *Giulio, ce l'ho fatta! Finalmente sono riuscita a comprare dei biglietti per la Scala!*

Giulio: *Davvero? Spero che non conti su di me, non sono in grado di sopportare la musica classica.*

Anna: *Ignorante! Luisa saprà apprezzare questa chance.*

## 958

### Le cartoline natalizie

Rosa compra delle cartoline natalizie per spedirle agli amici e parenti di lontano. Non solo in Italia ma anche all'estero vivono molti parenti che le scrivono ogni anno delle cartoline. Sono soprattutto parenti di lei che sono emigrati da molti anni e vengono in Italia in estate a godere il clima, l'arte italiana e rivedere i parenti.

## 957

### Die Oper

Anna: Giulio, ich habe es geschafft! Endlich ist es mir gelungen, Karten für die Scala zu kaufen!

Giulio: Wirklich? Ich hoffe, daß du nicht auf mich zählst, ich bin nicht in der Lage, klassische Musik zu ertragen.

Anna: Ignorant! Luisa wird diese Gelegenheit zu schätzen wissen.

| | |
|---|---|
| farcela ['fa:rtʃela] | es schaffen |
| la scala ['ska:la] | Treppe, Leiter |
| la Scala, *eigentlich* Teatro alla Scala | *Mailänder Opernhaus* |
| contare su [kon'ta:re] | zählen auf |
| essere in grado di fare ['gra:do] | in der Lage sein, etw zu tun |
| l'ignorante, *m* [iɲɲo'rante] | Ignorant, Flegel |
| apprezzare [appret'tsa:re] | würdigen, zu schätzen wissen |

## 958

### Weihnachtskarten

Rosa kauft Weihnachtskarten, um sie Freunden und Verwandten in der Ferne zu senden. Nicht nur in Italien, sondern auch im Ausland leben viele Verwandte, die ihr jedes Jahr Karten schreiben. Es sind vor allem Verwandte von ihr, die vor vielen Jahren ausgewandert sind und seit vielen Jahren im Sommer nach Italien kommen, um das Klima und die italienische Kunst zu genießen und die Verwandten wiederzusehen.

| | |
|---|---|
| spedire [spe'di:re] | senden |
| l'estero, *m* ['ɛstero] | Ausland |
| l'emigrato, *m* [emi'gra:to] | Ausgewanderter |
| godere [go'de:re] | genießen |

## 959

### La neve

Stamattina c'è la neve. È nevicato per tutta la notte. Rosa guarda dalla finestra e vede come è bella la neve sugli alberi. Soprattutto sugli abeti che sembrano come su una cartolina natalizia. Non sempre nevica d'inverno da queste parti, in città non dura molto la neve, ma qui ai piedi dei Colli Albani è molto bella e resta qualche giorno, se la temperatura continua a diminuire.

## 960

### Il mercato natalizio

Sandro e Aldo si incontrano in piazza per prendere un caffè insieme. Alla piazza vedono delle bancarelle con molti oggetti natalizi:
I presepi lavorati a mano in legno o terracotta, delle belle tovaglie da tavola lavorate anche a mano e molte altre cose. Aldo decide di comprare per Rosa il regalo di Natale e le compra una bella tovaglia bianca ricamata.

959

## Schnee

Heute morgen liegt Schnee. Es hat die ganze Nacht geschneit. Rosa schaut aus dem Fenster und sieht, wie schön der Schnee auf den Bäumen aussieht. Vor allem auf den Tannen, die aussehen wie auf einer Weihnachtskarte. Nicht immer schneit es in dieser Region im Winter, in der Stadt bleibt der Schnee nicht lange liegen, aber hier am Fuße der Albaner Berge ist er sehr schön und bleibt einige Tage liegen, wenn die Temperatur weiter sinkt.

| | |
|---|---|
| nevicare [nevi'ka:re] | schneien |
| la finestra [fi'nɛstra] | Fenster |
| la cartolina [karto'li:na] | Ansichtskarte |
| durare [du'ra:re] | dauern |
| continuare [kontinu'a:re] | weitergehen |

960

## Der Weihnachtsmarkt

Sandro und Aldo treffen sich auf der Piazza, um zusammen einen Kaffee zu trinken. Auf der Piazza sehen sie einige Verkaufsstände mit vielen Weihnachtsartikeln: Handgearbeitete Krippen in Holz oder Ton, schöne Tischdecken, ebenfalls Handarbeit, und viele andere Dinge. Aldo beschließt, Rosas Weihnachtsgeschenk zu kaufen, und kauft ihr eine schöne weiße, gestickte Tischdecke.

| | |
|---|---|
| la bancarella [baŋka'rɛlla] | Verkaufsstand |
| l'oggetto, *m* [od'dʒɛtto] | Gegenstand |
| il presepe [pre'zɛ:pe] | Krippe |
| la tovaglia [to'va:ʎa] | Tischdecke |
| ricamare [rika'ma:re] | sticken |

## 961

ESERCIZIO

### Volerci

*Ergänzen Sie mit dem Perfekt von «volerci» (nötig sein).*

1. Per questo lavoro ______________ due giorni.
2. Per uscire dalla città ______________ tre quarti d'ora.
3. Per andare dalla stazione a casa ______________ un'ora.
4. Per spingere la macchina ______________ tre ragazzi.
5. Per fare i bagagli ______________ mezz'ora.

## 962

### Supplì

*Ingredienti: 2 uova, 2 tazze di riso, 100 g di mozzarella, pangrattato, olio da friggere*

Battere a schiuma le uova, mescolarle con il riso cotto. Tagliare la mozzarella a dadi. Modellare il riso in forma di crocchette, lunghe pressappoco sette centimetri, imprimere un dado di mozzarella in ciascuna. Rotolare nel pangrattato. Mettere su carta pergamena nel frigorifero per mezz'ora. Poi friggere nell'olio.

*Dove si pianta del riso in Italia?*

## 961

1. Per questo lavoro **ci sono voluti** due giorni.
2. Per uscire dalla città **ci sono voluti** tre quarti d'ora.
3. Per andare dalla stazione a casa **c'è voluta** un'ora.
4. Per spingere la macchina **ci sono voluti** tre ragazzi.
5. Per fare i bagagli **c'è voluto** mezz'ora.

1. Für diese Arbeit **sind** zwei Tage **nötig gewesen**.
2. Um aus der Stadt zu kommen, **sind** drei viertel Stunden **nötig gewesen**.
3. Um vom Bahnhof nach Hause zu kommen, **brauchte man** eine Stunde.
4. Um den Wagen anzuschieben, **sind** drei Jungs **nötig gewesen**.
5. Fürs Packen **ist** eine halbe Stunde **nötig gewesen**.

*DIE EXPERTENECKE*

| | |
|---|---|
| prendere d'assalto | – im Sturm erobern |
| dare l'assalto | – stürmen |
| uragano di proteste | – Sturm der Entrüstung |

## 962

### Reiskroketten

*Zutaten: 2 Eier, 2 Tassen Reis, 100 g Mozzarella, Semmelbrösel, Fritieröl*

Die Eier schaumig schlagen, sie mit dem gekochten Reis vermischen. Die Mozzarella in Würfel schneiden. Den Reis zu Kroketten formen, ungefähr sieben Zentimeter lang, einen Mozzarellawürfel in jede eindrücken. In den Semmelbröseln wälzen. Auf Pergamentpapier für eine halbe Stunde in den Kühlschrank legen. Dann im Öl ausbacken. Wo wird Reis in Italien angebaut?

*In der Po-Ebene*

Das Zentrum des norditalienischen Reisanbaugebiets ist Vercelli in Piemont. Die Reispflanze kam im 16. Jahrhundert über Spanien nach Italien.

## 963

### L'albero di Natale

Il vicino di casa di Rosa si è recato oggi in giardino per abbattere un abete molto grande. Rosa invece ha solo degli abeti piccoli nel suo giardino e non sarebbe opportuno abbatterli adesso. Dovrà comprarlo quest'anno, ma lo comprerà con le radici, così può piantarlo dopo la festa nel giardino. Comprerà un abete rosso perché piace molto ad Aldo.

## 964

ESERCIZIO

### Completare con le preposizioni giuste

1. Questo è ______ consultarsi con tutti.
2. Non volete ______ comprarlo?
3. Lui sa ______ parlare italiano molto bene.
4. Mi piace ______ farlo.
5. Loro negano ______ averla vista.
6. Ti prepari ______ viaggiare?
7. Sono riuscito ______ farmi ______ prestare una macchina ______ scrivere.

## 963

### Der Weihnachtsbaum

Der Nachbar von Rosa ist heute in den Garten gegangen, um einen großen Tannenbaum zu fällen. Rosa hingegen hat nur kleine Tannenbäume in ihrem Garten, und es wäre nicht angebracht, sie jetzt zu schlagen. Sie wird in diesem Jahr einen kaufen müssen, aber sie wird einen mit Wurzeln kaufen, so kann sie ihn nach dem Fest im Garten einpflanzen. Sie wird eine Fichte kaufen, weil Fichten Aldo sehr gefallen.

| | |
|---|---|
| recarsi [reˈkaːrsi] | sich begeben |
| abbattere [abˈbattere] | schlagen |
| opportuno [opporˈtuːno] | angebracht |
| la radice [ˈraːditʃɛ] | Wurzel |

## 964

### Vervollständigen Sie mit den richtigen Präpositionen

1. Questo è **da** consultarsi con tutti. Das ist mit allen zu besprechen.
2. Non volete comprarlo? Wollt ihr es nicht kaufen?
3. Lui sa parlare italiano molto bene. Er kann sehr gut Italienisch sprechen.
4. Mi piace farlo. Es gefällt mir, es zu tun.
5. Loro negano **di** averla vista. Sie leugnen, sie gesehen zu haben.
6. Ti prepari **a** viaggiare? Du bereitest dich darauf vor zu verreisen?
7. Sono riuscito **a** farmi prestare una macchina **da** scrivere. Es ist mir gelungen, mir eine Schreibmaschine auszuleihen.

## 965

### Nella libreria

Anna: *Mi spiace che arrivi tanto in ritardo. Sono stata in una libreria, ci ho cominciato a leggere e ho dimenticato completamente il tempo.*

Giulio: *Anch'io potrei passare delle ore nelle librerie. Avere una grande biblioteca dev'essere stupendo.*

## 966

### I regali di Natale

Rosa: *Laura, hai adesso tutti i regali che ti occorrono?*

Laura: *Io sì, o credo almeno di averli tutti, non ho fatto una lista come hai fatto tu.*

Rosa: *A me manca il regalo per mia madre. Non ho potuto ancora avere il libro da lei preferito.*

## 965

### In der Buchhandlung

Anna: Es tut mir leid, daß ich mich so verspätet habe. Ich bin in einer Buchhandlung gewesen, dort habe ich angefangen zu lesen und habe völlig die Zeit vergessen.

Giulio: Auch ich könnte Stunden in Buchhandlungen verbringen. Eine große Bibliothek zu haben muß wunderbar sein.

| | |
|---|---|
| la libreria [libre'ri:a] | Buchhandlung, Buchladen |
| il ritardo [ri'tardo] | Verspätung, Verzögerung |
| arrivare in ritardo [arri'va:re] | sich verspätet haben, verspätet ankommen |
| leggere ['lɛddʒere] | vorlesen, lesen |
| dimenticare [dimenti'ka:re] | vergessen, vernachlässigen |
| la biblioteca [biblio'tɛ:ka] | Bibliothek |
| stupendo, -a [stu'pɛndo] | phantastisch, wunderbar |

## 966

### Weihnachtsgeschenke

Rosa: Laura, hast du jetzt alle Geschenke, die du brauchst?

Laura: Ich ja, oder ich glaube zumindest, alle zu haben, ich habe keine Liste gemacht wie du.

Rosa: Mir fehlt noch das Geschenk für meine Mutter. Ich konnte ihr Lieblingsbuch noch nicht bekommen.

| | |
|---|---|
| occorrere [ok'korrere] | benötigen |
| credere ['kre:dere] | glauben |
| mancare [maŋ'ka:re] | fehlen |
| il libro ['li:bro] | Buch |

## 967

### La borsa

Aldo legge il giornale il Sole 24 Ore, un quotidiano politico economico finanziario. Oggi in prima pagina legge che la borsa di Milano dopo la chiusura positiva dei titoli guida, lo scarso spessore del mercato ha frenato la spinta iniziale e quasi tutte le blue chips hanno nuovamente perso terreno nel dopolistino.

## 968

ESERCIZIO

### Il discorso indiretto

*Mettere le frasi nel discorso indiretto (con «diceva»).*

1. «Vorrei rimanere, ma non ho tempo.»
2. «Lo faremo domani.»
3. «Dubito che lui lo sappia.»
4. «Dallo a me!»
5. «Oggi arrivano i miei genitori.»
6. «Se scriverà, te lo dirò.»
7. «Avevo visto quel quadro prima.»

## 967

### Die Börse

Aldo liest in der Zeitung „Il Sole 24 Ore“, eine Zeitung für Politik, Wirtschaft und Finanzen. Heute steht auf der ersten Seite, daß an der Mailänder Börse nach der positiven Schlußnotierung der führenden Aktien der schwache Markt den Anfangsschub gebremst hat und fast alle Blue Chips nachbörslich wieder an Terrain verloren haben.

| | |
|---|---|
| il quotidiano [kuotidi'a:no] | Tageszeitung |
| la pagina ['pa:dʒina] | Blatt |
| la chiusura [kiu'su:ra] | Schließung |
| frenare [fre'na:re] | bremsen |
| la spinta ['spinta] | Schub |

## 968

### Indirekte Rede

*Setzen Sie die Sätze in die indirekte Rede (mit „er sagte“).*

1. Diceva che sarebbe voluto rimanere, ma non aveva tempo. Er sagte, er hätte bleiben wollen, aber er hätte keine Zeit.
2. Diceva che lo avremmo fatto il giorno dopo. Er sagte, wir würden es am nächsten Tag tun.
3. Diceva che dubitava che lui lo sapesse. Er sagte, er bezweifele, daß er es wisse.
4. Diceva di darlo a lui. Er sagte, ich solle es ihm geben.
5. Diceva che quel giorno arrivavano i suoi genitori. Er sagte, daß seine Eltern an jenem Tag ankämen.
6. Diceva che se lui avesse scritto, me lo avrebbe detto. Er sagte, wenn er schreiben würde, würde er es mir sagen.
7. Diceva che aveva visto quel quadro prima. Er sagte, er hätte dieses Bild früher gesehen.

**969**

*«Beato chi può dire a se stesso:
io ho asciugato una lacrima.»*

*G. Giusti*

**970**

**Sciare**

Bello è lo sci, perché è l'unico modo di andar sulla neve. Bello tornarsene la sera quando i lumi s'accendono nei villaggi, le casette sono cancellate dalla notte, sepolte sotto una candida pelliccia. I laghetti ghiacciati sembrano pezzi di cielo. Il villaggio è in fondo, posato sulla neve, come in una cartolina natalizia. Ecco un'altra china e un'altra ancora sotto i campi di stelle. Gli sci leggieri, alati, sfiorano montagnole e voragini insidiose.

*Come si dice in italiano «Loipe»?*

## 969

„Glücklich, wer zu sich selbst sagen kann: Ich habe eine Träne getrocknet." – Giuseppe Giusti (1809–1850), italienischer Dichter

GRAMMATIK

### La preposizione «per» – Präposition „per"

Die Präposition „per" steht:

- ▷ zur Angabe einer Zeitdauer: per alcuni giorni – einige Tage lang.
- ▷ zur Angabe der Art und Weise: Lo dice per telefono. – Er sagt es telefonisch.
- ▷ zur Angabe eines Grundes: Chiuso per restauro. – Wegen Umbaus geschlossen.
- ▷ zur Angabe einer unmittelbar folgenden Handlung: Sto per scriverlo. – Ich bin im Begriff, ihm zu schreiben.
- ▷ zur Angabe von Preis oder Maß: Lo vendo per tre milioni di lire. – Ich verkaufe es für drei Millionen Lire.

## 970

### Skifahren

Schön ist das Skifahren, denn es ist die einzige Art, sich auf dem Schnee fortzubewegen. Es ist schön, abends heimzukehren, wenn die Lichter in den Dörfern angehen, die kleinen Häuser von der Nacht ausgelöscht sind und unter einem strahlenden Pelz liegen. Die vereisten Seen sehen wie Stücke vom Himmel aus. Das Dorf liegt im Hintergrund im Schnee wie auf einer Weihnachtskarte. Dort liegt noch ein Abhang und dort noch einer unter den Sternenfeldern. Die Skier sind leicht und beflügelt und streifen die Berge und heimtückischen Abgründe. Wie sagt man auf italienisch Loipe?

*La pista di fondo*

Langlauf ist „il fondo", Abfahrtslauf „la discesa".

## 971

### La festa di Natale

Oggi Laura e Rosa si incontrano a cena insieme ai loro colleghi per festeggiare il Natale tra di loro. È un'occasione molto buona per discutere e conoscersi meglio. I colleghi parlano molto dei loro figli, purtroppo Laura e anche Rosa non ne hanno ancora e ascoltano con molta attenzione. Si parla anche un po' di lavoro ma non molto perché questa sera ci si diverte.

## 972

### Per il freddo

Anna: *Odio l'inverno. Fa sempre tanto freddo.*
Giulio: *Sì, anch'io ho freddo. Ma sai cosa faccio? Ci faccio un bel caffè corretto!*
Anna: *Ottimo! Già pensandoci fa accrescere il mio umore. Ed un gocciolo d'alcool non può mica nuocere.*

## 971

### Die Weihnachtsfeier

Heute treffen sich Laura und Rosa zum Abendessen zusammen mit ihren Kollegen, um Weihnachten unter sich zu feiern. Es ist eine sehr gute Gelegenheit zum Diskutieren und um sich besser kennenzulernen. Die Kollegen sprechen viel über ihre Kinder; leider haben Laura und auch Rosa noch keine Kinder, und sie hören sehr aufmerksam zu. Es wird auch ein wenig über die Arbeit gesprochen, aber nicht viel, weil man sich heute abend amüsiert.

| | |
|---|---|
| l'occasione, *f* [okkazi'o:ne] | Gelegenheit |
| discutere [dis'ku:tere] | diskutieren |
| conoscersi [ko'noʃʃersi] | sich kennen |
| il figlio ['fiʎo] | Sohn |
| ascoltare [askol'ta:re] | zuhören |

## 972

### Gegen die Kälte

Anna: Ich hasse den Winter. Es ist immer so kalt.
Giulio: Ja, ich friere auch. Aber weißt du, was ich mache? Ich koche uns einen guten Kaffee mit Schuß!
Anna: Super! Schon der Gedanke daran läßt meine Laune steigen. Und ein Tröpfchen Alkohol kann auch nicht schaden.

| | |
|---|---|
| il freddo ['freddo] | Kälte |
| odiare [o'dia:re] | hassen |
| l'inverno, *m* [in'vɛrno] | Winter |
| corretto, -a [kor'rɛtto] | richtig, verbessert, mit Schuß |
| accrescere [ak'kreʃʃere] | vermehren, anwachsen lassen |
| il gocciolo ['gottʃolo] | Tropfen, Tröpfchen |
| nuocere ['nuɔ:tʃere] | schaden, schädlich sein |

## 973

### Lucca

Nella lotta delle investiture la città di Lucca fu contro il papa e riuscì così ad ottenere libertà di transiti e di commerci in tutta l'Europa. Nonostante la rivalità con le città vicine raggiunge grande prosperità. Nel Trecento conobbe parecchie signorie, nel 1369 riuscì a riscattare la propria indipendenza. Salvo trent'anni, ebbe quattro secoli di vita indipendente nei quali costruì la cinta delle mura. Nel 1799 fu preso da Napoleone.

*Quando furono esattamente costruite le mura?*

## 974

ESERCIZIO

### Tradurre

1. Wenn ich ihn gesehen hätte, hätte ich es ihm gesagt.
2. Er sagte, er hätte ihn gesehen.
3. Gehen wir morgen ins Kino?
4. Gib es mir!
5. Michelangelo schuf diese Skulptur in Rom.
6. Während ich die Zeitung las, läutete es.
7. Ich habe das Mädchen gesehen, habe sie gerufen und habe mich vorgestellt.

## 973

### Lucca

Im Investiturstreit war die Stadt Lucca gegen den Papst, und es gelang ihr so, Reise- und Handelsfreiheit in ganz Europa zu erlangen. Trotz der Rivalität mit den nahegelegenen Städten erlangte sie großen Reichtum. Im vierzehnten Jahrhundert gab es mehrere Stadtherrschaften, 1369 gelang es ihr, die eigene Unabhängigkeit zu erkaufen. Bis auf dreißig Jahre hatte sie für vier Jahrhunderte ein unabhängiges Leben, in denen sie die Stadtmauer baute. 1799 wurde sie von Napoleon eingenommen. Wann genau wurde die Stadtmauer gebaut?

*1504 – 1645*

Lucca war wegen seiner weitgehenden Pressefreiheit im 18. Jahrhundert ein gesuchter Ort für Veröffentlichungen anderswo verbotener Bücher.

## 974

### Übersetzen Sie

1. Se io lo avessi visto, glielo avrei detto.
2. Diceva che lo aveva visto.
3. Andremo al cinema domani?
4. Dammelo!
5. Michelangelo creò questa scultura a Roma.
6. Mentre leggevo il giornale ha suonato.
7. Ho visto la ragazza, l'ho chiamata e mi sono presentato.

*DIE EXPERTENECKE*

Zur Begrüßung sagt man: Buongiorno! (Guten Tag) oder Buona sera! (Guten Abend)

Wenn man einer Person vorgestellt wird, sagt man: Piacere! (Angenehm) oder Felicissima! (Überglücklich)

und antwortet: Molto lieta! (Sehr erfreut)

Um auf etwas oder jemanden zu trinken, sagt man: Alla salute! (Auf die Gesundheit) und Cincin! (Prost)

## 975

### Zabaione

*Ingredienti: 5 tuorli d'uovo, 3 cucchiai di zucchero, 1/4 l di marsala (o un altro vino bianco dolce)*

Mettere i tuorli d'uova, lo zucchero e il marsala in una pentola. Mettere questa pentola in un bagnomaria. Non lasciar bollire l'acqua del bagnomaria troppo forte. Battere lo zabaione a schiuma con una frusta finché diventa denso. Servire subito, altrimenti la crema delicata si sgonfia.

*Qual è il tipico dolce italiano di Natale?*

## 976

### Natale

Sandro e Laura festeggiano il Natale a casa dei genitori di lui. Abitano anche a Roma e ogni anno si radunano tutti i familiari lì, la sorella e il cognato con i loro figli, la zia, che è la sorella della madre e il fratello di Sandro che abita a Modena. È un avvenimento molto particolare e i genitori anche se hanno molto da fare sono molto contenti.

## 975

## Weinschaum

*Zutaten: 5 Eigelb, 3 Eßlöffel Zucker, 1/4 l Marsala (oder ein anderer süßer Weißwein)*

Die Eigelb, den Zucker und den Marsala in einen Topf geben. Diesen Topf in ein Wasserbad stellen. Das Wasser des Wasserbades nicht zu stark kochen lassen. Die Zabaione mit einem Schneebesen schaumig schlagen, bis sie steif wird. Sofort servieren, sonst fällt die empfindliche Creme zusammen. Was ist die typische italienische Süßigkeit zu Weihnachten?

*Il panettone*

Der Panettone ist ein Hefenapfkuchen aus Mailand. Eigentlich ist er nur in der klassischen Form typisch weihnachtlich. Zu Ostern gibt es denselben Teig in Form einer Taube.

## 976

## Weihnachten

Sandro und Laura feiern Weihnachten im Hause seiner Eltern. Sie wohnen auch in Rom, und jedes Jahr versammeln sich alle Familienmitglieder dort: Die Schwester und der Schwager mit ihren Kindern, die Tante, sie ist die Schwester der Mutter, und der Bruder von Sandro, der in Modena wohnt. Es ist ein ganz besonderes Ereignis, und die Eltern, auch wenn sie viel Arbeit haben, freuen sich sehr.

| | |
|---|---|
| radunare [radu'na:re] | versammeln |
| la sorella [so'rɛlla] | Schwester |
| il cognato [ko'ɲa:to] | Schwager |
| la zia ['tsi:a] | Tante |
| l'avvenimento, *m* [avveni'mento] | Ereignis |

## 977

### Le vacanze con gli sci

Anna e Giulio sono partiti per un viaggio. Vogliono passare una settimana in montagna. Hanno trovato un bell'albergo non tanto caro. Nell'albergo alloggia una coppia siciliana molto simpatica. Lui racconta che ha anche sciato sull'Etna. All'inizio Giulio non vuole credere che questo sia possibile, ma il siciliano ne mostra una fotografia.

## 978

*«La botte dà il vino che ha.»*

*Proverbio*

## 977

### Der Skiurlaub

Anna und Giulio sind abgereist. Sie wollen eine Woche in den Bergen verbringen. Sie haben ein schönes, nicht zu teures Hotel gefunden. Im Hotel wohnt ein sehr sympathisches sizilianisches Paar. Er erzählt, daß er auch schon auf dem Ätna Ski gefahren wäre. Am Anfang will Giulio nicht glauben, daß dies möglich ist, aber der Sizilianer zeigt eine Fotografie davon.

| | |
|---|---|
| partire [par'tiːre] | weggehen, abreisen |
| la montagna [mon'taɲɲa] | Gebirge, Berge, Berg |
| alloggiare [allod'dʒaːre] | beherbergen, wohnen |
| la coppia ['kɔppia] | Paar, Ehepaar |
| l'Etna, *m* ['ɛtna] | Ätna |
| credere ['kreːdere] | glauben, halten für |
| mostrare [mos'traːre] | zeigen, vorzeigen |

## 978

„Das Faß gibt den Wein, den es hat." – Italienisches Sprichwort

GRAMMATIK

### Die Zeitenfolge in Sätzen mit Konjunktiv

Steht der Hauptsatz in einer Zeitform der Gegenwart, so steht der Konjunktiv des Nebensatzes im Präsens bzw. Perfekt.

Vuole che **venga** anche lei.
Sono contento che **sia** venuta anche lei.

Steht der Hauptsatz in einer Zeitform der Vergangenheit oder im Konditional, so steht der Konjunktiv des Nebensatzes im Imperfekt bzw. Plusquamperfekt.

Voleva che **venisse** anche lei.
Vorrei che **venisse** anche lei.
Ero contento che **fosse** venuta anche lei.

## 979

ESERCIZIO

**Konjunktiv oder Indikativ?**

1. Bisogna che tu ________ (andare) a trovare tua zia.
2. Dice che Carlo __________ (venire) stasera.
3. Può darsi che tu non __________ (sapere) tutto.
4. So che i miei amici __________ (andare) in vacanza al mare.
5. Spero che voi ________ (trovare) presto un lavoro.
6. Temo che mio marito __________ (svegliarsi) troppo tardi.

## 980

**Alessandro Volta**

Lui nacque nel 1745 a Como. Rimasto orfano del padre, fu accolto da uno zio paterno. Il giovane prese a studiare e a meditare sui fenomeni della natura e sui lavori di grandi fisici. In prossimità del Lago Maggiore scoprì il «gas delle paludi», cioè il metano. Fece molte invenzioni ed esperimenti e divenne professore a Como ed a Pavia. La più grande invenzione di Volta è quella della pila. Morì nel 1827 a Como.

*A che cosa Alessandro Volta ha dato il suo nome?*

## 979

### Konjunktiv oder Indikativ

1. Bisogna che tu **vada** a trovare tua zia.
2. Dice che Carlo **viene** stasera.
3. Può darsi che tu non **sappia** tutto.
4. So che i miei amici **vanno** in vacanza al mare.
5. Spero che **troviate** presto un lavoro.
6. Temo che mio marito **si svegli** troppo tardi.

1. Es ist notwendig, daß du die Tante besuchen **gehst**.
2. Er sagt, daß Carlo heute abend **käme**.
3. Es könnte sein, daß du nicht alles **weißt**.
4. Ich weiß, daß meine Freunde am Meer Urlaub **machen**.
5. Ich hoffe, ihr **findet** sofort Arbeit.
6. Ich fürchte, daß mein Mann zu spät **aufwacht**.

*DIE EXPERTENECKE*

senza di noi – ohne uns
dopo di Lei – nach Ihnen
sopra di noi – über uns
sotto di noi – unter uns
dietro di te – hinter dir

## 980

### Alessandro Volta

Er wurde 1745 in Como geboren. Als er wegen des Todes des Vaters Waise wurde, wurde er von einem väterlichen Onkel aufgenommen. Er begann zu studieren und über die Phänomene der Natur und die Werke der großen Physiker nachzudenken. In der Nähe des Lago Maggiore entdeckte er das „Gas der Sümpfe", das Methan. Er machte viele Erfindungen und Experimente und wurde Professor in Como und in Pavia. Die größte Erfindung von Volta ist die Batterie. Er starb 1827 in Como. Welcher Sache hat Alessandro Volta seinen Namen gegeben?

*Dem Volt*

Volt (abgekürzt V) ist die internationale Einheit der elektrischen Spannung.

## 981

### Il raffreddore

Oggi Laura e Sandro sono andati al cimitero a visitare la tomba dei loro nonni e zii. Piove a dirotto, anche se hanno l'ombrello Laura è bagnata fradicia. Arrivano a casa e lei si fà un bagno caldo e va subito a letto. Ma sente freddo lo stesso ed è sicura di essersi raffreddata.

## 982

### La tempesta

Aldo: *C'è un vento furioso stamattina. Sento come in giardino sbatte il cancello.*

Rosa: *Sarà meglio andare a vedere, prima che si rompa qualcosa.*

Aldo: *Ma se esco in questo momento, una raffica di vento sbatte me contro il cancello, è meglio aspettare un pò.*

## 981

### Die Erkältung

Heute sind Laura und Sandro auf den Friedhof gegangen, um die Gräber ihrer Großeltern und Onkel zu besuchen. Es regnet in Strömen, trotz Regenschirm ist Laura klitschnaß. Sie kommen zu Hause an, und sie nimmt ein heißes Bad und geht sofort ins Bett. Aber sie friert trotzdem und ist sicher, sich eine Erkältung zugezogen zu haben.

| | |
|---|---|
| il cimitero [tʃimiˈtɛːro] | Friedhof |
| la tomba [ˈtomba] | Grab |
| lo zio, *m* [ˈtsiːo] | Onkel |
| piovere [piˈɔːvere] | regnen |
| l'ombrello, *m* [omˈbrɛllo] | Regenschirm |
| bagnato [baˈɲaːto] | naß |

## 982

### Der Sturm

| | |
|---|---|
| Aldo: | Heute morgen ist heftiger Wind. Ich höre, wie das Gartentor schlägt. |
| Rosa: | Es ist besser, wenn du nachsiehst, bevor etwas kaputtgeht. |
| Aldo: | Aber wenn ich jetzt hinausgehe, wirft mich ein Windstoß gegen das Gartentor; es ist besser, ein wenig zu warten. |

| | |
|---|---|
| il vento [ˈvɛnto] | Wind |
| sbattere [ˈzbattere] | schlagen |
| il cancello [kanˈtʃɛllo] | Gartentor |
| rompere [ˈrompere] | kaputtmachen |
| la raffica [ˈraffica] | Windstoß |

## 983

### La scalogna

Giulio: *No, no, no! Oggi sono davvero perseguitato dalla sfortuna!*

Anna: *Ma Giulio, non esagerare! Hai versato un po' di vino, non è mica la fine del mondo.*

Giulio: *Ma questa è la quarta volta che mi cade qualcosa per terra stasera. Ho già rotto due bicchieri.*

## 984

### Il Sud e l'emigrazione

L'esodo cominciò nel 1957. I braccianti non avevano di che vivere. Andarono in Germania con contratti di lavoro e mandarono a chiamare poi gli altri. Quasi tutti se ne andavano col passaporto turistico, a loro spese, al Nord o all'estero. Si sono impiegati immediatamente nelle ferrovie, nelle costruzioni edilizie, nelle fabbriche, nelle miniere. La CEE è stata accusata di favorire l'industria tedesca e l'agricoltura francese, a scapito dell'agricoltura italiana. La Comunità fissa delle quote di produzione da attribuire a ciascun paese, per scoraggiare eccedenze di produzione.

*Dove lavorano nell'Italia del Nord?*

## 983

### Pech

Giulio: Nein, nein, nein! Heute bin ich wirklich vom Pech verfolgt!

Anna: Aber Giulio, übertreib nicht! Du hast etwas Wein verschüttet, das ist doch kein Weltuntergang.

Giulio: Aber das ist das vierte Mal heute abend, daß mir etwas zu Boden fällt. Ich habe schon zwei Gläser zerbrochen.

| | |
|---|---|
| la scalogna [ska'loɲɲa] | Pech |
| davvero [dav've:ro] | wirklich, tatsächlich |
| esagerare [ezadʒe'ra:re] | übertreiben |
| versare [ver'sa:re] | verschütten, vergießen |
| non ... mica ['mi:ka] | doch nicht, gar nicht |
| la fine ['fi:ne] | Ende, Schluß |
| cadere [ka'de:re] | fallen, stürzen |

## 984

### Der Süden und die Auswanderung

Der Exodus begann im Jahre 1957. Die Tagelöhner hatten nichts mehr, von dem sie leben konnten. Sie gingen mit Arbeitsverträgen nach Deutschland und ließen dann die anderen nachkommen. Fast alle begaben sich mit Touristenpaß und auf eigene Kosten nach Norden oder ins Ausland. Sie fanden sofort eine Stelle, bei der Eisenbahn, im Baugewerbe, in den Fabriken, in den Bergwerken. Die EWG ist beschuldigt worden, die deutsche Industrie und die französische Landwirtschaft begünstigt zu haben, zu Lasten der italienischen Landwirtschaft. Die Gemeinschaft legt Produktionsquoten für jedes Land fest, um die Überproduktion zu entschärfen. Wo arbeiten sie in Norditalien?

*Bei den Fiatwerken in Turin oder in den Fabriken bei Mailand*

## 985

### La passeggiata nel bosco

La domenica prossima Laura e Sandro insieme a Rosa e Aldo vogliono andare nel Parco Nazionale d'Abruzzo per fare una bella passeggiata. Aldo vuol far impaurire un po' le donne e gli dicę, che ci sono dęgli orsi e bisogna fare molta attenzione. Gli orsi ci sono veramente, ma finora non è successo mai niente di grave.

## 986

### I pneumatici

Giulio: *Che porcheria! Str...!*
Anna: *Ma Giulio! Perché imprechi così?*
Giulio: *Qualche brutto tipo mi ha tagliato i pneumatici!*
Anna: *Brutta faccenda! Per fortuna il tipo non è qui, altrimenti sarebbe picchiato da te!*

## 985

### Der Spaziergang im Wald

Nächsten Sonntag wollen Laura und Sandro zusammen mit Rosa und Aldo in den Abruzzen-Nationalpark fahren, um dort einen schönen Spaziergang zu machen. Aldo möchte die Frauen ein wenig erschrecken und sagt ihnen, daß es dort Bären gibt und man sehr vorsichtig sein muß. Bären gibt es dort tatsächlich, aber bis jetzt ist noch nie etwas passiert.

| | |
|---|---|
| prossimo ['prɔssimo] | nächster |
| fare impaurire [impau'ri:re] | angst machen |
| la donna ['dɔnna] | Frau |
| finora [fi'nora] | bis jetzt |
| grave ['grave] | schwerwiegend |

## 986

### Die Reifen

Giulio: Was für eine Schweinerei! Ar...!

Anna: Aber Giulio! Warum fluchst du so?

Giulio: Irgend so ein mieser Kerl hat meine Reifen zerstochen!

Anna: Üble Angelegenheit! Zum Glück ist der Typ nicht hier, sonst würde er von dir verhauen!

| | |
|---|---|
| il pneumatico [pneu'ma:tiko] | Reifen |
| la porcheria [porke'ri:a] | Dreck, Schmutz, Schweinerei |
| lo stronzo ['strontso] | Arschloch |
| imprecare [impre'ka:re] | fluchen |
| la faccenda [fat'tʃɛnda] | Angelegenheit, Sache |
| picchiare [pik'kia:re] | schlagen, verprügeln |

## 987

ESERCIZIO

### Gerundium

*Ersetzen Sie das Gerundium durch einen Nebensatz ähnlich wie im Beispiel:* Non avendolo visto sono andato via. – Poiché non l'avevo visto sono andato via.

1. Essendo finito lo spettacolo siamo ritornati a casa.
2. Essendo arrivati tardi non siamo potuti entrare.
3. Non sapendolo fare ho chiesto a Mario di aiutarmi.
4. Pur avendogli scritto più volte non ho avuto nessuna risposta.
5. Avendo perso le chiavi non sono potuto entrare.

## 988

### La serata del gioco delle carte

Sandro e Aldo non solo giocano insieme a tennis, ma anche un mercoledì al mese si incontrano con altri amici a giocare a carte.

Aldo ha sempre poca fortuna, e così per alcuni giorni nessuno può domandargli, come è andato a finire il gioco. Sandro ride su questo perché per lui è veramente un passatempo e soprattutto solo un gioco.

## 987

### Gerundium

1. Quando lo spettacolo era finito siamo ritornati a casa.
2. Perché siamo arrivati tardi non siamo potuti entrare.
3. Poiché non lo sapevo fare ho chiesto a Mario di aiutarmi.
4. Benché gli avessi scritto più volte non ho avuto nessuna risposta.
5. Perché avevo perso le chiavi non sono potuto entrare.

Beispiel: Weil wir ihn nicht gesehen hatten, sind wir gegangen.
1. Als das Schauspiel zu Ende war, sind wir nach Hause zurückgekehrt.
2. Weil wir zu spät gekommen sind, konnten wir nicht hineingehen.
3. Weil ich es nicht konnte, habe ich Mario gefragt, mir zu helfen.
4. Obwohl ich ihm mehrmals geschrieben hatte, erhielt ich keine Antwort.
5. Weil ich die Schlüssel verloren hatte, konnte ich nicht hineingehen.

## 988

### Der Kartenabend

Sandro und Aldo spielen nicht nur zusammen Tennis, sondern treffen sich auch an einem Mittwoch im Monat mit anderen Freunden zum Kartenspielen. Aldo hat immer wenig Glück, und so darf ihn einige Tage niemand fragen, wie das Spiel ausgegangen ist. Sandro lacht darüber, weil es für ihn wirklich nur ein Zeitvertreib ist und vor allem ein Spiel.

| | |
|---|---|
| giocare [dʒoˈkaːre] | spielen |
| incontrarsi [iŋkonˈtraːrsi] | sich treffen |
| nessuno [nesˈsuːno] | niemand |
| la partita [parˈtiːta] | Spiel, Partie |
| ridere [ˈriːdere] | lachen |
| il passatempo [passaˈtɛmpo] | Zeitvertreib |

## 989

### Eleonora Duse

Lei nacque nel 1858 a Vigevano. Mentre recitava a Napoli nel 1879 fu segnalata all'attrice Giacinta Pezzana, che la volle nella sua compagnia di Cesare Rossi. Ne divenne la prima attrice nel 1881. Nel 1882 trionfò a Torino nella «Principessa di Bagdad» di Dumas figlio. Infondeva una vitalità scenica nei personaggi, contro le consuetudini della recitazione tradizionale. Morì il 21 Aprile 1924 in America.

*Chi era il suo autore italiano prediletto?*

## 990

### Il pacco

Anna: *Hai l'aspetto di aver lavorato sodo. Cosa ti ha stancato così?*

Giulio: *Ho tentato di impacchettare il regalo per il compleanno del mio fratellino. Già trovare un bel regalo era difficile, ma fare dei fiocchi mi ha dato il colpo di grazia.*

## 989

### Eleonora Duse

Sie wurde im Jahre 1858 in Vigevano (Pavia) geboren. Während sie 1879 in Neapel spielte, wurde sie der Schauspielerin Giacinta Pezzana empfohlen, die sie in ihrer Truppe von Cesare Rossi haben wollte. Dort wurde sie 1881 die erste Schauspielerin. 1882 triumphierte sie in Turin mit der „Prinzessin von Bagdad“ von Dumas dem Jüngeren. Sie erweckte in den Personen eine Lebenskraft auf der Bühne, die ganz gegen die Gewohnheiten der traditionellen Schauspielkunst war. Sie starb am 21. April 1924 in Amerika. Wer war ihr italienischer Lieblingsschriftsteller?

*Gabriele D'Annunzio*

Neben den Stücken D'Annunzios spielte sie oft in Stücken von Ibsen, Sardou und Dumas d. J.

## 990

### Das Paket

| | |
|---|---|
| Anna: | Du siehst aus, als ob du hart gearbeitet hättest. Was hat dich so müde gemacht? |
| Giulio: | Ich habe versucht, das Geburtstagsgeschenk für mein Brüderchen einzupacken. Es war schon schwer, ein schönes Geschenk zu finden, aber Schleifen zu machen hat mir den Rest gegeben. |

| | |
|---|---|
| il pacco ['pakko] | Paket |
| l'aspetto, *m* [as'pɛtto] | Sicht, Aussehen |
| avere l'aspetto di [a've:re] | aussehen als ob |
| sodo, -a ['sɔ:do] | hart, stark, kräftig, fest |
| impacchettare [impakket'ta:re] | einpacken, verpacken |
| il fiocco ['fiɔkko] | Flocke, Bausch, Schleife |
| il colpo ['kolpo] | Schlag, Stoß, Schuß |

## 991

ESERCIZIO

### Übersetzen Sie

Fabio hat seinen Freund vom Bahnhof aus angerufen und ihm gesagt *(Gerundium)*, daß er mit ihm essen gehen wolle. Nachdem sie gegessen hatten *(Gerundium)*, machten *(Perfekt)* sich die beiden Freunde auf den Weg zum *(verso)* Bahnhof. Dort angekommen, war Fabio im Begriff, in den Zug einzusteigen, als er plötzlich merkte *(Perfekt)*, daß er kein Gepäck bei sich hatte.

## 992

### A teatro

Laura: *Siete stati a teatro ieri sera, Rosa?*

Rosa: *Sì, ed è stato uno spettacolo fenomenale. Il pubblico ha applaudito a lungo. Anche noi non pensavamo di vedere una rappresentazione così eccellente. Abbiamo anche avuto fortuna di trovare ancora biglietti alla cassa.*

## 991

### Übersetzung

Fabio ha telefonato dalla stazione al suo amico dicendogli che voleva (di voler) andare a mangiare con lui. I due amici, avendo mangiato, si sono avviati verso la stazione. Arrivatici Fabio stava per salire in treno quando all'improvviso si è accorto che non aveva (di non avere) con sé i bagagli.

*DIE EXPERTENECKE*

| | |
|---|---|
| umore forzato | – Galgenhumor |
| di buon umore | – gutgelaunt |
| di cattivo umore | – schlechtgelaunt |
| non ha umore | – er hat keinen Humor |

## 992

### Im Theater

Laura: Seid ihr gestern abend im Theater gewesen, Rosa?

Rosa: Ja, und es war eine einzigartige Aufführung. Das Publikum hat lange applaudiert. Wir haben nicht gedacht, so eine exzellente Vorstellung zu sehen. Wir hatten auch Glück, noch Karten an der Kasse zu bekommen.

| | |
|---|---|
| ieri [i'ɛːri] | gestern |
| fenomenale [fenome'naːle] | erstaunlich, einzigartig |
| applaudire [applau'diːre] | applaudieren |
| eccellente [ettʃel'lente] | exzellent |

## 993

### La riparazione della bicicletta

La bicicletta di Laura è da molto tempo guasta. Sandro le ha promesso di ripararla ma purtroppo non si è verificato. Lei vorrebbe fare un giro attraverso i campi e cerca di poterla riparare da sola. Non le riesce subito e diventa nervosa. Infine la bicicletta è di nuovo a posto e pensa che lei è anche un buon tecnico e se l'ha cavata bene.

## 994

### Grazie alle TV superiamo gli USA

Un articolo della Domenica del Corriere: Possiamo essere orgogliosi: superiamo gli Stati Uniti per il numero di televisioni private. Sul nostro territorio operano infatti 380 emittenti (ossia una ogni 150 mila abitanti ed ogni 850 chilometri quadrati di superficie, contro l'una ogni 220 mila abitanti ed ogni 10 mila chilometri quadrati degli Stati Uniti). E possiamo anche consolarci; stando così le cose, non potrà mai capitarci di rimanere sconvolti, com'è accaduto in Francia, per uno sciopero della TV di stato.

*Come si chiamano i canali statali italiani?*

## 993

### Die Fahrradreparatur

Das Fahrrad von Laura ist seit langer Zeit kaputt. Sandro hat ihr versprochen, es zu reparieren, aber leider ist das nicht geschehen. Sie möchte eine Radtour durch die Felder machen und versucht, es selbst zu reparieren. Es gelingt ihr nicht sofort, und sie wird nervös. Endlich ist das Fahrrad wieder in Ordnung, und sie denkt, daß sie auch ein guter Techniker ist und es gut hingekriegt hat.

| | |
|---|---|
| la riparazione [riparatsi'o:ne] | Reparatur |
| guasto [gu'asto] | defekt |
| verificarsi [verifi'ka:rsi] | sich verwirklichen |
| riuscire [riuʃʃi:re] | gelingen |
| cavarsela [ka'varsela] | schaffen, davonkommen |

## 994

### Dank dem Fernsehen übertreffen wir die USA

Ein Artikel aus dem „Domenica del Corriere“: Wir können stolz sein: Wir übertreffen die USA, was die Anzahl der Privatfernsehsender angeht. Auf unserem Gebiet sind 380 Sendestationen tätig (oder eine auf 150 000 Einwohner und 850 km² Fläche, gegenüber einer pro 220 000 Einwohner und 10 000 km² in den USA). Und wir können beruhigt sein; wenn die Dinge so bleiben, kann es uns niemals passieren, daß wir, wie in Frankreich geschehen, von einem Streik des Staatsfernsehens erschüttert werden. Wie heißen die staatlichen italienischen Fernsehsender?

*RAI uno, RAI due, RAI tre*

## 995

ESERCIZIO

### Konjunktiv Imperfekt

*Setzen Sie das Verb in Klammern in den Konjunktiv Imperfekt wie im Beispiel:* Era inutile che Giulio (lamentarsi). – Era inutile che Giulio si lamentasse.

1. Pensavo che Carlo ______________ (venire).
2. Era possibile che io ______________ (vendere) la vecchia macchina.
3. Bisognava che noi ______________ (tornare) a casa.
4. Sembrava che ______________ (volere) piovere.
5. Ho avuto paura che lui gli ______________ (dare) troppi soldi.
6. Era meglio che i ragazzi ______________ (telefonare) subito a casa.

## 996

### La fine dell'anno

La mattina Giulio riflette sull'anno scorso. Non è stato mica brutto. Ha fatto la conoscenza di Anna, il lavoro era interessante.
Può essere contento. L'unica cosa che spiace a Giulio è la sua pancia. Decide di dimagrire nell'anno prossimo, di fare più spesso dello sport. Ma stasera festeggerà con Anna, mangerà a quattro palmenti.

## 995

### Konjunktiv Imperfekt

1. Pensavo che Carlo **venisse**.
2. Era possibile che io **vendessi** la vecchia macchina.
3. Bisognava che noi **tornassimo** a casa.
4. Sembrava che **volesse** piovere.
5. Ho avuto paura che lui gli **desse** troppi soldi.
6. Era meglio che i ragazzi **telefonassero** subito a casa.

1. Ich dachte, Carlo **käme**.
2. Es war möglich, daß ich den alten Wagen **verkaufte**.
3. Es war nötig, daß wir nach Hause **zurückkehrten**.
4. Es schien so, als **würde es** regnen.
5. Ich befürchtete, daß er ihm zuviel Geld **gegeben hätte**.
6. Es war besser, daß die Kinder sofort zu Hause **angerufen hatten**.

## 996

### Das Jahresende

Am Morgen stellt Giulio Betrachtungen über das vergangene Jahr an. Es ist gar nicht so schlecht gewesen. Er hat die Bekanntschaft von Anna gemacht, die Arbeit war interessant. Er kann zufrieden sein. Das Einzige, was Giulio mißfällt, ist sein Bauch. Er beschließt, im nächsten Jahr abzunehmen, öfters Sport zu treiben. Aber heute abend wird er mit Anna feiern, er wird sich den Bauch vollschlagen.

| | |
|---|---|
| riflettere su [ri'flɛttere] | nachdenken über |
| scorso, -a ['skorso] | vergangen, vorig |
| spiacere [spia'tʃe:re] | leid tun, mißfallen |
| la pancia ['pantʃa] | Bauch |
| dimagrire [dima'gri:re] | abmagern, mager werden |
| il palmento [pal'mento] | Mühlstein, Mühle |
| mangiare a quattro palmenti [man'dʒa:re] | sich den Bauch vollschlagen |

## 997

### La strada ghiacciata

Alla radio hanno trasmesso che le strade stamattina sono ghiacciate e si deve procedere con molta prudenza e soprattutto molto lentamente. Laura non è molto pratica di questa situazione e si avvia con molta attenzione verso la strada che conduce in città. Purtroppo non tutti gli automobilisti che incontra fanno la stessa cosa.

## 998

### I francobolli fuori serie

Sandro fa la collezione di francobolli. Oggi va in un negozio speciale a comprarsi alcuni francobolli fuori serie. Trova nel negozio dei francobolli eccezionali, ma sono anche cari e ne compra solo alcuni. Spera tra sé di riceverne altri a Natale dagli amici o parenti. Comunque nelle prossime occasioni, lui parlerà di questi francobolli.

## 997

### Die vereiste Straße

Im Radio wurde angesagt, daß heute morgen die Straßen vereist sind und man sehr vorsichtig und vor allem sehr langsam fahren muß. Laura ist mit dieser Situation nicht vertraut und fährt sehr vorsichtig auf die Straße zu, die in die Stadt führt. Leider tun das nicht alle Autofahrer, die sie trifft.

| | |
|---|---|
| trasmettere [traz'mettere] | übertragen |
| stamattina [stamat'ti:na] | heute morgen |
| procedere [pro'tʃɛ:dere] | fortkommen |
| la prudenza [pru'dɛntsa] | Vorsicht |
| condurre [kon'durre] | führen |

## 998

### Sondermarken

Sandro sammelt Briefmarken. Heute geht er in ein Fachgeschäft, um sich Sondermarken zu kaufen. Er findet in dem Geschäft ganz besondere Briefmarken, aber sie sind auch sehr teuer und er kauft nur einige. Er hofft, die anderen Weihnachten zu bekommen, von Freunden oder Verwandten. Jedenfalls wird er bei der nächsten Gelegenheit über diese Briefmarken sprechen.

| | |
|---|---|
| la collezione [kolletsi'o:ne] | Sammlung |
| caro ['ka:ro] | teuer |
| tra sé [tra se] | bei sich |
| comunque [ko'muŋkue] | jedenfalls |
| l'occasione, *f* [okkazi'o:ne] | Gelegenheit |

## 999

### ESERCIZIO

**Übersetzen Sie**

Als ich beim Uhrmacher war, traten zwei Jungen ein, einer war dick und klein, der andere mager und groß. Sie wollten eine Digital-Quarzuhr mit einem winzigen Elektronenrechner sehen. Nachdem sie die Uhr gefunden hatten, fragten sie den Verkäufer, ob er sie ihnen leihen könnte, weil sie eine Klassenarbeit in Mathematik schreiben müßten und die Rechnungen zu schwierig seien.

## 1000

*«Con la pazienza si vince tutto.»*

*Proverbio*

## 999

### Übersetzung

Quando ero dall'orologiaio entrarono due ragazzi, uno era grassottello e basso, l'altro magro e alto. Volevano vedere un orologio digitale a quarzo con un minuscolo calcolatore elettronico. Trovato l'orologio chiesero al commesso se poteva prestarlo loro perché dovevano scrivere un compito in classe di matematica e i calcoli erano troppo difficili.

*DIE EXPERTENECKE*

| | |
|---|---|
| bel mobile! | – schöner Kerl! |
| per modo di dire | – sozusagen |
| fare le parti | – verteilen |
| a parte il fatto che | – abgesehen davon |

## 1000

„Mit Geduld schafft man alles." – Italienisches Sprichwort

GRAMMATIK

### Das Passiv

Das Passiv wird gebildet:

a) in den einfachen Zeiten: mit essere + Partizips Perfekt oder mit venire + Partizip Perfekt

b) in den zusammengesetzten Zeiten: nur mit essere + Partizip Perfekt

Dabei richtet sich das Partip Perfekt in Geschlecht und Zahl nach dem Subjekt:

Carla fù invitata/venne invitata. ... wurde eingeladen.
I ragazzi sono stati invitati. ... sind eingeladen worden.

## Erläuterung der Lautschrift

Die phonetische Umschrift wird nach den Grundsätzen der International Phonetic Association (IPA) angegeben.

### Vokale

| | |
|---|---|
| [a] | kurzes helles a |
| [aː] | langes helles a |
| [e] | kurzes geschlossenes e wie in *G**e**richt* |
| [eː] | langes geschlossenes e wie in *L**e**ben* |
| [ɛ] | kurzes offenes e wie in *m**ä**chtig* |
| [ɛː] | langes offenes e wie in *B**ä**r* |
| [i] | kurzes i |
| [iː] | langes i |
| [o] | kurzes geschlossenes o wie in *P**o**kal* |
| [oː] | langes geschlossenes o wie in *H**o**f* |
| [ɔ] | kurzes offenes o wie in *H**o**lz* |
| [ɔː] | langes offenes o wie in *T**o**r* |
| [u] | kurzes u |
| [uː] | langes u |

### Konsonanten

| | |
|---|---|
| [b] | wie deutsches b |
| [d] | wie deutsches d |
| [f] | wie deutsches f |
| [g] | wie deutsches g |
| [k] | wie deutsches k |
| [l] | wie deutsches l |
| [m] | wie deutsches m |
| [n] | wie deutsches n |
| [ŋ] | wie deutsches n vor g *(si**ng**en)* |
| [ɲ] | wie französisches gn in *Champa**gn**e* |
| [p] | wie deutsches p |
| [r] | mit der Zungenspitze gerolltes r |
| [s] | scharfes s wie in *Ga**s**t* |
| [z] | weiches s wie in ***S**ahne* |
| [ʃ] | wie deutsches sch |
| [t] | wie deutsches t |
| [v] | wie deutsches w |
| [ʎ] | wie ll in einigen deutschen Fremdwörtern *(Bi**ll**et)* |
| [ʒ] | wie g in einigen deutschen Fremdwörtern *(Eta**g**e)* |

## Sonderzeichen

[ˈ] Das Betonungszeichen steht vor der betonten Silbe; die meisten italienischen Wörter werden auf der vorletzten Silbe betont.

[ː] Der Doppelpunkt hinter einem Vokal bedeutet, daß dieser lang gesprochen wird.

## Doppellaute

Doppel*konsonanten* sind im Italienischen wie zwei getrennte Konsonanten zu sprechen.

Zwei aufeinanderfolgende *Vokale* sind stets wie zwei getrennte Vokale zu sprechen. Ist der erste Vokal ein i, wird er ähnlich dem deutschen j ausgesprochen; ist er ein u, nähert sich die Aussprache einem deutschen w.

# Register

Die folgenden zentralen Themenbereiche der italienischen Grammatik werden in den angegebenen Lektionen behandelt:

Adjektive 296, 630
Adverb 258, 640
Artikel, bestimmter 37, 85, 118, 259, 498
Artikel, unbestimmter 59, 85, 118
*a ere* 466, 468, 476
Buchstabierung 489
*c'è/ci sono* 177, 310
Demonstrativpronomen 199, 315, 377
*di/che* 195
*essere* 466, 468, 476
Fragewörter 161, 646, 735
Futur 55, 62, 68, 77, 395, 403, 423, 588, 595, 847
Gerundium 782, 885, 987
Grundzahlen 618
Imperativ 268, 739
Imperfekt 158, 657, 672, 700, 950
Indikativ Präsens 8, 15, 17, 45
Infinitiv 340, 790
Konditional 365, 772, 802, 807, 843, 856
Konjugationen 22
Konjunktiv Imperfekt 443, 796, 978, 995
Konjunktiv Präsens 294, 299, 304, 305, 440, 458, 750, 978
Nachsilben 931
*ne/chi* 332, 368
Objekt, indirektes 356
Ordnungszahlen 275
Partizip Perfekt 338, 612
Passiv 223, 228, 683, 1000

Perfekt 521
Perfekt, historisches 415, 421, 434, 437
Perfekt, zusammengesetztes 30, 34, 40, 550, 555, 672
Personalpronomen 133, 229, 238, 250, 374, 374, 541, 561, 570, 725, 918
Pluralbildung 191, 214, 324, 714
Possessivpronomen 104, 111, 469, 632
Präpositionen 242, 259, 348, 409, 456, 461, 667, 869, 969
Präsens 508, 516
Pronomen 66, 332, 346, 357, 368, 427, 432, 576, 775, 829, 837
Pronomenfolge 817
Redewendungen 902, 909
Relativpronomen 244, 688
Steigerung 183
Teilungsartikel 147, 535, 873
Verben, reflexive 141, 425
Verben, unregelmäßige 154, 219, 386, 392, 695, 880
Vergleich 197, 651
Vergrößerungsformen 721
Verkleinerungsformen 721, 933
Verneinung 202
Vorsilben 942
Zahlengebrauch 288

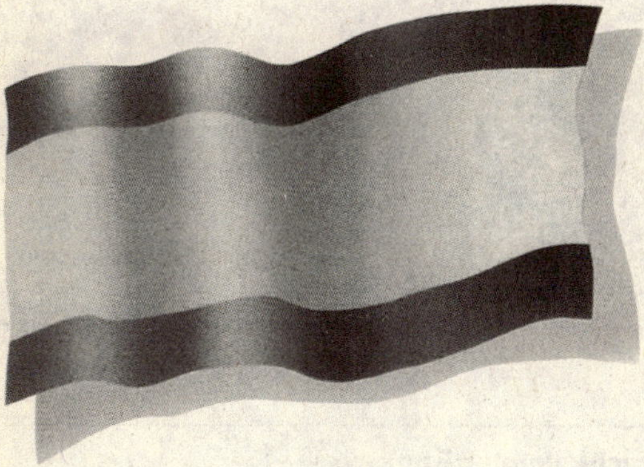

BERLITZ
Sprachkalender '95
RUSSISCH
Russisch lernen
Tag für Tag
Harenberg
Kalender ®